# 문명의 충돌

THE CLASH OF CIVILIZATIONS AND THE REMAKING OF WORLD ORDER
BY SAMUEL P. HUNTINGTON

세계질서 재편의 핵심 변수는 무엇인가

# 문명의 충돌

THE CLASH OF CIVILIZATIONS

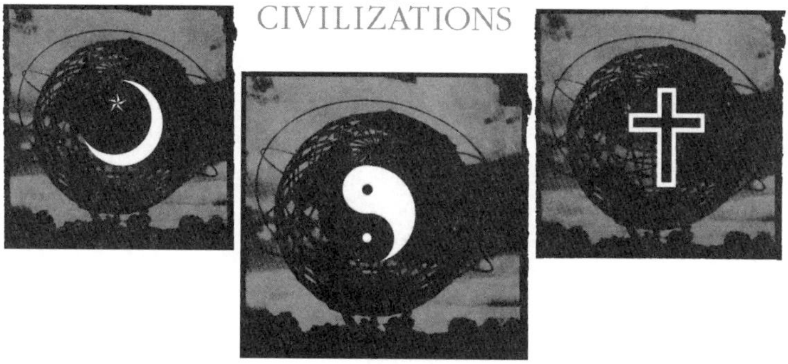

새뮤얼 헌팅턴

이희재 옮김

김영사

# 문명의 충돌

1판 1쇄 발행 1997. 5. 26.
1판 65쇄 발행 2015. 3. 16.
2판 1쇄 발행 2016. 2. 11.
2판 10쇄 발행 2024. 1. 8.

지은이 새뮤얼 헌팅턴
옮긴이 이희재

발행인 박강휘 고세규
편집 임지숙 김지용 디자인 지은혜 이은혜
발행처 김영사
등록 1979년 5월 17일(제406-2003-036호)
주소 경기도 파주시 문발로 197(문발동) 우편번호 10881
전화 마케팅부 031)955-3100, 편집부 031)955-3200 팩스 031)955-3111



값은 뒤표지에 있습니다. ISBN 978-89-349-7333-1 03340

홈페이지 www.gimmyoung.com 블로그 blog.naver.com/gybook
인스타그램 instagram.com/gimmyoung 이메일 bestbook@gimmyoung.com

좋은 독자가 좋은 책을 만듭니다.
김영사는 독자 여러분의 의견에 항상 귀 기울이고 있습니다.

# 헌팅턴의 창문에는 지금도 바람이 통한다

_김기협(역사학자)

40여 년간 지속된 냉전 체제가 1990년을 전후해 갑자기 해소됐을 때 많은 사람들이 놀라고 당황하지 않을 수 없었다. 냉전 체제 아래 태어나고 자라난 내 세대와 아래 세대 사람들에게 냉전 체제를 벗어난 세계 체제는 상상하기 힘든 것이었다. 과연 '냉전 이후'의 세계는 어떤 모습이 될 것인가? 많은 사람들의 관심을 모은 데 반해 학문적 준비는 별로 되어 있지 않은 과제였다.

게다가 20세기가, 그리고 제2 천년기가 끝나가고 있을 때였다. 새로운 세상이 열리고 있다는 예감이 사람들의 마음을 설레게 만들었다. 종래의 학술적 기준에서 벗어난다는 점에서 하나의 '유사과학pseudo-science'이라고 할 수 있는 '미래학'이 세상을 휩쓸었다.

그런 가운데 냉전 이후 세계질서의 구조가 사회과학계에서도 논쟁의 초점으로 떠올랐다. 기선을 제압한 것은 프랜시스 후쿠야마Francis Fukuyama가 '역사의 종말'이란 도발적 표현으로 제시한 자본주의 일원론이었다. 1989년 《내셔널 인터레스트National Interest》에 발표한 논문을 확장한 1992년의 책 《역사의 종말: 역사의 종점에 선 최후의 인간

The End of History and the Last Man》에서 후쿠야마는 자유민주주의의 승리로 인류의 사회문화적 진화가 종착점에 도달하고 있다고 주장했다.

자본주의-자유민주주의를 문명의 최종적 형태로 보는 후쿠야마의 일원론은 세계질서의 구조를 놓고는 미국 중심의 단극 체제론으로 이어지는 것이었다. 미국의 지도력이 충분치 않으므로 누군가가 소련을 대신해서 미국에 대한 대항세력의 구심점을 형성하리라는 양극 체제론이 사회과학계에서는 우세했다. 그러나 헤겔과 하이데거 같은 대철학자들을 배경에 둔 '역사의 종말' 관념이 일반인들에게는 강한 인상을 주었다.

후쿠야마의 단극 체제론이 빈약한 실증적 근거에도 불구하고 일세(라기보다는 일시一時)를 풍미한 것은 당시 유일 강대국으로서 미국의 위세 때문이었다. 이에 맞서는 강력한 담론으로 나온 것이 헌팅턴의 '문명의 충돌'이었다. 후쿠야마의 책이 나온 이듬해 《포린 어페어스Foreign Affairs》에 헌팅턴이 〈문명의 충돌?The Clash of Civilizations?〉이라는 논문을 올린 것은 '역사의 종말'에 대한 반박이 필요하다고 판단했기 때문이었을 것이다. 이 논문이 1996년 《문명의 충돌The Clash of Civilizations and the Remaking of World Order》로 이어졌다.

헌팅턴은 이 책에 실린 자신의 전망이 사회과학의 연구 성과가 아닌 현상을 해석하는 하나의 관점일 뿐이라고 말한다. 엄밀한 사실을 밝히는 것이 아니라 관심 있는 사람들의 생각에 도움을 주는 데 목적이 있다는 것이다. 이것이 당시 사회과학계의 상황에 비춰 합당한 태도였고, 헌팅턴의 전망에 부분적 오류가 있더라도 전체적인 참고 가치를 보장해주는 이유다. "아는 것을 안다 하고 모르는 것을 모른다 하는 것, 그것이 바로 앎知之爲知之, 不知爲不知, 是知也"이라 한 공자 말씀에 부합하는 태도다.

1997년의 이 책 번역 초판에 실었던 추천사의 이런 대목은 지금도 남겨두고 싶다. 과연 냉전의 종식은 가치관의 통일로 이어질 것인가? 냉전 시대의 이데올로기 대립은 노동과 재화財貨의 가치를 보는 시각에 중심을 둔 것이었다. 공산권의 붕괴가 과연 공산주의 가치관의 소멸을 뜻하는 것인지에 관해서도 논란의 여지가 있다. 그러나 정작 더 중요한 문제는 지금까지 부각되지 않고 있던 경제외적 가치가 경제적 가치 대신 세계를 움직여 가는 화두話頭가 될 수도 있지 않느냐 하는 점이다. 이 문제를 탐구한 것이 헌팅턴의 《문명의 충돌》이다. 이데올로기 대립에 억눌려 역사 흐름의 표면에 나타나지 않고 있던 문명 간의 갈등이 이제부터 수면 위로 터져 나올 것이라고 헌팅턴은 전망한다. 억누르는 힘이 강하고 억눌려 있던 기간이 길었던 만큼 그 분출도 힘찰 수밖에 없다고 그는 말한다.

당시의 사회과학이 헌팅턴의 전망을 뒷받침해줄 수 없었던 큰 까닭 하나가 여기에 있다. 사회과학은 경제적 가치를 중심으로 발전해왔다. 경제외적 가치의 탐구는 주변부에 머물러 있다가 근년에야 비중을 키우기 시작했다. 1990년대 상황에서는 세계질서의 재편 전망 같은 포괄적 주제를 경제외적 가치에 입각해서 고찰할 준비가 되어 있지 않았다.

그래서 헌팅턴의 '문명의 충돌' 주장을 학술적 연구의 결과인 이론이 아니라 새로운 연구 영역의 개척을 제안하는 하나의 가설로 보았다. 이 가설의 골자는 경제적 가치를 매체로 조직되어온 기존의 세계질서와 달리 장래의 세계질서에는 경제외적 가치가 큰 몫을 맡을 가능성을 제기한 것이다.

이 제안의 바탕에는 지금까지의 세계질서가 경제적 가치에 매달려 온 것이 보편적인 현상이 아닐 수도 있다는 인식이 깔려 있다. 그 인식은 지금까지의 사회과학이 경제적 가치만을 기준으로 삼아온 데 대한 반성으로도 이어질 수 있는 것이다.

근대 사회과학의 가장 큰 병폐가 '보이는 것'에만 얽매이는 경향이었다. 프랑스 경제학자 프레데릭 바스티아의 1848년 글 '보이는 것과 보이지 않는 것Ce qu'on voit et ce qu'on ne voit pas'이 좋은 예다. 바스티아는 당시 유행하던 '깨진 유리창' 우화(빵집 유리창이 깨져서 돈이 들어도 그 돈이 유리가게를 거쳐 돌고 돌며 경제 활성화에 공헌하기 때문에 사회 전체로는 손해가 아니라는 이야기)를 반박하면서 돈이 간 곳만 보고 돈이 가지 못한 곳을 보지 않기 때문에 착각을 하는 것이라고 지적했다. 담론 내용보다 더 흥미로운 것은 바스티아의 관점이 60여 년이 지난 1914년에야 '기회비용'이란 이름으로 경제학에서 채택되었다는 사실이다.

바스티아의 글이 나온(1848) 후 프리드리히 폰 비저가 기회비용 개념을 제시할(1914) 때까지 유럽은 산업혁명과 자본주의 체제의 확장 단계를 거치고 있었다. '소비가 미덕'이던 시대였다. '파괴는 창조의 어머니'라며 산업 진흥에 대한 전쟁의 공헌을 찬양하던 시대였다. '보이지 않는 것'까지 대차대조표에 넣어야 한다는 바스티아의 너무나 상식적인 주장이 이 시대의 경제학에서는 무시당하고 있었던 것이다.

눈에 보이는 경제적 가치를 주로 다루는 경제학이 20세기 내내 사회과학의 중심 역할을 맡았다. 인간의 동기를 이기심으로만 해석하는 호모 에코노미쿠스Homo Economicus 주장이 시대를 풍미한 것도 그 때문이다. 자본주의와 공산주의는 경제적 가치에 대한 집착을 공유했고, 그 사이의 대결 양상은 경제외적 가치에 대한 고려를 배제한다는 점에서 '적대적 공생관계'였다. 양자 간의 대결이 세상을 뒤덮고 있던 냉전 시대가 끝날 무렵에는 경제외적 가치에 대한 학술계의 인식이 매우 빈약한 상태였다.

이 책이 나온 후 20년 동안 세계의 모습은 크게 바뀌었다. 그 변화 앞에 후쿠야마의 '역사의 종말'은 고개를 숙였다. 2004년 네오콘 싱크 탱크인 아메리칸 엔터프라이즈 연구소(이 연구소 이름을 흔히 '미국기업연구소'로 옮기는 것은 잘못이다) 연례 만찬에서 딕 체니가 미국 헤게모니의 단극 체제 출범을 선언했을 때 후쿠야마는 속으로 "내 친구들 모두가 현실을 잃어버렸구나All of my friends had taken leave of reality"라고 생각했다며 나중에 술회했다.

얼마 전《역사의 종말》과《문명의 충돌》을 다시 읽어보려고 꺼냈다가 후쿠야마의 책은 제1장을 넘기지 못하고 덮어버렸다. 후쿠야마는 '진보의 완성'이라는 이념에 집착해 현실을 직시하지 않고 있었다. 그 자신이 현실을 잃어버리고 있었던 것이다. 반면 헌팅턴의 책에서는 새로 음미할 만한 시사점을 아직도 찾을 수 있다. 이 차이가 어디에서 온 것일까?

지난 20년 동안 세계질서의 구조에 일어난 가장 큰 변화는 중국의 성장이다. 1996년의 중국은 아직 WTO(세계무역기구)에도 가입하지 못하고 스스로 '개발도상국' 위상에 매달려 있을 때였다. 1998년 7월 빌 클린턴 미국 대통령의 중국 방문을 둘러싼 논란에서 당시 중국의 위상을 단적으로 알아볼 수 있다.

공화당 우파와 민주당 좌파가 이례적으로 손잡고 이 방문에 반대한 것이다. 장래 군사-경제면에서 미국의 도전자가 될 중국의 성장에 도움이 될 행동을 미국이 취해서는 안 된다는 것이 우파의 주장이었고,

좌파의 주장은 미국 사회가 요구하는 인권기준을 중국이 충족시키도록 압력을 넣기 위해 우호적인 행동을 아껴야 한다는 것이었다. 클린턴의 방문 자체가 중국의 입지를 크게 좌우한다는 인식이 양쪽 주장 밑바닥에 깔려 있었다. 중국이 양대 초강대국의 위치에 와 있는 지금과는 천양지판의 상황이었다.

'양대 초강대국'이라면 20년 전의 양극 체제론이 적중한 것일까? 그렇게 생각하는 사람은 많지 않다. 당시의 양극 체제론은 누군가가 소련 대신 미국과 총체적 대립관계를 복구한다는 것이었다. 지금 중국과 미국의 관계는 총체적 대립이 아닌 다각적 상호 의존관계다.

단극 체제론과 양극 체제론이 모두 빗나갔다면, 헌팅턴의 다극 체제론이 맞나? 꼭 그렇지도 않다. 이슬람국가IS, 러시아를 비롯해 미국 헤게모니에 대항하거나 엇나가는 여러 가지 움직임이 있지만, 모두 미국의 작용에 대한 수동적 반작용의 차원일 뿐이다. 미국 중심의 자본주의 세계 체제에 대한 전면적 대안의 가능성을 보여주는 것은 중국 하나뿐이다.

단극, 양극, 다극 중 하나를 고르라는 질문 자체가 제국주의 체제, 냉전 체제 등 하향식 세계질서의 경험에 묶인 것이다. 중국은 하드파워를 통한 하향식 질서가 아니라 소프트파워를 통한 상향식 내지 수평적 세계질서를 주장해왔다. 하드파워를 아직 못 가진 상태에서 듣기 좋으라고 하는 말이라 보는 이들도 있지만, 실제로 일대일로一帶一路나 아시아인프라투자은행AIIB 사업에서 보여주는 조직 원리는 분명히 종래 서양 중심 패권 체제와 다른 것이다.

나는 미-중 양대 초강대국의 병립竝立 상황을 신구新舊 간의 교착 양상으로 본다. 어느 쪽이 '신'이고 어느 쪽이 '구'인지도 엇갈린다. 당장의 진행 구도는 미국 중심의 구세력에 대한 중국 중심 신세력의 도전처럼 보인다. 그러나 넓고 길게 본다면 산업혁명 이후 경제적 가치만을 기준으로 구축되어온 근대적 세계질서(신)에 중국이 앞장서서 몰고 오는 변화는 근대 이전의 다양하고 복잡한 가치체계(구)를 복원하는 의미를 품고 있는 것이다. 이 신구 간의 관계는 단순한 대결이 아니라 경쟁과 절충을 통해 제3의 길을 빚어가는 변증법적 과정으로 보인다.

'문명의 충돌'에 기반을 둔 다극 체제론에는 세계질서의 성격에 변화가 일어날 가능성을 생각하지 못한 한계가 있다. 그러나 경제적 가치의 독점 지배가 풀려 다양한 경제외적 가치가 되살아날 가능성을 짚은 것은 헌팅턴의 뛰어난 통찰이다. 20년 전에는 이 통찰이 21세기를 내다보는 창문이었지만, 21세기에 들어온 이제는 20세기 사회과학의 성격과 성과를 되돌아보는 창문이 되었다.

21세기 들어서는, 특히 2008년의 금융공황으로 미국 중심의 자본주의 세계 체제가 불안감을 드러낸 후로는, 후쿠야마와 헌팅턴의 담론이 세계를 휩쓸던 1990년대와 다른 방향, 다른 층위의 이야기들이 활발하게 터져 나오기 시작했다. 가장 큰 변화는 미국 명문대에 거점을 둔 종래 '석학'들과 다른 새로운 유형의 중국 학자들이 주목을 받게 된 것이다. 변화가 정치-경제-군사 관계만이 아니라 학술방법에서도 일어나고 있는 것이다.

동서교섭사를 공부해온 내게는 그것이 '서세동점西勢東漸' 현상의 해소로 보인다. 서세동점은 19세기 중엽 산업혁명과 자본주의 체제 구축으로 부국강병富國强兵을 이룬 서양 세력이 동양으로 밀고 들어온 것을 말한다. 동양인들은 처음에 서양의 우월한 무기만을 들여와 약점을 보강하려 했으나 그것만으로 부족하다는 것을 깨닫고 차츰 서양의 산업, 제도, 학술, 사상을 전수받게 된다. 20세기 들어와 동양의 전통을 총체적으로 부정하는 지경에 이른 것이 서세동점의 완성이라 할 수 있다. 20세기가 끝날 무렵에 '아시아적 가치asiatic value' 이야기가 일각에서 나온 것이 서세동점의 해소를 바라보는 미약한 표현이었다. 그로부터 20년이 지난 지금, 훨씬 더 힘찬 주장이 중국에서 나오며 세계의 주목을 받고 있다.

동양의 담론을 부각시키는 이 전환점에 이르는 길을 서양의 사회과학으로부터 이어준 것이 '세계 체제world system론'이다. 1970년대 세계 경제 위기를 자본주의 체제의 위기로 해석한 세계 체제론은 1990년대에 공산권 붕괴를 자본주의 체제의 위기 대응으로 해석하면서 영향력을 확장했다. 자본주의 원리를 중심으로 한 근대 세계 체제의 한계를 논하는 이 흐름으로부터 대안 체제의 가능성을 동양에서 찾는 시각이 2007년 조반니 아리기의 《베이징의 애덤 스미스Adam Smith in Beijing》로 이어졌다.

아리기의 흥미로운 논점 하나가 '근면혁명industrious revolution'이다. 스기하라 가오루가 산업혁명industrial revolution에 빗대 메이지 시대 일본의 근대화를 설명하는 데 쓴 이 말은 서양식 자본집약적 근대화와 다른 노동집약적 근대화의 원리를 제시한 것이다. 아리기는 이 개념을 장기간에 걸친 중국 발전에 확장 및 적용하면서 21세기 세계에 중국의 주도로 도입될 새로운 조직 원리의 가능성을 보여주었다.

중국 철학자 자오팅양趙汀陽은 2005년 《천하체계天下體系》에서 중국식 정치철학을 제안했다. 지금 인류가 '국가'의 틀을 벗어나 전 세계를 정치경제적 이익의 분석 단위로 삼을 필요에 직면해 있으며, 과거 중국의 '천하제국' 원리가 중요한 참고가 된다는 것이다. 서양에서 발전시켜온 정치경제학의 틀을 홀랑 뒤집자는 제안이다.

자오팅양의 관점은 잘 알려져 있는《맹자孟子》의 한 대목에도 나타나 있다. 양혜왕이 맹자에게 "선생께서 천리를 멀다 않고 오셨으니 이 나라를 이롭게 할 방도를 가지신 것이겠지요"라고 할 때 맹자가 "임금께서는 왜 꼭 이로움利을 말씀하십니까. 어질음仁과 옳음義이 있을 따름입니다"라고 대답했다는 장면이다.

다른 대목에는 맹자에게 스승 자사子思가 정치의 궁극적 목적이 백성을 이롭게 하는 데 있으며 어질음과 옳음은 그 수단이라고 일러주는 장면이 있다. 그런데도 맹자가 양혜왕에게는 왜 이로움을 말하지 말라고 했을까? 양혜왕이 말한 이익이 천하의 이익이 아닌 양나라의 이익이었기 때문이다. 사익에 대한 지나친 집착은 공익을 해칠 수 있다. 맹자는 양나라의 국익도 사익의 성격을 가질 수 있다는 점을 경계한 것이다.

중국 학자들의 새로운 담론이 계속 늘어나고 있다. 관심을 갖고 살펴보는 나로서도 다 찾아보기 어려울 지경이다. 지금도 인터넷신문 〈프레시안〉에는 동양현대사 연구자 이병한 박사의 중국 참여파 학자이자 칭화대학교 교수인 후안강胡鞍鋼 인터뷰가 몇 회에 걸쳐 실리고 있는데 눈여겨볼 점이 많다. 최근의 게재에는 중국의 발전이 환경을 고려하는 '녹색 발전'이어야 할 이유와 중국의 '치수治水' 전통이 중요한 참고가 된다는 주장이 보인다. 서양식 발전 이론과 다른 방향이 구체적인 점까지 검토되고 있는 것이다.

사회과학 연구의 목적과 방법을 통째로 바꾸는 변화가 중국을 중심으로 진행되고 있다. 그렇다 해서 종래의 연구가 바로 폐기될 수는 없다. 종래의 연구를 새로운 시각에서 재해석해야 새로운 연구의 발판이 될 수 있다. 이 재해석을 위한 창문으로 헌팅턴의 20년 전 통찰이 가치를 가진 것이다. 그래서 나는 새로운 담론을 섭렵하기 바쁜 중에도《문명의 충돌》을 다시 꺼내 읽어보고 있다.

2016년 2월

# 정치적 지혜가 담긴 현대사회의 지침서

_ 즈비그뉴 브레진스키(전 백악관 국가안보보좌관)

《문명의 충돌》은 영향력 있는 책이다. 이것은 현재 세계가 접하고 있는 혼돈의 의미를 재정의하고 점차 좁아져가는 세계의 새로운 복잡성을 해석하기 위한 새로운 어휘들을 제공한다. 이 책에서 새뮤얼 헌팅턴이 제시한 신앙, 문화, 정치 간 상호 관계에서의 구조적 이동에 대한 분석은 초기에는 충격적으로 받아들여졌지만 점차 설득력을 가지게 되었다. 현재는 이 시대의 세계가 접한 문제들을 폭넓게 이해할 때 필요한 본질적 안목을 제공하는, 단 10여 편의 진정으로 오래 간직하고 싶은 저서들 중 하나의 반열에 올라 있다는 점에 반론이 없을 것이다.

《문명의 충돌》은 또한 그 압도적인 범위와 인상적인 깊이로 우리를 감탄시켰을 뿐만 아니라 그의 개인적 가치관을 비난하고 공격하려는, 혹은 이원론자의 편에 서서 그의 관점을 이용하려는 인신공격 수준의 시도를 언급하지 않고서도 사회과학의 전통적 이분법을 넘어서는 그의 이론이 가지는 초월성에 대한 (특히 초기의) 학문적 회의도 불러일으켰다는 점 역시 우리는 잘 알고 있다. 이 책의 엄청난 독자 수는 이 책이 고전적 사회학의 어떤 저서보다도 통찰력 있게 현재의 격동적인 역사적 현실을 포괄적으로 이해하고자 하는 수많은 갈망을 만족스럽게 충족시켜준다는 것을 입증한다.

좀 더 얘기하기 전에, 나는 독자들에게 두 가지를 밝히고자 한다. 먼저 헌팅턴과 나는 성인 시절 대부분을 함께한 절친한 친구였다. 우리는 하버드 대학원 생활과 이후의 젊은 학자 시기도 함께 보냈다. 우리뿐만 아니라 아내들끼리도 매우 가까웠다. 헌팅턴이 하버드를 떠나 컬럼비아대학으로 간 후, 그의 설득으로 나 역시 그곳으로 자리를 옮겼다. 그가 다시 하버드로 돌아갈 것을 결정하고, 나는 계속 컬럼비아대학에 남기로 결정했을 때 우리의 길은 서로 달라졌다. 하지만 여전히 함께 책을 펴냈고 이후 내가 백악관에 있을 때 그 역시 백악관으로 왔다. 그곳에서 그는 강대국 자리를 놓고 경쟁하는 미국과 소비에트 연방에 대한 폭넓은 전략적 평가를 수행하여 카터 정부와 레이건 정부 정책에 지대한 영향을 미쳤다.

둘째로, 우리는 친구였지만 때로는 의견이 갈렸다. 그의 원대한 논문이 1993년《포린 어페어스》7월호에 처음 실렸을 때 솔직히 나는 회의적인 입장이었다. 다른 일부 학자들과 마찬가지로 나는 그 논문의 야심찬 방대함에는 깊은 인상을 받았지만 유래를 찾아볼 수 없을 정도로 교류가 많은 현 세계 속에서 일어나는 국가적, 종교적, 사회적 갈등이 가진 복잡한 역학에 대해 그가 가지고 있는 역사적으로 포괄적이고 지적으로 광범위한 관점에 대해 당혹스러웠다. 하지만 이후 그에 대해 비판적이었던 학자들 간의 토론에 참여한 다음에는, 특히 출판된 그의 저술을 읽은 후에는 내가 느꼈던 의구심이 점차 사라졌다. 나는 그의 방대한 논문과 중대한 통합들이 현재 세계의 여러 일들에 대한 이해만이 아니라 그것을 지적으로 구체화하는 데에도 중요한 안목을 제시했다는 것을 깨닫게 되었다.

마지막으로 한 가지 강조해야 할 것이 있다. 헌팅턴의 책은 정치적 발전의 복잡성에 대한 탁월한 해석을 제공할 뿐만 아니라, 단순한 역사적 결정론에 어리석게 저항 없이 항복하지도 않고, 또한 문명의 갈등을 우리 시대의 피할 수 없는 도덕적 의무로서 적극 수용하지 않는 정책을 위해 필요한 지적 도약대를 제공한다.

별로 놀라울 것도 없지만 극단적 견해를 옹호하는 사람들 일부는 9·11 테러 이후에 미국이 직면한 모호한 문명의 문제를 '우리는 자유를 사랑하고 그들은 자유를 증오한다'라는 단순한 구호로 대중 차원에서 환원시키는 행위가 필요하다는 요구에 넘어갔다. 그렇기에 단순하고 다소 선동적인 대비로부터 유도된 정책 결론이 실생활에 적용되었을 때 자기 파괴적인 결과를 가져왔다는 점 역시 그다지 놀랍지 않다.

실제로《문명의 충돌》은 정책이 내포하는 점들에 대해 강하게 경고한다. 9·11 테러가 발생하기 거의 10년 전 헌팅턴은 정치적으로 깨어 있는 현대사회에서 몇몇 문명의 기간을 거치는 동안(전례 없는 파괴력을 가진 핵무기가 이미 그런 것처럼) 우리에게 요구된 의식은 국가 간의 관계를 원활하게 유지하기 위해 상호 간의 합리성, 존중, 자제를 바탕으로 한 문명 간 협력이라는 메시지를 던져왔다. 그러므로 헌팅턴의 저서는 비단 지적 영역에서만 선구적인 것이 아니라 정치적 지혜가 담긴 역작이라 할 수 있다.

2011년 4월

## | 저자의 말 |

1993년 여름《포린 어페어스》는〈문명의 충돌?〉이라는 제목의 내 논문을 실었다.《포린 어페어스》편집진에 따르면 이 논문은 지난 3년 동안 1940년대 이후 이 잡지에 수록된 그 어떤 논문보다도 열띤 논란을 불러일으켰다고 한다. 나 역시 이보다 더 큰 반향을 불러일으킨 논문은 써본 기억이 없다. 5대양 6대주의 수십 개국에서 나의 글에 대한 반응과 평가가 나왔다. 사람들은 새롭게 태동하는 세계정치 구도에서 핵심적이고 가장 위험한 변수는 상이한 문명을 가진 집단들 사이의 갈등이 될 것이라는 나의 주장에 감동받고, 호기심을 느끼고, 분개하고, 위기감을 느끼고, 당혹스러워했다. 반응이야 판이했지만 나의 논문은 모든 문명권 사람들의 예민한 부분을 건드렸다.

그 논문이 야기한 관심, 오해, 논쟁을 감안할 때 나로서는 다루어졌던 주제를 한층 심화시키는 것이 바람직하다고 생각했다. 문제를 제기하는 건설적 방법의 하나는 가설을 세우는 일이다. 나의 논문은 그런 가설을 세우려는 의도로 쓰였으며 그래서 제목에 물음표를 달았지만, 그 물음표는 대체로 무시되었다. 이 책은 그 논문에서 제기한 질문에 대한 답변을 더욱 포괄적이고 심층적이며 근본적으로 제공하려는 의도를 담고 있다. 여기서 나는 논문에서 개진된 바 있는 주제들을 가다듬고 보완하고 때로는 수정하고, 논문에서는 아예 다루지 못했거나 잠깐 스쳐 지났던 많은 주제들도 언급하고자 한다. 논문에서 다룬 주제들은 문명의 개념, 보편 문명의 문제, 권력과 문화의 관계, 문명 사이의 세력균형 변화, 비서구 사회에서 나타나는 문화적 자각, 문명의 정치구조, 서구 문명의 보편성이 야기하는 갈등과 이슬람의 호전성 및 중국의 자기주장, 중국의 부상을 바라보는 상이한 시각, 단층선 전쟁의 원인과 역학관계, 서구와 문명 세계의 미래 등이었다. 그러나 논문에서 짚지 못한 주제도 있었다. 그중 하나가 인구 증가가 세력균형에 미치는 지대한 영향이다. 그리고 이 책의 제목과 마지막 문장에 논문에서 빠뜨린 또 하나의 중요한 주제가 집약되어 있다. "문명과 문명의 충돌은 세계평화에 가장 큰 위협이 되며, 문명에 바탕을 둔 국제 질서만이 세계대전을 막는 가장 확실한 방어 수단이다."

이 책은 사회과학서가 아니며 그런 의도로 집필하지도 않았다. 그보다는 냉전 이후의 세계정세의 변화를 해석하는 데 주안점을 두었다. 이 책은 학자들이 의미 있게 받아들이고 정책 입안가들이 쓸모 있게 활용할 수 있는, 세계정세를 바라보는 해석들이라고 할 수 있는 패러다임을 제공하겠다는 야심을 담았다. 세계정세에서 발생하는 모든 사건을 설명할 수 있느냐 하는 것이 이 책의 의미와 유용성을 가늠하는 시금석이 되는 것은 아니다. 이 책은 분명히 그런 설명을 제공하지는 못한다. 중요한 것은 이 책이 다른 패러다임의 렌즈보다도 국제정세의 추이를 잘 통찰할 수 있게 해주는 더 의미 있고 유용한 렌즈를 제공하느냐의 여부다. 덧붙이자면, 어떤 패러다임도 영원히 유효하지는 않다. 문명에 바탕을 둔 접근은 20세기 말과 21세기 초의 세계정세를 이해하는 데 유용할지 모르지만 그렇다고 이런 접근법이 20세기 중반에도 유용했다거나 21세기 중반에도 유용하리라고 내다보는 것은 아니다.

궁극적으로 논문과 책의 형태로 발전한 이런 나의 구상을 처음으로 발표한 것은 1992년 10월 워싱턴의 아메리칸 엔터프라이즈 연구소에서 가진 브래들리 강연에서였다. 그것은 다시 존올린 전략연구소가 스미스리처드슨 재단의 후원 아래 추진한 '변화하는 안보 환경과 미국의 국익'이라는 프로젝트를 위한 예비 논문으로 발표되었다. 논문을 발표하고 나서 나는 미국 전역의 대학, 정부, 기업, 기타 집단이 주최한 '충돌'에 초점을 맞춘 수많은 세미나와 회의에 참석했다. 뿐만 아니라 아르헨티나, 벨기에, 중국, 프랑스, 독일, 영국, 한국, 일본, 룩셈부르크, 러시아, 사우디아라비아, 싱가포르, 남아프리카공화국, 스페인, 스웨덴, 스위스, 대만을 포함한 여러 나라에서 이 논문과 관련한 주제를 놓고 토론에 참여할 수 있는 행운을 누렸다. 이런 토론을 통해 나는 인도권을 제외한 주요 문명권의 기류를 빠짐없이 감지할 수 있었으며 토론 참가자들의 통찰과 관점으로부터 큰 도움을 얻었다. 1994년과 1995년에 나는 하버드대학에서 탈냉전 시대의 본질에 관한 세미나를 지도했는데, 학생들의 늘 활기차고 때로는 아주 비판적인 지적은 적잖은 자극이 되었다. 내가 이 책을 쓰는 동안 하버드대학의 존올린 전략연구소와 국제문제센터의 학구적이고 협조적인 분위기가 큰 도움이 되었다.

더쉬, 커헤인, 자카리아, 지머만은 이 원고를 일일이 다 읽어주었으며 그들의 지적에 힘입어 원고의 내용과 짜임새가 눈에 띌 정도로 좋아졌다. 이 책을 쓰는 동안 지머만은 자료 조사를 끝까지 도왔다. 그의 열정적이고 헌신적이며 안목 있는 도움이 없었더라면 이 책은 제대로 완성되지 못했을 것이다. 학부 조교 준, 브릭스도 건설적인 도움을 주었다. 매지스트리스는 초고를 쳐주었으며, 에드워즈는 남다른 정성과 뛰어난 효율성으로 이 원고를 거듭 손보았고 아마 원고의 상당 부분을 거의 외우다시피 했을 것이다. 조지즈보샤트 에이전시의 섀넌과 사이먼앤슈스터 출판사의 아사히나, 벤더, 리는 출판 과정에서 다정다감하면서도 전문가적인 안목으로 원고의 방향을 잘 이끌어주었다. 나는 이 책의 탄생에 도움을 준 이 모든 분들에게 무한한 감사를 드린다. 그들의 도움 덕분에 이 책은 여러모로 한결 좋아졌다. 그래도 남아 있는 결함은 나의 책임이다.

나는 존올린 재단과 스미스리처드슨 재단의 연구 지원금으로 이 책을 쓸 수 있었다. 두 재단의 지원이 없었더라면 책의 완성은 몇 년 뒤로 늦춰졌을 것이다. 그들의 아낌없는 후원에 깊이 감사드린다. 대부분의 재단이 국내 문제로 점점 관심을 돌리는 실정임에도 전쟁과 평화, 국가 안보, 국제 안보 연구에 지속적으로 관심과 지원을 기울이고 있다는 점에서 존올린 재단과 스미스리처드슨 재단은 찬사를 받아 마땅하다.

새뮤얼 헌팅턴

| 차례 |

# THE CLASH OF CIVILIZATIONS

AND THE REMAKING OF WORLD ORDER

제 1 부

# 문명들의 세계

Chapter 1

# 새로운 세계정세

## 국기와 문화 정체성

1992년 1월 3일 러시아와 미국의 학자들이 참석한 회의가 모스크바의 한 정부기관 강당에서 열렸다. 2주 전 소련은 해체되었고 러시아 연방이 독립국으로 출범했다. 그 결과 이제까지 강당에 우뚝 서 있던 레닌상은 사라지고 그 대신 러시아 연방기가 내걸리게 되었다. 한 미국인 학자가 발견한 딱 하나의 문제는 기가 거꾸로 걸려 있다는 것이었다. 이 점을 지적하자 러시아는 첫 번째 휴식시간을 이용해 소리 없이 재빨리 오류를 시정했다.

냉전이 끝나고 몇 년에 걸쳐 민족의 정체성과 그 정체성의 상징에 극적인 변화가 나타나기 시작했다. 거꾸로 걸린 깃발은 과도기의 징후였지만 국기는 점점 높고 바르게 걸리고, 러시아를 비롯한 여러 나라의 국민이 이런 국기 혹은 고유한 문화 정체성의 새로운 상징물을 앞세워 행진을 벌이며 또 그것에 동원되었다.

1994년 4월 18일 사라예보에서 2,000여 명의 군중이 사우디아라비아와 터키의 국기를 흔들며 집회를 가졌다. 유엔, NATO, 미국의 깃발이 아닌 사우디아라비아와 터키의 국기를 흔듦으로써 사라예보 시민은 자신들이 이슬람 세력과 연대하고 있음과 그들의 진정한 벗이 누구인지를 분명히 밝혔다.

1994년 10월 16일 로스앤젤레스에서 7만여 명의 군중이 불법 체류자와 그들의 자녀 복지 혜택을 대폭 박탈하는 주민투표제안 187호에 항의하면서 '멕시코 깃발의 바다' 아래 행진을 벌였다. 멕시코 국기를 들고 거리를 활보하면서 미국에 무상교육을 요구하는 것을 곱지 않게 본 사람들은 그들이 미국 국기를 흔들어야 한다고 생각했다. 2주 뒤 더욱 대규모의 시위대가 미국 국기를 거꾸로 든 채 거리를 행진했다. 이 국기 사건은 제안 187호의 확실한 승리를 뒷받침한 셈이었다. 캘리포니아 주민의 59퍼센트가 여기에 찬성했다.

탈냉전 시대에 들어오면서 깃발을 비롯한 십자가, 초승달 같은 문화 정체성의 상징물이 중요해졌다. 문화가 중요해졌고, 문화 정체성이야말로 대부분의 사람들에게 가장 의미 있는 것으로 받아들여지고 있기 때문이다. 사람들은 새롭지만 대개는 해묵은 정체성을 발견하여, 새롭지만 대개는 해묵은 깃발 아래 행진을 벌이다가, 새롭지만 대개는 해묵은 적수와 전쟁을 벌인다.

마이클 딥딘Michael Dibdin의 소설《죽은 못Dead Lagoon》에 등장하는 베네치아의 민족주의적 선동가는 이 새로운 시대의 음울한 세계관을 잘 표현했다. "진정한 적수가 없으면 진정한 동지도 없다. 우리 아닌 것을 미워하지 않는다면 우리 것을 사랑할 수 없다. 이것은 100년이 넘도록 지속되어온 감상적이고 위선적인 표어가 물러간 자리에서 우리가 고통스럽게 다시 발견하고 있는 뿌리 깊은 진리다. 이것을 부정하는 사람은 자신의 가족, 정신적 유산, 문화, 타고난 권리, 스스로를 부정하는 셈이다! 이것은 사소하게 보아 넘길 문제가 아니다." 이 해묵은 명제에 담겨 있는 불행한 진실을 정치인과 학자는 묵과하고 넘어가서는 안 된다. 자신의 정체성을 찾고 민족성을 재창조하려는 민족에게는 반드시 적수가 필요하며, 잠재적으로 가장 위험한 적대감은 세계 주요 문명들 사이의 단층선에서 불거진다.

이 책의 핵심 명제는 가장 폭넓은 차원에서, 문명 정체성에 다름 아닌 문화 또는 문화 정체성이 탈냉전 세계에서 전개되는 결집, 분열, 갈등의 양상을 규정하는 것이다. 이 책을 구성하는 다섯 부분은 이러한 중심 명제에서 정교하게 도출된 귀결물이다.

**제1부**_ 사상 최초로 세계정치가 다극화, 다문명화되었다. 경제와 사회의 현대화는 의미를 지닌 보편 문명을 낳지 못하고 비서구 사회를 서구화하는 데도 실패했다.

**제2부**_ 서구의 상대적 영향력이 줄어들고, 아시아 문명의 경제력, 군사력, 정치력이 확대되고 이슬람권의 인구가 폭발적으로 증가하여 이슬람 국가들과 그 인접 국가들의 세력균형이 위협을 받으면서, 비서구 문명들은 전반적으로 자기 고유문화의 가치를 적극적으로 내세우고 있다.

**제3부**_ 문명에 기반을 둔 세계질서가 태동하고 있다. 문화적 친화력을 갖는 사회들은 서로 협조한다. 한 사회를 이 문명에서 저 문명으로 이전시키려는 노력은 실패로 돌아갔다. 국가들은 자기 문명권의 주도국 혹은 핵심국core state을 중심으로 뭉친다.

**제4부**_ 보편성을 자처하는 서구의 자세는 다른 문명, 특히 이슬람,

중국과 갈등을 빚고 있다. 국지적 차원에서는 주로 이슬람권과 비이슬람권 사이의 단층선 분쟁에서 '형제국들의 규합'을 통해 확전으로 치달을 가능성이 상존한다. 분쟁을 저지하려는 핵심국의 노력도 두드러진다.

**제5부**_ 서구의 생존은 미국이 자신의 서구적 정체성을 재인식하고 자기 문명을 보편이 아닌 특수한 것으로 받아들이면서, 비서구 사회로부터 오는 위협에 맞서 힘을 합쳐 자신의 문명을 혁신하고 수호할 수 있느냐 없느냐에 달려 있다. 문명 간의 대규모 전쟁을 피하려면 전 세계지도자들이 세계정치의 다문명적 본질을 받아들이고 그것을 유지하는 데 협조해야 한다.

## 세계의 다극화와 다문명화

탈냉전 시대에 사상 최초로 세계정치는 다극화, 다문명화되었다. 인류 역사의 대부분 기간 동안 문명과 문명의 접촉은 간헐적으로 이루어졌거나 아예 존재하지 않았다. 그러다가 서기 1500년을 전후하여 근대가 시작되면서 세계정치는 두 가지 차원에서 전개되었다. 400년 남짓 동안 서구의 '국민국가nation state(영국·프랑스·스페인·오스트리아·프로이센·독일·미국 등)'는 서구 문명 안에서 다극적 국제 체제를 형성해 서로 어울리고 겨루며 전쟁을 벌였다. 동시에 서구 국민국가들은 다른 모든 문명으로 진출해 그것들을 정복하고 식민화하고 결정적 영향력을 행사했다〈지도 1-1〉. 냉전 기간 동안 세계정치는 양극화되었고 세계는 세 부분으로 갈라졌다. 미국이 주도하는 가장 풍족하고 민주적인 사회들은 소련과 연결되어 있거나 소련이 이끄는 다소 여유롭지 못한 공산주의 진영과 이념적으로, 정치적으로, 경제적으로 때로는 군사적으로 광범위한 경쟁을 벌였다. 분쟁의 상당수는 이 두 진영의 바깥에 있으며 빈곤하고 정치적으로 불안정하고 최근에 독립하여 비동맹 노선을 추구하던 제3세계에서 일어났다〈지도 1-2〉.

1980년대 말 공산 세계가 무너지면서 냉전 체제는 역사의 뒤안으로 사라졌다. 탈냉전 세계에서 사람과 사람을 가르는 가장 중요한 기준은 이념이나 정치, 경제가 아니다. 바로 문화다. 민족과 국민은 '우리가 누구인가'라는 인간이 직면할 수 있는 가장 근본적인 물음에 답하기 위해 부심하고 있다. 그리고 인류가 지금까지 그런 질문 앞에서 내놓았던 전통적인 방식으로 답변을 제시하고 있다. 바로 자신들에게 가장 의미 있는 대상에 관심을 기울이는 것이었다. 사람들은 조상, 종교, 언어, 역사, 가치관, 관습, 제도를 가지고 스스로를 규정한다. 그들은 부족, 민족 집단, 신앙 공동체, 국민, 가장 포괄적인 차원에서는 문명이라고 하는 문화적 집단에 자신을 귀속시킨다. 사람들은 자신의 이익을 추구하는 것뿐만 아니라 자신의 정체성을 확인하는 것에도 정치를 이용한다. 우리는 자신이 무엇이 아닌지를 알 때만, 아니 자신의 적수가 누구인지를 알 때만 내가 누구인지를 알게 된다.

국민국가는 세계정치에서 중추적 역할을 맡고 있다. 국민국가의 활동은 예나 지금이나 권력과 부의 추구로 규정하지만, 한편으로는 문화적 선호, 동질성, 이질성 따위로 규정하기도 한다. 가장 중요한 국가군은 더 이상 냉전 시대의 세 블록이 아니라 세계의 7~8개에 이르는 주요 문명이다〈지도 1-3〉. 비서구 사회, 특히 동아시아는 경제력을 키우면서 군사력과 정치적 영향력을 확대할 수 있는 토대를 쌓아가고 있다.

## 서구와 나머지 세계: 1920년

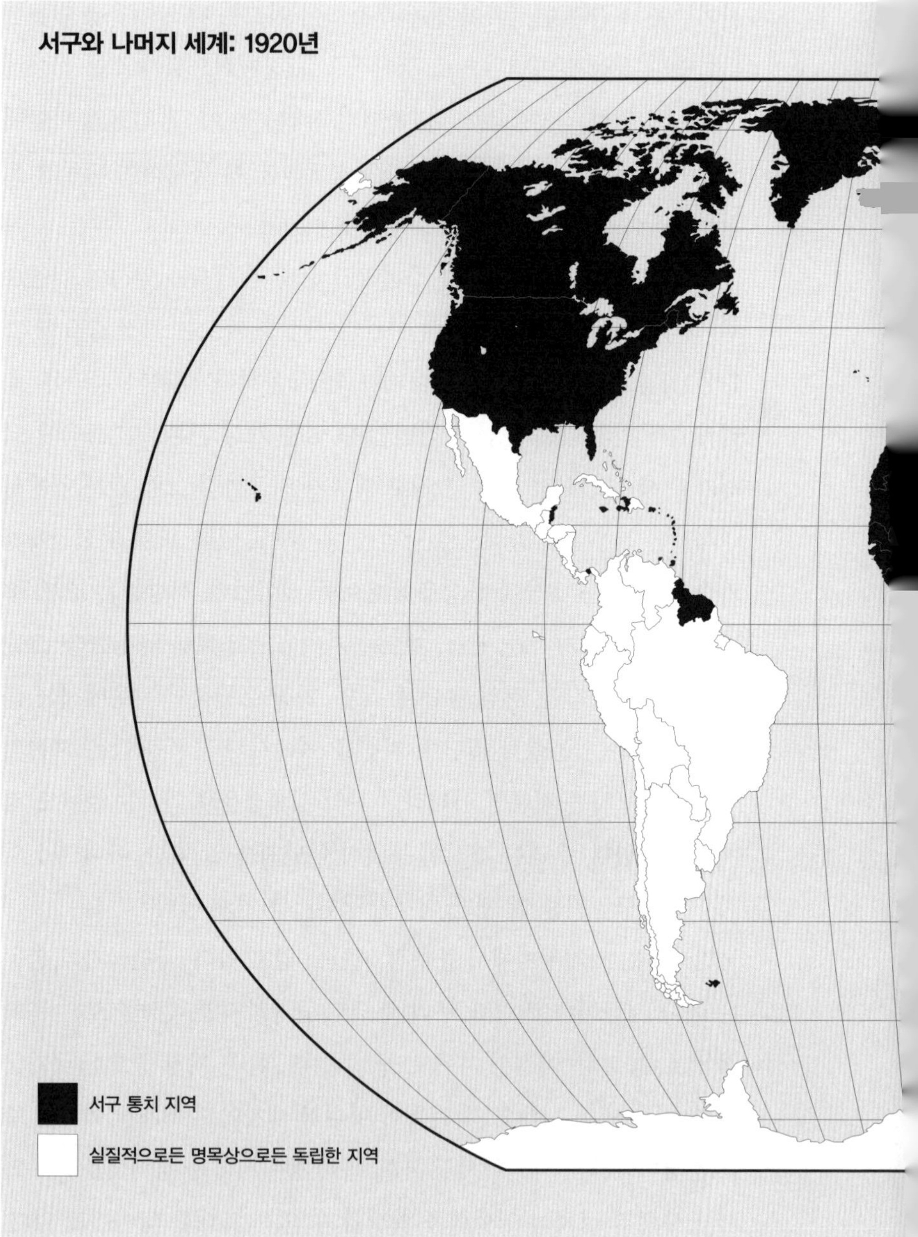

〈지도 1-1〉

## 냉전 세계: 1960년

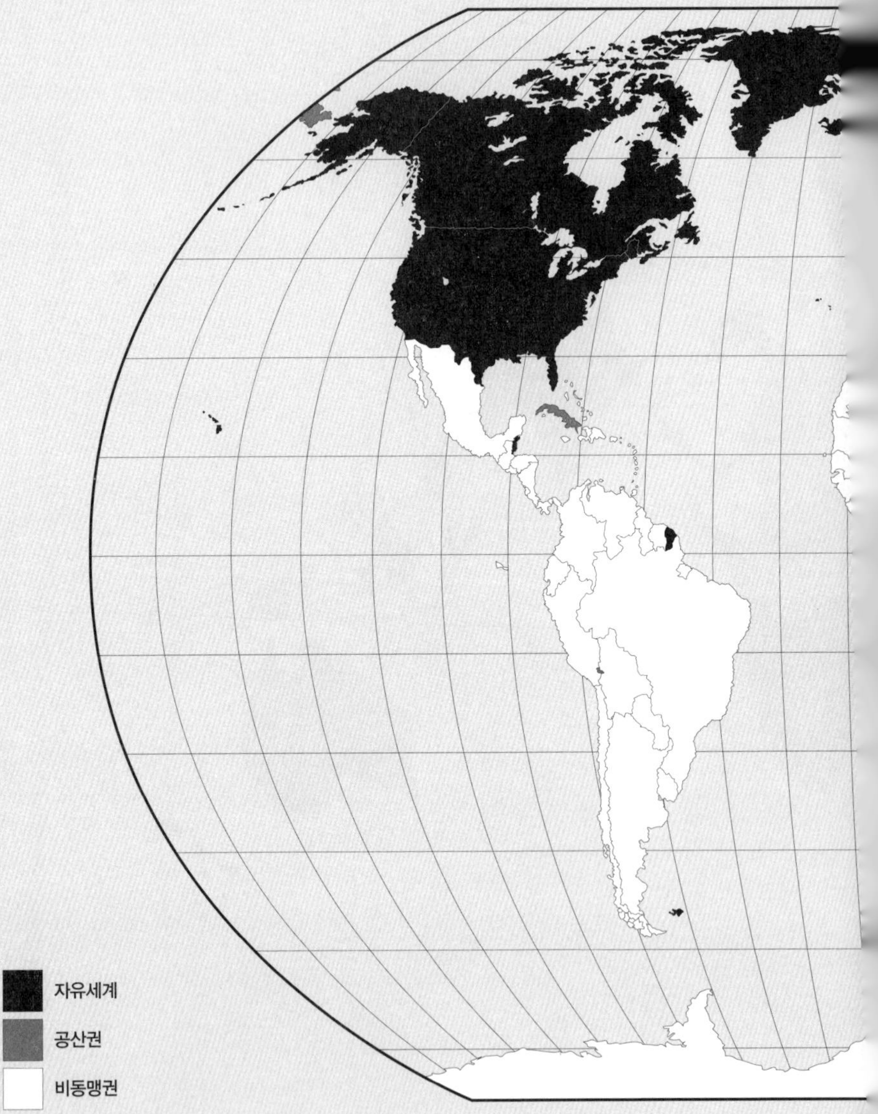

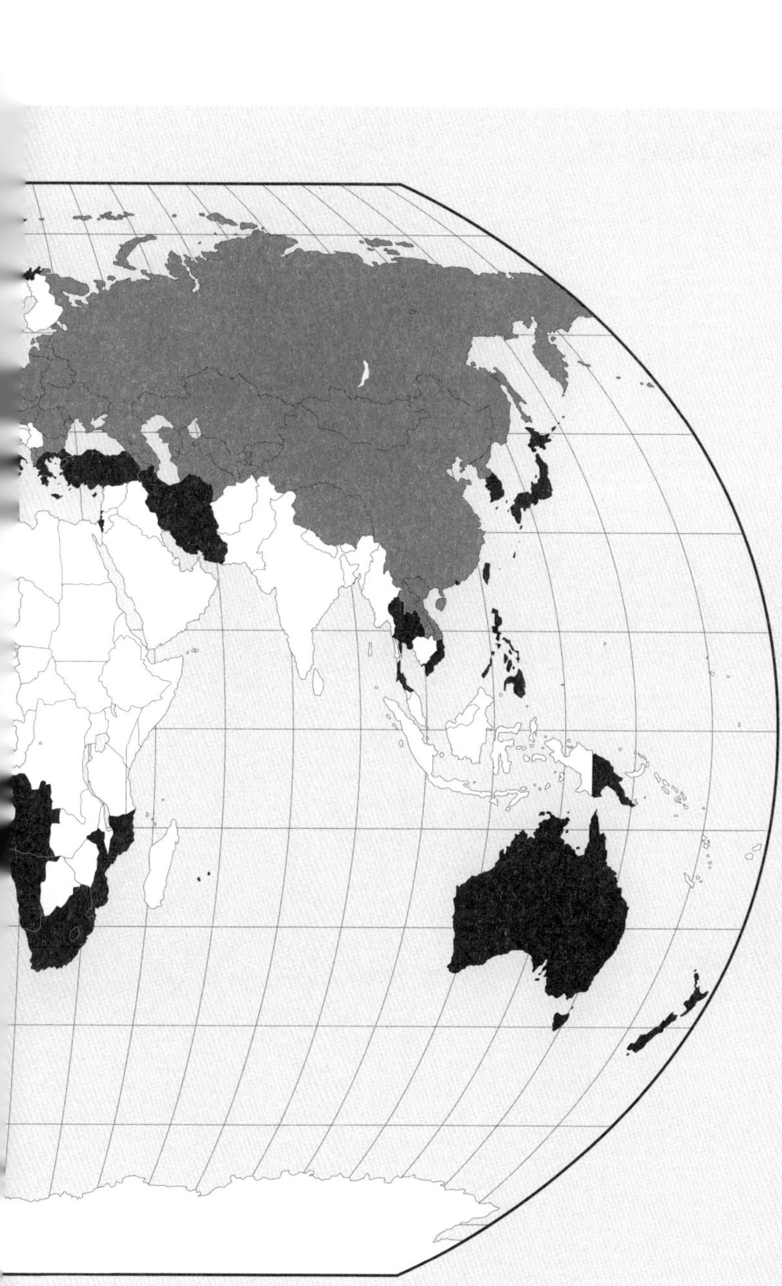

〈지도 1-2〉

## 문명들의 세계: 1990년 이후

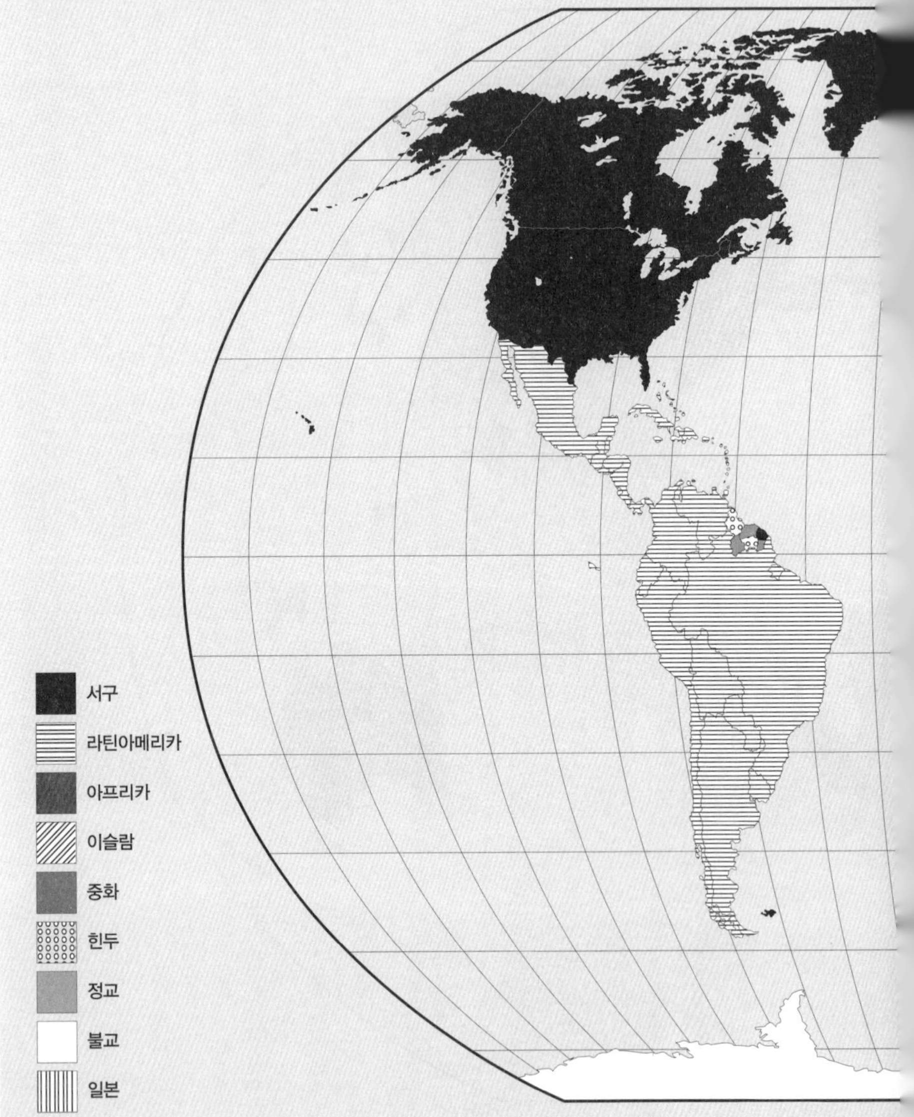

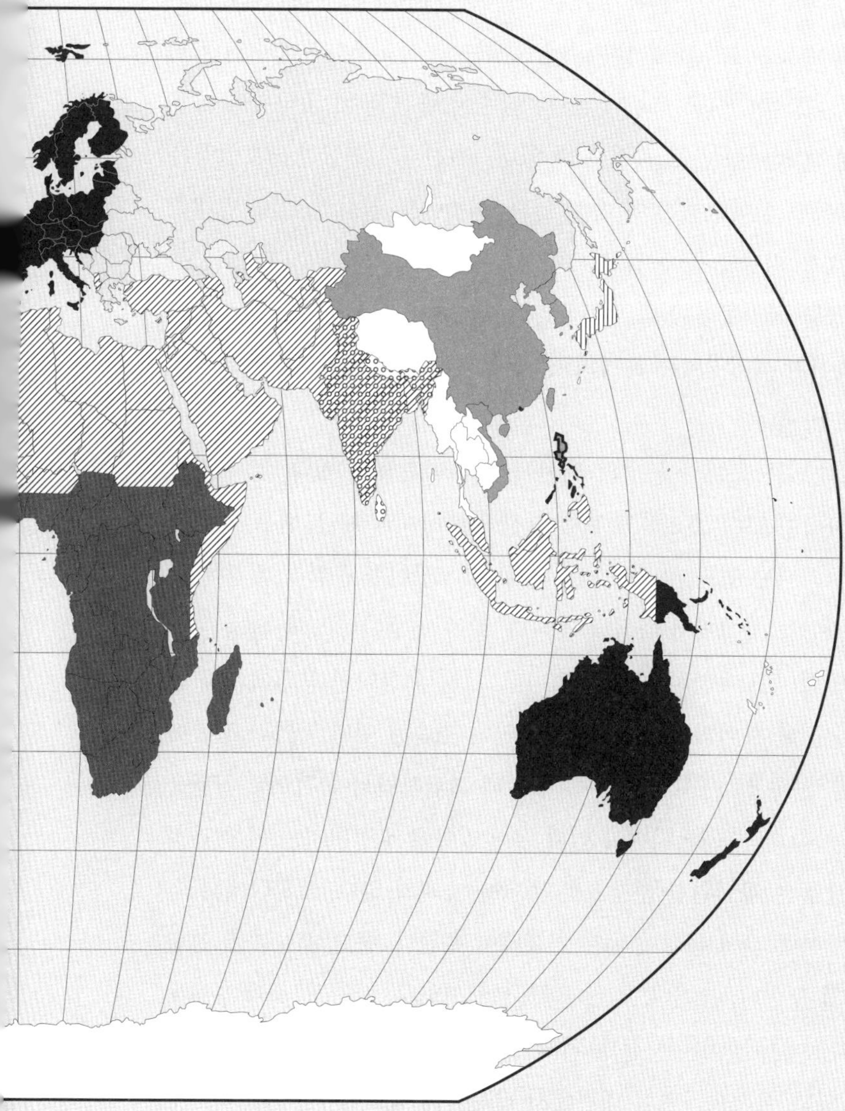

〈지도 1-3〉

힘과 자신감이 축적되면서 비서구 사회들은 점차 자신의 문화적 가치를 주장하고 서구에 의해 '강요된' 가치를 거부하고 있다. 헨리 키신저Henry Kissinger는 "21세기의 국제 체제는 …… 최소한 6개의 열강(미국, 유럽, 중국, 일본, 러시아, 아마도 인도)과 다수의 중진국 및 소국으로 이루어지게 될 것이다"라고 지적한 바 있다.[1] 키신저가 언급한 6대 열강은 5개의 아주 상이한 문명에 속해 있다. 이밖에도 전략적 위치, 방대한 인구, 석유 자원을 등에 업고 세계정치에서 영향력을 미치고 있는 주요 이슬람 국가들이 있다. 이 새로운 세계에서 지역정치는 민족성의 정치학이며 세계정치는 문명의 정치학이다. 강대국의 경쟁은 문명의 충돌로 바뀐다.

세계정치는 문화와 문명의 괘선을 따라 재편되고 있다. 여기서 가장 전파력이 크며 중요하고 위험한 갈등은 사회적 계급, 빈부, 경제적으로 정의되는 집단 사이에 나타나지 않고 상이한 문화적 배경에 속하는 사람들 사이에서 나타날 것이다. 종족 전쟁이나 민족 분쟁은 한 문명 안에서도 여전히 발생할 것이다. 그러나 상이한 문명에 속하는 국가나 집단 사이의 폭력은 이들 문명에 소속된 여타 국가나 집단이 자기네 '친족국kin country'[2]을 돕기 위해 결집하면서 확전으로 치달을 수 있는 잠재력을 늘 지니고 있다. 소말리아에서 벌어지는 씨족 간의 유혈 충돌은 광범위한 분쟁으로 치달을 소지가 없다. 르완다에서 벌어지는 부족 간의 유혈 충돌은 기껏해야 우간다, 콩고, 부룬디에 영향을 미칠 뿐이다. 그러나 보스니아헤르체고비나, 캅카스, 중앙아시아, 카슈미르에서 벌어지는 문명 간의 유혈 충돌은 더 큰 전쟁으로 전개될 수 있다. 유고슬라비아 내전에서 러시아는 세르비아를 외교적으로 지원하고 사우디아라비아, 터키, 이란, 리비아는 보스니아헤르체고비나를 경제적, 군사적으로 지원했다. 그것은 이념이나 정치적 역학관계, 경제적 이득이 아니라 어디까지나 문화적 동질성에서 우러나온 조치였다. 바츨라프 하벨Vaclav Havel이 통찰했듯 문화적 갈등이 지금보다 더 악화되고 위험스러운 상황에 놓인 적은 일찍이 없었다. 자크 들로르Jacques Delors도 미래의 갈등은 경제나 이념이 아니라 문화적 요인에 의해 촉발될 것이라며 비슷한 견해를 표명했다.[3] 가장 위험한 문화적 분쟁은 문명과 문명이 만나는 단층선에서 발생한다.

탈냉전 세계에서 문화는 분열과 통합의 양면으로 위력을 발휘한다. 문화적으로 통합되어 있지만 이념적으로 갈라져 있던 민족이 다시 뭉치고 있다. 이념이나 역사적 상황으로는 통합되어 있지만 이질적 문명으로 구성되어 있던 사회는 소련, 유고슬라비아, 보스니아헤르체고비나처럼 다시 갈라지거나 우크라이나, 나이지리아, 수단, 인도, 스리랑카처럼 극심한 긴장을 겪고 있다. 문화적으로 비슷한 나라들은 경제적, 정치적으로도 협력한다. EU(유럽연합)처럼 문화적 동질성을 가진 국가들에 토대를 둔 국제기구가 문화의 장벽을 뛰어넘어야 하는 국제기구보다 훨씬 원활하게 굴러간다. 45년 동안 철의 장막은 유럽의 한복판을 가로지르는 경계선이었다. 그 선은 이제 동쪽으로 몇백 마일 옮겨졌다. 그것은 서구 그리스도교 세계와 이슬람 세계, 정교正教 세계를 구분하는 경계선이 되었다.

문명마다 철학적 전제, 밑바탕에 깔린 가치관, 사회관계, 관습, 삶을 바라보는 총체적 전망은 크게 다르다. 세계 전역에 불고 있는 종교의 부흥 바람은 이런 문화적 차이를 더욱 조장하고 있다. 문화는 달라질 수 있고 문화가 정치와 경제에 미치는 영향의 성격도 시대마다 다를 수 있다. 그러나 문명들 사이에서 나타나는 정치 경제적 발전의 중요한 차이는 상이한 문화에 명백히 뿌리를 두고 있다. 동아시아의 경제적 성공은 동아시아 문화에서 원인을 찾을 수 있으며, 동아시아 사회가 안정된 민주정치 체제를 이룩하는 데서 직면하는 어려움 역시 그 문화에 뿌리를 두고 있다. 이슬람 세계의 대부분 지역에서 볼 수 있는 민주주의의 좌절 현상은 대체로 이슬람 문화의 울타리 안에서 그 원인을 설명할 수 있다. 동유럽과 옛 소련처럼 과거 공산주의 체제를 겪었던 사회의 발전은 그들이 가지고 있는 문명적 정체성의 맥락에서 이해될 수 있다. 서구 그리스도교의 전통 아래 있는 나라들은 경제발전과 민주 체제의 확립을 향해 나아가고 있는 반면, 정교권에 속한 나라들의 정치 경제적 발전은 불투명하고 이슬람권 국가들의 장래는 어둡다.

서구는 지금도 그렇지만 앞으로도 당분간은 가장 강력한 문명의 위치를 고수할 것이다. 그러나 다른 문명들과 비교했을 때 서구 문명의 상대적 힘은 줄어들고 있다. 서구가 자신의 가치관을 주장하고 자신의 이익을 수호하기 위해 나설 때 비서구 사회들은 선택의 기로에 놓인다. 어떤 나라들은 서구를 모방하여 서구에 합류하거나 '편승bandwagon'하려고 한다. 유교와 이슬람 국가들은 자신의 경제력과 군사력을 확대해 서구에 맞서고 서구를 '견제balance'하려고 한다. 따라서 탈냉전 세계정치의 중심축은 힘과 문화의 차원에서 전개되는 서구 문명과 비서구 문명의 상호작용이라는 양상으로 나타날 것이다.

요약하면 탈냉전 세계는 7~8개의 주요 문명으로 이루어지는 세계다. 문화적 동질성과 이질성은 국가들의 이익, 대결, 협력 양상을 규정한다. 세계에서 가장 힘 있는 국가들은 놀라울 만큼 판이한 문명들에서 유래했다. 확전으로 치달을 가능성이 가장 높은 국지적 분쟁은 판이한 문명에 속한 집단이나 국가 간의 충돌이다. 정치 경제적 발전의 지배적 양상은 문명과 문명마다 다르다. 국제 문제의 중요한 사안에는 문명의 차이도 들어간다. 장기간 주도권을 행사해온 서구 문명으로부터 비서구 문명으로 힘의 무게중심이 옮겨 가고 있다. 세계정치는 다극화, 다문명화되었다.

## 다른 세계상의 등장

### 지도와 패러다임

탈냉전 시대의 세계정세를 다양한 문화적 요인들과 상이한 문명에 속한 국가와 집단의 상호작용으로 묘사하는 이러한 그림은 너무도 단순한 것이다. 이것은 많은 사태를 누락시키고 적잖은 사태를 왜곡하거나 모호하게 처리한다. 하지만 세계를 진지하게 검토하고 그 안에서 효과적으로 행동하려면 현실을 어느 정도 추상적으로 처리한 지도나 이론, 개념, 모델, 패러다임이 필요하다. 그러한 지적 구성물이 없다면 윌리엄 제임스William James가 말한 대로 지독한 소음에 휩싸인 혼돈만 있을 뿐이다. 토머스 쿤Thomas Kuhn이《과학 혁명의 구조The structure of Scientific Revolutions》에서 지적한 것처럼 지적, 과학적 진보는 새로운 사실이나 새롭게 발견된 사실을 설명하는 데 그 힘을 점차 잃어가고 있는 어떤 패러다임으로부터 좀 더 만족스러운 방식으로 설명할 수 있는 새로운 패러다임으로 바뀌는 것을 의미한다. 쿤은 "한 이론이 패러다임으로 받아들여지기 위해서는 경쟁 이론들보다 뛰어나야 하지만 그렇다고 해서 그 이론이 자기 앞에 펼쳐진 모든 사실을 남김없이 설명해야 하는 것은 아니며, 또 실제로 그렇게 하지도 못한다"고 했다.[4] 존 개디스 John Gaddis는 다음의 탁월한 통찰을 보여준다. "낯선 땅에서 길을 찾아가려면 대체로 지도가 필요하다. 지도 제작은 인간의 인지 과정이 그러하듯 우리가 지금 어디 있고 어디를 향해 가고 있는지를 알게 해주는 필수 불가결한 단순화다." 해리 트루먼Harry Truman이 처음으로 제시한 초강대국이 각축을 벌이는 냉전 시대의 세계상은 바로 그런 모델 중 하나였다. 그것은 누구든지 이해할 수 있는 용어로 국제정세를 묘사하는 정치 지도였으며, 그 지도를 토대로 좀 더 정교한 견제 전략 방안이 마련되어 즉시 실천에 옮겨졌다. 세계관과 인과적 설명은 국제정세의 필수 불가결한 길잡이다.[5]

40년 동안 국제관계를 연구하는 학자들과 일선에서 뛰는 전문가들은 아주 단순하면서도 유용한 세계상, 곧 냉전 패러다임을 통해 생각하고 행동했다. 이 패러다임은 세계정치에서 벌어지는 모든 사건을 설명할 수는 없었다. 쿤의 용어를 빌리자면 적지 않은 변칙anomaly이 있었으며, 때로 그 패러다임은 중국과 소련의 결렬 같은 중대한 사태 앞에서 학자와 정치가의 판단력을 잃게 만들었다. 그러나 세계정치의 간단한 모델로서 냉전 패러다임은 그 어떤 경쟁 모델보다 중요한 현상을 많이 설명했다. 그것은 국제 문제를 이해하기 위한 중요한 출발점이 되어 거의 보편적으로 수용되었으며 두 세대 동안 세계정치의 이해 방식을 규정했다.

간결한 패러다임이나 지도는 인간의 사고와 행위에서 빼놓을 수 없다. 우리는 그런 이론이나 모델을 명쾌하게 수립하여 미래의 행동 지침으로 적극 활용할 수 있다. 반면 이런 지침의 필요성을 부정하면서 우리는 특정한 '객관적' 사실에만 의존해 행동해야 하며 개별 사건의

'진가'를 파악해야 한다는 입장이 나올 수 있다. 만일 그런 입장을 취한다면 우리는 스스로를 기만하는 셈이다. 우리의 마음 한구석에는 현실을 자각하고 사실을 바라보며 그 사실의 중요성과 의미를 판단하는 데 항상 결정적인 영향을 미치는 숨겨진 가정, 편견, 선입관이 자리 잡고 있기 때문이다. 다음의 이유에서 우리에게는 명시적이든 암시적이든 하나의 모델이 필요하다.

- 현실에 질서를 부여하고 현실을 일반화한다.
- 현상들 사이의 인과관계를 이해한다.
- 미래의 사태 발전을 전망하고 운만 따른다면 예측도 한다.
- 중요한 것과 중요하지 않은 것을 구분한다.
- 목적을 달성하기 위해 어떤 길을 택해야 할지를 결정한다.

모든 모델이나 지도는 추상화이며 저마다 고유한 쓰임새를 갖고 있다. 도로지도를 보면 A에서 B로 가는 길을 알 수 있지만, 만일 우리가 비행기를 조종한다면 그 지도는 쓸모가 없다. 그 경우에는 비행장, 무선표지, 비행경로, 지형을 선명하게 강조한 지도가 필요할 것이다. 지도가 없으면 우리는 길을 잃기 십상이다. 정교한 지도일수록 현실을 완전에 가깝게 반영한다. 그러나 극단적으로 자세한 지도는 대체로 쓸모가 없다. 만일 우리가 넓은 고속도로를 타고 대도시에서 다른 대도시로 갈 작정이라면, 운전과 관련 없는 정보가 수두룩하게 실려 있고 복잡한 샛길이 잔뜩 묘사되어 눈만 핑핑 돌게 만드는 지도는 별 도움이 안 될 것이다. 반면 고속도로 하나만 묘사된 지도는 현실을 지나치게 단순화시켜 만일 사고로 고속도로가 막혔을 때 국도로 빠져 나갈 수 있는 탈출구를 전혀 제시하지 못한다. 요컨대 우리에게 필요한 것은 목적에 가장 알맞게 현실을 그리면서도 현실을 어느 정도 간추린 지도라 할 수 있다. 냉전이 끝나자 세계정치를 그린 여러 종류의 지도 또는 패러다임이 등장했다.

### 한 세계: 환희와 조화

냉전의 종식과 함께 세계정치에는 중요한 갈등이 사라졌으며 상대적으로 조화로운 세계가 출현하고 있다는 전제에서 출발하는 패러다임이 폭넓게 언급되고 있다. 이런 모델 중에서도 가장 널리 논의되는 것이 프랜시스 후쿠야마가 내놓은 '역사의 종말'이라는 명제다.* 후쿠야마는 주장한다. "우리가 목도하고 있는 것은 …… 다음과 같은 역사의 종말이다. 다시 말해서 인류의 이념적 진화가 종착점에 이르렀고 인간이 만든 정치 체제의 최종형태로서 서구의 자유민주주의가 보편화되었다는 것이다." 분명히 지금도 제3세계에서는 약간의 분쟁이 발생하고 있음을 후쿠야마 역시 인정하지만, 유럽에서뿐 아니라 세계적 규모의 분쟁은 이제 막을 내렸다. 대대적 변화가 일어난 곳은 바로 비유럽 세계, 그중에서도 특히 중국과 소련이다. 하지만 이념 전쟁은 끝났다. "마나과, 평양, 케임브리지 같은 곳에 여전히 마르크스-레닌주의를 신봉하는 사람들이 있지만, 전체적으로 보아 자유민주주의는 승리를 거두었다. 미래의 세계는 이념을 두고 벌인 흥미진진한 싸움을 거두고 무미건조한 경제적, 기술적 문제를 해결하는 데 골몰할 것이

* 냉전의 종식이 아니라 '보편 문명'을 낳는 경제사회의 장기적 조류에 기반한 일련의 주장들은 3장에서 논의할 것이다.

다. 그 세계는 살기에 다소 따분할 것이다"라고 그는 약간 서글픈 듯이 결론짓는다.[6]

조화의 전망은 폭넓은 지지를 얻고 있다. 정계와 학계의 유력 인사들이 비슷한 견해를 세련되게 가다듬었다. 베를린 장벽이 무너지고 공산주의 체제가 붕괴하면서 유엔의 중요성이 새롭게 부각되었고 냉전 시대의 적수들은 동반자로서 대형 거래를 맺어 평화유지와 평화조성이 일상의 질서로 자리 잡을 것이라는 전망이었다. 세계를 주도하는 나라의 대통령은 '새로운 세계질서'를 외쳤으며, 세계 유수의 대학 총장은 필요성이 사라졌다는 이유로 안보 연구 교수의 임용을 승인하지 않았다는 설이 있다. "만세! 전쟁이 사라졌기에 우리는 더 이상 전쟁을 연구하지 않는다."

냉전의 종식과 함께 찾아온 환희는 조화의 환상을 낳았지만 얼마 안 가 그것은 말 그대로 환상임이 밝혀졌다. 1990년대 초반의 세계는 달라졌지만 예전보다 평화로워졌다고 말할 수는 없었다. 변화는 불가피했다. 그러나 발전은 찾아오지 않았다. 가장 규모가 컸던 제1, 2차 세계대전이 끝났을 무렵에도 비슷한 환상들이 잠시 만발했다. 제1차 세계대전은 '전쟁을 종식시키는 전쟁'이었고 세계의 민주주의를 공고히 하는 전쟁이었다. 제2차 세계대전은 프랭클린 루스벨트Franklin Roosevelt의 표현으로는 '일방적 행동 체제, 배타적 동맹, 군사적 긴장, 그밖의 몇 세기 동안 시도했으나 번번이 실패를 거듭해온 편법들을 종식시키는' 전쟁이었다. 평화를 애호하는 국가들로 이루어진 세계기구와 평화의 영구불변한 구조물이 우리를 기다리고 있었다.[7] 그러나 제1차 세계대전은 공산주의와 파시즘을 낳았고 민주주의를 향한 한 세기 동안의 흐름을 되돌려 놓았다. 제2차 세계대전은 세계적 규모의 진짜 냉전을 낳았다. 민족 분쟁과 '민족 청소ethnic cleansing'의 급증, 법과 질서의 붕괴, 국가 간에 새롭게 나타난 동맹과 분쟁의 양상, 네오코뮤니즘과 네오파시즘 운동의 부활, 원리주의 종파의 대두, 러시아와 서방의 관계를 특징짓던 미소 외교와 순응정책의 종식, 국지적 유혈 분쟁을 막지 못하는 유엔과 미국의 무능력, 점점 부상하는 중국의 자기주장으로 냉전의 종식은 얼마 안 가 산산조각이 났다. 베를린 장벽이 무너진 이후 5년 동안 '대량 학살'이라는 단어와 함께 찾아온 환상은 과거 냉전 시대의 그 어떤 5년 동안보다 훨씬 자주 들렸다. 조화로운 단일 세계의 패러다임은 탈냉전 세계의 쓸모 있는 길잡이가 되기에는 현실로부터 너무 벗어나 있다.

**두 세계: 우리와 그들**

조화로운 단일 세계의 기대는 대규모 전쟁이 끝났을 때 나타나지만 세계를 양분해 이해하려는 태도는 인간의 역사에서 줄곧 나타난다. 사람들은 우리와 그들, 동아리의 안과 밖, 문명인과 야만인으로 구분하려는 유혹에 거듭 빠진다. 학자들은 동양과 서양, 남과 북, 중심부와 주변부라는 용어로 세계를 분석해왔다. 이슬람교도들은 전통적으로 세계를 '다르 알 이슬람Dar al-Islam'이라는 평화의 땅과 '다르 알 하르브Dar al-Harb'라는 전쟁의 땅으로 나누었다. 이 구별은 냉전 이후의 세계를 '평화권'과 '소요권'으로 나누는 미국 학자들의 의식에 거꾸로 반영되었다. 평화권에는 세계 인구의 15퍼센트를 차지하는 서구와 일본이 들어가고 소요권은 그 나머지가 포함된다.[8]

부분을 어떻게 정의하느냐에 따라 두 세계의 그림은 현실과 어느 정도 맞아떨어진다. 호칭이야 다양하지만 가장 일반적인 구분은 나라들을 부국(현대국, 선진국)과 빈국(전통국, 미개발국 또는 개발도상국)으로 나누는 것이다. 역사적으로 이런 경제적 구분에 상응하는 것이 서양과 동양이라는 문화적 구분이다. 후자는 경제력보다 철학, 가치관, 인생관의 차이를 더 강조한다.[9] 이런 그림 하나하나는 현실의 일부 요소를 반영하지만 역시 한계가 있다. 부유한 현대국들은 가난한 전통국들과 구분되는 특성을 공유하고 있으며 전통국들 역시 그들 나름의 공통점을 가지고 있다. 경제력의 차이는 나라와 나라의 분쟁을 낳지만, 역사적으로 보면 그러한 분쟁은 부유하고 힘센 나라가 가난하고 약한 나라를 정복하고 식민지로 삼으려고 할 때 우선적으로 일어난다. 서구는 지난 400여 년 동안 그런 정복 행위를 해왔다. 종주국에 반기를 들고 해방 전쟁을 벌이는 식민지들이 차츰 나타났고, 제국주의 국가들은 싸울 힘을 차츰 잃어 갔다. 탈식민화는 이제 완료된 상태이며 식민지에서 벌어지던 해방 전쟁은 해방된 사람들끼리의 분쟁으로 바뀌었다.

좀 더 일반적인 차원에서 보면, 부국과 빈국의 분쟁은 특수한 상황이 아니고서는 일어나기 어렵다. 빈국은 부국에 맞설 만한 정치적 통합성, 경제력 군사력을 가지지 못하기 때문이다. 아시아와 라틴아메리카의 경제발전은 가진 나라와 못 가진 나라의 단순한 이분법을 모호하게 만든다. 잘사는 나라끼리도 무역 전쟁을 벌일 수 있고 못사는 나라끼리도 피비린내 나는 전쟁을 벌일 수 있다. 하지만 남쪽의 빈국과 북쪽의 부국 사이에서 펼쳐지는 국제적 계급 전쟁은 조화롭고 행복한 단일 세계상만큼이나 현실과 동떨어진 발상일 수밖에 없다.

문화를 기준으로 세계를 양분하는 것은 더더욱 쓸모가 없다. 서구는 어느 수준까지 하나의 실체다. 하지만 비서구 사회는 서구가 아니라는 사실 말고 그 어떤 공통성을 가지고 있단 말인가? 일본, 중국, 인도, 이슬람, 아프리카 문명은 종교, 사회구조, 제도, 지배적 가치관에서 거의 공통점이 없다. 비서구 세계의 통일성과 동서 양분론은 서구가 창안한 신화다. 이 신화는 에드워드 사이드Edward Said가 낯익은 것(유럽, 서구, '우리')과 낯선 것(오리엔트, 동양, '그들')의 차이를 조장하고 후자에 대한 전자의 우위를 암암리에 가정한다고 비판했던 오리엔탈리즘orientalism의 결함을 고스란히 안고 있다.[10] 냉전 기간 동안 세계는 이념의 스펙트럼을 따라 상당 수준 양극화되었다. 그러나 문화의 스펙트럼은 존재하지 않는다. 문화적으로 동과 서를 양극화하는 것은 유럽 문명을 서구 문명이라고 부르는 불행한 관습의 또 다른 귀결이라고 볼 수 있다. '동양과 서양'이라고 부르지 말고 '서양과 나머지'라고 부르는 것이 수많은 비서구 사회의 존재를 암시한다는 점에서 차라리 적절하다. 경제적으로 남과 북으로 가른다거나 문화적으로 동과 서로 갈라 어떤 유용한 패러다임을 낳기에 세계는 너무나 복잡하다.

### 184개 안팎의 국가들

탈냉전 세계를 묘사하는 세 번째 지도는 흔히 국제관계의 '현실주의' 이론이라고 부르는 입장에서 유래한다. 이 이론에 따르면 국가는 세계 문제에서 유일무이한 주연 배우이며 국가 간의 관계는 일종의 무정부 상태이므로 생존과 안보를 위해 국가는 자신의 힘을 극대화하려고 늘 고심한다. 한 국가가 어떤 국가의 세력 증대로 위기감을 느낄 경우 그 국가는 자신의 힘을 강화하거나 다른 국가들과 동맹을 맺어 안보를 유지하려고 한다. 탈냉전 세계를 이루는 184개 안팎 국가들의 이해관계와 활동은 이런 가정들로부터 예측할 수 있다.[11]

이런 '현실주의' 세계상은 국제 문제를 분석하는 데 대단히 유용한 출발점이며 대다수 국가의 행동을 설명할 수 있다. 국가는 세계 문제를 주도하는 실체이며 앞으로도 그런 역할의 변화는 없을 것이다. 국가는 군대를 유지하고 외교를 벌이며 조약을 협상하고 전쟁을 하며 국제기구를 통제하고 생산과 교역에 영향을 미치고 그 내용을 상당 부분 규정한다. 국가를 이끄는 정부는 자기 나라의 내외 안보를 굳건히 하는 데 주안점을 둔다(내부의 위협을 제거하는 데 우선적인 관심을 기울이는 경우도 많지만 말이다). 전반적으로 이 국가 단위의 패러다임은 한 세계나 두 세계의 패러다임보다는 세계정치를 더 현실적으로 묘사한다.

그러나 여기에는 중대한 한계가 있다.

이 패러다임은 모든 국가가 동일한 방식으로 이해관계를 깨닫고 동일한 방식으로 행위 한다는 전제를 깔고 있다. 힘이 전부라고 하는 단순한 전제는 국가의 행동을 이해하기 위한 출발점은 될 수 있을지 몰라도 우리를 심층적 파악의 길로 이끌지는 못한다. 국가는 자신의 이해관계를 힘으로 정의하지만 그밖의 다른 것으로도 얼마든지 정의한다. 국가는 물론 세력균형을 위해 노력하지만 만일 그것이 국가가 하는 일의 전부라고 한다면 서유럽 국가들은 1940년대 말 미국에 대항하여 소련과 유착했을 것이다. 국가는 감지된 위협에 일차적으로 반응하는데 그 당시의 서유럽 국가들은 정치적, 이념적, 군사적 위협이 동쪽에 있다고 보았다. 그들은 고전적 현실주의 이론으로는 도저히 예측할 수 없는 방식으로 자신의 이해관계를 파악했다. 가치관, 문화, 제도는 국가가 스스로의 이익을 정의하는 데 폭넓은 영향을 미친다. 국가의 이익은 또한 국내의 가치나 제도만이 아니라 국제적 기준과 제도에 의해서도 규정된다. 안보에 대한 일차적인 관심을 예외 없이 가지고 있지만 상이한 유형의 국가들은 자신들의 국익을 다른 방식으로 정의한다. 비슷한 문화와 제도를 갖고 있는 나라들은 이익 또한 공통된 내용으로 파악할 것이다. 민주주의 국가는 다른 민주주의 국가들과 동질성을 갖고 있으므로 서로 싸우지 않는다. 캐나다는 미국의 침투를 저지하기 위해 다른 나라와 동맹을 맺어야 할 필요성을 느끼지 않는다.

근본적 차원에서 보면 국가 단위 패러다임의 전제는 역사적 조건 속에서만 타당하다. 그렇기 때문에 이런 전제는 냉전 이전과 냉전 전후의 세계정치가 어떻게 달라질 것인가를 이해하는 데 별로 도움이 안 된다. 두 시기 사이에는 분명한 차이가 있다. 국가는 자신의 이익을 역사적 시기에 따라 다르게 추구한다. 탈냉전 세계에 들어와 국가들은 점차 자신의 이익을 문명적 용어로 정의하고 있다. 공통되거나 유사한 문화를 가진 나라들끼리는 동맹을 맺거나 협력을 하고 상이한 문화를 가진 나라들은 분쟁으로 치닫곤 한다. 국가는 다른 국가의 의도를 통해 위협을 정의하며 그 의도가 어떻게 받아들여지는가는 문화적 고려에 의해 강하게 규정된다. 국민과 정치인은 언어, 종교, 가치관, 제도, 문화를 공유하고 있어 신뢰하고 이해할 수 있다고 믿는 집단으로부터는 별다른 위협을 느끼지 않는다. 하지만 문화가 달라 잘 이해할 수도 신뢰할 수도 없다고 믿는 국가로부터는 쉽게 위협을 느낀다.

마르크스-레닌주의 체제의 소련이 더 이상 자유세계에 위협을 가하지 못하고 미국이 더 이상 공산 세계를 겨눈 위협자 역할을 하지 않게 된 지금, 양 진영에 속해 있던 나라들은 문화적으로 이질적인 사회로부터 오는 위협을 점차 심각하게 느끼고 있다.

국가는 세계 문제에서 일차적 주역으로 여전히 남아 있지만 국가의 주권, 기능, 힘은 약화되는 추세다. 국제기구는 국가가 자국 영토에서 벌이는 행위를 결정하고 제지할 수 있는 권리를 고집하고 있다. 유럽에서 특히 현저하게 나타나는 현상이지만 국제기구는 이제까지 국가가 수행한 중요 기능을 떠맡고 나섰으며 개별 시민에게 직접적인 영향력을 행사할 수 있는 막강한 국제 관료 조직이 탄생했다. 세계적으로 보아도 중앙정부는 하위 수준의 지역, 지방 자치 단체에게 권력을 이양하는 추세다. 중앙정부는 자기 나라 안팎에서 유입되고 유출되는 자금의 흐름을 통제할 수 있는 기능을 상당 부분 잃었으며 사상, 기술, 상품, 노동력의 흐름을 통제하는 데도 차츰 어려움을 느끼고 있다. 한마디로 국경선은 점차 허술해지고 있다. 이 모든 사태의 발전을 감안할 때 1648년의 베스트팔렌 조약(신성 로마 제국의 구질서를 와해시키고 군주국가 중심의 새로운 국제질서를 낳은 조약으로, 스페인-네덜란드 전쟁과 독일의 30년 전쟁이 끝난 뒤 대부분의 유럽 국가들이 참여한 가운데 체결되었다 — 옮긴이)[12] 이후 세계정치의 기준이 되었던 견고한 '당구공billiard ball' 국가는 서서히 사라지고 중세와 비슷한 다양하고 복잡하며 중층적인 국제질서가 등장하리라는 것이 많은 사람들의 예상이다.

### 혼란 그 자체

국가의 약화와 '실패한 국가'의 등장은 무정부주의 상태의 세계라는 네 번째 그림을 낳는 데 기여했다. 이 패러다임은 정부 권위의 와해, 국가의 분열, 부족·인종·종교 분쟁의 악화, 국제 마피아 집단의 등장, 수천만 명에 이르며 지금도 계속 불어나는 난민, 핵을 비롯한 대량 파괴 무기의 확산, 테러리즘의 창궐, 학살과 민족 청소의 만연을 강조한다. 이 혼돈의 세계상은 1993년에 강행된 두 권의 통찰력 있는 저서 즈비그뉴 브레진스키Zbigniew Brzezinsk의 《통제 불능Out of Control》과 대니얼 모이니헌Daniel Moynihan의 《복마전Pandaemonium》에서 설득력 있게 소개되고 있다.[13]

국가 패러다임과 마찬가지로 혼돈 패러다임 역시 현실에 근접해 있다. 그것은 세계에서 벌어지는 사건의 대부분을 정교하고 생생하게 묘사하며 국가 패러다임과는 달리 냉전의 종식과 함께 발생한 세계정치 차원의 중요한 변화를 강조한다. 가령 1993년 현재 전 세계에서 모두 약 48건의 민족 분쟁이 벌어지고 있다. 옛 소련에서만 164건의 국경선을 둘러싼 영토 민족 갈등이 불거졌으며 이 중 30건은 무력 분쟁의 양상을 띠고 있다.[14] 그러나 이것은 현실에 지나치게 근접해 있다는 점에서 국가 패러다임보다 심한 맹점을 안고 있다. 세계는 혼돈일 수 있지만 그렇다고 해서 질서가 전혀 없는 것은 아니다. 보편적이며 일괄적으로 적용되는 무정부관은 세계를 이해하고 사건에 질서를 부여하여 그 중요성을 평가하고 무정부 상태의 저변에 깔린 조류를 예측하고 혼돈의 유형과 그 각각의 원인 및 예상 가능한 결과를 분류하고 정부정책 입안가들을 위한 지침을 개발하는 데 거의 기여를 하지 못한다.

## 세계상의 비교: 현실성, 경제성, 예측성

이 네 가지 패러다임은 현실성과 경제성 면에서 조금씩 차이가 나지만 저마다 한계점과 결점을 안고 있다. 혹자는 이런 패러다임들을 결합하여 세계가 분열과 통합의 동시적 진행 과정에 있다고 가정함으로써 난관을 돌파할 수 있다고 주장할지도 모른다.[15] 두 가지 조류가 엄존하는 것은 사실이며 좀 더 복잡한 모델은 단순한 모델보다 현실을 잘 반영할 것이다. 하지만 이것은 현실성을 위해 경제성을 희생시키는 방식이다. 이 방식을 더욱 밀고 나가면 결국 모든 패러다임과 이론을 거부하게 된다. 뿐만 아니라 상반된 조류를 동시에 껴안는 분열-통합 모델은 어떤 상황에서 한 조류가 득세하고 어떤 상황에서 다른 조류가 득세하는지를 제대로 설명하지 못한다. 우리 앞에 던져진 과제는 비슷한 지적 추상화의 수준에서 다른 패러다임들보다 세계정치의 조류를 더 잘 이해할 수 있게 해주고 중요한 사건을 설명해주는 패러다임을 개발하는 것이다.

또한 이 패러다임들은 또한 서로 양립하기 어렵다. 세계가 하나이면서 동시에 동과 서 혹은 남과 북으로 분열되어 있을 수는 없다. 분열에 분열을 거듭하고 내전으로 갈갈이 찢겨 나가는 국민국가가 국제 문제 이해의 단단한 초석이 될 수도 없는 노릇이다. 세계는 하나든가 둘이든가 184개국이든가, 아니면 거의 무한에 가까운 수의 종족, 민족 집단, 국민으로 이루어져 있다는 것이 이들 패러다임의 주장이다.

세계를 7개나 8개의 문명으로 이해하면 이런 난점의 상당수를 피할 수 있다. 이것은 단일 세계나 양분 세계의 패러다임처럼 경제성을 위해 현실성을 희생시키지 않으며, 그렇다고 국가 패러다임이나 혼돈 패러다임처럼 현실성을 위해 경제성을 희생시키는 방식도 아니다. 문명 패러다임은 중첩된 갈등 중에서 중요한 것과 중요하지 않은 것을 가려내 미래의 사태 발전을 예측하고 정책 입안가들에게 필요한 지침을 제공함으로써 세계를 이해할 수 있는 쉽고 지혜로운 분석틀을 내놓는다. 이것은 다른 패러다임들의 요소를 받아들이는 데도 인색하지 않다. 다른 패러다임들과의 양립 가능성도 남달리 뛰어나다. 문명 패러다임이 주장하는 내용은 다음과 같다.

- 이 세계에는 통합력이 실재하고 있으며 바로 그것이 문화적 자기주장과 문명적 자기의식의 저항력을 낳고 있다.
- 세계는 어떤 의미에서 양분되어 있지만, 그 중요한 구분선은 지금까지 주도권을 행사해온 서구와 자기들끼리의 공통성을 거의 갖지 않은 나머지가 세계를 가로지르고 있다. 간단히 말해 세계는 하나의 서구와 다수의 비서구로 나뉘어져 있다.
- 국민국가는 지금까지처럼 앞으로도 세계 문제에서 가장 중요한 배역을 맡겠지만, 국민국가의 이해관계, 결속, 갈등은 점차 문화적, 문명적 요인에 의해 규정된다.
- 세계는 실제로 부족 갈등과 민족 갈등으로 점철된 무정부 상태에 있지만 안정을 저해하는 가장 큰 위협을 낳는 갈등은 상이한 문명에 속한 국가나 집단 간의 분쟁이다.

이처럼 문명 패러다임은 세계에서 벌어지는 사건을 이해하는 데 필요한 비교적 간단하지만 지나치게 단순하지는 않은 지도를 보여준다. 가령 1993년 초반 세계에서 벌어지고 있는 48건의 분쟁 가운데 절반에 조금 못 미치는 수가 상이한 문명에 속한 집단들 사이의 갈등이다. 문명 패러다임을 받아들일 때 유엔 사무총장과 미국 국무장관은 다른 분쟁보다 확전으로 치달을 가능성이 한결 높은 분쟁에 평화정착 노력을 집중시킬 수 있을 것이다. 패러다임은 예측을 낳으며 한 패러다임의 타당성과 유용성을 판가름하는 결정적 잣대는 거기서 나오는 예측이 다른 경쟁 패러다임들의 예측보다 얼마나 정확한가다. 가령 존 미어샤이머John Mearsheimer가 "우크라이나와 러시아 사이에는 안보를 둘러싼 경쟁이 촉발될 수 있을 만한 상황이 조성되어 있다. 러시아와 우크라이나처럼 허술한 국경선을 길게 맞대고 있는 강국들은 안보 불안이 긴장으로 치닫곤 한다. 러시아와 우크라이나는 이런 갈등구조를 극복하고 조화롭게 공존할 수 있는 길을 모색할 수도 있지만, 설령 가능하다 하더라도 그것은 대단히 보기 드문 예가 될 것이다"[16] 라고 점칠 수 있었던 것은 그가 국가 패러다임을 받아들였기 때문이다. 반면에 문명 패러다임은 러시아와 우크라이나의 긴밀한 문화적, 민족적, 역사적 고리와 양국 국민의 어울림을 강조하면서, 동부 우크라이나의 정교권과 서부 우크라이나의 연합동방가톨릭(그리스 정교의 전례와 관습을 따르되 로마 교황의 권위를 받아들이는 종파 — 옮긴이) 사이의 문명 단층선에 초점을 맞춘다. 미어샤이머는 장구한 뿌리를 갖는 이 중대한 역사적 사실을 통합된 단일 실체로서의 '현실주의' 국가 패러다임을 따르다 보니 전적으로 무시하게 되었던 것이다. 국가 패러다임은 러시아와 우크라이나의 전쟁 가능성을 강조하는 반면 문명 패러다임은 그런 가능성을 희박하게 보고 오히려 우크라이나의 분리 가능성을 점치며, 문화적 요인을 감안할 때 그 갈등 양상은 체코슬로바키아보다는 심각하겠지만 유고슬라비아처럼 유혈 분쟁으로 치닫지는 않을 것이라고 예측한다. 이런 상이한 전망은 다시 상이한 정책을 낳는다. 미어샤이머는 국가 패러다임에 입각해 전쟁이 터지고 러시아가 우크라이나를 점령할 공산이 크다고 보았기 때문에 우크라이나의 핵무기 소유를 지지하는 입장을 취한다. 문명 패러다임은 러시아와 우크라이나의 협력을 강조하면서 우크라이나로 하여금 핵무기를 포기하고 우크라이나의 통합성과 독립성을 견지할 수 있는 조치와 실질적인 경제 지원 방안을 모색하도록 권유한다. 그리고 우크라이나의 붕괴에 대비한 수습책 마련에 부심한다.

냉전 종식 이후 전개된 수많은 사태들은 문명 패러다임에 부합되며 그 패러다임으로부터 어느 정도 예측이 가능하다. 여기에는 소련과 유고슬라비아의 붕괴, 이들 지역에서 벌어지는 전쟁, 전 세계적으로 나타나는 원리주의 종파의 부상, 자신의 정체성을 찾기 위한 러시아, 터키, 멕시코의 안간힘, 미국과 일본의 격화되는 무역 분쟁, 서구의 이라크와 리비아 침공에 대한 이슬람 국가들의 반발, 핵무기와 핵무기 제조 수단을 입수하기 위해 부심하는 이슬람 및 동아시아 국가들의 노력, 이단적 강대국으로서 중국의 지속적인 역할, 일부 국가의 새로운 민주 체제 정착 사례와 일부 국가의 실패 사례, 동아시아에서 확산되고 있는 군비 경쟁 등이 포함된다.

새롭게 태동하는 세계를 문명 패러다임이 명쾌히 분석한다고 하는 사실은 1993년 6개월 동안 벌어진 사건들을 반추해보아도 알 수 있다.

- 옛 유고슬라비아 지역에서 크로아티아계, 이슬람계, 세르비아계가 벌이는 격화일로의 전투.
- 보스니아헤르체고비나 이슬람교도에게 의미 있는 지원을 못 하고 세르비아의 야만 행위를 비난했던 것처럼 크로아티아의 야만 행위를 비난하지 못하는 서방의 무능력.
- 크로아티아 내 세르비아계와 크로아티아 정부의 평화협정을 촉구하는 유엔 안전보장이사회 결의안에 동참하기를 거부하는 러시아와 보스니아헤르체고비나 이슬람교도를 보호하고자 1만 8,000명의 병력

을 제공한 이란을 비롯한 이슬람 국가들.

- 아르메니아-아제르바이잔의 분쟁 격화와 아르메니아의 점령 지역 철수를 요구하는 터키와 이란, 아제르바이잔 국경 지대에 투입된 터키와 이란 병력, 이란의 행동은 분쟁을 악화시켜 국제전이라는 위험 수위로 몰아넣고 있다는 러시아의 경고.
- 중앙아시아에서 여전히 계속되는 러시아 군대와 무자헤딘mujahideen 게릴라 사이의 전투.
- 문화상대주의를 비난한 워런 크리스토퍼Warren Christopher 미 국무장관이 이끈 서방과 서구 보편주의를 맹공한 이슬람, 유교 국가들의 빈 인권 회담장에서의 격돌.
- 남쪽으로부터의 위협에 대한 새로운 경각심을 갖게 된 러시아와 NATO의 군사 전문가.
- 2000년 올림픽을 베이징이 아닌 시드니로 결정한, 거의 문명의 단층선을 경계로 양분된 표결 내용.
- 중국의 대파키스탄 미사일 부품 판매와 잇따른 미국의 중국 제재, 핵기술을 이란에 제공했는가의 여부를 둘러싸고 중국과 미국이 벌인 설전.
- 미국의 강력한 항의를 무시하고 감행된 중국의 핵무기 실험과 북한의 독자 핵무기 개발 프로그램 협상 거부.
- 미국 국무부가 이란과 이라크 양국을 겨냥해 이중 봉쇄double containment 정책을 추구한다는 보도.
- 북한과 이란 혹은 이라크를 겨냥하여 2개의 '중요한 지역 분쟁'에 동시 대처하는 새로운 전략을 수립하겠다는 미국 국무부의 발표.
- '국제 문제에서 강력한 발언권을 보유할 수 있도록' 중국과 인도에

단결을 요청한 이란 대통령의 호소.

- 망명자의 자격 요건을 대폭 강화한 독일의 새로운 헌법.
- 발트 해 함대의 배치와 기타 현안에 대한 보리스 옐친Boris Yeltsin 러시아 대통령과 레오니드 크라프추크Leonid Kravchuk 우크라이나 대통령의 합의.
- 미국의 바그다드 침공에 대한 서방의 사실상 전폭적인 지지와 서방의 '이중 잣대'를 보여주는 또 하나의 사례라며 분개한 대부분의 이슬람 국가들.
- 수단을 테러국 명단에 올리고 오마르 압델 라만Omar Abdel Rahman(미국에서 활동하는 이슬람 지도자 — 옮긴이)과 그 추종자들이 '미국을 겨냥한 도시 테러전'을 획책했다고 규정한 미국의 판단.
- 한층 높아진 폴란드, 헝가리, 체코, 슬로바키아의 NATO 합류 가능성.
- 러시아가 서방에 합류해야 하는지 서방에 맞서야 하는지를 놓고 아직도 일반 국민과 엘리트가 확신하지 못한 '분열된' 나라임을 보여준 러시아의 의회 선거.

냉전 초기에 캐나다의 정치가 레스터 피어슨Lester Pearson은 비서구 사회의 약동과 부상에 대해 통찰력 있는 지적을 한 바 있다. "동양에서 태동하고 있는 이 새로운 정치사회가 우리 서구인에게 낯익은 정치형태의 복사판이라고 보는 것은 어불성설이다. 이 유구한 역사를 가진 문명 사이의 각축은 새로운 형태로 전개될 것이다." 국제관계는 '수 세기 동안' 유럽 국가들 사이의 관계였다고 지적하면서 그는 가장 파급력이 큰 문제는 단일 문명 안의 국가들 사이에서가 아니라 문명과 문명 사이에서 발생할 것이라고 내다보았다.[17] 냉전의 양극구조가 장기화되면서 피어슨이 예견한 사태는 지연되었다. 냉전의 종식과 함께 그가 1950년대에 간파한 문화와 문명의 위력이 표출되자 수많은 학자와 전문가들이 세계정치에서 이런 요인들이 차지하는 새로운 역할에 주목하고 그것을 강조했다.[18] 여기서 페르낭 브로델Fernand Braudel의 지혜로운 경고에 귀 기울여보자. "오늘의 세계에 관심을 가진 사람, 특히 그 안에서 행위 하기를 바라는 사람이라면 더더욱 세계지도를 펴놓고 오늘날 어떤 문명들이 존재하는가를 이해할 수 있고 그리하여 그 문명들의 경계선, 중심부와 주변부, 세력권과 그 안의 분위기, 그 문명들 안에 존재하며 긴밀하게 연결된 일반적이거나 특수한 형태를 정의하는 능력을 가질 수 있어야 할 것이다. 그렇지 않을 경우 얼마나 어처구니없는 오판이 생길지 상상만 해도 끔찍하다!"[19]

Chapter 2

# 과거와 현재의 문명

## 문명의 본질

인류사는 문명사다. 인류의 발전을 문명 아닌 다른 용어로 이해하기란 불가능하다. 인류의 발전사는 고대 수메르와 이집트에서 그리스, 메소아메리카(중앙아메리카의 고대 문명 — 옮긴이)를 거쳐 서구와 이슬람 문명에 이르기까지 헤아릴 수 없이 많은 세대를 통해 전개되었으며 이 과정에서 중국과 인도 문명 또한 지속적으로 자신을 드러냈다. 역사 속에서 문명은 사람들에게 가장 폭넓은 자기 동일성의 틀을 제공했다. 그래서 뛰어난 역사학자, 사회학자, 인류학자가 문명의 원인, 등장, 부상, 교섭, 성숙, 쇠락, 몰락을 심도 있게 연구해왔다. 가령 막스 베버Max Weber, 에밀 뒤르켐Emile Durkheim, 오스발트 슈펭글러Oswald Spengler, 피티림 소로킨Pitirim Sorokin, 아놀드 토인비Arnold Toynbee, 알프레드 베버Alfred Weber, 알프레드 크뢰버Alfred Kroeber, 필립 백비Philip Bagby, 캐롤 퀴글리Carroll Quigley, 러쉬튼 쿨본Rushton Coulborn, 크리스토퍼 도슨Christopher Dawson, 슈무엘 아이젠슈타트Shumuel Eisenstadt,

브로델, 윌리엄 맥닐William McNeill, 아다 보즈먼Adda Bozeman, 이매뉴얼 월러스틴Immanuel Wallerstein, 펠리페 페르난데스 아르메스토Felipe Fernandez-Armesto가 대표적 인물이다.[1] 이들을 비롯한 많은 연구가들이 문명을 수준 높고 정밀하게 비교 분석한 방대한 문헌을 내놓았다. 이 문헌은 관점, 방법론, 초점, 개념에서 상당한 차이를 드러냈음에도 불구하고 문명의 본질, 주제, 변동 양태에 관한 중심적 명제에 대해서는 폭넓은 합의가 이루어져 있다.

첫째, 단일singular 문명과 복수plural 문명의 구분이다. 문명이라는 개념은 18세기 프랑스 사상가들이 '야만'의 개념과 반대되는 뜻으로 발전시켰다. 문명사회는 정착 생활을 하며 도시와 문자를 가지고 있다는 점에서 원시사회와 다르다. 문명화되었다는 것은 좋은 것이고 문명화되지 않았다는 것은 나쁜 것이다. 문명의 개념은 사회를 평가하는 판단 기준을 제공했으며, 19세기 내내 유럽인은 비유럽 사회가 유럽이 주도하는 국제질서의 일원으로 충분히 받아들여질 수 있을 만큼 문명화되었는지의 여부를 판가름하는 잣대를 정교하게 구축하는 데 상당한 지적, 외교적, 정치적 노력을 기울였다. 그러나 한편으로 사람들은 문명의 복수성을 주장하는 발언을 점점 많이 쏟아냈다. 이것은 브로델의 표현을 빌리자면 어떤 이상, 아니 유일무이 이상으로 정의되는 문명을 폐기하고 소수의 특권적 개인이나 집단, 인류의 엘리트에게만 국한된 문명화의 단일한 기준이 있다는 전제와 결별하는 것을 의미했다. 문명은 여러 개이며 각각의 문명은 독자적 방식으로 문명화되었다. 요컨대 단일 문명론의 위세가 약간 꺾였다. 복수적 의미의 문명은 단일 의미의 문명적 기준으로 보았을 때는 대단히 비문명적으로 보일 수가 있다.[2]

이 책의 관심은 복수 문명에 있다. 그러나 단일 문명과 복수 문명의 구분은 이 책의 주제와 관련을 맺고 있으며, 단일 문명의 관념은 보편적 세계 문명이 존재한다는 논증에서 다시 모습을 드러낸다. 이 논증은 유지되기 어렵지만, 이 책의 마지막 장에서 논의하듯 문명들이 점점 더 문명화되고 있는가 하는 문제를 검토하는 것은 여러모로 유익하다.

둘째, 문명은 독일을 제외하고는 문화적 실체로 파악된다. 19세기 독일의 사상가들은 기계, 공학, 물질적 요소와 결부되어 있는 문명civilization과 한 사회의 가치관, 이상, 높은 지적 수준에 있는 예술적, 윤리적 특질과 결부되어 있는 문화culture를 엄격하게 구분했다. 이러한 구분은 독일 사상에 지금도 뿌리 깊게 남아 있지만 독일 외부에서는 거의 수용되지 않았다. 일부 인류학자들은 이 관계를 역전시켜 문화는 원시적이며 항구적인 비도시사회의 특성인 반면 더 복잡하고 발전되고 도시적이고 역동적인 사회는 문명을 향유하고 있다고 주장했다. 그러나 문화와 문명을 구분하려는 노력은 폭넓은 동의를 얻지 못했으며, 독일을 제외한 지역에는 독일처럼 '문화'를 그 저변의 '문명'으로부터 분리하려는 것은 기만적인 시도라고 지적한 브로델의 시각에 동조하는 사람이 압도적으로 많다.[3]

문명과 문화는 모두 사람들의 총체적 생활방식을 가리키고 있다. 문명은 크게 쓰인 문화다. 문명과 문화는 모두 주어진 사회에서 면면히 이어져온 세대들이 우선적으로 중요성을 부여한 가치, 기준, 제도, 사고방식을 담고 있다.[4] 브로델에 따르면 문명은 하나의 공간, 하나의 문화 지역, 문화적 특성과 현상의 집약이다. 월러스틴이 정의하는 문명은 모종의 역사적 총체를 형성하면서 이런 현상의 이형異形들과 공존하는(반드시 동시적이지는 않더라도) 세계관, 관습, 구조, 문화(물질문화와 정신문화 모두)의 특수한 연쇄다. 도슨이 이해하는 문명은 '특수한 민족의 업적인 문화적 창조성의 특수하고 독창적인 과정'의 산물인 반면, 뒤르켐과 모스에게 있어 문명은 '그 안에서 개별적 민족 문화는 전체의 특수한 형태에 지나지 않는 다수의 민족들을 포괄하는 일종의 윤리적 환경'이다. 슈펭글러는 문명을 "문화의 피치 못할 '운명' …… 발달한 인류의 종이 누릴 수 있는 가장 외현外現적이고 인위적인 상태 …… 하나의 결론, 과정물을 승계한 완성물이다"라고 파악했다. 문화는 문명의 정의에서 사실상 빠짐없이 등장하는 공통 주제다.[5]

문명을 정의하는 문화의 핵심적 요소들은 페르시아에 빌붙어 스파르타를 배신하는 일은 없을 거라고 약속한 아테네인들이 고전적 형태로 표현한 바 있다.

> 설사 그러고 싶은 마음이 있다 하더라도 우리의 결행을 굳세게 가로막는 다수의 고려 사항들이 존재한다. 다른 무엇보다도 파괴되고 불태워진 신상과 신전의 모습이 눈앞에 어른거린다. 우리는 그런 짓을 저지른 자들과 타협해서는 안 되며 기필코 복수해야 한다. 다음으로 그리스인은 같은 피와 언어를 가지고 있으며 신전과 제례도 공통적이다. 관습도 비슷하다. 아테네인이 이들을 배신한다는 것은 바람직한 일이 아니다.

그리스인은 혈연, 언어, 종교, 생활방식을 공유하고 있었다. 그것들은 페르시아인을 비롯한 여타 비그리스인으로부터 그리스인을 구분하던 특성이었다.[6] 그러나 문명을 정의하는 객관적 요소들 중에서 가장 중요한 것은 아테네인이 강조했듯이 종교라 할 수 있다. 인류 역사에서 주요 문명들은 세계 유수의 종교들과 상당한 수준으로 연결되어 있으며, 같은 언어를 쓰고 같은 민족적 뿌리를 갖는 사람들도 레바논, 옛 유고슬라비아, 인도의 경우처럼 다른 신을 섬긴다는 이유로 서로를 죽일 수도 있다.[7]

문화적 특성을 기준으로 사람들을 문명권으로 가르는 것과 신체적 특성을 기준으로 인종을 가르는 것 사이에는 의미 있는 일치점이 발견된다. 그러나 문명과 인종은 동일하지 않다. 같은 인종에 속하는 사람들도 판이한 문명에 들어갈 수 있으며, 다른 인종에 속하는 사람들도 같은 문명에 통합될 수 있다. 특히 예로부터 선교 활동을 중시해온 그리스도교와 이슬람교는 다양한 인종으로 구성된 사회들을 거느리고 있다. 인간 집단을 가르는 핵심적인 구분선은 가치관, 믿음, 제도, 사회구조이지 몸집, 두상, 피부색이 아니다.

셋째, 문명은 포괄적이다. 다시 말해서 문명을 이루고 있는 구성단위는 전체로서의 문명과 관련짓지 않고서는 제대로 이해할 수 없다. 토인비가 강조했듯이 문명은 다른 문명들에 포섭되지 않는 포괄성을 갖는다. 매튜 멜코Matthew Melko에 따르면 문명은 다음과 같다.

> 일정 수준의 통합성을 가지고 있다. 문명을 이루는 구성단위들은 자기들끼리의 상호 관계나 전체와의 관련성으로 정의될 수 있다. 어떤 문명이 국가들로 이루어져 있다면 그 국가들은 문명권 바깥에 있는 국가들보다 자기들끼리 더 많은 관련을 맺을 것이다. 그들은 더 많이 부딪히고 더 자주 외교적으로 접촉할 것이다. 경제 부문의 상호 의존도 역시 두드러질 것이다. 미학적, 철학적 조류에 대한 공감대도 훨씬 폭넓게 형성될 것이다.[8]

문명은 가장 광범위한 문화적 실체다. 마을, 지역, 민족 집단, 국민 종교 집단은 모두 문화적 혼합성의 상이한 수준에서 독특한 문화를 가지고 있다. 남부 이탈리아에 있는 마을의 문화는 북부 이탈리아의 마을 문화와 다르겠지만, 양자는 독일의 마을과는 구별되는 이탈리아 문화의 특성을 공유할 것이다. 유럽 공동체는 다시 중국이나 인도와는 구별되는 문화적 특성을 공유할 것이다. 그러나 중국, 인도, 유럽은 더 포괄적인 문화적 실체의 일부분이 아니다. 이들은 독자적인 문명을 이룬다. 따라서 문명은 가장 상위 수준에 있는 사람들의 문화적 결집체이며 가장 광범위한 수준의 문화적 동질성이다. 그것은 인간을 다른 종으로부터 구분짓는 본질적 특성이다. 문명은 언어, 역사, 종교, 관습, 제도 같은 공통된 객관적 요소와 사람들의 주관적 귀속감 모두에 의해 정의된다. 사람들은 다양한 수준에서 귀속감을 느낀다. 로마에 살고 있는 사람은 자신을 로마 시민으로, 이탈리아 국민으로, 가톨릭 신도로, 그리스도교 신도로, 유럽인으로, 서구인으로 각각 다양한 강도로 정의할 수 있다. 한 개인이 속해 있는 문명은 그가 강렬한 귀속감을 느끼는 가장 광범위한 수준의 공동체다. 문명은 우리가 저 밖에 있는 '그들'과 구별되게 그 안에 있으면 문화적으로 친숙감을 느끼는 가장 큰 '우리'다. 문명은 중국 문명처럼 방대한 인구를 거느릴 수도 있으며 영어권의 카리브 문명처럼 아주 적은 수의 인구를 가질 수도 있다. 과거의 역사를 보면 작은 인구 집단들이 광범위한 문화에 소속되지 않고 독특한 문화를 견지해온 예가 수없이 많다. 사람들은 일반적으로 크기와 비중을 기준으로 문명을 중심 문명과 주변 문명(백비)으로, 혹은 중심 문명과 발전이 중지되었거나 아직 미숙한 상태에 있는 문명(토인비)으로 구분한다. 이 책은 인류사에서 주요 문명으로 받아들여지는 것들에 관심을 두었다.

문명은 뚜렷한 경계선이 없으며 딱 부러지게 시발점과 종착점을 말할 수 있는 것도 아니다. 사람들은 자신의 정체성을 새롭게 규정할 수 있으며 또 실제로 그렇게 하고 있다. 따라서 문명의 구성 요소와 형태는 시간이 흐르면서 달라진다. 사람들의 문화는 뒤섞이고 겹친다. 여러 문화가 얼마나 비슷하고 다른지도 일률적으로 말하기는 곤란하다. 그럼에도 불구하고 문명은 의미 있는 실체다. 문명들 사이의 경계선은 명확하게 긋기 어렵지만 모종의 경계선은 현실적으로 존재한다.

넷째, 문명은 유한하긴 하지만 아주 오래간다. 문명은 진화하고 적응하며, 인간의 결속체 중에서도 유독 질긴 생명력을 갖는다. 그것은 극단적인 '장기 지속'의 현실이다. 문명의 독특하고 특별한 본질은 바로 그 장구한 역사적 지속성이며 사실상 가장 오래된 이야기는 문명이다. 제국은 일어섰다 무너지고 정권도 왔다가 사라지지만 문명은 유지되며 정치적, 사회적, 경제적, 이념적 격변의 와중에서도 살아남는다.[9] 보즈먼은 "정치 체제는 문명의 표면에 떠 있는 일시적 부표다. 언어적, 윤리적으로 통합되어 있는 개별 공동체의 운명은 연속된 세대들이 중심으로 삼고 뭉쳐 있는 그래서 사회의 연속성을 상징하게 된 특정한 근원적 구성 원리의 존속에 궁극적으로 달려 있다는 명제가 타당하다는 것을 국제사는 여실히 입증한다"고 결론짓는다.[10] 20세기의 사실상 거의 모든 주요 문명들은 천 년이 넘게 지속되어 왔거나 라틴아메리카의 경우처럼 다른 장구한 문명의 직접적 파생물이다.

문명은 유구하지만 한편으로는 진화한다. 문명은 역동적이다. 발흥하고 쇠멸하며 융합하고 분열한다. 그리고 모든 역사학도가 잘 알고 있듯이 문명은 사라져 시간의 모래 속에 묻힌다. 문명 진화의 발전 단계는 다양한 방식으로 정형화할 수 있다. 퀴글리는 문명이 혼합, 숙성, 팽창, 갈등, 보편제국, 쇠퇴, 외침의 일곱 단계를 거친다고 봤다. 멜코는 강고한 봉건 체제에서 과도적 봉건 체제를 거쳐 강고한 국가 체제에 이르고 다시 그것이 과도적 국가 체제, 강고한 제국 체제로 바뀌는 변화의 모델로 문명의 진화 과정을 일반화한다. 토인비는 문명이 도전에 대한 응전으로부터 일어나며, 창조적 소수의 주도로 환경에 대한 지배력 강화의 과정을 거쳐 시련의 시기를 맞이한 뒤 보편국가가 성립했다가 해체의 과정으로 들어선다고 주장한다. 중요한 차이점은 있지만 이 모든 이론들은 문명이 시련과 갈등의 시기를 거쳐 보편국가로 발전했다가 쇠락과 분열로 치닫는다고 본다.[11]

다섯째, 문명은 정치적 실체가 아니라 문화적 실체이므로 치안을 유지하거나 정의를 세우거나 세금을 거두거나 전쟁을 수행하거나 협상을 벌이거나 그밖의 정부가 하는 일을 처리하지는 않는다. 문명을 구성하는 정치적 요소는 문명마다 다르고 한 문명 안에서도 시간에 따라 달라진다. 문명은 하나 이상의 정치적 단위를 거느릴 수 있다. 도시국가, 제국, 연합, 연방, 국민국가, 다민족국가가 모두 그런 단위가 될 수 있으며 이들은 다양한 통치형태를 가지고 있다. 문명이 진화하면서 대체로 문명을 이루는 정치 단위의 수나 성격에도 변화가 일어난다. 극단적인 경우는 문명과 정치적 실체가 일치할 수 있다. 루시언 파이Lucian Pye가 지적하듯 중국은 국가를 가장한 문명이다.[12] 일본은 국가가 곧 문명이다. 그러나 대부분의 문명은 국가와 같은 정치적 실체를 둘 이상 거느리고 있다. 오늘날의 세계에서 서구, 동방 정교, 라틴아메리카, 이슬람, 힌두, 심지어 중국 문명도 둘 이상의 국가를 거느리고 있다. 하지만 많은 경우 그 안에는 중국, 인도, 러시아 같은 핵심국 혹은 지배국이 있다. 서구는 역사적으로 다수의 일반 국가들과 소수의 핵심국(가령 프랑스, 영국, 독일, 미국)들을 거느리고 있었다. 핵심 국가들의 영향력은 시대에 따라 달랐다. 전성기의 오스만 제국은 이슬람 문명의 핵심국이었지만 오늘날에는 이슬람의 핵심국이 존재하지 않는다. 라틴아메리카와 아프리카의 상황도 크게 다르지 않다.

마지막으로, 과거의 주요 문명과 지금 세계의 주요 문명이 무엇인가에 학자들은 대체로 일치된 견해를 내놓고 있다. 그러나 역사적으로 존재한 바 있는 문명의 총수에 대해서는 이견이 분분하다. 퀴글리는 16개의 뚜렷한 역사적 실례와 8개의 부수적 실례를 제시한다. 토인비는 처음에 21개로 잡았다가 나중에 23개로 고쳤으며, 슈펭글러는 8개의 주요 문명을 명시한다. 맥닐은 역사를 통틀어 모두 9개의 문명을 논의하며, 백비는 일본과 동방 정교를 중국과 서구로부터 따로 떼어내느냐 안 떼어내느냐에 따라 9개 혹은 11개의 주요 문명을 열거한다. 브로델은 현대의 주요 문명을 9개로, 졸트 로스토바니Zsolt Rostovanyi는 7개로 파악한다.[13] 이런 차이는 인도나 중국 같은 문화 집단이 통시대적으로 단일한 문명을 가졌다고 보느냐, 둘 이상이 밀접하게 관련된 문명들(하나가 다른 산물이 되는)을 가졌다고 보느냐의 차이에서 부분적으로 유래한다. 이런 차이점에도 불구하고 주요 문명의 내용에 대해서는 이론이 제기되지 않는다. 멜코가 관련 문헌을 검토한 뒤 결론지었듯 최소한 12개의 주요 문명에 대해서는 무리 없는 합의가 이루어져 있다. 그중 7개(메소포타미아, 이집트, 크레타, 그리스-로마, 비잔틴, 중앙아메리카, 안데스)는 더 이상 존재하지 않으며 5개(중국, 일본, 인도, 이슬람, 서구)는 지금도 존재한다.[14] 다수의 학자들은 여기에 그 모체인 비잔틴 문명이나 서구 그리스도교 문명과는 별개로 러시아 정교 문명을 덧붙이기도

한다. 이 6개의 문명에 현재의 세계를 더 잘 반영하기 위해 라틴아메리카, 나아가서는 아프리카 문명을 추가하는 것이 유익할 듯하다.

현존하는 세계의 주요 문명은 다음과 같다.

**중화**

모든 학자들은 최소한 기원전 1500년으로 거슬러 올라간다. 어쩌면 그보다 천 년을 앞섰을지도 모르는 하나의 뚜렷한 중국 문명이 있었다고 믿거나 기원후 최초 몇 세기 동안 연속적으로 나타난 2개의 중국 문명이 있었다고 믿는다. 《포린 어페어스》에 실린 논문에서 나는 이 문명을 유교 문명이라고 불렀다. 그러나 중화라는 표현을 쓰는 것이 더 정확하다. 유교는 중국 문명을 이루는 중요한 성분이기는 하지만 중국 문명은 유교를 넘어서며 정치적 실체로서의 중국도 넘어선다. 많은 학자들이 쓰는 '중화sinic'라는 용어는 중국과 동남아시아를 비롯한 중국 이외 지역에 거주하는 화교 공동체, 나아가서는 베트남과 한국을 비롯한 인접국의 공통된 문화를 적절하게 묘사하고 있다.

**일본**

일부 학자들은 중국과 일본 문화를 동아시아 문명이라는 하나의 이름 아래 묶는다. 그러나 대부분의 학자들은 여기에 동의하지 않으며 기원후 100~400년 사이에 중국 문명의 영향을 받아 출현한 일본 문명을 독자적으로 인정한다.

**힌두**

최소한 기원전 1500년부터 인도 대륙에는 하나의 문명 혹은 그 이상의 연속된 문명들이 존재한 것으로 널리 인정되고 있다. 이들을 인도 문명이나 힌두 문명으로 일컫는데, 최근의 문명에서는 힌두라는 용어가 선호된다. 힌두교는 기원전 2000년부터 인도 대륙의 문화에서 중심적인 역할을 맡아왔다. 일개 종교, 일개 사회제도의 차원을 넘어서서 이것은 인도 문명의 핵심이다.[15] 인도라는 나라가 비록 막강한 이슬람 공동체를 비롯해 다수의 문화적 소수 집단을 거느리고 있지만 현대에 들어와서도 이런 역할은 본질적으로 달라지지 않는다. 중화와 마찬가지로 힌두라는 표현 역시 문명의 이름을 그 문명의 핵심국 이름과 구분하는데 이는 바람직하다. 두 경우 모두 문명의 영역은 국가의 수준을 뛰어넘기 때문이다.

### 이슬람

비중 있는 학자들치고 독자적 이슬람 문명의 존재를 인정하지 않는 사람은 없다. 기원후 7세기경 아라비아 반도에서 출현한 이슬람교는 북아프리카와 이베리아 반도로 빠르게 전파되었고 동으로는 중앙아시아, 인도 대륙, 동남아시아 일대를 휩쓸었다. 때문에 이슬람 안에는 아랍, 터키, 페르시아, 말레이 등 개성 있는 다수의 독자적 문화와 하위 문명이 공존하고 있다.

### 정교

여러 학자들은 서구 그리스도교권에서 독립해 러시아에 그 중심을 두고 있는 정교 문화를 독자적인 문명권에 포함시킨다. 정교권은 비잔틴에서 갈라져 나와 다른 종교와 200년의 몽골 지배, 관료 독재주의를 경험하고 르네상스, 종교 개혁, 계몽주의와 제한적인 범위 내에서 접촉하면서 형성된 문명이다.

### 서구

서구 문명의 등장 시기는 대체로 기원후 700~800년 사이로 본다. 학자들은 서구 문명을 크게 유럽, 북아메리카, 라틴아메리카의 세 부분으로 나눈다.

### 라틴아메리카

라틴아메리카는 유럽, 북아메리카와는 약간 다른 경로로 발전해왔다. 유럽 문명의 직계 자손이긴 하지만 라틴아메리카는 북아메리카나 유럽에서는 찾아볼 수 없는 토착 아메리카 문명의 요소들을 다양한 수준으로 받아들였다. 라틴아메리카는 집단주의적, 권위주의적 문화를 가지고 있다. 유럽은 그 정도가 훨씬 덜하며 북아메리카는 그런 문화가 거의 존재하지 않는다. 유럽과 북아메리카는 종교 개혁의 여파를 반영해 가톨릭과 프로테스탄트 문화를 결합했다. 비록 차츰 변하고는 있지만 역사적으로 라틴아메리카는 오직 가톨릭 일변도였다. 라틴아메리카 문명은 유럽에는 존재하지 않았으며 북아메리카에서는 싹쓸이된 토착 문화를 받아들였다. 그러나 토착 문화가 차지하는 비중은 멕시코, 중앙아메리카, 페루, 볼리비아 같은 지역과 아르헨티나, 칠레 같은 지역이 서로 다르다. 라틴아메리카의 정치 및 경제발전은 북대서양 일원 국가들이 발전해온 양상과 판이하다. 개개인의 차원으로 들어가도 라틴아메리카 사람들의 정체성은 분열되어 있다.

어떤 이는 서구의 일원이라고 주장하는가 하면, 어떤 이는 고유의 독자 문화를 가지고 있다고 주장한다. 라틴아메리카와 북아메리카에서 나온 방대한 연구 논문들은 이 두 지역의 문화적 차이점을 정교하게 분석하고 있다.[16] 라틴아메리카는 서구 문명 안의 하위 문명으로 볼 수도 있고, 별개의 문명이지만 서구와 남달리 가까운 관계에 있고 자신이 서구에 속하는지에 관한 분열된 의식을 가지고 있는 문명으로 볼 수도 있다. 한편에는 라틴아메리카, 또 한편에는 북아메리카와 유럽, 이 둘 사이의 관계를 포함하는 문명의 국제정치적 함의에 초점을 둔 분석에는 후자의 시각이 더 적절하고 유익하다.

서구는 유럽, 북아메리카, 호주, 뉴질랜드처럼 유럽인이 정착한 나라들을 포함한다. 그러나 서구를 구성하는 두 중심 지역 사이의 관계는 시대에 따라 바뀌었다. 건국 이후로 미국인은 대부분의 기간 동안 자신들의 사회가 유럽과 대립관계에 있다고 이해했다. 미국은 자유, 평등, 기회, 미래의 땅인 반면 유럽은 억압, 계급 갈등, 신분제, 후진성을 상징했다. 미국은 독자적 문명이라는 주장도 한때 제기되었을 정도였다. 미국과 유럽이 이처럼 맞서게 된 데는 미국이 적어도 19세기 말까지만 하더라도 비서구 문명들과 제한적인 접촉밖에 하지 못했다는 사실도 상당한 원인으로 작용했다. 일단 미국이 세계무대로 나오면서부터 유럽과의 폭넓은 일체감이 형성되었다.[17] 19세기의 미국은 자신을 유럽과 다르고 유럽에 맞서는 존재로 이해했지만 20세기의 미국은 유럽을 포함하는 좀 더 포괄적인 서구라는 실체의 일원이며 선도자로서 스스로를 이해하게 되었다.

'서구'라는 말은 이제 예전의 서구 그리스도교 국가권을 일컫는 말로 보편화되었다. 이렇게 볼 때 서구는 특정한 민족이나 종교, 지역의 이름이 아니라 나침반의 방위로만 확인되는 유일한 문명이다.* 서구는 자신의 역사적, 지리적, 문화적 울타리를 넘어섰다. 역사적으로 서구 문명은 유럽 문명이다. 근대 이후의 서구 문명은 유러아메리카 문명 혹은 북대서양 문명이다. 유럽, 미국, 북대서양은 지도에서 찾을 수 있지만 서구는 그렇지 못하다. '서구'라는 이름은 또한 '서구화'의 개념을 낳았으며 근대화는 곧 서구화라는 오해의 소지가 많은 주장을 확산시켰다. 사람들은 그래서 일본이 '서구화'되었다고 하지 '유럽미국화'되었다고 하지 않는다. 서구 문명은 대체로 '유럽미국' 문명을 가리킨다고 볼 수 있기에, 심각한 결함이 있음에도 불구하고 여기서는 서구라는 말을 쓰기로 하겠다.

### 아프리카

브로델을 제외하고 명망 있는 학자치고 아프리카를 하나의 뚜렷한 문명으로 인정하는 사람은 아무도 없다. 아프리카 대륙의 북단과 동부 해안 지역은 이슬람 문명에 들어간다. 역사적으로 에티오피아는 독자적 문명을 이루고 있었다. 아프리카의 다른 지역에서는 유럽의 제국주의와 정착민을 통해 서구 문명의 요소가 도입되었다. 남아프리카공화국의 경우 네덜란드계, 프랑스계, 영국계 이주민들이 복수 성분으

---

* 지리적 구역을 확인하는 이름으로 쓰기에 '동'과 '서'는 혼란스럽고 자기중심적이다. '남'과 '북'은 지구의 극점이라는 만인이 동의하는 고정된 기준점을 가지고 있다. '동'과 '서'는 그런 기준점이 없다. 문제는 무엇의 동이고 서인가다. 그 답은 우리의 위치에 따라 달라진다. '동양'과 '서양'은 원래 유라시아 대륙의 동쪽 일원과 서쪽 일원을 가리켰던 표현으로 추정된다. 그러나 미국의 입장에서 보면 극동 지역은 사실 극서 지역이다. 중국 역사에서는 서양이 인도로 받아들여지던 시기가 압도적으로 길었으며, 일본에서 '서양'은 대개 중국을 뜻했다. 윌리엄 나프William Naff, 〈일본의 관점에서 본 '동서'의 문제에 관한 고찰Reflections on the Question of 'East and West' from the Point of View of Japan〉, 《비교 문명 논평Comparative Civilizations Review》, 13~14(1985년 가을 & 1986년 봄), p. 228.

로 이루어진 유럽 문화를 건설했다.[18] 가장 중요한 측면은 유럽 제국주의가 사하라 이남의 아프리카 대륙 대부분 지역에 그리스도교를 이식했다는 사실이다. 아프리카 전역에 강한 부족의식이 여전히 지배적으로 남아 있는 것은 사실이지만 아프리카 사람들은 점차 아프리카인으로서의 동질감을 발전시켜 나가고 있다. 사하라 이남 지역의 아프리카를 남아프리카공화국을 핵심국으로 하는 독자적 문명으로 상정한다면 굳이 못 할 것도 없다.

종교는 문명을 규정하는 핵심적 특성이다. 도슨이 말했듯이 거대 종교는 거대 문명이 의지하는 토대다.[19] 베버가 말한 세계 5대 종교 중에서 넷은(그리스도교, 이슬람교, 힌두교, 유교) 거대 문명과 연결되어 있다. 그러나 불교는 그렇지 않다. 그 이유가 무엇일까? 이슬람교, 그리스도교와 마찬가지로 불교는 일찌감치 2개의 가지로 갈라졌으며 그리스도교처럼 자신이 발생한 땅에서는 살아남지 못했기 때문이다. 기원후 1세기에 들어와 중국에 유입된 대승불교는 다시 한반도, 베트남, 일본으로 전파되었다. 이들 사회에서 불교는 다양한 방식으로 토착 문화(중국의 경우는 유교와 도교)에 의해 변형 및 수용되었으며 한편으로는 억압당했다. 불교는 이들 문화에서 중요한 요소로 남아 있지만 이 사회들은 스스로를 불교 문명의 일부로 생각하지 않으며 실제로도 그렇지 않다. 그러나 소승불교에 바탕을 둔 문명은 지금도 스리랑카, 미얀마, 태국, 라오스, 캄보디아에 존재하고 있다.

한편 티베트, 몽고, 부탄 사람들은 역사적으로 대승불교의 변형인 라마불교를 신봉하고 있으며 이들 사회는 제2의 불교 문명 지역을 이루고 있다. 그러나 전체적 구도로 보았을 때 불교는 인도에서 사실상 소멸의 길을 걷고, 중국과 일본에서는 기존의 문화에 편입되고 통합

된 데서 알 수 있듯이 거대 종교이기는 하지만 거대 문명의 바탕이 되지는 못했다.[20]*

## 문명과 문명의 관계

### 조우

문명 간의 관계는 두 단계를 거쳐 발전했으며 지금은 세 번째 단계로 접어들었다. 문명이 처음 등장하고 3천 년이라는 기간 동안 문명들 사이의 접촉은 일부 예외를 제외하고는 전혀 없었거나 있었다 하더라도 제한적이거나 간헐적이었다. 이러한 접촉의 성격은 역사가들이 즐겨 쓰는 '조우encounter'라는 표현에 잘 반영되어 있다.[21] 문명들은 시공간적으로 분리되어 있었다. 한 시기에 존재하던 문명의 수도 몇 안 되었을뿐더러, 벤자민 슈워츠Benjamin Schwartz와 아이젠슈타트가 강

* 유대 문명의 경우는 어떠한가? 문명을 연구하는 대다수 학자들은 이 문제를 거의 언급하지 않는다. 신도의 수로 따지자면 유대교는 주요 종교가 아니다. 토인비는 유대교를 고대 시리아 문명에서 유래해 발전이 중지된 문명으로 풀이한다. 역사적으로 유대교는 그리스도교, 이슬람교와 친연관계에 있으며 오랜 세월 동안 유대인은 서구 문명, 동방 정교, 이슬람 문명과 문화적 공감대를 유지해왔다. 이스라엘이 들어서면서 유대 문명은 종교, 언어, 관습, 문학, 제도, 영토 및 정치적 거점 같은 문명으로서의 객관적 자격 요건을 모두 갖추게 되었다. 그렇다면 유대인의 주관적 의식 상태는 어떨까? 다른 문화권에서 살아가는 유대인들은 유대교와 이스라엘에 자신이 전적으로 귀속되어 있다고 여기는 사람에서부터 유대교를 명목상으로만 인정하고 자신이 터전으로 삼고 있는 문명에 완전히 동화되어 살아가는 사람에 이르기까지 다양한 성향이 있다. 그러나 서구에서 살아가는 유대인들은 주로 동화되는 길을 선택했다. 모르데카이 카플란Mordecai Kaplan, 《문명으로서의 유대교 Judaism as a Civilization》 Jewish Pubn Society, 1981년; 초판 1934년, pp. 173~208.

〈그림 2-1〉 동반구의 문명들

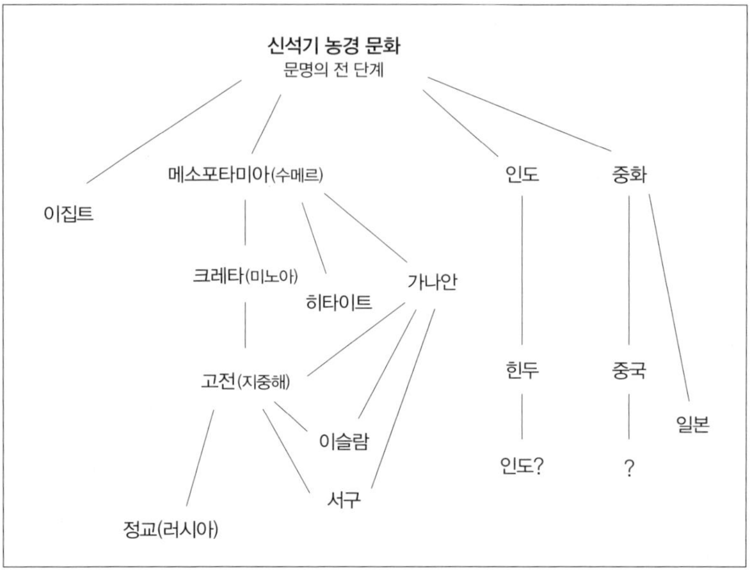


**자료**: 퀴글리, 《문명의 진화: 역사 분석 입문 The Evolution of Civilization: An Introduction to Historical Analysis》 Indianapolis: Liberty Press, 2nd ed., 1979, p. 83.

조했듯이 '축 시대Axial Age, 軸時代' 문명과 '전축 시대pe-Axial Age, 前軸時代' 문명 사이에는 초월적 질서와 세속적 질서의 구분을 인정하느냐 안 하느냐 하는 점에서 중대한 차이가 있다. 전축 시대 문명과 달리 축 시대 문명은 특권적 지식층에 의해 보급되는 초월적 신화를 가지고 있었다. 유대교의 예언자와 제사장, 그리스의 철학자와 소피스트, 중국의 문사文士, 불교의 승단, 이슬람의 울라마(종교학자)가 이들 지식층이었다.[22] 일부 지역에서는 친연관계에 있는 문명들이 이삼 세대에 걸쳐 나타나는 현상이 벌어지기도 했다. 이 경우 한 문명이 소멸한 뒤 잠시 공백 기간이 있은 뒤 다음 세대의 문명이 이를 계승했다. 〈그림

2-1〉은 주요 유라시아 문명들의 관계를 시기별로 단순하게 정리한 도표다. 문명은 또한 지리적으로도 분리되어 있었다. 1500년까지만 하더라도 안데스 문명과 메소아메리카 문명은 다른 문명들과 전혀 접촉이 없었음은 물론 그들끼리도 교섭이 없었다. 나일 강, 티그리스-유프라테스 강, 인더스 강, 황하 유역에서 발생한 초기 문명들도 상호 교류가 없었다. 그러다가 동지중해, 서남아시아, 북인도를 중심으로 문명들 사이의 접촉이 급격히 늘어났다. 그러나 문명들 사이의 지리적 거리와 그런 거리를 극복할 수 있는 운반 수단의 한계로 통신과 교역관계는 제한되어 있었다. 지중해와 인도양에서는 해상 무역이 이루어지고 있었지만, 1500년 이전까지만 하더라도 분리되어 있던 세계의 여러 문명들을 미미한 수준으로나마 연결시켜주던 주요한 교통수단은 바다를 가로지르는 배가 아니라 초원을 가로지르는 말이었다.[23]

사상과 기술은 문명에서 문명으로 전파되었지만 몇 세기가 족히 걸렸다. 정복의 결과가 아닌 것으로서 가장 중요한 문화적 전파로 꼽을 수 있는 것은 인도 북부에서 출현한 지 약 600년 만에 이루어진 불교의 중국 전래라 할 수 있다. 인쇄술은 기원후 8세기 중국에서 발명되었고 활자는 11세기에 발명되었다. 그러나 이 기술이 유럽에 전달된 것은 14세기였다. 종이는 기원후 2세기 중국에서 만들어져 7세기 일본에 전달되었지만 서쪽으로는 8세기경 중앙아시아, 10세기경 북아프리카, 12세기경 스페인, 13세기경 북유럽에 전해졌다. 중국이 9세기에 발명한 화약 역시 몇백 년 뒤 아랍에 보급되었으며 유럽에는 14세기에 들어가서야 소개되었다.[24]

문명과 문명의 가장 극적이면서 의미심장한 접촉은 한 문명권의 사람들이 다른 문명권의 사람들을 정복해 제거하거나 자기들 밑으로 복속시켰을 때 일어났다. 이런 식의 접촉은 짧은 기간 동안 폭력적으로 이루어졌지만 이것은 어디까지나 간헐적으로 나타나는 현상이었다. 기원후 7세기를 기점으로 이슬람과 서구, 이슬람과 인도 사이에는 비교적 지속성이 있고 때로는 강렬한 문명 간의 접촉이 발전했다. 그러나 대부분의 상업적, 문화적, 군사적 교류는 같은 문명 안에서 이루어졌다. 예를 들어 중국과 인도는 경우에 따라 이민족(무굴인, 몽고인)의 침입을 받아 정복당하기도 했지만, 두 문명 모두 자기 내부에서 기나긴 내전 상태를 경험했다. 마찬가지로 그리스인은 페르시아인을 비롯한 여타 비그리스인과 싸우고 교역하기보다는 자신들끼리 훨씬 더 많이 싸우고 교역했다.

### 격돌: 서구의 부상

유럽의 그리스도교권은 8세기와 9세기 무렵 독자적 문명으로 등장하기 시작했다. 수백 년 동안 유럽의 문명 수준은 다른 문명들에 비해 뒤처져 있었다. 중국은 당·송·명의 시대에, 이슬람은 8세기에서 12세기까지, 비잔틴은 8세기에서 11세기까지 유럽을 훨씬 능가하는 경제력, 영토, 군사력을 가지고 있었으며 예술적, 학술적, 과학적 성취도 면에서도 유럽과는 비교가 되지 않았다.[25] 유럽 문화는 11세기에서 13세기 사이 이슬람과 비잔틴의 고등 문명으로부터 적절한 요소들을 활용하려는 열성적이며 체계적인 노력과 이러한 유산을 서구의 특수한 조건과 이익에 맞게 수용한 데 힘입어 발전하기 시작했다. 같은 기간 동안 헝가리, 폴란드, 스칸디나비아, 발트 해 연안은 그리스도교로 개종했으며 그에 따라 로마법을 비롯한 서구 문명의 제반 측면을 받아들이게 되었다. 덕분에 서구 문명의 동쪽 변방은 커다란 변화 없이 안정을 유지했다. 12세기와 13세기에 서구인들은 스페인에서 자신의 지배력을 확대하려고 애썼으며 지중해에서는 확고한 우위에 올라섰다. 그러나 이후 터키가 세력을 확장하면서 '서유럽의 1차 해양 제국'은 무너지고 만다.[26] 1500년에 이르러 유럽의 르네상스 문화는 이미 안정기로 접어들었으며 사회적 다원주의, 무역의 팽창, 기술 발전은 세계정치에서 새로운 시대를 열 수 있는 토대를 제공했다.

문명과 문명 사이의 제한적, 간헐적 접촉은 다른 모든 문명들에 대한 서구의 지속적, 일방적, 압도적 영향력 행사로 성격이 바뀌었다. 15세기 말이 되자 무어인들은 이베리아 반도에서 마침내 축출되었고 포르투갈의 아시아 정복과 스페인의 아메리카 정복이 시작되었다. 그 이후 250년 동안 서반구 전역과 아시아 주요 지역은 유럽의 지배를 받거나 그 주도권 아래 들어간다. 18세기에 들어서면 유럽의 직접적 통치는 처음에는 미국에서, 그다음에는 아이티에서 축소되었다. 라틴아메리카의 대부분 지역이 유럽의 지배에 반기를 들고 일어나 독립을 쟁취했다. 그러나 19세기 후반에는 재부상한 서구 제국주의가 아프리카의 전 지역으로 영향력을 확대했으며 아시아에서도 인도를 비롯한 광범위한 지역을 지배권 아래 끌어들였다. 20세기 초로 접어들면 터키를 제외한 중동의 거의 모든 지역이 서구의 직간접적 영향력 아래 들어갔다. 유럽인 또는 (아메리카 대륙의) 과거 유럽 식민지 이주민은 1800년에 이르러 세계 육지의 35퍼센트를 점유했다. 1878년에는 그 비율이 67퍼센트로 높아졌고 1914년에는 다시 84퍼센트로 껑충 뛰었다. 1920년에도 오스만 제국이 영국, 프랑스, 이탈리아에 의해 분할되면서 그 비율은 더욱 높아졌다. 1800년에 영국은 150만 제곱마일의 영토와 2000만 명의 인구를 거느리고 있었다. 태양이 지지 않는다던 1900년 빅토리아 시대의 대영 제국은 1100만 제곱마일의 영토와 3억 9000만 명의 인구를 거느리기에 이르렀다.[27] 유럽의 세력 팽창 과정에서 안데스 및 메소아메리카 문명은 효과적으로 제거되었으며, 인도와 이슬람 문명도 아프리카 문명과 함께 서구에 복속되었다. 중국도 서구의 침략을 받고 서구에 종속당하는 운명에 놓였다. 고도로 중앙집권화된 통치 집단이 지배하던 러시아, 일본, 에티오피아만이 서구의 침탈에 저항하여 의미 있는 독자적 위치를 고수했다. 대체로 400년 동안 문명과 문명의 관계는 서구 문명에 대한 다른 문명들의 종속으로 나타났다.

이처럼 독특하고 극적인 사태를 낳은 원인으로는 서구의 사회구조와 계급관계, 도시와 무역의 발전, 세속적 권위와 종교적 권위 사이의 권력 분산, 서구 민족들 사이에서 나타난 민족의식의 고양, 국가 관료제의 발전을 열거할 수 있다. 그러나 서구가 영향력을 확대할 수 있었던 직접적 원동력은 기술이었다. 즉 멀리 떨어진 곳까지 원정을 할 수 있게 한 대양 항해술의 발명과 그곳에 사는 주민들을 정복할 수 있게 한 군사력의 발전이었다. 제프리 파커Geoffrey Parker는 "서구의 부상은 대체로 무력행사의 산물이었다. 유럽과 그 경쟁 세력의 군사적 균형이 유럽 쪽으로 서서히 기울었다는 사실이 유럽을 부상시킨 것이다. …… 서구인이 1500년에서 1750년 사이 최초의 진정한 세계 제국을 건설하는 데 성공한 것은, '군사적 혁명'이라는 표현도 있지만 전쟁 수행 능력이 비약적으로 발전한 데 원인이 있다"고 지적했다. 서구의 팽창은 또한 군대 조직과 군사훈련의 우위, 산업혁명을 선도하면서 얻은 무기, 수송 수단, 병참술, 의료서비스 면에서의 우위 때문에 수월하게 이루어졌다.[28] 서구는 사상, 가치관, 종교의 우위에 의해서가 아니라(이것들은 다른 문명의 개종을 별로 낳지 못했다) 조직화된 폭력의 우위로 세계를 정복했다. 서구인은 종종 이런 사실을 잊지만, 비서구인은 결코 이 점을 망각하지 않는다.

1910년의 세계는 인류 역사의 어떤 시기와 비교해도 정치 경제적으로 더욱 통합되어 있었다. 국제 무역은 세계 총생산의 33퍼센트라는 전무후무한 수치를 기록했다. 총 투자액 중 국제 투자가 차지하는 비율 역시 어느 때보다도 높았다.[29] 문명은 서구 문명을 뜻했으며 서구는 세계의 대부분을 통제하거나 지배했다. 국제법은 그로티우스의 전통에서 비롯된 서구 국제법이었다. 국제 체제는 주권을 가진 '문명' 국가들과 이들이 지배하는 식민지들로 이루어진 베스트팔렌 체제와 다름없었다.

서구에 의해 정의되는 이 국제 체제의 출현은 1500년 이후의 세계 정치에서 두 번째로 중요한 발전 양상에 해당한다. 서구 사회들은 비서구 사회들과 지배-종속의 양식으로 교섭을 가졌을 뿐 아니라 자신들끼리도 더욱 동등해진 바탕 위에서 교섭을 가지게 되었다. 단일 문명 안에서 이루어지는 정치적 실체 간의 이러한 교섭은 중국, 인도, 그리스 문명 안에서 발생한 교섭의 양상과 아주 흡사하다. 이러한 교섭은 언어, 법률, 종교, 통치술, 농업, 토지 소유, 나아가 친족제도 면에서의 문화적 동질성에 토대를 두고 있었다. 유럽 민족들은 공통의 문화를 지녔고, 활발한 무역망, 인력의 꾸준한 교류, 유력한 가문끼리의 복잡한 혼인관계를 통해 광범위한 접촉을 유지했다. 그들은 또 서로 하루가 멀다 하고 싸웠다. 유럽의 국가들 사이에서 평화는 일상이 아니라 예외였다.[30] 이 시기의 상당한 기간 동안 오스만 제국은 일반적으로 유럽이라 간주되는 지역 4분의 1을 다스렸지만 오스만 제국은 유럽 국제 체제의 일원으로 받아들여지지 않았다.

150년 동안 서구 문명 내부의 정치 역학을 지배한 것은 대규모의 종교적 분열과 종교 전쟁 그리고 왕조 전쟁이었다. 다시 베스트팔렌 조약 이후 한 세기 반 동안 서구 세계의 갈등은 주로 자신의 관료 체제를 팽창하려고 기도하는 황제와 절대군주와 입헌군주, 그들의 적수, 상업을 기반으로 한 그들의 경제력, 그들이 다스리던 영토에서 촉발된 분쟁이었다. 그 과정에서 서구인은 국민국가를 만들었으며 프랑스 혁명 이후로 본쟁의 주역은 군주가 아니라 국가였다. 1793년 로버트 팔머Robert Palmer는 이렇게 썼다. "왕들의 전쟁은 끝났고 민족들의 전쟁이 시작되었다."[31] 19세기의 이러한 양상은 제1차 세계대전까지 지속되었다.

1917년 러시아 혁명의 여파로 국민국가들 사이의 분쟁은 처음에는 파시즘과 공산주의, 자유민주주의 사이의 대결로, 그 뒤에는 공산주의와 자유민주주의 사이의 이념 대결로 바뀌었다. 냉전 시대에 이 이념들은 두 초강대국에 의해 구체화되었다. 이들은 모두 스스로의 정체성을 이념에서 찾았고 둘 다 유럽적 의미의 전통적 민족국가가 아니었다. 마르크시즘이 처음에는 러시아에서, 곧이어 중국과 베트남에서 권력을 잡으면서 유럽식 국제 체제는 탈유럽적 다문명 체제로 이행했다. 마르크시즘은 유럽 문명의 산물이었음에도 유럽에서는 뿌리를 내리지도 성공을 거두지도 못했다.

그 대신 근대화에 눈뜬 혁명적 엘리트들이 이것을 러시아, 중국, 베트남에 도입했다. 레닌, 마오쩌둥, 호치민은 마르크시즘을 자신들의 목적에 맞게 수정해 서구 세력에 맞서고자 인민을 동원하고 자신들의 민족적 정체성과 국가적 자존심을 지키는 데 활용했다. 소련에서 공산주의가 몰락하고 중국과 베트남에서 공산주의가 크게 수정되었다고 해서 이들 사회가 서구의 자유민주주의 이데올로기를 수입하리라는 보장은 없다. 그 점을 낙관하는 서구인들은 비서구 문화들의 창조성과 융통성, 개성 앞에서 깜짝 놀랄 것이다.

### 교섭: 다문명 체제

그리하여 20세기에 들어와 문명 간의 관계는 한 문명이 나머지 모든 문명들에게 일방적으로 영향을 미치던 단계에서 벗어나 모든 문명들 사이에서 다각적인 교섭이 강하게 지속적으로 이루어지는 단계로 접어들었다. 이전 시대의 문명관계에서 뚜렷이 드러나던 두 가지 특징도 서서히 사라졌다.

첫째, 역사가들이 즐겨 쓰는 표현대로 '서구의 팽창'은 끝나고 '서구에 대한 반항'이 시작되었다. 균일한 양상은 아니고 때로는 중단과 역전도 있었지만 서구의 힘은 다른 문명들의 힘과 비교해 상대적으로 쇠퇴하고 있다. 1990년의 세계지도는 1920년의 세계지도와 닮은 구석이 거의 없다. 군사력, 경제력의 균형과 정치적 영향력의 판도가 바뀌었다(이 문제는 뒤에 가서 자세히 분석할 것이다). 서구가 다른 사회에 중요한 영향을 꾸준히 미쳐왔지만 서구와 다른 문명들 사이의 관계는 이들 문명에서 나타나는 발전에 서구가 대응하는 양상으로 바뀌고 있다. 지금까지 비서구 사회들은 서구가 만든 역사에서 단순한 대상의 차원에 머물러 있었지만 이제는 자기 자신의 역사는 물론 서구의 역사도 이들이 조금씩 만들고 움직이게 되었다.

둘째, 이러한 발전의 결과로 국제 체제는 서구를 넘어서 다문명 체제로 확대되었다. 동시에 서구 국가들 사이의 분쟁(몇 세기 동안 그 체제를 지배해온)도 시들해졌다. 문명 발전의 단계로 보아 20세기 후반의 서구는 '전투국가'의 단계를 벗어나 '보편국가'의 단계로 나아가고 있다. 서구의 국민국가들이 유럽과 북아메리카에 자리 잡은 2개의 준보편국가로 응집된 상태이므로 이 단계는 아직은 불완전하다. 그러나 이 2개의 응집체와 그들을 구성하는 단위는 공식, 비공식의 제도적 끈으로 대단히 복잡하게 결합되어 있다. 과거 문명의 보편국가는 제국이었다. 그러나 서구 문명의 정치형태는 민주주의이므로 지금 태동하는 서구 문명의 보편국가는 제국이 아니라 연방, 연맹, 국제제도 및 국제기구의 혼합체다.

20세기의 거대한 정치 이념으로 우리는 자유주의, 사회주의, 무정부주의, 협동조합주의corporatism(사회 전체를 국가에 종속되는 협동조합들로 구성하려는 이론 — 옮긴이), 마르크시즘, 공산주의, 사회민주주의, 보수주의, 민족주의, 파시즘, 기독교 민주주의 등을 꼽을 수 있다. 이들은 한 가지 공통점을 가지고 있다. 모두 서구 문명의 산물이라는 점이다. 중요한 정치 이념은 한결같이 서구에서 나왔다. 반면에 서구는 주요한 종교를 낳지 못했다. 세계의 위대한 종교들은 모두 비서구 문명의 산물이며 대부분의 경우 서구 문명보다 앞서 탄생했다. 서구가 주도하던 단계를 세계가 벗어나면서 후기 서구 문명의 쇠락과 운명을 같이한 이념들의 자리를 종교 또는 문화에 바탕을 둔 정체성과 헌신의 형식이 차지하게 되었다. 서구 문명의 독특한 산물이라 할 수 있는 종교와 국제정치의 베스트팔렌식 분리는 막을 내리고 에드워드 모티머Edward Mortimer가 강조하듯 종교가 점차 국제 문제로 침투해 들어가는 경향이 나타난다.[32] 서구가 잉태한 정치 이념 사이의 문명 내적 충돌은 문화와 종교의 문명 간 충돌로 대체되고 있다.

〈표 2-1〉 '자유세계'와 '서구'라는 용어의 언급 빈도

| | | 언급 빈도 | | 빈도의 백분율 |
|---|---|---|---|---|
| | | 1988 | 1993 | 변화 |
| 뉴욕 타임스 | 자유세계 | 71 | 44 | -38 |
| | 서구 | 46 | 144 | +213 |
| 워싱턴 포스트 | 자유세계 | 112 | 67 | -40 |
| | 서구 | 36 | 87 | +142 |
| 의회 기록 | 자유세계 | 356 | 114 | -68 |
| | 서구 | 7 | 10 | +43 |

**자료**: 렉시스/넥시스. 언급 빈도는 '자유세계'나 '서구'라는 용어를 포함하거나 그에 관한 내용을 다룬 기사의 수를 말한다. '서구'라는 언급은 그 용어가 문명 혹은 정치적 실체로서의 '서구'를 확실히 뜻하는가를 문장의 맥락 속에서 면밀히 고찰했다.

국제관계의 다극적 서구 체제는 양극적 준서구 체제에게 자리를 내주었고 이것은 다시 다극적, 다문명 체제로 바뀌었다. 세계정치의 지형도는 1920년 1개의 세계에서 1960년대 3개의 세계로, 다시 1990년대 6~7개 이상의 세계로 변화했다. 그와 아울러 1920년의 서구 제국들은 1960년대에 와서 훨씬 제한된 '자유세계(여기에는 공산주의에 반대하는 다수의 비서구 국가들도 포함되었다)'로 축소되었고, 1990년에는 더더욱 협소한 '서구'로 움츠러들었다. 이러한 변화는 1988년에서 1993년 사이 자유세계라는 이념적 용어의 사용이 눈에 띄게 줄어들고 서구라는 문명적 용어의 사용이 늘어났다는 사실에도 언어적으로 반영되어 있다〈표 2-1〉. 뿐만 아니라 문화 정치적 현상으로서의 이슬람, 대중국, 러시아와 '인접국들', EU에 대한 언급이 늘고, 문명적 내용을 담은 각종 용어들의 사용이 큰 폭으로 증가한 데서도 이런 추세를 읽을 수 있다.

이 세 번째 단계의 문명 간 관계는 첫 번째 단계보다 훨씬 빈도가 잦고 강하며 두 번째 단계보다 훨씬 평등하고 호혜적이다. 또한 냉전 시대와는 달리 하나의 간극이 지배하지 않으며 서구와 다른 문명들 사이에, 또 많은 비서구 문명들 사이에 복수의 간극들이 존재한다.

헤들리 불Hedley Bull에 따르면 둘 이상의 국가가 상호 충분한 접촉을 가지고 적어도 어느 수준까지는 전체의 일부로서 행동할 수 있도록 쌍방의 결정에 서로가 충분한 영향력을 행사할 수 있을 때 국제 체제가 존재한다고 말할 수 있다. 그러나 국제사회는 국제 체제 안의 국가들이 '공통된 이익과 공통된 가치'를 지니고 '공통된 일련의 규칙'을 준수해야 한다고 믿고 '공통된 문화나 문명'을 가지고 있을 때만 존립한다.[33] 과거 수메르, 그리스, 중국, 인도, 이슬람이 그랬듯이 17세기부터 19세기까지의 유럽의 국제 체제는 국제사회로서의 성격을 가졌다. 19세기에서 20세기까지 유럽 국제 체제는 사실상 다른 문명들의 모든 사회를 포함하는 범위로 확대되었다. 유럽의 일부 제도와 관습은 이들 사회에 수출되기도 했다. 그러나 이 사회들에는 유럽 국제사회의 저변에 깔린 공통의 문화가 결여되어 있다. 영국식의 국제관계 이론으로 설명하자면 세계는 국제 체제로서는 잘 발전되어 있지만 매우 원시적인 국제사회의 틀을 아직도 벗어나지 못하고 있다.

모든 문명은 자신을 세계의 중심으로 보며 자신의 역사를 인류사의 주역으로 인상 깊게 기술한다. 그런 성향은 다른 문명보다도 특히 서구에서 강하게 나타났다. 그러나 이 유일한 문명적 관심은 다문명 세계에서 타당성과 실효성을 잃고 있다. 문명을 연구하는 학자들은 이 자명한 원리를 일찍부터 깨달았다. 1918년 슈펭글러는 오직 서구에게만 적용되며 고대·중세·근대의 명쾌한 단계 구분을 특징으로 하는 서구의 만연한 근시안적 역사관을 비판했다. 그는 '역사에 대한 프톨레마이오스적 관점'을 코페르니쿠스적 관점으로 대체하고 '단선적 역사의 허무맹랑한 허구를 다수의 강력한 문화들이 펼친 드라마'로 교체할 필요가 있다고 주장했다.[34] 몇십 년 뒤 토인비는 '세계는 자신의 둘레를 공전하고 동양은 언제나 제자리걸음이기에 서양의 전진은 필연적'이라는 자기중심적 망상에서 드러나는 서구의 편협성과 자기도취를 매섭게 꼬집었다. 그도 슈펭글러처럼 통일된 역사라는 전제를 받아들이지 않았고 문명의 강줄기는 오직 우리 것뿐이며 다른 강줄기들은 모두 지류이거나 아니면 사막의 모래 속으로 사라진다는 전제 또한 배격했다.[35] 토인비의 발언 이후 50년 뒤 브로델은 비슷한 맥락에서 좀 더 거시적인 관점을 지향하면서 세계의 대규모 문화적 갈등과 문명들의 다양성을 이해할 필요가 있다고 주장했다.[36] 그러나 이 학자들이 경고한 환상과 편견은 여전히 살아남았고, 20세기 후반에 들어와 서구의 유럽 문명이 전 세계의 보편 문명이 되었다는 만연한 편협된 자부심 속에서 꽃망울을 터뜨렸다.

Chapter 3

# 보편 문명, 근대화와 서구화

## 보편 문명의 의미

비디아다르 네이폴Vidiadhar Naipaul이 이야기한 '보편 문명universal civilization'이 비로소 등장하고 있다고 주장하는 사람들이 있다.[1] 이 말은 무엇을 뜻하는가. 여기에는 대체로 인류의 문화적 융합, 세계 곳곳의 사람들이 점차로 공통된 가치관, 믿음, 지향점, 관습, 제도를 받아들이게 된다는 뜻이 담겨 있다. 그런데 이런 생각은 심오하지만 진부한 내용일 수도 있고, 진부하지는 않지만 피상적인 생각일 수도 있고, 진부하고 피상적인 내용일 수도 있다.

첫째, 모든 인간은 어디에 살고 있건 간에 가령 살인은 죄악이라고 하는 기본적 가치관, 가족구조 같은 기본적 제도를 공유하고 있다. 대부분의 사회에서 사람들은 옳고 그름의 기본 관념이 담긴 엇비슷한 '윤리감'이나 최소한의 '얇은' 도덕을 가지고 있다.[2] 만일 보편 문명이 이런 뜻을 담는 것이라면 그것은 깊이는 있지만 참신성도 시의성도 떨어지는 생각이다. 인류 역사에서 몇 가지 근본적인 가치와 제도가 공통적으로 나타났다면 그것은 인간의 행동에서 드러나는 상수常數는 설명할 수 있겠지만 인간 행동의 변화로 이루어지는 역사는 제대로 분석하지도 설명하지도 못한다. 전체 인류에게 공통된 보편 문명이란 것이 존재한다면 인간이라는 종의 차원에는 못 미치는 주요 문화적 집단을 어떤 용어로 지칭해야 할 것인가. 인류는 종족, 민족, 일반적으로 문명이라고 불리는 더 광범위한 문화적 실체 같은 하위 집단으로 나눠져 있다. 문명이라는 용어를 들어 올려 인류 전체의 공통성을 가리키는 말로 사용한다면 우리는 인류의 보편적 차원에는 못 미치는 사람들의 대규모 문화 집단을 가리키는 새로운 용어를 창안하든가 아니면 인류의 범위에는 못 이르는 이들 대규모 집단이 증발하는 것을 수수방관할 수밖에 없을 것이다. 하벨은 우리는 지금 단일한 세계 문명 안에서 살고 있지만 이 세계 문명은 어떤 의미에서는 그 '밑'에 고스란히 놓여 있는 문화, 민족, 종교, 역사적 전통과 역사적으로 형성된 태도의 이루 말할 수 없이 다양한 면모를 가리거나 숨기는 얇은 베니어판에 지나지 않는다고 보았다.[3] '문명'을 범지구 차원에만 국한시키고 역사적으로 늘 문명이라는 이름으로 불러온 대규모의 문화적 실체들을 '문화' 또는 '하위 문명'으로 지칭할 경우 의미의 혼란만 가중되는 결과를 가져온다.*

---

* 헤이워드 알커Hayward Alker는 《포린 어페어스》에 실린 나의 논문에서 내가 문명을 사람을 다른 종과 구별하는 가장 높은 단계의 문화적 집단화 및 문화적 동질성의 가장 광범위한 차원으로 정의하는 바람에 세계 문명이라는 발상을 개념적으로 봉쇄했다고 정확히 지적했다. 문명 연구가들은 대체로 문명을 나와 같은 식으로 이해한다. 그러나 나는 이 장면에서 좀 더 느슨한 정의를 받아들여 세계 도처의 사람들이 서구, 이슬람, 중화라는 의미의 문명을 보완하거나 대신하는 뚜렷한 세계 문화에 동질감을 느낄 수도 있다는 가능성을 열어두려고 한다.

둘째, 보편 문명이라는 용어는 문명사회가 공통적으로 가지고 있으며 문명사회를 원시사회, 야만사회와 구별해주는 도시와 문자 해독 같은 요소를 가리키는 데도 쓰일 수 있다. 이것은 18세기의 유일 문명 개념과 직결되며 이런 뜻에서 보편 문명은 분명히 출현하고 있다. 비록 인류학자들은 급속히 사라지는 원시사회를 안타까운 눈길로 바라보고 있지만 말이다. 이런 의미의 문명은 인류 역사에서 점진적으로 세력을 키워왔다. 복수적으로 존재하는 수많은 문명들이 있었지만 그렇다고 해서 이것이 유일 문명의 확산과 모순을 빚는 것은 아니었다.

셋째, 보편 문명이라는 용어는 지금 서구 문명의 대다수 사람들과 여타 문명의 일부 사람들이 받아들이고 있는 전제, 가치관, 원칙을 가리키는 것일 수도 있다. 이것을 다보스 문화라고 부를 수도 있으리라. 세계 각지 1,000여 명의 기업인, 금융인, 정부 관리, 지식인, 저널리스트가 해마다 스위스의 다보스에서 열리는 세계경제포럼에 참석한다. 이들은 거의가 자연과학, 사회과학, 경영학, 법학 분야에서 박사학위를 가지고 있다. 이들은 또한 말이나 숫자를 밑천으로 삼아 일하고 영어에 상당히 능통하며 정부나 기업, 학술기관에 몸담고 있어서 국제회의 참석 같은 해외여행의 기회가 많은 편이다. 이들은 서구 문명에서 살아가는 사람들이 공통적으로 지니고 있는 개인주의, 시장 경제, 정치적 민주주의에 대한 믿음도 가지고 있다. 다보스 회의에 참석하는 사람들은 사실상의 모든 국제기구와 세계의 경제력과 군사력을 좌우할 수 있는 위치에 있다. 그러므로 다보스 문화는 중대한 의미를 갖는다. 그런데 세계적으로 얼마나 많은 사람들이 이 문화를 공유하고 있을까? 서구를 제외하면 이 문화를 공유하는 이들은 세계 인구의 1퍼센트에 해당하는 약 5000만 명에도 못 미친다. 어쩌면 500만 명도 되지 않을지 모른다. 이것은 보편 문화와는 거리가 멀며 다보스 문화를 공유하는 지도급 인사들이 그들의 나라에서 확고한 영향력을 반드시 행사하리라는 보장도 없다. 헤들리 불은 "공통의 지적 문화는 오직 엘리트 수준에서만 존재하며, 많은 사회에서는 그 뿌리가 깊지 않다. …… 다보스 문화가 외교적 수준에서나마 공통의 지적 문화와는 뚜렷이 구분되는 공통의 윤리 문화나 가치관을 포함하는지 의심스럽다"고 지적했다.[4]

넷째, 이러한 발상은 서구의 소비 양식과 대중문화가 전 세계로 퍼지면서 하나의 보편 문명이 태동하고 있다는 논리로 발전했다. 이러한 주장은 깊이도 없고 타당성도 없다. 한때의 문화 유행이 문명에서 문명으로 퍼지는 것은 과거의 역사에서도 숱하게 볼 수 있다. 다른 문명들은 한 문명 안에서 이루어진 혁신을 꾸준히 수용한다. 그러나 이것들은 중요한 문화적 결실을 낳지 못하는 단순한 기술 아니면 혁신을 받아들이는 문명의 저변에 깔린 문화를 바꾸지 못한 채 왔다가 가버리는 한때의 유행에 불과하다. 수용자 측 문명이 이 수입물을 받아들이는 이유는 그것이 이국적이거나 강요에 의해 받아들이지 않을 수 없었기 때문이다. 과거 몇 세기 동안 중국이나 인도 문화의 다양한 요소가 이국성異國城을 앞세워 서구 세계를 열병처럼 휩쓸고 지나간 예는 얼마든지 있다. 19세기에는 서구로부터의 문화적 유입물이 중국과 인도에서 각광을 받았다. 서구의 힘이 거기에 반영된 것으로 이해되었기 때문이다. 팝 문화와 소비재의 세계적 확산이 서구 문명의 승리를 상징한다는 논리는 서구 문화를 왜소하게 이해한다. 서구 문명의 정수는 맥버거가 아니라 마그나카르트타(1217년 영국 국왕 존이 받아들인 왕권 남용의 제한과 국민의 권리를 보장한 칙허장 — 옮긴이)인 것이다. 비서구인들이 맥버거에 열광한다고 해서 그들이 서구의 기준을 받아들인다고 호언장담할 근거는 어디에도 없다.

맥버거를 먹는다고 서구에 대한 태도가 달라지는 것은 아니다. 중동에서도 젊은이들이 청바지를 입고 코카콜라를 마시면서 랩 음악을 듣는 모습은 드물지 않게 볼 수 있지만 바로 그들이 메카를 향해 기도를 하고 의기투합해 미국 항공기를 폭파시키고 있는 것이 오늘날의 현실이다. 1970년대와 1980년대에 미국인은 일제 자동차, TV, 카메라, 가전제품을 무더기로 사들였지만 그렇다고 해서 일본화하지는 않았으며 사실은 일본에 대한 적대감만 커졌다. 서구의 상품을 구입하는 비서구인이 서구화되리라는 가정은 오만하고 안이한 서구인 특유의 생각이다. 서구인이 자신의 문명을 거품 나는 음료수, 빛바랜 바지, 지방이 많은 음식으로 이해할 때 서구가 도대체 타문명에 대해 무슨 발언을 할 수 있겠는가?

보편적 대중문화의 위력을 신봉하는 좀 더 정교한 논리는 소비재 대신 미디어에, 코카콜라 대신 할리우드에 초점을 맞춘다. 전 세계의 영화, TV, 비디오 산업에서 미국의 장악력은 미국이 항공 산업 분야를 지배하는 수준을 뛰어넘는다. 1993년 전 세계에서 가장 많은 관객을 끌어모은 100편의 영화 중에서 88편이 미국 영화였으며, 국지적 차원을 넘어선 세계 뉴스의 취합과 전파는 미국의 양대 언론사와 유럽의 양대 언론사가 장악하고 있다.[5] 이 상황은 두 가지 현상을 반영한다. 첫째는 사랑, 섹스, 폭력, 미스터리, 영웅주의, 재산에 대한 사람들의 관심이 보편적이며 이익을 추구하는 기업, 특히 미국 기업이 이들의 관심을 유리하게 사용하는 데 탁월한 재능을 보이고 있다는 사실이다. 그러나 구석구석으로 침투하는 글로벌 커뮤니케이션의 출현에서 태도와 믿음의 의미 있는 수렴을 낳는다는 가설을 뒷받침할 만한 근거는 나타나지 않고 있다. 마이클 블라호스Michael Vlahos가 말했듯이 오락물은 문화적 수렴의 등가물이 아니다. 둘째는 사람들이 커뮤니케이션을 자신들이 이미 갖고 있는 가치관이나 관점을 바탕으로 해석한다는 사실이다. 키쇼어 마부바니Kishore Mahbubani는 말한다. "동일한 화면이 지구촌 구석구석의 안방에 동시에 전달되지만 그것은 상이한 반응을 낳는다. 크루즈 미사일이 바그다드를 강타할 때 서구인은 갈채를 보내지만, 나머지 지역 사람들은 서방이 백인이 아닌 이라크나 소말리아에 대해서는 즉각 응징을 가하면서도 같은 백인인 세르비아에 대해서는 눈을 감는다는 사실을 알아차린다. 이것은 어느 모로 보나 위험한 조짐이 아닐 수 없다."[6]

오늘날 서구의 힘은 단적으로 글로벌 커뮤니케이션에 반영되어 있다. 그러나 서구의 이러한 헤게모니는 비서구 사회의 대중 정치인들이 서구의 문화 제국주의를 거부하고 자국 문화의 건강한 생존이라는 기치 아래 대중을 규합하도록 자극한다. 글로벌 커뮤니케이션이 서구에 의해 주도되는 만큼 서구에 대한 비서구인들의 원한과 적개심도 높아만 간다. 거기다가 1990년대 초반에 들어서자 비서구 사회는 그동안 이룩한 근대화와 경제발전에 힘입어 지역별로 자기들의 독특한 취향에 맞는 서비스를 제공할 수 있는 방송사들을 세우고 있다.[7] 일례로 1994년 CNN 인터내셔널은 세계 인구의 약 1퍼센트에 해당하는 5500만 명의 잠재적 시청자가 있다고 추산하면서(다보스 문화인의 추정치와 놀라우리만큼 가깝다) 그중 2~4퍼센트의 시청자에게만 영어 방송이 호소력을 가질 것이라고 내다보았다. 따라서 스페인어, 일본어, 아랍어, 프랑스어(서아프리카 지역을 대상으로 한다), 그밖의 언어로 방송하는 지역별

(문명별) 방송망이 자연스럽게 부상할 수밖에 없다. 글로벌 방송은 아직도 바벨탑에 가로막혀 있다고 세 명의 학자가 일치된 결론을 내린다.[8] 로널드 도어Ronald Dore는 외교관 같은 관리들 사이에서는 범세계적 지적 문화가 등장할 수 있다는 것을 설득력 있게 주장한 바 있다. 하지만 그도 커뮤니케이션의 증대가 야기하는 결과와 관련해서 아주 조심스러운 결론을 내리고 있다. '다른 조건이 동일하다면' 커뮤니케이션의 점진적 강화는 국민과 국민 사이의, 아니면 적어도 중산층 사이의, 그것도 아니면 최소한 외교관 사이의 유대감을 공고히 하는 토대를 구축해야 마땅하다는 것이다. 그러면서 그는 이렇게 덧붙인다. 그러나 "사소한 것들이 실은 아주 중요할 수가 있다."[9]

**언어**

어떤 문명이나 문화에서든 가장 핵심이 되는 요소는 언어와 종교다. 보편 문명이 출현하고 있다면 보편 언어와 보편 종교가 나타나는 추세도 확인할 수 있어야 한다. 특히 언어와 관련하여 이러한 추세가 분명히 존재한다는 주장이 나오고 있다. 〈월스트리트 저널Wall Street Journal〉의 편집자는 "세계어는 영어다"라고 주장했다.[10] 이 말은 두 가지 뜻을 가질 수 있는데 그중 한 가지만이 보편 문명의 존재 가능성을 뒷받침한다. 먼저 이 말은 세계 인구에서 영어 사용자의 비율이 점점 늘어나고 있다는 뜻으로 이해할 수 있다. 이 명제를 뒷받침하는 증거는 어디에도 없다. 아주 정확하다고 볼 수는 없겠지만 그래도 우리에게 주어진 가장 신뢰할 만한 증거는 정반대의 경향을 보여준다. 자료가 확보되어 있는 30여 년(1958~1992)의 기간을 놓고 볼 때 세계의 언어 사용 양태는 전반적으로 크게 변하지는 않았지만 영어·프

〈표 3-1〉 주요 언어의 사용 인구 (세계 인구에서 차지하는 비율*)

| 언어 | 연도 | | | |
|---|---|---|---|---|
| | 1958 | 1970 | 1980 | 1992 |
| 아랍어 | 2.7 | 2.9 | 3.3 | 3.5 |
| 벵골어 | 2.7 | 2.9 | 3.2 | 3.2 |
| 영어 | 9.8 | 9.1 | 8.7 | 7.6 |
| 힌디어 | 5.2 | 5.3 | 5.3 | 6.4 |
| 북경어 | 15.6 | 16.6 | 15.8 | 15.2 |
| 러시아어 | 5.5 | 5.6 | 6.0 | 4.9 |
| 스페인어 | 5.0 | 5.2 | 5.5 | 6.1 |

**자료**: 워싱턴 대학 심리학과 시드니 컬버트Sidney Culbert 교수가 뽑은 100만 명 이상이 사용하는 언어의 인구에 관한 통계치로서 《세계 연감 통계 자료집World Almanac and Book of Facts》에 매년 수록하고 있다. 컬버트 교수의 통계는 '모국어' 및 '비모국어' 사용자들을 모두 포함하며 인구조사, 표본추출조사, 라디오·TV 설문, 인구 증가율 자료, 2차 조사 및 여타 자료원으로부터 추출되었다.

* 100만 명 이상이 사용하는 언어를 쓰는 총 인구.

랑스어·독일어·러시아어·일본어 사용자의 비율은 의미 있는 하락세를 보였다. 중국어 사용자의 비율도 소폭으로 떨어졌다. 반면 힌디어·말레이인도네시아어·아랍어·벵골어·스페인어·포르투갈어의 사용자 비율은 늘어났다. 100만 명 이상이 사용하는 언어 중에서 영어 사용자가 차지하는 비중은 1958년에 9.8퍼센트이던 것이 1992년에는 7.6퍼센트로 떨어졌다〈표 3-1〉. 5대 서구어(영어·프랑스어·독일어·포르투갈어·스페인어) 사용자가 세계 인구에서 차지하는 비율은 1958년의 24.1퍼센트에서 1992년의 20.8퍼센트로 하락했다. 1992년 영어 사용자의 2배에 해당하는 세계 인구의 15.2퍼센트가 북경어를 쓰고 있으며 그밖에도 3.6퍼센트가 중국어 계열의 방언을 쓰고 있다〈표 3-2〉.

〈표 3-2〉 주요 중국어와 서구어 사용자 수의 비율

| 언어 | 1958 | | 1992 | |
|---|---|---|---|---|
| | 사용자 수(백만) | 비율 | 사용자 수(백만) | 비율 |
| 북경어 | 444 | 15.6 | 907 | 15.2 |
| 광동어 | 43 | 1.5 | 65 | 1.1 |
| 상해어 | 39 | 1.4 | 64 | 1.1 |
| 복건어 | 36 | 1.3 | 50 | 0.8 |
| 객가어(客家語) | 19 | 0.7 | 33 | 0.6 |
| 중국어 | 581 | 20.5 | 1,119 | 18.8 |
| 영어 | 278 | 9.8 | 456 | 7.6 |
| 스페인어 | 142 | 5.0 | 362 | 6.1 |
| 포르투갈어 | 74 | 2.6 | 177 | 3.0 |
| 독일어 | 120 | 4.2 | 119 | 2.0 |
| 불어 | 70 | 2.5 | 123 | 2.1 |
| 서구어 | 684 | 24.1 | 1,237 | 20.8 |
| 세계 전체 | 2,845 | 44.5 | 5,979 | 39.4 |

**자료**: 컬버트 교수가 조사한 언어 사용 자료에서 뽑았다. 이는 1959년과 1993년 《세계 연감 통계 자료집》에 수록된 것이다.

세계 인구의 92퍼센트가 낯설어하는 언어가 세계어가 될 수는 없는 노릇이다. 그러나 다른 언어 집단, 다른 문화에 속한 사람들이 서로 의사소통을 나누기 위한 수단으로 사용하는 언어를 뜻한다면, 다시 말해서 혼성국제어, 언어학적 용어로 세계의 주요 '광역 소통어Language of Wider Communication'를 뜻한다면, 사정은 물론 조금 달라질 수 있다.[11] 의사소통의 필요성을 느끼는 사람들은 의사소통의 수단을 찾아야 한다. 먼저 그들이 기댈 수 있는 것은 두 가지 이상의 언어에 능통하고 특수한 훈련을 받은 전문 통역가다. 그러나 아무래도 한 다리를 건너다보니 어색하고 시간과 비용 또한 많이 들어간다. 그래서 역사적으로 등장한 것이 국제어다. 고전시대와 중세에는 라틴어가 그런 역할을 했고, 서구에서는 몇 세기 동안 프랑스어가 그런 구실을 했다. 아프리카의 많은 지역에서는 스와힐리어가 국제어이며 20세기 후반에 들어와서는 영어가 세계 전역에서 사람들의 의사소통에 크게 기여하고 있다. 외교관, 기업인, 과학자, 관광객, 관광업 종사자, 항공기 조종사, 관제 요원 등은 모두 효율적인 의사소통 수단을 필요로 하는데 오늘날에는 주로 영어가 사용된다.

이렇게 보면 양력이 날짜를 기록하는 세계 공용의 방식으로, 아라비아 숫자가 수를 헤아리는 만국 공용의 수단으로, 미터법이 세계 주요 지역에서 사물을 측정하는 기본 수단으로 채택되었던 것처럼, 영어가 이질적인 문화와 문화의 보편적 의사소통 수단으로서 확고한 위치에 올라섰다고 말할 수 있다. 그러나 이런 방식으로 사용되는 영어는 어디까지나 문화와 문화의 의사소통을 위한 매개체다. 이것은 이질적인 문화들의 존재를 전제로 한다. 국제어는 언어적, 문화적 차이를 극복하는 수단이지 그것을 해소하는 방책은 아니다. 또한 의사소통을 위한 수단이지 정체성과 귀속감을 낳는 원천은 아니다. 일본의 금융인과 인도네시아의 기업인이 만나 영어로 대화를 나눈다고 해서 그들의 사고가 영어화, 서구화된다고 보는 것은 어불성설이다. 독일어를 쓰는 스위스인과 프랑스어를 쓰는 스위스인이 만나면 대개 영어를 쓰지만 그들의 생각마저 영어화되지는 않는다. 네루가 각종 억제책을 썼음에도 불구하고 인도에서 영어가 제2국어로서의 자리를 계속 유지하고 있는 것은, 비힌디어 사용자들이 자기의 언어와 문화를 유지하려는 열망이 그만큼 강하고 여전히 인도가 다언어사회로 남아 있어야 할 필요성이 있다는 사실을 반증한다.

뛰어난 언어학자 조슈아 피시먼Joshua Fishman이 지적한 바에 따르면 언어는 특정한 인종 집단이나 종교, 이데올로기와 결부되지 않을수록 국제어로서 받아들여질 가능성이 높아진다. 과거의 영어는 이런 특성들을 많이 가지고 있었다. 근래에 와서 영어는 그 옛날 아카드어, 아람어, 그리스어, 라틴어가 그랬던 것처럼 탈인종화되었거나 인종적 특성이 최대한으로 탈색되었다. '지난 사반세기 동안' 영어의 영국적 뿌리, 미국적 뿌리가 민족적 혹은 이념적 맥락에서 광범위하고 심도 있게 파악되지 않았다는 것은 제1외국어로서 영어가 누릴 수 있었던 행운의 하나였다.[12] 영어가 문화 사이의 의사소통 수단으로 쓰이면서 사람들의 상이한 문화 정체성은 오히려 강화된다. 사람들이 영어로 다른 문화권의 사람들과 대화를 나누는 것은 자신들의 고유한 문화 정체성이 엄존하기 때문이다.

세계 곳곳에서 영어를 쓰는 사람들은 또한 점점 다른 영어를 쓴다. 영어는 토착화되며 영국 영어나 미국 영어와는 다른 지역색을 띠기 시작한다. 극단적인 경우 이 영어들은 중국어의 방언들처럼 상호 소통마저 불가능해진다. 나이지리아의 피진(잡탕) 영어, 인도식 영어 같은 것들은 각각의 주류 문화로 편입되면서 분화의 길을 계속 걷다 언젠가는 라틴어라는 한 뿌리에서 나온 여러 로맨스 언어들처럼 관련성은 높지만 확고한 독자성을 가진 언어로 갈라질 가능성이 농후하다. 그러나 이탈리아어, 프랑스어, 스페인어 같은 로맨스어(로마 제국이 무너진 뒤 제국 각지에서 라틴어가 지방적으로 분화 및 변천하여 이루어진 근대어의 총칭 — 옮긴이)

와는 달리 영어에서 파생한 언어들은 그 사회에서도 소수의 사람들만이 쓰거나 특정한 언어 집단끼리의 의사소통에만 주로 쓰일 것이다.

이 모든 과정이 인도에서는 현실로 나타나고 있다. 비공식 통계에 따르면 1983년에 인도에서 영어를 쓰는 사람은 7억 3300만의 인구 중에서 1800만 명이고 1991년에는 8억 6700만의 인구 중에서 2000만 명이었다. 따라서 인도 인구에서 영어 사용자가 차지하는 비율은 2~4퍼센트 수준을 비교적 안정되게 유지해온 셈이다.[13] 비교적 소수인 엘리트 집단 밖에서는 영어가 제구실을 거의 못 하고 있다. 뉴델리 대학에서 영어를 가르치는 두 교수는 이렇게 단정한다. "카슈미르에서 최남단의 카냐쿠마리까지 여행을 할 때 영어보다 힌디어를 써야 말이 더 잘 통하는 게 현실이다." 나아가 인도 영어는 다방면으로 독자적 특성을 띠고 있다. 영어가 인도화되고 있다. 상이한 토착어를 쓰는 다양한 사람들 사이에서 영어 사용의 차이점이 부각되면서 영어는 빠르게 현지화되고 있다고 말하는 것이 더 옳은 표현일지도 모르겠다.[14] 과거 산스크리트어와 페르시아어가 그랬듯이 영어도 인도 문화로 흡수되는 과정에 있다.

지난 역사를 보면 세계의 언어 분포는 세계의 권력 분포 현실을 반영했다. 가장 널리 쓰이는 언어, 곧 영어·북경어·스페인어·프랑스어·아랍어·러시아어는 자기 언어를 다른 민족들에게 적극적으로 보급한 제국 국가들의 말이었다. 권력 분포의 변동은 언어 사용의 변모를 낳는다. 두 세기에 걸쳐 지속된 미국과 영국의 식민·무역·산업·과학·재정 분야에서의 압도적 역량은 세계 전역의 고등교육·정부·교역·기술체계에 무시 못 할 족적을 남겼다.[15] 영국과 프랑스는 식민지에다 자국어를 사용하도록 강요했다. 그러나 독립 이후 과거 식민

통치를 경험한 대부분의 국가들은 강도는 조금씩 다르고 성공도에서도 차이가 났지만 제국주의 국가의 언어를 토착어로 대체하려고 시도했다. 소련이 전성기를 구가할 때 러시아어는 프라하에서 하노이까지 두루 통용되는 국제어였다. 러시아의 세력이 꺾이자 러시아어도 제1외국어로서의 위치가 위태로워졌다. 문화라는 것이 원래 그렇지만 그 나라의 세력이 강해지면 자국민의 언어적 자긍심도 덩달아 올라가며 그 나라 말을 배우려는 외국인들의 열기도 높아진다. 베를린 장벽이 무너지고 난 뒤 시대 분위기가 빠른 속도로 바뀌고 통일 독일이 새로운 강국으로 떠오르리라는 전망이 지배적이었을 때 영어를 능숙하게 구사하는 독일인들이 국제회의에서 모국어를 사용하는 경향이 두드러지게 나타났다. 일본의 경제력은 외국인들 사이에서 일본어 학습 열기를 낳았으며 중국의 경제발전 역시 비슷한 중국어 학습 열기를 조장하고 있다. 홍콩에서는 중국어가 영어를 몰아내고 지배어로서 빠르게 부상하고 있다.[16] 동남아시아에서 화교가 차지하는 비중이 실로 막대하므로 이 지역에서 이루어지는 국제 거래에서 중국어 의존도는 갈수록 높아진다. 다른 문명들과 비교해 서구의 힘이 상대적으로 쇠퇴하면서 다른 문명권에서 사용되거나 이질적인 사회들 사이에서 의사소통 수단으로 사용되는 영어와 여타 서구어의 비중도 갈수록 줄어들 것이다. 먼 훗날 중국이 서구를 제치고 세계를 주도하는 문명으로 올라선다면 영어는 국제어로서의 지위를 중국어에게 물려줄 수밖에 없을 것이다.

예전의 식민지가 독립을 쟁취할 때 엘리트 민족주의자들은 서구 식민주의 세력과 자신을 구별하고 자신의 정체성을 확립하고자 고유어의 사용을 장려하고 제국주의 국가의 언어를 억누르는 길을 택했다.

그러나 독립을 이루고 난 다음 이들 엘리트 집단은 일반 국민과 자신들을 차별화할 필요성을 느꼈다. 영어·프랑스어 같은 서구어에 능통해지는 것이 그 방법 가운데 하나였다. 그래서 비서구 사회의 엘리트들은 같은 나라에 살고 있는 일반 국민보다는 서구인들 혹은 그들끼리 대화를 나눌 때 부담을 덜 느끼는 경향도 있다(비슷한 현상이 서구에서도 17, 18세기에 나타났다. 유럽 여러 나라의 귀족들은 프랑스어로 쉽게 의사소통을 나누면서도 자국어에는 무지한 경우가 많았다). 비서구 사회에서는 현재 두 가지의 상반된 흐름이 진행 중인 것으로 보인다. 대학 수준에서는 자본과 고객을 확보하려는 국제 경쟁에서 유능한 일꾼이 될 수 있도록 학생들에게 영어교육을 강조한다. 그러나 사회적, 정치적 분위기는 자국어의 사용을 더욱 밀어붙이는 쪽으로 나아가고 있다. 그래서 북아프리카에서는 아랍어가 프랑스어를 몰아내고 있고 파키스탄에서는 학교와 관공서에서 영어 대신 점점 우르두어가 쓰이고 있으며 인도에서는 힌디어 매체가 영어 매체를 압도하는 추세다. 이러한 사태 전개는 1948년 인도 교육위원회가 이미 예견한 바 있다. 당시 교육위원회는 "영어의 사용은 …… 같은 민족을 2개의 국민으로, 즉 소수의 지배자와 다수의 피지배자로 갈라놓으며, 이들은 상대방의 언어를 모르고 서로를 이해하지 못한다"고 내다보았다. 40년이 지난 지금도 영어가 엘리트 언어로 고수되고 있다는 것은 이러한 예측이 정확했음을 입증한다. 이것은 보통 선거에 기초를 둔 살아 있는 민주주의에서 부자연스러운 상황을 연출했다. 영어를 쓰는 인도와 정치의식이 강한 인도로 점점 갈라지면서 영어를 아는 상층부의 소수와 영어를 모르지만 투표권으로 무장한 다수 사이에 긴장이 조성되었다.[17] 비서구 사회가 민주주의 제도를 확립하고 그 나라 국민이 정부에 더욱 광범위하게 개입할수록 서구어는 퇴조하고 고유어가 득세할 수밖에 없다.

소련 제국이 붕괴하고 냉전이 종식되자 지금까지 억압 및 망각당했던 언어들이 기운을 되찾고 급속히 영향력을 넓혔다. 옛 소련에 들어갔던 대부분의 공화국에서 자신들의 전통 언어를 되살리기 위한 노력이 대대적으로 벌어지고 있다. 에스토니아어·라트비아어·리투아니아어·우크라이나어·조지아어·아르메니아어는 이제 독립국가의 국어가 되었다. 마찬가지로 이슬람 공화국들에서도 고유어에 대한 자긍심이 되살아났다. 아제르바이잔·키르기스스탄·투르크메니스탄·우즈베키스탄은 예전의 종주국 러시아가 쓰던 키릴문자에서 탈피해 가까운 터키의 라틴문자를 받아들였고 페르시아어를 쓰는 타지키스탄은 아랍문자를 채택했다. 또 세르비아는 자신의 언어를 더 이상 세르보-크로아티아어가 아니라 세르비아어로 부르고 크로아티아 역시 그들의 말을 크로아티아어라고 부르면서 터키어를 비롯한 외국어의 잔재를 지우려고 애썼다. 그런가 하면 보스니아헤르체고비나에서는 터키와 아랍으로부터의 차용어, 발칸 반도에서 450년을 군림한 오스만 제국의 언어적 침전물이 다시금 각광을 받고 있다.[18] 언어는 문명의 지형도에 발맞춰 재배치, 재구축되고 있다.

### 종교

보편 언어의 등장 가능성이 희박하듯이 보편 종교가 출현할 가능성도 별로 없다. 20세기 후반에 들어와 세계 전역에서 종교가 부활했다. 종교적 자각의 확산과 원리주의 운동의 부상이 이런 현상을 낳았다. 따라서 종교적 차이는 한층 심화되었다. 상이한 종교를 믿는 사람들의 비율이 크게 변하지는 않았다. 교세에 관해 입수 가능한 통계 자료는 언어

〈표 3-3〉 주요 종교의 신도가 세계 인구에서 차지하는 비율 (퍼센트)

| 종교 | 연도 | | | | |
|---|---|---|---|---|---|
| | 1900 | 1970 | 1980 | 1985(추정) | 2000(추정) |
| 그리스도교 | 26.9 | 30.6 | 30.0 | 29.7 | 29.9 |
| 동방 정교 | 7.5 | 3.1 | 2.8 | 2.7 | 2.4 |
| 이슬람교 | 12.4 | 15.3 | 16.5 | 17.1 | 19.2 |
| 무종교 | 0.2 | 15.0 | 16.4 | 16.9 | 17.1 |
| 힌두교 | 12.5 | 12.8 | 13.3 | 13.5 | 13.7 |
| 불교 | 7.8 | 6.4 | 6.3 | 6.2 | 5.7 |
| 도교 | 23.5 | 5.9 | 4.5 | 3.9 | 2.5 |
| 부족 신앙 | 6.6 | 2.4 | 2.1 | 1.9 | 1.6 |
| 무신론 | 0.0 | 4.6 | 4.5 | 4.4 | 4.2 |

**자료**: 데이비드 배럿David Barret 편, 《세계 그리스도교 백과: 현대 세계의 교회와 종교 비교 연구 1900~2000 World Christian Encyclopedia: A comparative study of churches and religions in the modern world A.D. 1900–2000》 Oxford: Oxford University Press, 1982.

사용 실태에 관한 자료보다는 단편적이고 신뢰도도 낮다. 〈표 3-3〉은 널리 이용되는 자료에서 뽑은 수치다. 이 자료와 기타 통계를 종합하면 수치상으로만 따졌을 때 금세기 동안 전 세계 종교의 상대적 교세에는 두드러진 변화가 없었다. 이 자료에서 가장 눈길을 끄는 변화라면 무종교와 무신론의 범주에 들어가는 사람들의 비율이 1900년 0.2퍼센트에서 1980년 20.9퍼센트로 늘어났다는 점이다. 이것은 종교로부터의 이반 추세가 대대적으로 나타나고 있음을 암시하는지도 모른다. 사실 종교의 부활 현상이 본격화된 것은 1980년대에 들어와서부터다. 그러나 신앙이 없는 사람들의 20.7퍼센트라는 증가폭과 중국에서 토착 종교를 믿는 사람들의 비율이 1900년의 23.5퍼센트에서 1980년의 4.5퍼센트로 줄어든 것, 즉 19.0퍼센트라는 감소폭은 너무나 정확히 맞아떨어지지 않는가. 증가폭과 감소폭이 사실상 같다는 것은 공산주의의 집권 이후 중국 인구의 대다수를 민간 신앙의 범주에서 무신앙의 범주에 포함시켰음을 암시한다.

이 자료를 보면 지난 80년 동안 전도에 힘을 쏟았던 세계의 양대 종교인 그리스도교와 이슬람교의 신도가 세계 인구에서 차지하는 비중이 늘어났음을 알 수 있다. 그리스도교 신도는 1900년에 세계 인구의 26.9퍼센트로 추정되던 것이 1980년에는 30.0퍼센트로 늘어났다. 이슬람교도는 1900년 12.4퍼센트에서 1980년 16.5퍼센트로 더욱 큰 폭으로 늘어났다. 일각에서는 1980년 이슬람교도가 세계 인구에서 차지하는 비율을 18퍼센트로 추정하기도 한다. 지난 몇십 년 동안 이슬람교와 그리스도교는 아프리카에서 교세를 크게 늘렸다. 특히 한국에서는 그리스도교의 신도 수가 엄청나게 늘었다. 근대화를 빠른 속도로 치러낸 사회에서는 전통 종교가 근대화의 요청에 제대로 적응할 만한 여유를 갖지 못해 그리스도교나 이슬람교가 침투할 수 있는 여지가 크다. 이런 사회에서 서구 문화를 가장 성공적으로 소개하는 이들은 신고전주의 경제학자나 개혁을 부르짖는 민주주의자, 다국적 기업의 경영자가 아니다. 그 역할은 지금도 그렇고 앞으로도 선교사들의 몫으로 돌아갈 공산이 크다. 애덤 스미스Adam Smith나 토머스 제퍼슨Thomas Jefferson만으로는 이들 사회의 심리적, 정서적, 윤리적 요구를 만족시키지 못한다. 예수도 그런 요구를 만족시키는 데는 한계가 있지만 그래도 조금은 더 유리한 입장에 서 있다고 할 수 있다.

그러나 결국은 마호메트가 성공한다. 그리스도교는 주로 개종에 의

존해 교세를 넓히지만 이슬람교는 개종과 출산으로 교세를 확장한다. 그리스도교 신도의 비율은 1980년대에 30퍼센트를 정점으로 이후 안정세를 유지하다가 지금은 하락세로 접어들었다. 그 비율은 2025년에는 세계 인구의 25퍼센트로 떨어질 것으로 추정된다. 그러나 대단히 빠른 인구 증가율 덕분에(9장 참조) 전 세계의 이슬람교도 비율은 비약적으로 늘어나 금세기 말에는 20퍼센트에 도달하고, 다시 몇 년 뒤에는 그리스도교 신도 수를 추월한 다음 2025년까지는 세계 인구의 30퍼센트를 차지할 가능성이 높다.[19]

## 보편 문명의 근거

보편 문명이라는 개념은 서구 문명의 특징적 산물이다. '백인의 책무'라는 19세기 관념은 비서구 사회에 대한 서구의 정치적, 경제적 지배 확산을 정당화했다. 20세기 말에 와서도 보편 문명의 개념은 다른 사회들에 대한 서구의 문화적 지배를 정당화하면서 이들 사회가 서구의 제도와 관습을 모방할 필요가 있다는 논리로 연결된다. 보편주의는 비서구 문화 앞에 서구가 내놓은 이념이다. 주변인이나 전향자에게서 자주 보는 모습이지만 보편 문명의 가장 적극적인 옹호자 중에는 네이폴이나 푸아드 아자미Fouad Ajami 같은 이주 지식인이 많다. 보편 문명의 개념은 그들에게 '나는 누구인가'라는 근본적 물음에 대단히 만족스러운 답을 제공하기 때문이다. 자신의 비서구적 뿌리를 저버리지 않았던 한 지식인이 이것을 저버린 사람들을 '백인의 검둥이'라고 부르기도 했지만,[20] 보편 문명이라는 발상은 다른 문명에서 거의 지지를 얻지 못한다. 서구가 보편이라고 받아들이는 것을 비서구는 서구의 것으로 받아들인다. 서구가 미디어의 세계적 확산을 지구의 부드러운 통합이라고 선전할 때 비서구인은 거기서 사악한 서구 제국주의를 본다. 설령 비서구인이 세계를 하나로 바라본다 하더라도 거기에는 위기감이 스며 있다.

어떤 형태로든 보편 문명이 출현하고 있다는 주장은 왜 그럴 수밖에 없는가를 놓고 다음 세 가지 중 하나 이상의 가정에 의존한다. 첫째, 1장에서 논의한 것처럼 소련 공산주의의 몰락은 역사의 종언과 전 세계에서 자유민주주의의 보편적 승리를 의미한다는 가정이다. 이 주장은 유일대안의 오류를 범하고 있다. 이것은 공산주의의 유일한 대안이 자유민주주의이며 전자가 무너졌으니 후자의 보편성이 획득되었다는 냉전 논리에 근거를 두었다. 지금 세계에서 수많은 형태의 권위주의, 민족주의, 협동조합주의, 시장공산주의(중국)가 얼마든지 잘 굴러가고 있다는 것은 누구도 부인할 수 없는 사실이다. 더 중요한 것은 세속적 이념의 용어로 파악되는 세계의 바깥에는 무수히 많은 종교적 대안이 존재하고 있다는 점이다. 오늘날 종교는 사람들을 자극하고 동원하는 중심적인 어쩌면 가장 핵심적인 힘이다. 소련 공산주의가 몰락했다고 해서 서구가 세계 역사에서 최종적 승리를 거두었고 이슬람, 중국, 인도 등이 서구식 자유주의를 너도 나도 유일한 대안으로 삼을 것이라는 생각은 너무도 오만한 발상이다. 냉전이 인류를 분열시키던 시대는 끝났지만 민족, 종교, 문명에 따른 인류의 더욱 근본적인 분열은 여전히 새로운 분쟁의 씨앗을 뿌리고 있다.

둘째, 사람들 사이에 교류가 날로 늘어나면서(무역, 투자, 관광, 방송, 통신의 발전으로) 공동의 세계 문화가 나오고 있다는 가정이 있다. 수송 및 통신의 발전은 확실히 자본, 상품, 사람, 지식, 사상, 이미지의 전 세계적 이동을 쉽고 빠르게 만들었다. 이런 부문들에서 국제적 교섭이 늘어났다는 데 이의를 제기할 사람은 아무도 없다. 그러나 늘어난 국제적 교섭의 영향력에 대해서는 적잖은 의문을 던질 수 있다. 무역은 분쟁의 가능성을 늘리는가 줄이는가? 무역이 국가들 사이의 전쟁 가능성을 줄인다는 가정은 아직 입증되지 않았을 뿐더러 이것을 반증하는 증거가 한둘이 아니다. 1960년대와 1970년대의 국제 무역은 대폭 증가했고 1980년대에 들어서는 세계 총생산의 15퍼센트를 차지하기에 이르렀다. 그다음 10년의 기간 동안 냉전이 끝났다. 그러나 1913년에는 국제 무역이 세계 총생산의 33퍼센트를 차지했음에도 그다음 몇 년 동안 국가들은 역사상 유례없는 대규모 살상전을 벌였다.[21] 이 정도 수준의 국제 교역이 전쟁을 막지 못했다면, 어느 단계에 가야 전쟁을 막을 수 있단 말인가? 역사적 증거는 무역이 평화를 낳는다는 자유주의자들의 국제주의적 가정을 뒷받침하지 않는다. 1990년대에 이루어진 분석은 그러한 가정을 한층 의심스럽게 만든다. 한 연구는 "무역 수준의 증가는 국제정치에 …… 분열을 낳는 강한 힘으로 작용할 소지가 있으며, 국제 체제에서 무역량이 늘어난다고 해도, 그것만으로는 국제적 긴장이 줄어들지도 않으며 국제적 안정 역시 공고화되지도 않는다"고 결론짓는다.[22] 또 한 연구는 높은 수준의 경제적 상호 의존관계는 "향후 무역 전망을 어떻게 보느냐에 따라 평화를 낳을 수도 있고 전쟁을 야기할 수도 있다"고 주장한다. 경제적 상호 의존은 국가들이 예측 가능한 미래까지 대규모 교역 수준이 지속되리라는 기대를 가지고 있을 때만 평화를 낳는다. 국가들이 고도의 상호 의존관계가 지속되지 않으리라는 예상을 할 때는 전쟁이 터질 가능성이 있다.[23]

무역과 교류가 평화나 유대감을 조성하는 데 실패한다는 것은 사회과학에서 밝혀진 사실과 맥을 같이한다. 사회심리학에서 말하는 변별 이론distinctiveness theory은 특정 상황 안에서 사람들은 타인과 자신을 구별함으로써 스스로를 정의한다고 본다. "사람은 자신을 다른 인간, 특히 자신이 일상적으로 자주 접촉하는 사람들과 구분짓는 특성을 통해서 스스로를 파악한다. …… 다른 직종에서 일하는 10여 명의 여자들과 함께 있는 여성 심리학자는 자신을 심리학자로 여기지만 10여 명의 남성 심리학자들과 함께 있을 때는 자신을 여자로 본다."[24] 사람들은 자신이 무엇이 아닌지를 통해 스스로를 정의한다. 통신·무역·여행의 증가로 문명과 문명의 접촉이 비약적으로 늘어나면서 사람들은 차츰 자신들의 문명적 정체성에 더 큰 중요성을 부여한다. 독일인 한 명과 프랑스인 한 명이 만나서 대화를 나눌 때 이들은 스스로를 각각 독일인과 프랑스인으로 생각할 것이다. 독일인 한 명과 프랑스인 한 명, 사우디아라비아인 한 명과 이집트인 한 명이 만났을 때는 각자를 유럽인과 아랍인으로 여길 것이다. 프랑스인은 북아프리카인의 프랑스 이민을 탐탁지 않게 생각하지만 가톨릭이 국교인 같은 유럽의 폴란드인 이민에 대해서는 우호적이다. 미국인은 캐나다나 유럽 국가가 자국에 더 큰 투자를 해도 신경을 안 쓰다가 일본이 투자를 하면 아주 과민하게 반응한다. 도널드 호로위츠Donald Horowitz는 그런 심리를 재미나게 표현했다. "이보인(나이지리아 남동쪽에 사는 민족 — 옮긴이)은 …… 나이지리아 동부 지방에서는 오웨리 이보거나 오닛샤 이보다. 나이지리아의 수도 라고스에서는 그냥 이보다. 런던에 오면 그는 나이지리아인이다. 뉴욕에서는 아프리카인이다."[25] 사회학에서도 세계화 이론이 비슷한 결론을 내놓는다. "역사적으로 가히 유례가 없을 만큼 문명적, 사회적 상호 의존도가 깊어지고 거기에 입각한 의식이 확산되는 세계화의 추세 속에서도 문명적, 사회적, 민족적 자의식은 심화된다." 전 세계적으로 나타나는 종교의 부활, '성스러운 것으로의 복귀'는 세계를 '단일한 장소'로 보는 견해에 대한 부정적 답변인 셈이다.[26]

## 서구와 근대화

보편 문명의 등장을 옹호하는 가장 널리 알려져 있는 세 번째 주장은 보편 문명을 18세기 이후 전개되고 있는 광범위한 근대화 과정의 결과로 이해한다. 근대화는 곧 산업화요, 도시화다. 문자 해독률, 교육, 부, 사회적 유동성의 수준이 높아지고 직업구조 또한 복잡 및 다양해진다. 근대화는 18세기에 들어와 과학기술 및 지식의 폭발적인 증가와 함께 시작되었다. 덕분에 인간은 역사상 유례가 없는 규모로 자신의 환경을 지배하고 창조할 수 있게 되었다. 근대화 과정은 원시사회에서 문명사회로의 이행, 다시 말해서 기원전 5천 년을 전후로 티그리스-유프라테스 강, 나일 강, 인더스 강 유역에서 동시다발적으로 출현한 문명의 탄생에 버금갈 만큼 혁명적이었다.[27] 근대사회에서 살아가는 사람들의 태도, 가치관, 지식, 문화는 전통사회와는 판이했다. 가장 먼저 근대화에 도달한 문명으로서 서구는 근대화의 문화를 남보다 한발 앞서 터득했다. 다른 사회들도 엇비슷한 내용의 교육, 노동, 부, 계급구조의 패턴을 도입할 수밖에 없으므로 근대의 서구 문화가 세계의 보편 문화로 등극하리라는 것이 이 논리의 핵심이다.

근대사회와 전통사회에 중대한 차이가 있다는 것을 부인할 사람은 없다. 하지만 그렇다고 해서 전통문화를 지녔던 사회들 간의 유사성보다 근대 문화를 지닌 사회들 간의 유사성이 더 높다는 논리는 성립되지 않는다. 물론 일부 사회가 고도로 현대화되고 일부 사회가 전통 수준에 머물러 있는 세계는 모든 사회가 비교적 높은 수준의 근대화 단계에 이른 세계보다 동질적이지 않다. 그렇다면 모든 사회가 전통사회인 세계와 비교할 때는 어떨까? 이런 세계는 불과 몇백 년 전까지도 존재했다. 이 세계가 보편적 근대화가 이루어지는 미래의 세계보다 동질적이지 않았다고 말할 수 있을까? 그렇게 말할 수는 없을 것이다. 브로델은 지적했다. "중국의 명나라는 …… 마오쩌둥의 중국이 제5공화정의 프랑스와 비슷한 정도보다 프랑스의 발루아 왕조와 확실히 더 비슷했다."[28]

그러나 근대사회는 전통사회보다 두 가지 이유에서 서로 더 비슷할 수 있다. 첫째, 근대사회 간의 교류가 늘어난다고 해서 공동 문화가 발생하지는 않겠지만 그래도 한 사회에서 다른 사회로 기술, 발명, 관습이 전달되는 속도는 전통 세계에서는 감히 상상도 할 수 없었던 수준에 올라섰다. 둘째, 전통사회가 농업에 기반을 두었다면 근대사회는 산업에 기반을 둔다. 근대사회는 수공업에서 고전적 중공업으로, 다시 지식에 기초한 산업형태에 비해 자연 환경에 대한 의존도가 훨씬 높다. 농경형태는 토양, 기후에 따라 달라지며, 이것은 다시 상이한 토지소유관계, 사회구조, 통치체계를 낳는다. 카를 비트포겔Karl Wittfogel이 말한 수력학 문명이 전반적으로 얼마나 타당한지는 차치하고라도 어쨌든 대규모의 관개시설을 건설하고 유지해야 하는 농업은 중앙집권화된 관료적 정치 체제를 낳기 마련이다. 다른 방식은 거의 불가능하다. 비옥한 토양과 양호한 기후는 대규모의 플랜테이션 농업을 낳으며 그에 따라 사회구조도 소수의 부유한 지주층과 플랜테이션에서 일하는 다수의 농민, 노예, 농노로 이루어진다. 대규모 농사를 짓기에 부적합한 여건에서는 독립농으로 이루어진 사회가 출현할 가능성이 높다. 요컨대 농경사회에서는 사회구조가 지리적 풍토에 의해 결정된다. 산업은 농업에 비해 자연 환경에 대한 의존도가 훨씬 낮다. 산업구조의 차이는 지리적 풍토의 차이보다 문화와 사회구조의 차이에서 비롯되는 경우가 많다. 그리고 산업구조의 차이는 수렴될 수 있어도 문화와 사회구조의 차이는 그렇지 않다.

따라서 근대사회는 많은 공통성을 지니고 있다. 하지만 그것이 반드시 동질성으로 녹아든다고 단언할 수 있을까? 녹아든다고 보는 논리는 '근대사회는 단일한 형태, 곧 서구적 형태로 접근하고 근대 문명은 서구 문명이며 서구 문명은 근대 문명'이라는 전제에 의존한다. 이것은 전혀 타당성이 없는 전제다. 서구 문명은 8세기와 9세기에 출현해 그 후 몇 세기 동안 자신의 뚜렷한 개성을 발전시켰다. 그러나 서구 문명은 17세기와 18세기에 들어와서야 비로소 근대화를 추진했다. 근대화의 길로 접어들지 못한 아득한 옛날에도 서구는 서구였다. 서구를 다른 문명들과 구분짓는 중요한 특징들은 서구의 근대화 이전에도 벌써 존재하고 있었다.

근대화가 시작되기 이전의 수백 년 동안 서구 사회가 지녔던 남다른 특성들은 무엇이었을까? 여러 학자들이 이 물음에 답변을 내놓았다. 강조점은 약간씩 다를지 몰라도 그들이 서구 문명의 알맹이로 파악하는 제도, 관습, 믿음의 내용은 대체로 일치한다. 그것을 소개하면 이렇다.[29]

### 그리스-로마의 유산

서구는 과거의 문명들로부터 많은 것을 물려받았지만 특히 그리스-로마 문명의 영향력은 지대하다. 서구가 물려받은 유산 중에는 그리스 철학과 합리주의, 로마법, 라틴어, 그리스도교가 포함된다. 이슬람 문명과 동방 정교 문명에도 그리스-로마의 유산이 남아 있지만 서구 문명에 비하면 약소한 수준이다.

### 가톨릭과 프로테스탄트

서구 문명의 가장 중요한 특성을 하나만 꼽으라면 처음에는 가톨릭이었다가 나중에는 가톨릭과 프로테스탄트로 나뉜 서방 그리스도교가 먼저 떠오른다. 기원후 천 년이라는 대부분의 기간 동안 서구 문명은 실제로 서방 그리스도교국으로 불렸다. 서방 그리스도교 신도들은 자신들의 공동체가 터키, 무어, 비잔틴과는 명백히 구분된다는 의식을 강하게 지니고 있었다. 16세기에 서구가 세계 정복의 길에 나선 것은 돈도 돈이었지만 신의 뜻이라는 소명감도 작용했다. 종교 개혁과 반종교 개혁을 거치면서 서방 그리스도교가 북쪽의 프로테스탄트와 남쪽의 가톨릭으로 분열된 것 또한 서구의 역사에서 두드러지게 나타나는 특성이다. 그것은 동방 정교나 남아메리카의 경우와는 판이한 양상이었다.

### 유럽어

언어는 한 문화의 사람들을 다른 문화의 사람들과 구분짓는 특성으로서 종교에 다음 가는 중요성을 갖는다. 서구는 다양한 언어를 거느리고 있다는 점에서 여타 문명들과 다르다. 일본어, 힌디어, 중국어, 러시아어, 심지어는 아랍어조차 자기들 문명의 핵심 언어로 받아들여지고 있다. 서구는 라틴어를 물려받았지만 다양한 민족이 등장하고 그 과정에서 다양한 민족어들이 로맨스어와 게르만어라는 포괄적 범주 안에 묶이게 되었다. 16세기에 이르러 이 언어들은 대체로 지금과 같은 꼴을 갖추었다. 라틴어는 공동 국제어로서의 자리를 프랑스어에 내주었으며 20세기에 들어와 프랑스어는 다시 영어에 밀려났다.

### 종교적 권능과 세속적 권능의 분리

서구 역사를 보면 교회는 국가와는 별개로 존재한 적이 많았다. 교회와 국가, 종교적 권능과 세속적 권능은 서구 문화를 관통하는 이원론이었다. 서구만큼 종교와 정치가 명확히 분리된 예는 힌두 문명 말고는 달리 찾아볼 수 없다. 이슬람에서 신은 곧 왕이다. 중국과 일본에서 왕은 신이다. 동방 정교에서 신은 왕의 손아래 벗이다. 서구 문명에서 나타나는 교회와 국가의 분리, 그리고 거듭되는 양자의 충돌은 다른 문명에는 존재하지 않았다. 권능의 분리는 서구에서 자유가 신장하는 데 엄청난 기여를 했다.

### 법치

법이 중심에 와야 한다는 문명사회에서의 관념은 로마로부터 계승된 정신이다. 중세 사상가들은 자연법의 이념을 정교하게 다듬었으며 군주도 자신의 권력을 거기에 위배되지 않는 범위 안에서 행사하도록 압력을 받았다. 영국에서는 관습법 전통이 발전했다. 절대주의가 지배한 16세기와 17세기의 법치는 현실에서 관철되기보다 파기되는 경우가 많았지만 그래도 인간의 권력을 외부적 규제에 종속시켜야 한다는 정신은 유지되었다. 법치의 전통은 재산권을 포함한 인간의 권리를 권력의 자의적 횡포로부터 보호하는 제도와 입헌주의의 초석을 깔았다. 다른 대부분의 문명은 법이라는 요소, 인간의 사고와 행동을 규정하는 정도가 서구보다는 훨씬 미약했다.

### 사회적 다원주의

역사적으로 서구 사회는 대단히 다원적이었다. 칼 도이치Karl Deutsch가 지적했듯이 서구의 남다른 특징은 혈연이나 혼인관계에 토대를 두지 않은 다양한 자율적 집단의 부상과 존속이었다.[30] 6세기와 7세기에 수도원, 수도회, 길드로 출발한 이들 집단은 그 후 유럽의 광범위한 지역에서 다양한 결사와 조직을 거느리게 되었다.[31] 조직의 다원성은 계급의 다원성으로 발전했다. 대부분의 유럽 사회에는 상대적으로 강하며 자율적인 귀족, 부농, 소수지만 실력을 가진 상인, 무역업자가 나름의 계급을 이루고 있었다. 중세 귀족의 힘은 절대주의가 대부분의 유럽 국가에서 확고한 뿌리를 내리지 못하도록 제한을 가하는 데 중요한 역할을 했다. 궁핍한 시민사회, 취약한 귀족, 막강한 권력을 휘두르는 중앙집권화된 관료주의를 특징으로 하던 그 당시의 러시아, 중국, 오스만 제국을 비롯한 비서구 사회와 유럽의 다원주의는 날카롭게 대비된다.

### 대의제

사회적 다원주의는 정치 집단을 낳았고 귀족, 성직자, 상인 등의 이익을 대변할 수 있는 의회 같은 기구를 낳았다. 이 기구들이 제시한 대의 형태는 근대화 과정을 거치면서 근대 민주주의 제도로 발전했다.

절대주의 시기에 이들 대의제는 폐지되거나 권한이 크게 제한되기도 했다. 그러나 그런 곡절을 겪으면서도 예컨대 프랑스에서 볼 수 있듯이 그것들은 다시 부활하여 정치적 참여의 통로를 개방하는 견인차 역할을 담당했다. 천 년 이상의 전통을 가진 대의제의 유산을 가지고 있는 문명은 서구밖에 없다. 지방 차원에서도 9세기를 전후로 자치 운동이 이탈리아의 도시들에서 불붙기 시작해 북쪽으로 번지면서 교황, 지방 호족, 귀족에게 시민과 권력을 공유하도록 압력을 가했고, 결국 이들을 무릎 꿇게 하는 경우가 많았다.[32] 그리하여 국가적 수준의 대의제는 세계의 다른 문명들에서는 찾아보기 어려운 지방 수준의 대의제에 의해 보완되었다.

**개인주의**

위에서 말한 서구 문명의 특성들은 개명된 사회 특유의 개인주의 정신과 개인권 및 자유의 전통을 낳는 데 기여했다. 개인주의는 14세기와 15세기부터 발전했으며 17세기에 이르면 개인의 선택권(도이치가 말하는 '로미오와 줄리엣 혁명')은 서구에서 폭넓게 수용되었다. 심지어는 모든 개인의 '동등한' 권리를 내세운 주장(영국에서 가장 못사는 가난뱅이나 영국 제일의 부호나 똑같은 인간이다)도 보편적으로 받아들여지지는 않았지만 그 내용은 분명히 선언되었다. 개인주의는 20세기 문명들 속에서 서구의 가장 두드러진 면으로 남아 있다. 50개국을 대상으로 한 설문 조사에 따르면 개인주의 지표에서 가장 높은 점수를 기록한 상위 20개국은 포르투갈과 이스라엘을 제외하고는 모두 서방 국가였다.[33] 개인주의와 집단주의의 국가별 차이를 분석한 또 다른 국제 여론 조사도 서구에서는 개인주의가 우위에 있는 반면, 나머지 세계에서는 집단주의가 우선인 현실을 강조하면서 서구에서 가장 중요한 가치들이 세계적으로 가장 경시되고 있다는 결론을 내린다. 개인주의를 서구의 핵심적 덕목으로 꼽는다는 점에서는 서구인이나 비서구인이나 차이가 없다.[34]

위에서 열거한 항목들이 서구 문명의 남다른 개성을 빠짐없이 담아낸다고 말할 생각은 없다. 이런 특성들이 서구 사회에서 보편적으로 항상 존재했다고 주장할 생각도 없다. 분명히 그런 말은 사실과 다르다. 서양사에는 법치를 무시하고 대의제를 무시한 폭군이 수없이 등장한다. 이런 특성들이 다른 문명에서는 전혀 나타나지 않았다고 말할 생각 또한 없다. 이 주장도 사실과 다르다. 코란과 샤리아(이슬람교의 성법 — 옮긴이)는 이슬람 사회의 기본법이다. 일본과 인도는 서구에 비견할 만한 계급체계를 유지했다(그래서 민주주의 정치제도가 상당 기간 지속되고 있는 유일한 2개의 비서구 사회인지도 모른다). 이 요소들 중에서 서구 사회의 전유물이라고 할 수 있는 것은 하나도 없다. 그러나 이 요소들의 결합은 서구에서만 나타났으며 그것이 서구의 남다른 특징이었다. 이러한 개념, 관습, 제도는 다른 문명보다 서구에서 두드러졌다. 그것들은 적어도 서구 문명에서 본질적으로 유지되고 있는 정수의 일부분에 해당한다. 그것들은 서구적인 현상이지만 서구에서 근대 이후에 비로소 등장한 것은 아니었다. 그러나 서구가 자신과 세계를 근대화로 이끄는데 앞장설 수 있었던 데는 이러한 요소들의 기여가 컸다.

## 서구와 근대화에 대한 반응

서구의 팽창은 비서구 사회의 근대화와 서구화를 동시에 자극했다. 비서구 사회의 정치 지도자와 지식인은 서구의 영향 앞에서 다음 세 가지 가운데 하나의 길을 택했다. 그것은 근대화와 서구화를 모두 거부하는 길, 그 둘을 모두 받아들이는 길, 근대화만 받아들이고 서구화는 거부하는 길이다.[35]

### 쇄국

일본은 1542년 서구와 처음 접촉한 이후 19세기 중반까지 줄기차게 쇄국의 길을 걸어왔다. 무기 구입 같은 제한된 형태의 근대화만이 허용되었을 뿐 그리스도교를 포함한 서구 문화의 유입은 극도로 억제되었다. 17세기 중반까지는 서구인이 모두 추방당했다. 이 쇄국정책은 1854년 페리 함장에 의해 개국을 강요당하면서 막을 내렸고 1868년에 시작된 메이지 유신을 계기로 서양 문물을 배우려는 열기가 크게 고조되었다. 수 세기 동안 중국 역시 근대화나 서구화의 기운이 싹트는 것을 억누르려고 애썼다. 1601년 그리스도교 사절단의 중국 입국이 허용되었지만 1722년에는 사실상 다시 빗장을 닫아걸었다. 일본과는 달리 중국의 쇄국정책은 자신을 세계의 중심으로 보는 중국인의 관념과 외부 세계에 대한 자국의 문화적 우위에 대한 확고한 믿음에 뿌리를 두고 있다. 일본처럼 중국의 고립주의도 서양의 군사력 앞에 무너지고 말았다. 1839년에서 1842년까지 영국은 중국을 상대로 아편 전쟁을 일으켰다. 이러한 사례들에서 알 수 있듯이 19세기 서구 열강의 막강한 힘 앞에서 비서구 사회가 순수고립주의 전략을 고수하기란 거의 불가능했다.

20세기 들어와 수송·통신·상호 의존도에 진전이 생기면서 고립주의를 택했을 때 치러야 하는 희생의 대가는 무시하지 못할 만큼 커졌다. 현대화와 상호 결속이 엄청나게 빠르게 진행되고 있는 세계에서 생존하기에 급급한 소규모의 고립 농경사회가 아닌 바에야 근대화와 서구화를 송두리째 부정한다는 것은 상상도 못 할 일이다. 대니얼 파이프Daniel Pipes는 이슬람과 관련하여 이렇게 썼다. "아주 극단적인 원리주의자들만이 근대화와 서구화를 모두 거부한다. 그들은 TV 수상기를 강물에 던지고 손목시계의 착용을 금지하며 내연기관을 거부한다. 이런 원칙을 앞세우는 집단은 비현실성으로 대중의 호응을 얻는 데는 한계가 있다. 사다트의 암살범들, 메카 사원의 공격자들, 말레이시아의 '다크와dakwah' 집단이 실증하듯 권력 당국과 폭력 대결을 벌여 패배를 겪은 다음 그들은 흔적도 없이 사라진다."[36] 흔적도 없이 사라진다는 것은 20세기 말에 취하는 순수고립주의 정책의 운명을 집약하는 말이다. 토인비의 말대로 열광은 존립 가능한 선택안이 아니다.

### 케말주의

서구에 대해 두 번째로 가능한 반응은 근대화와 서구화를 동시에 추구하는 토인비가 말한 헤롯(로마를 추종한 유대의 왕 — 옮긴이)주의다. 이 반응은 근대화는 바람직하고 필요하다. 토착 문화는 포기 또는 제거되어야 한다. 근대화에 성공하기 위해서는 사회가 완전히 서구화되어야 한다는 가정에서 나온다. 근대화와 서구화는 서로를 강화시키는 동반자 관계에 있다. 이러한 발상은 근대화를 위해서는 자신들의 역사적 언어를 버리고 영어를 국어로 삼아야 한다고 주장한 19세기 말 일본과 중국의 일부 지식인들의 주장에 단적으로 집약되어 있다. 놀라운 일은 아니지만 이런 생각은 비서구 사회의 엘리트보다는 서구인 사이에서 더욱 인기를 얻었다. 그 골자는 이렇다. "성공하려면 너희도 우리처럼 되어야 한다. 우리의 길이 유일한 길이다", "아무리 좋게 보아도 이들(비서구) 사회의 종교적 가치관, 윤리적 전제, 사회적 구조는 산업사회의 가치관과 규범에 이질적이고 때로는 적대적이기조차 하다"는 것이다. 따라서 경제가 발전하려면 생활과 사회가 획기적이고 파괴적으로 개편되어야 하고 그 문명 안에 사는 사람들이 이해해온 존재의 의미가 재해석되어야 한다는 것이다.[37] 파이프는 이슬람을 노골적으로 지목하면서 비슷한 논리를 편다.

> 혼돈에서 벗어나려는 이슬람교도가 선택할 수 있는 길은 하나뿐이다. 근대화는 서구화를 요구한다. …… 이슬람은 근대화에 이르는 대안의 길을 제시하지 못한다. …… 세속주의는 불가피하다. 근대 과학과 기술은 거기에 동반되는 사고 과정은 물론 정치제도도 흡수할 것을 요구한다. 형식만이 아니라 내용도 본받아야 하는 것이다. 서구 문명의 우위를 인정해야 서구로부터 배울 수 있다. 유럽의 언어와 서구식 교육제도를 불가피하게 도입해야 한다. 비록 후자가 자유사상과 안일한 생활을 조장하더라도 말이다. 서구적 모범을 명시적으로 받아들일 때만 이슬람 국가는 과학과 경제를 발전시킬 수 있을 것이다.[38]

위의 글이 나오기 60년 전 무스타파 케말 아타튀르크Mustafa Kemal Atatürk가 이미 비슷한 결론을 내렸다. 그는 오스만 제국의 폐허로부터 새로운 터키를 건설한 뒤 근대화와 서구화를 위해 대대적인 노력을 기울였다. 그 과정에서 이슬람의 유산을 거부함으로써 케말 아타튀르크는 터키를 자신의 종교, 전통, 관습, 제도를 고수하려는 이슬람교도와 자기 나라를 근대화, 서구화시켜 서구에 편입시키려는 의지를 가진 지배 엘리트가 공존하는 '분열된 나라'로 만들었다. 20세기 후반에도 여러 나라가 케말주의를 추구하면서 비서구적 정체성을 서구적 정체성으로 바꾸려고 애쓰고 있다. 이들의 노력은 6장에서 분석할 것이다.

**개량주의**

쇄국은 하루가 다르게 조여드는 근대 세계에서 사회를 고립시키는 가망 없는 시도다. 케말주의는 유구한 역사를 지닌 문화를 파괴하고 그 자리에 다른 문명에서 수입한 완전히 새로운 문화를 이식하겠다는 충격적이고 실현되기 어려운 과업이다. 제3의 길은 그 사회가 간직한 고유문화의 중심적 가치, 관습, 제도를 유지하면서 근대화와 조화를 이루겠다는 시도다. 이 방안은 비서구 사회의 엘리트들이 당연히 가장 선호한 방식이었다. 청조 말기 중국의 구호는 '중체서용中體西用', 곧 근본 원칙은 중국 것을 익히되 실용 지식은 서양 것을 익히자는 것이었다. 일본의 구호는 '화혼양재和魂洋才', '일본의 정신과 서양의 기술'이었다. 1830년대 이집트에서도 무하마드 알리Muhammad Ali가 과도한 문화적 서구화를 수반하지 않은 기술 근대화를 시도했다. 그러나 영국이 그가 추구한 근대적 개혁의 대부분을 포기하도록 강요하는 바람에 이런 노력은 무위로 돌아갔다. 그 결과 알리 마즈루이Ali Mazrui가 지적했듯이 이집트의 운명은 문화적 서구화를 수반하지 않은 기술적 근대화라는 일본의 운명과는 달랐고 문화적 서구화를 통한 기술적 근대화라는 케말 아타튀르크의 운명과도 달랐다.[39] 그러나 19세기 후반

〈그림 3-1〉 서구의 충격에 맞선 상이한 대응

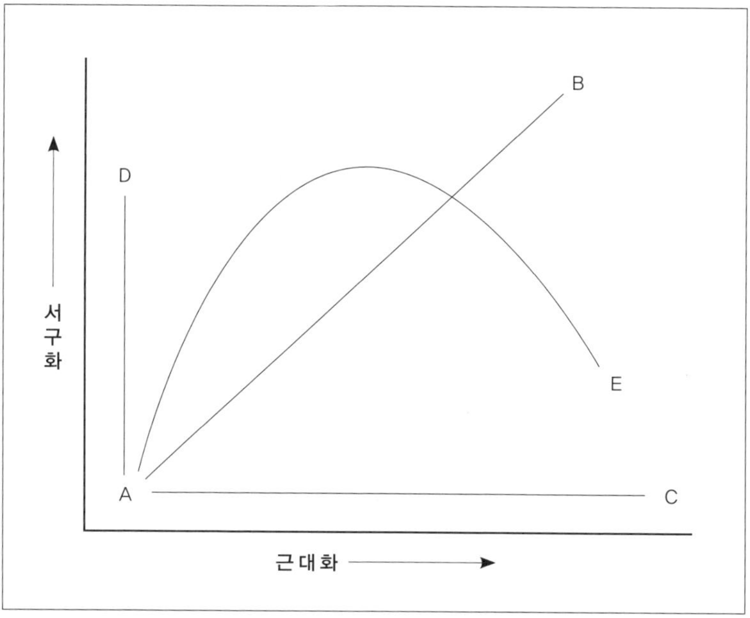


자말 알딘 알아프가니Jamāl al-Dīn al-Afghānī, 무하마드 압두Muhammad Abduh를 비롯한 일군의 개혁가들은 "근대 과학과 서구 사상의 정수는 이슬람과 양립이 가능하다"는 주장과 함께 과학, 기술, 정치(입헌제와 대의제) 분야에서 근대적 관념과 제도를 수용하면서, 이슬람의 원리를 제공하고 이슬람과 근대성을 새롭게 접맥시키려고 시도했다.[40] 이것은 케말주의에 근접한 광범위한 개량 노선으로 근대성뿐만 아니라 서구의 제도도 부분적으로 수용했다. 이런 형태의 개량주의는 1870년대부터 1920년대까지 이슬람의 엘리트들이 서구에 가졌던 일반적인 태도였다. 그러다가 1920년대에 들어가서 케말주의가 처음으로 부상하고 뒤이어 훨씬 순수한 형태의 개량주의가 원리주의의 모습으로 등장하면서 이런 태도가 도전을 받기에 이르렀다.

쇄국주의 · 케말주의 · 개량주의는 무엇이 가능하고 무엇이 바람직한가를 두고 상이한 전제에서 출발한다. 쇄국주의의 입장에서 보면 근대화와 서구화는 모두 바람직하지 않고 둘 다 거부해야 마땅하다. 케말주의는 근대화와 서구화가 모두 바람직하고 서구화는 근대화의 전제 조건이며 둘 다 실현 가능하다는 입장을 취한다. 개량주의는 바람직하지 않은 서구화를 대폭 수용하지 않고도 바람직한 근대화를 이룰 수 있다고 본다. 따라서 쇄국주의와 케말주의는 근대화가 바람직한가를 놓고서 대립하고 케말주의와 개량주의는 서구화 없이 근대화가 가능한가를 놓고서 대립한다.

〈그림 3-1〉은 이들 세 가지 실천 경로를 알기 쉽게 그림으로 나타낸 것이다. 쇄국주의는 A에 머물러 있고 케말주의는 B를 향해 비스듬히 움직일 것이다. 개량주의는 C를 향해 수평적으로 움직일 것이다. 그렇다면 실제 사회들은 어떤 길로 나아갔는가? 비서구 사회 하나하나는 이 세 가지의 전형적 경로와 현실적으로 차이가 나는 독자적 경로로 움직인 것이 사실이다. 마즈루이는 심지어 이집트와 아프리카는 기술적 근대화 없이 문화적으로 서구화당하는 고통스러운 과정을 거쳤다는 점에서 D를 향해 움직이고 있다고 주장한다. 비서구 사회가 서구에게 나타낸 반응 중 근대화와 서구화의 일반적 양태가 존재한다면 그 양태는 경로 A-E의 범위 안에서 나타날 것이다. 비서구 사회가 서구 문화의 실질적 요소를 흡수하며 근대화를 향해 서서히 나아가는 초기 단계에서는 서구화와 근대화가 밀접하게 결부되어 있다. 그러나 근대화가 가속화되면서 서구화의 속도는 하락하고 고유문화가 소생한다. 근대화가 더욱 진척되면 서구와 비서구 사회의 문명적

〈그림 3-2〉 근대화와 문화적 소생

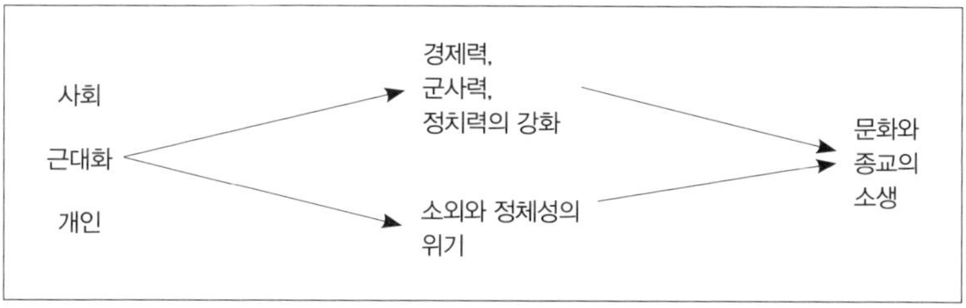


세력관계에 변화가 나타나 비서구 사회의 자부심과 힘이 늘어나고 고유문화에 대한 애착 또한 커진다.

변화의 초기 단계에서 서구화는 근대화를 촉진한다. 변화의 후기 단계에서 근대화는 탈서구화를 자극하며 고유문화의 부활 현상이 두 갈래로 나타난다. 사회적 차원에서 보면, 근대화는 한 사회의 경제력, 군사력, 정치력을 전체적으로 끌어올려 사회 성원들이 자신의 문화에 자신감을 갖고 그 문화를 적극적으로 내세우도록 북돋운다. 개인적 차원에서 보면 근대화는 전통적 유대와 사회적 관계의 와해와 함께 소외 의식과 아노미 현상을 낳고 자아 정체성의 위기를 가져오는데 여기서 종교가 출구를 제시한다. 이 인과적 흐름이 〈그림 3-2〉에 간결히 묘사되어 있다.

이 가설적 일반 모형은 사회학 이론이나 역사적 경험과도 두루 합치한다. '불변성 가설invariance hypothesis'의 증거 자료를 상세히 분석한 뒤 라이너 바움Rainer Baum은 "의미 있는 권위와 의미 있는 개인적 자율성을 향한 인간의 끊임없는 추구는 문화적으로 판이한 양상으로 나타난다. 이런 문제에서는 문화를 건너뛰는 동질적 세계로 나아가는 수렴 현상이 발생하지 않는다. 그보다는 발전의 초기 근대화 단계에서 역사적으로 나타난 남다른 양태가 변함없이 남아 있는 듯하다"고 말했다.[41] 프로베니우스, 슈펭글러, 보즈먼 등이 가다듬은 차용 이론은 어떤 문명이 다른 문명의 요소를 선별적으로 받아들인 뒤 그것을 수정하고 변형 및 동화시켜 자기 문화의 핵심적 가치 곧 파이데우마 paideuma가 존속될 가능성을 더욱 공고히 만든다는 사실을 강조한다.[42] 전 세계에 존재하는 거의 모든 문명은 최소 천 년 이상 존속해왔고 일부는 몇천 년 전부터 있어왔다. 그들은 다른 문명으로부터의 차용에 힘입어 자신의 생존력을 높인 역사를 가지고 있다. 중국은 인도에서 불교를 받아들였지만 중국의 '인도화'는 일어나지 않았다. 중국인은 불교를 중국인의 목적과 필요에 맞게 고쳤다. 중국 문화는 여전히 중국의 것으로 남았다. 중국인은 그들을 그리스도교도로 만들려는 서구의 집요한 기도를 지금까지 번번이 좌절시켰다. 어느 시점에서 중국이 그리스도교를 받아들인다 하더라도 그것을 흡수해 자신의 파이데우마를 지속시키는 데 기여하는 방식으로 뜯어고칠 것이 예상된다. 마찬가지로 아랍의 이슬람교도들은 본질적으로 헬레니즘 유산을 실리적 이유에서 받아들이고 평가하고 이용했다. 그들은 외적 형식이나 기술적 측면을 차용하는 데 주안점을 두었으며 코란이 요구하는 기준과 계율에 확립된 '진리'와 마찰을 빚을 수 있는 그리스 사상의 모든 요소를 무시하는 지혜를 지니고 있었다. 일본도 비슷한 길을 걸었다.[43] 7세기에 중국 문화를 수입한 일본은 그것을 경제적, 군사적 압력을 받지 않으면서 주체적으로 변형시켜 고도의 문명으로 발전시켰다. 그 후 대륙의 영향력이 상대적으로 줄어든 시기에는 과거에 차용한 요소를 선별해 유용한 것을 동화시키다가 다시 접촉이 이루어지면 문화적 차용을 재개하는 과정이 되풀이되었다.[44] 이 모든 기간 동안 일본은 일본다운 색깔을 유지했다.

비서구 사회가 서구화함으로써 근대화에 이를 수 있으리라는 케말주의의 온건 노선은 아직 증명되지 않았다. 비서구 사회가 근대화에 성공하려면 반드시 서구화되어야 한다는 케말주의의 강경 노선은 보편 명제로서의 타당성이 없다. 하지만 여기서 우리는 한 가지 질문을 던질 수 있다. 근대화를 가로막는 전통문화의 저해 요소가 너무 심각한 수준이어서 문화를 아예 서구 문화로 바꿔야 근대화에 성공할 수 있는 그런 비서구 사회가 존재하는가? 이론적으로 보아 도구 지향 문화instrumental culture보다는 궁극 지향 문화consummatory culture에서 그런 저해 요소가 많을 수 있다. 도구 지향 문화는 서로서로 떨어져 있고 궁극적 목표와는 무관한 중간적 목표들이 거대한 영역을 이룬다는 특징을 갖는다. "이런 체제는 변화 위에 전통의 담요를 펼쳐서 손쉽게 혁신한다. …… 이 체제는 사회제도가 근본적으로 뒤바뀌었다는 인상을 주지 않으면서도 혁신에 이를 수 있다. 혁신은 오히려 불멸성에 기여한다." 반면 "궁극 지향 체계는 중간적 목표와 궁극적 목표의 긴밀한 관계를 특징으로 한다. …… 사회, 국가, 정권 등은 모두 종교가 구석구석에서 인식의 좌표 역할을 하는 고도의 결속력을 가진 정교하게 구축된 체제의 일부분이다. 그런 체제는 혁신을 적대시한다."[45] 데이비드 앱터David Apter는 이 범주를 동원해 아프리카 부족사회의 변화를 분석한다. 아이젠슈타트 역시 비슷한 분석틀을 주요 아시아 문명들에 적용하여 유사한 결론에 이른다. 내부 변혁을 크게 촉진시키는 것은 사회제도, 문화제도, 정치제도의 자율성이다.[46] 도구 지향 문화의 성격이 더 강한 일본과 인도 사회가 유교나 이슬람 사회보다 근대화의 길에 한발 앞서, 손쉽게 진입한 것은 그런 이유 때문이다. 그들은 근대기술을 도입하여 기존의 문화를 살찌우고 활용하는 탁월한 능력을 보여주었다. 그렇다면 중국과 이슬람 사회는 근대화와 서구화를 모두 포기하든가 아니면 둘 다 수용해야 한다는 뜻인가? 선택의 폭은 그렇게 협소하지 않다. 일본만이 아니라 싱가포르, 대만, 사우디아라비아 그리고 어느 정도는 이란도 서구화하지 않으면서 산업사회가 되었다. 케말주의 노선을 따르려던 이란 국왕의 노력은 서구에 대한 강한 적개심을 낳았어도 반근대화 운동을 유발하지는 않았다. 중국은 분명히 개량주의 노선을 따르고 있다.

이슬람 사회는 근대화에 어려움을 겪고 있다. 파이프는 이자, 단식, 상속법, 여성의 취업 문제처럼 이슬람과 근대화가 상충되는 경제적 갈등을 지적하면서 서구화가 근대화의 전제 조건이라는 자신의 지론을 강조한다. 그러면서도 맥신 로댕송Maxine Rodinson의 말을 인용하며 이슬람권이 근대 자본주의의 길로 발전하는 것을 이슬람교가 막았다는 사실을 설득력 있게 입증하는 증거는 없다고 시인한다. 파이프에 따르면 경제적 문제를 제외하고는 대부분의 문제에서 다음과 같은 양상을 보인다.

> 이슬람과 근대화는 충돌하지 않는다. 독실한 이슬람교도가 과학을 연구하고 공장을 효율적으로 운영하고 첨단무기를 활용할 수 있다. 근대화는 단일한 정치 이념이나 제도의 틀을 요구하지 않는다. 선거와 시민결사 같은 서구 사회의 특징이 경제성장에 반드시 필요하지는 않다. 신앙으로서의 이슬람은 농부에게도 경영 컨설턴트에게도 만족을 준다. 샤리아는 근대화와 함께 농업이 공업으로, 농촌이 도시로, 사회적 안정이 사회적 유동으로 바뀌는 현상에 아무런 발언을 하지 않으며 대중교

육, 첨단 통신, 새로운 운송형태, 보건 진료 같은 문제에 대해 월권을 행사하지도 않는다.[47]

반서구주의와 고유문화의 부흥을 극단적으로 옹호하는 이들도 전자우편, 카세트, TV 같은 근대 과학기술을 이용해 자신들의 대의를 선전하는 데 주저하지 않는다.

결국 근대화는 반드시 서구화를 뜻하는 것이 아니다. 비서구 사회는 자기의 고유문화를 포기하지 않고도, 서구의 가치·제도·관습을 전폭적으로 수용하지 않고도 근대화할 수 있고 또 그렇게 발전해왔다. 서구 문화를 전폭적으로 받아들이기란 사실상 불가능하다. 서구화를 가로막는 비서구 사회의 문화 요소에 비하면, 근대화를 가로막는 비서구 사회의 요소는 극히 작은 양이다. 브로델의 지적대로 근대화 혹은 '단일 문명의 승리'가 세계의 거대 문명들에서 유구한 역사와 함께 형성된 문화의 다양성을 종식시키리라고 믿는 것은 '순진한' 발상이 아닐 수 없다.[48]

# THE CLASH OF CIVILIZATIONS

AND THE REMAKING OF WORLD ORDER

제 2 부

# 변화하는 문명의 균형

Chapter 4

# 서구의 쇠퇴: 세력, 문화, 토착화

## 서구의 패권: 지배와 하강

다른 문명들과의 관계에서 서구가 가진 힘을 보여주는 두 그림이 있다. 첫째는 서구의 압도적 우위를 나타내는 그림이다. 소련의 와해로 서구에 대적할 수 있는 유일한 도전자가 사라졌으며, 그 결과 세계는 지금처럼 서구의 주요 국가들(경우에 따라서는 일본도 포함)이 설정한 목표, 이익, 우선순위에 따라 규정되리라는 예상이다. 유일하게 남은 초강대국으로서 미국은 영국, 프랑스와 함께 정치와 안보 문제에 관한 핵심적 결정을 내린다. 또한 미국은 독일, 일본과 함께 경제 문제에 관한 핵심적 결정을 내린다. 서구는 다른 모든 문명이나 지역에 실질적 이해관계를 가지고 있고 다른 모든 문명이나 지역의 정치, 경제, 안보에 영향을 미칠 수 있는 능력을 가진 유일한 문명이다. 다른 문명에 속한 나라들은 자신의 목표를 달성하고 이익을 수호하는 데 서구의 도움에 의지하는 경우가 많다. 한 연구자는 서구에 관해 다음과 같이 요약했다.

- 국제 금융 체제를 주도하고 운영한다.
- 모든 경화硬貨를 장악한다.
- 세계의 주요 고객이다.
- 전 세계 공산품의 대다수를 제공한다.
- 국제 자본시장을 지배한다.
- 많은 사회의 지배적 윤리에 상당한 영향력을 행사한다.
- 대규모 군사개입 능력을 가졌다.
- 해상로를 장악한다.
- 기술 연구와 개발에서 가장 앞섰다.
- 첨단기술 교육에서 선두를 달린다.
- 우주를 선점한다.
- 항공 산업을 장악한다.
- 국제 무역을 주도한다.
- 첨단무기 산업을 주도한다.[1]

서구를 묘사한 두 번째 그림은 이와는 판이하다. 이 그림에 나타나는 서구는 세계의 정치적, 경제적, 군사적 지형도의 비중이 여타 문명에 견주어 상대적으로 떨어지는 문명이다. 냉전에서 거둔 승리는 서구를 탈진시켰다. 서구는 완만한 경제성장, 실업, 막대한 재정 적자, 근로의식의 저하, 낮은 저축률 같은 내부 문제로 고민하고 있으며, 미국을 비롯한 대다수 서방 국가들은 사회적 와해, 마약, 범죄로 골머리를 앓고 있다. 경제력의 무게추는 빠른 속도로 동아시아로 옮겨가고 있으며 이 지역의 군사력과 정치적 영향력도 아울러 커지고 있다. 인도의 경제력은 바야흐로 비약의 단계로 접어들었으며 이슬람 세계는 점점 서구를 적대시하고 있다. 서구의 지시와 훈계를 수용하고 따르겠다는 비서구 사회의 의지가 빠르게 식어가고, 서구 또한 세계를 주도한다는 자신감과 의지를 잃어가고 있다. 1980년대 말 미국의 쇠퇴를 놓고 열띤 논쟁이 벌어졌지만 애런 프리드버그Aaron Friedberg는 1990년대 중반 다음과 같은 결론을 내렸다.

> 중요한 여러 부문에서 미국의 상대적 힘은 급속도로 약화될 것이다. 경제력 면에서 미국의 위치는 일본에게, 궁극적으로는 중국에게 잠식당할 것이다. 군사 영역에서 미국과 다수의 성장하는 지역 강대국들(이란, 인도, 중국 등)이 가진 실력의 균형은 중심부에서 주변부로 이동할 것이다. 미국이 보유한 조직력의 일부는 다른 국가로 넘어갈 것이고 또 일부는 다국적 기업 같은 비국가 주체의 손에 넘어갈 것이다.[2]

이 대조적인 두 서구상 중에서 어떤 것이 현실을 더 정확하게 묘사하는 것인가? 대답은 물론 둘 다라는 것이다. 서구는 지금 압도적 우위에 있고 21세기에도 실력과 영향력 면에서 여전히 정상의 자리를 지킬 것이다. 그러나 문명의 세력관계에서 냉혹한 변화가 근본적 차원에서 서서히 일어나고 서구의 힘은 상대적으로 계속 줄어들 것이라는 전망 또한 옳다. 서구의 우위가 사라지면 서구의 힘도 아울러 사그러들 수밖에 없으며, 비서구 세계는 주요 거대 문명과 그 핵심국을 중심으로 하여 지역 단위로 흩어질 것이다. 서구의 세계적 영향력에 도전할 가능성이 높은 나라로 중국이 부상하면서 아시아 문명은 지금도 그렇고 앞으로도 가장 빠른 속도로 힘을 키워 갈 것이다. 이러한 문명 차원의 세력 이동은 비서구 사회의 문화적 자긍심과 서구 문화에 대한 거부감을 확산시킬 것이다.

서구의 몰락은 다음 세 가지 특성을 갖는다.

첫째, 그것은 완만한 과정이다. 서구가 부상하는 데는 400년이 걸렸다. 서구가 퇴장하는 데도 그만한 시간이 걸릴 수 있다. 1980년대 영국의 저명한 학자인 불은 "보편적 국제사회에서 유럽 또는 서구가 누리는 우위는 1900년 무렵 정점에 이르렀다"고 주장했다.[3] 슈펭글러가 쓴 책의 첫 번째 책이 1918년에 나온 뒤 '서구의 몰락'은 20세기 역사의 중심 주제였다. 몰락의 과정은 금세기에 걸쳐 진행되었다. 그러나 그 과정은 한층 가속화할 수 있다. 경제발전을 포함해 각종 분야에서 한 나라의 성장은 S곡선을 따라 이루어지는 경우가 많다. 처음에는 완만하게 출발했다가 가속이 붙고 다시 성장률이 감소하다가 수평선을 긋는다. 한 나라의 몰락도 S곡선을 따라 이루어질 수 있다. 소련의 경우가 그러했다. 처음에는 느리게 기울다가 가파른 하강 곡선을 그렸고 결국에는 바닥에 이르렀다. 서구의 쇠퇴는 아직 느린 1단계에 머물러 있지만 어느 시점에 가서는 여기에 가속이 붙을 것이다.

둘째, 하강은 직선적으로 전개되지 않는다. 서구의 쇠퇴 징후가 나타난 이후에도 하강선은 멈추었다가 다시 위로 솟는 서구의 힘이 일시적으로 증대하는 등 대단히 불규칙한 양상을 보인다. 서구의 개방된 민주주의 사회는 강한 소생력을 지니고 있다. 뿐만 아니라 다른 문명들과는 달리 서구에는 세력 중심지가 둘이나 있다. 프랑스가 1900년을 고비로 하강세에 접어들었다고 본 것은 서구 문명 중에서도 본질적으로 유럽이라는 성분 때문이었다. 1910년부터 1945년까지 유럽은 자체 분열을 겪었고 내부의 경제적, 사회적, 정치적 문제로 홍역을 치렀다. 그러나 1940년대부터 미국이 서구 문명의 전면에 나섰다. 1945년에 미국은 한때 세계의 거의 모든 지역을 지배했다. 그 지배의 범위는 1918년 제1차 세계대전에서 승리한 연합군의 점령 범위 못지않은 것이었다. 전후의 탈식민지화는 유럽의 영향력을 감소시켰지만 미국의 영향력은 줄어들지 않았다. 미국은 과거의 영토 제국주의와는 다른 새로운 초국가 제국주의로 떠올랐다. 그러나 냉전 기간 중 미국의 군사력은 소련과 호각지세互角之勢를 이루었으며 미국의 경제력은 일본의 경제력에 비해 상대적으로 감소했다. 그러나 주기적으로 군사적, 경제적 부활이 이루어졌다. 실제로 1991년 영국 학자 배리 부잔Barry Buzan은 "더 깊은 현실로 들어가보면 탈식민지화가 시작된 이후 그 어느 시기보다도 중심부의 지배는 더욱 공고해졌고 주변부의 의존도는 심화되었다"[4]고 말했다. 그러나 이러한 인식의 정확성은 그 인식을 낳은 군사적 승리가 역사의 뒤안으로 사라지면서 빛이 바래고 있다.

셋째, 힘이란 한 사람이나 한 집단이 다른 사람이나 집단의 행동을 변화시킬 수 있는 능력을 의미한다. 강압뿐 아니라 유도나 권고도 행동을 변할 수 있게 하지만, 그러기 위해서는 변화를 요구하는 측이 경제적, 군사적, 제도적, 인구적, 정치적, 기술적, 사회적 자원을 가지고 있어야 한다. 따라서 한 국가나 집단의 힘은 이들이 영향력을 행사하려고 노력하는 다른 국가나 집단에 비해 얼마나 많은 가용자원을 가지고 있는가를 통해 평가된다. 중요한 자원의 전부는 아니더라도 대부분의 자원에서 서구의 비중은 20세기 초반 정점에 도달했다가 그 후로는 다른 문명들에 비해 하향 곡선을 그리고 있다.

### 영토와 인구

1490년 서구 사회는 발칸 지역을 제외한 유럽의 대부분을 지배했다. 남극을 제외한 전 세계 육지 면적 5250만 제곱마일 중에서 서구가 지배한 면적은 150만 제곱마일이었다. 1920년 영토확장이 극에 달했을 때 서구는 전 세계 육지의 절반에 가까운 2550만 제곱마일을 직접 다스렸다. 1993년 서구가 지배하는 영토는 그 절반 수준인 1270만 제곱마일로 줄어들었다. 서구의 영역은 원래의 유럽으로 되돌아갔고 여기에 백인이 정착한 드넓은 땅 북아메리카, 호주, 뉴질랜드가 추가되었다. 반면에 독립된 이슬람 국가들의 영토는 1920년에는 180만 제곱마일이었던 것이 1993년에는 1100만 제곱마일 이상으로 늘어났다. 비슷한 변화가 인구 규모에서도 나타났다. 1900년 서구인은 세계 인구의 30퍼센트를 차지했고 세계 인구의 45퍼센트를 통치했다. 서구의 통치 인구는 1920년에 다시 48퍼센트로 늘어났다. 1993년에 이르면 서구는 홍콩 같은 일부 제국주의 시대의 잔재를 제외하고는 오직 서구인만을 통치하게 되었다. 서구인은 세계 인구의 13퍼센트를 겨우 넘을 뿐이고 2025년에는 그 수치가 다시 10퍼센트로 떨어질 것으로 보인다.[5] 총인구로 따졌을 때 1993년 서구는 중국, 이슬람, 힌두 문명에 이어 4위다.

서구인은 수적으로 보아 세계 인구에서 갈수록 소수 집단이 되고 있다. 질적으로도 서구와 다른 문명 사이의 균형은 변화하고 있다. 비서구인들은 점점 건강해지고 문맹률도 떨어지며 도시에 살고 교육 수준도 높아지고 있다. 1990년대 초반 라틴아메리카, 아프리카, 중동, 서남아시아, 동아시아, 동남아시아의 유아 사망률은 30년 전에 비해 3분의 1이나 2분의 1 수준으로 떨어졌다. 이 지역의 평균수명 또한

〈표 4-1〉 문명들이 정치적으로 지배하는 면적: 1900~1993년 (단위 천 제곱마일)

| 연도 | 서구 | 아프리카 | 중화 | 힌두 | 이슬람 | 일본 | 라틴 아메리카 | 동방 정교 | 기타 |
|---|---|---|---|---|---|---|---|---|---|
| 1900 | 20,290 | 164 | 4,317 | 54 | 3,592 | 161 | 7,721 | 8,733 | 7,468 |
| 1920 | 25,447 | 400 | 3,913 | 54 | 1,811 | 261 | 8,098 | 10,258 | 2,258 |
| 1971 | 12,806 | 4,636 | 3,936 | 1,316 | 9,183 | 142 | 7,833 | 10,346 | 2,302 |
| 1993 | 12,711 | 5,682 | 3,923 | 1,279 | 11,504 | 145 | 7,819 | 7,169 | 2,178 |
| 세계 영토의 백분율* | | | | | | | | | |
| 1900 | 38.7 | 0.3 | 8.2 | 0.1 | 6.8 | 0.3 | 14.7 | 16.6 | 14.3 |
| 1920 | 48.5 | 0.8 | 7.5 | 0.1 | 3.5 | 0.5 | 15.4 | 19.5 | 4.3 |
| 1971 | 24.4 | 8.8 | 7.5 | 2.5 | 17.5 | 0.3 | 14.9 | 19.7 | 4.4 |
| 1993 | 24.2 | 10.8 | 7.5 | 2.4 | 21.1 | 0.3 | 14.9 | 13.7 | 5.2 |

주: 세계 영토의 상대적 비율은 해당 연도의 지배적 국경선을 토대로 산정했다.
**자료**: 《스테이츠먼 연감Statesman's Year-Book》 New York: St. Martin's Press, 1901~1927; 《세계부도World Book Atlas》 Chicago: Field Enterprises Educational Corp., 1970; 《브리태니커 연감Britannica Book of the Year》 Chicago: Encyclopaedia Britannica, Inc., 1992~1994.
* 세계 영토에서 남극은 포함시키지 않았다.

비약적으로 길어졌다. 아프리카는 11년이 길어졌고, 동아시아는 23년이 길어졌다. 1960년대 초반 제3세계 대부분 지역의 문맹률은 성인의 3분의 2를 넘었다. 1990년대 초반에는 아프리카를 제외하면 문맹률이 절반을 넘는 나라가 극소수다. 인도 인구의 절반, 중국 인구의 75퍼센트가 글을 읽고 쓸 줄 안다. 1970년 개발도상국의 문자 해독률은 선진국의 41퍼센트에 머물러 있었다. 그것이 1992년에는 71퍼센트까지 올라갔다. 1990년대 초반 아프리카를 제외하고는 세계의 전 지역에서 사실상 모든 연령층이 초등교육을 받았거나 현재 받고 있는

〈표 4-2〉 세계의 주요 문명에 들어가는 나라들의 인구: 1993년 (단위 천 명)

| | | | |
|---|---|---|---|
| 중화 | 1,340,900 | 라틴아메리카 | 507,500 |
| 이슬람 | 927,600 | 아프리카 | 392,100 |
| 힌두 | 915,800 | 정교 | 261,300 |
| 서구 | 805,400 | 일본 | 124,700 |

**자료**: 《브리태니커 백과사전》 Chicago: Encyclopaedia Britannica, 1994. pp. 764~769.

중이다. 더욱 중요한 것은 1960년대 초반까지만 하더라도 아시아, 라틴아메리카, 중동, 아프리카에서 해당 연령 집단의 3분의 1 미만이 중등교육을 받은 데 비해 1990년대 초반에는 아프리카를 제외하고는 해당 연령 집단의 절반이 중등교육을 받고 있다는 사실이다. 1960년 도시 거주자는 미개발국가 인구의 4분의 1에도 못 미쳤다. 그러나 1960년에서 1992년 사이에 도시 거주자가 총인구에서 차지하는 비율이 라틴아메리카의 경우 49퍼센트에서 73퍼센트로, 아랍 국가는 34퍼센트에서 55퍼센트로, 아프리카는 14퍼센트에서 29퍼센트로, 중국은 18퍼센트에서 27퍼센트로, 인도는 19퍼센트에서 26퍼센트로 늘어났다.[6]

문맹률, 교육, 도시화의 변화는 정치의식과 기대 수준이 높은 사회적 동원 가능한 인구를 만들어냈다. 사회적 동원력이 높은 사회는 강력한 사회다. 1953년 이란 국민의 15퍼센트만이 문자를 해독하고 도시 인구가 17퍼센트에 못 미쳤을 때만 하더라도, 미국 CIA 요원들은 폭동을 간단히 진압하고 국왕을 권좌에 복위시킬 수 있었다. 1979년 이란 국민의 50퍼센트가 글을 읽고 47퍼센트가 도시에 살게 되자 미국은 막강한 군사력에도 불구하고 국왕을 보호할 수 없었다. 중국인,

〈표 4-3〉 문명들이 정치적으로 지배하는 세계 인구의 상대적 비중: 1900~2025년 (퍼센트)

| 연도 | 세계 인구* | 서구 | 아프리카 | 중화 | 힌두 | 이슬람 | 일본 | 라틴 아메리카 | 동방 정교 | 기타 |
|---|---|---|---|---|---|---|---|---|---|---|
| 1900 | 1.6 | 44.3 | 0.4 | 19.3 | 0.3 | 4.2 | 3.5 | 3.2 | 8.5 | 16.3 |
| 1920 | 1.9 | 48.1 | 0.7 | 17.3 | 0.3 | 2.4 | 4.1 | 4.6 | 13.9 | 8.6 |
| 1971 | 3.7 | 14.4 | 5.6 | 22.8 | 15.2 | 13.0 | 2.8 | 8.4 | 10.0 | 5.5 |
| 1990 | 5.3 | 14.7 | 8.2 | 24.3 | 16.3 | 13.4 | 2.3 | 9.2 | 6.5 | 5.1 |
| 1995 | 5.8 | 13.1 | 9.5 | 24.0 | 16.4 | 15.9† | 2.2 | 9.3 | 6.1‡ | 3.5 |
| 2010 | 7.2 | 11.5 | 11.7 | 22.3 | 17.1 | 17.9† | 1.8 | 10.3 | 5.4‡ | 2.0 |
| 2025 | 8.5 | 10.1 | 14.4 | 21.0 | 16.9 | 19.2† | 1.5 | 9.2 | 4.9‡ | 2.8 |

주: 세계 인구 상대 비율 추정치는 해당 연도의 지배적 국경선을 토대로 산출했다. 1995년과 2025년의 인구 추정치는 1995년의 국경선이 기준이다.

† 이 수치에는 독립국가연합 회원국과 보스니아헤르체고비나는 포함되지 않는다.

‡ 이 수치에는 독립국가연합, 조지아, 옛 유고슬라비아는 포함되지 않는다.

자료: 유엔 인구국 경제사회정보 · 정책분석부, 《세계 인구 전망, 1992년 개정판World Population Prospects, The 1992 Revision》 New York: United Nations, 1992; 《스테이츠먼 연감Stateman's Year-Book》 New York: St. Martin's Press, 1901~1927; 《세계 연감과 통계 자료집World Almanac and Book of Facts》 New York: Press Pub. Co., 1970~1993.

* 세계 인구 단위는 10억.

인도인, 아랍인, 아프리카인과 서구인, 일본인, 러시아인 사이에는 아직도 현격한 격차가 존재한다. 그러나 격차는 빠르게 좁혀지고 있다. 동시에 새로운 격차가 생기고 있다. 서구인, 일본인, 러시아인의 평균 연령이 꾸준히 올라가면서 비노동인구의 비중이 늘어 생산 활동에 종사하는 인구에게 과중한 부담을 안기고 있다. 다른 문명들은 아동 인구의 폭발적 증가로 고민하고 있다. 그러나 아동은 미래의 일꾼, 미래의 병사다.

〈표 4-4〉 세계 제조업 총생산량에서 문명이나 국가가 차지하는 비중: 1750~1980년
(퍼센트, 세계=100퍼센트)

| 연도 | 1750 | 1800 | 1830 | 1860 | 1880 | 1900 | 1913 | 1928 | 1938 | 1953 | 1963 | 1973 | 1980 |
|---|---|---|---|---|---|---|---|---|---|---|---|---|---|
| 서구 | 18.2 | 23.3 | 31.1 | 53.7 | 68.8 | 77.4 | 81.6 | 84.2 | 78.6 | 74.6 | 65.4 | 61.2 | 57.8 |
| 중국 | 32.8 | 33.3 | 29.8 | 19.7 | 12.5 | 6.2 | 3.6 | 3.4 | 3.1 | 2.3 | 3.5 | 3.9 | 5.0 |
| 일본 | 3.8 | 3.5 | 2.8 | 2.6 | 2.4 | 2.4 | 2.7 | 3.3 | 5.2 | 2.9 | 5.1 | 8.8 | 9.1 |
| 인도/파키스탄 | 24.5 | 19.7 | 17.6 | 8.6 | 2.8 | 1.7 | 1.4 | 1.9 | 2.4 | 1.7 | 1.8 | 2.1 | 2.3 |
| 러시아/소련 | 5.0 | 5.6 | 5.6 | 7.0 | 7.6 | 8.8 | 8.2 | 5.3 | 9.0 | 16.0 | 20.9 | 20.1 | 21.1 |
| 브라질과 멕시코 | - | - | - | 0.8 | 0.6 | 0.7 | 0.8 | 0.8 | 0.8 | 0.9 | 1.2 | 1.6 | 2.2 |
| 기타 | 15.7 | 14.6 | 13.1 | 7.6 | 5.3 | 2.8 | 1.7 | 1.1 | 0.9 | 1.6 | 2.1 | 2.3 | 2.5 |

**자료**: 폴 베어록, 〈1750년에서 1980년까지 국제적 산업화의 수준International Industrialization Levels from 1750 to 1980〉, 《유럽 경제사지Journal of European Economic History》, 11(1982년 가을), pp. 269~334.
* 냉전 시대의 바르샤바 조약 국가들도 포함한다.

## 생산력

서구의 생산력이 전 세계에서 차지하는 비중 또한 1920년대 절정에 달했다가 제2차 세계대전 이후 확연히 줄어들고 있다. 1750년 중국이 전 세계 공산품 3분의 1을 생산하고 인도는 4분의 1을 생산한 반면 서구의 비중은 5분의 1에도 못 미쳤다. 1830년에 들어 서구는 중국을 근소하게 앞서가기 시작했다. 폴 베어록Paul Bairoch이 지적했듯이 그 후 몇십 년 동안 서구의 산업화는 비서구 사회의 탈산업화를 야기했다. 1913년 비서구 사회 나라들의 제조업 생산량은 1800년 수준의 3분의 2에 머물러 있었다. 18세기 중반을 고비로 서구의 비중은 급속히 증가하다가 1928년 절정에 이르러 세계 제조업 생산량의 84.2퍼센트를 차지했다. 제2차 세계대전 이후 서구의 성장률이 완만

〈표 4-5〉 문명별 세계 총생산 비중: 1950~1992년 (퍼센트)

| 연도 | 서구 | 아프리카 | 중화 | 힌두 | 이슬람 | 일본 | 라틴 아메리카 | 동방 정교* | 기타 |
|---|---|---|---|---|---|---|---|---|---|
| 1950 | 64.1 | 0.2 | 3.3 | 3.8 | 2.9 | 3.1 | 5.6 | 16.0 | 1.0 |
| 1970 | 53.4 | 1.7 | 4.8 | 3.0 | 4.6 | 7.8 | 6.2 | 17.4 | 1.1 |
| 1980 | 48.6 | 2.0 | 6.4 | 2.7 | 6.3 | 8.5 | 7.7 | 16.4 | 1.4 |
| 1992 | 48.9 | 2.1 | 10.0 | 3.5 | 11.0 | 8.0 | 8.3 | 6.2 | 2.0 |

주: 기타에는 나머지 문명과 오차가 포함된다.

**자료**: 1950년, 1970년, 1980년의 수치는 블록Herbert Block, 《1980년의 지구 생산: 창조적 휴식? The Planetary Product in 1980: A Creative Pause?》 Washington, D. C.: Bureau of Public Affairs, U. S. Dept. of state, 1981, pp. 30~45에서 고정 달러액으로 환산한 자료. 1992년의 수치는 《세계 발전 보고서 1994World Development Report 1994》 New York: Oxford University Press, 1994의 〈표 30〉에 실린 세계은행의 구매력 평가 지수로 환산한 자료.

* 1992년의 동방 정교 수치에는 옛 소련과 옛 유고슬라비아가 포함된다.

해지고 비서구 사회의 생산력이 급속히 증가하면서 서구의 비중도 줄어들고 있다. 1980년 서구는 전 세계 공산품의 57.8퍼센트를 생산했는데 이것은 1860년대의 수준이다.[7]

제2차 세계대전 이전까지의 신뢰할 만한 세계 총생산 자료는 없지만 서구는 1950년 세계 총생산의 64퍼센트를 차지했고 1980년대에는 이 수치가 49퍼센트로 떨어졌다〈표 4-5〉. 1991년의 한 추계에 따르면 세계 7대 경제 강국 중에서 4개국, 즉 일본(2위), 중국(3위), 러시아(6위), 인도(7위)가 비서구 국가였다. 1992년 세계에서 경제 규모가 가장 큰 나라는 미국이고 상위 10개국 가운데 서구 국가가 5개국, 나머지 5개국은 다른 문명들의 주도 국가인 중국, 일본, 인도, 러시아, 브라질이다. 신빙성 높은 전망에 따르면 2020년 중국은 세계 최대 규모의 경제력을 자랑하게 된다. 상위 5개국은 5개 문명의 몫으로 골고루 돌아가고, 상위 10개국은 중화 문명권 3개국(중국, 한국, 대만), 서구 문명권 3개국(미국, 독일, 프랑스), 일본, 인도, 인도네시아, 태국이 차지한다. 10대 경제 강국 중에 아시아권이 7개국 포함되고 그중에서 6개국이 동아시아권이다. 1960년 동아시아는 세계 총생산의 4퍼센트를 차지했고 북아메리카는 37퍼센트를 차지했다. 그러던 것이 1995년에는 똑같이 24퍼센트가 되었다. 한 보고서는 2013년경 서구는 세계 총생산의 30퍼센트를, 아시아는 40퍼센트를 차지할 것이라고 전망했다.[8]

총생산은 서구의 질적 우위를 부분적으로 모호하게 남겨둘 가능성이 있다. 서구와 일본은 첨단기술 산업을 거의 장악하고 있다. 그러나 기술은 이전되고 있으며, 만일 서구가 우위를 지켜 나가려 한다면 기술 이전을 최소화하려는 노력을 기울일 수밖에 없을 것이다. 하지만 서구가 만들어낸 긴밀하게 얽힌 세계로 인해 기술이 다른 문명들로 보급되는 것을 저지하려는 서구의 노력은 점점 어려움에 봉착하고 있다. 냉전 시대처럼 만인이 동의하는 강력한 단일 위협 세력이 사라진 지금은 기술의 수출을 효과적으로 통제하는 데 한계가 있어 기술의 이전 저지가 어렵다.

중국은 역사의 대부분 기간 동안 세계 최대의 경제력을 자랑했다. 20세기 후반에 진행되고 있는 비서구 사회의 기술 습득과 경제발전은 지난 역사로의 회귀 현상을 낳고 있다. 이것은 느리게 진행되고 있지만 빠르면 21세기 중반에 주요 문명들의 경제력과 제조업 생산량은 1800년과 비슷한 분포 양상을 보이게 될 것이다. 200년 동안 지속되어온 서구의 세계 경제 지배는 막을 내릴 것이다.

### 군사력

군사력은 네 가지 차원에서 고찰할 수 있다. 규모(병력, 무기, 시설, 자원의 수), 기술(무기와 장비의 효율성과 정교성), 조직력(응집성, 군기, 훈련, 군의 사기, 지휘와 통제의 효과성), 사회적 지원(사회가 군사력의 집행을 효율적으로 뒷받침할 수 있는 의지와 역량)이다. 1920년대의 서구는 이 모든 차원에서 압도적 우위에 있었다. 그 후 서구의 군사력은 다른 문명들에 비해 상대적으로 약화되었다. 이 점은 군사력의 가장 중요한 척도는 아니지만 병력의 축소 현상에서도 여실히 드러난다. 근대화와 경제발전은 군사력을 확충할 수 있는 국가적 자원과 욕망을 낳는다. 이것은 거의 예외 없이 관찰되는 현상이다. 1930년대에 일본과 소련은 제2차 세계대전에서 입증되었듯 아주 막강한 군사력을 보유했다. 냉전 시대에 소련은 세계의 양대 군사 초강대국 중 하나였다. 현재 서구는 세계 전 지역에 재래식 군사력을 대규모로 투입할 수 있는 능력을 독점하고 있다. 하지만 그런 능력이 앞으로도 지속될 것인지는 불투명하다. 분명한 것은 다가오는 몇십 년 동안 비서구 국가 혹은 국가군이 그에 상응하는 군사력을 확보하게 되리라는 사실이다.

전체적으로 보아 냉전 이후의 세계 군사력 지형도에는 크게 다섯 가지의 흐름이 감지된다.

첫째, 소련이 붕괴하자 소련의 군사력도 와해되었다. 이 지역에서 러시아를 제외하고 아직 막강한 군사력을 보유한 나라는 우크라이나밖에 없다. 러시아 군은 규모도 대폭 줄어들었을 뿐 아니라 중부 유럽과 발트 해 국가들에서 철수했다. 바르샤바 조약은 허물어졌다. 미국의 해군력에 도전한다는 목표도 포기했다. 군사 장비는 폐기되거나 방치되어 막대한 전력 손실을 입었다. 군사비도 예산에서 대폭 삭감

〈표 4-6〉 문명별 병력 규모 (퍼센트)

| 연도 | [세계 총 병력] | 서구 | 아프리카 | 중화 | 힌두 | 이슬람 | 일본 | 라틴 아메리카 | 동방 정교 | 기타 |
|---|---|---|---|---|---|---|---|---|---|---|
| **1900** | (10,086) | 43.7 | 1.6 | 10.0 | 0.4 | 16.7 | 1.8 | 9.4 | 16.6 | 0.1 |
| **1920** | (8,645) | 48.5 | 3.8 | 17.4 | 0.4 | 3.6 | 2.9 | 10.2 | 12.8* | 0.5 |
| **1970** | (23,991) | 26.8 | 2.1 | 24.7 | 6.6 | 10.4 | 0.3 | 4.0 | 25.1 | 2.3 |
| **1991** | (25,797) | 21.1 | 3.4 | 25.7 | 4.8 | 20.0 | 1.0 | 6.3 | 14.3 | 3.5 |

주: 해당 연도의 지배적 국경선을 토대로 뽑은 수치. 해당 연도의 세계 총 병력(현역) 단위는 천 명.

**자료**: 미 육군 통제군축국, 《세계 군사비 지출과 무기 이전World Military Expenditures and Arms Transfers》 Washington, D.C.: The Agency, 1971~1994; 《스테이츠먼 연감Statesman's Year-Book》New York: St. Martin's Press, 1901~1927.

*1924년의 소련 병력은 바실 리델하트Basil Liddell-Hart, 《적군: 적군—1918년에서 1945년까지, 소련군—1946년에서 현재까지The Red Army: The Red Army-1918 to 1945 The Soviet Army-1946 to present》 New York: Harcourt, Brace, 1956에 수록된 매킨토시J. M. Mackintosh의 추정치.

되었다. 군의 사기 저하는 장교와 일반 병사에게 두루 영향을 미치고 있다. 러시아 군은 러시아를 수호하고 인접 지역에서 발생한 분쟁을 처리하는 수준으로 자신의 임무와 작전 목표를 축소 및 조정하고 있다.

둘째, 러시아의 갑작스러운 군사력 약화는 서방의 군사비 지출과 군사력 규모의 점진적이지만 뚜렷한 축소를 가져왔다. 부시 행정부와 클린턴 행정부가 세운 계획이 예정대로 실행에 옮겨질 경우 미국의 군사비는 1990년의 3423억 달러(1994년 달러화 기준)에서 1998년에는 2233억 달러로 35퍼센트 줄어들게 된다. 계획이 종료되는 해의 군사력은 냉전 말기의 절반 혹은 3분의 2 수준으로 축소될 전망이다. 전체 병력은 210만 명에서 140만 명으로 줄어든다. 중요한 무기 도입 계획의 대다수가 이미 취소되었거나 현재 취소되고 있다. 1985년에서 1995년 사이의 연간 주요 무기 구입 내역을 보면 함정이 29척에서 6척으로, 항공기가 943대에서 127대로, 탱크가 720대에서 0대로, 전략 미사일이 48기에서 18기로 줄었다. 1980년대 후반을 고비로 영국, 독일 그리고 정도는 덜하지만 프랑스에서도 군사비 및 군사력 규모가 축소되었다. 1990년대 중반 독일은 군 병력을 37만 명에서 34만 명으로, 경우에 따라서는 32만 명으로 감축한다는 계획을 세워놓고 있다. 프랑스도 1990년의 29만 명을 1997까지는 22만 5,000명으로 병력을 줄일 예정이다. 영국은 이미 1985년의 37만 7,100명을 1993년에 27만 4,800명으로 줄였다. NATO 회원국들은 군 복무 기간을 축소했으며 아예 징병제를 폐지하는 방안도 고려 중이다.

셋째, 동아시아의 조류는 러시아나 서구와는 판이하다. 군사비 확대와 병력 확충이 전 지역으로 번지는 추세다. 중국은 지역 불안정과 제한전의 발발 가능성에 주안점을 둔 새로운 군사 원칙에 따라 지역 맹주로서의 실력을 갖추고자 군사력 팽창을 선도하고 있다. 경제발전과 중국의 군사력 확충에 자극받아 다른 동아시아 국가들도 군사력의 현대화와 증강에 배전倍前의 노력을 기울이고 있다. 일본은 고도의 첨단 군사력을 꾸준히 발전시켜왔다. 대만, 한국, 태국, 말레이시아, 싱가포르, 인도네시아는 군사비 지출을 늘리면서 러시아, 미국, 영국, 프랑스, 독일로부터 전투기, 탱크, 함정을 앞다퉈 도입하고 있다. NATO의 군사비 지출은 1985년과 1993년 사이(5396억 달러에서 4850억 달러로) 10퍼센트 줄어든 반면 동아시아의 지출은 같은 기간 동안 898억 달러에서 1348억 달러로 50퍼센트나 껑충 뛰었다.[9]

넷째, 대량 살상무기를 비롯한 각종 첨단무기가 전 세계로 광범위하게 확산되고 있다. 경제적으로 발전한 나라들은 무기를 생산할 수 있는 능력도 갖추게 되었다. 가령 1960년대와 1980년대 사이에 전투기를 생산할 수 있는 제3세계 국가의 수는 1개국에서 8개국으로, 탱크는 1개국에서 6개국으로, 헬기는 1개국에서 6개국으로, 전략 미사일은 전무하던 것이 7개국으로 늘어났다. 1990년대에 들어와 방위 산업이 전 세계로 확산되는 뚜렷한 경향이 나타났고 이것은 서구의 군사적 우위를 잠식할 가능성이 높다.[10] 많은 비서구 국가들이 핵무기를 보유하고 있거나(러시아, 중국, 이스라엘, 인도, 파키스탄 혹은 북한) 핵무기를 보유하기 위해 부심 중이거나(이란, 이라크, 리비아 혹은 알제리) 필요하다고 판단될 경우 즉각 핵무기를 생산할 수 있는 능력을 갖추고 있다(일본). 핵무기와 화학무기, 생물학무기는 미국과 서구에 비해 재래식 군사력이 현저하게 떨어지는 나라들이 비교적 저렴한 비용으로 군사적 대응력을 유지할 수 있는 수단이다.

마지막으로, 이러한 제반 사태 전개에 따라 탈냉전 세계의 군사 전략과 군사력 지형도에서 지역화regionalization가 중심 기류로 자리 잡고 있다. 러시아와 서방의 군사력이 축소되고 여타 지역의 군사력이 증강되는 현실은 지역화의 틀로 설명이 가능하다. 러시아는 더 이상 전 세계를 감당하는 군사력을 보유하지 않고 근접 지역에 초점을 맞춰 전력을 관리한다. 중국의 전략과 군사력은 지역 맹주로서의 위치를 공고히 하고 동아시아에서 중국의 이익을 수호하는 데 주안점을 두고 있다. 마찬가지로 유럽 국가들은 NATO와 서유럽 동맹을 통해 서유럽의 주변부에서 발생하는 불안정에 대처하는 데 초점을 맞춘다. 미국은 전 세계 차원에서 소련을 저지하고 소련과 싸우는 것에서 발생하는 페르시아 만과 동북아시아의 지역 분쟁에 동시에 대처하는 쪽으로 군사 작전의 목표를 분명히 바꾸고 있다. 미국은 이라크를 격파하기 위해 현역 배치된 전략 항공기의 75퍼센트, 현대전 탱크의 42퍼센트, 수송기의 46퍼센트, 육군 병력의 37퍼센트, 해군 병력의 46퍼센트를 동원했다. 앞으로 군사력이 대폭 축소되면 미국은 서반구 이외의 지역에서 군사 강국을 상대로 두 곳은커녕 한 곳의 지역 분쟁에 개입하는 것도 버거움을 느낄 것이다. 세계의 군사 안보는 점차 초강대국에 의한 세계적 차원의 군사력 배치와 결정보다는 한 지역 내에서 이루어지는 패권국가와 문명 핵심 국가의 군사력 배치와 결정에 좌우될 공산이 크다.

서구는 21세기 전반기에도 여전히 강력한 문명의 위치를 고수할 것이다. 뿐만 아니라 과학적 토대, 연구 및 개발 능력, 민간 군사 양면에서 이루어지는 혁신에서 실질적인 우위를 계속 견지해 나갈 것이다. 그러나 나머지 부분에 대한 장악력은 비서구 문명의 핵심국과 주도국으로 점차 분산된다. 서구의 장악력은 1920년대에 절정에 이르렀다가 그 후 불규칙하지만 뚜렷한 하강세에 있다. 절정기로부터 100년이 지난 2020년대의 서구는 세계 영토의 24퍼센트(절정기에는 49퍼센트), 세계 총인구의 10퍼센트(절정기에는 48퍼센트), 사회적으로 동원 가능한 인구의 15~20퍼센트, 세계 총생산의 30퍼센트(절정기에는 70퍼센트), 제조업 생산량의 25퍼센트(절정기에는 84퍼센트), 전 세계 병력의 10퍼센트 미만을 차지할 것이다.

1919년에는 미국의 우드로 윌슨Woodrow Wilson, 영국의 로이드 조지Lloyd George, 프랑스의 조르주 클레망소Georges Clemenceau 세 사람이 세계를 사실상 좌우했다. 그들은 파리에 모여 어떤 나라가 존속하고 어떤 나라가 사라질지, 어떤 나라를 새로 탄생시킬지, 국경선은 어떻게 정하고 누가 그 나라를 통치할지, 승전국들이 중동을 비롯한 세계 나머지 지역을 어떻게 분점할지를 결정했다. 그들은 또 러시아에 대한 군사개입과 중국으로부터 우려낼 경제적 특권의 내용을 결정했다. 그로부터 100년 뒤인 2020년 쯤 되면 그런 막강한 힘을 소수의 정치인이 휘두른다는 것은 상상조차 할 수 없을 것이다. 설령 그런 소수 집단이 존재한다 해도 그것은 3명의 서구인이 아니라 전 세계 7~8개 주요 문명의 핵심국 지도자로 구성될 것이다. 레이건, 마거릿 대처, 미테랑, 콜의 후임자는 덩샤오핑, 나카소네, 간디, 옐친, 호메이니, 수하르토의 후임자와 머리를 맞대야 할 것이다. 서구가 주도하던 시대는 막을 내릴 것이다. 서구의 몰락과 지역 맹주들의 부상은 토착화와 비서구 문화의 부활을 낳고 있다.

## 토착화: 비서구 문화의 부활

문화의 판세는 힘의 판세를 반영한다. 정복은 교역을 동반하지 않을 수도 있지만 힘은 거의 예외 없이 문화를 동반한다. 과거의 역사를 보면 한 문명의 힘이 팽창하면 동시에 문화가 융성했고 그 문명은 막강한 힘으로 자신의 가치관, 관습, 제도를 다른 사회에 확산시켰다. 보편의 문명은 보편의 힘을 요구한다. 로마의 힘은 고전 세계의 한정된 범위 안에서 준보편 문명을 낳았다. 서구의 힘은 19세기에는 유럽의 식민주의로, 20세기에는 미국의 헤게모니 장악으로 표출되었고, 이 힘은 서구 문화를 세계 전역으로 확산시켰다. 유럽의 식민주의는 막을 내렸고 미국의 헤게모니 또한 퇴조하고 있다. 고유 역사에 뿌리를 둔 습속習俗, 언어, 믿음, 제도가 도처에서 자신감을 되찾으면서 서구 문화는 움츠러들고 있다. 근대화가 낳은 비서구 사회의 점증하는 힘이 세계 전역에서 비서구 문화의 부활을 낳고 있다.*

조지프 나이Joseph Nye는 '딱딱한 힘hard power'과 '부드러운 힘soft power'을 구분한다. 딱딱한 힘은 경제력과 군사력을 앞세워 명령을 내릴 수 있는 힘이고, 부드러운 힘은 문화와 이데올로기를 통해 '자신이 원하는 바를 다른 나라들이 원하도록' 만드는 한 나라의 힘이다. 나이도 인정하듯이 딱딱한 힘은 세계 여러 지역으로 분산되므로 강대국들이 과거에 비해 자신의 전통적 무력 자원을 목표 달성에 활용하는 데 어려움을 겪고 있다. 그는 한 걸음 더 나아가 한 나라의 문화와 이데올로기가 매력적이면 다른 나라는 기꺼이 따라올 것이며, 따라서 부드러운 힘도 명령을 내리는 딱딱한 힘 못지않게 중요하다고 주장한다.[11] 도대체 무엇이 문화와 이데올로기를 매력적으로 만들까? 문화와 이데올로기는 그것들이 물질적 성공과 영향력에 뿌리를 둔 것으로 파악될 때 매력적으로 다가온다. 부드러운 힘은 딱딱한 힘의 토대 위에서만 힘을 갖는다. 경제력과 군사력이 단단해지면 자신감과 자부심도 올라가며, 자기 문화 혹은 부드러운 힘의 상대적 우위에 대한 믿음이 굳건해진다. 덩달아 다른 나라들도 그 나라의 문화에서 매력을 느낀다. 경제력과 군사력이 내리막길을 걸으면 자기 회의와 정체성의 위기가 찾아오

---

* 힘과 문화의 연관성은 보편 문명이 존재하며 마땅히 출현해야 한다고 주장하는 측과 서구화는 근대화의 전제 조건이라고 주장하는 측에 의해 모두 무시된다. 그들의 논리대로라면 전 세계에서 서구의 우위가 확산되고 공고화되는 현상이 확인되어야 한다는 사실, 자신의 운명을 스스로 결정할 수 있는 상황에 놓인 비서구 사회가 보편주의자들이 발전의 장애물이라고 규정한 과거의 신앙, 관습, 제도를 부활시키고 있다는 사실을 그들은 애써 외면한다. 보편 문명의 미덕을 강조하는 사람들은 대체로 보편제국의 미덕을 강조하지 않는다.

고 다른 문화에서 경제적, 군사적, 정치적 성공의 열쇠를 찾으려는 노력이 시작된다. 비서구 사회가 자신의 경제력, 군사력, 정치력을 끌어올릴수록 자기의 가치관, 제도, 문화에 대한 자신감은 커진다.

1950년대와 1960년대 공산주의 이데올로기가 세계적인 호소력을 가진 것은 이 시기에 소련이 경제적으로 눈부시게 발전하고 막강한 군사력을 보유했기 때문이다. 소련의 경제가 침체에 빠져 군사력을 지탱하지 못하는 사태가 빚어지자 그 호소력은 사라졌다. 서구의 가치나 제도가 다른 문화권 사람들에게 위력을 발휘한 것은 이것들이 서구가 가진 힘과 부의 원천으로 이해되었기 때문이다. 이런 과정은 뿌리 깊은 역사를 지니고 있다. 맥닐이 지적하듯 서기 1000년에서 1300년 사이의 헝가리인, 폴란드인, 리투아니아인은 그리스도교, 로마법을 비롯해 서구 문화의 각종 요소를 받아들였는데, 서구 문명을 수용하게 된 저변에는 서구의 군주들이 가진 무력에 대한 공포와 외경심이 뒤섞인 심리가 자리하고 있었다.[12] 서구의 힘이 감퇴하면 서구가 다른 문명들에게 서구의 인권, 자유주의, 민주주의 개념을 강요할 수 있는 능력도 줄어들고, 다른 문명들 또한 이런 관념들에서 매력을 느끼지 못하게 된다.

그것은 이미 현실로 나타나고 있다. 몇 세기 동안 비서구인들은 서구 사회의 경제적 번영, 고도의 기술력, 군사력, 정치적 응집성을 부러워했다. 그들은 이런 성공의 비결을 서구의 가치관과 제도에서 찾았고, 그들이 생각해왔던 것이 바로 그 열쇠였음을 확신하게 되자 그것을 자신들의 사회에도 적용하려고 시도했다. 부강한 나라가 되기 위해서는 서구처럼 되어야 한다는 논리였다. 그러나 지금 동아시아에서는 이런 케말주의적 태도가 사라졌다. 동아시아인들은 그들의 눈부신 경제발전이 서구 문화의 도입에 힘입은 것이 아니라 자신들의 문화를 고수한 결과라고 이해한다. 자신들이 성공하는 것은 서구와 다르기 때문이라고 그들은 주장한다. 자신이 서구보다 약하다고 느꼈을 때 비서구 사회는 서구의 지배에 대한 저항을 정당화하고자 자결, 자유주의, 민주주의, 독립성 같은 서구의 가치를 부르짖었다. 이제 점점 강해지고 있다는 자신감을 얻은 비서구 사회는 예전에 자신이 변호하던 것과 동일한 가치관을 가차없이 공격한다. 서구에 대한 반항은 원래 서구적 가치의 보편성을 주장함으로써 정당화되었다. 이제 그것은 비서구적 가치의 우월성을 주장함으로써 정당화된다.

이런 태도의 부각을 도어는 '차세대 토착화 현상second-generation indigenization phenomenon'이라고 표현했다. 서구의 식민지였던 중국이나 독립국이었던 일본 같은 나라의 '근대화' 세대나 '해방' 세대는 대개 외국(서구) 대학에서 서구어로 교육을 받았다. 감수성이 예민한 나이에 처음 외국에 나갔다는 이유도 부분적으로 작용하여 그들은 서구의 가치관과 생활방식을 빠르게 흡수했다. 반면에 2세대는 1세대가 만든 자기 나라의 대학에서 교육을 받으며 외국어가 아니라 자국어로 강의를 듣는다. 이 대학들은 세계적 본토 문화와 접촉할 수 있는 기회가 많지 않으며 지식은 대체로 범위가 제한되었거나 수준이 낮은 번역에 의해 토착화된다. 이 대학을 나온 학생들은 서구에서 교육받은 1세대의 지배에 반감을 느끼기 때문에 외세 배격 운동에도 쉽게 동조할 수 있다.[13] 야심찬 젊은 지도자들은 서구의 영향력이 퇴조하면서 부국강병의 길을 더 이상 서구에서 찾을 수 없게 되었다. 이제 그들은 자기 사회의 가치관과 문화로 복귀한다.

토착화의 과정이 반드시 2세대를 거쳐야 하는 것은 아니다. 사태 변화에 기민하게 반응하는 유능하고 통찰력 있는 1세대 지도자들은 스스로 토착화의 길에 들어선다. 대표적 인물이 무하마드 알리 진나 Mohammad Ali Jinnah, 해리 리Harry Lee, 솔로몬 반다라나이케Solomon Bandaranaike 등이다. 그들은 영국의 명문 대학을 졸업한 유능한 변호사였으며 그들 사회의 엘리트 집단에서도 완벽하게 서구화한 부류에 들어갔다. 진나는 철저한 세속주의자였다. 리는 한 영국 각료의 말을 빌리자면 수에즈 동쪽에서 가장 영국인다운 영국인이었다. 반다라나이케는 그리스도교의 울타리 안에서 컸다. 그러나 나라를 독립시키고 독립된 나라를 이끌기 위해서 그들은 토착화할 수밖에 없었다. 그들은 선조의 문화로 돌아갔고 그 과정에서 때로는 정체성, 이름, 의복, 믿음까지 바꾸었다. 영국인 변호사 진나는 파키스탄인 콰이드 이 아잠Quaid-i-Azam이 되었고 리는 리콴유李光耀가 되었다. 세속주의자였던 진나는 파키스탄 국교인 이슬람교의 열렬한 신봉자가 되었다. 골수 영국인이었던 리콴유는 중국어를 익혔고 유교의 명쾌한 대변자가 되었다. 그리스도교를 믿었던 반다라나이케는 불교로 개종해 스리랑카 민족주의를 이끌었다.

1980년대와 1990년대의 토착화는 비서구 사회에서 일상의 질서가 되었다. 이슬람의 부활과 '재이슬람화'는 이슬람 사회의 중심에 놓인 주제다. 인도의 지배적 기류는 서구적 형식과 가치를 배격하고 정치와 사회를 '힌두화'하는 데 있다. 동아시아 정부들은 유교를 선전하며 정치인과 지식인은 '아시아화'를 부르짖는다. 1980년대 중반 일본에서는 '일본인론'이 각광을 받았다. 일본의 한 대표 지식인은 "역사적으로 일본은 외래문화를 수입하는 여러 번의 주기를 거쳤는데 모사模寫와 정련精練을 통한 외래문화의 '토착화'가 이루어지고 나서 수입된 창조의 열기가 소진되면 불가피하게 나타나는 혼란을 겪은 뒤 다시 외부 세계로 문을 열었다"고 주장하면서 지금 일본은 "이 주기의 두 번째 단계에 올라서 있다"고 진단했다.[14] 냉전이 끝난 뒤 러시아는 서구주의자와 슬라브주의자의 전통적 대립이 재부상하면서 다시 분열된 나라가 되었다. 그러나 10년 동안 대세는 서구주의자에서 슬라브주의자 쪽으로 기울었다. 서구주의자 고르바초프는, 서구적 믿음을 표명하지만 슬라브 기질을 가진 옐친에게 무릎을 꿇었고 옐친은 다시 극우 블라디미르 지리노프스키Vladimir Zhirinovsky와 러시아 정교를 앞세운 여타 민족주의자들의 거센 도전을 받고 있다.

민주주의에 내재된 역설이 토착화를 앞당기고 있다. 비서구 사회가 서구의 민주주의 제도를 채택하면서 반외세, 반서구 정치 세력의 집권 가능성이 높아졌다. 1960년대와 1970년대만 하더라도 개발도상국의 친서방 정부를 위협하는 것은 쿠데타와 혁명이었다. 1980년대와 1990년에 들어와서는 이들이 선거에 의해 정권을 내줘야 할 가능성이 점점 높아지고 있다. 민주화는 서구화와 갈등을 빚는다. 민주주의는 사해동포주의가 아니라 국수주의로 치달을 위험성을 내포하고 있다. 자신이 얼마나 서구적 가치를 신봉하는가를 내세우는 비서구 사회의 정치인은 선거에서 패배한다. 후보자는 승리를 위해 일반인에게 가장 호소력이 큰 정견을 내놓으며 그것은 대체로 인종적, 민족적, 종교적 색채를 띠고 있다.

그 결과 서구에서 교육받은 서구 지향의 엘리트들에 대한 거부감이 확산된다. 이슬람권에서 치러진 지난 몇 차례의 선거에서 이슬람 원리주의자들이 약진했으며, 1992년의 알제리 총선에서는 군부의 개입이 없었더라면 정권을 장악할 뻔하기도 했다. 인도에서는 유권자들을 사로잡으려는 치열한 지역주의가 폭력을 조장하고 있다.[15] 스리랑카에서는 민주주의 덕분에 1956년 스리랑카 자유당이 친서방 엘리트들이 이끌던 통일국민당을 누르고 집권하여 1980년대에 신할라 민족주의 운동이 부상할 수 있는 발판이 마련되었다. 1949년 이전까지 남아프리카공화국과 서구의 엘리트들은 모두 남아프리카공화국을 서방국으로 간주했다. 아파르트헤이트가 본격화하면서 서구 엘리트들은 남아프리카공화국을 서방 진영에서 서서히 떼어낸 반면 남아프리카공화국의 백인들은 자신들을 여전히 서구인으로 여겼다. 그러나 서방의 국제질서로 복귀하기 위해서는 서구의 민주주의 제도를 도입하지 않을 수 없었고 그 결과 서구식 교육을 받은 흑인 엘리트들이 정권을 잡았다. 그러나 차세대 토착화의 원리가 여기서도 작용한다면 그들의 후계자들은 아프리카인으로서의 정체성을 강조하고 나설 것이고 남아프리카공화국은 자신을 점점 아프리카 국가로 규정하려 들 것이다.

19세기 이전까지 역사의 다양한 시기에서 비잔틴, 아랍, 중국, 오스만, 무굴, 러시아는 서구에 대해 강한 자신감을 가지고 있었다. 그들은 서구의 문화적 열등성, 제도적 후진성, 부패, 타락을 경멸했다. 서구의 승리가 상대적으로 퇴색하면서 그런 태도가 다시 나타나고 있다. 사람들은 더 이상 그것을 받아들일 수 없다고 여긴다. 이란이 극단적인 경우지만 한 연구자는 "서구의 가치는 방식은 달라도 그에 못지않게 말레이시아, 인도네시아, 싱가포르, 중국, 일본에서도 강하게 부정되고 있다"고 지적했다.[16]

우리는 서구 이데올로기가 지배하던 '진보 시대의 종언'을 목도하고 있으며 복수의 다양한 문명들이 교류하고 경쟁하고 공존하고 화해하는 시대로 진입하고 있다.[17] 토착화의 과정은 세계 전역에서 일고 있는 종교의 부활에서, 특히 경제와 인구의 활력이 높은 아시아와 이슬람 여러 나라의 문화적 부활에서 광범위하게 확인된다.

## 신의 설욕

20세기 전반의 지식인들은 경제와 사회의 근대화가 인간 생활에서 종교가 차지하는 핵심적인 비중을 약화시킬 것이라는 가정에 대체로 동의했다. 이런 조류를 반기는 사람이든 개탄하는 사람이든 현상에 대해서는 같은 인식을 가지고 있었다. 근대화를 추구하는 세속주의자들은 과학, 합리주의, 실용주의가 기존 종교의 뼈대를 이루던 미신, 신화, 비합리성, 구습을 몰아내는 현상을 반겨 마지 않았다. 관용적이고 합리적이고 실용주의적이고 진보적이고 인간주의적이고 세속적인 새로운 사회가 나타나리라고 그들은 내다보았다. 반면에 근심에 찬 보수주의자들은 신앙과 종교 단체가 사라지고 개인과 집단의 행동 규범을 이끌어온 교리가 사라진 뒤의 황폐한 결과를 우려했다. 그들은 무질서, 타락, 시민 생활의 붕괴가 뒤따를 것이라고 내다보았다. 토머스 엘리엇Thomas Eliot은 "그대에게 신이 없다면, 히틀러나 스탈린을 받들어야 할 것"이라고 말했다.[18]

20세기 후반은 이런 희망과 공포가 전혀 근거 없었음을 입증했다. 경제적, 사회적 근대화는 세계적 규모로 진행되었지만 동시에 전 세계에서 종교의 부활 현상이 일어났다. 질 케펠Gilles Kepel이 '신의 설욕la revanche de Dieu'이라고 표현한 이 부활은 모든 대륙, 모든 문명, 모든 나라에서 예외 없이 나타났다. 1970년대 중반 케펠은 다음과 같이 진단했다. "세속화 조류, 종교와 세속주의의 화해 조류는 방향을 거꾸로 틀었다. 세속적 가치에 적응하는 데 더 이상 목표를 두지 않고 사회 조직의 신성한 기초를 재발견하여 가능하다면 사회를 변혁하려는 새로운 종교적 기류가 자리 잡았다. 다양한 방식으로 표출되는 이러한 기류는 실패한 근대화와 결별할 것을 요구하면서 근대화가 좌초하여 막다른 골목에 봉착한 이유가 신을 등졌기 때문이라고 주장한다. 문제는 쇄신이 아니라 '유럽의 2차 복음 전도'이며 목표는 이슬람의 근대화가 아니라 '근대성의 이슬람화'다."[19]

일부 종교가 새로운 지역으로 선교 활동을 확대해 신도 수를 늘린 것도 이러한 종교의 소생 현상과 아주 무관하지는 않다. 그러나 종교의 부활을 낳은 근본 원인은 사람들이 그들 공동체의 전통 종교로 돌아가 거기서 새로운 의미를 발견했기 때문이다. 그리스도교, 이슬람교, 유대교, 힌두교, 불교, 정교는 한때 건성으로 믿었던 신자들이 신앙에 전념하고 교리를 받들고 의식을 엄수하는 경험을 공통적으로 하고 있다. 또 하나의 공통점은 교리와 종교제도의 정화를 전투적으로 앞세우면서 교의에 합당하게 개인, 사회, 대중의 행위를 뜯어고쳐야 한다고 주장하는 원리주의 운동이 부각되고 있다는 사실이다. 원리주의 운동은 극적으로 전개되고 있으며 막대한 정치적 파급력을 갖는다. 그러나 이것은 20세기 말을 살아가는 인간의 삶에 새로운 틀을 부여하는 밑바닥의 훨씬 광범위하고 근본적인 조류 그 표면에서 넘실거리는 파도에 지나지 않는다. 전 세계적으로 나타나는 종교의 소생은 원리주의 종파의 활동 차원을 넘어서 있다. 종교의 부활은 사람들의 일상생활과 노동, 정부의 관심사와 정부가 세우는 계획에서 두루 감지된다. 세속적 유교 문화에서 아시아적 가치를 긍정하는 형태로 나타나고 있는 문화적 부활이 세계의 다른 지역에서는 종교적 가치를 긍정하는 형태로 나타나고 있다. 조지 웨이겔George Weigel이 말했듯 세계의 비세속화는 20세기 말의 지배적 사회 조류 가운데 하나다.[20]

종교의 부각은 옛 공산주의 국가들에서 더욱 두드러진다. 이념의 붕괴가 남긴 공백을 채우면서 종교적 부활이 알바니아에서 베트남에 이르기까지 전 지역을 휩쓸고 있다. 러시아에서는 정교가 크게 세력을 만회했다. 1994년의 한 조사에서 25세 미만의 러시아 국민 가운데 30퍼센트가 무신론에서 유신론으로 전향한 것으로 나타났다. 종교 활동이 이루어지는 모스크바의 교회 수는 1988년의 50곳에서 1993년에는 250곳으로 늘어났다. 정치 지도자들은 하나같이 종교를 존중하게 되었고 정부 역시 종교를 지원하고 있다. 1993년 어떤 예리한 관찰자는 "러시아의 도시에서 교회 종소리가 다시 허공에 메아리치고 있다. 새롭게 단장한 둥근 지붕이 햇살 아래 빛난다. 얼마 전까지도 폐허 상태에 있던 교회에 장엄한 성가가 울려 퍼진다. 교회는 도시에서 가장 붐비는 곳이 되었다"고 보고했다.[21] 정교가 슬라브 국가에서 기세를 떨친 것과 마찬가지로 이슬람교는 중앙아시아를 휩쓸었다. 1989년 중앙아시아에는 예배를 보는 모스크가 160군데였고 '메드레사(이슬람 신학교)'는 단 한 군데였다. 1993년에는 모스크가 약 1만 군데로 '메드레사'는 열 군데로 늘어났다. 이슬람의 부활은 원리주의 종파의 활동과 사우디아라비아, 이란, 파키스탄의 외곽 지원에도 기인하지만 근본적으로는 광범위한 문화 운동의 성격을 강하게 띠고 있다.[22]

이와 같은 종교의 범세계적 부활 현상을 어떻게 설명할 수 있을까? 개별 국가와 개별 문명 단위에서 특수한 원인이 작용했다는 것은 분명하다. 그러나 이질적인 수많은 원인들이 전 세계 대부분의 지역에서 한꺼번에 비슷한 사태를 낳았다고 보는 데는 무리가 따른다. 보편적 현상은 보편적 설명을 요구한다. 개별 국가에서 발생한 사건이 아무리 특수한 원인의 지배를 받았다 하더라도 어떤 일반적 원인이 분명히 작용했다고 보아야 한다. 그게 도대체 무엇일까?

범세계적으로 종교의 부활을 가져온 가장 명백하고 두드러지고 강력한 원인은 종교의 죽음을 야기할 것으로 예측되던 원인이었다. 그것은 바로 20세기 후반부 세계를 휩쓴 사회적, 문화적, 경제적 근대화 과정이었다. 장구한 역사를 가진 정체성의 원천과 권위체계가 산산조각 났다. 시골에서 도시로 이주한 사람들은 뿌리를 잃고 새로운 직업을 가지거나 실업자로 전전했다. 그들은 낯선 군중 속에 섞이고 새로운 관계틀에 노출되었다. 그들에게는 정체성의 새로운 뿌리가 필요했다. 안정된 공동체의 새로운 형식, 의미와 목적을 부여하는 새로운 도덕률이 필요했다. 주류 종파이든 원리주의 종파이든 종교는 사람들의 그런 욕구에 부응했다. 리콴유는 동아시아의 현실을 이렇게 설명한다.

> 우리는 한두 세대 만에 산업화에 도달한 농경사회다. 서구에서 200년 이상에 걸쳐 일어난 일이 여기서는 50년도 안 되는 기간에 걸쳐 벌어졌다. 모든 것이 아주 빠듯한 시간틀 속에 우겨넣어지고 있어 혼란과 기능 장애는 불가피하다. 한국, 태국, 홍콩, 싱가포르처럼 고속 성장을 해온 나라들을 보면 한 가지 두드러진 특징이 나타난다. 그것은 종교의 부상이다. …… 과거의 관습과 종교(조상 숭배, 샤머니즘)는 이제 사람들의 성에 차지 않는다. 그들은 우리가 왜 여기 있으며, 삶의 목적은 무엇인가에 대한 차원 높은 설명을 갈구한다. 이것은 사회에서 엄청난 압박감을 느끼는 시기와 무관하지 않다.[23]

사람은 이성만으로 살지 않는다. 자아를 정의내리지 못하는 한, 사람은 자기의 이익을 추구하면서 합리적으로 계산하고 행위할 수 없다. 이익 추구는 자기 정체성을 전제로 한다. 사회가 급속히 변하는 시기에는 확립된 정체성이 무너지므로 자아가 새롭게 정의되고 새로운 정체성이 발견되어야 한다. 정체성을 따지는 물음은 이익을 따지는 물음에 앞선다. 사람들은 나는 누구인가, 나는 어디에 속하는가라는 물음에 답할 필요성을 느낀다. 종교는 이에 대한 강력한 답변을 제공하며, 종교 집단은 도시화로 상실된 공동체를 대신하는 작은 사회적 울타리가 되어준다. 하산 알 투라비Hassan al-Turabi가 말했듯 모든 종교는 사람들에게 삶의 정체감과 방향성을 제공한다. 이 과정에서 그들은 역사적 정체성을 새로이 발견하거나 창조한다. 아무리 보편적 목표를 내건 종교라 해도 신도와 비신도, 우월한 내집단과 열등하고 이질적인 외집단의 기본적인 구분을 통해 사람들에게 귀속감을 준다.[24]

버나드 루이스Bernard Lewis는 이슬람 세계에는 "위기의 순간에 이슬람교도들이 종교적 공동체에서 근본적 정체성을 찾는, 다시 말해서 인종이나 영토의 기준보다는 이슬람으로 정의되는 공동체에 헌신하려는 경향이 거듭 나타난다"고 주장한다. 케펠도 정체성을 향한 탐구의 중요성을 강조한다. "'밑으로부터의' 재이슬람화는 무엇보다도, 의미를 잃은 무정형한 소외의 세계에서 정체성을 재건하려는 방식과 다름없다."[25] 인도에서는 근대화가 야기한 갈등과 소외에 대한 반응으로 새로운 힌두적 정체성이 구축되고 있다.[26] 러시아에서 종교가 되살아나는 것은 러시아의 천년 역사와 연결된 유일한 고리로서 교회만이 줄 수 있는 정체성에 대한 갈망이 그만큼 강렬하기 때문이다. 이슬람 공화국에서 종교가 되살아나는 것도 수십 년 동안 모스크바에게 억눌렸던 정체성을 되찾겠다는 중앙아시아인의 강한 열망에서 기인한다.[27] 특히 원리주의 운동은 근대적 사회 정치제도, 세속주의, 과학 지향적 문화의 급속한 유입과 경제발전과 함께 나타난 혼돈의 경험, 정체성, 의미, 안정된 사회구조의 상실에 대처하는 방식이다. 맥닐도 "원리주의 운동에서 중요한 것은 …… 새로이 부각된 인간적 욕구에 부응하거나 부응하는 것으로 보여서 사회적 지지를 광범위하게 넓혀 나가고 있는 운동이다. …… 이러한 운동이 모두 토지에 가해지는 인구 압박 때문에 국민 대다수가 종래의 부락 생활방식을 고수할 수 없게 된 나라에서 발생했다는 사실은 우연이 아니다. 이런 나라에서는 또 도시에 기반을 둔 통신 시설이 농촌으로 침투해 유서 깊은 농촌 생활의 틀을 잠식하기 시작했다"며 이 점에 동의했다.[28]

좀 더 넓게 보면 전 세계적인 원리주의의 부상은 세속주의, 윤리적 상대주의, 자기 방종에 대한 반작용이며 질서, 규율, 노동, 상부상조, 인간적 유대에 대한 긍정이다. 종교 집단은 국가 관료주의가 방치한 사회적 요구에 부응한다. 여기에는 의료 혜택, 유치원과 학교, 양로원 시설, 신속한 구호 활동, 불황기의 각종 복지 지원 등이 포함된다. 질서와 시민사회의 와해가 낳은 공백을 이들 종교 집단, 특히 원리주의 종파가 자주 메우곤 한다.[29]

전통 종교가 뿌리 뽑힌 사람들의 정서적, 사회적 욕구를 만족시키지 못할 경우 다른 종교 집단이 그 역할을 대신하면서 그 과정에서 교세를 크게 확장해 사회적 영향력을 발휘한다. 한국은 역사적으로 불교 인구가 압도적으로 많았다. 그리스도교 신자는 1950년 전체 인구의 1퍼센트에서 3퍼센트 수준이었다. 한국이 급속한 경제발전을 이루어 도시화와 직업의 분화가 대규모로 진행되었을 때 불교는 제구실을 하지 못했다. 도시로 유입된 수백만의 한국인과 변화한 농촌에 남아 있던 수많은 한국인에게 농경 시대의 침묵하는 한국 불교는 호소력을 잃었다. 개인의 구원과 운명을 설파한 그리스도교는 혼돈과 변화의 시대에 확실한 위안을 주었다.[30] 1980년대에 오면 장로교와 가톨릭 신자가 다수를 점하는 한국의 그리스도교도는 한국 인구의 최소한 30퍼센트를 차지하게 된다.

이와 비슷한 추세가 라틴아메리카에서도 감지된다. 라틴아메리카의 개신교 신자는 1960년의 약 700만 명에서 1990년에는 5000만 명으로 늘었다. 1989년 라틴아메리카의 가톨릭 주교들은 이러한 약진의 이유를 가톨릭이 도시 생활의 복잡다단한 측면을 수용하는 데 게으르고 현재를 살아가는 사람들의 심리적 욕구에 부응할 수 있는 능력을 구조적으로 갖추지 못한 경우가 많았다는 데서 찾았다. 한 브라질 신부는 개신교가 가톨릭과 달리 '인간적 따뜻함, 치유, 깊은 성령의 체험 같은 개인의 근본 욕구'에 부응했다고 보았다. 라틴아메리카의 빈민 지역에서 개신교 인구가 늘어난 것은 한 종교가 다른 종교에서 밀려났다기보다는 명목상의 수동적인 가톨릭 신자가 열성적이며 적극적인 개신교 신자로 돌아선 데 따른 종교적 열기의 확산으로 이해된다. 가령 1990년대 초반 브라질에서 전체 인구의 20퍼센트가 개신교 신자라고 응답했고 73퍼센트가 가톨릭 신자라고 응답했다. 그러나 일요일에 개신교 교회에 가는 사람은 2000만 명임에 비해 가톨릭 교회를 찾는 사람은 1200만 명에 불과했다.[31] 세계의 다른 종교들처럼 그리스도교도 근대화와 연결되면서 부활했으며 라틴아메리카에서는 그것이 가톨릭보다는 개신교의 형태로 나타났다.

한국과 라틴아메리카에서 일어난 변화는 불교와 제도화한 가톨릭이 근대화의 충격에 휩싸인 사람들의 심리적, 정서적, 사회적 욕구에 부응하지 못했음을 반영한다. 세계의 다른 지역에서도 기존의 종교가 그런 욕구에 부응하지 못할 경우 그 지역의 종교적 판도에 중대한 변화가 나타날 것이다. 정서적 호소력이 강하지 못한 유교가 그 점에서는 가장 취약하다. 개신교가 라틴아메리카에서, 그리스도교가 한국에서, 원리주의 종파가 이슬람권과 인도에서 일으킨 돌풍이 개신교와 가톨릭에 의해 유교권 국가에서 재현될 가능성이 있다. 경제가 고속으로 성장하면서 1980년 후반 중국에서는 그리스도교가 특히 젊은 층으로 빠르게 번져 나갔다. 중국의 그리스도교 인구는 줄잡아 5000만 명이다. 중국 정부는 목사, 선교사, 전도사를 투옥하고 종교 집회를 금지하고 억눌러 그리스도교의 확산을 저지하려고 한다. 1994년에는 외국인의 전도 행위나 신학교 및 종교시설 설립을 금지하고 해외 지원을 받는 종교 단체의 활동을 금지하는 법안이 통과되었다. 싱가포르는 전체 인구의 5퍼센트가 그리스도교 교인이다. 1980년대 말과 1990년대 초반 싱가포르 정부는 싱가포르의 '미묘한 종교적 균형'을 뒤흔들지 말 것을 전도사들에게 경고하면서 가톨릭 단체에 소속된 종교 활동가를 구금하는 등 다양한 방법으로 그리스도교 관련 집단을 탄압했다.[32] 냉전 종식과 함께 정치적 구멍이 뚫리면서 서방 교회들은 동방 정교를 믿는 옛 소련 공화국들로 진출해 다시금 부활한 정교와 경쟁을 벌이고 있다. 이 지역에서도 중국과 마찬가지로 외국인의 전도를 막으려는 움직임이 나타나고 있다. 1993년 러시아 정교의 요구에 따라 러시아 의회는 러시아 당국의 승인을 얻거나 러시아 종교 조직에 흡수된 외국 종교 단체에게만 선교 및 교육 활동의 기회를 부여하는 법안을 통과시켰다. 그러나 옐친 대통령은 이

법안의 서명을 거부했다.[33] 근대화에서 유발되는 종교적 욕구를 전통 신앙이 채워주지 못할 때 사람들은 정서적으로 더 큰 만족감을 주는 외래 종교로 기우는 것이 일반적 추세다.

종교의 부활을 자극하는 요소로는 근대화에 따른 심리적, 정서적, 사회적 충격 외에도 서구의 퇴조와 냉전의 종식을 들 수 있다. 19세기 이후로 서구에 대한 비서구 문명의 반응은 서구로부터 유입된 이데올로기의 전진으로 나타났다. 19세기의 비서구 사회 엘리트들은 서구의 자유주의 가치관을 흡수했고 그들이 서구에게 보인 최초의 저항은 자유주의적 민족주의의 형태를 띠었다. 20세기에 도입된 사회주의와 마르크시즘은 그 지역의 상황과 조건에 맞게 변형되고 민족주의와 결합되어 서구 제국주의에 맞서는 견인차의 역할을 했다. 마르크스-레닌주의는 러시아, 중국, 베트남에서 서구에 맞서기 위한 수단으로 개발 및 수정되고 활용되었다. 그러나 소련의 공산주의가 무너지고, 중국의 공산주의가 심하게 변질되었으며, 사회주의 경제가 견실한 성장을 유지하는 데 한계를 드러내면서 이념적 진공이 생겼다. 서구의 정부, 단체, IMF(국제통화기금)나 세계은행 같은 국제기구는 신고전주의 경제학과 민주주의 정치학의 원칙으로 이 진공을 채우려고 시도했다. 그러나 이 원칙이 비서구 문화에 얼마나 지속적으로 영향력을 미칠지는 불확실하다. 분명한 것은 사람들이 공산주의를 실패한 세속 종교로 이해하고 있으며 그에 필적할 만한 다른 세속 종교가 등장하지 않을 경우 진짜 종교에서 위안을 얻을 가능성이 크다는 점이다. 이념의 자리에 종교가 들어앉았다. 종교적 민족주의는 세속적 민족주의를 밀어내고 있다.[34]

종교 부활 운동은 반세속적이고 반보편적이며 그리스도교를 제외하면 반서구적이다. 그것은 또한 브루스 로렌스Bruce Lawrence가 '근대성modernity'과는 뚜렷이 구별되는 의미에서 '모더니즘modernism'이라고 부른 현상과 관련 있는 상대주의, 이기주의, 소비주의를 배격한다. 그러나 도시화, 산업화, 개발, 자본주의, 과학, 기술 그리고 이것들이 사회에서 차지하는 의미를 거부하는 것은 아니다. 그런 뜻에서 이것은 반근대주의와는 다르다. 리콴유가 지적한 대로 이것은 근대화를 받아들이고 과학과 기술의 불가피성과 그것들이 가져오는 생활양식의 변화를 수용하지만, 서구화에 대해서는 일정한 거리를 둔다. 알 투라비의 주장에 따르면 민족주의도 사회주의도 이슬람 세계의 발전을 가져오지 못했다. 그러나 종교는 발전의 원동력이며 정화된 이슬람교는 서구 역사에서 프로테스탄트 윤리가 맡았던 역할을 떠맡게 될 것이다. 근대 국가의 발전과 종교는 양립 가능하다.[35] 이슬람 원리주의 운동은 알제리, 이란, 이집트, 레바논, 튀니지처럼 더 발전되고 일견 더 세속화된 이슬람 국가에서 더욱 거세게 일어났다.[36] 원리주의 운동을 비롯해 오늘날의 종교 운동은 현대의 통신 장비와 조직화된 기술로 교세를 확장시키는 데 탁월한 적응력을 보여준다. 그 단적인 예가 중앙아메리카에서 TV 선교를 통해 거둔 개신교의 엄청난 성공이다.

종교에 귀의하는 사람들은 각양각색이지만 특히 두 부류의 집단이 두드러진다. 이들은 모두 도시에 살며 이동성이 뛰어나다. 최근에 도시로 이주해온 사람들은 대개 정서적, 사회적, 물질적 지원이나 안내를 갈망하는데, 무엇보다도 종교 단체가 그것을 제공한다. 레지스 드브레Régis Debray에 따르면 종교는 그들에게 인민의 아편이 아니라 약자의 비타민이다.[37] 또 한 부류의 집단은 도어가 말한 차세대 토착화 현상의 주역인 새로운 중산층이다. 케펠의 지적에 따르면 이슬람 원리주의 집단의 행동 대원들은 늙은 보수주의자나 무식한 농군이 아니다. 그들은 아주 젊고 교육 수준이 높으며 대개는 집안에서 대학이나 전문대학에 처음 들어간 세대로서 의사, 변호사, 엔지니어, 기술자, 과학자, 교사, 공무원, 장교로 활동하고 있다.[38] 이슬람 사회에서 젊은이는 종교적이고 부모는 세속적이다. 힌두 사회에서도 비슷한 현상이 나타난다. 종교 부활 운동의 지도자들은 토착화한 차세대에서 나오고 있다. 이들은 대부분 성공한 기업인이나 행정가다. 이 운동을 지지하는 사람들 또한 '인도의 견고한 중산층, 곧 상인, 회계사, 변호사, 엔지니어'와 '나이 든 공무원, 지식인, 언론인'에서 점점 많이 나오고 있는 것이 1990년대 초반의 전반적 추세다.[39] 한국에서도 1960년대와 1970년대에 동일한 계층의 사람들이 가톨릭 교회와 개신교 교회를 채워 나갔다.

토착 종교이든 외래 종교이든 종교는 근대사회의 새롭게 부상하는 엘리트들에게 의미와 방향성을 제공한다. 도어는 "전통 종교에 가치를 귀속시키는 것은 '다른 지배' 국가들에게, 그와 동시에 그 지배 국가들의 가치관과 생활방식을 수용한 자국의 지배층에게 동등한 예우를 요구하는 것이다"라고 말했다. 맥닐은 "무엇보다도 이슬람의 재긍정이 어떤 종파의 형태로 나타나든 자국의 정치, 사회, 윤리에 대한 유럽과 미국의 영향력을 거부하는 의미를 갖는다"고 지적했다.[40] 이런 의미에서 비서구 종교의 부활은 비서구 사회에서 반서구주의가 나타나고 있다는 강력한 예증이다. 그러한 부활은 근대화의 부정이 아니라 서구의 부정, 서구와 결부된 세속적이고 상대주의적이며 타락한 문화의 부정이다. 그것은 비서구 사회를 좀먹는 이른바 서구 독소西歐毒素의 부정이다. 그것은 '우리는 근대화하겠지만 너희들과는 다를 것'이라는 자신만만한 발언이 웅변하듯 서구로부터의 독립 선언이다.

Chapter 5

# 경제와 인구, 도전하는 문명

토착화와 종교의 부활이 범세계적 현상이긴 하지만, 특히 아시아와 이슬람권에서 서구에 대한 문화적 자긍심과 도전이 뚜렷하게 나타나고 있다. 아시아와 이슬람은 지난 20~30년 동안 가장 역동적으로 발전한 문명이다. 이슬람의 도전은 이슬람교의 문화적, 사회적, 정치적 부상과 그와 맞물린 서구 가치와 제도에 대한 거부로 표현되고 있다. 아시아의 도전은 중화, 일본, 불교, 이슬람 등 모든 동아시아 문명에서 감지된다. 그들은 서구에 대한 자기 문화의 우월성을 강조하며 때로는 흔히 유교로 통칭되는 자신들의 공통성을 내세운다. 아시아와 이슬람은 모두 서구 문화와 비교해 자기 문화의 우월성을 앞세운다. 힌두권, 정교권, 라틴아메리카, 아프리카 등의 나머지 비서구 문명도 자기 문화의 고유성을 강조하지만 1990년대 중반 시점에 서구 문화에 대한 자신들의 우월성을 노골적으로 표명하지는 않았다. 그러나 아시아와 이슬람은 개별적으로, 때로는 힘을 합쳐 서구에 도전장을 내밀고 있다.

이러한 도전의 배후에 자리 잡은 원인들은 서로 관련성은 있지만 성격은 판이하다. 아시아의 자기주장은 경제성장에 뿌리를 두고 있다. 이슬람의 자기주장은 상당 부분 사회적 동원력과 인구 증가에서 비롯되었다. 이러한 도전은 지금도 그렇지만 21세기에도 세계정치에 심각한 불안 요소로서 파장을 미칠 것이다. 그러나 파장의 성격은 상당히 다르다. 중국과 여타 아시아 국가의 경제발전은 이들의 정부가 대외관계에서 적극적으로 자기를 주장할 수 있는 근거와 자원을 제공한다. 이슬람 국가들의 인구 증가, 특히 15세에서 25세 사이 연령층의 폭발적 증가는 원리주의, 테러리즘, 폭동, 노동력 수출에 필요한 인력을 제공한다. 경제적 발전은 아시아 정부를 강화시키고 있지만 인구 증가는 이슬람 정부와 비이슬람 사회에 위협으로 다가오기도 한다.

## 아시아의 자기주장

20세기 후반부에 일어난 가장 중요한 현상의 하나는 동아시아의 경제발전이다. 이 과정은 1950년대 일본에서 처음 시작되었다. 한동안 일본은 근대화를 성공적으로 도입해 경제적 부를 축적한 유일한 비서구 국가로 아주 예외시되었다. 그러나 경제발전의 과정은 네 마리 용(홍콩, 대만, 한국, 싱가포르)으로, 다시 중국·말레이시아·태국·인도네시아로 파급되었으며, 필리핀·인도·베트남에서도 서서히 뿌리를 내리고 있다. 이 나라들은 지난 10여 년 동안 연평균 8~10퍼센트를 상회하는 경제성장률을 보였다. 무역량 또한 처음에는 아시아와 세계 사이에서, 그다음에는 아시아 내부에서 비약적으로 늘어났다. 아시아의 이러한 경제성장은 유럽과 미국 경제의 완만한 성장, 정체에서 벗어나지 못하고 있는 세계 나머지 지역과 크게 대조된다.
따라서 예외적 현상은 일본에 국한되지 않고 아시아 전역으로 확산되고 있다. 서구를 부국으로, 비서구를 저개발국으로 단정짓는 시각은 21세기에는 남아 있지 못할 것이다. 이 변화의 속도는 가히 충격적이다. 마부바니의 분석에 따르면 1인당 생산량을 두 배로 늘리는 데 영국과 미국이 각각 58년과 47년 걸린 데 비해, 일본은 35년, 인도네시아는 17년, 한국은 11년, 중국은 10년이 걸렸다. 앞에서 살펴보았듯이 현재 세계 2위와 3위의 경제 규모를 가진 나라가 아시아에 있다. 중국의 경제는 1980년대와 1990년 전반기까지 연평균 8퍼센트의 성장률을 보였으며 네 마리 용이 그 뒤를 바짝 추격하고 있다〈그림 5-1〉. 1993년 세계은행 보고서에 따르면 중국 경제권은 미국, 일본, 독일과 함께 세계의 4대 성장축이었다. 1990년 세계 2위와 3위의 경제 대국을 가지고 있는 아시아는 2020년까지 5대 경제 대국 가운데 4개국, 10대 경제 대국 가운데 7개국이 될 공산이 크다. 가장 경쟁력이 뛰어난 국가들도 대부분 아시아의 몫으로 돌아갈 가능성이 높다.[1] 아시아의 경제성장이 예상보다 훨씬 빨리 진정기로 들어설 가능성도 배제할 수 없지만 이미 이루어진 성장의 파급력은 우리의 상상을 초월한다.

동아시아의 경제발전은 아시아와 서구 특히 미국과의 세력균형에 변화를 낳고 있다. 경제발전은 그것을 성취하고 거기서 이득을 보는 주체에게 자신감과 자긍심을 준다. 경제력 또한 무력처럼 도덕적, 문화적 우위의 표현, 미덕의 증거로 간주된다. 경제적 성공을 거두면서 동아시아인들은 자기 문화의 고유성을 역설하고 서구를 비롯한 다른 사회와 비교해 자신의 가치관과 생활방식이 갖는 우월성을 서슴없이 강조한다. 아시아 사회는 미국의 요구와 이해관계를 점점 덜 수용하

〈그림 5-1〉 경제의 변화: 아시아와 서구

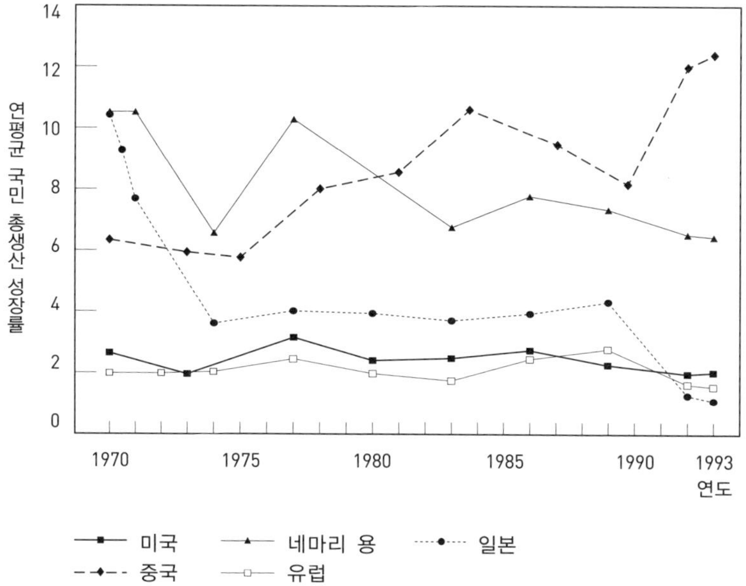


**주**: 각 수치는 3년의 평균치.

**자료**: 세계은행, 《1991년, 1995년의 세계 지표 World Tables 1991, 1995》 Baltimore: Johns Hopkins University press, 1991, 1995; 중국 예산회계 통화국, 《1951~1995년의 대만 · 중국 국민소득 통계치》 1995.

는 추세에 있으며 미국과 여타 서방 국가의 압력을 거부할 수 있는 실력을 꾸준히 쌓아가고 있다.

1993년 토미 고Tommy Koh 대사는 문화적 르네상스가 아시아 전역을 휩쓸고 있다고 말했다. 자신감의 확대와 관련 있는 이 현상은 아시아인이 더 이상 서구적인 것, 미국적인 것을 무조건 최고로 간주하지 않음을 뜻한다.[2]

아시아의 경제발전을 원동력으로 삼는 이 르네상스는 개별 아시아 국가들의 고유한 문화적 정체성과 서구 문화와 구별되는 아시아 문화의 공통성을 두루 강조하는 시대적 분위기에서 감지된다. 이 문화적 부활의 의미는 동아시아의 두 강대국이 서구 문화를 수용하는 방식의 변화에서도 읽을 수 있다.

서구가 19세기 중반 중국과 일본에 압박을 가했을 때 이 두 나라의 소수 지식인들은 자신들의 전통문화를 전면적으로 부정하고 철저한 서구화를 지향해야 한다고 주장했다. 그러나 이것은 실현 가능하지도 정당하지도 않은 노선이었다. 그 결과 양국의 지배 엘리트들은 개량주의 전략을 택했다. 메이지 유신을 통해 일본에서 실권을 장악한 역동적 개혁 집단은 서양의 기술, 관습, 제도를 연구하고 차용해 일본의 근대화를 주도했다. 그러나 그들은 일본 전통문화의 본질적 요소들은 고수했고, 이 요소들은 여러 면에서 일본의 근대화에 크게 기여했다. 일본이 1930년대와 1940년대 자신의 제국주의를 정당화하고 국민적 지지를 얻을 수 있었던 것은 그런 전통적 요소들이 남아 있었기 때문이었다. 반면 중국에서는 부패한 청 왕조가 서구의 충격에 효과적으로 대응하지 못했다. 중국은 일본과 유럽 열강에게 패배해 유린당하는 모욕을 감수했다. 1910년 왕조가 무너지자 분열과 내전이 뒤따랐다. 지식인과 정치 지도자가 내건 각양각색의 서양 이념과 중국 정신이 치열한 경쟁과 갈등을 낳았다. '민족·민권·민생'을 구호로 한 쑨원의 삼민주의, 량치차오의 자유주의, 마오쩌둥의 마르크스-레닌주의가 저마다 자신의 정당성을 부르짖었다. 1940년대 말에 이르러 소련에서 유입된 사상이 서구에서 도입된 사상(민족주의, 자유주의, 민주주의, 그리스도교)을 완전히 눌렀고 중국은 사회주의 국가로 정의되었다.

제2차 세계대전에서 참패한 일본은 완전한 문화적 공황 상태에 직면했다. 1994년 일본을 깊이 아는 한 서구인은 다음과 같이 말했다.

"종교, 문화 등 일본이라는 나라에 존재하는 정신성의 모든 측면이 전쟁에 동원되었다. 그 동원의 정도는 지금의 우리로서는 상상조차 하기 힘든 수준이었다. 패전은 이 체제에 엄청난 충격이었다. 일본인의 마음속에 들어 있던 모든 것이 무가치해졌고 모든 것이 밖으로 떨려 나가는 체험이었다."[3]

그런 공황 상태에서 서구와 관련된 모든 것, 특히 전승국 미국과 관련된 모든 것은 좋고 바람직한 것으로 이해되었다. 중국이 소련을 모방하려고 애썼듯이 일본은 기를 쓰고 미국을 모방했다.

1970년대 후반 공산주의가 경제발전을 이룩하는 데 실패하고 일본과 여타 아시아 국가들에서 자본주의가 성공을 거두면서 중국 지도부는 소련 모델로부터 등을 돌렸다. 10년 뒤에 일어난 소련의 붕괴는 그들이 수입한 사상의 문제성을 한층 부각시켰다. 중국은 서구에 접근할 것이냐 자기 안으로 돌아갈 것이냐 기로에 섰다. 많은 지식인들은 전면적 서구화를 옹호하고 나섰다. 그런 움직임은 TV 연속극과 천안문 광장에 세워진 모조 자유의 여신상에서 문화적으로 대중적으로 절정에 이르렀다. 그러나 서구 지향주의는 베이징에서 중국을 통치하는 수백 명의 당 간부와 농촌에 거주하는 8억 인민의 지지를 얻지 못했다. 완전한 서구화는 19세기 말이나 20세기 말에도 실현 가능성이 희박했다. 중국 지도부는 그 대신 새로운 '중체서용'의 원칙을 내걸었다. 자본주의를 도입해 세계 경제에 참여하되 정치적 권위주의와 중국의 전통문화는 고수한다는 원칙이었다. 마르크스-레닌주의의 혁명성 대신 중국 정부는 중국 문화의 고유한 특징에 기초한 민족주의와 경제발전에서 합법성을 찾았다. 한 분석가는 천안문 사태 이후 당국이 새로운 합법성의 원천으로 중국 민족주의를 적극적으로 포용했으며 자신의 권력과 통치를 정당화하고자 의식적으로 반민주의를 부추기고 있다고 지적했다.[4] 새롭게 부상하는 중국의 문화적 민족주의는 1994년 한 홍콩 지도자가 던진 말에 압축되어 있다. "우리 중국인은 전에 없이 민족주의 감정을 느끼고 있다. 우리는 중국인이며 그 점을 자랑스러워한다." 1990년대 초반 중국에서는 실제로 '가부장적이고 자연적이며 권위적인 진정한 중국상으로 돌아가자는 대중의 욕구'가 강하게 일었다. 이런 복고주의의 분위기 속에서 민주주의는 과거 레닌주의가 수입된 외래 사조로 평가 절하되었던 것처럼 인정받지 못하고 있다.[5]

20세기 초반의 중국 지식인들은 베버처럼 중국 후진성의 원인을 유교에서 찾았다. 20세기 말엽의 중국 정치 지도자들은 서양의 사회과학자들처럼 중국 발전의 원인을 유교에서 찾는다. 1980년대로 접어들어 중국 정부는 유교에 대한 관심을 고취시키기 시작했다. 당 간부들은 유교를 중국 문화의 '주류'로 선언했다.[6] 리콴유 또한 싱가포르 성공의 주된 원천을 유교에서 찾으면서 유교적 가치관을 전 세계에 알리는 전도사가 되었다. 1990년대에 들어와 대만 정부는 자신들이 '유교 사상의 계승자'임을 자처했고 리덩후이 총통은 대만의 민주화는 공자(기원전 5세기), 맹자(기원전 3세기)까지 거슬러 올라가는 중국의 '문화유산'에 뿌리를 두고 있다고 선언했다.[7] 권위주의를 정당화하든 민주주의를 정당화하든 중국 지도자들은 그 정당성의 근거를 수입된 서구 개념이 아닌 국민적 공감을 얻는 중국 문화에서 찾았다.

중국 정부가 부추기는 민족주의는 한족 민족주의다. 한족 민족주의는 중국 인구의 90퍼센트를 차지하는 한족 내부의 언어적, 지역적, 경제적 차이를 무마하는 효과가 있다. 동시에 그것은 인구의 10퍼센트도 못 되지만 영토는 60퍼센트를 차지하고 있는 비중국계 소수 민족들과의 차이를 부각시키기도 한다. 그것은 또한 중국 인구의 5퍼센트를 끌어들이면서 모택동주의와 레닌주의의 붕괴로 생긴 진공을 채우며 교세가 확대될 가능성이 있는 그리스도교의 선교 활동에 중국 정부가 족쇄를 채울 수 있는 근거를 제공하기도 한다.

1980년대 일본에서는 자국의 성공적인 경제발전이 미국 경제와 사회 체제의 실패와 '몰락'과 대비하면서 서구 모델이 환상이었음을 깨닫고 자신들이 성공을 거둘 수 있었던 원인이 일본의 고유 문화에 있었다는 의식을 갖는 사람들이 차츰 늘어났다. 1945년에는 군사적 재난을 낳았고 그래서 부정되어야 했던 일본 문화가 1985년에는 경제적 성공을 낳아 다시 포용되었다. 서구 사회에 날로 익숙해지면서 일본은 '서구라는 것 그 자체는 특별하지도 신비롭지도 않으며 서구는 서구인의 제도에서 나왔을 뿐이라는 인식'에 도달했다. 1980년대 후반 일본의 경제발전이 최고조에 달했을 때 일본의 미덕은 미국의 결함과 대비되면서 찬사를 받았다. 메이지 유신기의 일본인이 아시아를 탈피해 서구에 합류하는 정책을 추구한 반면 문화적으로 자신감을 얻은 20세기 말의 일본인은 미국으로부터 거리를 두고 아시아에 참여하는 정책에 매력을 느끼고 있다.[8] 이러한 조류를 낳은 원인으로는 첫째, 일본의 문화적 전통에 대한 재발견이 이루어지면서 그런 전통적 가치관을 긍정하려는 추세를 들 수 있고 둘째, 일본을 '아시아화'하려는 노력, 다시 말해서 독자적 문명을 가지고 있음에도 불구하고 일본의 정체성을 보편적 아시아 문화에서 찾으려는 그리 수월치만은 않은 시도를 들 수 있다. 제2차 세계대전이 끝난 뒤 일본은 중국과 달리 서구에 완전히 경도되었고 철저히 붕괴한 소련과는 달리 서구는 여전히 건재한 상태이므로, 일본이 서구를 전적으로 거부하려는 의지는 소련과 서구 모델로부터 철저히 거리를 두려던 중국의 의지만큼 단호하지는 않다. 일본 문명의 독자성, 일본 제국주의가 주변 여러 나라에게 남긴 기억, 아시아 대부분 지역에서 경제권을 거머쥔 화교의 존재를 감안할 때 일본은 서구로부터 거리를 두기보다는 아시아와 융합하는 데 더 큰 어려움을 느낄 것이다.[9] 문화 정체성을 내세움으로써 일본은 자신의 고유성과 서구 및 아시아 문화와의 차별성을 부각시킨다.

중국과 일본은 각자의 고유한 문화에서 새로운 가치를 발견한 것만큼이나 서구와 비교해 아시아 문화 일반이 지니는 가치를 적극적으로 주장하고 나섰다는 공통점을 갖고 있다. 산업화와 그것이 수반한 성장을 등에 업은 동아시아인은 1980년대와 1990년대에 접어들어 아시아의 자기주장이라고 표현할 수 있을 정도로 자신감에 찬 발언을 내놓고 있다. 이 복잡한 태도는 네 가지 특징을 갖고 있다.

첫째, 아시아인은 동아시아가 경제적으로 빠르게 성장하고 있으며 머지않아 서구의 생산력을 능가하고 그에 따라 국제무대에서도 서구와 비교해 상대적으로 강한 영향력을 행사할 수 있을 것이라고 믿는다. 경제성장은 서구에 맞설 수 있는 힘을 가졌다는 자신감을 아시아 사회에 불어넣고 있다. 1993년 일본의 한 대표 언론인은 "미국이 재채기를 하면 아시아는 독감에 걸리던 시절은 지나갔다"고 선언했다. 한술 더 떠 말레이시아의 한 관리는 "미국이 고열로 신음해도 아시아는 기침조차 안 할 것"이라고 호언장담했다. 아시아는 미국과의 관계에서 "경외의 시대를 끝내고 말대답을 할 수 있는 시대로 접어들었다"고 아시아의 지도자 또한 말했다. 말레이시아의 외무차관은 또 "아시아가 경제적으로 번영했다는 것은 세계를 지배하는 정치적, 사회적, 경제적 틀에 대해 오늘날 아시아가 중요한 대안을 제시할 위치에 와 있음을 의미한다"고 주장했다.[10] 그것은 또한 아시아 사회에 인권과 그밖의 가치와 관련해 서구가 자신의 기준을 관철시킬 수 있는 능력을 빠르게 상실해가고 있음을 뜻한다고 동아시아인들은 주장한다.

둘째, 아시아인은 그들의 경제적 성공이 문화적, 사회적으로 타락한 서구보다 우월한 아시아 문화에 크게 힘입었다고 믿는다. 일본이 수출, 무역수지, 외환보유고 등에서 모두 기록적인 성적을 내던 1980년대에 일본인은 그 전에 사우디아라비아가 오일 달러를 등에 업고 큰소리쳤듯이 자신의 새로운 경제력을 자랑하고 서구의 침몰을 측은히 여기면서 일본이 성공하고 서구가 실패한 것은 자신의 문화가 우월하고 서구 문화가 타락했기 때문이라고 주장했다. 1990년대 초 아시아의 승리는 '싱가포르의 문화적 공세'를 통해 새롭게 표명되었다. 리콴유를 필두로 싱가포르 지도자들은 아시아의 부상을 서구와 비교해 부각시키면서 아시아의 성공은 기본적으로 유교에서 비롯된 질서, 규율, 가족적 유대, 근면, 집단주의, 절제 같은 가치관 때문이고 서구가 기우는 것은 방종, 게으름, 개인주의, 범죄, 부실한 교육, 권위에 대한 경멸, '정신적 경직화' 때문이라고 설명했다. 동아시아와 겨루려면 미국도 "사회와 정치구조에 관한 자신의 근본 가정들에 의문을 던지고 그 과정에서 동아시아 사회로부터 한두 가지라도 배우려는 자세를 가져야 한다"는 주장이 제기되었다.[11]

동아시아인은 개인보다는 집단에 비중을 더 둔 동아시아 문화 덕분에 자신들이 발전했다는 시각을 갖고 있다. "일본, 한국, 대만, 홍콩, 싱가포르처럼 집단의 가치와 관행에 더 무게를 두는 방식이 성장의 중요한 자산이라는 사실이 입증되었다"고 리콴유는 주장한다. "집단의 이익을 개인의 이익보다 앞세우는 것처럼 동아시아 문화가 고수하는 가치관은 고속 성장에 필요한 집단적 노력을 지원한다", "규율, 헌신, 근면을 강조하는 일본과 한국의 노동 윤리는 이들 나라의 경제적, 사회적 발전을 낳은 원동력이 되었다. 이 노동 윤리는 집단과 국가가 개인보다 중요하다는 철학에서 나왔다"는 말레이시아 외무장관의 견해도 같은 맥락에서 이해될 수 있다.[12]

셋째, 동아시아인은 아시아의 여러 사회와 문명에서 나타나는 차이를 인정하면서도 동시에 중요한 동질성이 있다고 주장한다. 그중에서도 대표적인 것은 중국의 어떤 반체제 인사가 강조했듯 이 지역의 대부분 국가가 공유하고 역사적으로 존중해온 유교의 가치체계 특히 근면·가족·노동·규율을 중시하는 가치관이다. 이에 못지않게 중요한 것은 개인주의에 대한 공통된 거부감이고 '부드러운' 권위주의 또는 아주 제한된 형태의 민주주의가 폭넓게 퍼져 있다는 사실이다. 아시아 국가들은 서구에 맞서 자신들의 고유한 가치를 지키고 경제적 이익을 증대해야 한다는 공통의 이해관계를 지니고 있다. 그러기 위해서는 ASEAN(동남아시아국가연합)이나 EAEC(동아시아경제협의체) 같은 기구의 확대를 통해 아시아 역내의 협조를 발전시켜야 한다고 주장한다. 동아시아 국가가 당면한 경제적 과제는 서구 시장에 지속적으로 진출하는 것이지만 장기적으로 경제 지역주의가 득세하고 따라서 동아시아는 역내 무역과 투자를 점차 강화할 것이다.[13] 특히 아시아 발전의 선두 주자인 일본은 전통적인 '탈아입구脫亞入歐 정책'에서 탈피해 '재아시아화' 또는 싱가포르의 관리들이 주장하듯 좀 더 포괄적인 의미에서 '아시아의 아시아화'를 들고 나서야 한다는 중책을 떠맡고 있다.[14]

넷째, 동아시아는 아시아의 발전과 아시아의 가치를 다른 비서구 사회가 서구를 따라잡기 위해 모방해야 하며, 서구가 자기 쇄신을 위해 채택해야 하는 모델이라고 주장한다. "개발도상국의 경제를 근대화하고 존립 가능한 정치 체제를 구축하기 위한 최선의 수단으로서 지난 40년 동안 신줏단지처럼 모셔온 앵글로색슨 모델은 한물갔다"고 동아시아인은 단언한다. 그 자리에 아시아 모델이 들어서고 있다. 멕시코와 칠레, 이란과 터키, 옛 소련 공화국들마저도 서구의 성공으로부터 배우려던 그들의 앞 세대와는 달리 이제는 아시아의 성공에서 무언가를 배우려고 한다. "아시아는 아시아의 가치가 보편성을 지닌 가치라는 사실을 세계 전역에 전파해야 한다. …… 이러한 이상의 전파는 아시아 사회 체제 특히 동아시아 사회 체제의 수출을 의미한다." 일본과 여타 아시아 국가들은 태평양 세계주의를 고취하여 세계를 아시아화함으로써 새로운 세계질서의 판도를 근본적으로 바꾸어야 한다고 말한다.[15]

강력한 사회는 보편화하며 허약한 사회는 특수화한다. 동아시아의 점증하는 자신감이 서구에 비견할 만한 아시아의 새로운 보편성을 낳았다. "아시아의 가치는 보편의 가치이며 유럽의 가치는 유럽의 가치다"라고 1996년 마하티르 총리는 유럽 정상들에게 선언했다.[16] 이러한 추세에 발맞춰 한때 서구의 오리엔탈리즘이 아시아를 묘사했던 방식처럼 획일적이며 부정적으로 서구를 묘사하는 아시아의 '옥시덴탈리즘occidentalism'이 나타나고 있다. 동아시아인에게 경제적 번영은 도덕적 우위를 의미한다. 만일 어느 시점에서 인도가 동아시아를 제치고 경제적으로 세계에서 가장 빠르게 성장하는 지역으로 부상하면 힌두 문화의 우월성과 카스트 제도가 경제발전에 기여했음을 강조하는 논문이 봇물처럼 쏟아져 나올 것이고, 인도는 자신의 뿌리로 돌아간 덕분에 영국 제국주의가 남긴 서구 유산의 잔재를 극복할 수 있었다는 논리가 득세할 것이다. 물질적 성공은 문화적 자기주장을 낳고, 단단한 힘은 부드러운 힘을 낳는다.

## 이슬람 부활

아시아가 경제발전을 배경으로 점점 자신의 목소리를 높여가는 반면 이슬람 국가 대부분은 정체성·의미·안정·정당성·발전·권력·희망의 근원으로서 이슬람을 향해 한꺼번에 돌아서고 있다. 그들의 희망이 "이슬람이 해답이다"라는 구호에 집약되어 있다. 이슬람 '부활'*은 서구에 이슬람 문명이 적응하는 과정의 마지막 단계에 등장한 심도 깊은 대규모의 현상이다. 이것은 서구 이데올로기가 아닌 이슬람에서 해답을 발견하려는 노력이다. 새로운 이슬람은 근대화는 받아들이되 서구 문화는 거부하며, 이슬람에 다시 귀의하는 것을 정치적, 사회적, 종교적, 정치적 차원에서 근대 세계의 올바른 생활방식으로 이해한다. 1994년 사우디아라비아의 한 고위 관리는 "'수입품'은 아주 근사하고 최첨단을 달린다. 그러나 밖으로부터 유입된 무형의 정치사회 제도는 치명타가 될 수 있다. …… 이란의 국왕에게 물어보라. …… 이슬

* 내가 부활을 작은따옴표 안에 집어넣은 이유를 궁금히 여기는 독자들이 있을지 모르겠다. 그 이유는 이것이 인류 5분의 1 이상에게 영향을 미치는 지극히 중대한 역사적 사건을 가리키기 때문이다. 적어도 이것은 과거의 미국 혁명, 프랑스 대혁명, 러시아 혁명에 버금가는 중요성을 지니고 있다. 나아가서는 서구 근대에서 일어난 가장 중요한 사건이라 할 수 있는 종교 개혁에도 비견할 만하다.

람은 우리에게 단순히 종교가 아니라 생활 그 자체다. 우리 사우디아라비아인은 근대화를 원하지만 그렇다고 서구화하지는 않을 것이다"[17]라고 설명했다.

이슬람 부활은 그러한 목표를 달성하려는 이슬람교도들의 노력이다. 이것은 이슬람 세계 전역을 뒤흔드는 광범위한 지적, 문화적, 사회적, 정치적 운동이다. 흔히 이슬람의 정치 세력을 대표하는 것으로 이해되는 이슬람 '원리주의'는 이슬람교도 사이에서 널리 번지고 있는 새로운 이슬람 열기와 이슬람 사상·관습·구호 등 훨씬 광범위한 부활의 일부분만을 반영한다. 이슬람의 부활은 주된 추세이지 극단주의자의 전유물이 아니며 도처에 파고들고 있지 고립되어 나타나는 현상이 아니다.

이슬람 부활은 모든 나라의 이슬람교도와 대다수 이슬람 국가들의 정치 및 사회 전반에 지대한 영향력을 미친다. 존 에스포지토John Esposit에 따르면 개인 생활에서 이슬람이 소생했음을 알리는 지표는 부지기수다.

> 종교의식(모스크 참배, 기도, 금식)에 대한 관심이 늘었고, 종교 프로그램이나 간행물의 수가 급증했으며, 이슬람 의상과 가치관이 더욱 강조되는 추세에 있고, 수피즘(신비주의)이 활발하게 논의되고 있다. 이처럼 폭넓은 기반 위에서 이루어지는 소생은 공공 생활에서도 이슬람의 발언권이 강화되는 현상으로 나타난다. 이슬람 세계관을 지향하는 정부·단체·법·은행·사회복지시설·교육기관이 늘고 있다. 정부는 물론 반정부 단체까지도 자신의 권위를 끌어올리고 대중의 폭넓은 지지를 얻기 위해 이슬람으로 돌아서는 추세다. …… 터키와 튀니지 같은 세속적 성격이

더 강한 나라까지 포함한 대다수 통치자와 정부가 이슬람의 막강한 잠재력을 깨닫고 이슬람이 관련된 사안에 대해서는 점점 예민하고 조심스럽게 반응한다.

비슷한 맥락에서 저명한 이슬람학 연구가인 알리 히랄 데수키Ali Hillal Dessouki는 이슬람 부활은 서구의 법이 군림하던 자리에 이슬람의 법을 올려놓으려는 노력, 종교적 언어와 상징의 빈번한 등장, 이슬람 교육의 세력 확대(이슬람 학교 수가 늘어나고 정규 공립학교의 교과목에 이슬람 색채가 짙게 깔리는 현상에서 목도된다), 이슬람 교리가 규정하는 사회적 행동규범(가령 여성의 복장, 금주)을 받아들이는 추세, 종교 집회에 참여하는 사람의 증가, 이슬람 사회에서 세속정부에 대한 이슬람 세력의 저항이 넓은 지지세를 넓혀 가는 현상, 이슬람 국가끼리의 국제적 연대를 강화시키려는 노력과 맥을 같이한다고 분석했다.[18] '신의 설욕'은 범세계적 현상이지만 신은, 아니 알라는 '움마' 곧 이슬람 공동체에서 가장 완벽하게 구석구석까지 복수를 실현시켰다.

이슬람의 부활은 정치적 영역에서는 성전聖典을 가졌고, 완전한 사회에 대한 이상이 있고 근본적 변화를 지향하고 기존의 권력과 국민국가를 거부하고 근대적 개량주의자에서 폭력적 혁명주의자에 이르는 다양한 분파를 거느리고 있다는 점에서 마르크시즘과 일맥상통한 면이 있다. 그러나 더 좋은 비교의 대상은 종교 개혁이다. 이슬람 부상과 서구의 종교 개혁은 기존 제도의 침체와 부패에 대한 대응이라는 공통성을 갖는다. 그래서 모두 자기 종교의 더 순수하고 엄격한 형태로 복귀할 것을 요구하고 근면·질서·규율을 강조하면서 활력 있는 새로운 중산층에게 점차 호소력을 얻는다. 둘 다 복잡한 양상으로 전개된 운동이어서 다양한 갈래로 뻗어 나갔지만 루터파와 칼뱅파, 시아파와 수니파로 세력이 크게 양분된다는 공통점도 있다. 칼뱅과 호메이니 사이에도 비슷한 점이 있는데 그들은 모두 수도자적 규율을 사회 전체에 부과하려고 노력했다. 이슬람 부상과 종교 개혁의 핵심 정신은 모두 근본적 개혁이다. 한 프로테스탄트 목사는 이렇게 선언했다. "종교 개혁은 보편적이어야 한다. …… 모든 장소, 모든 사람, 모든 직업을 개혁해야 한다. 판결이 내려지는 법정, 무능한 치안 판사를 개혁해야 한다. …… 대학을 개혁하고 도시를 개혁하고 농촌을 개혁하고 열악한 배움의 터를 개혁하고 안식일을 개혁하고 성찬식을 개혁하고 신에게 올리는 예배를 개혁해야 한다." 같은 맥락에서 알 투라비는 이렇게 역설한다. "이러한 각성은 총체적이다. 개인적 신앙심에 대한 각성만은 아니란 뜻이다. 이것은 지적, 문화적 각성에만 그치는 것도 아니요 정치적 각성에만 머무르는 것도 아니다. 이것은 이들 전부에 대한 각성이다. 사회를 밑바닥부터 꼭대기까지 총체적으로 재건하자는 것이다."[19] 20세기 후반 동반구 정치 지형도에 미친 이슬람 부상의 영향을 무시하는 것은 16세기 후반 프로테스탄트 종교 개혁이 유럽의 정치 지형도에 미친 영향을 무시하는 것과 같다.

이슬람 부활은 서구의 종교 개혁과는 한 가지 중요한 차이점이 있다. 후자가 미친 영향은 주로 북유럽에 한정되었고 스페인·이탈리아·동유럽·합스부르크 제국에서는 교두보를 마련하지 못했다. 반면에 이슬람의 부활은 거의 모든 이슬람 사회에 영향을 미쳤다. 1970년대부터 이슬람의 상징물·신앙·의식·제도·정책·기구는 모로코에서 인도네시아까지, 나이지리아에서 카자흐스탄에 이르기까지 전 세계 10억 이슬람교도 사이에서 점차 동조와 지지 세력을 넓혀가고 있다.

이슬람화는 처음 문화계에서 시작되어 차츰 정치와 사회의 영역으로 확산되는 경향을 보인다. 정치지도자들은 원하든 원하지 않든 이러한 대세를 묵살할 수 없을뿐더러 이슬람에 동조하는 정책을 취하지 않을 방도가 없다. 과도한 일반화는 늘 위험스러우며 종종 오류를 낳는다. 그러나 한 가지만은 분명하다. 이란을 제외하고는 이슬람 인구가 많은 모든 나라가 1980년에 비해 1995년에는 문화적, 사회적, 정치적으로 이슬람화가 심화되었다.[20]

대부분의 나라에서 이슬람화를 주도한 요소는 이슬람 사회기관의 발전과 이슬람 집단의 기존 기관 장악이었다. 이슬람주의자들은 특히 이슬람 학교를 세우고 공립학교에 대한 이슬람의 영향력을 확대하는 데 주안점을 두었다. 실제로 이슬람 집단은 이슬람 '시민사회' 안에 규모와 활동면에서 세속 시민사회의 허약한 제도와 비교해도 조금도 손색이 없고 때로는 그것을 능가하는 제도를 실현시켰다. 이집트에서는 1990년대 초반 이미 이슬람 기관들이 정부가 방치한 공백을 채우면서 이집트의 수많은 빈민들에게 의료·복지·교육의 혜택을 제공하는 광범위한 조직망을 구축했다. 1992년 카이로에서 지진이 발생하자 이 기관들은 몇 시간도 되지 않아 거리로 나와 정부의 구호 활동이 굼뜨게 진행되는 동안 음식과 담요를 보급했다. 요르단에서는 모슬렘 형제단이 '이슬람 공화국의 인프라'를 사회 문화적으로 발전시키는 정책을 의도적으로 추구한 결과 1990년대 초반 인구 400만 명의 이 작은 나라에서 대형 병원 하나, 진료소 20개소, 이슬람 학교 40개소, 코란 강습소 120개소를 운영하고 있다. 이슬람 기관들은 또 가자 지구와 요르단 강 서안에서 '학생 연맹, 청년 조직, 종교 사회 교육 연합체'를 설립해 운영했다. 이것은 유치원에서 이슬람 대학, 진료소, 고

원, 양로원, 이슬람 재판관과 중재관으로 이루어진 체제를 망라한다. 이슬람 기관은 1970년대와 1980년대에 인도네시아에서 세력을 확대했다. 1980년대 초반 인도네시아 최대의 이슬람 단체인 '무하마디자'는 600만여 명의 회원을 확보하고 '세속국가 안의 종교 복지 국가'를 일구면서 정교한 학교·병원·진료소·대학 수준의 시설을 통해 인도네시아 각지에 '요람에서 무덤까지' 활발한 사회 활동을 벌이기에 이르렀다. 정치 활동을 금지당하고 있는 나라에서도 이슬람 단체들은 20세기 초반 미국의 종교 단체를 연상시키는 광범위한 사회 활동을 펼치고 있다.[21]

정치적 영역에서 이슬람의 부활은 사회적, 문화적 영역에 비해 덜 두드러지게 나타났지만, 그럼에도 불구하고 20세기의 마지막 사반세기 동안 이슬람 사회에서 가장 괄목할 만한 정치적 흐름으로 나타났다. 이슬람 운동에 대한 정치적 지지의 정도와 양상은 나라마다 다르지만 중심적 기류는 존재한다. 대개 이런 운동은 농촌 엘리트, 농부, 노인층으로부터는 별로 지지를 얻지 못한다. 이 운동을 지원하는 층은 근대화 과정에 참여하는 사람, 근대화 과정에서 자란 사람이 압도적으로 많다. 이들은 크게 세 집단에서 나온 사회적 동원성이 뛰어난 근대화 지향의 청년층이다.

대부분의 혁명 운동이 그렇듯이 이슬람 부활의 핵심 성원은 학생과 지식인이다. 대개의 국가에서 원리주의자들이 학생 조직 같은 단체를 장악하는 것이 정치적 이슬람화 과정의 첫 단계로 나타났다. 대학에서 이슬람이 '약진'하는 이런 현상은 1970년대 이집트, 파키스탄, 아프가니스탄에서 시작되어 다른 이슬람 국가로 번져 나갔다. 이슬람의 구호는 특히 기술대학, 공과대학, 자연과학대학 소속 학생들에게 강한 호소력을 발휘했다. 1990년대 사우디아라비아, 알제리 등지에서는 모국어로 교육을 받는 학생이 늘어나는 과정에서 자연히 이슬람의 영향력에 노출되는 학생의 수도 늘어나는 '제2대 토착화' 현상이 나타났다.[22] 이슬람주의자들의 주장은 여성에게도 상당한 지지를 얻어, 터키에서는 세속 지향의 장노년층 여성과 이슬람 지향의 젊은 여성 사이의 갈등이 눈에 띄게 늘어났다.[23] 이집트 이슬람 단체의 호전적 지도자들을 분석한 조사에 따르면 그들은 다섯 가지 주요한 특징을 갖는다. 이러한 특징은 다른 나라의 이슬람 주의자들에게도 전형적으로 나타나는 것 같다. 그들은 젊었다. 20대와 30대가 압도적으로 많았다. 80퍼센트가 대학생이거나 대학 졸업생이었다. 절반 이상이 일류 대학 출신이거나 의대나 공대처럼 우수한 성적을 요구하는 전문 분야 출신이었다. 70퍼센트 이상이 '넉넉하지는 않지만 가난하지도 않은' 중하류 가정에서 자랐고 자기 집안에서 고등교육을 받은 첫 세대였다. 그들은 어린 시절을 소도시나 시골에서 보내다가 나중에 대도시로 이주했다.[24]

이슬람 운동의 중핵을 이루는 적극적 행동 대원은 학생과 지식인이지만 도시 중산층의 지지 기반 또한 무시할 수 없다. 이러한 지지 기반은 상인·중개상·자영업자 같은 '전통적' 중산층에 폭넓게 확보되어 있다. 이들은 이란 혁명에서 결정적인 역할을 했으며 알제리·터키·인도네시아 등지에서도 원리주의 운동의 중요한 세력 기반으로 존재한다. 그러나 원리주의자들은 어느 정도까지는 중산층 중에서도 좀 더 '근대적인' 집단에서 배출되었다. 적극적 이슬람주의자 중에는 의사·변호사·엔지니어·과학자·교사·공무원 등 해당 인구 집단에서 최고 수준의 교육을 받았고 가장 똑똑하고 젊은 사람들이 의외로

많았다.[25]

이슬람 운동을 지탱하는 세 번째 주요 집단은 최근에 도시로 이주한 사람들이다. 1970년대와 1980년대에 이슬람 세계 전역의 도시 인구는 비약적으로 늘어났다. 퇴락하고 열악한 슬럼 지역으로 몰려든 이주자들은 이슬람 단체가 제공하는 사회적 지원을 필요로 했고 또 실제로 그 수혜자가 되었다. 게다가 어네스트 겔너Ernest Gellner가 지적하듯이 이슬람은 '뿌리 뽑힌 대중'에게 '숭고한 정체성'을 제공했다. 이스탄불과 앙카라, 카이로와 아시우트, 알제와 페스, 가자 지구에서 이슬람 정당은 지반 다지기에 성공하여 '짓밟히고 박탈당한 사람들'에게 파고들었다. 올리버 로이Oliver Roy는 "혁명적 이슬람 대중은 거대한 이슬람 대도시 권역의 인구를 폭발적으로 급증시킨 이농 유입민들 …… 곧 근대사회의 산물이다"라고 말했다.[26]

1990년대 중반 명백한 이슬람 정부는 이란과 수단에서만 정권을 쥐고 있다. 터키와 파키스탄 같은 소수의 이슬람 국가는 민주적 합헌성을 부분적으로 주장하는 정권이 통치하고 있다. 나머지 이 20여개 이슬람 국가는 군주, 일당 체제, 군부 정권, 1인 독재 또는 이것들이 복합된 구조로 통치되고 있으며, 협소한 족벌·씨족·부족적 기반을 두거나 외국의 지원에 전적으로 의존하고 있다. 사회의 요구와 열망으로부터 절연된 억압적이고 부패한 이들 정권은 클레멘트 무어Clement Moore의 표현을 빌리자면 '벙커bunker 체제'다. 이런 체제는 의외로 오래 존속할 가능성이 있다. 반드시 무너진다는 법은 없다는 뜻이다. 그러나 현대 세계에서 이들이 변화하거나 붕괴할 확률은 높다. 따라서 1990년대 중반에 던져지는 핵심적 물음은 누가 또는 무엇이 이들을 계승할 것인가라는 대안의 문제로 집약된다. 1990년대 중반

거의 모든 나라에서 가장 가능성 높은 후속 정권을 이슬람 체제로 평가한다.

1970년대와 1980년대에는 민주화의 물결이 세계 전역을 휩쓸었고 그 과정에서 몇십 개국이 민주화를 경험했다. 이러한 물결은 이슬람 사회에도 충격을 미쳤지만 그것은 어디까지나 제한적이었다. 민주화 운동이 남유럽, 라틴아메리카, 동아시아 주변부, 중부 유럽에서 노도같이 퍼지면서 실권을 잡는 동안 이슬람 운동도 이슬람 국가에서 세력을 키우고 있었다. 이슬람주의는 비이슬람 사회에서 일어난 권위주의에 대한 항거와 동일한 기능을 했으며 사회적 동원력의 확대, 권위주의 체제의 합법적 통치력 상실, 변화하는 국제 환경 같은 비이슬람 사회와 비슷한 원인에서 태동했다. 변화한 국제 환경의 예로 꼽을 수 있는 유가 상승이 이슬람 세계에서는 민주화보다 이슬람 열기를 불러일으켰다. 그리스도 국가에서 신부, 목사, 평신도 집단이 반체제 운동을 주도한 것처럼 이슬람 사회에서는 '울라마', 모스크에 기반을 둔 집단, 이슬람주의자들이 운동을 이끌었다. 폴란드의 공산주의 정권을 붕괴시키는 데 교황이 핵심적 역할을 했듯이 아야톨라(이란 이슬람 시아파 지도자의 칭호 — 옮긴이)는 이란 왕조를 분쇄하는 데 결정적 역할을 했다.

1980년대와 1990년대에 이슬람 운동은 정권 장악을 통해서가 아니라 반정부 운동을 주도하고 때로는 독점하는 방식을 통해 정치적 영향력을 행사했다. 이슬람 운동의 부상은 다른 반체제 운동의 약화와 동전의 양면과 같은 관계다. 소련의 붕괴로 국제 공산주의가 막을 내리면서 좌익 운동과 공산주의 운동은 불신을 받았고 심각한 타격을 입었다. 대부분의 이슬람 국가에도 자유주의와 민주주의를 지향하는 반체제 집단은 있었지만 대개는 소수의 지식인이나 서구적 뿌리를 가진 층에 국한되어 있었다. 몇몇 예외는 있었지만 자유민주주의는 이슬람 사회에서 안정된 대중적 기반을 확보하는 데 실패했고 심지어는 이슬람 자유주의도 기반을 다지는 데 실패했다. 아자미의 지적에 따르면 이슬람 사회에서 자유주의를 논한다거나 민족적 부르주아 전통을 거론한다는 것은 불가능한 싸움에 뛰어들었다가 좌절한 사람의 부고를 쓰는 일과 다름없었다.[27] 자유민주주의가 이슬람 사회에서 대체로 뿌리를 내리지 못하는 것은 1800년대 말부터 한 세기 동안 줄곧 반복되어온 현상이었다. 이러한 실패는 서구 자유주의 개념을 달가워하지 않는 이슬람 사회와 문화의 분위기에서 부분적으로는 그 원인을 찾을 수 있다.

이슬람 세력이 저항 운동을 주도하며 집권 세력의 유일한 대안으로 확고한 입지를 마련하는 데는 집권정부의 이슬람 우호정책에 힘입은 바가 컸다. 냉전기의 알제리·터키·요르단·이집트·이스라엘처럼 대다수 국가들은 공산주의 운동이나 적대적 민족주의 운동에 대한 방패막이로 이슬람 주의자들을 고무하고 지원했다. 적어도 걸프 전쟁 이전까지는 사우디아라비아와 중동 산유국들은 각국에 포진한 이슬람 형제단과 각종 이슬람 단체에게 막대한 재정을 지원했다. 정부의 세속 저항 세력에 대한 탄압 역시 반체제 운동의 주도권이 이슬람 세력에게 넘어가는 데 일조했다. 원리주의자들의 힘은 세속 이념을 지향하는 민주주의 정당이나 민족주의 정당의 힘에 반비례했고, 모든 반체제 운동을 억누른 나라보다는 모로코나 터키처럼 다당제에 입각해 어느 정도의 경쟁을 허용하는 나라에서 상대적으로 미약했다.[28] 그러나 세속적 저항 운동은 종교적 저항 운동에 비해 탄압에 약하다. 후자는 모스크, 복지시설, 재단 그리고 정부가 탄압할 수 없다고 여기는 이슬람 기관의 연결망 안에 숨어서 활동할 수 있다. 자유민주주의 세력은 그런 엄호물이 없으므로 정부에 의해 쉽게 제압 및 제거당한다.

이슬람의 확산 추세에서 주도권을 쥐려는 노력의 일환으로 정부는 공립학교에서 종교 교육을 확대했다. 이들 학교는 이슬람 사상과 이슬람 교사의 지배 아래 들어갔다. 정부는 또한 종교와 종교 교육기관에 대한 지원을 강화했다. 이러한 정책은 정부가 이슬람을 밀었다는 부분적인 증거다. 재정 지원을 통해 이슬람 단체와 교육에 대한 정부의 통제권은 강화되었다. 그러나 그 결과 이슬람 가치를 따르는 학생들이 대규모로 배출되었다. 그들은 이슬람의 구호에 적극적으로 동조하면서 많은 경우 이슬람의 대의를 위해 투쟁하는 전사로 나섰다.

이슬람이 부상하고 이슬람 운동의 발언권이 강해지면서 정부는 이슬람 단체와 관습을 옹호하고 이슬람의 상징과 관행을 체제 안에 도입하지 않을 수 없었다. 이것은 크게 보면 이들 나라에서 이슬람 색채가 강화되었거나 이슬람의 자기주장이 커졌음을 의미했다. 1970년대와 1980년대 정치 지도자들은 앞다투어 자신과 자신의 체제를 이슬람에 연결시켰다. 요르단의 후세인 국왕은 세속정부가 아랍 세계에서 앞으로 발 디딜 땅이 없을 것이라는 확신을 피력하면서 '이슬람 민주주의'와 '이슬람의 근대화'가 필요하다고 목청을 높였다. 모로코의 하산 왕은 자신이 예언자의 후예라는 사실과 '이슬람교도의 사령관'으로서의 자기 역할을 강조했다. 이슬람에 경도된 듯한 인상을 전혀 주지 않았던 브루나이의 국왕마저도 '점점 신앙이 깊어져서' 자신의 정권을 '말레이 이슬람 군주국'으로 정의하기에 이르렀다. 튀니지의 벤 알리Ben Ali는 연설에서 걸핏하면 알라를 거론하기 시작했으며 이슬람 단체의 지지 기반이 확산되는 현상을 저지하고자 자신을 이슬람의 망토로 감쌌다.[29] 1990년 초반 들어 인도네시아의 수하르토는 노골적인 이슬람 강화정책을 추구하고 나섰다. 방글라데시에서는 1970년대 중반 이미 세속주의 원칙이 헌법에서 제거되었으며, 1990년대 초반 케말주의에서 비롯된 터키의 강력한 세속 전통은 처음으로 심각한 도전에 직면했다.[30] 투르쿠트 오잘, 수하르토, 이슬람 카리모프 같은 정치 지도자는 자신의 이슬람 성향을 과시하기에 여념이 없었다.

이슬람 각국 정부들은 또한 법령을 이슬람화했다. 인도네시아에서는 이슬람 법 개념과 관행이 세속 법체계 안에 도입되었다. 그런가 하면 말레이시아는 적지 않은 수의 비이슬람교도 인구를 감안해 이슬람법과 세속법의 두 가지 법체계를 분리시키는 방향으로 나아갔다.[31] 파키스탄에서는 지아 울 하크Zia ul-Haq 체제 아래 법과 경제를 이슬람화하려는 광범위한 노력이 이루어졌다. 이슬람 형벌체계가 도입되고 '샤리아' 재판 체제가 확립되었다. '샤리아'는 파키스탄의 최고 법으로 올라섰다.

이슬람 부활은 근대화의 산물이자 근대화를 달성하려는 노력이다. 이슬람 부활의 저변에는 도시화, 사회 활동 인구의 증가, 문맹률의 축소와 교육의 확대, 통신과 매체의 발전, 서구를 비롯한 다른 문명들과의 접촉 강화 같은 비서구 사회의 토착화 조류를 낳은 원인들이 폭넓게 자리하고 있다. 이러한 사태 전개는 전통 마을, 가족관계를 파괴하고 소외감과 정체성의 위기를 낳는다. 이슬람 상징물, 헌신, 신앙은 이러한 심리적 요구에 부응하며, 이슬람 복지시설은 근대화의 홍역을 치르는 이슬람 대중의 사회적·문화적·경제적 요구를 만족시킨다. 이슬람 부활은 또한 서구의 충격에 대한 반응이기도 하다. 서구식 해법에서 좌절을 경험한 이슬람 사회는 자신의 뿌리로 돌아가 이슬람 사상·관습·제도에서 지향점과 근대화의 동력을 얻어낼 필요성을 느끼고 있다. 이처럼 서구에서 등을 돌리는 현상은 서구와의 접촉 강화가 빚어낸 현상이기도 했다. 두 문명이 부딪히면서 가치관과 제도의 차이에서 오는 괴리감이 그만큼 컸던 탓이다. 이슬람의 부활은 서구화에 대한 반작용이지 근대화에 대한 반작용은 아니다.[32]

"이슬람의 부활은 또한 서구의 세력과 권위가 약화된 결과이기도 하다. …… 서구의 전체적 상승세가 꺾이면서 서구의 이상과 제도도 매력을 상실했다"는 주장도 있다. 좀 더 구체적으로 보면 이슬람의 부활은 1970년대의 유가 상승에서 자극받았고 거기서 동인을 얻었다. 유가 파동으로 많은 이슬람 국가는 부와 힘을 엄청나게 축적했고 그것을 밑천으로 삼아 서구에 지배되고 종속당하던 관계를 역전시킬 수 있는 능력을 갖게 되었다. 이 당시 존 켈리John Kelly는 다음의 사실을 관찰했다. "서구인에게 모욕적인 처벌을 가하는 데서 사우디아라비아인은 분명히 이중의 만족감을 얻는다. 그것은 사우디아라비아의 힘과 주체성을 드러낼 뿐 아니라 그리스도교에 대한 경멸과 이슬람의 우월성을 공공연하게 나타내기 때문이다." 부유한 아랍 산유국들의 태도는 역사적, 종교적, 인종적, 문화적 배경 속에서 이해하면, 그리스도교 세계를 중동 이슬람 세계에 종속시키려는 대담한 시도다.[33] 사우디아라비아·리비아 등은 풍부한 석유 자원을 이용해 이슬람의 소생을 지원하고 자극했다. 경제력을 갖춘 이슬람교도들은 서구 문화에 매료당했던 상태를 부정하고 비이슬람 사회에서 이슬람의 위치와 중요성을 부각시키는 데 혼신의 힘을 쏟고 있다. 과거 서구의 경제력이 서구 문화의 우월성을 입증하는 증거로 받아들여졌던 것처럼 석유자산은 이슬람의 우위를 알리는 증거로 내세워졌다.

유가 급등을 등에 업은 아랍 산유국의 기세는 1980년대에 들어와 한풀 꺾였지만 이슬람의 인구 증가는 지속적인 힘을 불어넣고 있다. 동아시아의 부상이 경이적인 경제성장에서 추진력을 얻었다면 이슬람의 부활은 인구의 폭발적 증가에서 추진력을 얻고 있다. 이슬람의 인구 증가율, 특히 발칸·북아프리카·중앙아시아 지역의 인구 증가율은 인접 여러 나라 또는 세계 전체의 평균 인구 증가율을 크게 웃돈다. 1965년에서 1990년 사이 세계 인구는 33억에서 53억으로 불어나 연평균 1.85퍼센트의 성장률을 보였다. 같은 기간 중 이슬람 사회의 인구 증가율은 내내 2퍼센트를 상회했다. 주로 2.5퍼센트를 넘었고 때로는 3퍼센트를 웃돌았다. 가령 1965년에서 1990년 사이에 마그레브(북아프리카 북서부 곧 모로코·알제리·튀니지, 때론 리비아를 포함하는 지방 — 옮긴이) 지역의 인구는 매년 2.65퍼센트씩 성장해 1980만 명에서 5900만 명으로 불어났다. 특히 알제리 인구는 연평균 3퍼센트씩 늘었다. 같은 기간 동안 이집트 인구는 2.3퍼센트씩 늘어나 2940만 명에서 5240만 명이 되었다. 1970년에서 1990년 사이 중앙아시아의 연평균 인구 증가율은 타지키스탄이 2.9퍼센트, 우즈베키스탄이 2.5퍼센트, 투르크메니스탄이 2.5퍼센트, 키르기스스탄이 1.9퍼센트, 카자흐스탄이 1.1퍼센트씩 늘었다. 카자흐스탄의 경우 인구의 거의 절반이 러시아인이었다. 파키스탄과 방글라데시의 인구는 매년 2.5퍼센트씩 늘었고 인도네시아의 인구 증가율도 연평균 2퍼센트를 상회했다. 앞에서도 언급했지만 전 세계에서 이슬람 인구가 차지하는 비율은 1980년의 18퍼센트에서 2000년에는 23퍼센트로, 2025년에는 31퍼센트로 늘어날 전망이다.[34]

마그레브는 물론 그밖의 지역에서도 인구 증가율은 절정에 이르렀

〈표 5-1〉 폭증하는 이슬람 국가의 청년 인구

| 1970년대 | 1980년대 | 1990년대 | 2000년대 | 2010년대 |
|---|---|---|---|---|
| 보스니아 헤르체고비나 | 시리아 | 알제리 | 타지키스탄 | 키르기스스탄 |
| 바레인 | 알바니아 | 이라크 | 투르크메니스탄 | 말레이시아 |
| 아랍에미리트연합국 | 예멘 | 요르단 | 이집트 | 파키스탄 |
| 이란 | 터키 | 모로코 | 이란 | 시리아 |
| 이집트 | 튀니지 | 방글라데시 | 사우디아라비아 | 예멘 |
| 카자흐스탄 | 파키스탄 | | 쿠웨이트 | 요르단 |
| | 말레이시아 | | 수단 | 이라크 |
| | 키르기스스탄 | | | 오만 |
| | 타지키스탄 | | | 리비아 |
| | 투르크메니스탄 | | | 아프가니스탄 |
| | 아제르바이잔 | | | |

**자료**: 〈그림 5-2〉 참조. 15~24세 연령 집단이 총인구에서 차지하는 비중이 절정에 이르렀거나 이를 것으로 예상되는 연도.

다가 하락세로 돌아섰지만 절대 인구의 증가세는 여전히 엄청날 것이며 이러한 인구 증가의 여파는 21세기 전반기에 두루 감지될 것이다. 당분간 이슬람 인구에서 젊은 층이 차지하는 비중은 기형적으로 클 것이며 특히 10대와 20대의 인구 증가가 두드러질 것이다〈그림 5-2〉. 게다가 이 연령 집단은 도시 거주자가 압도적으로 많을 것이며 상당수가 최소한 중학교 이상의 학력을 가질 것이다. 대규모의 인구 증가와 사회적 활동 인구의 폭증이 맞물리면 다음과 같은 중대한 정치적 결과가 나타난다.

우선 젊은이는 반항·불안정·개혁·혁명을 지지하는 세력이다. 역

〈그림 5-2〉 인구 위기: 이슬람 · 러시아 · 서구

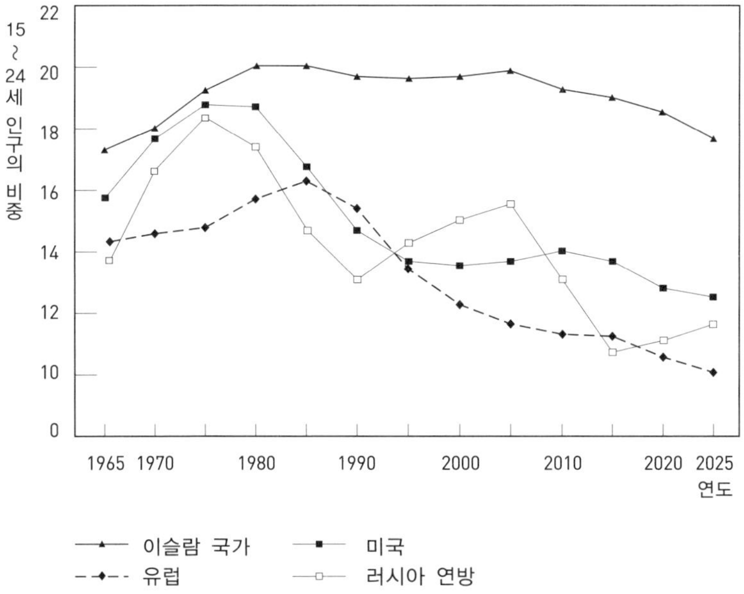


**자료**: 유엔 인구국 경제사회정보 · 정책분석부, 《세계 인구 전망, 1994년 개정판》 New York: United Nations, 1994; 유엔 인구국 경제사회정보 · 정책분석부, 《세계 인구의 성별 · 연령별 구성, 1994년 개정판》 New York: United Nations, 1994.

사적으로 보아도 청년층에 해당하는 인구 집단이 컸을 경우 사회가 변혁으로 치닫는 경우가 많았다. 프로테스탄트 개혁은 역사에 등장하는 두드러진 청년 운동의 한 예라고 주장하는 사람도 있다. 인구 증가는 17세기 중반과 18세기 후반 유라시아에서 일어난 두 차례 혁명의 파고에서 핵심적 요소로 등장한다는 논리를 잭 골드스톤Jack Goldstone은 설득력 있게 제시하고 있다.[35] 서구 여러 나라에서 청년의 비중이 눈에 띄게 커진 18세기의 마지막 몇십 년은 바로 '민주주의 혁명의 시대'였다. 19세기의 성공적 산업화와 대규모 이민은 유럽 사회에서 청

년 인구가 가지는 정치적 영향력을 감소시켰다. 그러나 1920년대에 청년 인구는 다시 급증해 파시즘을 비롯한 극단주의 운동의 인적 자원을 제공했다.[36] 다시 40년 뒤 제2차 세계대전 이후의 베이비붐 세대는 1960년대의 시위와 항거에서 정치적 영향력을 분출시켰다.

이슬람의 청년 인구는 이슬람의 부활에 흔적을 남기고 있다. 1970년대에 이슬람 부활의 시동이 걸리고 1980년대에 그 추세가 가속이 붙는 동안 주요 이슬람 국가의 청년 인구(즉 15~24세까지의 연령 집단) 비율은 급상승해 전체 인구의 20퍼센트를 웃돌기 시작했다. 상당수의 이슬람 국가에서 청년 인구가 차지하는 비중은 1970년대와 1980년대 절정에 이르렀으며 일부 국가에서는 다음 세기 초에 가장 절정에 이를 것으로 전망된다〈표 5-1〉. 이들 나라에서 과거 또는 미래의 절정기 청년 인구 비율은 사우디아라비아를 제외하고는 모두 20퍼센트가 넘는다. 21세기 초반 10년 안에 절정기에 이를 것으로 전망되는 사우디아라비아의 청년 인구 비율은 20퍼센트에 조금 못 미친다. 청년 인구는 이슬람 조직과 정치 운동에 필요한 인적 자원을 제공한다. 1970년대에 들어와 이란 인구에서 청년층이 차지하는 비중이 급격히 치솟아 70년대 후반에는 20퍼센트를 육박한 사실과 1979년에 이란 혁명이 터진 것은 우연의 일치가 아니다. 1990년대 초반 알제리의 인구구성이 이런 기준점에 도달했을 때 이슬람 정당이 대중적 지지를 얻어 선거에서 승리를 거둔 것 또한 우연의 일치가 아니다. 이슬람 청년 인구의 증가는 정치적으로 의미심장한 다양한 지역적 편차를 드러내기도 한다〈그림 5-3〉. 자료를 신중하게 다룰 필요가 있지만 보스니아헤르체고비나와 알바니아의 청년 인구 비율은 금세기 말에 가서 급속하게 줄어들 것으로 전망된다.

〈그림 5-3〉 폭증하는 이슬람 청년 인구의 현황

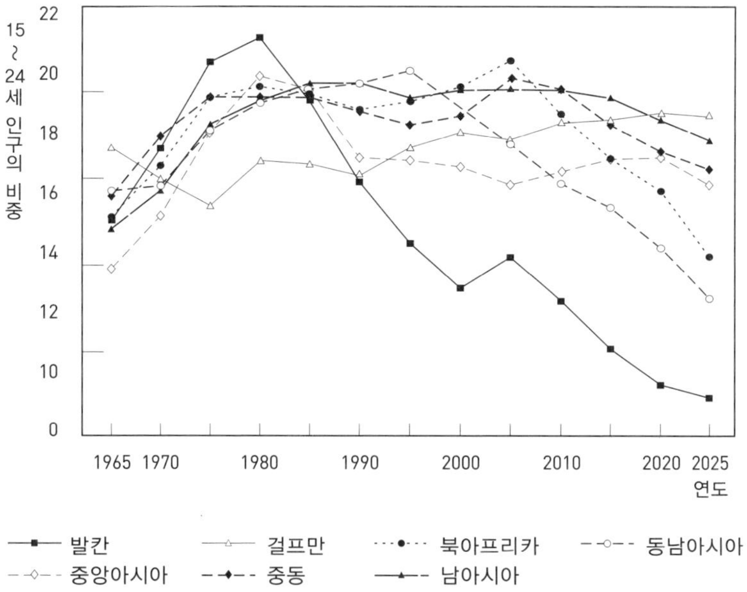


자료: 〈그림 5-2〉 참조.

그 경우 옛 유고슬라비아 지역에 평화가 조속히 정착될 수도 있지만 이슬람교도에 대한 세르비아와 크로아티아의 공세가 강화될 가능성도 배제할 수 없다. 반면 페르시아 만 지역의 청년 인구 비율은 당분간 높은 수준을 유지할 것이다. 1988년 사우디아라비아의 압둘라 왕세자는 자기 조국이 당면한 가장 큰 위협은 청년층에서 부상하는 이슬람 원리주의라고 언급했다.[37] 인구 변화의 추세로 보아 이러한 위협은 21세기까지 당분간 지속될 것으로 전망된다.

아랍 국가들(알제리 · 이집트 · 모로코 · 시리아 · 튀니지)의 자연 인구 증가율은 1970년대와 1990년 사이 절정에 이르렀으므로 20대 초반의 구직 인구는 2010년까지는 계속 늘어날 것이다. 1990년과 비교해 구직 시장에 새로 진입하는 수는 튀니지에서 30퍼센트, 알제리·이집트·모로코에서 50퍼센트, 시리아에서 100퍼센트 증가할 것이다. 아랍 지역의 급격한 문맹률 감소는 글을 읽을 줄 아는 젊은 세대와 대부분 글을 모르는 노인 세대 사이의 간극을 낳고 있으며 이러한 '지식과 권력의 분열'은 '정치 체제에 긴장을 야기할 가능성'이 높다.[38]

인구 증가는 더 많은 자원을 요구한다. 따라서 인구밀도가 높거나 인구가 빠르게 증가하는 나라의 국민은 밖으로 진출해 영토를 점유하면서 인구 압박이 덜한 나라에 압력을 행사할 가능성이 높다. 그러므로 이슬람의 인구 증가는 이슬람 세계의 경계선에서 발생하는 이슬람 교도와 다른 민족들 사이의 분쟁에 핵심적 요인으로 등장한다. 인구 압력과 맞물린 경제 침체는 이슬람 인구를 서구와 그밖의 비이슬람 사회로 이동시킨다. 그래서 이들 사회에서 이민 증가는 주요한 사회 문제로 대두된다. 한 문화의 빠르게 늘어나는 인구와 다른 문화의 서서히 늘어나거나 성장이 멈춘 인구의 병존 상태는 양쪽 문화 모두에서 경제 및 정치구조 변화의 압력 요인으로 작용한다. 가령 1970년대에 옛 소련 지역에서는 이슬람 인구가 24퍼센트 늘어난 반면 러시아 인구는 6.5퍼센트밖에 늘어나지 않아 인구 균형에 급격한 변화가 왔고 중앙아시아의 공산당 지도부를 불안하게 만들었다. 1980년대에 26퍼센트나 증가한 체첸 인구는 러시아와의 긴장을 고조시켰다.[39] 마찬가지로 알바니아의 빠른 인구 증가는 세르비아·그리스·이탈리아를 불안하게 만든다. 이스라엘은 팔레스타인의 급격한 인구 증가를 예의 주시하고 있으며, 연평균 인구 증가율이 0.2퍼센트에도 못 미치는 스페인 또한 인구 증가율이 자국의 10배나 되지만 1인당 GNP는

10분의 1에도 못 미치는 북아프리카 지역의 동태를 불안한 시선으로 바라보고 있다.

## 변화하는 환경

두 자리 수의 경제성장을 무한정 지속시킬 수 있는 나라는 없으므로 아시아의 경제성장도 21세기 초반 어느 시점에 가서는 진정세로 돌아설 것이다. 일본의 고속 성장은 1970년대 중반을 고비로 뚝 떨어져 그 뒤로는 미국이나 유럽 각국의 경제성장률과 대동소이했다. 아시아의 '경제 기적'을 낳은 나라들도 하나둘 성장률이 떨어지기 시작해 복잡한 경제구조를 가진 나라들의 '정상' 수준에 접근할 것이다. 마찬가지로 종교 운동이나 문화 운동을 무한정 지속시킬 수 있는 나라도 없으므로 어느 시점에 가서는 이슬람 부활 현상도 역사의 뒤안으로 사라질 것이다.

그것이 일어날 가능성이 가장 높은 시점은 그러한 운동의 원동력으로 작용하는 인구 증가세가 한풀 꺾이는 21세기의 20년대와 30년대다. 그 시기가 오면 호전적 이슬람주의자와 이민의 수가 모두 감소하고 이슬람 내부의 갈등, 이슬람과 비이슬람의 갈등 수준도 줄어들 가능성이 높다. 이슬람과 서구가 밀착할 가능성은 희박하지만 분쟁의 소지는 그만큼 줄어들며 국지적 분쟁 대신 냉전이나 심지어는 냉화冷和, cold peace가 자리 잡을 공산이 크다.

그러나 앞으로 몇십 년 동안은 아시아의 경제성장과 이슬람의 인구 증가가 서구가 주도해온 국제질서에 커다란 불안 요인으로 작용할 것이다. 특히 세계 문제에 대한 발언권과 실제로 영향력을 행사할 수 있는 실력은 빠른 경제성장을 경험하고 있는 동아시아의 몫으로 더 많이 돌아갈 것이다. 다음 10년 동안에도 지금의 추세가 지속된다면 중국의 발전은 문명 사이의 관계에서 엄청난 세력 변동을 낳을 것이다. 게다가 그때쯤 가면 인도가 눈부신 경제성장을 하면서 세계무대의 주역으로 등장할 가능성이 있다. 그런가 하면 이슬람의 인구 증가도 문명의 세력 판도에 중요한 불안요인으로 작용할 것이다. 중등교육을 받은 청년 인구의 급증은 이슬람 부활의 추진력으로 나타날 것이며 이슬람의 호전성과 이민도 계속 늘어날 것이다. 그 결과 앞으로 몇십 년 동안은 비서구 문명의 힘이 지속적으로 증대하면서 비서구 문명과 서구 문명의 충돌, 비서구 문명과 비서구 문명의 충돌이 나타날 것이다.

제 3 부

# 문명의 새로운 질서

Chapter 6

# 세계정치의 문화적 재편

## 집단성의 모색: 동질성의 정치학

세계정치는 근대화의 자극을 받으면서 문화의 경계선을 따라 재편되고 있다. 비슷한 문화를 가진 민족과 국가끼리 뭉치는 현상이 나타난다. 이념과 강대국을 중심으로 정의되던 제휴관계가 문화와 문명으로 정의되는 제휴관계로 바뀌고 있다. 정치적 경계선이 문화적 경계선 곧 민족적, 종교적, 문명적 경계선과 일치해 가는 추세에 있다. 냉전 시대의 블록을 대신해 문화적 결속이 등장했으며 문명과 문명의 단층선이 세계정치에서 주요 분쟁선으로 변모하고 있다.

냉전 시대에는 한 국가가 다른 많은 나라들처럼 비동맹 노선을 고수할 수 있었으며 또 일부 나라가 그랬던 것처럼 동맹관계를 바꿀 수도 있었다. 한 국가의 지도자들은 자국의 안보 상황에 대한 독자적 판단, 세력균형에 대한 자기 나름의 계산, 이념적 선호를 바탕으로 관계 변화를 선택할 수 있었다. 그러나 새로운 세계에서는 문화적 동질성이 한 나라의 우방과 적국을 규정하는 본질적 요인이다. 냉전 구조에 편입되는 것은 피할 수 있었지만 국가가 문화 정체성 없이 존재할 수는 없게 되었다. "너는 어느 편인가?"라는 물음은 "너는 누구인가?"라는 훨씬 근원적인 물음으로 바뀌었다. 모든 나라는 이 물음에 답하지 않으면 안 된다. 그 답변, 곧 한 나라의 문화적 정체성이 세계정치에서 그 나라가 차지하는 위치, 그 나라의 친구와 적수를 규정한다.

1990년대에 들어와 정체성의 위기 현상이 전 세계적으로 폭발했다. "우리는 누구인가?", "우리는 어디에 속하는가?", "우리가 아닌 쪽은 누구인가?"라고 묻는 사람들이 도처에서 목격된다. 이런 물음들은 옛 유고슬라비아의 경우처럼 새로운 민족국가를 세우려고 노력하는 사람들에게만 중요한 것이 아니다. 1990년대 중반 국가의 정체성이 활발히 논의된 지역은 알제리·캐나다·중국·독일·영국·인도·이란·일본·멕시코·모로코·러시아·남아프리카공화국·시리아·튀니지·터키·우크라이나·미국 등이다. 물론 정체성의 문제는 상이한 문화적 배경을 가진 상당 규모의 인구 집단들을 거느린 분열 국가에서 특히 강하게 표출된다.

정체성의 위기를 극복하기 위해 사람들이 주로 의지하는 것은 혈연·믿음·신앙·가족이다. 사람들은 비슷한 조상·종교·언어·가치관·제도를 가진 사람들과 뭉치고 그렇지 않은 사람들과는 거리를 둔다. 냉전 시대에 유럽의 오스트리아·핀란드·스웨덴은 문화적으로는 서구의 일원이면서도 서구와는 거리를 두고 중립을 지킬 수밖에 없었다. 그러나 이제 문화적 동질성을 가진 유럽 공동체에 참여했다. 과거 바르샤바 조약기구에 들어갔던 폴란드, 헝가리, 체코, 슬로바키아 같은 가톨릭·프로테스탄트 국가들은 EU와 NATO 가입을 목전에 두고 있으며 발트 제국諸國도 비슷한 움직임을 보이고 있다. 유럽 열강들은

EU 안에 이슬람 국가인 터키가 들어오는 것을 원하지 않는다는 뜻을 분명히 밝히고 있다. 이들은 또한 유럽 대륙 안에 또 하나의 이슬람 국가인 보스니아헤르체고비나가 등장하는 것을 달가워하지 않는다. 북쪽에서는 소련의 몰락과 함께 발트 공화국들 사이에서, 또 이들과 스웨덴, 핀란드 사이에서 새로운 (그러나 오랜 역사를 가진) 동맹형태가 출현하고 있다. 스웨덴 총리는 발트 공화국들이 스웨덴의 '가까운 이웃'이며 러시아가 이들 국가를 침공할 경우 스웨덴은 중립을 지키지 않으리라는 점을 러시아에 분명히 못 박았다.

이와 비슷한 형세 변화가 발칸 지역에서도 나타난다. 냉전 시대만 하더라도 그리스와 터키는 함께 NATO에 불가리아와 루마니아는 같은 바르샤바 조약기구에 소속된 동맹국이었다. 유고슬라비아는 비동맹 노선을 고수했으며 알바니아는 한때 중국과 유대관계를 맺었던 고립국가였다. 이제 이러한 냉전 구도는 이슬람과 정교에 뿌리를 둔 문명 구도로 바뀌고 있다. 발칸의 지도자들은 그리스-세르비아-불가리아의 정교 동맹관계를 공고히 해야 한다고 역설한다. 그리스 수상은 이렇게 단언한다. "발칸 전쟁은 …… 정교의 끈이 갖는 호소력을 수면으로 끌어올렸다. …… 그것은 유대다. 그동안 잠복되었다가 발칸 지역의 사태 전개와 함께 구체적 실체로 드러나고 있다. 변화무쌍한 세계에서 사람들은 정체성과 안전을 찾는다. 사람들은 미지의 것으로부터 스스로를 지키고자 뿌리와 연줄을 찾아 나선다." 이러한 견해는 세르비아의 한 주요 야당 지도자의 발언과 일맥상통한다. "현재의 남동부 유럽 정세로 보아 이슬람의 잠식을 저지하기 위해 세르비아·불가리아·그리스를 포함하는 새로운 발칸 정교국 동맹이 조만간 결성될 필요가 있다." 북쪽으로 올라가면 같은 정교국 세르비아와 루마니아는 가톨릭 국가인 헝가리와의 관계에서 안고 있는 공통의 문제에 대처하기 위해 긴밀한 공조를 펴고 있다. 소련의 위협이 사라지면서 그리스와 터키의 '부자연스러운' 동맹은 사실상 의미를 잃었다. 이 두 나라는 에게 해, 키프로스, 군사적 균형, NATO와 EU에서의 역할, 미국과의 관계를 놓고 사사건건 충돌하고 있다. 발칸 지역에서 이슬람교도의 보호자 역할을 자임하는 터키는 보스니아헤르체고비나를 지원한다. 옛 유고슬라비아 지역에서 러시아는 정교 세르비아를, 독일은 가톨릭 크로아티아를, 이슬람 국가들은 보스니아헤르체고비나 정부를 합심해서 지원한다. 세르비아는 크로아티아, 보스니아헤르체고비나 이슬람교도, 알바니아 이슬람교도와 싸운다. 전체적으로 보아 발칸 지역은 종교적 경계선을 따라 다시금 발칸화되었다. "2개의 축이 등장한다"고 미샤 글레니Misha Glenny는 지적한다. "하나는 동방 정교의 의상을 입었고 다른 하나는 이슬람 복장을 하고 있다. 베오그라드-아테네 축과 알바니아-터키 축 사이의 주도권을 둘러싼 분쟁이 가열될 가능성이 상존한다."[1]

정교를 믿는 옛 소련의 벨라루스·몰도바·우크라이나는 러시아 쪽으로 접근한다. 아르메니아와 아제르바이잔은 싸움을 벌이고, 러시아와 터키는 분쟁 당사국들을 지원하면서 서로를 견제한다. 러시아 군은 타지키스탄의 이슬람 원리주의자들과 체첸의 이슬람 민족주의자들과 싸운다. 반면 터키·이란·사우디아라비아는 이 신생국들과의 관계를 다지고자 막대한 노력을 기울인다. 인도와 파키스탄은 카슈미르를 놓고 반목을 벌이며 인도 내에서도 이슬람 원리주의 세력과 힌두 원리주의 세력 사이에서 새로운 갈등이 싹트고 있다.

6개의 상이한 문명이 발생한 동아시아에서는 군비 확산 경쟁이 벌어지고 있으며 영토의 분쟁이 전면에 표출되기도 했다. 홍콩, 대만, 싱가포르와 동남아시아의 화교들은 점차 중국과의 관계가 깊어지면서 본토에 접근하고 있으며 본토 의존도도 커지는 추세다.

한국과 북한은 더디기는 하지만 통일의 길로 전진하고 있다. 동남아시아 여러 나라에서는 한편으로 이슬람과, 다른 한편으로는 중국과 그리스도교 사이에 긴장이 증대하고 있으며 때로는 이것이 폭력으로 분출되기도 한다.

라틴아메리카에서는 경제적 결속체, 즉 메르코수르(남미공동시장), 안데스 조약, 삼각 조약(멕시코·콜롬비아·베네수엘라), 중미공동시장이 새로 나타나, 경제 통합이 문화적 동질성에 바탕을 두었을 때 더욱 신속하고 광범위하게 이루어진다는 EU의 교훈을 다시금 입증하고 있다. 그런가 하면 미국과 캐나다는 NAFTA(북미자유무역협정) 안에 멕시코를 끌어들이고자 노력 중이다. 장기적으로 이 과정이 성공할 수 있느냐는 멕시코가 스스로를 라틴아메리카 문화에서 북아메리카 문화로 새롭게 규정할 수 있는지의 여부에 달려 있다.

냉전 질서가 무너지면서, 세계 각국은 새로운 대립과 제휴를 진전시키거나 해묵은 대립과 제휴를 소생시키고 있다. 집단성을 추구하는 이들은 비슷한 문화, 동일한 문명을 가진 나라와의 관계에서 그러한 집단성을 발견한다. 정치인들이 민족국가의 울타리를 넘어서는 '더 큰' 문화적 공동체를 부추기면 대중은 거기서 일체감을 맛본다. 그래서 나오는 구호가 '대세르비아', '대터키', '대헝가리', '대크로아티아', '대아제르바이잔', '대러시아', '대알바니아', '대이란', '대우즈베키스탄'이다.

정치와 경제의 지형도는 문화와 문명의 지형도와 늘 일치하는가?

물론 그렇지 않다. 세력균형을 고려하면 때로는 프란츠 1세가 합스부르크 제국에 맞서 오스만과 손을 잡듯이 문명의 울타리를 넘어선 연합이 가능하기도 하다. 뿐만 아니라 한 시대에 어떤 국가들이 목적을 이루기 위해 형성한 결합의 형태는 다음 시대까지 지속되기도 한다. 하지만 이것은 점점 느슨해지고 의미를 잃어가기 마련이며 새로운 시대의 목표에 맞게 수정되곤 한다. 그리스와 터키는 앞으로도 NATO 회원국으로 분명히 남겠지만 NATO의 여타 회원국들과 이들의 관계는 약화될 가능성이 높다. 미국과 일본·한국의 관계, 미국과 이스라엘의 사실상의 동맹관계, 미국과 파키스탄의 안보관계도 변화를 겪을 것이다. ASEAN 같은 다문명 국제기구는 자신의 정합성을 유지하는 데 점차 어려움을 느낄 것이다. 냉전 시대에 상이한 강대국들의 동반자였던 인도와 파키스탄은 이제 자신의 국가 이익을 새롭게 정의하면서 문화적 정치 지형도의 현실을 반영하는 새로운 결속을 추구한다. 소련의 영향력을 저지하기 위해 서구가 제공한 지원에 의존하던 아프리카 국가들은 점차 남아프리카공화국의 지도력과 원조를 바라고 있다.

문화적 동질성이 사람들의 결속과 응집을 낳고 문화적 이질성이 반목과 갈등을 낳는 이유는 무엇일까?

첫째, 모든 사람은 친척·직업·문화·제도·영토·교육·당파·이념 등의 다양한 차원에서 때로는 갈등하고 때로는 협력하는 복수적 정체성을 가지고 있다. 한 차원의 정체성은 상이한 차원의 정체성들과 충돌할 수도 있다. 대표적인 예로, 1914년 독일 노동자들은 국제 프롤레타리아에 대한 계급 정체성과 독일 민족과 독일 제국에 대한 민족 정체성 사이에서 선택을 해야 했다. 현대 세계에서 문화적 정체성은 다른 차원의 정체성들에 비해 그 중요성이 비약적으로 커지고 있다.

정체성은 대체로 얼굴과 얼굴을 직접 마주하는 수준에서 가장 강력한 의미를 갖는다. 그러나 좁은 의미의 정체성이 넓은 의미의 정체성과 반드시 갈등을 빚는 것은 아니다. 군 장교는 자신의 중대, 연대, 사단에 대한 제도적 정체성을 가질 수 있다. 마찬가지로 개인은 자신의 씨족, 민족 집단, 국적, 종교, 문명에 대한 문화적 정체성을 가질 수 있다. 낮은 수준에서 문화적 정체성이 부각되면 높은 수준에서 더 두드러지게 나타나게 된다. 버크는 이렇게 지적한다. "하위의 파당성이 전체에 대한 애정을 절멸시키지는 않는다. …… 하부 단위에 애착을 느낀다는 것, 우리가 소속되어 있는 작은 소대를 사랑한다는 것은 국민정서의 제1원칙(말하자면 근간)을 이룬다." 문화가 중요성을 갖는 세계에서 소대는 종족, 중대는 민족, 군 전체는 문명에 해당한다. 전 세계적으로 문화의 경계선을 따라 사람들이 재편되는 현상이 두드러지게 나타난다는 것은 문화 집단들 사이의 갈등이 점차 중요해진다는 것을 의미한다. 문명은 가장 광범위한 문화적 실체다. 따라서 상이한 문명에서 유래한 집단 간의 갈등은 세계정치에서 점점 중요한 뜻을 갖는다.

둘째, 3장과 4장에서 살펴보았듯이 문화 정체성이 점차 부각되고 있다. 개인적 차원에서는 혼란과 소외의 한복판에서 더욱 의미 있는 정체성에 대한 욕구가 생기고 사회적 차원에서는 비서구 사회의 실력과 힘이 증대함에 따라 토착 문화와 정체성에 대한 새로운 자각이 일어나는 사회적, 경제적 근대화의 결과다. 세계의 주요한 종교에서 '원리주의' 운동이 동시다발적으로 등장하는 것은 이러한 사태 전개의 뚜렷한 조짐이다. 그러나 '신의 설욕'은 원리주의 운동 집단에만 국한되어 나타나는 현상은 아니다.

셋째, 정체성은 어떤 차원에서든(개인적, 부족적, 인종적, 문명적) '타자', 곧 다른 개인, 부족, 인종, 문명과의 관련성 속에서 정의된다. 과거의 역사를 보아도 동일한 문명 안에 들어가 있는 국가들이나 그밖의 정치적 실체들 사이의 관계는 상이한 문명에 속한 국가들이나 정치적 실체들 사이의 관계와는 달랐다. '우리와 같은' 사람들을 대하는 태도를 규정하는 원칙과 우리와 같지 않은 '야만인'들에 대한 태도를 규정하는 원칙은 같지 않았다. 그리스도교 국가들끼리 서로 교섭하는 원칙과 터키라든가 그밖의 '이교도들'을 다루는 원칙은 달랐다. 이슬람교도들은 '다르 알 이슬람'과 '다르 알 하르브'에 대해 각각 다르게 행동했다. 중국인 해외 화교와 비중국계 외국인을 다르게 대우했다. 문명화된 '우리'와 문명 외곽의 '그들'은 인류 역사에서 늘 나타나는 변수다. 이러한 차이는 다음과 같은 요인들에서 유래한다.

- 판이한 것으로 여기는 사람들에게서 느끼는 우월감(때로는 열등감).
- 그런 사람들에 대한 신뢰감의 결여나 두려움.
- 언어라든가 예의 바른 행동에 대한 기준의 차이에서 나타나는 의사소통의 어려움.
- 다른 사람들의 전제, 동기, 사회적 관계, 사회적 관습에서 느끼는 생소함.

교통과 통신이 발전하면서 상이한 문명에 속한 사람들 사이의 교섭 또한 더욱 심층적이고 포괄적이며 균형 잡힌 방식으로 빈번하게 이루어지고 있다. 그 결과 문명적 정체성이 점차 부각된다. 프랑스인, 독일인, 벨기에인, 네덜란드인은 점점 스스로를 유럽인으로 생각한다. 중동의 이슬람교도는 보스니아헤르체고비나인과 체첸인을 지원해야 한다는 공동의 사명감을 느낀다. 동아시아 지역에 흩어진 중국인은 중국 본토의 이익을 대변하려고 노력한다. 러시아인은 세르비아를 비롯한 정교권의 민족들을 지원하려고 애쓴다. 이러한 광범위한 수준의 문명적 정체성을 통해 문명 간의 차이와 '우리'와 '그들'을 가르는 내용을 지켜야 한다는 의식이 얼마나 뿌리 깊은가를 잘 알 수 있다.

넷째, 상이한 문명 배경을 가진 국가나 집단 사이의 갈등 원인은 인간 집단 사이에서 갈등을 낳던 원인들과 대체로 유사하다. 인구, 영토, 부, 자원, 상대적 권력을 장악하여, 다른 집단이 자기 집단에 가하는 수준보다 자신의 가치관, 문화제도를 다른 집단에 조금이라도 더 이식하려고 애쓰는 데서 야기되는 싸움이다. 그러나 문화 집단 사이의 갈등은 문화적 사안을 담고 있다. 가령 마르크스-레닌주의와 자유주의라는 세속 이념에서 나타나는 차이는 해소되지 않더라도 논의는 할 수 있다. 물질적 이익을 둘러싼 의견 대립은 절충이 가능하며 원만히 타협에 이르는 경우도 많다. 그러나 문화적 사안은 그렇지 않다. 아요디아에 신전을 지어야 하느냐 모스크를 지어야 하느냐를 놓고 힌두교도와 이슬람교도가 벌이는 갈등은 그곳에 두 건물을 다 짓는다고 해서, 혹은 아예 어떤 건물도 짓지 않는다고 해서, 또는 모스크와 신전을 절충한 형태의 건물을 짓는다고 해서 해소될 수 있는 성격의 문제가 아니다. 코소보 지역을 둘러싼 알바니아 이슬람교도와 세르비아계 정교도의 대립, 예루살렘을 둘러싼 이스라엘과 아랍의 대립 같은 영토 주권의 문제는 쉽사리 해결되기 어렵다. 이 지역들이 양진영 모두에게 깊은 역사적, 문화적 정서적 의미를 가지고 있기 때문이다. 마찬가지로, 이틀에 한 번 여학생들에게 이슬람 의상을 입고 등교할 수 있게 하는 절충안은 프랑스 당국도 이슬람교도 학부모들도 모두 받아들이지 않을 공산이 크다. 이러한 문화적 사안들은 전부 아니면 전무, 다시 말해 제로섬 선택의 문제다.

마지막으로 다섯째, 분쟁의 보편성이다. 증오는 자연스러운 인간의 감정이다. 사람들이 스스로를 정의하고 행동 욕구를 느끼기 위해서는 적이 필요하다. 사업 분야의 경쟁자, 성취도를 놓고 다투는 라이벌, 정치적 앙숙이 필요하다. 자기와는 다르고 자기를 해칠 능력이 있다고 여겨지는 존재를 사람들은 대체로 불신하며 거기서 위협을 느낀다. 하나의 분쟁이 해소되고 하나의 적수가 사라지면 개인적, 사회적, 문화적 압력이 작용해 새로운 적수를 만들어낸다. 마즈루이는 "'우리'와 '그들'이라는 대립 구도는 정치 영역에서 거의 보편적으로 발견되는 양상이다"라고 지적했다.[2] 현대 세계에서 '그들'은 다른 문명에 속한 사람들을 가리키는 의미로 점점 사용되고 있다. 냉전의 종식은 분쟁을 종식시킨 것이 아니라, 문화에 뿌리를 둔 새로운 정체성, 가장 광범위한 수준에서는 문명을 형성하게 될 상이한 문화에서 유래한 집단들 사이의 새로운 갈등 양상을 낳았다. 아울러 공통의 문화는 그 문화를 공유하는 국가나 집단 사이의 협조를 낳는다. 이것은 특히 경제 부문에서 국가들 사이의 지역 연합이 출현하는 현상에서 확인된다.

## 문화와 경제 협력

1990년대 초반 세계정치의 지역주의와 지역화에 대한 언급이 늘고 있다. 지역 분쟁이 세계 안보의 중요한 사안으로 전면에 등장하는 사례 또한 늘고 있다. 러시아, 중국, 미국 같은 주요 강대국은 물론 스웨덴, 터키 같은 중진 국가들도 자신의 안보 이익을 지역적 용어로 노골화하고 있다. 지역 내부의 무역은 지역과 지역 사이의 무역보다 빠른 속도로 늘고 있다. 이에 따라 유럽인, 북아메리카인, 동아시아인의 지역 경제 블록의 대두를 점치는 사람들이 많아졌다.

그러나 '지역주의'라는 용어는 현실을 제대로 묘사하지 못한다. 지역은 지리적 실체이지 정치적 또는 문화적 실체가 아니다. 발칸과 중동의 예에서 알 수 있듯이 하나의 지역은 문명 내적, 문명 외적 갈등으로 갈갈이 찢길 수 있다. 지역은 지리와 문화가 일치하는 경우에만 국가들 사이의 협조를 낳는 기반이 될 수 있다. 문화적 이질성이 크면 지리적 근접성은 동질성을 낳는 것이 아니라 오히려 정반대로 갈등을 증폭시킨다. 군사 동맹과 경제 협력은 회원국 사이의 협조를 요구하는데, 이 협조는 상호 신뢰에 기초하며, 신뢰는 다시 공통의 가치관과 문화로부터 가장 쉽게 얻어진다. 시대 분위기와 정책 목표도 나름대로의 역할을 하지만 지역기구의 전체적 효율성은 회원국의 문명적 다양성에 대체로 반비례한다. 일반적으로 단일 문명기구가 복수 문명기구보다 효과적으로 움직인다. 이 원리는 정치기구와 안보기구는 물론 경제기구에도 똑같이 적용된다.

NATO가 성공을 거둔 것은 그것이 공동의 가치관과 철학적 전제를 가진 서유럽 국가들의 중추적 안보기구로 출범한 데서 크게 힘입었다. WEU(서유럽연합)는 공통된 유럽 문화의 소산이다. 반면 OSCE(유럽안보협력기구)는 판이한 가치관과 이해관계를 지닌 최소한 3개 문명권의 국가들로 구성되어 있으므로 의미 있는 제도적 동질성을 발전시키고 활동 반경을 넓히는 데 일정한 한계가 있다. 과거 영국의 식민지였으며 영어가 공용어인 13개국으로 구성된 단일 문명 성격의 CARICOM(카리브공동체)은 다양하고 광범위한 협력관계를 발전시켰으며 일부 회원국들 사이에서는 더욱 긴밀한 공조체계를 낳았다. 그러나 카리브 지역에서 영어권과 스페인어권의 단층선을 더욱 포괄적인 카리브 기구로 연결하려는 노력은 수포로 돌아갔다. 마찬가지로 1985년에 결성된 지역 협력을 위한 남아시아 연합은 7개의 힌두교, 이슬람교, 불교 국가로 구성되어 있어 거의 유명무실한 기구가 되었으며 회의 한 번 제대로 열지 못하는 지경에 이르고 말았다.[3]

문화와 지역주의의 관계는 경제 통합의 영역에서 극명하게 드러난다. 국가 간의 경제 연합은 크게 4단계로 구분할 수 있다.

- 자유무역지대
- 관세 연합
- 공동 시장
- 경제 연합

EU는 공동 시장과 함께 경제 연합의 수많은 요소들을 받아들여 통합 단계의 가장 깊은 곳까지 나아갔다. 비교적 동질성이 강한 메르코수르와 안데스 조약은 1994년 관세 연합을 체결하는 단계에 도달했다. 복수 문명으로 이루어진 ASEAN의 경우 자유무역지대를 향한 첫걸음을 1992년 이제 막 내디뎠을 뿐이다. 다른 복수 문명 경제기구는 이보다 훨씬 지지부진한 상태에 있다. 1995년 현재 NAFTA를 제외하고 복수 문명의 경제기구 중 경제 통합은 고사하고 자유무역지대 발족에 성공한 사례조차 없다.

서유럽과 라틴아메리카에서 지역기구가 효율적으로 가동하면서 의미 있는 협력관계가 뿌리 내리는 데 성공한 것은 문명적 동질성이 밑바탕에 깔려 있기 때문이다. 서유럽인과 라틴아메리카인은 자신들이 공통의 문화를 가지고 있음을 자각하고 있다. 동아시아에는 5개(러시아를 집어넣을 경우 6개)의 문명이 존재한다. 따라서 동아시아는 공통의 문명에 뿌리를 두지 않고서도 의미 있는 지역기구 발전이 가능한지를 확인할 수 있는 중요한 시금석이 될 수 있다. 1990년대 초반 동아시아에는 NATO에 비견할 수 있는 안보기구나 다자간 군사 동맹이 존재하지 않았다. 복수 문명 지역기구인 ASEAN은 1967년 중화권 1개국, 이슬람권 2개국, 불교권 1개국, 그리스도교권 1개국에 의해 발족되었다. 당시 이들은 내부의 좌익 혁명 세력과 북베트남 그리고 중국의 잠재적 위협이라는 공동의 안보 위기를 앞에 두고 뭉쳤다.

ASEAN은 흔히 효과적인 다문화 국제기구의 한 예로서 언급되곤 한다. 하지만 이것은 그러한 기구의 한계를 드러내는 좋은 예이기도 하다. ASEAN은 군사 동맹이 아니다. 회원국들은 군사적 쌍무 협조관계를 맺기도 하지만 서유럽과 라틴아메리카에서 군사비가 감축되는 현상과는 대조적으로 ASEAN 각국은 군사 예산을 경쟁적으로 늘리면서 무력 증강에 힘쓰고 있다. 경제적 측면에만 국한시켜 보더라도 ASEAN은 출범 당시부터 경제 통합보다는 경제 협력에 초점을 맞추고 있다. 따라서 지역주의는 완만한 페이스로 발전했으며 21세기를 목전에 둔 지금까지 아직 자유무역지대 하나 제대로 성사시키지 못하고 있다.[4] 1978년 ASEAN은 각료급 회담을 출범시켜 회원국 외무장관들과 미국·일본·캐나다·호주·뉴질랜드·한국·EU 등 '대화를 위한 동반 국가'의 외무장관들이 만날 수 있는 장을 만들었다. 그러나 이 회담은 기본적으로 2자 대화를 위한 포럼의 성격이 강했으며 '중요한 안보 사안'을 다룰 수 있는 능력이 없었다.[5] 1993년 ASEAN은 더욱 광범위한 토론의 장으로서 ARF(아세안지역안보포럼)를 발족시켰으며 여기에는 회원국과 동반 국가 외에도 러시아·중국·베트남·라오스·파푸아뉴기니가 가담했다. 그 이름이 암시하듯이 이 기구는 집단 대화를 위한 장이었지 집단 행동을 위한 장이 아니었다. 1994년 7월 첫 회담을 가지면서 회원국들은 '지역 안보 문제에 대한 각국 견해의 발표'를 표방하고 나섰지만 중요한 사안은 누락시켰다. 한 관리의 지적대로 그러한 사안이 거론될 경우 관련 참가자들이 서로를 공격하고 나설 가능성이 있었기 때문이었다.[6] ASEAN과 그 후속 기구들의 활동은 복수 문명 지역기구에 내재된 한계성을 여실히 드러낸다.

의미 있는 동아시아 지역기구는 그 기구를 지탱할 만한 동아시아의 문화적 동질성이 충분히 확보될 때만 무르익을 것이다. 동아시아 사회에도 이 지역을 서구와 구별시키는 공통성이 있다. 말레이시아의 마하티르 총리는 이러한 공통성은 EAEC의 출범을 위한 밑바탕을 제공했다고 주장한다. 이 기구에는 ASEAN 회원국과 미얀마·대만·홍콩·한국 그리고 무엇보다 중국과 일본이 참여한다. 마하티르는 EAEC가 공동의 문화에 뿌리를 두고 있다고 주장한다. "EAEC는 동아시아 지역에 있다는 이유로 단순한 지리적 그룹으로 간주해서는 안 되며 그것은 어디까지나 문화적 집단이다. 동아시아인은 일본인이든 한국인이든 인도네시아인이든 문화적으로 어떤 유사점을 지니고 있다. …… 유럽이 자기들끼리 뭉치고 아메리카인이 자기들끼리 뭉치듯이 우리 아시아인은 아시아인끼리 뭉쳐야 한다." 마하티르의 한 측근 인사가 밝히듯이 EAEC의 목적은 동질성을 지닌 아시아 국가들끼리 역내 무역을 증진하는 데 있다.[7]

따라서 EAEC의 저변에 깔린 전제는 경제가 문화에 종속된다는 것이다. 호주, 뉴질랜드, 미국이 EAEC에서 배제된 이유는 이들 국가가 문화적으로 아시아가 아니기 때문이다. 그러나 EAEC의 성패는 일본과 중국의 참여 여부에 달려 있다. 마하티르는 일본에게 합류할 것을 역설한다. "일본인은 아시아인이다. 일본인은 동아시아인이다." 그는 일본인 청중 앞에서 그렇게 못 박았다. "여러분은 엄연한 지리 문화적 사실을 외면할 수 없다. 여러분은 이곳에 속해 있다."[8] 그러나 일본 정부는 미국의 심기를 건드릴지 모른다는 우려와 함께 일본이 아시아에 소속감을 느껴야 하는지를 놓고 내부적으로 의견 수렴이 되지 않은 상태이므로 EAEC에 동참하겠다는 의사를 선뜻 밝히지 않고 있다. 만일 일본이 EAEC에 참여할 경우 일본이 EAEC를 주도할 가능성이 높으며 회원국들이 불안과 우려를 느낄 것이고 중국의 강한 반발 또한 예상된다. EU와 NAFTA에 맞서기 위해 일본이 아시아를 '엔 블록화' 할 것이라는 전망은 오래 전부터 제기되었다. 그러나 일본은 이웃 국가들과 문화적 공통성이 지극히 적은 외로운 국가이며 1995년 엔 블록이 구축된 듯한 조짐은 어디에서도 발견되지 않았다.

ASEAN이 굼뜨게 움직이고 엔 블록이 한낱 공상으로만 머물며 일본이 휘청거리고 EAEC가 제구실을 하지 못하는 동안에도 동아시아 지역의 경제적 상호 의존도는 비약적으로 커졌다. 이러한 무역 규모의 확대는 동아시아 화교권의 문화적 결속에 뿌리를 두고 있다. 이러한 결속은 중국에 기반을 둔 국제 경제의 지속적인 비공식 통합을 낳으면서 사실상 중국 공동 시장으로 나아가고 있다.[9] 그 과정은 여러 면에서 과거 유럽의 한자 동맹에 비견할 만하다. 다른 지역에서와 마찬가지로 동아시아에서도 문화적 동질성은 의미 있는 경제적 통합을 위한 전제 조건이다.

냉전의 종식은 새로운 지역경제기구를 출범시키거나 과거의 지역 경제기구를 부활시키는 자극제의 역할을 했다. 이러한 노력의 성패는 관련국들의 문화적 동질성에 크게 의존한다. 시몬 페레스Shimon Peres가 1994년에 내놓은 중동 공동 시장 구상은 당분간 사막의 신기루로 남아 있을 공산이 크다. 한 아랍 관리는 "아랍 세계는 이스라엘이 참여하는 제도나 개발은행의 설립 필요성을 못 느낀다"고 지적했다.[10] 1994년 CARICOM을 아이티와 이 지역의 스페인어권 국가들과 연계시키고자 발족한 ACS(카리브국가연합)는 회원국들의 다양한 성격과 과거 영국 식민지였던 국가들의 편협성, 그들의 압도적인 미국 지향성을 극복하는 듯한 조짐을 거의 보이지 않고 있다.[11] 한편으로는 문화적으로 좀 더 동질적인 기구를 만들려는 노력도 진행되고 있다. 하위 문명의 경계선을 따라서 나뉘어져 있음에도 불구하고 파키스탄, 이란, 터키는 1977년 자신들이 출범시켰다가 거의 유명무실해진 지역 개발 협력체를 다시 부활하면서 ECO(경제협력기구)로 명칭을 고쳤다. 그 후 관세 인하를 포함한 후속 조치가 뒤따랐으며 1992년 ECO 회원국으로 아프가니스탄과 옛 소련의 6개 이슬람 공화국들이 추가로 들어왔다. 그런가 하면 1991년 옛 소련의 5개 중앙아시아 공화국들이 공동 시장을 창설하자는 데 원칙적으로 동의했으며 1994년에는 가장 큰 두 나라인 우즈베키스탄과 카자흐스탄이 상품, 서비스, 자본의 자유로운 이동을 허용하고 양국의 재정, 금융, 관세 정책을 조율하도록 규정한 조약에 서명했다. 1991년 브라질, 아르헨티나, 우루과이, 파라과이는 경제 통합의 정상적 이행 단계를 크게 앞당기기 위해 메르코수르에 동참했으며 1995년까지는 부분적인 관세 연합이 출범했다. 1990년에는 이제까지 지지부진하던 중앙아메리카 공동 시장이 자유무역지대를 창설했으며 1994년에는 마찬가지로 활동이 미진하던 안데스 그룹이 관세 연합을 본격 가동했다. 1992년에는 비셰그라드 국가군(폴란드, 헝가리, 체코, 슬로바키아)이 중부 유럽 자유무역지대를 출범시키기로 합의했고 1994년에는 그 실현 일정을 앞당기기까지 했다.[12]

경제 통합은 교역 확대를 낳는다. 1980년대와 1990년대 초반 역내 무역은 역외 무역에 비해 더욱 중요해졌다. 1980년 EU의 역내 무역은 이 지역 무역량의 50.6퍼센트를 차지했지만 1989년에는 58.9퍼센트로 늘어났다. 역내 무역의 비중이 높아지는 추세는 북아메리카와 동아시아에서도 감지되고 있다. 라틴아메리카의 경우도 메르코수르의 출범과 안데스 조약의 부활과 함께 1990년대 초반 역내 무역량이 급격히 치솟았다. 1990년에서 1993년까지 브라질과 아르헨티나의 무역량이 3배로, 콜롬비아와 베네수엘라의 무역량이 4배로 뛰었다. NAFTA가 출범하면서 미국과 멕시코의 교역량 역시 크게 치솟았다. 동아시아 지역의 역내 무역량도 역외 무역량보다 빠르게 늘어났지만 자국 시장을 폐쇄하려는 일본의 경향으로 그 팽창 규모가 많이 줄어들었다. 반면 중국 문화권에 속한 나라들(ASEAN, 대만, 홍콩, 한국, 중국)끼리의 무역량은 1970년 이 지역 무역량의 20퍼센트에서 1992년에는 30퍼센트로 증가했다. 반면 일본의 역내 무역량은 23퍼센트에서 13퍼센트로 줄어들었다. 1992년 중국권의 역내 수출량은 이 지역의 미국에 대한 수출량, 일본과 유럽에 대한 수출량을 더한 값보다도 많았다.[13]

독특한 사회구조와 문명을 가진 일본은 동아시아와의 경제적 결속, 미국 및 유럽과의 경제적 이견 조정에 애를 먹고 있다. 동아시아 다른 나라들과 아무리 무역량을 늘리고 투자를 강화한다 해도 일본은 이들 나라와의 문화적 차이, 특히 이 지역의 경제를 주도하는 화교 경제 엘리트들의 견제로 NAFTA나 EU에 견줄 만한 경제 블록을 일본의 주도로 구축하는 데 한계가 있다. 뿐만 아니라 서구와의 문화적 차이는 일본과 미국, 유럽과의 경제적 관계에서 오해와 적대감을 악화시킨다. 경제 통합이 문화적 동질성에 달려 있다면 문화적으로 고립된 나라 일본의 미래는 경제적으로도 암울하다.

과거의 경우 국가 간의 교역 양태는 동맹에 뒤이어 나타나거나 그와 맥락을 같이했다.[14] 앞으로의 세계에서 무역의 양태는 문화가 결정한다. 기업가들은 서로 이해하고 신뢰할 수 있는 상대와 거래를 한다. 국가들은 서로 이해하고 신뢰할 수 있는 비슷한 성향의 국가들로 이루어진 국제적 결사체에 주권을 양도한다. 경제 협력의 뿌리는 문화적 동질성에 놓여 있다.

## 문명의 구조

냉전 시대의 국가들은 양대 초강대국과 동맹국, 위성국, 종속국, 중립국, 비동맹국으로서 관계를 맺고 있었다. 탈냉전 시대의 국가들은 문명들과 소속국member state, 핵심국, 고립국lone state, 단절국cleft state, 분열국torn state으로서 관계를 맺는다. 부족이나 민족처럼 문명 또한 정치적 구조를 갖는다. 소속국은 한 문명에 문화적으로 완전히 동질감을 느끼는 나라다. 아랍-이슬람 문명에 동조하는 이집트와 유럽-서구 문명에 동조하는 이탈리아가 좋은 예다. 하나의 문명은 그 문명을 공유하고 거기에 동조하는 사람들은 물론 다른 문명에 속한 사람들이 지배하는 국가에서 살아가는 사람들도 밑에 거느린다. 대부분의 문명은 그 문명의 소속국들이 자기 문화의 근원 또는 뿌리로 간주하는 한 군데 이상의 성지를 가지고 있다. 이 장소는 일반적으로 핵심국, 다시 말해서 가장 막강한 힘을 가진 문화적 중심 국가 안에 자리잡고 있다.

핵심국의 수와 역할은 문명마다 다르고 시대별로도 다르다. 일본 문명은 하나로 존재하는 일본 핵심국과 사실상 일치한다. 중화, 정교, 힌두 문명은 압도적 지배력을 가진 하나의 핵심국, 다수의 소속국, 상이한 문명권의 사람들이 지배하는 지역에서 살아가지만 자기 문명의 뿌리를 잃지 않고 있는 사람들(해외 화교, 독립국가연합 곳곳에 포진한 러시아인, 스리랑카의 타밀인)을 거느린다. 역사적으로 서구에는 다수의 핵심국이 있었는데 지금은 그것이 둘이다. 하나는 미국이고 또 하나는 독일-프랑스다. 영국은 그 중간에 준중심국으로 떠 있다. 이슬람, 라틴아메리카, 아프리카에는 핵심국이 없다. 이것은 아프리카와 중동을 분할했고 정도는 덜하지만 과거 몇 세기 동안 라틴아메리카를 분할한 바 있는 서구 열강의 제국주의에서 부분적으로 그 역사적 원인을 찾을 수 있다.

이슬람 세계에 핵심국이 존재하지 않는 것은 5장에서 논의했듯이 이슬람 사회와 비이슬람 사회 모두에게 중요한 문제점이 되고 있다. 라틴아메리카의 경우는 스페인이 스페인어권, 나아가서는 이베리아 문명의 핵심국 역할을 할 수도 있겠지만, 스페인의 지도자들은 과거의 식민지들과 문화적 유대는 계속 유지하면서도 유럽 문명의 일원으로 남는 길을 의식적으로 선택했다. 영토, 자원, 인구, 군사력, 경제력

면에서 브라질은 라틴아메리카를 주도하는 나라가 될 자격이 있고 가능성도 많다. 그러나 브라질과 라틴아메리카의 관계는 이란과 이슬람의 관계와 비슷하다. 핵심국으로서의 자격은 충분히 갖추었지만 하위 문명 수준의 차이점(이란은 종교, 브라질은 언어) 때문에 그런 역할을 수행하는 데 어려움을 겪고 있다. 따라서 라틴아메리카에서는 브라질, 멕시코, 베네수엘라, 아르헨티나 등이 주도권을 놓고 공조와 경쟁을 동시에 벌이는 복잡한 양상이 벌어진다. 멕시코가 라틴아메리카에서 떨어져 나와 북아메리카에서 자신의 정체성을 찾으려는 시도를 하고 칠레 등이 그 뒤를 따르면서 라틴아메리카의 상황은 한결 복잡해졌다. 장기적으로 라틴아메리카 문명은 하나로 녹아들어 세 갈래를 가진 서구 문명의 한 변형으로 발전할 가능성도 있다.

아프리카에서는 하나의 중심국이 주도권을 행사하는 데 제약이 많다. 이 지역이 프랑스어권과 영어권으로 양분되어 있기 때문이다. 한때는 코트디부아르가 프랑스어권 아프리카의 핵심국이었다. 그러나 프랑스어권 아프리카의 진정한 핵심국은 예나 지금이나 프랑스라는 데 이견을 제기하는 사람은 드물다. 프랑스는 과거의 식민지들이 독립한 다음에도 그들과 긴밀한 군사적, 경제적, 정치적 관계를 맺어왔다. 아프리카의 핵심국이 될 만한 자격을 갖춘 나라는 나이지리아와 남아프리카공화국으로 이들은 모두 영어권 국가다. 나이지리아는 영토, 자원, 위치 면에서 핵심국이 될 만한 잠재력을 갖추었지만, 내부 분열, 부패의 만연, 정치 불안정, 정부의 억압적 정책, 경제 난국 때문에 몇몇 예외적 사안을 제외하고는 핵심국으로서의 역할을 수행하는 데 한계를 드러내고 있다. 타협을 통해 흑백 인종차별 구조에서 민주체제로 평화롭게 이행했고 막강한 산업 생산력과 풍부한 자연 자원,

군사력을 가졌으며 아프리카의 다른 나라에 비해 경제적으로 크게 앞섰고 흑백 정치인들이 무난히 국정을 이끌고 있는 남아프리카공화국이 남부 아프리카, 나아가서는 영어권 아프리카, 그리고 종국적으로는 사하라 이남의 아프리카 전역을 주도해갈 가능성이 가장 높다.

고립국은 다른 나라들과의 문화적 동질성이 결여되어 있다. 가령 에티오피아는 이 나라의 국어이며 에티오피아 고유문자로 표기하는 암하라어, 콥트 정교(그리스도교파의 하나로 5세기 중엽 알렉산드리아 주교의 주도 아래 로마, 콘스탄티노플 교회로부터 분리했다 — 옮긴이), 제국주의 역사, 인접한 이슬람 국가들과의 종교적 차이 때문에 문화적으로 고립되어 있다. 아이티의 지도층은 전통적으로 프랑스와의 문화적 유대를 소중히 여겼지만 이 나라의 국어인 크리올어, 부두교, 봉기한 노예들이 세운 나라라는 특수성, 피로 얼룩진 역사 때문에 고립국으로 남아 있다. 시드니 민츠Sidney Mintz도 모든 국가는 특수하다는 점을 인정하지만 "아이티는 비길 데 없이 특이하다"고 말했다. 1994년의 아이티 위기 때만 하더라도 라틴아메리카 국가들은 이 사태를 라틴아메리카의 문제로 여기지 않았으며, 쿠바 난민은 받아들였어도 아이티 난민은 받아들이지 않았다. 파나마의 대통령 당선자는 "라틴아메리카에서 아이티는 라틴아메리카 국가로 인정되지 않는다. 아이티인은 다른 언어를 쓴다. 그들은 상이한 인종적 뿌리와 문화를 가지고 있다. 그들은 판이하다"고 말했다. 아이티는 영어를 공용어로 쓰는 카리브 해의 여러 나라로부터 고립되어 있다. 한 평론가의 지적에 따르면 아이티는 아이오와 주나 몬태나 주 출신뿐 아니라 그레나다나 자메이카 출신에게도 낯설다. '아무도 원하지 않는 이웃' 아이티는 그야말로 천애고아다.[15]

가장 중요한 고립국 일본은 일본 문명의 유일한 국가이자 핵심국이다. 일본의 특이한 문화를 공유하는 국가는 전혀 없으며 일본에서 외국으로 이주한 사람들은 그 나라에서 극히 소수에 머물러 있거나 아니면 그 나라의 문화에 동화되었다(가령 일본계 미국인). 일본의 문화가 매우 특수하며 보편화가 가능한 종교(그리스도교, 이슬람교)나 이념(자유주의, 공산주의)을 외국에 수출하여 그 나라들과 문화적 연계를 맺을 가능성 또한 없다는 점에서 일본의 고립감은 한층 깊어진다.

거의 모든 나라는 성격이 판이한 둘 이상의 민족적, 인종적, 종교적 집단을 포함하고 있다는 점에서 이질적이다. 많은 나라들은 이 집단들의 차이점이나 갈등이 그 나라 정치에서 중요한 역할을 한다는 점에서 분열되어 있다고 볼 수 있다. 이 분열의 깊이는 대체로 시간이 흐르면서 변화한다. 한 국가 안의 깊은 분열은 대규모 폭력으로 치닫거나 그 나라의 존립 자체를 위기에 빠뜨릴 수도 있다. 자치나 분리를 지향하는 운동은 문화의 차이가 지리의 차이와 일치할 때 분출될 가능성이 가장 높다. 문화와 지리가 일치하지 않을 경우 민족 청소나 강제 축출을 통해 일치를 낳으려는 움직임이 나타날 수도 있다.

동일한 문명에 속하지만 뚜렷한 문화의 차이를 지닌 국가들은 분리를 경험했거나(체코슬로바키아) 분리의 가능성을 안고 있다(캐나다). 그러나 깊은 분열은 대규모 인구 집단들이 상이한 문명권에 속한 단절국에서 출현할 가능성이 높다. 그러한 분열과 여기에 수반하는 갈등은 한 문명권에 속한 다수 집단이 자신의 정치 체제로 온 나라를 규정하려 하고 자기의 언어, 종교, 상징을 국가 전체에 강요하려고 시도할 때 악화된다. 인도, 스리랑카, 말레이시아에서 힌두교도, 신할라인, 이슬람교도가 바로 그런 시도를 했다.

문명과 문명 사이의 단층선에 걸터앉은 단절국은 국가적 통일성을 유지하는 데 특히 어려움을 겪는다. 수단에서는 북부의 이슬람교도와 남부의 그리스도교도 사이에서 수십 년째 내전이 벌어지고 있다. 똑같은 문명적 분열이 나이지리아의 정치를 비슷한 기간 동안 광기로 몰아넣었으며 쿠데타, 폭동, 폭력과 한 차례의 대규모 분리주의 전쟁을 촉발했다. 탄자니아에서는 그리스도교 정령 신앙을 떠받드는 본토와 아랍 이슬람교도가 다수를 점하는 잔지바르 섬이 분열되어 여러 가지 면에서 사실상 별개의 국가로 나뉘었으며, 1992년에는 잔지바르가 비밀리에 OIC(이슬람협력기구)에 가입했다가 탄자니아의 설득으로 이듬해 탈퇴했다.[16] 이와 동일한 그리스도교-이슬람교의 분열은 케냐에서도 긴장과 분쟁을 낳았다. 아프리카 동부에서는 그리스도교도가 다수를 점하는 에티오피아와 이슬람교도가 압도적으로 많은 에리트레아가 1993년 결국 갈라섰다. 그러나 에티오피아에는 아직도 이슬람교를 신봉하는 적잖은 수의 오로모족이 남아 있다. 이밖에도 문명의 단층선으로 갈라진 국가들은 인도(이슬람교도와 힌두교도), 스리랑카(신할라 불교도와 타밀 힌교도), 말레이시아와 싱가포르(중국인과 말레이시아계 이슬람교도), 중국(한족, 티베트 불교도, 터키계 이슬람교도), 필리핀(그리스도교도와 이슬람교도), 인도네시아(이슬람교도와 티모르의 그리스도교도) 등이 있다.

문명 단층선의 분열 효과가 두드러지는 지역은 냉전 시대에 마르크스-레닌주의 이념을 내건 권위주의적 공산주의 정권에 의해 강제로 통합된 단절국이다. 공산주의가 붕괴하면서 결속과 배척을 낳는 원동력은 이념이 아니라 문화가 되었다. 유고슬라비아와 소련은 문명의 경계선을 따라 뭉친 새로운 단위들로 분리되었다. 옛 소련은 발트 공화국(프로테스탄트 및 가톨릭), 정교 공화국, 이슬람 공화국으로 갈라졌고, 유고슬라비아는 가톨릭을 믿는 슬로베니아와 크로아티아, 이슬람교도가 부분적 세력을 잡고 있는 보스니아헤르체고비나, 정교 인구가 다수를 점하는 세르비아-몬테네그로와 마케도니아로 갈라졌다. 이들 분리 지역에 여전히 다양한 문명 집단이 존재한 경우 거기서 다시 2차 분열이 이루어졌다. 보스니아헤르체고비나는 전쟁을 통해 세르비아 지역, 이슬람교도 지역, 크로아티아 지역으로 쪼개졌으며, 크로아티아는 세르비아계와 크로아티아계로 갈라졌다. 알바니아 이슬람교도가 다수를 점하는 코소보 지역은 정교를 신봉하는 슬라브계 세르비아 내부에 있는데 아직은 평화를 유지하고 있지만 이 지역은 늘 일촉즉발의 긴장이 감돈다. 마케도니아에서도 소수파인 알바니아 이슬람교도와 다수파인 슬라브계 정교 인구 사이에서 긴장이 고조되고 있다. 옛 소련의 많은 공화국들이 문명의 단층선에 걸쳐 있다. 이것은 소련 정부가 국경선을 인위적으로 설정했기 때문이다. 그 결과 러시아인이 거주하는 크림 지역이 우크라이나 영토로 편입되었으며 아르메니아인이 거주하는 나고르노카라바흐가 아제르바이잔에 속하게 되었다. 러시아 영토에 거주하는 이슬람교도의 수는 비교적 적으며 이들은 주로 북부 캅카스와 볼가 지역에 산다. 에스토니아, 라트비아, 카자흐스탄에는 적잖은 수의 러시아인이 거주하는데 이들을 이 지역에 거주시킨 것도 상당 부분 소련 당국의 정책적 고려였다. 우크라이나는 연합동방가톨릭 신자가 다수를 점하며 민족주의 의식이 높아 우크라이나어를 공용어로 쓰는 서부 지역과 동방 정교를 믿으며 러시아어 사용 인구가 많은 동부 지역으로 분열되어 있다.

단절국의 경우 둘 이상의 문명권에서 유래한 주요 집단들은 사실상 서로가 다른 민족이며 다른 세계에 속해 있다고 주장한다. 그들은 배척하는 힘 때문에 분리되지만 한편으로는 다른 나라의 자신과 동일한 문명이 지닌 흡인력에 끌려간다. 분열국은 한 문명 안에서 어엿한 지배력을 가진 단일 문화를 가지고 있지만 그 나라의 지도부가 다른 문명으로 옮겨가기를 바라는 국가다. 그들은 "우리는 같은 민족이며 모두 같은 세계에 속해 있지만 우리가 사는 땅을 바꾸고 싶다"고 말한다. 단절국의 국민과는 달리 분열국의 국민은 자신들이 누구인지에 대해서는 의견 통일을 보지만 어떤 문명에 들어가는 것이 바람직한가에 대해서는 국론이 갈라져 있다. 일반적으로 지도층의 상당수는 케말주의 전략을 수용하면서 그들 사회가 비서구 문화와 제도를 배격하고 서구에 합류해야 한다고 보면서 근대화와 서구화를 동시에 추진해야 한다고 주장한다. 러시아는 표트르 대제 이후로 자신이 서구 문명의 일부인가 아니면 뚜렷한 독자성을 지닌 유라시아 정교 문명의 주축인가를 놓고 의견 통일을 이루지 못한 분열국으로 남아 있다. 케말 아타튀르크의 조국은 물론 분열국이다. 터키는 1920년대부터 줄곧 근대화와 서구화의 길, 즉 서구의 일원이 되는 길을 추구해왔다. 멕시코가 미국에 대항해 자신을 라틴아메리카 국가로 정의한 지 거의 두 세기가 지난 1980년대에 이 나라의 지도부는 그들을 북아메리카 세계의 일원으로 새롭게 정의했고 그 결과 멕시코는 분열국이 되었다. 반면에 호주 지도자들은 1990년대에 들어와 서구로부터 탈피하여 호주를 아시아의 일원으로 편입시키려 애쓰고 있다. 역방향으로 움직이는 분열국인 셈이다. 분열국에는 두 가지 공통점이 있다. 분열국의 지도자들은 자기 나라가 두 문화를 잇는 '가교'라고 선전하는 반면 외부인들은 그 나라가 야누스의 얼굴을 가졌다고 묘사한다. '서쪽을 보다가 동쪽을 보는 러시아', '터키: 동인가 서인가, 무엇이 최선인가?', '호주 민족주의: 분열된 충성'은 분열국의 자기 정체성 문제를 다루는 신

문 기사에 전형적으로 나타나는 제목이다.[17]

## 분열국: 문명 이동의 실패

분열국이 자신의 문명적 정체성을 새롭게 정의하는 데 성공하기 위해서는 적어도 다음 세 가지 요건이 갖춰져야 한다. 첫째, 그 나라의 정치, 경제 엘리트가 이러한 운동을 적극적으로 지지하고 나서야 한다. 둘째, 일반 대중은 정체성을 재정의하는 과정에서 최소한 침묵을 지켜야 한다. 셋째, 그 나라가 지향하는 문명(대개는 서구 문명)의 주요 구성원들이 개종자를 수용할 의사를 갖고 있어야 한다. 정체성을 재정의하는 과정 앞에는 숱한 장애물이 가로놓여 있으며 그것은 정치, 사회, 제도, 문화적으로 크나큰 고통을 동반한다. 그리고 지난 역사의 기록에 비추어 볼 때 실패할 수밖에 없는 운명에 있다.

**러시아**

1990년대 멕시코가 분열국으로 들어선 기간은 불과 몇 년에 지나지 않고 터키도 기껏해야 수십 년이다. 반면 러시아는 수 세기 전부터 분열의 길에 들어섰다. 또 터키나 멕시코와는 달리 러시아는 주요 문명의 핵심국이다. 터키나 멕시코가 자신을 서구 문명의 일원으로 새롭게 정의하는 데 성공한다 하더라도 그것이 이슬람 문명이나 라틴아메리카 문명에 미치는 여파는 미미하거나 제한적일 것이다. 그러나 러시아가 서구에 편입될 경우 동방 정교 문명은 존립 기반을 잃는다. 소련의 몰락은 두 가지 중요한 문제를 야기했다. 러시아는 서구와의 관계에서 스스로를 어떻게 정의 내려야 하는가? 러시아는 동방 정교와 또 소련 제국의 일원이었던 신생 공화국들과 어떤 관계를 맺어야 하는가?

러시아와 서구 문명의 관계는 크게 네 단계로 발전해왔다. 1단계는 표트르 대제(재위 1682~1725)까지 이어졌다. 그때까지 키예프 대공국과 모스크바 대공국은 서구로부터 분리되어 있었고 서유럽 국가와 거의 접촉이 없었다. 러시아 문명은 비잔틴 문명의 지류로서 발전했으며 러시아는 13세기 중반부터 15세기 중반까지 몽골의 지배를 받았다. 러시아는 로마 가톨릭, 봉건제, 르네상스, 종교 개혁, 해외 영토 개척과 식민화, 계몽주의, 국민국가의 형성 등 서구 문명을 역사적으로 규정하는 현상들에 거의 노출된 적이 없었다. 그때까지 서구 문명의 뚜렷한 특징으로 파악되던 8가지 특성 중에서 7가지(종교, 언어, 정교 분리, 법치, 사회적 다원주의, 대의제, 개인주의)를 러시아는 서구와 거의 공유하지 못한 셈이나 마찬가지였다. 유일한 예외는 그리스-로마의 유산이었는데 이것마저도 비잔틴을 통해 한 다리 건너서 온 것이었지 서구처럼 로마로부터 직접 주입받은 것은 아니었으므로 성격이 크게 달랐다. 러시아 문명은 키예프 대공국과 모스크바 대공국의 토착 뿌리 위에 비잔틴 문화가 가세하고 여기에 몽골의 장기 지배가 복합적인 영향을 미쳐서 출현했다. 이러한 영향력들은 성격적으로 다른 힘들의 영향 아래 서유럽에서 발전한 사회나 문화와는 극히 유사성이 적은 사회와 문화를 만들어냈다.

17세기 후반의 러시아는 유럽과 판이했을 뿐 아니라 유럽에 비해 크게 낙후되어 있었다. 그 사실을 표트르 대제는 1697~1698년의 유럽 시찰에서 절감했다. 그는 조국 근대화와 서구화의 단호한 의지를 품고 러시아로 돌아왔다. 케말 아타튀르크는 그의 국민이 유럽인과 흡사해지도록 터키모자의 착용을 금지시켰다. 비슷한 의도에서 표트르는 모스크바에 돌아오자 우선 귀족들의 턱수염을 강제로 밀고 긴 가운과 원뿔형의 모자를 착용하지 못하게 했다. 케말 아타튀르크는 아랍문자 대신 로마문자를 채택했다. 표트르는 키릴문자를 폐지하지는 않았지만 문자체계를 개선하고 서구식 단어와 표현을 받아들였다. 무엇보다도 그가 주안점을 둔 것은 러시아 군사력의 확충과 현대화였다. 그는 해군을 창설하고 징병제를 도입했으며 방위 산업을 육성하고 각종 기술학교를 세우는 한편 서구에 유학생을 파견하여 무기, 선박, 조선, 항해, 행정 조직 같은 군대의 효율성 제고에 필요한 선진 지식을 도입했다. 이러한 개혁을 물질적으로 뒷받침하기 위해 그는 조세제도를 대대적으로 개혁 및 확충했고, 재위 말년에는 정부 조직을 개편했다. 러시아를 단순히 유럽 안에 있는 한 나라가 아니라 유럽 안에 있는 열강으로 만들기 위해 그는 모스크바를 버리고 상트페테르부르크에 새로운 수도를 건설했으며, 발트 해에서 러시아의 주도권을 확립하고 유럽 무대에서 발언권을 확대하고자 스웨덴과 북방 전쟁을 벌였다.

그러나 러시아를 근대화와 서구화의 길로 밀어 넣는 과정에서 표트르는 전제주의를 완성하고 사회적 다원주의나 정치적 다원주의의 잠재적 발전 동인을 제거해 러시아의 아시아적 특성을 강화하기도 했다. 러시아의 귀족은 한 번도 권력을 잡아 본 적이 없다. 표트르는 귀족을 더욱 몰아붙여 귀족의 군대 복무를 의무화하고 혈통이나 사회적 신분이 아닌 개인의 능력에 바탕을 둔 관등표를 만들었다. 귀족도 농민처럼 국가에 대한 병역의무를 져야 하는 '굽실거리는 귀족 사회'는 외국의 귀족들을 격분시키기도 했다.[18] 농노는 토지와 지주에게 더욱 항구적으로 예속되어 자율성이 한층 약화되었다. 예전부터 광범위한 국가의 통제 아래 있었던 동방 정교회는 새로운 조직 개편을 거쳐 차르tsar가 직접 임명하는 종교 회의의 지배 아래 들어갔다. 차르는 또 당시의 상속 관행을 따르지 않고 후계자를 자신이 자유롭게 선정할 수 있는 권한을 확보했다. 이 일련의 변화를 통해 표트르는 러시아에서 근대화와 서구화가 전제주의와 긴밀하게 연결되어 있다는 사실을 실증했다. 표트르의 전범에 따라 레닌, 스탈린 그리고 정도는 덜하지만 예카테리나 2세, 알렉산드르 2세도 다양한 방식으로 러시아를 서구화하고 근대화하면서 중앙 독재를 강화하는 길로 나아갔다. 적어도 1980년대까지 러시아의 민주주의자는 대체로 서구주의자였다. 그러나 서구주의자가 모두 민주주의자는 아니었다. 우리는 러시아에서 권력의 중앙집권화가 사회 경제개혁의 필수 불가결한 요소였음을 알 수 있다. 1980년대 후반 고르바초프의 측근들은 글라스노스트가 경제의 자유화를 추구하는 과정에서 양산한 각종 장애물을 거론하면서 자신들이 이러한 사실을 진작 깨닫지 못한 점을 한탄했다.

오스만 제국과 달리 러시아 제국은 유럽 국제 체제의 일원으로 받아들여졌다. 국내에서 표트르의 개혁은 일련의 변화를 가져왔지만 러시아는 이질적 사회로 남아 있었다. 상층부에 포진한 소수 엘리트를 제외하면 아시아적·비잔틴적 생활방식, 제도, 믿음은 러시아 사회를 여전히 지배했으며 러시아인도 유럽인도 러시아를 그런 맥락에서 이해했다. "러시아를 할퀴면 타타르가 상처를 입는다"고 조제프 드 메스트르Joseph de Maistre는 말했다. 표트르는 분열국을 만들었다. 그리고 19세기에 들어와 슬라브주의자와 서구주의자는 이런 불행한 현실을 함께 개탄하면서도, 철저한 유럽화를 통해 이런 상태를 종식시킬 것이냐 아니면 유럽의 영향력을 일소해 진정한 러시아의 영혼으로 복귀할 것이냐를 놓고서는 의견이 엇갈렸다. 표트르 차다예프Pyotr Chaadayev 같은 서구주의자는 "태양은 서구의 태양"이라고 주장하면서 러시아는 이 햇볕을 기존의 제도에 투사해 변화를 도모해야 한다고 강조했다. 니콜라이 다닐레프스키Nikolai Danilevskiy 같은 슬라브주의자는 유럽화를 추구하는 노력이 민중의 생활방식을 외래의 형식으로 대체해 민중의 삶을 왜곡시키고 외국에서 빌려온 제도를 러시아 토양에 이식하고 러시아인 삶의 문제와 대내외 관계를 유럽이라는 외래의 관점을 통해, 즉 유럽인의 굴절 각도에 맞춘 렌즈를 통해 파악한다고 비판했다.[19] 그 뒤의 러시아 역사에서 포트르는 서구주의자의 영웅이 되었지만 그에 맞선 세력에게는 사탄의 수괴로 받아들여졌다. 러시아의 특수성을 강조하는 세력은 1920년대에 표트르를 반역자로 낙인찍었고, 유럽에 맞서 서구화를 거부하면서 수도를 다시 모스크바로 옮긴 볼셰비키들을 열렬히 환영했다.

볼셰비키 혁명은 러시아와 서구의 관계를 다음 단계로 이행시켰다. 이 관계는 애매모호하게 유지되어오던 지난 두 세기 동안의 관계와는 판이했다. 볼셰비키 혁명은 서구에서 탄생한 이념이지만 서구에서는 존립할 수 없는 새로운 정치 경제 체제를 만들었다. 그때까지 서구주의자와 슬라브주의자는 서구에 뒤처지지 않고도 러시아가 서구와는 다른 길을 걸을 수 있는가를 두고 열띤 논쟁을 벌였다. 공산주의는 이 문제를 간단히 해결했다. 러시아가 서구와 다르고 서구에 근본적으로 대항하는 이유는 러시아가 서구보다 앞섰기 때문이라고 공산주의는 설명했다. 러시아는 궁극적으로 세계 전체를 휩쓸 프롤레타리아 혁명에서 주도권을 거머쥐고 있었다. 러시아는 낙후된 아시아적 과거가 아니라 선진적 소련의 미래를 구현하고 있었다. 혁명을 통해 러시아는 서구를 껑충 뛰어넘었고 러시아와 서구의 차이점을 슬라브주의자들의 주장처럼 '너희는 다르고 우리는 너희처럼 되지 않을 것'이라는 논리가 아니라 '우리는 다르고 결국 너희는 우리처럼 될 것'이라는 논리로 설명했다. 그것이 국제 공산주의 운동의 메시지였다.

공산주의는 소련의 지도자들이 서구로부터 거리를 둘 수 있는 근거를 마련해주었지만 한편으로는 서구와의 강력한 연결 고리도 제공했다. 마르크스와 엥겔스는 독일인이었다. 19세기 말과 20세기 초 이들의 사상에 동조한 주요 인사는 서유럽인이었다. 1910년에 이르면 서구 사회에서 수많은 노동조합과 사회민주주의 세력이 이들의 이념에 동조하면서 유럽의 정치무대에서 무시 못 할 주역으로 점차 부상했다. 볼셰비키 혁명 이후 좌익 정당은 공산당과 사민당으로 갈라졌지만 이들은 유럽 각국에서 막강한 영향력을 행사했다. 서구 대부분의 지역에서 마르크스 세계관이 득세했다. 공산주의와 사회주의가 미래의 대세로 받아들여졌으며 많은 정치인과 지식인이 이런저런 형식으로 그것을 자신의 세계관으로 수용했다. 이 과정에서 러시아의 미래를 놓고 슬라브주의자와 서구주의자가 벌인 논쟁은 유럽에서 서구의 미래는 무엇인가, 소련이 그 미래를 선도하는가를 놓고 벌인 좌우의 논쟁으로 바뀌었다. 제2차 세계대전을 거치면서 실증된 소련의 힘은 서구와 특히 서구에 반기를 들기 시작한 비서구 문명에서 공산주의의 호소력을 높였다. 서구가 지배하던 비서구 사회에서 서구를 설득하려 애쓰던 엘리트들은 자결과 민주주의를 외쳤고 서구에 맞서길 원하던 엘리트들은 혁명과 민족 해방을 부르짖었다.

서구의 이념을 채택하고 그 이념을 서구에 맞서는 데 활용함으로써 러시아는 어떤 의미에서 과거 역사의 어느 시기보다 서구에 가까워졌고 서구와 긴밀한 관계를 맺게 되었다. 자유민주주의와 공산주의는 판이하지만, 양쪽 다 어떤 의미에서는 동일한 언어로 말했다. 공산주의가 몰락하고 소련이 붕괴하면서, 서구와 러시아의 정치적-이념적 상호 교섭도 끝났다. 서구는 옛 소련 제국 곳곳에서 자유민주주의가 승리를 거두리라 희망하기도 했고, 그렇게 예상하기도 했다. 그러나 역사는 서구의 바람대로 흘러가지는 않았다. 1995년 러시아를 비롯한 동방 정교 국가군에서 자유민주주의의 미래는 불확실했다. 뿐만 아니라 러시아인이 마르크스주의자로 처신하기를 포기하고 차츰 러시아인답게 행동하기 시작하면서 러시아와 서구의 골은 한층 깊어졌다. 자유민주주의와 공산주의의 갈등은 이념 분쟁이었으며, 판이한 성격 차이에도 불구하고 둘 다 근대적이고 세속적이며 자유, 평등, 물질적 복리라는 궁극적 목표에 대해 분명한 공감대가 형성되어 있었다. 서구의 민주주의자는 소련의 공산주의자와 지적인 대화를 나눌 수 있었다. 그러나 오늘날 서구의 민주주의자가 러시아 정교를 신봉하는 민족주의자와 생산적인 대화를 나누기란 거의 불가능할 것이다.

소련이 건재하던 시기에는 솔제니친의 추종파와 사하로프의 추종파가 모두 공산주의라는 결집체에 맞섰으므로 슬라브주의자와 서구주의자의 대립이 표면으로 부각되지 않았다. 그 결집체가 허물어지자 러시아의 진정한 정체성을 놓고 치열한 논쟁이 봇물처럼 터졌다. 러시아는 서구의 가치관, 제도, 관습을 받아들여 서구의 일원이 되려고 노력해야 하는가? 아니면 러시아는 뚜렷한 정교와 유라시아 문명을 구현하고 있으며 유럽과 아시아를 잇는 특이한 운명을 가졌다는 점에서 서구와 분명히 구별되는가? 지식인과 정치인, 일반 대중은 이 문제를 놓고 심각하게 의견이 엇갈려 있다. 한쪽에는 '코즈모폴리턴', '대서양주의자'로 지칭되기도 하는 서구주의자가 있고 또 한쪽에는 '민족주의자', '유라시아주의자' 혹은 '데르자브니키(강한 정부 옹호론자)' 등으로 다양하게 불리는 슬라브주의자의 후예가 존재한다.[20]

이 두 집단은 경제정책과 국가구조를 두고 견해 차이를 보이지만 가장 큰 차이점은 외교정책에서 나타난다. 한 극단에서 또 다른 극단으로 이어진 연속체 위에 다양한 의견이 분포되어 있다. 한쪽 극단에는 고르바초프가 제창한 '신사고'와 '유럽 공동의 집' 구상이 있으며, 러시아가 '보통국가'로 나아가 서방 선진 공업국 모임인 G-7에 여덟 번째 회원국으로 가입해야 한다는 바람을 가진 옐친과 그의 고위 측근 다수의 견해도 그 연장선상에 있다. 세르게이 스탄케비치Sergei Stankevich 같은 온건 민족주의자는 러시아가 '대서양주의자'의 노선을 거부하고 재외 러시아인을 보호하는 데 주안점을 두어야 하며 터키를 비롯한 이슬람 세계와의 관계를 중시하고 러시아의 자원, 정책 우선권, 결속, 이익을 아시아 쪽으로, 혹은 동쪽 방면으로 상당량 재투입할 것을 촉구한다.[21] 이런 주장에 동조하는 사람들은 옐친이 러시아의 국익을 서구의 이익에 종속시켰고 러시아의 군사력을 약화시켰으며 세르비아 같은 전통 우방에 대한 지원을 소홀히 하고 러시아 국민에게 해악을 끼치는 방식으로 경제와 정치의 개혁을 밀어붙였다고 비난한다. 이러한 여론의 추세를 대변하듯 러시아는 독특한 유라시아 문명이라 주장한 1920년대 피터 사비츠키Peter Savisky의 사상이 새롭게 각광을 받고 있다.

좀 더 극단적으로 흐르는 민족주의자들도 있다. 솔제니친은 러시아의 울타리에 러시아인, 또 러시아와 밀착되어 있으며 슬라브 정교를 신봉하는 벨라루스와 우크라이나를 포함시키되 그 나머지 세계는 배제해야 한다고 주장했다. 지리노프스키 같은 제국주의 성향의 민족주의자는 소련 제국을 부활하고 러시아의 군사력을 강화해야 한다고 주장한다. 후자의 견해에 동조하는 세력은 반서구주의 성향을 보일 뿐만 아니라 때때로 반유대주의 자세를 취하면서, 러시아의 외교정책을 동쪽과 남쪽으로 궤도 수정하고 남부의 이슬람 세력을 제압하든가(지리노프스키의 주장) 아니면 이슬람 국가군, 중국과 공조하여 서구에 맞서야 한다고 강조한다. 민족주의자들은 또한 이슬람교도와 싸우는 세르비아를 광범위하게 지원하라고 요구한다. 코즈모폴리턴과 민족주의자의 차이점은 제도적으로는 러시아 외무부와 군부의 견해에 그대로 반영되었다. 또한 그 차이점은 옐친의 외교 안보정책이 자주 바뀌었다는 사실에서도 엿볼 수 있다.

러시아의 엘리트처럼 러시아 국민도 분열되어 있다. 유럽 지역에 거주하는 2,069명의 러시아인을 대상으로 시행된 1992년의 한 여론조사에서 응답자의 40퍼센트가 러시아는 '서구에 대해 열려 있다', 36퍼센트가 '서구에 대해 닫혀 있다', 24퍼센트가 '모르겠다'는 반응을 보였다. 1993년 12월에 치러진 의회 선거에서 개혁 정당은 34.2퍼센트의 지지를 얻었고 반개혁 정당과 민족주의 정당은 43.3퍼센트의 지지를 얻었으며 중도 정당은 13.7퍼센트의 지지를 획득했다.[22] 마찬가지로 1996년 6월의 대통령 선거에서 러시아 국민은 서구를 대변하는 옐친에게 43퍼센트의 지지를 보내고 민족주의 후보와 공산주의 후보에게 52퍼센트의 지지를 보내 다시금 분열된 양상을 보였다. 정체성이라는 중요한 문제에서 러시아는 1990년대에 들어와서도 분열국으로 남아 있으며 서구주의자와 슬라브주의자의 대립은 "이 나라를 규정하는 특성의 …… 필수 불가결한 요소"다.[23]

**터키**

1920년대와 1930년대, 주도면밀한 계산이 깔린 일련의 개혁을 통해 케말은 터키 민족을 오스만과 이슬람의 과거로부터 단절시키려 노력했다. 케말주의가 내건 기본적 원칙, 곧 '6개의 화살'은 인민주의, 공화주의, 민족주의, 세속주의, 국가 사회주의, 개혁주의였다. 케말은 다민족 제국의 이상을 거부하고 동질적 민족국가를 건설하려 했고 그 과정에서 아르메니아인, 그리스인을 축출하고 학살했다. 그는 술탄을 폐위하고 서구식 공화정을 정치 체제로 도입했다. 케말은 칼리프의 영토, 종교적 권위의 특권적 지위를 인정하지 않고 전통 교육과 전통 신앙의 대변자들을 제거했으며 종교 단체에서 세운 각종 학교를 폐쇄하고 공공 교육 분야에서 통합된 세속체계를 수립했다. 또 이슬람 율법이 적용되던 종교재판소를 없애고 대신 스위스의 민법에 바탕을 둔 새로운 법률체계를 수립했다.

그는 전통 종교를 상징하는 터키모자의 착용을 금지하고 일반 모자의 착용을 장려했으며 전통 달력 대신 서양 달력을 도입했고 이슬람교가 터키의 국교가 아니라는 사실을 공식적으로 천명했으며 터키어를 아랍문자가 아닌 로마문자로 표기하도록 규정한 포고령을 선포했다.

이 마지막 개혁이 특히 중요한 의미를 가졌다. "문자 개혁이 시행되어 로마문자로 교육받은 새로운 세대는 막대한 분량의 전통 문헌에 접근하는 것이 사실상 불가능하게 되었고 유럽 언어를 배우려는 열기가 고조되었다. 또 점증하던 문맹률도 낮아졌다."[24] 터키 국민의 민족적, 정치적, 종교적, 문화적 정체성을 재정의한 케말은 1930년대에 터키를 경제적으로 발전시키기 위해 혼신의 노력을 기울였다. 서구화는 근대화의 동반자이자 근대화에 이르기 위한 수단이었다.

1939년대에서 1945년까지 벌어진 세계대전 기간 동안 터키는 중립을 지켰다. 그러나 종전 뒤 터키는 서구와의 밀착 속도에 박차를 가했다. 서구의 정치 체제를 모방하려는 뚜렷한 의도를 나타내면서 터키는 일당 통치에서 다당 경쟁 체제로 나아갔다. 터키는 꾸준한 로비를 벌여 1952년 NATO의 정식 회원국이 됨으로써 자유세계의 일원임을 세계 만방에 알렸다. 터키는 서방으로부터 수억 달러 규모의 경제 군사 지원을 받게 되었다. 터키 군대는 서방의 무기를 도입하고 군사 지도를 받았으며 NATO의 지휘체계에 편입되었다. 미국의 군사기지도 받아들였다. 서방은 터키를 지중해, 중동, 페르시아 만에 대한 소련의 팽창을 억제하는 동부의 중요한 보루로 간주했다. 터키의 이러한 서방과의 밀월관계는 1955년 반둥 회의에 모인 비서구 비동맹 여러 나라의 지탄을 받았으며 특히 이슬람권 국가들의 격분을 샀다.[25]

냉전이 끝난 뒤 터키의 엘리트들은 터키가 서구와 유럽의 일원으로 남아 있는 것을 여전히 압도적으로 지지했다. 터키가 NATO의 회원국 지위를 고수하는 중요한 이유는 그것을 발판으로 서구와 긴밀한 구조적 연대를 맺을 수 있고 그리스와의 긴장 완화에도 긴요한 역할을 하기 때문이다. 그러나 NATO 가입으로 구체화된 터키와 서구의 긴밀한 관계는 냉전의 산물이었다. 냉전의 종식과 함께 그러한 결속의 중대한 이유가 사라졌으므로 터키와 서구의 관계는 약화되었고 그 관계를 새롭게 정의하려는 움직임이 자연스럽게 나타났다. 터키는 북방으로부터의 중대한 위협을 저지하는 보루로서 더 이상 서구에서 유용하지 않게 되었다. 이제 터키는 걸프 전쟁에서 입증되었듯이 남부로부터의 덜 심각한 위협을 함께 처리하는 하나의 동반자 역할을 할 뿐이다. 걸프 전쟁에서 터키는 자국 영토를 거쳐 지중해로 연결된 이라크의 파이프라인을 봉쇄하고 미군기가 터키 기지를 이용해 대이라크 작전을 수행할 수 있게 함으로써 반후세인 연합에 결정적으로 기여했다. 그러나 오잘 터키 대통령의 이러한 결정은 터키 국내에서 적잖은 비판을 받았으며 미국과 긴밀한 공조를 편 오잘의 정책에 항의하는 대규모 시위가 벌어졌다. 그 여파로 외무장관, 국방장관, 대통령 비서실장이 사임했다. 그 후 새로 정권을 잡은 쉴레이만 데미렐 대통령과 탄수 칠레르 총리는 터키에게도 경제적으로 상당한 부담이 되는 이라크에 대한 유엔의 제재를 조기에 종결하라고 요구했다.[26] 남부에서 오는 이슬람의 위협을 서구와 함께 막아내려는 터키의 의지는 소련의 위협을 서구와 함께 막아내려던 의지처럼 확고하지 않다. 걸프 전쟁 위기에서 전통적으로 터키의 우방국이었던 독일이 이라크의 터키에 대한 미사일 공격을 NATO에 대한 도발로 간주해서는 안 된다고 주장한 것은 터키가 서구에 의존하여 남부로부터의 위협에 대처할 수는 없다는 점을 여실히 보여준 사건이었다. 소련과의 냉전적 대치 상황은 터키의 문명적 정체성에 의문을 제기하지 않았지만 탈냉전 시대의 아랍과의 관계는 그러한 근본적인 물음 앞으로 터키를 내몰았다.

1980년대로 접어들면서 서구 지향적인 터키의 엘리트들이 외교정책의 우선적 목표로 설정한 것은 EU 회원국 자격 획득이었다. 터키가 공식적으로 회원국 가입 신청서를 낸 것은 1987년 가을이었다. 터키는 1989년 12월 EU로부터 가입 신청에 대한 검토는 1993년에 가서야 이루어질 것이라는 통보를 받았다. 1994년 EU는 오스트리아, 핀란드, 스웨덴, 노르웨이의 가입 신청을 승인했으며, 몇 년 안에 폴란드, 헝가리, 체코, 다음 단계로는 슬로베니아, 슬로바키아, 발트 공화국들이 EU에 받아들여질 것이라는 예상이 지배적이다. EU에서 가장 큰 영향력을 가진 독일이 터키의 가입을 적극적으로 지원하지 않고 그 대신 중부 유럽 국가들의 가입을 지원하는 현실을 보면서 터키는 다시금 실망하게 되었다.[27] 미국의 압력을 받고서야 EU는 터키와 관세 동맹을 체결했지만 터키의 정식 회원국 가입은 아직도 요원하며 그 가능성도 분명치 않다.

터키는 왜 냉대를 받으며 번번이 우선순위에서 밀리는가? 공식적으로는 EU 관리들이 터키의 낙후된 경제발전 수준과 북구 여러 나라에 한참 못 미치는 인권 보장 수준을 거론한다. 그러나 사석에서 유럽인과 터키인은 그리스가 격렬하게 반대하고 더 중요하게는 터키가 이슬람 국가이기 때문이라는 사실을 굳이 부인하지 않는다. 유럽 각국은 인구가 6000만 명을 넘고 실업률이 높은 이슬람 국가에서 자신의 국경선을 개방하고 싶지 않은 것이다. 더욱 중요한 원인은 유럽인들이 문화적으로 터키인이 유럽에 속하지 않는다고 본다는 점이다. 1992년 오잘 대통령은 "터키의 인권기록은 터키의 EU 가입을 막기 위해 날조된 것이다. 진정한 이유는 우리가 이슬람교도이고 그들이 그리스도교도이기 때문이다"라고 발언했다. 오잘 대통령은 다시 이렇게 덧붙인다. "하지만 그들은 그 점을 말하지 않는다." 유럽의 관리들 또한 EU가 '그리스도교 국가들의 모임'이라는 점을 시인하면서 "터키는 너무 가난하고 너무 인구가 많고 너무 이슬람적이고 너무 거칠고 문화적으로 너무 다르다"는 사실을 강조한다. 한 관계자의 지적처럼 유럽인들이 내심 지니는 악몽은 사라센이 서유럽을 침공해 터키인이 빈의 문턱까지 왔었던 지난 역사의 기억이다. 이러한 태도는 다시 "서구는 이슬람 터키를 유럽 안에 넣어줄 의사가 없다"는 공감대를 터키 국민 사이에 불러일으키고 있다.[28]

메카를 거부한 뒤 브뤼셀로부터도 거부당한 터키인들은 소련의 몰락으로 생긴 기회를 포착해 타슈켄트로 접근했다. 오잘 대통령을 비롯한 터키 지도자들은 터키계 민족의 공동체라는 야심만만한 구상을 내놓고 아드리아 해에서 중국 국경선까지 터키의 '가까운 외국'에 있는 재외 터키 민족을 결속하고자 지대한 노력을 기울였다. 터키는 그 중에서도 특히 아제르바이잔과 터키어를 쓰는 중앙아시아의 4개 공화국인 우즈베키스탄, 투르크메니스탄, 카자흐스탄, 키르기스스탄에 각별한 관심을 쏟았다. 1991년과 1992년에 터키는 이 신생 공화국들과의 유대를 강화하고 이 지역에 대한 터키의 영향력을 높이고자 광범위한 활동을 전개했다. 여기에는 15억 달러 규모의 장기 저리 융자, 7900만 달러 규모의 직접 원조, 위성 방송(러시아어 방송을 대체하는), 전신망, 항공 서비스, 터키 정부가 수천 명의 유학생에게 지급하는 장학금, 중앙아시아와 아제르바이잔 출신 은행가, 기업인, 외교관, 군사 요원을 대상으로 실시하는 터키 연수 등이 포함된다. 이들 신생 공화국에서 터키어를 가르칠 교사들도 대규모로 파견되었으며 2,000개의 합작 회사가 문을 열었다. 문화적 동질성은 경제관계를 순탄하게 만든다. 한 터키 기업인은 "아제르바이잔과 투르크메니스탄에서 성공을 거두는 데 가장 중요한 것은 좋은 파트너를 만나는 일이다. 터키인에게는 이것이 별로 어렵지 않다. 우리는 같은 문화, 그럭저럭 뜻이 통하는 언어를 가졌으며, 같은 요리를 먹는다"고 지적했다.[29]

캅카스와 중앙아시아를 향한 터키의 방향 선회에는 튀르크 민족 공동체의 수장이 되겠다는 야심도 깔려 있지만 이 지역에서 영향력을 확대하여 이슬람 원리주의 운동을 확산시키려는 이란과 사우디아라비아의 의도를 저지하겠다는 계산도 숨어 있다. 터키는 '터키 모델' 혹은 '터키 이상'(시장 경제를 가진 세속적 민주주의 이슬람 국가)을 제시한다는 자부심을 가지고 있다. 뿐만 아니라 터키는 러시아의 영향력이 되살아나는 것을 누르려고 한다. 나아가 터키는 러시아 카드와 이슬람 카드를 내세워 EU의 지원을 이끌어내고 궁극적으로 EU에 가입하는 데 유리한 고지를 선점한다는 야심도 품고 있다.

중앙아시아 공화국들과 터키의 교류는 1993년에 들어와 터키의 제한된 자원, 오잘 대통령의 서거에 뒤이은 데미렐 대통령의 취임과 그에 뒤따르는 어수선한 상황, 자신이 '가까운 외국'으로 간주하는 곳에서 다시금 영향력을 확대하려는 러시아의 노력 등으로 한동안 소강상태에 빠졌다. 옛 소련의 터키계 공화국 지도자들은 독립하자마자 앙카라로 달려와 지원을 요청했다. 그 후 러시아의 압력과 회유가 시작되면서 이들은 다시 원점으로 돌아와 자신들의 문화적 사촌국과 과거의 제국주의 상전국 사이에서 '균형 잡힌' 관계를 추구할 필요성이 있음을 강조하기에 이르렀다. 그러나 문화적 동질성을 최대한으로 활용해 경제적, 정치적 결속을 강화하려는 노력을 기울인 터키는 관련 당사국과 기업들을 설득하여 중앙아시아와 아제르바이잔의 석유를 터키를 거쳐 지중해로 수송하는 파이프라인을 건설하기로 합의하는 쾌거를 이루었다.[30]

옛 소련의 터키계 공화국들과 결속을 강화하고자 진력하던 터키의 케말주의에 입각한 세속적 정체성은 국내에서 도전을 받았다. 첫째, 냉전의 종식과 함께 사회 및 경제적으로 일대 혼란을 겪었다는 점에서 터키도 다른 여러 나라들과 비슷한 운명을 겪었고 그 와중에서 '국가적 정체성과 민족적 자기 확인'[31]이라는 중요한 물음이 제기되었다. 종교가 그 해답을 제공했다. 70여 년에 걸쳐 지속되어온 케말과 터키 엘리트들의 세속적 전통은 점차 공격을 받았다. 터키인의 해외 체험은 국내의 이슬람 정서를 자극했다. 독일에서 귀국한 터키인들은 "그곳에서 겪은 적대감에 대한 반발심에서 낯익은 것에 기울어졌다. 그것이 이슬람이었다"고 고백한다. 국민 여론과 지배적 풍습은 점차 이슬람화했다. 터키에서 이슬람 복장을 하고 거리를 다니는 여성이 늘어났고 이슬람 사원을 찾는 사람들의 발길이 잦아졌으며 서점은 이슬람의 역사, 가르침, 생활방식을 찬양하고 예언자 마호메트의 세계관을 보존하는 데 기여한 오스만 제국의 역할을 칭송하는 서적, 잡지 등 선전물로 메워지고 있다는 보도가 1993년에 나왔다. 최소한 290여 개의 출판사와 인쇄소, 4개 일간지를 포함한 300여 개 간행물, 수백 개의 허가받지 않은 라디오 방송국과 역시 허가받지 않은 30개의 TV 채널이 이슬람 이념을 전파하고 있었다.[32]

고조되는 이슬람 정서에 부응하여 터키 정부는 원리주의 관습을 채택하고 원리주의 세력을 흡수하려고 애썼다. 1980년대와 1990년대 터키 정부는 종교 문제국의 예산을 일부 부처의 전체 예산보다 많게 책정했다. 이러한 재정적 뒷받침 아래 모스크가 세워지고 공립학교에서 종교 교육이 시행되었다. 이슬람 학교에 대한 지원도 대폭 늘어났다. 1980년대에 이런 학교의 수는 5배로 늘어나 중등학교 숫자의 15퍼센트나 차지했다. 이슬람 교리를 가르치는 이런 학교에서 배출된 졸업생들의 상당수는 공무원이 되었다. 터키 정부는 케말이 터키 모자를 금지시킨 지 70년 만에 여학생이 이슬람 머리 두건을 하고 등교하는 것을 허용하며 프랑스 정부와 극적인 대조를 보였다.[33] 터키 정부의 이러한 시책은 상당 부분 이슬람 주의자들의 기선을 제압하려는 의도에서 나온 것이지만 아무튼 정부의 노력은 1980년대와 1990년대 초에 이슬람의 열풍이 얼마나 거세게 불었는지를 반증한다.

둘째, 이슬람 부활은 터키의 정계 판도를 흔들어놓았다. 대표적인 예가 오잘 대통령인데, 터키의 정치 지도자들은 과거와는 달리 이슬람의 상징과 정책을 노골적으로 지지하고 나섰다. 다른 나라에서도 그렇지만 터키에서도 민주주의는 토착 정서와 종교로의 복귀를 강화한다. 일반의 지지와 유권자의 표를 조금이라도 더 얻으려는 의도에서 정치인들(심지어는 세속주의의 보루이며 수호자라 할 수 있는 군부마저도)은 국민의 종교적 열망을 감안하지 않을 수 없었다. 그들이 물러선 몇 가지 시책에서 인기 영합주의의 냄새가 물씬 풍겼다. 대중 운동은 종교에 밀착되었다. 엘리트 집단과 관료 집단, 특히 군부는 세속주의에 기울어 있지만 군 내부에도 이슬람 정서는 확산되어 1987년에는 사관학교에서 수백 명의 생도가 이슬람 정서에 물들었다는 혐의를 받고 퇴교당하는 사건이 벌어지기도 했다. 주요 정당들은 케말이 인정하지 않았던 이슬람교도로 이루어진 '타리카', 곧 선택된 사회의 지지표를 점점 무시할 수 없었다.[34] 1994년 3월에 시행된 지방 선거에서 터키의 주요 5개 정당 중 유일하게 원리주의 노선을 걸었던 복지당은 19퍼센트의 지지를 얻어 크게 약진했다. 칠레르 총리의 정도당은 21퍼센트의 지지를 얻었고 오잘 대통령의 조국당은 20퍼센트의 표를 얻었다. 복지당은 터키의 양대 도시인 이스탄불과 앙카라를 장악했으며 특히 터키 남동부 지역에서 강세를 보였다. 1995년 12월 선거에서 복지당은 가장 많은 의석을 확보했으며 터키의 세속주의를 대표하는 두 정당은 이슬람 세력이 권력을 장악하는 것을 저지하기 위해 연정에 합의했다. 다른 이슬람 국가들과 마찬가지로 터키에서도 원리주의를 지지하는 층은 주로 청년, 외국에서 돌아온 노동자, 짓밟히고 못 가진 사람, 도시 유입민과 대도시의 과격파였다.[35]

셋째, 이슬람의 부활은 터키의 외교정책에도 영향을 미쳤다. 터키는 오잘 대통령의 주도 아래 EU 가입을 염두에 두고 걸프 전쟁에서 서방을 결정적으로 지원했다. 그러나 그것은 한낱 몽상으로 끝났고 터키 국내에서 정부의 친서방 정책에 대한 거센 반발이 일어났다. 소련의 붕괴로 터키와 서방을 연결하던 주된 연결 고리가 끊어지면서, 걸프 전쟁에서 터키가 이라크의 공격을 받았을 경우 어떻게 대응할 것인가를 놓고 NATO가 보인 미적지근한 반응을 지켜본 터키는 장차 비러시아 세력의 침공을 받을 경우 NATO의 지원을 얻을 수 있으리라는 확신을 가질 수 없게 되었다.[36] 1980년대에 터키는 아랍과 여타 이슬람 국가들과의 관계를 점차 확대했으며 1990년대에 들어와서는 아제르바이잔과 보스니아헤르체고비나의 이슬람교도를 대대적으로 지원하면서 이슬람의 권익을 수호하는 데 앞장섰다. 발칸 지역, 중앙아시아, 중동에서 모두 터키의 외교정책은 눈에 띄게 친이슬람 노선으로 기울고 있다.

오랫동안 터키는 분열국이 자신의 문명적 정체성을 바꾸는 데 필요한 최소한의 세 가지 요건 가운데 두 가지를 충족해왔다. 터키의 엘리트 집단은 그 운동을 전폭적으로 지지했으며 대중도 반발하지 않았다. 그러나 그 맞은편에 있던 서구 문명의 엘리트 집단은 호응하지 않았다.

이 문제가 현안으로 대두하고 있는 동안 터키 내부에서 세력을 키운 이슬람 세력은 국민 사이에 반서구 정서를 확산시키면서 터키 엘리트의 세속주의적, 친서방적 성향을 파고들기 시작했다. 터키가 완전한 유럽국가로 진입하는 데 가로놓인 장벽, 옛 소련의 터키계 공화국들 사이에서 완전한 주도권을 행사하지 못하는 터키의 일정한 한계성, 케말의 유산을 잠식하는 이슬람주의의 발흥을 감안할 때 터키는 앞으로도 분열국으로 남아 있을 가능성이 크다.

이런 내부적 갈등을 반영하듯 터키의 지도자들은 터키가 두 문화를 잇는 가교라는 점을 기회가 있을 때마다 강조한다. 1993년 칠레르 터키 총리는 '서구 민주주의 국가'이면서 동시에 '중동의 일원'인 터키가 물리적으로, 철학적으로 두 문명을 연결한다고 주장했다. 이러한 애매모호성을 반영하듯 칠레르 총리는 국내에서는 공식 석상에서 자신이 이슬람교도임을 강조하는 반면 NATO에 대해서는 지리적, 정치적 현실로 보아 터키는 엄연한 유럽 국가라고 역설한다. 같은 맥락에서 데미렐 대통령은 터키가 서에서 동까지, 유럽에서 중국까지 뻗어 있는 대단히 중요한 지역적 가교라고 말한다.[37] 그러나 가교는 두 단단한 실체를 연결하는 인공물일 뿐 어디에도 속하지 않는다. 터키의 지도자들이 자신의 나라를 가교라고 부를 때 그들은 터키가 분열국임을 완곡하게 인정하는 셈이었다.

### 멕시코

1920년대에 분열국이 된 터키와 달리 멕시코는 1980년대에 와서야 분열국이 되었다. 그러나 터키와 멕시코가 역사적으로 서구와 맺은 관계를 보면 일정한 유사점이 발견된다. 터키처럼 멕시코도 뚜렷한 비서구 문화를 가지고 있었다. 옥타비오 파스Octavio Paz가 언급한 것처럼, 20세기에 들어와서도 멕시코의 정수는 인디언 문화이며 그것은 비유럽적이다.[38] 19세기에 멕시코는 오스만 제국처럼 서구 열강에 의해 분할되었다. 1920년대와 1930년대에 멕시코는 터키처럼 혁명을 거치면서 국가 정체성의 새로운 토대와 일당 통치 체제의 기틀을 마련했다. 터키에서 일어난 혁명은 전통 이슬람 문화와 오스만 유산을 배격하고 서구 문화를 수입함으로써 서구에 편입하려는 시도였다. 멕시코의 혁명은 러시아와 마찬가지로 서구 문화의 여러 가지 요소를 통합하고 수정했는데 이것이 서구의 민주주의와 자본주의에 대항하는 새로운 민족주의를 낳았다. 터키가 60년 동안 자신을 유럽 국가로 규정하려고 노력했다면 멕시코는 비슷한 기간 동안 미국에 대항하는 존재라는 데서 자신의 정체성을 찾았다. 1930년대에서 1980년대까지 멕시코의 지도자들은 미국의 이익에 도전하는 경제정책과 대외정책을 폈다.

1980년대에 들어서자 사태가 일변했다. 미겔 데 라 마드리드Miguel de la Madrid 대통령과 그 후임자인 카를로스 살리나스 데 고르타리Carlos Salinas de Gortari 대통령은 멕시코의 국가 목표, 관습, 전체성을 전면적으로 재규정하는 작업에 착수했다. 그것은 1910년의 혁명 이후 가장 큰 규모의 개혁이었다. 살리나스는 사실상 멕시코의 케말이 되었다. 케말이 당대 서구의 중심 조류였던 민족주의와 세속주의를 지향한 것처럼 살리나스도 서구를 특징짓는 양대 축의 하나인 경제 자유주의를 적극적으로 밀고 나갔다(또 하나의 축인 정치 민주주의는 수용하지 않았다). 케말처럼 살리나스의 개혁정책도 멕시코를 지배하는 정치, 경제 엘리트 집단의 열렬한 지지를 받았다. 그들은 살리나스와 마드리드처럼 미국에서 교육을 받은 사람들이었다. 살리나스는 살인적인 인플레이션을 잡았고 수많은 국영 기업체를 민영화했으며 외국 투자를 적극 유치하고 조세와 보조금을 삭감했다. 또한 외채를 건실하게 운영하고 노동조합의 힘을 꺾었으며 생산성을 높이고 미국, 캐나다와 함께 NAFTA를 맺었다. 케말의 개혁이 터키를 중동의 이슬람 국가에서 세속 유럽 국가로 탈바꿈시키는 데 있었듯이 살리나스의 개혁 목표는 멕시코를 라틴아메리카에서 탈피시켜 북아메리카 국가로 진입시키는 데 있었다.

그것은 멕시코의 불가피한 선택은 아니었다. 멕시코의 엘리트 집단은 그들의 선배들이 20세기의 대부분 기간 동안 고수해온 민족주의, 보호주의적 제3세계 지향의 반미 노선을 견지할 수도 있었다. 아니면 일부 멕시코인들이 주장하듯 스페인, 포르투갈, 남아메리카 국가들과 함께 이베리아 국가 연합을 결성하는 방법도 있었다.

북아메리카 국가를 지향하는 멕시코의 시도가 성공을 거둘 수 있을 것인가? 멕시코의 정치, 경제 엘리트와 지식인 대다수는 이 노선을 압도적으로 지지했다. 또한 터키가 직면했던 상황과는 달리 멕시코를 수용하는 입장에 서 있는 북아메리카 두 나라의 정치, 경제 엘리트와 지식인 대다수는 멕시코와의 문화적 제휴를 압도적으로 환영하는 분위기였다. 이민이라는 중요한 문제에서 터키와 멕시코의 차이점은 극적으로 대비된다. 대규모 터키 이민에 대한 공포는 유럽의 지도층과 대중으로 하여금 터키를 유럽의 일원으로 받아들이는 데 거부감을 갖도록 만들었다. 반면에 대규모의 합법, 비합법 멕시코 이민이 엄존하는 현실은 살리나스가 NAFTA 회담에서 이용한 카드의 하나였다. 그는 "우리 상품을 받아들이든가 우리 국민을 받아들이라!"고 몰아세웠다. 뿐만 아니라 멕시코와 미국의 문화적 거리는 터키와 유럽의 문화적 거리보다 좁다. 멕시코의 종교는 가톨릭이고 언어는 스페인어이며 멕시코의 엘리트들은 역사적으로 유럽에 기울다가(그들은 자녀를 유럽으로 유학 보냈다) 최근에는 미국으로 기울었다(요즘은 미국으로 유학을 보낸다). 앵글로-아메리카 문화를 가진 북아메리카와 스페인-인디언 문화를 가진 멕시코의 조화는 그리스도교 문화를 가진 유럽과 이슬람 문화를 가진 터키보다는 쉬울 것으로 보인다. 이러한 동질성에도 불구하고 NAFTA가 비준된 이후 늘어나는 미국 공장의 남부 이전 추세, 멕시코가 북아메리카의 자유와 법치 개념을 준수할 능력이 있는지에 대한 우려의 표명과 함께 이민 제한을 요구하면서 멕시코와의 지나친 밀착을 경계하는 목소리가 커지고 있다.[39]

분열국이 정체성 이행에 성공하는 데 불가결한 셋째 조건은 일반 국민이 반드시 지지를 보내지는 않더라도 최소한 묵종해야 한다는 것이다. 이러한 요인의 중요성은 국민 여론이 그 나라의 정책 결정에 어느 정도의 영향을 미치느냐에 따라 달라진다고 보기 때문이다. 멕시코의 친서방 정책은 1995년까지는 민주주의의 시험을 거치지 않았다. 수천 명의 잘 조직되고 폭넓은 지지를 받는 무장 세력이 일으킨 치아파스 봉기는 그 자체로는 멕시코의 북아메리카화를 가로막는 심각한 걸림돌은 아니었다. 그러나 멕시코의 지식인, 언론인, 그밖의 여론 주도 세력이 치아파스 반군에게 보인 동정적 반응은 크게는 북아메리카화, 작게는 NAFTA 가입이 멕시코의 엘리트 집단과 일반 국민으로부터 점차 도전을 받을 수 있다는 사실을 여실히 보여주었다. 살리나스 대통령은 의식적으로 정치개혁과 민주화는 뒷전에 미룬 채 경제개혁과 서구화에 비중을 두었다. 그러나 경제가 발전하고 미국과의 관계가 깊어지면 멕시코 정치제도의 진정한 민주화를 요구하는 세력이 입지를 강화할 것이다. 멕시코의 미래를 가늠하기 위해서는 다음과 같은 질문을 던져야 한다. 근대화와 민주화가 탈서구화를 일정 수준까지 자극해 멕시코가 NAFTA에서 한발 빼고 그에 따라 NAFTA가 급격히 약화되어 1980년대와 1990년대 서구 지향 엘리트들이 멕시코에 심어놓은 체제에 변화가 나타날 것인가? 멕시코의 북아메리카화는 멕시코의 민주화와 양립할 수 있는가?

**호주**

러시아, 터키, 멕시코와 달리 호주는 원래부터 서구 사회다. 20세기 내내 호주는 처음에는 영국과 그다음에는 미국과 밀착관계를 맺어왔다. 냉전 시대의 호주는 서구의 일원이었을 뿐 아니라 미국-영국-캐나다-호주를 잇는 군사 첩보 연결축의 핵심 성원이었다. 그러나 1990년대 초에 들어와 호주의 정치 지도자들은 호주가 서구에서 탈피해 아시아 국가로서 새롭게 탈바꿈하고 지리적으로 가까운 이웃 나라들과 결속을 강화해야 한다고 주장했다. 폴 키팅Paul Keating 총리는 호주가 '제국의 지부' 노릇을 그만두고 공화국이 되어야 하며 아시아에 섞여 들어가야 한다고 선언했다. 호주가 독립국가로의 정체성을 찾는 데 필요한 과정이라는 것이 그의 설명이었다. "호주는 아무리 헌법상의 용어에 그칠지언정 지금처럼 파생적 사회로 남아 있는 한 전 세계에 자신을 다문화 사회로 알리고 아시아에 참여하고 관계를 맺어 그 관계를 어떤 식으로든 내실 있게 유지해 나갈 수 없다." 그동안 말은 못했어도 호주는 오랜 세월 영국 숭배와 무기력증에 시달려왔다. 그리고 앞으로도 영국과의 특수한 관계가 계속 지속되면 호주의 국민 문화, 호주의 경제적 미래, 아시아와 태평양 안 호주의 운명이 쇠락할 것이라고 키팅 총리는 단언했다. 가렛 에반스Gareth Evans 외무장관도 비슷한 견해를 토로했다.[40]

호주를 아시아 국가로 새롭게 정의하자는 주장은 국가의 운명을 규정하는 요인으로 문화보다는 경제가 중요하다는 가정에서 출발한다. 이러한 발상을 더욱 부채질한 핵심적 요인은 동아시아 지역의 역동적 발전이었다. 동아시아가 발전하자 호주와 아시아 지역의 무역량도 비약적으로 늘어났다. 1971년 동아시아와 동남아시아는 호주 수출의 39퍼센트를 받아들였으며 호주 수입의 21퍼센트를 제공했다. 그러던 것이 1992년에는 호주 수출의 62퍼센트를 차지하고 호주 수입의 41퍼센트를 차지하기에 이르렀다. 반면에 1991년 호주의 EU 수출은 11.8퍼센트였고 미국 수출은 10.1퍼센트였다. 이처럼 아시아와 경제적 결속이 강화되면서 호주인들의 의식에는 세계가 3대 경제 블록의 구축을 향해 움직이고 있으며 호주는 동아시아 블록에 속한다는 믿음이 점차 뿌리를 내렸다.

경제적 유대가 이렇게 강화됨에도 불구하고 호주의 아시아 전략은 분열국이 문명 이동에 성공하는 데 필요한 요건을 하나도 충족시키지 못하는 것 같다. 첫째, 1990년대 중반 호주의 엘리트들은 이러한 노선에 압도적인 지지를 보내는 것과는 거리가 멀다. 이 문제는 어느 정도는 이런 노선에 애매모호한 입장을 취하거나 반대 입장을 펴는 자유당과 노동당의 정책 갈등으로서의 성격이 강하다. 키팅이 이끄는 노동당 정부는 각계각층의 지식인과 언론인으로부터 적지 않은 비판을 받았다. 호주의 엘리트 집단 내부에서는 아시아 지향성에 대한 합의가 이루어지지 않았다. 둘째, 국민 여론이 애매모호하다. 1987년에서 1993년 사이 군주제의 종식을 지지하는 호주 국민의 비율은 21퍼센트에서 46퍼센트로 늘었다. 그러나 군주제 종식의 지지율은 그 단계에 머물더니 다시 서서히 떨어지고 있다. 호주 국기에서 영국 국기를 삭제하는 것을 지지하는 비율은 1992년 5월의 42퍼센트에서 1993년 8월의 35퍼센트로 떨어졌다. 1992년 한 호주 관리는 "국민은 이것을 감내하기가 어렵다. 호주가 아시아의 일원이 되어야 한다는 견해를 틈나는 대로 밝힐 때마다 나는 얼마나 많은 항의 편지를 받는지 모른다"고 지적했다.[41]

셋째, 이 점이 가장 중요한데, 아시아 각국의 엘리트들이 호주의 친아시아 정책에 보이는 호응도는 유럽 엘리트들이 터키의 유럽 접근에 보인 호응도의 수준을 밑돈다. 그들은 호주가 아시아의 일원이 되려면 진정한 아시아 국가가 되어야 하는데 이것이 불가능하지는 않더라도 실현 가능성은 아주 희박하다는 자신들의 견해를 분명히 밝혔다. 인도네시아의 한 관리는 "호주가 성공적으로 아시아에 편입되느냐의 여부는 오직 하나, 아시아 국가들이 호주의 의도를 얼마나 환영하느냐에 달려 있다. 호주가 아시아에 수용되느냐는 호주의 정부와 국민이 아시아 문화와 사회를 어느 정도까지 이해하느냐에 달려 있다"고 말했다. 아시아인들은 호주의 아시아 지향적 수사修辭와 그와는 동떨어진 서구적 현실 사이의 괴리를 의식한다. 한 호주 외교관의 지적에 따르면 태국인은 자신이 아시아 국가라는 호주의 주장을 어리둥절하게 받아들인다.[42]

1994년 10월 말레이시아의 마하티르 총리는 "문화적으로 호주는 여전히 유럽이며 우리 또한 호주를 유럽국이라고 생각한다"고 못 박았다. 따라서 호주는 EAEC의 회원이 될 수 없다는 것이 그의 논리였다. "아시아인은 다른 나라들을 노골적으로 비판하거나 다른 나라를 심판하는 것을 가급적 자제한다. 그러나 문화적으로 유럽에 속하는 호주는 다른 나라들에게 이래라저래라 할 수 있는 권리, 무엇이 옳고 무엇이 그른지를 말할 수 있는 권리를 가졌다고 믿고 있다. 그것은 당연히 우리의 정서와는 맞지 않는다. (호주의 EAEC 가입을) 내가 반대하는 것은 그런 이유에서다. 그것은 피부색의 문제가 아니라 문화의 문제다."[43] 요컨대 아시아인은 우리는 그들과 다르다고 하는, 유럽인이 터키를 거부한 것과 같은 이유에서 호주를 그들의 모임으로부터 배제하기로 마음먹은 것이다. 키팅 총리는 호주를 '아시아 외부의 이방인에서 내부의 이방인으로' 탈바꿈시키겠다고 입버릇처럼 말했다. 그러나 이것은 모순된 발언이다. 이방인은 낯선 집단에 들어가지 못하는 법이다.

마하티르 총리의 지적처럼 문화와 가치관의 차이는 호주가 아시아에 합류하는 데 가장 큰 걸림돌이다. 아시아와 호주는 민주주의, 인권, 언론 자유에 대한 호주의 발언과 인접한 나라의 인권 유린 사태에 대한 호주의 항의를 놓고 거듭 충돌하고 있다. "이 지역에서 호주가 당면한 진짜 문제는 국기가 아니라 근본에 놓여 있는 사회적 가치관이다. 이 지역에서 받아들여지기 위해 자신들의 가치관을 단 하나라도 포기할 호주인은 아마 없으리라고 생각한다"고 호주의 원로 외교관은 언급했다.[44] 성격, 기질, 행동 양식의 차이도 거론된다. 마하티르 총리가 지적했듯이 아시아인은 대체로 미묘하고 간접적이고 완곡하고 무비판적이고 비규범적이고 비대결적이고 에두르는 방식으로 남과의 관계에서 자신의 목표를 추구한다. 이와는 달리 호주인은 영어권에서도 가장 직접적이고 무뚝뚝하고 노골적이고 혹자는 둔감하다고 표현할 만한 방식으로 처신하는 국민이다. 이러한 문화적 충돌은 키팅 총리 자신이 아시아인들과 접촉하는 자리에서 두드러지게 표출되었다. 키팅은 호주인의 국민적 특성을 극단적으로 드러냈다. 그는 천성이 도발적이고 호전적이며 뚝심 있는 정치인으로 묘사되었다. 키팅은 자신의 정적들을 서슴없이 쓰레기 같은 놈, 향수나 뿌리고 다니는 샌님, 정신이 나간 미치광이로 몰아세웠다.[45] 호주는 아시아 국가여야 한다고 주장하면서도 키팅은 자신의 무지막지하리만큼 거침없는 성격 때문에 아시아 지도자들의 반감을 사고 그들을 충격과 격분으로 몰아넣었다. 문화의 격차가 얼마나 컸던지, 문화의 수렴을 주창하던 당사자가 자신의 행동으로 자신이 문화적 형제라고 우기던 사람들의 반발을 사고 있다는 사실마저 인식하지 못할 지경에 이르렀다.

키팅 총리와 에반스 외무장관의 선택은 경제적 요인을 과대평가하고 호주의 문화를 쇄신하기보다 무시하는 근시안적 판단으로, 또한 호주의 경제 문제를 호도하기 위한 정치적 책략으로 평가될 가능성이 있다. 아니면 동아시아의 점증하는 경제력, 정치력, 궁극적으로는 군사력의 중심부에 호주를 포진시키기 위한 구상에서 나온 원대한 장기적 계획으로 평가받을 수도 있다. 그 점에서 호주는 수많은 서구 국가 가운데 서구로부터 벗어나 새롭게 부상하는 비서구 문명에 합류하려고 시도한 최초의 나라가 될지도 모른다. 22세기 초두의 역사들은 키팅-에반스의 선택을 서구의 몰락을 예고한 중대한 전환점으로 기록할지 모른다. 그러나 호주가 그런 노선을 견지한다고 해도 호주의 서구적 유산은 사라지지 않을 것이며, 키팅이 한탄한 것처럼 '제국의 지부'로서, 또 리콴유가 경멸적으로 빗댄 '아시아의 새로운 백색 쓰레기'로서 영원히 분열된 상태로 남아 있을 것이다.[46]

과거에도 그리고 지금도, 이것이 호주의 피할 수 없는 운명이라고 말할 수는 없다. 영국의 속박으로부터 벗어나려는 호주인의 심정은 충분히 이해하지만 호주의 지도자들은 호주를 아시아 국가로 정의할 것이 아니라 키팅의 전임자 호크 총리가 시도했던 것처럼 태평양 국가로 정의하는 길을 선택할 수도 있다. 만일 영국의 군주제로부터 떨어져 나와 공화국으로서 새 출발을 하고 싶다면 호주는 마찬가지로 영국에 뿌리를 두고 이민자들이 세운 국가였으며 광대한 영토를 가졌고 영어가 공용어이며 세 번의 전쟁에서 호주와 함께 싸웠고 유럽인이 압도적으로 많지만 호주처럼 아시아 인구가 점점 늘어나고 있는 미국의 선례를 따질 수도 있다. 문화적으로 보아 호주인의 정서에는 아시아 국가의 가치관보다 미국이 1776년 7월 4일에 단행한 독립 선언의 정신이 더 맞는다. 경제적으로 보아도 문화적으로 낯설기 때문에 호주를 거부하는 나라들의 모임에 들어가려고 기를 쓰는 것보다는 차라리 호주의 지도자들은 NAFTA를 확대해 미국, 캐나다, 호주, 뉴질랜드를 포함하는 북아메리카-남태평양 협정을 체결하자는 안을 내놓을 수도 있다. 그런 집단화는 문화와 경제를 조화시키고, 호주를 아시아화하겠다는 헛된 노력에서는 얻을 수 없는 견고하고 지속 가능한 정체성을 호주에 제공할 것이다.

### 서구의 바이러스와 문화적 정신 분열증

호주의 지도자들은 아시아를 지향한 반면 다른 분열국(터키, 멕시코, 러시아)의 지도자들은 자신의 사회를 서구에 통합시키려고 시도했다. 하지만 그들의 경험은 고유문화가 얼마나 완강하고 회복력이 강하고 끈끈하며 스스로를 쇄신하고 서구로부터의 유입물에 저항하거나 그것을 억누르고 수정하는 능력이 뛰어난가를 똑똑히 보여주었다. 서구를 무조건 배격하는 입장도 불가능하지만 서구를 무조건 긍정하는 케말주의 역시 성공을 거두지 못했다. 비서구 사회가 근대화에 성공하려면 서구의 방식이 아닌 자기 고유의 방식을 추구해야 하며 일본처럼 자신의 전통, 제도, 가치관의 바탕 위에서 차곡차곡 쌓아 나가야 한다.

자기 나라의 문화를 근본적으로 뜯어고칠 수 있다고 생각하는 오만에 젖어 있는 정치 지도자는 반드시 실패한다. 서구 문화의 요소들을 도입할 수는 있겠지만 자기 고유문화의 알맹이를 영원히 억제하거나 제거할 수는 없다. 한편 일단 어떤 사회에 이식된 서구 바이러스는 좀처럼 말살하기가 어렵다. 그 바이러스는 고질적으로 남아 있지만 치명적이지는 않다. 환자는 살아남지만 다시는 정상을 되찾지 못한다. 정치 지도자들은 역사를 만들 수 있지만 역사로부터 벗어날 수는 없다. 그들은 분열국을 만들 수는 있어도 서구 사회를 만들지는 못한다. 그들은 자기 나라를 문화적 정신 분열증에 감염시켜 그 수렁에서 좀처럼 빠져 나오지 못하게 만들 뿐이다.

Chapter 7

# 핵심국, 동심원, 문명의 질서

## 문명과 질서

새롭게 형성되는 세계정치의 판도에서 주요 문명의 핵심국들이 냉전 시대의 두 초강대국을 밀어내고 다른 나라들의 접근과 배척을 낳는 중심축으로 떠오르고 있다. 이러한 추세는 서구, 정교, 중화 문명에서 가장 두드러지게 나타난다. 이 경우 문명 집단은 핵심국, 소속국, 인접국에 거주하는 문화적 동질성을 지닌 소수 집단, 이웃 나라에 거주하면서 갈등관계에 놓여 있는 문화적으로 다른 민족들로 이루어진다. 분명 블록을 구성하는 국가들은 대체로 하나 또는 여럿이 핵심국을 중심으로 한 동심원들 위에 분포하며, 중심으로부터 거리는 해당 국가가 그 블록에 편입된 정도나 일체감의 정도를 반영한다. 폭넓게 인정되는 핵심국이 존재하지 않는 이슬람 문명은 공동 의식이 강화되고는 있지만 이슬람 세계의 공동적 정치구조는 아직 초보 단계에 머물러 있다.

무릇 국가는 비슷한 문화를 가진 나라들과 뭉치고 문화적 동질성이 결여된 나라들을 견제하는 경향이 있다. 이 점은 핵심국들의 태도에서 특히 잘 나타난다. 핵심국들의 중력은 문화적으로 비슷한 집단을 끌어당기고 문화적으로 이질적인 집단을 밀어낸다. 안보상의 이유로 핵심국들은 다른 문명에 속한 일부 민족들을 자신에게 편입시키거나 지배하려고 시도하지만 이들 민족은 다시 그러한 지배에 항거하거나 거기서 벗어나려고 노력한다(중국과 티베트·위구르의 관계, 러시아와 타타르·체첸·중앙아시아 이슬람교도의 관계). 역사적 관계와 세력균형을 고려한 일부 국가들은 핵심국의 영향력 행사에 저항하기도 한다. 조지아와 러시아는 같은 정교 국가이지만 조지아인은 역사적으로 러시아의 지배에 저항했으며 러시아와 긴밀한 결속을 맺는 데 저항감을 보여왔다. 베트남과 중국은 모두 유교 국가임에도 불구하고 이 두 나라도 러시아와 조지아에 못지않은 역사적 앙숙관계다. 그러나 시간이 흐르면서 문화적 동질성과 광범위하고 강력한 문명 의식의 발전이 서유럽 국가들이 뭉친 것처럼 이 두 나라를 결집시킬 가능성이 있다.

냉전 시대의 세계질서는 두 블록에 대한 양대 초강대국의 지배와 제3세계에 대한 초강대국의 영향력 행사의 산물이었다. 새로운 세계에서 초강대국은 유명무실해졌으며 지구 공동체도 요원한 꿈이 되어버렸다. 미국을 포함한 그 어느 국가도 세계적 차원의 안보 이해에 예전처럼 촉각을 곤두세우지 않는다. 오늘날의 좀 더 복잡하고 이질적인 세계질서를 이루는 성분들이 문명 내부와 문명들 사이에서 발견된다. 세계는 문명의 기초 위에서 질서를 잡게 되거나 아니면 아예 질서가 확립되기 어려운 상태가 될 것이다. 이러한 세계에서 문명의 핵심국들은 문명 내부에 존재하는 질서의 원천이면서, 동시에 다른 핵심국들과의 협상을 통해 이루어지는, 문명과 문명 사이에 성립하는 질서의 원천이다.

핵심국이 선도하며 지배력을 행사하는 세계는 영향권들로 이루어진 세계다. 그러나 핵심국의 영향력 행사는 그 핵심국이 동일 문명에 포함된 소속국들과 공유하는 공동의 문화로 인해 완화되고 절제된다. 문화적 동질성은 핵심국이 소속국들뿐 아니라 외부 권력과 제도에 대하여 주도권을 행사하고 질서를 부여하는 역할을 정당화한다. 따라서 부트로스 부트로스갈리Boutros Boutros-Ghali 유엔 사무총장이 1994년에 공표한 바 있는, 지역 강국이 유엔 평화유지군에서 차지하는 비중이 3분의 1을 넘어서는 안 된다는 '영향권 억제'의 원칙은 헛된 구호일 뿐이다. 그러한 요구는 지배적 국가가 존재하는 지역의 평화는 오직 그 지배국의 주도에 의해서만 달성될 수 있다는 지정학적 현실과 상치된다. 유엔은 지역 패권의 대안이 될 수 없으며, 지역 패권은 같은 문명 안의 다른 소속국들과의 관계에서 핵심국이 행사할 때에만 일정한 무게와 정당성을 얻을 수 있다.

핵심국이 질서 부여 기능을 행사할 수 있는 것은 소속국들이 핵심국과의 문화적 유대감을 느끼기 때문이다. 문명은 가족의 확대판이며, 핵심국은 가족 안의 웃어른처럼 친척들을 돕고, 지켜야 할 원칙을 제시한다. 이러한 유대감이 없을 때는 강한 힘을 가진 국가라도 자신의 지역에서 발생한 분쟁을 해결하고 질서를 부여하는 데는 일정한 한계가 있을 수밖에 없다. 파키스탄, 방글라데시, 심지어는 스리랑카도 남아시아에서 인도의 지배를 받아들이지 않을 것이며, 동아시아의 어떤 나라도 일본이 지역 패권국가로 등장하는 것을 용인하지 않을 것이다.

어떤 문명에 핵심국이 존재하지 않을 경우 문명 내부에 질서를 세우거나 다른 문명들과 질서를 구축하고자 절충을 벌이는 작업도 한결 어려워진다. 러시아가 세르비아를 지원하고 독일이 크로아티아를 도왔던 것처럼 보스니아헤르체고비나를 합법적으로 뒷받침할 수 있는 이슬람 세계의 핵심국이 없는 상황에서, 미국은 부득이 그 역할을 떠맡을 수밖에 없었다. 미국의 역할이 유명무실할 수밖에 없었던 것은 옛 유고슬라비아 지역에 설정된 국경선에 미국의 전략적 이해가 걸려 있지 않았기 때문이며, 미국과 보스니아헤르체고비나 사이에 문화적 연결 고리도 없었고 유럽 각국이 유럽 안에 이슬람 국가가 들어서는 것을 반대했기 때문이다. 수단 내전이 좀처럼 해결의 실마리를 보이지 않는 것도 아프리카와 아랍 세계에 핵심국이 존재하지 않는 데서 그 주된 이유를 찾을 수 있다. 반면 핵심국이 존재하는 곳에서는 핵심국이 문명에 바탕을 둔 새로운 국제질서의 중추적 요소로 부각되고 있다.

## 서구의 결속

냉전 시대의 미국은 소련의 팽창을 더 이상 용인하지 않는다는 공동의 목표를 가진 거대하고 다양한 성분을 가진 다문명 국가군의 중심국이었다. '자유세계', '서구', '연합국' 등 다양한 호칭을 가졌던 이들 국가군에는 서유럽 국가는 물론 터키, 그리스, 일본, 한국, 필리핀, 이스라엘 그리고 좀 더 느슨하기는 하지만 대만, 태국, 파키스탄 같은 나라가 들어갔다. 여기에 맞선 것은 이보다는 이질적 성격이 조금 약하지만 그리스를 제외한 모든 정교 국가들, 역사적으로 서구에 들어갔던 몇 나라, 베트남, 쿠바 그리고 좀 더 느슨하기는 하지만 인도, 여기에 때때로 아프리카의 몇 나라가 동참한 국가군이었다. 냉전이 끝나면서 이러한 다문명 국가군은 와해되었다. 소련 체제의 붕괴, 특히 바르샤바 조약기구의 붕괴는 그 극적인 표현이었다. 역시 다문명으로 구성된 냉전 시대의 '자유세계' 역시 좀 더 느린 속도이긴 하지만 서구 문명과 어느 정도 외연이 비슷한 새로운 국가군으로 재편되는 과정에 있다. 서구의 국제기구에 가입할 수 있는 자격을 어떻게 정의하느냐를 두고 현재 이합집산의 과정이 진행되고 있다.

EU의 핵심국인 독일과 프랑스는 먼저 벨기에, 룩셈부르크, 네덜란드 같은 내부 그룹에 둘러싸여 있다. 이 나라들은 모두 서유럽 지역에서 인적, 물적 자원의 소통을 가로막는 모든 장벽을 제거하는 데 동의한다. 그다음이 이탈리아, 스페인, 포르투갈, 덴마크, 영국, 아일랜드, 그리스 같은 회원국이고, 다음이 1995년에 회원국이 된 나라들(오스트리아, 핀란드, 스웨덴), 그리고 1995년 준회원국으로 남아 있는 나라들(폴란드, 헝가리, 체코, 슬로바키아, 불가리아, 루마니아)이다. 이러한 현실을 반영해 1994년 가을 독일의 집권당과 프랑스의 고위 관리들은 EU의 차등화 안을 내놓았다. 독일이 제시한 안은 이탈리아를 제외한 원래 회원국들이 '중핵'을 이루고 독일과 프랑스가 그 중핵의 핵을 이룬다는 것이었다. 중핵 국가들은 빠른 시일 내에 단일 통화를 제정하고 외교와 국방정책을 통합하는 데 노력한다고 되어 있다. 거의 같은 시기에 프랑스의 에두아르 발라뒤르Edouard Balladur 총리는 세 고리로 구성된 EU 안을 내놓았다. 이 안에 따르면 통합을 적극적으로 지지하는 5개 국가가 중심에 오고 나머지 현 회원국들이 다음 원을 형성하며 장차 회원국이 될 나라들이 가장 바깥 원에 들어간다. 프랑스의 알랭 쥐페

Alain Juppe 외무장관은 이 안을 더욱 가다듬어 동유럽과 중부 유럽을 포함하는 가장 바깥 원의 동반 국가들, 몇몇 분야(단일 시장, 관세 연합 등)에서 공동의 원칙을 받아들이는 데 동의하는 회원국들로 이루어진 중간 원 그리고 국방, 화폐 통합, 외교정책 등에서 다른 나라들보다도 더욱 빠른 결속을 추진하겠다는 적극적 의지와 역량을 가진 국가들로 이루어진 '강화된 결속체'의 안쪽 원들을 제안했다.[1] 이밖에도 유럽 각국의 지도자들은 다양한 구성안을 내놓았지만 긴밀하게 결속된 내부 그룹과, 회원국과 비회원국을 가르는 경계선이 확정될 때까지 핵심국과의 완전한 통합을 미루는 나라들로 이루어진 외곽 그룹을 빠짐없이 설정한다는 점에서는 대동소이하다.

유럽에서 그러한 경계선을 긋는 것은 탈냉전 세계에 들어와 서구가 직면한 가장 까다로운 숙제다. 냉전 시대만 하더라도 전체로서의 유럽은 존재하지 않았다. 그러나 공산주의가 붕괴하면서 이 지역 사람들은 유럽이란 무엇인가라는 질문을 회피할 수 없게 되었다. 유럽의 북방, 남방, 서방 경계선은 모두 바다에 의해 확정되어 있는데 남방 경계선은 뚜렷한 차이점을 가진 문화의 경계선과도 일치한다. 그렇다면 유럽의 동쪽 경계선은 어디인가? 누구를 유럽인으로 간주할 것이며, 누구를 EU, NATO, 또는 그에 상응하는 기구들의 잠재적 구성원으로 받아들일 것인가?

이 질문에 대한 가장 설득력 높고 포괄성 있는 해답은 수 세기 전부터 서구 그리스도교권을 이슬람권과 정교권에서 구분한 거대한 역사적 경계선을 통해 알 수 있다. 이 선은 서기 4세기의 로마 제국 분열과 10세기의 신성 로마 제국 성립까지 거슬러 올라간다. 현재의 선은 최소한 지난 500년 동안 기본적 골격을 유지해왔다. 북쪽에서 시작해 지금의 핀란드와 러시아, 발트 3국(에스토니아, 라트비아, 리투아니아)과 러시아의 국경선을 따라 내려와서 서부 벨라루스를 지나고, 다시 우크라이나 서부의 연합동방가톨릭 지역과 동부의 정교 지역을 가르는 선과 포개지면서, 다시 루마니아에서 가톨릭을 신봉하는 헝가리 인구가 거주하는 트란실바니아 지역과 나머지 지역을 나누는 선을 이루고, 옛 유고슬라비아에서 슬로베니아 및 크로아티아를 여타 공화국들로부터 구분하는 선으로 연결된다. 물론 발칸 지역에서 이 선은 오스트리아-헝가리 제국과 오스만 제국의 역사적 구분선과도 일치한다. 이것은 유럽의 문화적 경계선이며, 탈냉전 시대에 들어와서는 유럽과 서구의 정치 경제 경계선이기도 하다.

따라서 문명 패러다임은 유럽이 어디에서 끝나는가라는 서유럽인 앞에 놓인 질문에 분명하고 설득력 있게 대답한다. 유럽은 서구 그리스도교가 끝나고 이슬람교와 정교가 시작되는 곳에서 끝난다. 이것이 서유럽인이 듣고 싶어 하는 대답이다. 서유럽 인구의 압도적 다수가 낮은 목소리로 여기에 동조하며, 많은 지식인과 정치 지도자들은 공공연하게 그러한 견해를 피력한다. 마이클 하워드Michael Howard의 지적처럼 소련의 지배를 거치면서 그 위상이 애매모호해진 중부 유럽과 동유럽의 구분을 다시금 명확히 할 필요가 있다. "중부 유럽에 들어가는 지역은 한때 서구 그리스도교 세계의 일부를 형성한 지역과 과거 합스부르크 제국을 이루었던 오스트리아, 헝가리, 체코슬로바키아 그리고 폴란드와 독일의 동부 변경 지대다. '동유럽'이라는 말은 정교의 방패 아래 성장한 지역, 다시 말해서 19세기에 와서야 겨우 오스만 제국의 지배에서 벗어난 불가리아와 루마니아 같은 흑해 연안의 국가들과 소련의 '유럽' 지역을 지칭하는 이름으로 써야 한다." 그는 서유럽의 중차대한 과제가 "중부 유럽의 인구를 그들이 당연히 소속되어야 하는 경제적, 문화적 공동체로 재흡수하여 런던, 파리, 뮌헨, 라이프치히, 바르샤바, 프라하, 부다페스트 사이의 결속을 재구축하는 일이다"라고 주장한다. 그로부터 다시 2년 뒤 피에르 베아르Pierre Behar는 '새로운 단층선'이 출현하고 있다고 지적하면서 "이것은 한편으로는 서구 그리스도교(로마 가톨릭과 프로테스탄트를 막론하고)로 특징짓는 유럽과 다른 한편으로는 동방 정교와 이슬람교로 특징지워지는 유럽을 근본적으로 구분하는 문화의 경계선"이라고 말했다. 핀란드의 한 고위 인사도 철의 장막을 대신해 유럽에서 중요한 분할이 나타나고 있으며 이 유구한 역사를 가진 동과 서의 문화적 단층선은 폴란드와 발트 3국뿐 아니라 과거 오스트리아-헝가리 제국의 영토를 서유럽 안에 포진시키고 나머지 동유럽 국가와 발칸 국가들을 그 바깥에 내놓는다는 견해를 피력했다. 한 저명한 영국인도 동의하듯이 이것은 동방 교회와 서방 교회, 좀 더 넓게는 그리스도교를 로마에서 직접 받아들였거나 켈트인이나 게르만인을 거쳐 받아들인 사람들과 콘스탄티노플(비잔티움)을 통해 그리스도교를 받아들인 동부와 남동부에 거주하는 사람들을 가르는 거대한 종교적 구분선이다.[2]

중부 유럽 사람들도 이러한 구분선의 중요성을 강조한다. 공산주의의 유산으로부터 탈피해 민주주의와 시장 경제를 지향하면서 장족의 발전을 거듭하는 나라들과 그렇지 못한 나라들은 '한편으로는 가톨릭, 신교와 다른 한편으로는 동방 정교를 가르는 선'에 의해 구별된다. 몇 세기 전부터 '두 문명' 사이에서 선택을 해야 했던 리투아니아인은 라틴 세계를 택해 로마 가톨릭으로 개종했으며 법치에 바탕을 둔 국가형태를 받아들였다. 비슷한 맥락에서 폴란드인도 비잔티움에 맞서 서방 그리스도교를 선택한 지난 10세기 이후로 자신들이 서구에 속해 있다고 말한다.[3] 반면에 동유럽의 정교 국가들은 이 문화적 단층선에 대한 새로운 강조 앞에서 양면적 태도를 보인다. 불가리아인과 루마니아인은 서구의 일원이 되어 그 제도에 편입될 때 누릴 수 있는 엄청난 이득을 잘 알고 있지만 동방 정교의 전통에 충실하려고 한다. 특히 불가리아인은 러시아와 비잔틴 문명의 역사적 친연성을 강조한다.

유럽을 서구 그리스도교 세계로 정의하면 서방 기구가 새로운 회원을 받아들일 때 명확한 기준이 마련된다. 유럽에 존재하는 서구의 중추적 실체인 EU의 회원국을 확대하려는 노력은 1994년 문화적으로 서구에 속한 오스트리아, 핀란드, 스웨덴의 가입이 승인되면서 다시금 재개되었다. 1994년 봄 EU는 발트 국가들을 제외하고 옛 소련의 모든 공화국들에게 회원 자격을 주지 않는다는 잠정적 결정을 내렸다. EU는 또 4개 중부 유럽 국가(폴란드, 헝가리, 체코, 슬로바키아)와 2개 동유럽 국가(루마니아, 불가리아)와 '공동협정'을 체결했다. 그러나 이 중에서 21세기를 맞이하기 전에 정식 회원국 자격을 획득할 나라는 하나도 없을 것이다. 설령 가입에 성공한다 하더라도 불가리아와 루마니아보다는 중부 유럽 국가들이 더 먼저 EU 진입에 성공할 것이다. 발트 국가들과 슬로베니아의 EU 가입 전망은 아주 밝은 반면, 이슬람교도가 인구의 다수를 차지하는 터키, 너무 왜소한 말타, 정교권에 속하는 키프로스의 가입 신청이 받아들여질 전망은 1995년 현재로서는 불투명하다. EU의 범위를 확대하는 작업에서도 문화적으로 서구에 속하며 경제적으로 더 발달한 나라들에게 우선권이 주어진다. 이런 기준이 적용될 경우 비셰그라드 국가군(폴란드, 체코, 슬로바키아, 헝가리)과

발트 3국, 슬로베니아, 크로아티아, 말타가 결국 EU에 진입할 것이다. 이렇게 되면 EU는 역사적으로 유럽에 존재해온 서구 문명과 동일한 외연을 갖게 된다.

문명의 논리는 NATO의 확대와 관련해서도 비슷한 결과를 예상한다. 냉전은 중부 유럽에 대한 소련의 정치적, 군사적 지배 확대와 함께 시작되었다. 미국과 서유럽 국가들은 그것을 저지하고 필요하다면 소련의 공격에 대처하기 위해 NATO를 결성했다. 탈냉전 시대의 NATO는 서구 문명의 안보기구다. 냉전의 종식과 함께 NATO는 중부 유럽에 대한 러시아의 정치적, 군사적 지배 재개를 막는다는 중요한 당면 목표를 설정했다. 서구의 안보기구로서 NATO는 여기에 동참할 의사가 있고 군사적 역량, 정치적 민주주의, 군부에 대한 민간의 통제 같은 기본적 요건을 충족시키는 서구 국가들에게 차츰 문호를 개방하고 있다.

탈냉전 시대의 유럽 안보 체제를 바라보는 미국의 정책이 처음에는 평화를 위한 동반자 관계라는 구상으로 구체화되었던 것처럼 유럽 국가는 물론 유라시아 국가들에게도 문호를 개방하겠다는 보편주의적 발상을 담고 있었다. 또한 이러한 접근법은 OSCE의 역할을 강조했다. 그런 태도는 1994년 1월 유럽을 방문한 빌 클린턴 대통령의 연설에도 반영되어 있다. "자유의 경계선은 지난 역사가 아니라 새로운 역사에 의해 정의되어야 한다. 유럽에 새로운 경계선을 그리려는 모든 당사자에게 내가 하고 싶은 말은 우리는 유럽이 가질 수 있는 최선의 미래상을 배제해서는 안 된다는 것이다. 그것은 민주주의가 도처에서 꽃을 피우고 시장 경제가 도처에서 뿌리 내리고 국가들이 공동의 안보를 위해 협력하는 미래상이다. 우리는 미지근한 성과를 경계해야

〈지도 7-1〉 서구 문명의 동부 경계선

한다." 그러나 1년이 지난 뒤 미 행정부는 '지난 역사'가 정의한 경계선의 중요성을 깨닫게 되었으며 문명적 차이점이라는 현실을 반영하는 '미지근한 성과'를 받아들일 수밖에 없었다. 미국 정부는 처음에는 폴란드, 헝가리, 체코, 슬로바키아, 이어서 슬로베니아, 나중에는 아마도 발트 국가들까지 포함시키는 NATO 확대 방안의 기준과 일정을 적극적으로 마련했다.

러시아는 NATO의 확대를 극력 반대한다. 자유주의와 친서방적 태도를 보이는 러시아 인사들도 NATO의 확대가 러시아 내의 민족주의 세력과 반서구 정치 세력의 입지를 크게 강화시킨다는 이유를 들어 반대했다. 그러나 역사적으로 서구 그리스도교 세력권에 들어갔던 나라들로만 NATO의 확대 범위를 제한할 경우, 세르비아, 불가리아, 루마니아, 몰도바, 벨라루스가, 또 분열되지 않을 경우 우크라이나도 NATO의 울타리 바깥에 남아 있으리라는 확신을 러시아도 가질 것이다. NATO의 가입 자격을 서구 국가에 한정시키는 안은 또한 서구 문명과 뚜렷이 구분되는 정교 문명의 핵심국으로서 러시아가 가지는 역할을 존중한다. 러시아는 정교 문명 안에서, 또 정교 문명의 경계선에서 질서 유지의 책임을 지닌 국가로서 여전히 중요한 역할을 담당할 것이다.

국가들을 문명에 따라 차등화하는 전략의 효용성은 발트 공화국들의 예에서 확연히 입증되었다. 발트 3국은 옛 소련 공화국들 중에서 역사, 문화, 종교에서 뚜렷이 서구적 성격을 가진 나라들이었으므로 서구는 이들의 운명을 예의 주시했다. 미국은 소련의 발트 지역 병합을 공식적으로는 한 번도 인정한 적이 없고 소련이 붕괴하기 시작하자 이 지역의 독립 운동을 지원하면서 이들 공화국에서 군대를 철수시키기로 한 합의를 예정대로 실행에 옮길 것을 러시아에 촉구했다. 미국 정부가 러시아에게 보낸 일관된 메시지는 발트 3국이 러시아가 옛 소련 공화국들을 대상으로 확립하려고 노력하는 영향권에서 벗어난다는 사실을 분명히 인식해야 한다는 것이었다. 스웨덴 총리가 지적한 것처럼 이러한 클린턴 행정부의 노력은 유럽의 안보와 안정에 가장 중요한 기여를 했고, 서구의 명백한 지지 앞에서 극우 러시아 민족주의자들의 보복 계획은 헛된 것이라는 사실을 보임으로써 러시아의 민주주의 세력을 도왔다.[4]

EU와 NATO의 확대에만 지나치게 초점을 맞춘 느낌이 들지만 이들 기구의 문화적 구조 개편은 이 기구들이 축소될 가능성도 있다는 점을 시사한다. 유일한 비서구 국가인 그리스는 두 기구에 모두 소속되어 있고 또 하나의 비서구 국가인 터키는 NATO 회원국으로서 EU에 가입 신청을 한 상태다. 이 관계는 냉전의 산물이었다. 이러한 얼개가 탈냉전 문명 세계에서도 존속할 수 있을까?

터키의 EU 정식 회원국 가입을 두고 적잖은 갈등이 빚어지고 있으며 복지당은 NATO 가입을 비판하고 나섰다. 그러나 복지당이 총선에서 압승을 거두거나 터키가 의식적으로 케말의 유산을 부정하고 이슬람의 지도국으로 자신을 재정의하지 않는 한 터키는 NATO에 잔류할 것이다. 터키의 이슬람 지향 노선은 개연성이 충분히 있고 또 바람직한 측면도 있지만 가까운 미래에 채택될 가능성은 그리 높지 않다. NATO에서 어떤 역할을 떠맡게 되든 터키는 발칸 지역, 아랍 세계, 중앙아시아에 걸려 있는 자신의 특수한 이익을 점차 강하게 추구할 것이다.

그리스는 서구 문명의 일원은 아니지만 서구 문명의 모태가 된 고

전 문명의 발원지다. 그리스는 터키에 맞서면서 역사적으로 그리스도교의 기수임을 자임해왔다. 세르비아, 불가리아, 루마니아와는 달리 그리스의 역사는 서구의 역사와 긴밀하게 얽혀 있다. 그러나 그리스는 예외적 존재이며 서구 문명 안에서 이방인일 수밖에 없는 정교 국가다. 그리스는 EU와 NATO에서 모범적인 회원국과는 거리가 멀었으며 양쪽 기구의 원칙과 관행에 적응하는 데에도 어려움을 겪는다. 1960년대 중반부터 1970년대 중반까지 그리스는 군사 정권의 지배를 받았으며 민주 정부로 이행한 다음에야 비로소 EU에 가입할 수 있었다. 그리스의 지도자들은 서구적 기준으로부터 자주 이탈하면서 서방 각국 정부에 도전하는 듯한 행동을 보이곤 했다. 그리스는 EU와 NATO의 다른 회원국들보다 가난했으며 브뤼셀에서 요구하는 기준을 비웃는 듯한 경제정책을 추구하기 일쑤였다. 1994년 EU의 의장국으로서 그리스가 보인 행동은 다른 회원국들을 격분시켰으며 서유럽 관리들은 그리스를 회원국으로 받아들인 것이 실수였다고 사석에서 토로하는 실정이다.

탈냉전 시대의 그리스 정책은 점점 서구의 정책에서 이탈하는 경향을 보이고 있다. 그리스의 마케도니아 봉쇄는 유럽 여러 나라의 반발을 사 그리스가 유럽 재판소에 제소되는 불상사를 낳았다. 옛 유고슬라비아 지역에서 벌어지는 분쟁에서 그리스는 서방 주요국이 추구하는 정책에서 이탈해 세르비아를 적극적으로 지원하고 세르비아에 대한 유엔의 제재 조치를 노골적으로 위반했다. 소련과 공산주의의 위협이 사라진 오늘날 그리스는 공동의 적 터키에 맞서고자 러시아에 접근하고 있다. 덕분에 러시아는 그리스령 키프로스에 중요한 교두보를 마련했으며, 키프로스의 그리스계 주민들은 동방 정교를 공유하는 러시아인과 세르비아인을 환영했다.[5] 1995년 키프로스에 진출한 러시아인 소유의 기업은 2,000여 개에 달하며 러시아어 신문과 세르보-크로아티아어 신문도 이곳에서 간행되고 있다. 키프로스의 그리스계 정부는 러시아로부터 대량의 무기를 제공받고 있다. 그리스는 또한 러시아와 함께 캅카스와 중앙아시아의 원유를 터키와 여타 이슬람 국가들을 경유하지 않고 불가리아-그리스 파이프라인을 통해 지중해로 수송하는 방안을 강구했다. 전체적으로 그리스의 대외정책은 정교 지향적 색채를 강하게 띤다. 그리스는 의심할 바 없이 NATO와 EU의 공식 회원국으로 남아 있을 것이다. 그러나 문화적 구조 재편이 강화되면서 유럽 기구 회원국으로서 그리스의 지위는 점점 의미를 잃고 약해질 것이며 관련국들에게 고통을 안길 것이다. 냉전 시대에는 소련의 적대국이었던 나라가 탈냉전 시대에는 러시아의 동맹국으로 돌아서고 있다.

## 러시아의 가까운 외국

차르와 공산주의 제국의 계승자는 유럽에 존재하는 서구 문명과 많은 점에서 평행선을 달리는 문명 블록이다. 프랑스와 독일처럼 그 핵심부에 존재하는 러시아는 슬라브 정교를 신봉하는 인구가 압도적으로 많은 두 나라 벨라루스와 몰도바, 전체 인구의 40퍼센트가 러시아인인 카자흐스탄, 역사적으로 러시아의 동맹국인 아르메니아로 이루어진 내부 원에 긴밀하게 연결되어 있다. 1990년대 중반 이 나라들에는 모두 선거를 통해 친러시아 정권이 들어서 있다. 러시아와 조지아(정교 인구가 압도적 다수), 러시아와 우크라이나(정교 인구가 우위)의 관계는 가깝지만 깊지는 않다. 조지아와 우크라이나는 민족의식이 강하고 독립국으로서의 역사를 가지고 있다. 정교가 지배하는 발칸 지역에서 러시아는 불가리아, 그리스, 세르비아, 키프로스와 밀월관계를 누리고 있으며 루마니아와는 덜 가깝게 지낸다. 옛 소련의 이슬람 공화국들은 경제적으로도 안보 부문에서도 러시아에 대한 의존도가 높다. 반면에 발트 공화국들은 유럽의 견인력에 이끌리면서 러시아의 영향권으로부터 효과적으로 빠져 나왔다.

전체적으로 보아 러시아는 자신의 주도 아래 정교의 심장부로서 하나의 블록을 형성하고, 상대적으로 약한 이슬람 국가들에 둘러싸인 완충 지대를 만들어 이슬람 국가들을 다양한 수준으로 지배하면서 다른 열강들의 영향력을 배제하기 위해 노력할 것이다. 러시아는 또한 세계가 이러한 체제를 수용하고 승인하기를 바란다. 1993년 2월 옐친이 말한 것처럼 외국 정부들과 국제기구들은 예전의 소련 지역에서 평화와 안전의 보장자로서 러시아가 갖는 특수한 힘을 인정할 필요성이 있다. 소련이 지구적 관심을 가진 초강대국이었다면, 러시아는 지역적, 문명적 관심사를 지닌 강대국이다.

옛 소련의 정교 국가들은 유라시아와 세계무대에서 응집력 있는 러시아 블록이 발전하는 데 중추적 역할을 한다. 소련이 붕괴되었을 때 이 지역의 5개 나라는 처음에는 대단히 민족주의적인 노선을 걸으면서 자신들의 새로운 독립성과 모스크바로부터의 거리를 강조했다. 그러나 그 뒤로 4개 공화국의 유권자들은 경제적, 지정학적, 문화적 현실에 부딪히면서 친러시아 정부를 선택하고 과거의 친러시아 정책으로 회귀했다. 이 지역 국민은 러시아의 지원과 보호를 기대한다. 유일한 예외였던 조지아도 러시아의 군사개입 이후 정부의 태도에서 비슷한 변화가 나타나고 있다.

아르메니아는 역사적으로 러시아와 동일한 이해관계에 따라 움직였으며 러시아는 인접 이슬람 국가들로부터 아르메니아를 수호한다는 자부심을 가졌다. 소련이 붕괴한 뒤로 이러한 관계가 부활되었다. 아르메니아인은 러시아의 경제적, 군사적 지원에 의존하며 옛 소련 공화국들과 관계된 문제에서도 러시아 편을 든다. 두 나라의 전략적 이해는 하나로 수렴한다.

벨라루스는 아르메니아와 달리 민족의식이 희박하다. 게다가 러시아의 지원에 대한 의존도가 한결 심하다. 벨라루스 국민의 상당수는 자신이 조국뿐 아니라 러시아에도 속해 있다고 느끼는 듯하다. 1994년 1월의 선거에서 중도파와 온건 민족주의 세력이 후퇴하고 친러시아 성향의 보수 세력이 약진했다. 1994년 7월의 대선에서는 극단적인 친러시아파로서 지리노프스키와도 절친한 인물이 80퍼센트의 지지를 얻어 대통령으로 선출되었다. 벨라루스는 독립국가연합에 일찌감치 합류했고 1993년 러시아와 우크라이나가 체결한 경제 연합의 창립 회원이었다. 또 러시아와 화폐 연합을 맺기로 합의했고 자신의 핵무기를 러시아에게 양도했으며 금세기 말까지 러시아 군대의 주둔을 허용하기로 합의했다. 1995년 벨라루스는 이름만 다를 뿐이지 사실상 러시아의 일부가 되었다.

소련의 붕괴로 몰도바가 독립을 하자 종국적으로 루마니아와 몰도바의 재통합을 점치는 견해가 많았다. 이러한 사태 전개에 대한 우려는 러시아 인구가 다수를 차지하는 동부 지역에서 분리주의 운동을 자극했다. 모스크바의 은밀한 지원과 러시아 육군 제14군단의 적극적 지원을 등에 업은 자치 운동으로 트랜스드네스트르공화국이 탄생했다. 루마니아와의 통합을 바라는 몰도바 국민의 열기는 두 나라의 경제적 문제와 러시아의 경제적 압력으로 인해 한풀 꺾였다. 몰도바는 독립국가연합에 가입했고 러시아와의 교역량이 늘어났다. 1994년 2월 친러시아 성향의 정당들이 의회 선거에서 압승을 거두었다.

이 세 나라에서는 전략적, 경제적 이해관계가 얽혀 국민 여론이 러시아와의 긴밀한 결속을 지지하는 방향으로 돌아섰다. 비슷한 경향이 심지어는 우크라이나에서도 나타났다. 조지아에서는 사태의 전개 양상이 약간 다르다. 조지아는 1801년 왕이 터키의 위협에 맞서 러시아에게 보호를 부탁하기 전까지는 줄곧 독립국이었다. 러시아 혁명이 터진 뒤 3년 동안, 그러니까 1918년부터 1921년까지 조지아는 다시 독립국이 되었지만 볼셰비키들이 조지아를 소련에 강제로 편입시켰다. 소련이 붕괴하자 조지아는 다시금 독립을 선언했다. 민족주의 연합이 선거에서 승리를 거두었으나 대통령이 국민을 억압하며 제 무덤을 팠고 결국 폭력으로 전복되었다. 소련의 외무장관을 지낸 예두아르트 셰바르드나제Eduard Shevardnadze가 조국을 이끌기 위해 돌아와 1992년과 1995년의 선거에서 연달아 대통령에 당선되었다. 하지만 그는 러시아의 실질적 지원을 받는 압하지야의 분리주의 운동과 쫓겨난 즈비아드 감사후르디아Zviad Gamsakhurdia가 이끄는 반군의 도전에 직면했다. 그 역시 예전의 왕처럼 "우리에겐 뾰족한 수가 없다"는 결론을 내리고 모스크바에 도움을 청했다. 조지아가 독립국가연합에 합류한다는 조건으로 러시아 군대가 개입하여 셰바르드나제를 지원했다. 1994년 조지아인들은 러시아가 조지아 영토에서 3개 군사 기지를 일정한 시효 없이 유지하도록 허용한다는 데 합의했다. 처음에는 조지아 정부를 약화시켰다가 나중에는 그것을 지탱해준 러시아의 군사개입은 이처럼 독립 의식이 강한 조지아를 러시아 진영에 묶어 두는 성과를 낳았다.

러시아를 제외하고 옛 소련 공화국들 중에서 가장 인구도 많고 비중이 큰 나라는 우크라이나다. 우크라이나는 역사적으로 여러 차례 독립국으로서의 지위를 누렸다. 그러나 근대로 접어들면서 모스크바가 통치하는 정치적 실체의 일부로 머물렀다. 그 결정적 전기가 되는 해는 1654년이었다. 당시 폴란드의 지배에 반기를 들고 일어선 카자크 지도자 보흐단 흐멜니츠키Bohdan Khmelnytsky는 폴란드와의 항쟁에서 러시아의 지원을 얻는 대가로 차르에게 충성할 것을 맹세했다. 그 이후 1991년까지, 1917년에서 1920년까지의 기간을 제외하고는 정치적으로 모스크바의 지배를 내내 받았다. 그러나 우크라이나는 2개의 상이한 문화를 가진 단절국이다. 서구 문명과 정교 문명의 단층선이 몇 세기째 우크라이나의 심장부를 가로지르고 있다. 과거 서부 우크라이나는 폴란드, 리투아니아, 오스트리아-헝가리 제국의 일부로 여러 차례 편입되었다. 서부 우크라이나 주민의 대다수는 정교에서 요구하는 종교의식을 준수하지만 교황의 권위를 인정하는 연합동방가톨릭 신자다. 역사적으로 서부 우크라이나 사람들은 우크라이나어를 썼고 민족의식이 유난히 강하다. 반면 동부 우크라이나 주민들은 정교 신자가 압도적으로 많으며 대부분 러시아어를 공용어로 쓴다. 1990년대 초반 전체 우크라이나 인구 중에서 러시아인이 차지하는 비율은 22퍼센트이며 러시아어 사용 인구는 31퍼센트에 이른다. 러시아어로 수업을 진행하는 초등학교와 중등학교의 숫자도 많다.[6] 크림 지역은 러시아인이 압도적으로 많이 거주하며 1954년 흐루시초프가 표면상으로는 300년 전에 있었던 흐멜니츠키의 결정을 인정해 우크라이나에 할양하기 전까지는 러시아 연방의 일부였다.

동부 우크라이나와 서부 우크라이나의 차이는 양쪽 지역 주민의 태도에서 명확히 드러난다. 가령 1992년 말 러시아에 대한 적대감으로 고통을 겪고 있다고 응답한 비율이 서부 지역에서는 전체의 3분의 1에 달했으나 동부 지역에서는 10퍼센트에 지나지 않았다.[7] 동서의 분열은 1994년 7월의 대통령 선거에서 극적으로 표출되었다. 러시아 지도자들과 긴밀한 관계를 맺고 있었지만 민족주의를 표방한 현직 대통령 크라프추크는 일부 지역에서 90퍼센트가 넘는 지지율을 과시하면서 서부 우크라이나의 13개 주를 장악했다. 그의 정적으로 유세 기간에 비로소 우크라이나어를 배운 레오니드 쿠츠마Leonid Kuchma는 역시 압도적인 지지로 동부 우크라이나의 13개 주를 장악했다. 쿠츠마는 모두 52퍼센트의 지지를 획득했다. 1994년의 선거에서 우크라이나 국민은 근소한 차이로 1654년에 있었던 흐멜니츠키의 결정을 추인한 셈이었다. 한 미국 외교관은 "이 선거는 우크라이나의 정체성을 놓고 서부 우크라이나의 유럽화한 슬라브인과 러시아-슬라브 주민 사이에 가로놓인 갈등을 반영했으며 심지어는 이것을 공고히 다지는 측면도 있었다. 이것은 민족적 대립이라기보다는 상이한 문화들의 대립이다"라고 지적했다.[8]

이러한 분열의 여파로서 앞으로 예상되는 우크라이나와 러시아 관계는 크게 세 가지 시나리오가 있다. 1990년대 초반 두 나라 사이에는 핵무기, 크림 반도, 우크라이나에 거주하는 러시아인의 권리, 흑해 함대, 경제관계 등 중요한 현안이 많았다. 많은 사람들이 무력 충돌 가능성을 점쳤고 일부 서구 분석가들은 러시아의 침공을 저지하기 위해 서

〈지도 7-2〉 우크라이나: 단절국

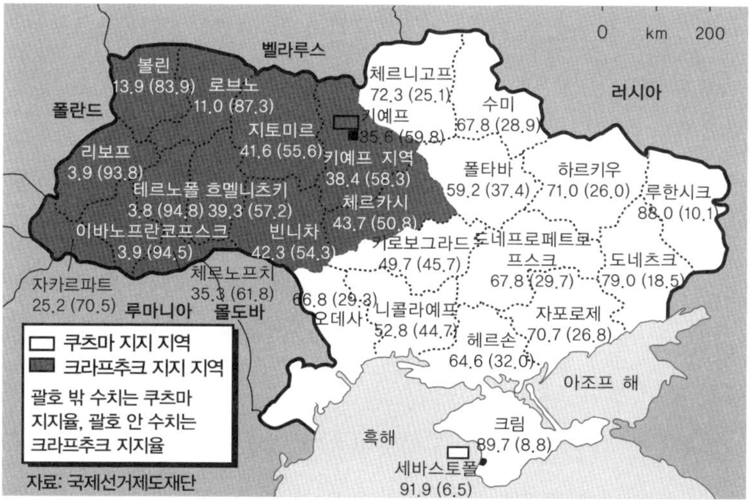


방이 우크라이나의 핵무기 보유를 지지해야 한다고 주장했다.[9] 그러나 문명의 역할이 크다면 우크라이나와 러시아의 무력 충돌 가능성은 낮다. 이들은 둘 다 슬라브 민족이고 인구 중에서 정교 신자가 다수를 점하며 수 세기 동안 가까운 관계를 맺어왔고 무수히 많은 혼인관계로 얽혀 있다. 이것은 아주 민감한 사안들이며 양국의 극우 민족주의 세력이 가하는 압력 또한 거세지만, 양국 지도자들의 노력으로 이견이 상당히 좁혀졌다. 1994년 중반에 치러진 선거에서 명백한 친러시아적 노선을 추구하는 인물이 대통령에 당선됨으로써 두 나라의 분쟁이 악화될 소지는 크게 줄어들었다. 옛 소련의 나머지 지역에서는 이슬람 세력과 그리스도교 세력 사이의 심각한 충돌이 발생하고 러시아와 발트 국가들 사이에서 심각한 대립과 분쟁이 표출되기도 했지만 1995년까지 러시아인과 우크라이나인이 실력대결을 벌인 적은 없었다.

두 번째의 좀 더 개연성 높은 시나리오는 우크라이나가 단층선을 따라 2개의 실체로 분리되고 동부 지역이 러시아에 병합되는 길이다. 분리 운동은 크림 지역에서 먼저 불거졌다. 러시아인이 70퍼센트를 차지하는 크림공화국은 1991년 12월에 실시된 국민투표에서 소련으로부터의 우크라이나 독립을 전폭적으로 지지했다. 1992년 크림공화국 의회는 우크라이나로부터의 독립을 의결했다가 우크라이나의 압력으로 그 결정을 철회했다. 그러나 러시아 의회는 1954년의 우크라이나에 대한 크림 할양 결정을 무효화한다고 선언했다. 1994년 1월 크림 지역 주민들은 선거 공약으로 '러시아와의 통합'을 내건 후보를 대통령으로 선출했다. 여기에 자극받아 일부에서는 "크림은 제2의 나고르노카라바흐나 압하지야가 될 것인가?"라는 물음을 제기하기도 했다.[10] 그러나 대답은 "아니다!"로 판명났다. 독립을 묻는 국민투표를 결행하겠다고 공표하던 크림의 신임 대통령이 한 걸음 물러서 우크라이나 정부와 절충을 벌인 것이다. 1994년 크림 의회가 사실상 우크라이나로부터 벗어난 독립국임을 선포한 1992년의 헌법을 부활하기로 결의하면서 다시금 긴장이 고조되었다. 그러나 이번에도 러시아와 우크라이나 지도자들이 자제력을 발휘해 이 문제가 폭력으로 치닫지 않았고, 두 달 뒤 치러진 선거에서 친러시아 노선의 쿠츠마가 우크라이나 대통령에 당선되면서 크림 지역의 분리주의 열기도 한풀 꺾였다.

그러나 그 선거는 러시아와 점점 가까워지는 우크라이나에서 서부 지역이 떨어져 나올 가능성이 있음을 보여주었다. 일부 러시아인은 오히려 그것을 환영할지 모른다. 한 러시아 장성은 "우크라이나, 아니 동부 우크라이나는 앞으로 5년이나 10년, 아니면 15년 안에 돌아올 것이다. 서부 우크라이나는 지옥에나 가라지!"라고 악담을 퍼부었다.[11] 그러나 서구 지향의 우크라이나 연합동방가톨릭 세력은 강력한 의지와 서구의 효과적인 지원이 있어야만 독립 이후에도 살아남을 수 있을 것이다. 그리고 서구의 지원은 서구와 러시아의 관계가 돌이킬 수 없을 만큼 악화되어 냉전과 유사한 상황에 놓일 때만 기대할 수 있을 것이다.

마지막으로 더욱 가능성 있는 세 번째 시나리오는 우크라이나가 분리되지 않은 채 단절국으로 남아 있으면서 독립국으로서 러시아와 대체로 우호적인 관계를 유지하는 길이다. 핵무기와 군사력과 관련한 민감한 문제가 일단 매듭지어지면 장기적으로 가장 중요한 것은 경제 문제인데, 이것은 문화적 유대감과 활발한 민간 차원의 교류에 힘입어 원만히 해결될 가능성이 높다. 러시아-우크라이나 관계가 동유럽에서 가지는 성격은 존 모리슨John Morrison의 지적대로 독일-프랑스 관계가 서유럽에서 차지하는 성격과 유사하다.[12] 후자가 EU의 핵심을 이루듯 전자는 정교 세계를 응집시키는 중심 세력이다.

## 대중국과 공영권

중국은 역사적으로 자신을 한반도, 베트남, 때로는 일본을 포함하는 '중화 지대', 비중국계가 거주하지만 안보상의 이유로 중국이 지배하는 만주, 몽골, 위구르, 튀르크, 티베트로 이루어진 '아시아 내곽 지대', 야만족이기는 하지만 중국의 우월성을 인정하고 조공을 바칠 것으로 기대되었던 '외곽 지대' 모두를 포함하는 세계로 이해했다.[13] 현재의 중화 문명 역시 비슷한 양식으로 구조화되고 있다. 중심부에는 한족으로 이루어진 중국이 있으며, 중국의 일부이기는 하지만 상당한 자치권을 가지고 있는 그 바깥의 지역들, 법적으로 중국의 영토이지만 다른 문명에 속한 비중국계 주민이 다수 거주하는 지역들(티베트, 신장), 일정한 조건 아래 베이징이 주도하는 중국의 일원이 될 의사가 있거나 그럴 가능성이 높은 중국계 사회(홍콩, 대만), 점점 베이징에 접근해 가는 중국계가 주도하는 국가(싱가포르), 화교가 강력한 영향력을 행사하는 태국, 베트남, 말레이시아, 인도네시아, 필리핀 그리고 중국계는 아니지만 중국의 유교 문화를 상당 부분 공유하는 나라들(북한, 한국, 베트남)이 있다.

1950년대 중국은 소련의 우방국이었다. 그러다가 중소 분쟁 이후 중국은 두 초강대국에 맞서는 제3세계의 지도자 역할을 자임했지만 득보다는 실이 많았다. 닉슨 행정부가 들어서면서 미국의 대외정책이 바뀌자 중국은 두 초강대국이 벌이는 세력 다툼에서 제3의 균형추 역할을 맡으려고 애쓰면서, 미국이 약해 보였던 1970년대에는 미국의 편을 들었고 미국의 군사력이 강화되고 소련이 경제적으로 쇠퇴하고 아프가니스탄의 수렁에 빠졌던 1980년대에는 등거리 노선으로 궤도를 수정했다. 그러나 초강대국 간의 경쟁 시대가 끝나자 '중국 카드'는 효력을 잃었고 중국은 세계무대에서 자신의 역할을 새롭게 정의하지 않으면 안 되었다. 중국은 두 가지 목표를 정했다. 하나는 다른 모든 중국 공동체를 결집시킬 수 있는 중국 문화의 기수, 문명의 핵심국이 되는 것이고, 또 하나는 19세기에 상실한 자신의 역사적 지위, 곧 동아시아 지역의 패권을 되찾는 것이었다.

새로운 중국의 역할이 점차 가시화되고 있다. 첫째, 그것은 중국이 국제 문제에서 자신의 역할을 묘사하는 방식에서 나타난다. 둘째, 해외 화교와 중국의 경제적 결속이 점점 강해지고 있다. 셋째, 중국과 홍콩, 대만, 싱가포르 등 중국적 색채가 강한 세 나라의 경제적, 정치적, 외교적 관계가 강화되고 있으며, 화교가 중요한 정치적 영향력을 행사하는 동남아시아 각국이 중국에 점점 우호적인 태도를 취하고 있다.

중국 정부는 중국 본토를 중국 문명의 핵심국으로 이해하고 다른 모든 중국인 공동체가 이 핵심국을 중심으로 뭉쳐야 한다고 생각한다. 중국 정부는 해외의 각국 공산당을 통해 자신의 이익을 관철한다는 전략을 이미 오래 전에 포기하고 중국적인 것의 세계적 대변자로서 자신의 위치를 정의하려고 노력해왔다.[14] 중국 정부는 비록 다른 국가의 시민이라 할지라도 중국인의 후예는 중국 사회의 일원이며 따라서 중국 정부의 권위를 어느 정도는 받아들여야 한다고 생각한다. 중국인의 정체성은 인종적 용어로 정의된다. 한 중국학자의 말대로 중국인은 같은 '인종, 피, 문화'에 속한 사람들이다. 1990년대 중반을 고비로 이러한 주제가 중국 관리와 민간인들 사이에 자주 거론되고 있다. 중국인과 해외의 비중국계 사회에 거주하는 중국인 후예들에게 그들의 정체성은 '거울 실험'을 통해 확인된다. "가서 거울을 들여다 보라"는 것이 외국사회에 동화하려고 애쓰는 중국인 후예들에게 베이징을 중시하는 중국인들이 던지는 충고다. 재외 중국인, 즉 중국 본토에 거주하는 중국인과 구별되는 중국계의 화인華人은 자신들의 공동의식의 상징물로서 중국 문화의 개념을 점차 부각시키고 있다. 20세기 서구의 수많은 공격에 시달렸던 중국인의 정체성은 중국 문화의 지속적 요소들에 의해 다시금 복구되고 있다.[15]

역사적으로도 이러한 정체성은 중국의 중앙정부와 재외 중국인 집단들이 맺었던 다양한 관계 속에서 유지되었다. 이 문화적 정체성은 여러 중국들 사이의 경제적 관계 확대를 도우며 역으로 이 관계 확대가 문화적 정체성을 강화하기도 한다. 중국 본토와 여타 지역에서 급격한 경제성장이 이루어지는 원동력으로 작용한 것이 바로 이러한 동질감이었다. 중국의 경제발전은 문화적 정체성을 끌어올릴 수 있는 물질적, 심리적 발판을 제공한다.

'대중국'은 그러므로 단순한 추상적 개념이 아니다. 그것은 급속히 성장하는 문화적, 경제적 현실이며 이제는 정치적 현실의 성격까지 띠기 시작했다. 1980년대와 1990년대에 극적으로 전개된 동아시아 경제발전을 주도한 것은 본토, 호랑이들(네 마리 중에서 한국을 제외한 세 마리가 중국계), 동남아시아의 중국인이었다. 동아시아의 경제는 점차 중국 중심, 중국 주도로 운영되고 있다. 홍콩, 대만, 싱가포르의 중국인은 1990년대 본토에서 이루어진 눈부신 경제발전의 토대가 되었던 자본을 실질적으로 제공했던 층이다. 그밖에도 동남아시아의 화교들은 이 지역 경제를 틀어쥐고 있다. 1990년대 초반 필리핀 인구 중에서 1퍼센트에 불과한 중국인이 필리핀 국내 기업 총매출액의 35퍼센트를 차지했다. 인도네시아의 경우 1980년대 중반 전체 인구의 2~3퍼센트를 차지하는 중국인이 국내 민간 자본의 70퍼센트를 보유하고 있었다. 25대 기업 가운데 17개가 화교 소유였으며, 한 화교 재벌은 인도네시아 GNP의 5퍼센트를 생산했다. 1990년대 초반 태국 인구의 10퍼센트를 차지하는 화교가 10개 대기업 가운데 9개를 소유했으며 태국 GNP의 50퍼센트가 화교의 몫이었다. 화교는 말레이시아 인구 3분의 1이지만 말레이시아 경제를 거의 장악하고 있다.[16] 일본과 한국을 제외하면 동아시아 경제는 기본적으로 중국 경제다.

대중국 공영권의 출현을 크게 도운 것은 가족관계와 개인적 친분관계의 촘촘히 얽힌 연결망과 문화적 동질감이었다. 해외 화교는 서구인이나 일본인보다 중국에서 사업을 벌이기가 훨씬 쉽다. 중국에서는 신뢰와 헌신이 계약, 법규, 공적 문서보다 개인적 약속에 좌우된다. 서방 기업인들은 인도에서 사업을 벌이기가, 합의의 존중이 당사자 간의 개인 관계에 달려 있는 중국보다는 훨씬 낫다는 사실을 절감하고 있다. 일본의 한 유력 인사가 1993년에 부러워한 것처럼 중국은 홍콩, 대만, 동남아시아 화교 상인들과 형성된 국경 없는 네트워크의 덕을 톡톡히 보고 있다.[17] 미국의 한 기업인도 비슷한 맥락에서 "화교는 기업가적 수완에다 언어 면에서 유리하며 가족관계에 바탕을 둔 연줄을 최대한으로 활용한다. 그것은 애크런이나 필라델피아의 이사회에 꼬박꼬박 보고를 해야 하는 사람에 비하면 엄청난 이점"이라고 실토한다.

본토와 거래하는 해외 화교가 누리는 이점은 리콴유도 곧잘 지적한다. "우리는 인종적으로 중국인이다. 우리는 같은 조상과 문화를 통해 어떤 특질을 공유한다. …… 사람들은 비슷한 생김새를 가진 이들에게 자연스럽게 호감을 가진다. 이러한 친밀감은 그들이 문화와 언어의 토대를 공유할 때 더욱 강화된다. 이것은 모든 사업관계의 기초를 이루는 화합과 신뢰의 분위기를 낳는다."[18] 1980년대와 1990년대에 화교는 같은 언어와 문화를 바탕으로 한 '관계'가 법치의 결여, 법규 및 관계에서 투명성의 결여를 상쇄할 수 있다는 것을 세계 만방의 회의론자들에게 보여주었다. 공동 문화에 뿌리를 둔 경제발전의 저력은 1993년 11월 홍콩에서 열린 제2차 세계 중국인 기업가 모임에서 여실히 드러났다. 이 모임은 세계 전역의 중국인 기업가들이 참석한 가운데 열린 중국 승리의 자축연으로 묘사되었다.[19] 다른 지역과 마찬가지로 중화 세계에서도 문화의 동질성이 경제의 결속을 강화한다.

중국 경제가 10여 년 동안 급속히 발전하다가 천안문 사건 이후 서방 각국의 중국으로의 경제적 진출이 급속히 감소했을 때 해외 화교들은 이것을 호기로 보고 문화적 유대감과 개인적 연줄을 이용하여 중국에 대대적인 투자를 감행했다. 그 결과 중국계 공동체들 사이의 경제적 결속이 급격히 강화되었다. 1992년 대중국 외국인 직접 투자의 80퍼센트(113억 달러)가 홍콩(68.3퍼센트), 대만(9.3퍼센트), 싱가포르, 마카오 등 화교들 손에 이루어졌다. 반면 일본의 투자는 전체의 6.6퍼센트, 미국의 투자는 4.6퍼센트에 그쳤다. 500억 달러 규모에 이르는 외국인 투자 누적액의 67퍼센트를 화교가 담당했다. 교역 확대도 인상적이다. 1986년 거의 전무하던 대만의 중국 수출이 1992년에는 대만 총수출액의 8퍼센트를 차지했으며 이 해의 수출 신장률은 무려 35퍼센트에 달했다. 1992년 싱가포르의 전체 수출 증가율은 2퍼센트에 못 미쳤지만 대중국 수출은 22퍼센트나 늘어났다.

1993년 머레이 웨이덴바움Murray Weidenbaum이 지적한 것처럼 이 지역은 현재 일본이 지배하지만 중국 주도의 아시아 경제가 산업, 통상, 금융의 새로운 중심점으로 빠르게 부상하고 있다. 이 전략 지역은 기술력과 제조력(대만), 경영, 마케팅, 서비스 분야의 탁월한 노하우(홍콩), 첨단 통신망(싱가포르), 막대한 자금력(세 나라 모두), 풍부한 토지, 자원, 노동력(중국 본토)을 두루 갖추고 있다.[20] 특히 중국 본토는 신흥 시장 중에서도 가장 큰 발전 잠재력을 가지고 있으며, 1990년대 중반 중국에 대한 투자는 수출보다는 점차 내수 시장을 겨냥해 이루어지고 있다.

동남아시아 각지의 화교가 현지에서 동화된 수준은 다양하다. 현지인들은 중국인에 반감을 표출할 때가 자주 있는데 이 반감은 1994년

4월에 발생한 인도네시아의 메단 소요 사태처럼 폭력으로 분출되기도 한다. 일부 말레이시아, 인도네시아 국민은 중국 본토에 대한 화교의 투자를 '자본 도피'라고 비난했다. 수하르토 대통령을 비롯한 동남아시아 지도자들은 이것이 자국 경제에 악영향을 미치지 않으리라는 점을 국민에게 설득시켜야 했다. 그에 대응하여 동남아시아의 화교들은 자신들이 선조의 나라가 아니라 자신이 태어난 나라에 충성을 바칠 것이라는 점을 강조했다. 1990년대 초반 동남아시아 지역에서 중국으로의 자본 유출은 필리핀, 말레이시아, 베트남에 대한 대만의 대규모 투자로 어느 정도 균형을 회복했다.

경제력이 증대하고 동질적 중국 문화라는 바탕 위에서 홍콩, 대만, 싱가포르와 중국 본토의 결속도 갈수록 깊어지고 있다. 홍콩의 중국 복귀 시기가 임박하면서 홍콩의 중국인들은 런던이 아니라 베이징에서 내려오는 지시에 적응하기 시작했다. 홍콩의 기업인들과 각계 지도자들은 중국을 함부로 비판하지 못하며 중국의 심기를 건드리는 행위를 가급적 피하려고 애쓴다. 중국을 공격하는 세력에게 중국 정부는 지체 없이 보복을 가했다. 1994년 수백 명의 홍콩 기업인이 베이징의 협조 아래 '홍콩 자문단'을 결성했는데 이것은 사실상 예비 내각과 다를 바 없다. 1990년대 초반에 들어와 홍콩에 대한 중국의 영향력은 대폭 강화되었다. 보도에 따르면 1993년 중국의 대홍콩 투자는 일본과 미국의 투자를 합산한 규모를 능가했다.[21] 1990년대 중반까지 홍콩과 중국 본토의 경제적 통합은 거의 완료되었다. 정치적 통합 또한 1997년에 가서 완성될 것이다.

대만과 중국 본토의 결속은 홍콩보다 미진하다. 그럼에도 불구하고 1980년대에 중요한 변화가 시작되었다. 1949년 이후 30년 동안 두 중국은 서로의 존재나 합법성을 인정하지 않고 상호 대화를 하지 않았으며 간헐적으로 해안 도서에서 교전을 하는 준전시 상태에 있었다. 덩샤오핑이 권력을 장악하고 경제개혁을 착수하면서 중국 정부는 일련의 유화책을 제시했다. 1981년 대만 정부는 이에 화답하여 그때까지의 본토와의 부담판, 부접촉, 불타협이라는 3불 정책에서 탈피하기 시작했다. 1986년 5월 양국 대표단이 피랍된 대만 항공기의 귀환 문제를 놓고 최초로 협상을 벌였으며, 이듬해 대만은 중국 본토에 대한 여행 규제를 풀었다.[22]

그 이후로 가속화한 대만과 중국의 경제관계 확대는 '중국의 동질감'과 거기서 비롯된 상호 신뢰에 크게 힘입었다. 대만의 협상 대표가 지적한 것처럼 대만인과 중국인은 피는 물보다 진하다는 정서를 공유하며 쌍방의 업적에 대해 자부심을 가지고 있다. 1993년 말까지 본토를 방문한 대만인은 420만 명에 이르며 대만을 방문한 본토인은 4만 명에 달한다. 매일 4만 통의 편지, 1만 3,000통의 전화가 오갔다. 대만과 중국의 교역량은 1993년 144억 달러에 달했고 대만의 2만 개 기업이 본토에 투자한 자본은 15억 달러에서 30억 달러 규모에 이르렀다. 대만의 관심은 점점 본토에 기울고 있으며 대만의 경제적 성공 역시 본토에 좌우될 가능성이 점차 높아지고 있다. "1980년 이전까지만 해도 대만의 가장 중요한 시장은 미국이었다"고 대만의 한 관리는 1993년 보고했다. "그러나 1990년대에 들어와 우리는 대만 경제의 성패를 가르는 가장 중요한 요인이 본토라는 사실을 알게 되었다." 국내의 노동력 부족 현상에 직면한 대만 투자가들이 가장 큰 매력을 느끼는 요소는 중국의 값싼 노동력이다. 1994년 두 중국의 자본-노동 불균형을 시정하려는 노력의 일환으로 대만의 어업 회사들이 1만 명

의 중국인 선원을 고용했다.[23]

경제 결속의 강화는 두 나라 정부를 대화로 이끌었다. 양국 간 대화를 위해 1991년 대만은 해협교류협회Straits Exchange Foundations를 설립했고 중국은 대만해협관계협회Association for Relations across the Taiwan Strait를 발족시켰다. 그들의 첫 회담은 1993년 4월 싱가포르에서 열렸고 후속 회담은 중국 본토와 대만에서 열렸다. 1994년 8월 다수의 중요 사안들을 포괄하는 '획기적' 협정이 타결되면서 양국 정부 최고 지도자들 사이의 정상회담 가능성이 점쳐지기 시작했다.

1990년대 중반 현재 중국과 대만 사이에는 대만의 국제기구 참여, 대만이 독립국으로서 스스로를 새롭게 규정할 가능성 같은 민감한 사안이 엄존하고 있다. 그러나 대만의 독립 선포 가능성은 희박하다. 독립을 강하게 주장하던 대만의 민진당이 본토와의 기존 관계가 손상되는 것을 바라지 않으며 이 문제를 강하게 밀어붙일 경우 선거에서 승리를 기대하기 어렵다는 사실을 깨달으면서 실현 가능성이 희박해졌다. 민진당 지도자들은 자신들이 집권하더라도 곧바로 독립을 선포하지는 않으리라는 점을 강조했다. 두 나라 정부는 또한 남중국해의 스프래틀리 제도를 비롯한 도서 지역에서 중국의 주권을 확립하고 중국 본토가 미국으로부터 무역 최혜국 대우를 받는 문제 등에서 보조를 맞추고 있다. 1990년대 초반 두 중국은 느리지만 가시적으로 쌍방에게 접근할 수밖에 없는 불가피한 과정에 들어섰으며 경제관계의 확대와 문화의 동질성을 바탕으로 공동의 이익을 발전시키고 있다.

화합의 추세는 1995년 대만 정부가 국제기구 가입과 외교적 승인을 강하게 추진하면서 갑자기 냉각되었다. 리덩후이 총통은 '개인' 자격으로 미국을 방문했으며 대만은 1995년 12월에 총선을, 1996년

3월에는 대선을 치렀다. 그에 대응하여 중국은 대만의 주요 항구에 인접한 해역에서 미사일 실험을 강행했고 대만이 관할하는 도서 지역 인근 해상에서 군사훈련을 실시했다. 이러한 사태 전개는 두 가지 중요한 문제를 제기한다. 현 상태에서 대만은 형식적으로 독립을 선포하지 않고도 민주국가로 남아 있을 수 있는가? 앞으로 대만은 실질적으로 독립을 쟁취하지 않고도 민주주의를 유지할 수 있을 것인가?

사실상 대만과 본토의 관계는 두 단계를 거쳐 바야흐로 세 번째 단계로 진입할 가능성이 있다. 과거 수십 년 동안 대만의 국민당 정부는 자신이 중국 전체의 정부라는 입장을 고수해왔으며 이러한 입장은 대만을 제외하고 전체 중국을 통치하고 있는 정부와 마찰을 빚었다. 1980년대에 들어서자 대만 정부는 이러한 허세를 포기하고 자신을 대만의 정부로 정의했다. 그에 따라 '1국가 2체제'라는 본토의 입장을 수용할 수 있는 바탕을 제공했다. 그러나 대만의 고유한 문화적 정체성, 중국이 대만을 지배한 기간이 비교적 짧다는 사실, 대만어와 북경어가 소통되지 않는다는 사실을 강조하는 대만 국민과 단체가 서서히 늘어나고 있다. 이들은 대만 사회를 비중국계 사회로 정의하면서 대만의 독립성을 쟁취하려고 시도한다. 대만 정부 역시 국제사회에서의 활동을 강화하면서 대만이 중국의 일부가 아니라 별개의 국가임을 강조하는 듯한 조짐을 보인다. 요약하자면, 대만 정부의 자기 이해는 전체 중국의 정부에서 중국 일부의 정부로, 다시 중국과는 전혀 관련성이 없는 정부로 단계적으로 발전해왔다. 독립을 사실상 공식화하는 마지막 견해는 중국 정부의 입장에서는 도저히 받아들일 수 없는 것이었으므로 중국 정부는 대만의 독립을 저지하기 위해 필요하다면 무력을 행사할 뜻이 있음을 기회가 있을 때마다 강조했다. 중국 정부 지도자들도 1997년의 홍콩 반환과 1999년의 마카오 반환이 이루어진 다음 대만과의 재통합을 추진할 것이라고 밝힌 바 있다. 앞으로의 사태 발전은 대만에서 공식적인 독립을 요구하는 여론의 열기, 정치 지도자와 군부의 민족주의 성향을 부추길 중국의 후계자를 둘러싼 권력 투쟁의 강도, 대만의 봉쇄나 침공을 성사시킬 만한 중국의 군사력 발전 수준에 달려 있다. 21세기 초반에 들어가면 강압이나 화합, 또는 이 모두에 의해 대만이 중국 본토에 더욱 긴밀히 통합될 가능성이 높다.

1970년대 말까지만 해도 철저한 반공 노선을 걸은 싱가포르와 중국의 관계는 얼어붙어 있었다. 리콴유를 비롯한 싱가포르의 지도자들은 중국의 후진성을 비웃었다. 그러나 중국의 경제발전이 시작된 1980년대부터 싱가포르는 대세를 거스르지 못하고 중국 쪽으로 궤도 수정을 했다. 싱가포르는 1992년에 19억 달러를 투자했으며 이듬해에는 수억 달러를 투자하여 상해 해상에 해상 산업 도시인 제2의 싱가포르를 건설한다는 구상을 내놓았다. 리콴유는 중국 경제의 성공 가능성과 중국의 실력을 적극적으로 선전하는 중국 예찬론자가 되었다. 그는 1993년에 "사건은 중국에서 벌어진다"고 말했다.[24] 말레이시아와 인도네시아에 몰려 있던 싱가포르의 해외 투자는 1993년을 고비로 중국으로 집중되었다. 1970년대에 처음 중국을 방문했을 때 리콴유는 중국 지도자들에게 중국어가 아니라 영어로 말하겠다는 입장을 고수했다. 20년 뒤에도 과연 그가 그렇게 할 수 있었을까?

## 이슬람: 중심 없는 의식

아랍국, 이슬람 국가들의 정치 참여구조는 대체로 근대 서구의 그것과는 정반대의 양상을 보인다. 서구의 경우 국민국가는 정치적 참여의 정점이었다. 협소한 참여는 여기에 종속되었으며 국민국가에 대한 참여로 통합되었다. 국민국가를 초월하는 집단(언어나 종교 공동체, 또는 문명)은 덜 강력한 참여를 낳았다. 협소한 실체에서 광범위한 실체까지 이어진 연속선에서 서구인의 참여는 중간점에서 절정에 이르렀다. 그것은 U자를 뒤집은 참여도의 궤적을 그렸다. 이슬람 세계에서 참여의 구조는 이와는 거의 정반대되는 양상을 보인다. 이슬람은 참여의 위계질서에서 가운데가 텅 비어 있다. 아이라 라피두스Ira Lapidus가 지적한 것처럼 독보적이고 지속적인 2개의 구조는 한편으로는 가문, 씨족, 부족이었으며 또 한편으로는 좀 더 거대한 규모로 나타나는 문화, 종교, 제국의 통합체였다.[25] "부족주의와 종교(이슬람)는 아랍 사회와 정치 체제의 사회적, 정치적, 문화적, 경제적 발전에서 예나 지금이나 결정적으로 중요한 역할을 한다. 사실상 이 둘은 너무나 긴밀하게 얽혀 있어서 아랍의 정치 문화와 아랍의 정치의식을 규정하고 좌우하는 가장 중요한 요인과 변수로 간주될 정도다"라고 리비아의 한 학자도 비슷한 견해를 표명한다. 부족들은 아랍 국가들의 정치 판도에서 핵심적 역할을 지금까지 떠맡아왔으며, 타신 바시르Tahsin Bashir의 지적처럼 그 부족들의 상당수는 단순히 '깃발을 단 부족'이었다. 사우디아라비아의 건국이 성공을 거둔 주된 이유는 혼인 등의 수단을 통해 부족 간의 결속을 다졌고 사우디아라비아의 정치 판도가 수다이르족과 샴마르족을 비롯한 여러 부족들의 경쟁 구도로 이루어졌기 때문이다.

리비아의 성립에 중대한 기여를 한 부족의 수는 줄잡아 최소한 18개에 이른다. 수단에 거주하는 부족의 수는 500개에 이르며 그중 최대 부족이 수단 인구의 12퍼센트를 차지한다.[26] 역사적으로 중앙아시아에는 국민적 정체성이 존재하지 않는다. 충성의 대상은 부족, 씨족, 확대된 가문이지 국가가 아니었다. 그러면서도 이 지역 사람들은 공동의 언어, 종교, 문화, 생활양식을 가졌으며, 이슬람은 수장의 권력을 능가하는 강력한 통합력으로 사람들을 결집시켰다. 체첸과 인근의 북부 캅카스 지역에는 100여 개의 '거대' 씨족과 70개의 '소수' 씨족이 정치와 경제를 지배하며, 체첸인은 소련의 계획 경제와는 달리 '씨족' 경제를 고수했다.[27]

이슬람 전역에서 추종과 헌신의 초점은 소수 집단과 거대 신앙, 부족과 '움마'였으며, 국민국가는 두드러진 역할을 하지 못했다. 아랍 세계에서 기존의 국가들은 아주 무원칙하지는 않더라도 대단히 자의적인 유럽 제국주의의 산물이기에 정통성의 문제를 안고 있으며 이들의 국경선은 심지어 베르베르족, 쿠르드족 같은 민족 집단의 경계선과도 일치하지 않는다. 이런 나라들이 아랍 민족을 나누고 있지만 범아랍 국가는 아직껏 실현되지 않고 있다. 주권을 가진 민족국가들이라는 발상은 알라의 통치권과 '움마'의 우위에 대한 믿음과 공존하기 어렵다. 혁명 운동을 지향하는 이슬람 원리주의는 마르크시즘이 국제 프롤레타리아의 대동단결을 주장한 것처럼 민족국가를 거부하면서 이슬람 세계의 통일을 요구한다. 이슬람 세계에서 민족국가가 취약한 것은 제2차 세계대전 이후 이슬람교도 집단들 사이에서 수많은 분쟁이 발생했지만 인접국을 침공한 이라크 같은 이슬람 국가들 사이의 충돌은 극히 드물었다는 사실에도 반영되어 있다.

1970년대와 1980년대 각국에서 이슬람의 부활을 낳았던 요인들은 전체로서의 '움마', 곧 이슬람 문명에 대한 자각을 높였다. 1980년대 중반 한 학자는 이렇게 지적했다.

> 탈식민화, 인구 증가, 산업화, 도시화, 무엇보다도 이슬람 국가 사이의 유자원을 둘러싼 국제 경제질서의 변화는 이슬람의 정체성과 통일에 대한 심각한 우려를 가중시키고 있다. …… 현대의 통신기술로 이슬람교를 신봉하는 여러 민족들 사이의 결속은 강화되고 심화되었다. 메카를 순례하는 참배자들의 수는 급증하여 멀리 중국, 세네갈, 예멘, 방글라데시를 비롯해 전 세계 이슬람교도 사이에서 동질감을 고조시켰다. 인도네시아, 말레이시아, 남부 필리핀, 아프리카에서 점점 많은 학생이 중동 여러 대학에서 공부를 하면서, 국가 경계선을 넘은 사상의 교류가 번지고 개인적 접촉이 빈번해졌다. 테헤란, 메카, 쿠알라룸푸르 같은 중심지에서 열리는 각종 회의와 학술대회의 빈도수가 점점 잦아지고 정례화되자 자연히 이슬람 지식인과 '울라마'의 접촉도 빈번해졌다. …… 카세트테이프는 국제적으로 모스크의 예배를 전파하여, 이제 영향력 있는 설교자의 말은 지역 공동체의 울타리를 뛰어넘어 먼 나라의 청중에까지 전달된다.[28]

이슬람 공동 의식은 국가들과 국제기구들의 정책에도 반영되며, 그 정책에 힘입어 더욱 증폭되기도 한다. 1969년 사우디아라비아 지도자들은 파키스탄, 모로코, 이란, 튀니지, 터키 지도자들과 함께 라바트에서 최초의 이슬람 정상회담을 가졌다. 여기서 태동한 이슬람 회담 기구가 1972년 지다에 본부를 두고 공식 출범했다. 적잖은 이슬람 인구를 가진 거의 모든 국가가 현재 이 기구에 가입해 있다. 이런 종류의 국가 간 기구로서는 이것이 유일하다. 그리스도교, 정교, 불교, 힌두교 국가들은 종교에 바탕을 둔 국가 간 기구를 갖고 있지 않지만 이슬람교도는 가지고 있다. 사우디아라비아, 파키스탄, 이란, 리비아 정부는 자신들과 이념적 지향점을 공유하고 이슬람교도 사이의 정보와 자원 교류에 기여한다고 판단한 세계모슬렘의회(파키스탄 발의), 세계모슬렘연맹(사우디아라비아 발의) 등의 비정부 기구를 지리적 거리에 관계없이 후원하고 지원한다.[29]

이슬람의 결집을 지향하는 이슬람 의식 운동은 그러나 두 가지 역설에 직면한다. 첫째, 이슬람은 세계를 자신의 주도로 결집시키려는 의도에서 '움마'에 대한 이슬람교도의 헌신을 이용하고자 각축을 벌이는 중추적 실력 국가들로 나뉘어져 있다. 이러한 각축은 한편으로는 기존 체제와 국제기구, 다른 한편으로는 거기에 도전하는 이슬람 체제와 이 체제가 만든 국제기구 사이에서 두드러진다. 사우디아라비아는 당시 이집트의 나세르가 지배하던 아랍국가연맹에 맞서기 위해 OIC를 주도적으로 결성했다. 1991년 걸프 전쟁이 끝난 뒤 수단의 지도자 알 투라비는 사우디아라비아가 지배하던 OIC에 맞서기 위해 PAIC(범아랍이슬람회담)를 출범시켰다. 1995년 초 카르툼에서 열린 제3차 PAIC에는 세계 80여 개국의 이슬람 조직과 운동 단체에서 모두 수백 명의 대표단이 참가했다.[30] 아프가니스탄 내전은 이 공식 기구들 외에도 비공식 지하 전투원들로 구성된 광범위한 조직망을 낳았고 이들은 그 후 알제리, 체첸, 이집트, 튀니지, 보스니아헤르체고비나, 팔레스타인, 필리핀 등지에서 이슬람의 대의를 위해 싸웠다. 전쟁이 끝난 뒤 이들은 다와 대학에서 훈련을 받은 전투원들, 아프가니스탄 내의 다양한 파벌과 각각의 파벌을 미는 외국 후원 세력이 운영하는 캠프에서 훈련받은 이슬람 전사들로 교체되었다. 물론 이슬람 과격 체제와 운동이 공유하는 이해관계는 때때로 전통적 반목을 극복하는 데 일조했다. 가령 이란의 후원으로 수니 원리주의 세력과 시아 원리주의 세력을 잇는 가교가 마련되었다. 수단과 이란은 긴밀한 군사 협력 관계를 맺고 있으며 이런 공군과 해군은 수단의 군사 시설을 이용했다. 양국 정부는 알제리를 비롯한 여러 지역에서 원리주의 세력을 후원하는 데 공조를 펼치고 있다. 수단의 알 투라비와 이라크의 후세인은 1994년 관계 강화를 다짐했으며, 이란과 이라크는 화해의 길목에 들어서고 있다.[31]

둘째, '움마'의 개념은 민족국가의 부당성을 전제로 하지만 '움마'는 현재 이슬람 세계에 결여되어 있는 1~2개의 강력한 핵심국이 주도적 역할을 할 때만 통합체로서 나타날 수 있다. 통일된 종교-정치 공동체로서의 이슬람 개념은 과거의 경우 종교적 지도력과 정치적 지도력(칼리프와 술탄)이 단일 지배제도로 결합되었을 때만 핵심국이 등장할 수 있었음을 암시한다. 7세기에 이루어진 아랍의 급속한 북아프리카, 중동 정복은 다마스쿠스에 수도를 둔 우마이야 왕조에서 절정에 이르렀다. 이어 8세기에는 바그다드에 기반을 두었으며 페르시아의 영향을 받은 아바스 왕조가 출현했으며, 이것은 10세기에 이르러 각각 카이로와 코르도바에 중심을 둔 2개의 왕조로 쪼개졌다. 400년 뒤 오스만 튀르크는 중동을 휩쓸어 1453년에 콘스탄티노플을 함락하고 1517년에 새로운 왕조를 세웠다. 비슷한 시기에 다른 튀르크족은 인도를 침공해 무굴 제국을 세웠다. 서구의 부상은 오스만 제국과 무굴 제국을 약화시켰고, 오스만 제국이 무너지자 이슬람의 핵심국은 존재하지 않았다. 오스만 제국의 영토는 서구 열강들에게 상당 부분 분점되었고 이들 국가가 물러나자 이슬람 전통에는 낯선, 서구를 전범으로 한 허약한 나라들만 남았다. 따라서 20세기 대부분 기간 동안 다른 이슬람 국가들이나 비이슬람 국가들에 의해 이슬람의 지도국으로 수용되고 그러한 역할을 맡기에 충분한 실력과 문화적, 종교적 정통성을 가진 핵심국은 존재하지 않았다.

이슬람을 특징짓는 내부적, 외부적 분쟁 다발의 주요 원인은 바로 이슬람 핵심국의 부재였다. 중심 없는 의식이 이슬람에게는 약점이 되었고 다른 문명들에게는 커다란 위협 요인으로 작용했다. 이러한 상태는 지속될 것인가?

이슬람 핵심국은 경제적 자원, 군사력, 조직력 능력과 움마를 종교 및 정치적으로 이끌고 나갈 수 있을 만한 적극성과 확신을 가지고 있어야 한다. 이슬람 지도국 후보의 반열에 올랐던 나라는 모두 여섯 나라지만, 현재로서는 실력 있는 핵심국이 되는 데 필요한 조건을 모두 구비한 나라는 없다. 인도네시아는 가장 큰 이슬람 국가이며 경제적으로도 빠르게 성장하고 있다. 그러나 인도네시아는 아랍의 중심부에서 한참 떨어진 변방에 있다. 게다가 인도네시아의 이슬람교는 느슨하게 변형된 동남아시아형 이슬람교이며, 이곳의 문화는 토착 문화, 이슬람교, 힌두교, 그리스도교, 중국 문화가 뒤섞여 있다. 이집트는 아랍국으로서 거대한 인구를 거느렸으며 중동에서도 전략적으로 중요한 위치에 있고 이슬람학의 본산인 알아즈하르 대학도 이곳에 있다. 그러나 이집트는 가난하며 경제적으로 미국과 서유럽이 주도하는 국제기구, 아랍의 부유한 산유국들에 대한 의존도가 높다.

이란, 파키스탄, 사우디아라비아는 모두 자신이 이슬람 국가라는 입장을 분명히 밝혔으며 움마에 대한 영향력을 행사하고 움마에서 지도력을 발휘하고자 적극적인 노력을 기울이고 있다는 공통점을 갖는다. 그 과정에서 이들은 각종 기구를 후원하고 이슬람 단체를 재정적으로 지원하며 아프가니스탄의 전사들을 돕고 중앙아시아의 이슬람교도들을 자기 편으로 끌어들이고자 치열한 경쟁을 벌이고 있다. 이란은 영토, 지정학적 위치, 인구, 역사적 전통, 석유 자원, 중진국 수준에 이른 경제발전 등 여러 면에서 이슬람 핵심국이 될 만한 자격을 갖추고 있다. 그러나 이슬람 인구의 90퍼센트가 수니파인 반면 이란은 시아파가 절대 다수를 점한다. 아랍어 인구가 절대 다수인 나머지 이슬람교도는 이란인이 쓰는 페르시아어를 알아듣지 못한다. 페르시아와 아랍의 관계는 역사적으로도 분쟁으로 얼룩져 있다.

파키스탄은 남부럽지 않은 영토, 인구, 군사력을 가지고 있으며 파키스탄의 지도자들은 이슬람 국가들 사이의 협력을 주도하는 역할, 세계무대에서 이슬람을 대변하는 역할을 자신들이 맡고 있음을 줄기차게 강조해왔다. 그러나 파키스탄은 가난하며 내부의 인종적, 지역적 갈등에 시달리는 형편이고 정치적으로도 불안하며 인접한 인도와의 안보 문제에 크게 신경을 써야 할 처지다. 특히 맨 마지막 문제로 파키스탄은 다른 이슬람 국가들과의 관계 발전뿐 아니라 중국, 미국 같은 비이슬람권의 열강들과도 우의를 돈독히 해야 할 형편이다.

사우디아라비아는 이슬람의 본거지였다. 이슬람의 성지가 이곳에 있으며 사우디아라비아의 국어는 이슬람의 보편어다. 사우디아라비아는 세계 최대의 석유 자원을 가지고 있으며 따라서 경제적 영향력도 막강하다. 뿐만 아니라 사우디아라비아 정부는 엄격한 이슬람 율법에 따라 나라를 통치해왔다. 1970년대와 1980년대에 사우디아라비아는 이슬람 세계에서 단일 국가로서는 가장 큰 영향력을 행사했다. 사우디아라비아는 모스크와 교과서에서 정당, 이슬람 조직, 테러 단체에 이르기까지 세계 전역의 이슬람 운동을 후원하는 데 수억 달러를 뿌렸으며 지원도 비교적 공정하게 했다. 그러나 사우디아라비아는 인구가 적고 지정학적으로도 불안해 안보상의 이유로 어차피 서구에 의존할 수밖에 없다.

마지막으로 터키는 역사, 인구, 중간 단계에 이른 경제발전 수준, 국민적 응집력, 군사적 능력과 전통 면에서 이슬람의 핵심국이 되기에 충분한 자격을 갖추고 있다. 그러나 터키를 세속국가로 노골적으로 정의하는 과정에서 케말은 터키가 오스만 제국의 역할을 계승하는 길을 원천 봉쇄했다. 터키는 헌법상으로 세속국가임을 분명히 명시했기 때문에 심지어 OIC의 발기국조차 될 수 없었다. 터키가 자신을 세속국가로 계속 정의하는 한 이슬람의 지도국 역할은 터키의 몫으로 돌아오지 않을 것이다.

만일 터키가 자신을 새롭게 정의한다면 어떻게 될까? 어느 시점에서 터키가 서구의 일원으로 받아들여 달라고 사정하는 비굴하고 모욕적인 노릇을 중지하고 서구에 맞서 이슬람을 대변하는 훨씬 인상적이고 자긍하는 역사적 역할을 재개할 가능성이 있다. 터키에서는 원리주의가 세력을 확대하고 있다. 오잘 대통령이 집권하는 동안 터키는 아랍 세계에서 발언권을 확대하고자 광범위한 노력을 기울였다. 터키는 중앙아시아에서 비중 있는 역할을 떠맡고자 인종적, 언어적 유대를 십분 활용했다. 터키는 보스니아헤르체고비나나 이슬람교도에게 지원과 격려를 보냈다. 이슬람 국가 중에서도 터키는 발칸, 중동, 북아프리카, 중앙아시아의 이슬람교도와 폭넓은 역사적 연관성을 맺고 있다는 점에서 독보적인 입장에 서 있다. 터키는 어쩌면 '남아프리카공화국의 역할'을 할 가능성이 있다. 남아프리카공화국이 아파르트헤이트를 포기함으로써 자기 문명의 주변국에서 지도국으로 스스로를 탈바꿈한 것처럼 터키도 자신에게 생경한 세속주의를 포기할 가능성이 있다는 것이다. 서구 그리스도교와 아파르트헤이트의 장단점을 두루 경험한 남아프리카공화국이 아프리카를 이끌 만한 남다른 자격을 갖추었듯이 서구 세속주의와 민주주의의 장단점을 두루 겪은 터키는 이슬람을 주도할 독특한 자격을 갖추고 있다. 그러기 위해서는 러시아가 레닌주의를 청산한 것보다 훨씬 근본적으로 케말주의의 유산을 제거하지 않으면 안 된다. 뿐만 아니라 케말에 버금가는 카리스마와 터키를 분열국에서 핵심국으로 변모시키기 위해 종교적 정당성과 정치적 정당성을 접맥시킬 수 있는 역량을 가진 지도자가 나타나야 할 것이다.

# 제 4 부

# 문명의 충돌

Chapter 8

# 서구와 비서구: 문명 간의 문제

## 서구 보편주의

새로운 세계에서는 상이한 문명에 속하는 국가들과 집단들의 관계는 우호적이지 않고 대체로 적대적인 경향을 띨 것이다. 그중에서도 특히 갈등이 첨예하게 드러날 것으로 예상되는 관계는 문명 간의 관계다. 미시적 차원에서 보면 폭력으로 치달을 가능성이 가장 높은 단층선은 이슬람과 이웃한 정교, 힌두, 아프리카, 서구 그리스도교 문명 사이에 놓여 있다. 거시적 차원에서 보면 지배적 대립은 서구 대 비서구의 양상으로 나타나겠지만, 가장 격렬한 대립은 이슬람 사회와 아시아 사회, 이슬람 사회와 서구 사회에서 나타날 것이다. 미래의 가장 위험한 충돌은 서구의 오만함, 이슬람의 편협함, 중화의 자존심이 복합적으로 작용하여 발생할 것이다.

문명 중 유일하게 서구는 다른 모든 문명에게 대대적인, 때로는 파괴적인 영향력을 미쳤다. 따라서 서구의 힘과 문화, 다른 문명들의 힘과 문화의 관계는 문명 세계에서 가장 포괄적인 특성으로 나타난다. 다른 문명들의 상대적 힘이 증가하면서 서구 문화의 매력은 반감되며 비서구인들은 점점 자신들의 고유문화에 애착과 자신감을 갖게 된다. 그러므로 서구와 비서구의 관계에서 가장 핵심이 되는 문제는 서구 문화의 보편성을 관철하려는 서구, 특히 미국의 노력과 서구의 현실적 능력 사이에서 생겨나는 부조화라고 말할 수 있다.

공산주의의 몰락으로 자유민주주의의 이념이 지구적 차원에서 승리를 거두었으므로, 서구의 이념이 보편타당하다는 견해가 확산되면서 부조화는 한층 심화되었다. 서구, 그중에서도 특히 예로부터 민주주의의 선교사 역할을 자임해온 미국은 비서구인들이 민주주의, 시장경제, 제한된 정부, 인권, 개인주의, 법치주의 같은 서구의 가치에 동조해야 하며 이러한 가치들을 자신들의 제도에 구현시켜야 한다고 믿는다. 다른 문명들 내의 소수 집단은 이러한 가치를 수용하고 적극적으로 선전하지만 비서구 사회의 지배적인 태도는 대체로 회의주의 아니면 격렬한 반발의 양상으로 나타난다. 서구의 보편주의가 비서구에게는 제국주의로 다가온다.

서구는 자신의 주도적 위치를 고수하고자 지금도 노력하고 있고 앞으로도 노력을 게을리하지 않을 것이다. 그들은 자신들의 이익을 '세계 공동체'의 이익으로 규정함으로써 그러한 이익을 수호하려고 한다. 이러한 구호는 미국과 여타 서방 국가들의 이익이 반영된 행동에 범지구적 정당성을 부여하는 완곡한 집합 명사('자유세계'를 대체하는)가 되어버렸다. 가령 서구는 비서구 사회의 경제를 자신이 지배하는 세계 경제 체제로 끌어들이려고 애쓴다. 서구는 IMF 같은 국제 경제기구를 통해 자신의 경제적 이익을 챙기고 다른 국가들에게 자신이 적절하다고 판단하는 경제정책을 강요한다. 비서구인들을 대상으로 여론 조사를 할 경우 IMF는 경제 각료를 비롯한 소수 집단의 지지를 얻을 수 있을지는 몰라도 거의 모든 응답자가 IMF에 대해 부정적인 평가를 내릴 것이다. IMF에 대한 부정적 인상은 IMF 관리들을 다른 사람의 돈을 몰수하고 비민주적이고 생경한 정치 경제 관행의 규칙을 강요하면서 경제적 자유의 숨통을 틀어막기를 일삼는 네오볼셰비키로 그린 게오르기 아르바토프Georgi Arbatov의 묘사에 집약되어 있다.[1]

또한 비서구인들은 서구의 원칙과 서구의 행동 사이에서 나타나는 간극을 서슴지 않고 지적한다. 위선, 이중 잣대, 단서 조항은 보편주의가 한낱 제스처에 지나지 않음을 여실히 드러낸다. 민주주의가 중요하지만 그것이 이슬람 원리주의자들의 집권을 돕는다면 재고의 대상이 되고, 이란과 이라크에게는 군축을 요구하지만 이스라엘은 방치하고, 자유무역은 경제성장을 낳는 만병통치약이지만 농업은 예외고, 중국의 인권은 문제 삼아도 사우디아라비아의 인권은 문제 삼지 않고, 석유 자원을 가진 쿠웨이트에 대한 침공은 기를 쓰고 막아도 석유 자원이 없는 보스니아헤르체고비나가 공격을 받으면 나 몰라라 한다. 이중 잣대는 어설픈 보편주의가 불가피하게 치러야 할 대가다.

정치적 독립을 달성한 비서구 국가들은 서구의 경제적, 군사적, 문화적 지배에서 벗어나기를 원한다. 동아시아 국가들은 경제적으로 서구에 필적할 만한 수준에 육박하고 있다. 아시아와 이슬람 국가들은 단시일 안에 서구와 군사적 균형을 맞출 수 있는 지름길을 모색하고 있다. 서구 문명의 보편주의에 대한 집착과 서구의 상대적 세력 감소, 다른 문명들의 점증하는 문화적 자긍심은 서구와 비서구의 관계를 껄

끄럽게 만들 소지가 높다. 그러나 이러한 관계의 성격과 적대감의 정도는 다양하며 크게 세 범주로 구분된다. 서구는 도전 의식이 강한 이슬람 문명, 중국 문명에 대해서는 늘 긴장감을 느끼며 이들의 관계는 대체로 적대적이다. 세력이 약하며 서구에 대한 의존도가 높은 라틴아메리카나 아프리카와의 관계에서는 갈등의 소지가 높지 않고 특히 라틴아메리카와 서구의 관계는 원만하다. 러시아, 일본, 인도와 서구의 관계는 이 두 범주의 중간적 성격을 띠면서 협력과 갈등의 요인을 모두 안고 있다. 이 세 나라는 사안에 따라서 때로는 이슬람, 중국의 편에 서고 때로는 서구의 편을 들 것이다. 이들은 서구 문명과 이슬람, 중국 문명 사이에서 '그네' 역할을 하는 문명이다.

이슬람과 중국은 판이한 문화적 전통을 가지고 있지만 둘 다 서구에 대한 크나큰 우월 의식을 가지고 있다. 이 두 문명의 실력과 자긍심은 서구와의 관계에서 나날이 늘어나고 있으며 가치관과 이익을 둘러싼 서구와의 충돌 역시 다각화되고 심화되고 있다. 이슬람에는 핵심국이 없으므로 이슬람과 서구의 관계는 나라별로 크게 다르다. 그러나 1970년대 이후로 서구에 대한 반감이 지배적 추세로 자리 잡았다. 이러한 추세는 원리주의의 부상, 이슬람 각국에서 나타나는 친서방 정권에서 반서방 정권으로의 권력 교체 현상, 일부 이슬람 집단과 서구의 준전시 상태 돌입, 일부 이슬람 국가와 미국 사이에 존재했던 냉전적 안보 결속의 약화에 반영되고 있다. 특정한 사안들을 놓고 벌이는 대립의 근저에 깔린 것은 향후 세계에서 이들 문명이 서구에 견주어 어떤 역할을 하게 될 것인가에 대한 물음이다. 21세기의 세계기구, 권력의 분포, 각국의 정치와 경제는 서구의 가치와 이익을 대변할 것인가 아니면 이슬람과 중국의 가치와 이익에 의해 주로 규정될 것인가?

현실주의자들은 비서구 문명의 핵심국들이 연합하여 서구의 지배에 맞서는 견제력을 확보해야 한다고 주장한다. 일부 사안에서는 이것이 이미 현실로 나타나고 있다. 그러나 가까운 시일 내에 대대적인 반서구 연합이 출현할 것 같지는 않다. 이슬람 문명과 중국 문명은 종교, 문화, 사회구조, 전통, 정치, 생활방식의 뿌리에 놓인 근본적 가정이 판이하다. 두 문명의 공통점은 두 문명이 각각 서구와 갖는 공통점보다도 미약하다. 그러나 정치의 세계에서는 공동의 적이 공동의 이해를 낳는다. 서구를 주된 적수로 간주하는 이슬람과 중국은 히틀러에 맞서 연합국과 스탈린이 협력했던 것처럼 서구에 맞서 협력을 모색할 만한 충분한 근거가 있다. 이러한 협력은 인권, 경제 등의 다양한 사안에서 일어나지만 무엇보다도 군사력, 특히 대량 살상무기와 그것을 실어 나를 수 있는 미사일을 개발하여 서구의 군사적 우위에 도전하는 양상으로 나타날 가능성이 높다. 1990년대 초반 이미 '유교-이슬람 결합'이 구축되어 한편에서는 중국, 북한과 다른 한편에서는 파키스탄, 이란, 이라크, 시리아, 리비아, 알제리가 다양한 수준으로 공조를 펼치면서 군사 부문에서 서구에 대적할 수 있는 길을 도모하고 있다.

서구와 이들 국가의 대립을 낳는 사안들이 국제무대에서 점차 무게를 얻고 있다. 이러한 사안들은 서구의 다음과 같은 의중과 맞물려 있다. (1) 서구는 핵무기, 생물무기, 화학무기와 이를 실어 나를 수 있는 수단의 확산 방지와 축소정책을 통해 군사적 우위를 고수하려 한다. (2) 서구는 다른 국가들에게 서구적 개념의 인권을 존중하고 서구식 민주주의를 도입하도록 압박을 가함으로써 서구의 정치적 가치관과 제도를 확산시키려고 한다. (3) 서구는 비서구인 이민자나 망명자의 수를 제한함으로써 서구 사회의 문화적, 사회적, 인종적 틀을 보호하려고 한다. 이 세 부문에서 서구는 비서구 사회의 이익에 맞서 자신의 이익을 수호하는 데 과거에도 그랬지만 앞으로도 어려움을 겪을 공산이 크다.

## 무기 확산

군비 확산은 사회적, 경제적 발전의 파생물이다. 일본, 중국, 아시아 각국은 경제력이 커지면서 강한 군사력을 가지게 되었으며, 이슬람 국가들도 같은 길을 걸을 것이다. 경제개혁이 성공할 경우 러시아의 군사력 강화도 예상된다. 20세기의 지난 몇십 년 동안 비서구 국가들은 서방국, 러시아, 이스라엘, 중국으로부터 첨단무기를 확보했으며, 한 걸음 더 나아가 고도의 첨단무기를 자국에서 생산할 수 있는 방위산업을 육성하고자 노력하고 있다. 이러한 추세는 앞으로도 계속될 것이며 21세기 초반에 들어가서는 더욱 가속화할 가능성이 높다. 그럼에도 불구하고 21세기에도 상당 기간 동안 세계 거의 모든 지역에서 군사적으로 개입할 수 있는 능력을 가진 유일한 문명은 미국이 영국과 프랑스의 지원 아래 주도하는 서구 문명이 될 것이다. 그리고 세계의 거의 모든 지역에 공습을 감행할 수 있는 공군력을 가진 유일한 나라는 여전히 미국일 것이다. 바로 이것이 미국을 세계의 초강대국으로 남아 있게 하고 서구를 세계의 주도적 문명으로 남아 있게 하는 결정적 요소다. 서구와 비서구의 군사적 균형에서 서구의 압도적 우위는 당분간 유지될 것이다.

첨단 재래식 무기를 개발하는 데 필요한 엄청난 시간과 노력, 비용 때문에 비서구 국가들은 서구의 재래식 군사력에 맞설 수 있는 별도의 방법을 모색해야 한다는 유혹을 강하게 받는다. 가장 손쉬운 길은 대량 살상무기와 그것을 실어 나를 수 있는 수단을 확보하는 것이다. 문명의 핵심국들과 지역 패권을 누리고 있거나 패권을 지향하는 국가들은 특히 그런 무기 확보의 필요성을 절감한다. 그러한 무기는 먼저, 그것을 보유한 국가들이 자신들의 문명이나 지역에서 다른 나라보다 우위를 점할 수 있게 해주며, 나아가 미국을 비롯한 외세가 자신들의 문명이나 지역에서 다른 나라보다 우위를 점할 수 있게 해주며, 나아가 미국을 비롯한 외세가 자신들의 문명이나 지역에 쉽게 개입하지 못하게 만드는 억지력을 제공한다. 이라크가 핵무기를 손에 넣을 때까지 후세인이 쿠웨이트 침공을 2, 3년만 늦추었더라면 그는 지금쯤 쿠웨이트는 물론 사우디아라비아의 유전도 독차지하게 되었을 가능성이 높다. 비서구 국가들은 걸프 전쟁에서 중요한 교훈을 얻었다. 북한의 군사 관계자들이 얻은 교훈은 다음과 같다. "미국이 군사력을 배치할 여유를 주지 말라. 공군력을 증강할 틈을 주지 말라. 미국이 기선을 잡지 못하게 하라. 미군의 인명 피해를 최대화하라." 인도의 한 고위 군 장성의 지적은 더 노골적이다. "핵무기가 없거든 미국과 싸우지 말라."[2] 그러한 교훈은 비서구 세계의 정치 지도자와 군 관계자들의 뇌리에 깊이 박히면서 다음과 같은 개연성 높은 전망을 낳았다. "미국은 핵무기를 가진 나라와는 싸우지 않는다."

"핵무기는 예전처럼 패권정치를 강화하는 것이 아니라 오히려 기존의 패권국들이 맡은 역할이 축소되고 국제 체제의 분열 추세를 공고히 한다"고 로렌스 프리드먼Lawrence Freedman은 지적했다. 탈냉전 세계에서 핵무기가 서구에게 지니는 의미는 냉전 시대의 그것과는 정반대다. 냉전 당시 미국의 레스 애스핀 국방장관이 지적한 것처럼, 서구는 핵무기를 통해 소련에 대한 재래식 무기의 열세를 만회했다. 핵무기는 '균형추'였다. 그러나 탈냉전 세계에서 미국은 재래식 군사력에서 압도적인 우위를 확보했으며, 이제는 미국의 잠재적 적수들이 핵무기를 보유하려고 한다. 과거의 소련처럼 미국은 군사적 우위를 잃게 될지 모른다.[3]

따라서 러시아가 자국의 방위 계획에서 핵무기의 역할을 새삼 강조하면서 1995년에는 우크라이나로부터 추가로 대륙 간 미사일과 탄두를 구입하기로 합의한 것도 놀랄 일은 아니다. 미국의 한 무기 전문가는 "우리는 1950년대에 우리가 러시아에게 했던 말을 지금 그대로 되듣고 있다"고 지적했다. 이제는 러시아가 이렇게 말한다. "우리가 핵무기를 도입하는 것은 재래식 무기의 열세를 만회하기 위해서다." 비슷한 역전 현상으로, 냉전 시대의 미국은 전쟁 억지력을 확보하려는 의도에서, 선제 핵 공격 포기 의지를 공식적으로 천명하기를 거부했다. 탈냉전 세계에서 핵무기가 갖는 전쟁 억지력을 새롭게 주목하면서 러시아는 1993년 과거 소련이 견지했던 선제 핵 공격 포기 의지를 사실상 철회했다. 마찬가지로 중국도 탈냉전 시대의 제한적 억지력에 입각한 자신의 핵전략을 발전시키면서 1964년에 표명한 바 있는 선제 핵 공격 포기 의지에 대한 문제점을 제기하며 그 의지를 약화시켰다.[4] 다른 핵심국들과 지역 강국들도 핵무기나 기타 대량 살상무기를 확보하면 비슷한 입장을 취하면서 서구의 재래식 무기에 자신의 무기가 갖는 억지력을 극대화하려고 노력할 것이다.

핵무기는 서구를 더 직접적으로 위협할 수도 있다. 중국과 러시아는 핵탄두를 장착한 탄도 미사일을 유럽과 북아메리카에 보낼 수 있다. 북한, 파키스탄, 인도는 미사일의 사정거리를 계속 넓히고 있으며 언젠가는 서구를 직접 표적으로 삼을 수 있는 능력을 갖게 될 가능성이 높다. 뿐만 아니라 핵무기는 다른 수단으로 전용될 수도 있다. 군사 분석가들은 테러, 산발적 게릴라전 등의 저강도전에서 제한전, 재래식 무기가 대대적으로 동원되는 전면전, 나아가 핵전쟁까지 충돌의 다양한 수위를 상정한다. 역사적으로 테러는 약자의 무기, 곧 재래식 군사력을 갖지 못한 세력의 무기였다. 제2차 세계대전 이후 핵무기는 약자가 재래식 군사력의 열세를 만회할 수 있는 무기가 되었다. 과거의 경우 테러리스트들은 제한적 폭력밖에 행사할 수 없었다. 기껏해야 여기서 몇 명 죽이고 저기서 건물을 파괴하는 정도였다. 대규모 폭력을 가하기 위해서는 대규모 군사력이 있어야 했다. 그러나 어느 시점에 가면 소수의 테러리스트가 대규모 살상, 대규모 파괴를 감행할 수 있는 능력을 갖게 될 것이다. 테러의 핵무기는 약자인 비서구 세계의 무기다. 이 둘이 결합할 때 약자인 비서구 세계의 힘은 강해질 것이다.

탈냉전 세계에서 대량 살상무기와 그것을 실어 나를 수 있는 수단을 개발하려는 노력은 이슬람권과 유교권에서 집중적으로 나타났다. 어쩌면 파키스탄과 북한은 소수의 핵무기를 가졌거나 아니면 적어도 단기간 안에 핵무기를 조립할 수 있는 능력을 보유할 것이며, 핵무기를 실어 나를 수 있는 장거리 미사일을 개발하거나 입수하는 데 박차를 가하고 있다. 이라크는 상당 수준의 화학전 능력을 가지고 있으며 생물무기와 핵무기를 입수하고자 막대한 노력을 기울이고 있다. 이란은 핵무기 개발을 위한 포괄적 계획을 가지고 있으며 사정거리를 확대하는 데에도 심혈을 기울이고 있다. 1988년 라프산자니 이란 대통령은 "이란은 화학무기, 박테리아 및 방사능 무기를 공격적으로도 방어적으로도 사용할 수 있는 능력을 완전무결하게 갖추고 있어야 한다"고 선언했다. 다시 3년 뒤 이란의 부통령은 이슬람 회담에서 "이스라엘의 핵무기 보유가 지속되는 한 우리 이슬람교도는 핵 확산을 저지하려는 유엔의 시도에 아랑곳하지 않고 합심해 원자 폭탄을 개발해야 한다"고 강조했다. 1992년과 1993년에 미국의 고위 정보 관계자는 이란이 핵무기를 입수하고자 심혈을 쏟고 있다고 지적했으며 1995년 워런 크리스토퍼 미 국무장관은 "현재 이란은 핵무기 개발에 총력을 쏟고 있다"고 못 박았다. 핵무기 개발에 관심을 가진 여타 이슬람 국가들로는 리비아, 알제리, 사우디아라비아 등이 거론된다. 마즈루이의 화려한 표현대로 버섯구름 위에 걸린 초승달(이슬람을 상징 — 옮긴이)은 서구 외의 다른 지역에도 위협을 가할 수 있다. 이슬람은 결국 남아시아의 힌두교 세력과 중동의 시온주의, 유대주의 세력을 대상으로 핵무기를 통한 러시안 룰렛 게임을 벌일지도 모른다.[5]

군사 부문에서 가장 광범위하고 구체적으로 실현되고 있는 유교-이슬람 결속에서 중국은 주도적인 역할을 하면서 많은 이슬람 국가들에게 재래식 무기와 비재래식 무기를 제공하고 있다. 연구용임을 표방하지만 상당수의 서방 전문가들이 플루토늄 생산 능력을 가졌을 것으로 추정하는 알제리 사막의 삼엄한 감시와 통제를 받는 원자로 건설, 리비아에 대한 화학무기 원료 판매, 사우디아라비아에 대한 CSS2 중거리 미사일 제공, 이란, 리비아, 시리아, 북한에 대한 핵기술 및 핵물질 공여, 이라크에 대한 막대한 규모의 재래식 무기 판매의 주역은 모두 중국이다. 1990년대 초반 중국에 뒤이어 북한이 이란을 거쳐 시

리아에 스커드 미사일을 제공했으며 다시 그것을 발사할 수 있는 이동 포대를 제공했다.[6]

유교-이슬람 군사적 유대의 핵심 고리는 한 축에 중국과 북한이 있고 다른 한 축에 파키스탄과 이란이 있다. 1980년부터 1991년까지 중국의 무기를 주로 도입한 나라는 이란과 파키스탄이었고 그 뒤를 이라크가 따랐다. 1970년대 초반부터 중국과 파키스탄은 대단히 긴밀한 군사적 관계를 발전시키고 있다. 1989년 양국은 향후 10년간 무기 구입, 공동 연구와 개발, 공동 생산, 기술 이전은 물론 상호 합의에 의한 제3국 수출 분야에서 군사적 협력을 도모한다는 양해 각서에 서명했다. 파키스탄의 무기 구입에 중국이 보증을 하는 내용이 추가로 들어간 협정이 1993년 체결되었다. 그 결과 중국은 사실상 거의 모든 군사 관련 수출품을 파키스탄 군의 모든 부분에 양도함으로써 파키스탄에게 가장 신뢰할 만하고 가장 광범위하게 군사 하드웨어를 제공하는 나라가 되었다. 중국은 또한 파키스탄의 제트기, 탱크, 대포, 미사일 생산 시설의 건설을 도왔다. 무엇보다도 중요한 것은 중국이 파키스탄의 핵무기 개발을 결정적으로 지원했다는 사실이다. 중국은 파키스탄에 농축 우라늄을 제공하고 탄두 설계에 조언을 제공했으며, 중국의 핵실험 지역을 이용할 수 있는 편의를 제공한 것으로 보인다. 중국은 다시 핵무기를 탑재할 수 있고 300킬로미터의 사정거리를 갖는 M11 탄도 미사일을 파키스탄에 공급하는 과정에서 미국과의 약속을 파기했다. 그 대가로 중국은 파키스탄으로부터 공중 급유기술과 스팅어 미사일을 확보했다.[7]

1990년까지 중국과 이란의 무기 교역 또한 강화되었다. 1980년대의 이란-이라크 전쟁 기간 중 중국은 이란 무기의 22퍼센트를 제공했

〈표 8-1〉 중국의 무기 공여 내역 일부: 1980~1991년

| | 이란 | 파키스탄 | 이라크 |
|---|---|---|---|
| 탱크 | 540 | 1,100 | 1,300 |
| 인원 수송 장갑차(APC) | 300 | - | 650 |
| 대전차 미사일 | 7,500 | 100 | - |
| 표 발사대 | 1,200* | 50 | 720 |
| 전투기 | 140 | 212 | - |
| 대함 미사일 | 332 | 32 | - |
| 지대공 미사일 | 788* | 222* | - |

**자료**: 카리 에리켄베리Kari Eikenberry, 《중국의 무기 공여 실태Explaining and influencing Chinese Arms Transfers》 Washington: National Defense University, Institute for National strategic studies, McNair Paper No. 36, February, 1995, P. 12.
* 정확히 확인되지 않은 내용이다.

으며 1989년에는 단일 국가로서는 이란에 가장 많은 무기를 수출하는 나라가 되었다. 중국은 또한 핵무기를 확보하겠다고 공개적으로 선언한 이란을 적극적으로 후원했다. 최초의 중국-이란 공동 조약을 체결한 데 이어 두 나라는 1990년 1월 과학기술 협력과 군사기술 이전 분야에서 10년 기한의 양해 각서에 서명했다. 1992년 9월 악바르 하셰미 라프산자니 대통령은 이란의 핵 전문가들을 대동하고 파키스탄을 방문한 뒤 다시 베이징으로 가서 핵 협력 조약을 체결했다. 1993년 2월 중국은 이란에 300메가와트급의 원자로를 건설하는 데 동의했다. 이들 조약에 따라 중국은 핵 관련 기술과 정보를 이란에 이전하고 이란 과학자와 기술자를 훈련시켰으며 이란에 우라늄 농축 장비를 제공했다. 1995년 미국의 계속되는 압력 때문에 중국은 2기의

300메가와트급 원자로 판매를 미국의 표현에 따르면 '취소'했고 중국의 설명에 따르면 '유예'했다. 중국은 미사일과 그 관련 기술을 이란에 제공한 주요국이었다. 그중에는 1980년대 말 북한을 거쳐 제공한 실크웜 미사일과 1994~1995년에 제공한 수십 개 혹은 수백 개에 이르는 미사일 유도 시스템과 컴퓨터 기기가 포함된다. 중국은 또 중국 지대지 미사일의 이란 현지 생산을 허용했다. 이러한 지원에 동참하여 북한도 스커드 미사일을 이란에 선적했으며 이란의 미사일 생산 시설 건설을 도왔고 1993년에는 사정거리가 600마일인 노동 1호 미사일을 이란에 제공하기로 합의했다.

삼각 공조의 세 번째 축으로서 이란과 파키스탄도 핵 부문에서 광범위한 협조를 전개했다. 파키스탄은 이란의 과학자들을 훈련시켰으며, 1992년 11월 파키스탄, 이란, 중국은 핵 개발을 공동 추진하는 데 합의했다.[8] 파키스탄과 이란의 대량 살상무기 개발 계획에 대한 중국의 광범위한 지원은 이들 국가 간에 대단히 긴밀한 공조와 협력이 펼쳐지고 있음을 입증한다.

이러한 사태 전개는 서구의 이익에 잠재적 위협이 되었다. 그 결과로 나타난 대량 살상무기의 확산은 서구 안보 레이더의 초미의 관심사로 떠올랐다. 가령 1990년 미국인의 59퍼센트가 핵무기 확산 저지를 가장 중요한 외교적 목표로 지적했다. 1994년 미국 국민의 82퍼센트, 외교 전문가의 90퍼센트가 가장 시급한 해결을 요하는 과제로 이 문제를 꼽았다. 클린턴 대통령은 1993년 9월 핵 확산 저지에 중점을 두겠다고 선언했으며, 1994년 가을에는 핵무기, 생물무기, 화학무기의 확산과 그러한 무기를 실어 나르는 수단의 확산으로 야기되는 미국의 국가 안보, 외교정책, 경제에 미치는 유례없는 엄청난 위협에 대처하기 위해 '국가 비상사태'를 선포했다. 1991년 12월에는 애스핀 국방장관이 새로운 확산 저지 방위안을 발표하고 핵 안보 및 확산 저지 담당 차관직을 신설했다.[9]

냉전 시대의 미국과 소련은 첨단 핵무기와 그것을 실어 나를 수 있는 수단을 거듭 개발하면서 고전적인 무기 경쟁을 벌였다. 그것은 증강 대 증강의 겨룸이었다. 탈냉전 시대의 지배적인 군사력 경쟁은 이와는 성격이 다르다. 서구를 적대시하는 세력은 대량 살상무기를 손에 넣으려 하고 서구는 어떻게 해서든 그것을 저지하려고 한다. 그것은 증강 대 증강이 아니라 증강 대 억제의 싸움이다. 서구의 핵 군사력은 규모나 파괴력 면에서, 허세를 부린다면 모를까 경쟁의 대상이 될 수 없다. 증강 대 증강의 구도로 펼쳐지는 무기 개발 경쟁은 결국 양측의 자원, 의지, 기술력에 따라 좌우된다. 그것은 예측 불가능하다. 반면 증강 대 억제의 구도가 어떻게 귀결될 것인지는 예측 가능하다. 서구의 억제 노력이 다른 국가들의 무기 증강 속도를 늦출 수 있을지는 몰라도 그것을 중지시키지는 못한다. 비서구 국가들의 경제발전, 무기·기술·정보를 팔아 돈을 벌 수 있다는 경제적 유혹, 자신의 지역 헤게모니를 수호하려는 핵심국과 지역 강대국의 정치적 욕구 등은 서구의 억제 노력을 좌절시키기에 충분하다.

서구는 대량 살상무기의 확산을 저지하는 것이 국제질서와 안정에 기여하고 모든 국가의 이익을 낳는다고 설명한다. 그러나 다른 국가들은 이것을 서구의 헤게모니 고수 전략으로 파악한다. 그것은 대량 살상무기의 확산을 놓고 미국과 지역 강국이 보이는 불안의 차이에도 반영된다. 이런 현상이 가장 두드러지게 나타난 지역이 한반도다. 1993년과 1994년에 미국은 북한의 핵무기 보유 가능성에 위기의식을 가졌다. 1993년 11월 클린턴 대통령은 "북한의 핵폭탄 개발을 좌시하지 않겠다. 우리는 그 점에 대해 확고한 입장을 견지해야 한다"고 못 박았다. 상원, 하원, 부시 행정부에서 활약한 관리들은 북한의 핵 시설물에 대한 선제공격의 필요성을 검토했다. 미국의 북한에 대한 우려는 상당 부분 세계적인 핵 확산 추세에 대한 불안 심리에 그 뿌리가 있다. 북한의 핵무기 보유가 동아시아에서 미국의 활동을 제약하고 복잡하게 만드는 측면도 있고, 만일 북한이 핵기술이나 핵무기를 수출할 경우 남아시아와 중동에서 미국의 입지는 크게 약화될 가능성이 높았다.

반면 한국은 핵무기를 지역적 이해의 구도에서 파악했다. 다수의 한국인들은 북한의 핵무기를 한민족의 핵무기로 이해했다. 핵폭탄을 같은 동포의 머리 위에 떨어뜨릴 리는 만무하므로 일본과 그밖의 잠재 위협 세력으로부터 한민족의 주권을 수호할 수 있는 좋은 수단으로 북한의 핵무기를 받아들였다. 한국의 관리들과 군 관계자들은 통일 한국의 핵무기 보유 가능성에 대한 희망을 공공연하게 피력했다. 한국의 이해는 잘 반영되었다. 핵무기 개발에 뒤따르는 희생과 국제적 오명은 북한이 짊어져야 하는 반면 한국은 궁극적으로 그것을 승계받을 것으로 생각하기 때문이다. 북한의 핵무기와 한국의 발달한 산업이 결합하면 통일 한반도는 동아시아 무대에서 실력 국가로서의 위치를 공고히 다질 수 있을 것이다. 1994년 한반도에서 커다란 위기를 감지하는 워싱턴과 이렇다 할 위기의식이 존재하지 않는 서울 사이의 현격한 인식 차이는 양국 수도의 공포 격차를 낳았다. 1994년 6월 위기가 고조되었을 때 한 저널리스트가 지적한 것처럼 몇 년 전부터 시작된 북한의 핵 개발을 둘러싼 대치 상태에서 한 가지 기이한 현상은 한반도에서 멀어질수록 위기감이 높아진다는 점이었다. 비슷한 인식의 격차는 남아시아에서 미국의 안보 이해와 그 지역 강대국들의 안보 이해 사이에서도 발생했다. 이 지역에서 미국은 핵 확산에 민감한 반응을 보이는 데 비해 정작 이 지역 사람들은 그리 과민한 반응을 보이지 않았다. 인도와 파키스탄은 두 나라의 핵무기를 동결, 축소하거나 아예 폐기하도록 하자는 미국의 제안에도 불구하고 상대국이 가하는 핵 위협을 무난히 수용하는 편이다.[10]

대량 살상력을 가진 '균형추' 무기의 확산을 저지하려는 미국과 서방의 노력은 제한된 성공밖에 거두지 못했고 앞으로도 그럴 가능성이 높다. 북한의 핵무기 보유를 좌시하지 않겠다는 클린턴 대통령의 공언이 있은 지 한 달 뒤 미 정보부는 북한이 1~2개의 핵을 가지고 있을 것으로 추정된다는 보고서를 올렸다.[11] 그 후 미국의 정책은 북한이 핵무기를 증강하지 못하도록 북한에 당근을 제공하는 방향으로 수정되었다. 미국은 인도와 파키스탄의 핵무기 개발을 철회시키거나 중단시키는 데 실패했으며 이란의 핵 개발에도 손을 쓰지 못하고 있는 형편이다.

1995년 4월에 열린 핵확산금지조약회의에서 핵심적으로 부각된 사안은 이 조약을 25년 동안 한시적으로 연장할 것이냐 아니면 무기한 연장할 것이냐였다. 미국은 무기한 연장을 관철시키기 위해 노력했다. 그러나 대다수 국가들은 5대 핵 강대국들이 핵무기를 대폭 감축하는 조치가 수반되지 않는 한 무기한 연장에 동의할 수 없다고 맞섰다. 거기다 이집트는 이스라엘이 조약에 서명하고 핵 안전 사찰을 받아들이지 않는 한 무기한 연장을 반대한다는 입장을 밝혔다. 결국 미국은 압력, 회유, 협박을 유효적절하게 구사하는 전략으로 무기한 연장안을 압도적 다수의 지지로 통과시켰다. 이집트와 멕시코만 하더라도 무기한 연장에 반대하는 입장이었지만 경제적으로 미국에 의존하고 있는 현실에서 그런 입장을 무작정 고수할 수만은 없었다. 조약은 무기한 연장되었지만 최종 토의에서 7개 이슬람 국가(시리아, 요르단, 이란, 이라크, 리비아, 이집트, 말레이시아)와 아프리카 1개국(나이지리아)은 반대 견해를 공표했다.[12]

1993년 미국의 정책이 강하게 반영된 서구의 일차적 목표는 핵 확산 금지에서 핵 확산 대응으로 바뀌었다. 이러한 변화는 핵의 부분적 확산은 불가피하다는 현실 인식을 바탕에 깔고 있다. 앞으로 미국의 정책은 핵 확산 대응에서 핵 확산 조절로, 그리고 만약 미국 정부가 냉전 시대의 사고방식에서 벗어날 수만 있다면, 핵 확산을 통해 미국과 서구의 이익을 도모하는 길을 모색하는 방향으로 바뀔 가능성이 높다. 1995년 현재 미국과 서구는 억제정책을 고수하고 있지만 그것은 실패로 돌아갈 수밖에 없다. 핵을 비롯한 대량 살상무기의 확산은 다문명 세계에서는 느리지만 필연적으로 진행되고 있는 권력 분산의 중심적 현상이다.

## 인권과 민주주의

1970, 1980년대에 독재를 벗어나 민주주의 체제로 이행한 나라는 30개 국이 넘는다. 이러한 변화의 물결에는 여러 요인이 있다. 정치적 변화의 배후에 깔려 있는 주된 요인은 의심할 나위 없이 경제발전이다. 그러나 스페인, 포르투갈, 라틴아메리카 각국, 필리핀, 한국, 동유

럽의 민주화에는 미국, 서유럽 국가들, 국제기구의 정책과 노선도 적지 않은 기여를 했다. 민주화는 그리스도교와 서구의 영향력이 강한 나라에서 가장 성공적으로 이루어졌다. 가톨릭이나 프로테스탄트 인구가 압도적으로 많은 남유럽과 중부 유럽에서 새롭게 출현한 민주주의 정부가 가장 큰 안정을 보이고 있으며 정도는 덜하지만 라틴아메리카의 민주주의도 조기 안정을 찾을 가능성이 높다. 동아시아에서는 가톨릭 신자가 많고 미국의 영향이 강하게 남아 있는 필리핀이 1980년대에 민주주의로 복귀했고 한국과 대만의 민주화에는 그리스도교 지도자들이 커다란 기여를 했다. 앞에서도 지적했지만, 옛 소련의 발트 공화국들도 안정된 민주 체제를 유지하는 것으로 보인다. 정교권 국가들의 민주화 수준과 안정도는 나라마다 상이하며 미래의 전망도 불투명하다. 이슬람 공화국들의 민주화 전망은 희박하다. 1990년대까지 쿠바를 제외하고 서구 그리스도교를 받아들였거나 그리스도교의 영향력이 강한 나라들이 대부분 민주화로 돌아섰다.

이러한 민주화 추세와 소련의 붕괴는 서구, 특히 미국에게 전 세계에서 민주주의 혁명이 일어나고 있으며 머지않아 서구적 인권 개념과 서구적 민주주의 정치형태가 세계를 장악하게 되리라는 확신을 심어주었다. 민주주의의 전파를 고무시키는 것이 자연히 서구인의 으뜸가는 정책 목표로 자리 잡았다. "억압 너머에는 민주주의가 있다." 탈냉전 세계를 맞아 "부시 대통령은 우리의 새로운 임무를 민주주의의 고취와 공고화로 규정했다"라고 말한 1990년 4월 제임스 베이커 미 국무장관의 발언에 부시 행정부의 입장이 요약되어 있다. 1992년 선거 유세 기간 중에 클린턴은 민주주의의 고취가 클린턴 행정부의 최우선 정책 목표임을 거듭 천명했다. 민주화는 그의 선거 유세 연설에서 나온 거의 유일한 외교정책이었다. 대통령에 당선되자 클린턴은 국가적으로 민주주의를 고취시키는 부처의 예산을 3분의 2나 증액했다. 클린턴 대통령의 국가안보보좌관은 클린턴 외교정책의 핵심 과제를 '민주주의의 확대'로 규정했다. 국방장관도 민주주의의 지원을 4대 주요 목표의 하나로 설정하면서 국방성 내에 그런 정책을 전담하는 고위직을 신설하려고 시도했다. 미국보다 강도는 약하고 덜 직접적이긴 하지만 인권과 민주주의의 후원은 유럽 각국의 대외정책에서 우선적 비중을 차지했으며, 서구 주도의 국제 경제기구는 개발도상국에게 주는 차관과 원조에서 이러한 기준을 내세웠다.

1995년 유럽과 미국의 그러한 노력은 제한적인 성공만을 거두었다. 거의 모든 비서구 문명들은 서구의 이러한 압력에 반감을 드러냈다. 여기에는 힌두교, 정교, 아프리카, 심지어는 일부 라틴아메리카 국가들도 포함된다. 서구의 민주화 정책에 대한 가장 큰 저항은 이슬람권과 아시아에서 나왔다. 이 저항은 이슬람 부활과 아시아의 자기주장으로 구체화된 폭넓은 문화적 자각 운동에 뿌리를 두고 있다.

미국이 아시아에서 실패한 것은 일차적으로 아시아 지역의 점증하는 경제력과 자긍심에서 그 원인을 찾을 수 있다. 아시아의 지도자들은 서구에 대한 의존과 종속의 시대는 이제 지나갔으며, 1940년대까지 세계 경제 생산의 절반을 차지하고 유엔을 지배하며 만국인권선언을 기초한 서구는 역사의 뒤안으로 사라졌다는 사실을 상기시키고 있다. 싱가포르의 한 관리는 "아시아에서 인권을 신장하려는 노력은 탈냉전 세계의 변화된 세력 구도도 감안해야 한다. …… 동아시아와 동남아시아에 대한 서구의 영향력은 크게 축소되었다"고 지적했다.[13]

그의 지적은 옳다. 미국과 북한 사이의 핵 문제를 둘러싼 합의는

'타협적 굴복'이라는 표현이 어울리고, 중국을 비롯한 아시아 강국들에게 인권을 들이밀었던 미국의 정책은 무조건적인 항목으로 귀착되었다. 인권 개선의 조짐이 보이지 않을 경우 중국에 무역 최혜국 대우를 철회하겠다는 위협을 가한 후 클린턴 행정부는 자국 국무장관이 베이징에서 난생 처음 수모를 당하는 모습을 지켜봐야 했다. 클린턴 행정부는 손상된 체면을 되살리는 의례적 몸짓조차 하지 못하고 종전까지의 정책을 되집어 무역 최혜국 대우와 인권 문제를 분리시킴으로써 중국의 강수에 기민하게 대응했다. 그러자 중국은 미국의 약점을 물고 늘어지면서 클린턴 행정부가 반대하는 행동을 더욱 강하게 밀어붙였다. 미국은 한 미국 시민에게 체벌을 가하는 문제에서 싱가포르와 벌인 대립에서도 비슷하게 물러서야 했고 동티모르 지역의 폭력 진압에 대해서도 인도네시아 정부에 강하게 항의하지 못했다.

서구의 인권 압력에 저항하는 아시아 각국의 능력은 여러 가지 요인에 힘입어 강화되었다. 미국과 유럽의 기업들은 이 급속하게 신장하는 지역에서 투자와 교역을 어떻게 해서든 늘려야 할 입장이므로 자국 정부에게 기업의 경제 활동을 저해하는 정책을 펴지 못하도록 강한 압력을 넣었다. 뿐만 아니라 아시아 국가들은 서구의 인권 압력을 주권 침해로 간주하고 사안이 발생할 때마다 공조를 취했다. 중국에 투자한 대만, 일본, 홍콩의 기업인들은 중국이 미국으로부터 무역 최혜국 대우를 계속 부여받을 수 있는가에 막대한 경제적 이해가 걸려 있다. 천안문 사건이 발생한 지 얼마 안 되어 미야자와 기이치 일본 총리는 우리는 '추상적 인권 개념'이 중국과의 관계에 영향을 미치는 것을 원하지 않는다고 강조했다. ASEAN 국가들은 미얀마에 압력을 넣는 데 동의하지 않았으며 1994년에는 미얀마 군사 정권이 ASEAN 회담에 참석하는 것을 환영했다. 반면 EU는 그 대변인의 표현대로 EU의 정책이 그다지 성공적이지 못했고, 미얀마에 대한 ASEAN의 입장에 동조할 수밖에 없다는 사실을 깨달았다. 이밖에도 말레이시아와 인도네시아 같은 나라는 점증하는 경제력을 등에 업고 자신들을 비난하거나 자신들이 거부감을 갖는 행동에 관여하는 국가나 기업에 대해 역제재를 가할 수 있게 되었다.[14]

전체적으로 아시아 국가들은 성장하는 경제력 덕분에 인권과 민주주의와 관련한 서구의 압력에 점차 면역력을 갖게 되었다. 1994년 리처드 닉슨은 "오늘날 중국의 경제력 앞에서 인권에 대한 미국의 강의는 경솔해 보인다. 10년 뒤 중국은 그런 강의에 개의치 않을 것이다. 그리고 20년 뒤에는 코웃음을 칠 것이다"라고 꼬집었다.[15] 그 시점에 가면 아마 중국의 경제발전은 서구의 강의를 불필요하게 만들 것이다. 경제적 발전이 서방 정부들과의 관계에서 아시아 정부들의 입지를 강화시키고 있다. 그것은 장기적으로 아시아 정부들과의 관계에서 아시아 시민사회들의 입지를 강화시킬 것이다. 만약 아시아에 새로운 민주주의 국가가 나타난다면 그것은 점점 강력해지는 아시아의 부르주아와 중산층이 민주주의를 원하기 때문일 것이다.

핵확산금지조약의 무기한 연장안을 관철시키는 데는 성공했지만 인권과 민주주의를 유엔 안건으로 상정하려는 서구의 노력은 번번이 좌절을 겪었다. 이라크 제재와 같은 몇 가지 예외적 사안을 제외하면 인권 결의안은 유엔 표결에서 거의 예외 없이 부결되었다. 일부 라틴아메리카 국가들만 동참했을 뿐 나머지 국가들은 인권 제국주의의 색채가 농후한 결의안을 지지하는 대열에 동참하기를 거부했다. 일례로 1990년 스웨덴이 20개 서방 국가들을 대표해 미얀마의 군사 정권에 대한 제재를 요구하는 결의안을 제출했지만 아시아를 비롯한 다른 지역 국가들의 반대로 무산되고 말았다. 인권 유린을 이유로 내건 이란 제재 결의안 역시 부결되었다. 중국은 1990년대 초반 내리 5년간 아시아 각국의 지원을 등에 업고 중국의 인권 유린에 대한 우려가 표명된 서방 주도의 결의안을 좌초시키는 데 성공했다. 1994년 파키스탄이 유엔 인권위원회에서 카슈미르 지방에서 발생한 인도의 인권 유린을 비난하는 결의안을 상정했다. 인도에 우호적인 나라들이 이 결의안에 반대했음은 물론이지만 과거 비슷한 결의안의 표적이 되었던 중국과 이란도 난색을 표하면서 우방국 파키스탄으로 하여금 결의안 상정을 철회하도록 설득했다. 《이코노미스트Economist》는 인도가 카슈미르에서 자행한 잔학한 행위를 비난하는 데 실패함으로써 "유엔 인권위원회는 직무 태만으로 그 행위를 재가裁可한 꼴이 되어버렸다. 다른 국가들 역시 살인을 저지르고도 아무런 제재를 받지 않았다. 터키, 인도네시아, 콜롬비아, 알제리 모두 지탄을 받지 않았다. 유엔 인권위원회는 창설한 사람들의 의도와는 정반대로 살육과 고문을 일삼는 정부들에게 면죄부를 주고 있다"고 비판했다.[16]

서구와 다른 문명들 사이의 인권을 보는 견해 차이와 자신의 목표를 관철시키지 못하는 서구의 한계는 1993년 6월 빈에서 열린 세계 인권회의에서 여실히 드러났다. 한쪽 진영에는 유럽과 북아메리카 국가들이, 반대편 진영에는 50개국에 이르는 비서구 국가들이 있었다. 후자에서도 가장 적극적이었던 15개 나라의 면면을 보면 라틴아메리카 1개국(쿠바), 1개 불교국(미얀마), 정치 이념·경제 제도·발전 수준에서 다양한 편차를 가진 4개 유교국(싱가포르, 베트남, 북한, 중국,) 9개 이슬람 국가들(말레이시아, 인도네시아, 파키스탄, 이란, 이라크, 시리아, 예멘, 수단, 리비아)

이었다. 이 아시아-이슬람 그룹을 주도한 나라는 중국, 이란, 시리아였다. 이 두 그룹 사이에 주로 서구를 지지하는 편이었던 라틴아메리카 국가들과, 사안에 따라 서구의 입장을 지지하기도 하지만 반기를 들 때가 더 많은 아프리카, 정교 국가들이 포진했다.

문명의 선을 따라 국가들을 대립으로 이끈 사안 중에는, 인권과 관련한 보편주의 대 문화 상대주의, 정치적·시민적 권리와 개발권을 포함한 경제적·사회적 권리 중에서 어느 것을 상대적으로 우선시할 것인가, 경제적 지원과 정치적 압력의 연계, 유엔 인권 감독관의 신설, 같은 기간에 빈에서 회의를 갖고 있던 비정부 인권 단체들을 정부 간 회의에 어느 수준으로 참여시킬 것인가 외에도, 달라이 라마가 유엔 본회의에서 연설하도록 허용할 것인가, 보스니아헤르체고비나 내의 인권 유린에 대해서 명시적으로 비난을 가할 것인가 하는 좀 더 구체적인 문제들도 망라되어 있었다.

이러한 쟁점들에 대한 중요한 견해 차이는 서구 국가들과 아시아-이슬람 블록 사이에서 불거졌다. 빈 인권회의가 열리기 두 달 전 아시아 국가들은 방콕에서 만나 인권은 국가적, 지역적 특수성과 다양한 역사적, 종교적, 문화적 배경의 맥락 안에서 고찰되어야 하며 인권에 대한 감시는 국가의 주권을 침해하는 것이고 인권 상황의 개선이라는 전제 조건 아래 경제지원을 하는 것은 개발권을 무시하는 처사라는 성명을 발표했다. 이러한 문제들에 대한 입장 차이가 너무도 컸기 때문에 5월 초 제네바에서 빈 회의를 앞두고 열린 마지막 예비회담에서 작성된 문건의 거의 대부분은 1~2개국 이상의 반대로 괄호로 묶여 있었다.

서구 국가들은 빈 회의에 대한 준비가 덜 되었고 수적으로도 열세를 면치 못했으므로 본회의에서 상대 측보다 많은 양보를 했다. 그 결과 여성 인권 신장에 대한 강력한 촉구를 제외하면 합의된 내용은 미미하기 짝이 없었다. 한 인권 운동가의 지적대로 그 문건은 '결함과 모순'을 안고 있었으며 아시아 - 이슬람 연합의 승리와 서구의 패배를 의미했다.[17] 빈 선언은 언론, 출판, 집회, 종교의 자유에 대한 명백한 요구를 담고 있지 않았으며, 많은 점에서 1948년 유엔이 채택한 만국인권선언에도 못 미치는 수준이었다. 이러한 변화는 서구 세력의 약화를 반영한다. 미국의 한 인권 운동가는 "1945년의 국제 인권 체제는 사라졌다. 미국의 헤게모니는 약화되었다. 1992년의 통합에도 불구하고 유럽은 일개 반도에 지나지 않는다. 세계는 이제 서구만의 것이 아니라 아랍, 아시아, 아프리카의 것이기도 하다. 만국인권선언과 국제 규약은 이제 제2차 세계대전 직후와는 달리 세계 대부분의 지역에서 유명무실한 것이 되어버렸다"고 지적했다. 아시아의 한 서구 비판가도 비슷한 견해를 피력했다. "1948년 만국인권선언이 채택된 이후 처음으로 유대교-그리스도교와 자연법 전통에 완전히 치우치지 않은 나라들이 우위를 차지했다. 이 유례없는 상황은 인권의 새로운 국제 판도를 규정할 것이다. 또한 분쟁의 빈도를 증폭시킬 것이다."[18]

또 다른 관측에 따르면 "빈의 최대 승리자는, 설득을 통해 걸림돌을 제거하는 것을 성공이라고 볼 수 있다면, 누가 보아도 중국이었다. 베이징은 자신의 덩치를 슬쩍 과시하는 것만으로도 회담 내내 우위를 유지"했다.[19] 빈에서는 전략에서도 지고 표결에서도 졌지만, 서구는 몇 달 뒤 중국을 상대로 적지 않은 승리를 거두었다. 중국 정부는 2000년 하계 올림픽 베이징 유치를 위해 막대한 투자를 했다. 중국 국민도 올림픽 유치 열기에 휩싸여 여론의 기대 수준도 올라갈 대로 올라가 있었다. 중국 정부는 다른 나라 정부를 상대로 자국 올림픽위원회에 압력을 넣어달라고 활발한 득표 작전을 펼쳤다. 대만과 홍콩도 이 운동에 동참했다. 반면 미국과 유럽 의회, 인권 단체들은 베이징의 올림픽 유치에 맹렬히 반대했다. 국제올림픽위원회의 표결은 비밀투표를 따르지만 투표는 명백히 문명의 선을 따라 이루어졌다. 1차 투표에서 베이징은 알려진 바로는 아프리카의 폭넓은 지지를 등에 업고 시드니를 제치고 1위를 차지했다. 이스탄불이 탈락한 뒤 2차 투표에서 유교-이슬람 연합이 중국에 몰표를 던졌다. 그러나 베를린과 맨체스터가 탈락한 뒤 이들의 표가 시드니로 쏠리는 바람에 시드니는 4차 투표에서 아슬아슬하게 중국에게 굴욕적인 패배를 안겨주었다. 중국은 미국의 음모라고 노골적으로 비난했다.* 리콴유는 "미국과 영국은 중국을 평가 절하하는 데 성공했다. …… 표면적인 이유는 '인권'이었지만, 진정한 이유는 서구의 정치적 영향력을 과시하는 정치적인 것이었다"라고 주장했다.[20] 의심할 나위 없이 전 세계인의 대다수는 인권보다는 스포츠에 더 많은 관심을 가지지만, 서구가 빈을 비롯한 각종 국제회의에서 인권 문제와 관련해 번번이 피배했다는 사실을 감안할 때, 올림픽에서 드러난 서구의 제한된 영향력은 서구의 힘

---

* 4차에 걸친 결과는 다음과 같다.

| | 1차 | 2차 | 3차 | 4차 |
|---|---|---|---|---|
| 베이징 | 32 | 37 | 40 | 43 |
| 시드니 | 30 | 30 | 37 | 45 |
| 맨체스터 | 11 | 13 | 11 | – |
| 베를린 | 9 | 9 | – | – |
| 이스탄불 | 7 | – | – | – |
| 기권 | – | – | – | – |
| 계 | 89 | 89 | 89 | 89 |

이 그만큼 축소되었다는 것을 반증한다.

서구의 힘이 줄어들었다는 요인 외에도, 민주주의가 안고 있는 역설 또한 탈냉전 세계에서 민주주의를 신장시키려는 서구의 노력에 찬물을 끼얹고 있다. 냉전 시대의 서구와 미국은 '우호적 독재자'라는 골치 아픈 문제에 직면했다. 이것은 철저한 반공 노선을 고수했기 때문에 냉전의 유익한 동반자가 될 수 있는 군사 정부, 독재자와 협력하는 데서 오는 딜레마였다. 이들 독재 정부가 인권을 무자비하게 유린했을 경우 그러한 협조는 불안과 때로는 당혹을 낳았다. 그러나 그들과의 협력은 정도가 덜한 악으로서 합리화할 수 있었다. 이들 정부는 대체로 공산주의 체제처럼 철저한 탄압으로 일관하지는 않았으며 미국을 비롯한 서방의 입김에 덜 반발하고 더 높은 호응도를 보이리라는 기대를 걸 수 있었다. 더 잔인하고 적대적인 독재자에 압박을 가하기 위해서는 덜 잔인하고 우호적인 상대와 손을 맞잡아야 한다는 발상이었다. 탈냉전 세계에서는 우호적 독재국가와 적대적 민주국가 사이에서 선택을 해야 하는 훨씬 어려운 상황에 직면한다. 민주주의의 절차를 통해 집권한 정부는 친서방적이고 서방의 노선에 협조적이리라는 서구의 안이한 가정이 비서구 지역에서 반드시 들어맞는 것은 아니다. 선거를 통해 외세를 배격하는 민족주의 세력과 원리주의 세력이 집권할 수도 있기 때문이다. 원리주의 세력이 명백한 승리를 거둔 1992년의 알제리 선거에서 군부가 개입하여 선거를 무효화했을 때 서구는 안심했다. 터키의 복지당과 인도의 힌두교 정당이 1995년과 1996년의 선거에서 다수 의석을 쟁취했음에도 불구하고 집권에는 실패했을 때 서구는 다시금 안도의 한숨을 내쉬었다. 혁명이라는 분위기를 감안해야 하지만, 이란은 어떤 면에서는 이슬람 세계에서 상대적으로 민주주의가 발달한 나라다. 사우디아라비아, 이집트를 포함한 대다수 아랍 국가에서 민주적 선거가 치러질 경우 비민주적이었던 과거 정부에 비해 서구의 이익에 덜 동조하는 정권이 들어서리라는 것은 거의 확실하다. 중국에서 투표를 거쳐 집권하는 정부는 대단히 민족주의적인 성향을 띨 것이다. 비서구 사회에서 이루어지는 민주적 절차가 서구에 적대적인 정권을 탄생시키는 경우가 많다는 사실을 서구의 지도자들이 깨달으면서, 선거에 영향을 끼치려 노력하면서도 민주주의를 신장시키는 데 대한 열의를 점차 잃어가는 현상이 나타나고 있다.

## 이민

인구 통계학이 숙명처럼 작용한다면, 인구 이동은 역사의 원동력이 된다. 지난 몇 세기 동안 상이한 인구 증가율, 경제적 조건, 정부정책이 그리스인, 유대인, 독일인, 노르웨이인, 터키인, 중국인 등의 대규모 이동을 낳았다. 이러한 이동이 평화적으로 이루어진 경우도 있지만 어떤 경우에는 극심한 폭력을 수반하기도 했다. 그러나 19세기의 유럽인들은 인구 침략에서 타의 추종을 불허했다. 1821년에서 1924년 사이에 5500만 명의 유럽인이 해외로 이주했는데 그중 3400만 명이 미국으로 건너갔다. 서구인들은 다른 민족들을 정복하고 때에 따라서는 말살시켰으며 인구밀도가 낮은 지역을 개척하고 거기에 정착했다. 16세기부터 20세기까지 서구의 부상을 단적으로 입증하는 요소를 단 하나 꼽는다면 그것은 인구의 수출이다.

20세기 말에 와서는 조금 다른 양상으로 이민이 더욱 늘어났다.

1990년에 합법적인 국제 이민의 수는 1억 명에 달했으며, 망명자가 1900만 명, 불법 이민자가 최소한 1000만 명 이상으로 추정되고 있다. 새로운 이민의 물결은 탈식민화, 새로운 국가의 성립, 사람들의 이주를 장려하거나 강제적으로 추진하는 국가 시책 때문이다. 그러나 그것은 또 근대화와 기술 발전의 산물이기도 하다. 교통수단의 발전은 이민을 더욱 쉽고 빠르게 그리고 저렴한 비용으로 할 수 있게 했으며, 통신 기술의 향상은 경제적 기회를 추구하려는 욕망을 자극하고 이민자와 본국에 있는 가족 간의 결속을 강화시켰다. 19세기에 서구의 경제적 발전이 이민을 자극한 것처럼 20세기에 들어와 비서구 사회의 경제발전도 이민을 자극하고 있다. 인구 이동은 자기 운동적 과정이다. "인구 이동의 유일한 법칙이 있다면, 일단 인구 이동이 시작되면 그것은 자체적으로 새로운 이동을 유발한다는 것이다. 이민자는 이민을 떠나는 방법에 관한 정보, 이주를 용이하게 하는 재정적 도움, 일자리와 집을 구하는 데 필요한 조언을 제공함으로써 고국에 있는 친구와 친척의 이민을 돕는다"고 마이런 와이너Myron Weiner는 주장한다. 그 결과 그의 표현에 따르면 세계적 이민 위기가 나타난다.[21]

서구인은 일관성 있게 또 압도적으로 핵 확산에 반대하고 민주주의와 인권을 지원해왔다. 반면 이민에 대한 그들의 견해는 애매모호했고 지난 20년 동안 일어난 중요한 세력 변화와 함께 그 견해가 바뀌었다. 1970년대까지 유럽 국가들은 대체로 이민에 대해 우호적인 입장을 취했으며, 특히 독일과 스위스는 노동력 부족 현상을 타개하고자 이민을 장려했다. 1965년 미국은 1920년대에 수립된 유럽 지향의 이민 수용정책을 획기적으로 수정하고 관련 법규를 조정해 1970년대와 1980년대에 비유럽 지역에서 대대적인 이민을 받아들일 수 있는 발판을 마련했다. 그러나 1980년대 말부터 높은 실업률, 이민자 수의 폭증, 비유럽계의 대대적 증가 등으로 유럽인의 태도와 정책에 중대한 변화가 생겼다. 몇 년 뒤 비슷한 우려 때문에 미국에서도 그에 상응하는 이민 정책의 변화가 나타났다.

20세기 후반의 이민과 망명은 주로 비서구 지역 내부에서의 이동이라는 양상으로 나타나고 있다. 그러나 서구 사회로 유입되는 이민자의 수는 절대량에서 19세기 말 해외로 나갈 서구인의 수에 육박한다. 1990년 현재 미국에는 이민 1세대가 2000만 명에 이르며 유럽에는 1550만 명, 호주와 캐나다에는 800만 명의 이민 1세대가 거주하고 있다. 유럽 주요 국가들에서 이민자가 전체 인구에서 차지하는 비율은 7~8퍼센트에 이른다. 1994년 전체 미국 인구의 8.7퍼센트가 이민자인데 이 수치는 1970년의 2배이며, 캘리포니아 인구의 25퍼센트, 뉴욕 인구의 16퍼센트가 이민자다. 1980년대에 미국은 모두 830만 명의 이민을 받아들였으며 1990년대의 전반기 4년 동안 450만 명의 이민자가 미국에 정착했다.

새로운 이민은 압도적 다수가 비서구 사회에서 왔다. 1990년 독일에 거주하는 터키인의 수는 167만 5,000명에 이르며 그 뒤를 이어 유고슬라비아인, 이탈리아인, 그리스인이 대규모 외국인 집단을 형성하고 있다. 이탈리아는 이민자의 주요 출신국이 모로코, 미국(대부분 고향으로 돌아온 이탈리아계 미국인으로 추정), 튀니지, 필리핀 순서로 분포되어 있다. 1990년대 중반 프랑스에 거주하는 이슬람교도의 수는 400만 명에 이르며 서유럽 전체에는 1300만 명의 이슬람교도가 살고 있다. 1950년대만 하더라도 미국으로 유입되는 이민자 3분의 2가 유럽과 캐나다 출신이었다. 1980년대에 와서는 수적으로 훨씬 늘어난 이민자의 35퍼센트가 아시아 출신, 45퍼센트가 라틴아메리카 출신, 15퍼센트가 유럽과 캐나다 출신이었다. 미국의 자연 인구 증가율은 낮은 수준이며 유럽의 경우는 제로에 가깝다. 이민자들의 출산율이 매우 높기 때문에 서유럽 지역의 인구 증가율은 아주 높아질 전망이다. 따라서 이제는 군대나 탱크가 아니라, 다른 언어를 쓰고 다른 신을 경배하고 다른 문화에 속해 있으며, 자신들의 일자리를 앗아가고 자신들의 땅을 차지하고 복지 제도를 잠식하고 자신들의 생활방식을 위협하는 두려운 이민자들이 자신들을 침략하고 있다는 불안이 서구인들 사이에 확산되고 있다.[22] 인구 증가의 상대적 열세에서 기인하는 이러한 공포는 스탠리 호프먼Stanley Hoffman의 지적대로 본격적인 문화적 충돌과 국가적 정체성에 대한 불안이 접맥되어 있다.[23]

1990년대 초반 유럽 이민자 3분의 2가 이슬람교도였다. 이민에 대한 유럽인의 우려는 무엇보다도 이슬람 이민자들을 겨냥하고 있다. 위기는 인구(서유럽 신생아의 10퍼센트를 이민자들이 차지하며 브뤼셀의 경우는 신생아의 50퍼센트가 아랍계다)와 문화의 양면에서 나타난다. 독일에 거주하는 터키인이든 프랑스에 거주하는 알제리인이든 이슬람 공동체는 현지 문화에 동화되지 않았으며 앞으로도 그럴 조짐을 보여주지 않아 유럽인들을 불안에 빠뜨리고 있다. "이슬람 공동체가 유럽의 국경선을 잠식하면서 말하자면 유럽 공동체에서 열세 번째 나라로 부상할지 모른다는 공포가 유럽 전역에 팽배해 있다"고 1991년 장-마리 도메나크Jean Marie Domenach는 지적했다. 이민자에 대해 미국의 한 언론인은 이렇게 평가했다.

유럽인의 적대감은 묘하게도 선별적으로 나타난다. 동유럽의 침공을 우려하는 프랑스인은 거의 없다. 폴란드인은 어차피 유럽인이며 가톨릭 신자다. 또한 비아랍계 아프리카 이민자들도 두려움이나 경멸의 대상이 되지 않는다. 적대감은 대개 이슬람교도에게 쏠린다. '이미그레 immigre'라는 단어는 현재 프랑스에서 제2종교가 된 이슬람과 사실상 동의어로 쓰이는데, 이것은 프랑스 역사에 깊이 뿌리박힌 문화적 인종적 편견을 드러낸다.[24]

그러나 엄밀한 의미에서 프랑스인은 인종주의자라기보다는 문화주의자다. 그들은 완벽한 프랑스어를 구사하는 아프리카 흑인을 헌법상으로 받아들이고 있지만 이슬람교도 여학생이 두건을 두르고 등교하는 것은 허용하지 않는다. 1990년 프랑스에 아랍인이 너무 많다고 생각하는 프랑스 국민은 76퍼센트, 흑인이 많다고 생각하는 비율은 46퍼센트, 아시아인이 많다고 생각하는 비율은 40퍼센트, 유대인이 많다고 생각하는 비율은 22퍼센트였다. 1994년 독일 국민의 47퍼센트가 아랍인 이웃과 함께 사는 것을 원하지 않는다고 응답했고, 39퍼센트는 폴란드인과, 36퍼센트는 터키인과, 22퍼센트는 유대인과 이웃이 되고 싶지 않다고 답했다.[25] 서유럽에서는 유대인을 겨냥한 반유대주의가 아랍인을 겨냥한 반유대주의로 바뀌었다.

이민에 대한 여론의 반대와 이민자에 대한 적대감은 이민자 사회나 개인에 대한 폭력 행위에서 극단적으로 나타났으며, 특히 1990년대 초반 독일에서 크게 사회 문제가 되었다. 더 중요한 것은 극우주의, 민족주의, 반이민 정책을 표방하는 정당들에 대한 지지도가 늘어나고 있다는 점이다. 그러나 이들에 대한 지지도는 아직은 미미하다. 독일의 공화당은 1989년의 유럽 선거에서 7퍼센트를 상회하는 표를 얻었으나 1990년의 국내 선거에서는 고작 2.1퍼센트의 지지율만 얻었을 뿐이다. 프랑스의 경우, 1981년에는 거의 무시해도 좋을 정도였던 극우 국민전선에 대한 지지표가 1988년에는 9.6퍼센트로 뛰어올랐고, 그 후 지방 선거와 의회 선거에서는 12~15퍼센트 사이에서 지지율이 오르내리고 있다. 1995년 대통령 후보로 나선 민족주의 성향의 두 후보가 얻은 지지율은 도합 19.9퍼센트였으며, 국민전선은 툴롱과 니스를 포함한 여러 도시에서 시장을 당선시켰다. 이탈리아에서는 MSI/국민동맹에 대한 지지율이 1980년대의 5퍼센트에서, 1990년대 초반에는 10~15퍼센트로 껑충 뛰어올랐다. 벨기에에서는 플랑드르의원연합/국민전선이 1994년의 총선에서 9퍼센트의 지지도를 얻었으며 특히 앤트워프에서는 28퍼센트의 지지를 얻었다. 오스트리아의 경우 1986년 총선에서 10퍼센트 미만에 머물렀던 자유당의 지지율이 1990년 총선에서 15퍼센트로, 다시 1994년에는 23퍼센트로 뛰어올랐다.[26]

이슬람교도 이민에 반대하는 유럽 정당들은 대체로 이슬람 국가의 이슬람 정당들과 유사한 행동 양식을 보인다. 이들은 모두 부패한 기존의 체제와 정당들을 비난하고 특히 실업 같은 경제적 불만에 편승하며 인종적, 종교적 구호를 내걸고 자국에 대한 외세의 영향력을 거세게 비난한다는 공통점이 있다. 또한 이 두 진영의 극단론자들은 테러와 폭력에 개입하기도 한다. 이슬람 원리주의 정당과 유럽의 극우 정당은 모두 총선보다는 지방 선거에서 두각을 나타내는 경우가 많다. 이슬람 국가와 유럽 각국의 기존 정부는 이러한 사태 전개에 유사한 방식으로 대응했다. 앞에서 살펴보았듯이 이슬람 국가 정부는 과거보다 이슬람 색채가 짙게 깔린 노선, 상징, 정책을 추진했다. 유럽의 주류 정당들도 극우 반이민 정당의 구호와 대책을 부분적으로 수용했다. 민주주의가 효과적으로 가동되고 이슬람 정당이나 민족주의 정당과 겨루는 둘 이상의 정당이 존재하는 경우, 이들 우익 정당의 지지율은 20퍼센트를 넘지 못했다. 알제리, 오스트리아 그리고 어느 정도는 이탈리아에서도 확인되었듯이, 다른 효과적인 대안 정당이 존재하지 않을 때만 이들은 20퍼센트의 벽을 돌파할 수 있었다.

1990년대 초반 유럽의 정치 지도자들은 경쟁적으로 반이민 정서에 대응했다. 프랑스에서 자크 시라크Jacques Chirac는 1990년 이민을 완전히 막아야 한다고 주장했고, 샤를 파스쿠아Charles Pasqua 내무장관은 1993년 제로이민을 내걸었다. 프랑수아 미테랑François Mitterrand, 에디트 크레송Edith Cresson, 발레리 지스카르 데스탱Valéry Giscard d'Estaing 같은 주요 정치인들도 반이민 정책에 동조하는 입장을 취했다. 이민은 1993년 의회 선거의 중요한 쟁점이었으며 보수당의 승리에 분명히 기여했다. 1990년대 초반 프랑스 정부의 정책은 외국인 자녀의 시민권 획득, 외국인 가족의 이민, 외국인의 망명 신청 요건, 알제리인의 프랑스 입국 비자 취득을 한층 까다롭게 만드는 쪽으로 바뀌었다. 불법 이민자는 강제로 추방되었으며, 이민을 전담하는 경찰력과 정부 기관도 증강되었다.

독일에서도 헬무트 콜 총리를 비롯한 여러 정치 지도자들이 이민에 대한 우려를 표명했다. 가장 중요한 조치로서, 독일 정부는 '정치적 이유로 탄압을 받는 사람들'의 망명 자격을 보증하는 독일 헌법 16조를 수정하고 망명 신청자들에 대한 보조금을 대폭 삭감했다. 1992년 43만 8,000명이 독일 망명을 신청했지만 1994년에는 불과 12만 7,000명으로 줄어들었다. 1980년 영국은 망명자 수를 매년 약 5만 명으로 대폭 축소하는 정책을 취했으므로 이 지역에서는 이민에 대한 반감과 적대감이 다른 유럽 국가들에 비해 낮은 수준이다. 1992년과 1994년 사이 영국은 망명 허용자 수를 2만 명에서 1만 명으로 줄였다. EU 내에서 이동의 장벽이 허물어지면서 영국 정부는 비유럽계 이민이 유럽 대륙으로부터 몰려들 가능성을 무엇보다도 우려하고 있다. 전체적으로 보아 1990년대 중반의 시점에서 서유럽 국가들은 비유럽계의 이민을 완전히 금지하지는 않더라도 그 수를 최소한으로 줄이는 정책 방향으로 나아가고 있다.

미국에서는 이민 문제가 뒤늦게 부각되었으며 유럽처럼 강한 정서적 반감은 유발하지 않았다. 미국은 스스로를 이민자들의 국가로 이해하는 뿌리 깊은 전통을 가지고 있으며 이민자들을 성공적으로 동화시킨 역사적 경험이 있다. 게다가 1980년대와 1990년대 미국의 실업률은 유럽에 비해 현저하게 낮았다. 이민에 대한 미국인의 입장에 결정적인 영향을 미친 요인은 실직에 대한 공포가 아니었다. 미국으로 유입되는 이민자들의 출신국 분포가 유럽보다 다양하므로, 단일 외국인 집단에 의해 압도당할지 모른다는 불안이 지역에 따라서는 현실성 있는 불안임에도 불구하고 폭넓은 국민적 공감대를 형성하지 못하고 있다. 두 최대 이민자 집단과 평균 미국인의 문화적 거리 또한 유럽보다 가깝다. 멕시코인은 가톨릭 신자로서 스페인어를 구사하며, 필리핀인 역시 가톨릭 신자로서 영어를 능숙하게 구사한다.

이러한 요인들에도 불구하고 아시아와 라틴계 이민의 수를 크게 증가시킨 기폭제의 역할을 한 법안이 1965년에 통과된 지 사반세기가 흐른 후 미국의 일반 여론이 크게 바뀌었다. 1965년에는 국민의 33퍼센트가 이민 축소를 원했다. 그러던 것이 1977년에는 42퍼센트, 1986년에는 49퍼센트, 1990년과 1993년에는 61퍼센트가 이민 제한을 원했다. 1990년대에 이루어진 일련의 여론 조사에서 국민의 60퍼센트 이상이 이민 규제를 원하는 일관된 흐름이 확인되었다.[27] 경제 불안과 악화되는 경제 상황이 이민의 여론 추이에 영향을 미치는 것은 사실이지만, 경제가 좋고 나쁘고를 떠나 꾸준히 반대 여론이 늘어나고 있다는 사실은 문화, 범죄, 생활방식 등이 더 중요한 원인이라는 점을 시사한다. 한 분석가가 1994년에 지적한 것처럼 상당수의, 아니 대다수의 미국인은 아직도 자기 나라를, 영국의 법 전통을 계승했고 지금도 그렇지만 앞으로도 영어를 써야 하고 서구의 고전적 전범에 따라 각종 기관과 건물을 지었고 유대교-그리스도교를 신봉하고 프로테스탄트의 노동 윤리에서 발전의 원동력을 찾은 유럽인이 개척한 나라로 이해하고 있다. 이러한 인식을 반영하듯 한 여론 조사에서 미국 국민의 55퍼센트가 이민이 미국 문화에 위협을 가한다는 응답을 했다. 유럽인이 이슬람 국가나 아랍인에서 이민 위기를 본다면 미국인은 아시아인과 라틴아메리카인, 특히 멕시코인에서 이민 위기를 감지한다. 미국이 지나치게 많은 이민을 받아들이고 있는 나라를 묻는 1990년의 여론 조사에서 압도적 다수가 멕시코를 꼽았고 그다음이 쿠바, 동양, 남미와 라틴아메리카, 일본, 베트남, 중국, 한국이었다.[28]

1990년대 초반의 점증하는 이민 반대 여론은 유럽과 비슷한 정치계의 대응을 낳았다. 미국의 정치제도를 감안할 때 반이민 노선을 표방하는 극우 정당이 대세를 잡기는 어렵지만 반이민 정책을 요구하는 선동주의 정치가와 이익 집단의 수가 늘었고 이들의 활동 범위도 확대되었으며 목소리도 높아졌다. 미국인의 원성은 주로 350만 명에서 400만 명에 이르는 불법 이민자들에게 집중되었으며 정치권도 즉각적으로 여기에 호응했다. 유럽처럼 미국에서도 가장 강력한 대응은 이민자들에 대한 부담을 고스란히 떠맡는 주 단위, 지방 단위에서 나왔다. 1994년 플로리다 주는 다른 6개 주의 동참을 이끌어내면서 불법 이민자들 때문에 추가로 발생하는 교육, 복지, 치안, 기타 경비를 매년 8억 8400만 달러씩 연방 정부가 부담해야 한다는 소송을 제기했다. 절대 숫자로 보거나 상대적 비율로 보거나 이민자가 가장 많은 캘리포니아 주의 윌슨 주지사는 불법 이민자의 자녀에 대한 교육 기회를 박탈하고, 미국에서 태어난 불법 이민자의 자녀에게는 시민권을 부여하지 않으며, 불법 이민자를 위한 주 정부의 응급 치료 예산을 폐지하는 법안을 제출하여 여론의 지지를 얻었다. 1994년 11월 캘리포니아 주민들은 윌슨 주지사의 제안 187호를 압도적으로 승인해 불법 외국인들과 그들의 자녀에 대한 보건, 교육, 복지 혜택을 없앴다.

또한 1994년 클린턴 행정부는 당초의 입장과는 달리 이민을 엄격히 규제하고 정치 망명자의 자격 요건을 강화하고 이민 귀화국을 확대하고 국경 순찰대를 강화하고 멕시코와의 국경선에 물리적 장벽을 세우는 쪽으로 정책 방향을 선회했다. 1990년 의회가 출범시킨 이민개혁위원회는 1995년 합법적 이민자의 수를 매년 80만 명에서 55만 명으로 줄이고 자녀와 배우자에게 우선권을 주되 현 시민권자나 영주권자의 다른 친척에게는 우선권을 주지 않는 안을 권고함으로써 아시아계와 히스패닉계의 분노를 샀다.[29] 이 위원회의 수많은 권고안을 구체화한 다수의 법안과 이민 축소를 겨냥한 각종 시책들을 1995년과 1996년도 의회에서 면밀하게 검토했다. 1990년대 중반에 이르러 이민은 미국에서 가장 중요한 정치적 쟁점의 하나가 되었다. 대통령 후보로 나선 패트릭 뷰캐넌Patrick Buchanan은 이민 규제를 자신의 가장 중요한 선거 공약으로 내세웠다. 미국은 비서구인의 자유 유입을 대폭 줄인다는 점에서 유럽의 선례를 따르고 있다.

유럽이나 미국이 이민의 유입을 근절시킬 수 있을까? 1970년대에 커다란 화제를 불러일으킨 장 라스파유Jean Raspail의 소설로부터 1990년대에 나온 장-클로드 슈네Jean-Claude Chesnais의 학문적 분석에 이르기까지 프랑스는 인구 분포와 관련한 비관적 시나리오를 일관되게 경험해왔다. 그것을 1991년에 피에르 를루슈Pierre Lellouche는 이렇게 요약한 바 있다. "역사, 근접성, 빈곤으로 프랑스와 유럽은 필시 남쪽의 실패한 국가들로부터 온 사람들에게 압도당할 수밖에 없는 운명에 놓여 있다. 과거의 유럽은 백인과 유대교-그리스도교 신자가 주류를 이루었다. 미래의 유럽은 그렇지 않다."[30]* 그러나 미래는 변경 불가능한 방식으로 결정되어 있는 것도 아니고, 어떤 미래도 영속적이지 않다. 문제는 유럽이 이슬람화할 것이냐 아니냐 또는 미국이 히스패닉화할 것이냐 아니냐가 아니다. 중요한 것은 미국과 유럽이 상이한 문명들에서 유래한 2개의 서로 뚜렷이 구분되는 대규모 공동체를 포함하는 단절국이 될 것이냐의 여부다. 이것은 다시 이민자의 규모와 그들이 유럽과 미국을 지배하는 서구 문화에 어느 정도까지

---

* 1975년에 처음 출간된 라스파유의 《성자들의 진영Le Camp des Saints》Paris, Editions Robert Laffront는 프랑스 내에서 이민에 대한 우려가 확산되면서 1985년 개정판을 냈다. 이민 문제가 부각되면서 이 소설은 1994년 미국에서도 대대적인 관심을 끌었다. 매튜 코넬리Matthew Connelly·폴 케네디Paul Kennedy, '세계와 서구의 대결은 불가피한가?Must It Be the Rest Against the West?', 《애틀랜틱 먼슬리Atlantic Monthly》, v. 274(1994년 12월), pp. 61ff. 1985년 프랑스 개정판에 실린 라스파유의 서문은 《사회 계약 The Social Contract》, V. 4(1993~1994년 겨울), pp. 115~117에 영문으로 수록되었다.

동화되느냐에 달려 있다.

유럽 사회는 대체로 이민자들이 자신의 문화에 흡수되는 것을 달가워하지 않으며 실제로 그렇게 하는 데에도 어려움을 겪고 있다. 이슬람교도 이민자들과 그들의 자녀들이 과연 어느 정도까지 동화될 것인지도 지금으로서는 불투명하다. 따라서 적지 않은 수의 이민이 지속적으로 유입될 경우 유럽 국가들은 그리스도교 공동체와 이슬람 공동체로 분열될 가능성이 있다. 유럽의 정부들과 유럽인들이 이민 축소에 따르는 비용을 기꺼이 감당할 자세가 되어 있을 경우 이런 사태를 피할 수 있을 것이다. 이 비용에는 이민 저지를 위한 시책에 직접적으로 들어가는 재정 비용, 기존의 이민자 공동체를 더욱 소외시키는 데 따르는 사회적 희생, 노동력 부족과 인구 증가율 저하가 가져오는 장기적 경제 희생 가능성이 포함된다.

그러나 이슬람교도의 인구 잠식 문제는, 이미 일부 국가가 그런 단계에 도달했지만 북아프리카와 중동 국가들의 인구 증가율이 절정에 달한 뒤 감소 추세를 보이기 시작하면서 그 심각성이 차츰 약화될 것이다.[31] 인구 압력이 이민을 억제한다면, 이슬람교도 이민자 수는 2025년까지 크게 떨어질지도 모른다. 사하라 이남의 아프리카는 사정이 다르다. 만약 서부 아프리카와 중부 아프리카에서 경제발전이 이루어져 사회적 이동성을 촉진한다면, 유럽이 느끼는 '이슬람화'의 위협은 '아프리카화'의 위협으로 바뀔 것이다. 이러한 위협이 얼마나 현실화할 것인가는 AIDS와 그밖의 질병으로 아프리카 인구가 얼마나 줄고 남아프리카공화국이 아프리카 다른 지역으로부터의 이민을 얼마나 흡수할 수 있을 것인지에 좌우될 것이다.

이슬람교도가 유럽에 직접적인 문제를 야기한다면 미국의 고민은

〈표 8-2〉 미국 인구의 인종별 민족별 구성(퍼센트)

| | 1995 | 2020 (추정) | 2050 (추정) |
|---|---|---|---|
| 비히스패닉 백인 | 74 | 64 | 53 |
| 히스패닉 | 10 | 16 | 25 |
| 흑인 | 12 | 13 | 14 |
| 아시아·태평양 섬 | 3 | 6 | 8 |
| 아메리카 인디언·알래스카 원주민 | <1 | <1 | 1 |
| 합계(백만) | 263 | 323 | 394 |

**자료**: 미국 인구조사국, 〈연성·성·인종·히스패닉계를 기준으로 본 미국 인구 전망: 1995~2050 Population Projections of the United States by Age, Sex, Race, and Hispanic origin: 1995 To 2050〉 Washington; U. S. Government Printing Office, 1996, pp. 12~13.

멕시코인이다. 현재의 추세와 정책이 계속될 경우, 〈표 8-2〉에서 볼 수 있듯이 21세기 전반기에는 미국의 인구 분포가 극적으로 변화하여 백인이 50퍼센트 가까이를 차지하고 히스패닉계가 25퍼센트를 차지하게 될 것으로 전망된다. 유럽처럼 이민 정책이 바뀌고 효과적인 이민 억제책이 마련될 경우 이러한 예측은 빗나갈 수도 있다. 그렇다 하더라도 히스패닉 인구가 과거의 이민 집단들이 그랬던 것처럼 미국 사회에 얼마나 잘 동화할 것인가 하는 문제는 여전히 남는다. 2, 3세대 히스패닉 집단은 그런 동화에서 많은 이득을 볼 수 있고 또 동화를 향한 강한 압력을 받는다. 그렇지만 멕시코 이민은 다른 이민 집단들과 중요한 점에서 차이가 있다. 첫째, 유럽이나 아시아의 이민자들은 바다를 건너왔다. 반면 멕시코 이민자들은 걸어서 국경선을 넘거나 강을 건너왔다. 게다가 교통과 통신 수단 덕분에 본국과 잦은 접촉을 가질 수 있고 따라서 본국의 동포들과 긴밀한 유대감을 공유할 수 있다.

**미국: 단절국?**

흑인, 아시아계, 아메리카 원주민, 히스패닉계가 2020년 미국 인구에서 차지하는 비율에 대한 예측치

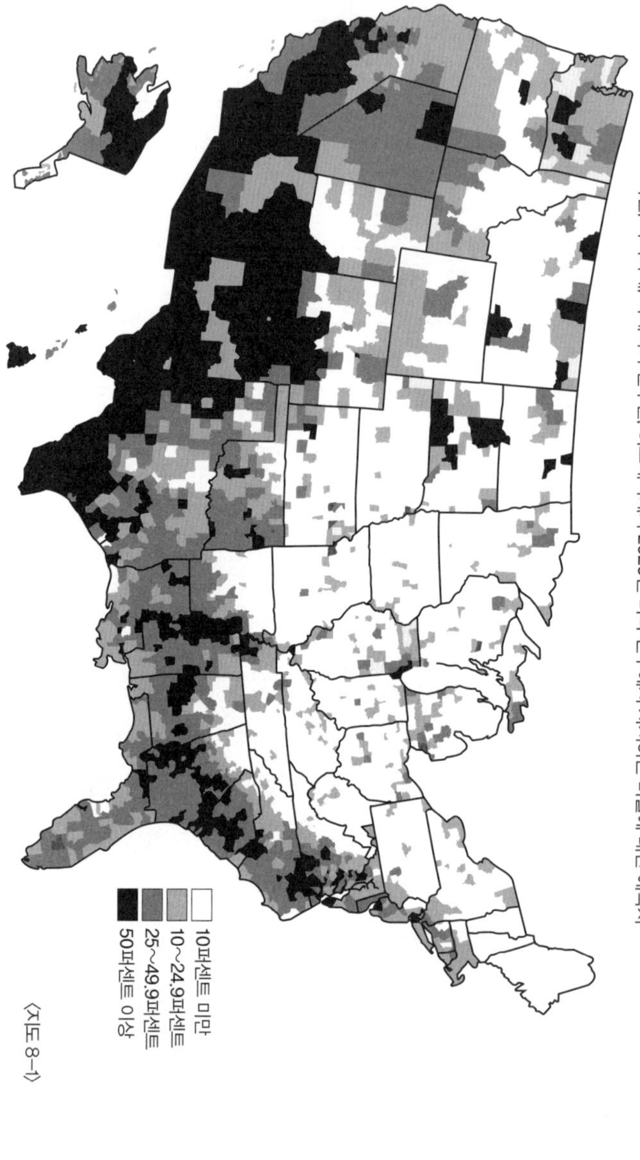


〈지도 8-1〉

둘째, 멕시코 이민은 미국의 남서부에 집중되어, 유카탄에서 콜로라도 강까지 연결되는 광범위한 멕시코인 사회를 형성한다〈지도 8-1〉. 셋째, 동화에 대한 저항감이 다른 이민 집단들보다도 멕시코 이민 집단이 유독 강하다는 사실을 암시하는 부분적 증거들이 있으며, 1994년 캘리포니아에서 나온 제안 187호의 반대 시위에서 입증되었듯이 멕시코 이민자들은 자신들을 미국인이 아니라 멕시코인으로 여기는 경향이 있다. 넷째, 멕시코 이민자들이 정착하는 지역은 19세기 중반 미국이 멕시코와의 전쟁을 통해 합병한 곳이다. 멕시코의 경제적 발전은 틀림없이 멕시코 국민 사이에서 실지失地 탈환 의식을 확산시킬 것이다. 19세기에 미국이 군사적 팽창을 통해 얻은 결과가 21세기 초 멕시코 인구의 팽창으로 위협받거나 역전될 가능성을 배제할 수 없다.

문명 간의 세력 판도 변화 때문에 서구는 핵무기 확산, 인권, 이민 등의 문제에서 자신의 목표를 달성하기가 갈수록 어려워진다. 이러한 상황에서 손실을 최소화하기 위해 서구는 다른 국가와의 관계에서 자신의 경제적 자산을 당근과 채찍으로 유효적절하게 사용하고, 다른 국가들이 서구 국가들을 이간질하지 못하도록 결속을 다지고 정책 공조를 공고히 하며 비서구 국가들 간의 차이점을 적극적으로 부각시키고 활용해야 한다. 이러한 전략을 서구가 얼마나 추구할 수 있는가는, 한편으로는 서구와 서구에 도전하는 문명들 사이의 갈등의 성격이나 강도에 좌우되고, 또 한편으로는 서구가 중간적 문명들과 얼마나 유대감을 가지고 그들과 얼마나 공동의 이해를 발전시켜 나갈 수 있을 것인가에 좌우된다.

Chapter 9

# 문명 중심의 세계정치 구도

## 핵심국과 단층선 분쟁

문명은 궁극적 인간 종족이며, 문명의 충돌은 지구적 규모에서 펼쳐지는 부족 간의 분쟁이다. 미래에는 상이한 문명에 속하는 국가와 집단이 제3의 문명이 속하는 대상과 겨루어 자신들의 이익을 증진시키거나 그밖의 공동 목적을 추구하기 위해 제한적이고 임기응변적이며 전략적인 연대와 결속을 맺을 것이다. 과거 냉전 시대의 군사 동맹처럼 상이한 문명에 속하는 국가 간의 연합은 약화되거나 사라질 가능성이 높다. 러시아와 미국의 지도자들이 한때 공언한 바 있는 문명 사이의 긴밀한 '동반자 관계'는 실현되지 않을 것이다. 새로운 문명 간의 관계는 소원함에서 폭력에 이르기까지 다양한 색채를 띨 것이며 대부분의 관계는 그 양극단의 중간 지점 어딘가에 자리 잡을 것이다. 많은 경우 그 관계들은 보리스 옐친 대통령이 러시아와 서구의 관계를 놓고 경고한 '냉화'에 근접하는 양상으로 전개될 가능성이 높다. '라 게라 프리아la guerra fria' 곧 냉화는 13세기 스페인인이 지중해에서 이슬람교도와의 '불편한 공존'을 묘사하고자 창안한 표현이지만, 1990년대에 들어와 이슬람과 서구 사이에서 '문명의 냉전'이 다시금 전개되고 있음을 지적하는 견해로 표현되고 있다.[1] 문명들의 관계를 묘사하는 표현은 이밖에도 얼마든지 있다. 냉전, 무역전쟁, 불안한 평화, 긴장관계, 강한 라이벌 의식, 경쟁적 공존, 군비 경쟁 등은 모두 상이한 문명에 속한 실체들 사이의 관계를 묘사하는 훌륭한 표현들이다. 신뢰와 우의는 찾아보기 어려울 것이다.

문명의 갈등은 두 가지 형태로 나타난다. 국지적이고 미시적인 차원에서 '단층선 분쟁'은 상이한 문명에 속한 인접국들 사이에, 한 국가 안의 상이한 문명에 속한 집단들 간에, 옛 소련과 유고슬라비아의 경우에서 볼 수 있듯이 낡은 질서의 파편 위에서 새로운 국가를 건설하려고 시도하는 집단들 간에 발생한다. 단층선 분쟁은 특히 이슬람교도와 비이슬람교도 사이에서 빈번히 일어난다. 분쟁의 원인과 성격, 전개 양상은 10장과 11장에서 자세히 분석하겠다. 세계적이고 거시적인 차원에서 '핵심국 분쟁'은 상이한 문명에 속한 주요국들 사이에서 발생한다. 이러한 분쟁을 낳는 쟁점들은 국제정치의 고전적 주제로서 그 내용은 다음과 같다.

- 유엔, IMF, 세계은행처럼 지구적 규모를 갖는 국제기구의 운영과 발전에 미치는 상대적 영향력.
- 핵 확산 금지, 무기 규제, 군비 경쟁을 둘러싼 논쟁에 반영되는 상대적 군사력.
- 무역, 투자 등의 문제를 둘러싼 대립에서 나타나는 경제력과 복지 수준.
- 한 문명에 속한 나라가 다른 문명에 거주하는 동족을 보호하고, 다른

문명에 속한 사람들을 차별하고, 자국 영토에서 다른 문명 사람들을 배제하려는 노력과 관련 있는 인적 요소.

- 한 나라가 자신의 가치관을 다른 문명 사람들에게 강요하거나 촉구하려고 시도할 때 발생하는 가치관과 문화의 갈등.
- 단층선 분쟁이면서도 핵심국들을 곧잘 전선으로 끌어내는 영토 분쟁.

이러한 문제들은 인류의 역사에서 일관되게 나타나는 갈등의 근원이다. 그러나 상이한 문명에 속한 국가들이 부딪칠 때 문화적 차이는 갈등을 증폭시킨다. 상호 경쟁을 벌이는 과정에서 핵심국들은 자기 문명의 응집력을 강화하고 제3의 문명에 속하는 국가들의 지지를 끌어내고 적대관계에 있는 문명의 내부 분열과 결함을 조장하며 이러한 목표들을 달성하고자 외교적·정치적·경제적 방책, 은밀한 공작, 유인, 선전, 강압을 적절히 섞어서 구사한다. 그러나 핵심국들은 중동이나 인도 대륙처럼 단층선을 따라 서로 인접해 있는 경우를 제외하고는 직접적 군사 충돌은 상호 자제한다. 핵심국 간의 전쟁은 다음 두 가지 상황에서 발생할 가능성이 높다.

첫째, 핵심국을 포함한 동질적 집단들이 분쟁 당사자들을 지원하는 과정에서 단층선 분쟁이 문명 간의 전면전으로 비화될 가능성이 있다. 그러나 이러한 가능성은 대립관계에 있는 핵심국들이 자제하거나 단층선 분쟁을 해결하도록 유도하는 측면도 있다.

둘째, 문명들의 세력균형에 변화가 올 때, 핵심국들의 전쟁이 일어날 수 있다. 투키디데스의 주장에 따르면 그리스 문명 내부에서 아테네의 힘이 강성해졌을 때 펠로폰네소스 전쟁이 일어났다는 것이다. 같은 맥락에서 서구 문명의 역사는 부상하는 강대국과 쇠락하는 강대국 사이에 벌어진 '헤게모니 전쟁'의 역사다. 상이한 문명에 속해 있으면서 부상하는 핵심국과 쇠락하는 핵심국 사이의 분쟁 촉발 정도는 이들 문명에 속한 국가들이 새로운 강대국의 부상 앞에서 견제를 추구하느냐 편승을 추구하느냐에 달려 있다. 아시아 문명에서는 편승 현상이 더 지배적으로 나타나지만, 중국의 부상은 미국, 인도, 러시아 같은 다른 문명권의 국가들이 세력균형을 도모하도록 자극할 수 있다. 서구의 역사를 볼 때 영국과 미국 사이에서는 헤게모니 전쟁이 벌어지지 않았다. 팍스 브리타니카에서 팍스 아메리카나로의 이행이 평화적으로 이루어질 수 있었던 주된 요인은 두 사회의 문화적 유대감이 강했기 때문이다. 서구와 중국 사이에는 그러한 종류의 유대감이 존재하지 않으므로, 서구에서 중국으로 패권이 넘어가는 과정에서 군사 충돌이 필연적으로 수반되는 것은 아닐지라도 그런 충돌이 일어날 가능성은 상당히 많다. 이슬람의 역동성은 비교적 소규모로 벌어지는 단층선 분쟁이 지속되는 원천이 되고 있으며, 중국의 부상은 핵심국 사이에 벌어지는 대규모 문명 전쟁의 잠재적 원천이 되고 있다.

## 이슬람과 서구

클린턴 대통령을 비롯해 일부 서구인들은 서구가 이슬람과 아무런 문제가 없으며 폭력을 휘두르는 이슬람 과격주의자들이 문제라고 주장한다. 그러나 1400년 동안의 역사는 그렇지 않다는 것을 입증한다. 정교를 포함한 그리스도교와 이슬람교의 관계는 폭력으로 얼룩져 있다. 그들은 서로가 강한 적대감을 가졌다. 20세기에 표출된 자유민주주의와 마르크스-레닌주의의 갈등은 이슬람과 그리스도교 사이의 지속적이고 뿌리 깊은 갈등관계에 비하면 일시적이고 표피적인 역사 현상에 지나지 않는다. 때로는 평화적 공존의 시기도 있었지만, 이들의 관계는 대체로 극심한 경쟁감과 다양한 강도의 열전熱戰관계였다. 에스포지토가 지적했듯이 역사적 역학관계로 보아 두 공동체는 흔히 경쟁관계에 있었고 때로는 패권, 영토, 정신을 놓고 처절한 싸움을 벌였다.[2] 오랜 세월 동안 두 종교는 대대적 공세, 소강상태, 역공 같은 일련의 단계를 거치면서 영욕을 주고받았다. 7세기 초반에서 8세기 중반까지 이슬람-아랍 세력이 크게 부상하면서 북아프리카, 이베리아, 중동, 페르시아, 북인도가 이슬람교도의 지배권 아래 들어갔다. 그 후 약 두 세기 동안 이슬람교와 그리스도교를 가르는 경계선은 안정 상태를 유지했다. 그러다가 11세기 후반부터 그리스도교 세력은 지중해 서부 지역에 대한 지배권의 회복을 주장하고 나서 시칠리아를 정복하고 톨레도(스페인 중부의 도시)를 탈환했다. 1095년 그리스도교권은 십자군 원정을 감행해 이후 150년 동안 그리스도교 군주들은 근동의 성지聖地와 인접 지역들에서 그리스도교의 지배권을 확립하려고 노력하다가 점점 패퇴하여 결국 1291년 그들의 마지막 보루였던 아크레(이스라엘에 있는 지중해 연안 도시로 십자군 전쟁의 격전지 — 옮긴이)를 잃고 말았다. 그동안 오스만 제국은 다시 역사의 전면에 나섰다. 오스만 제국은 먼저 콘스탄티노플을 약화시킨 다음 북아프리카는 물론 발칸 지역의 대부분을 정복하고 1453년에는 콘스탄티노플을 함락시키고 1529년에는 빈을 포위하기에 이르렀다. 버나드 루이스의 지적에 따르면 천 년 가까이 무어인이 스페인에 첫발을 내디딘 시기부터 터키가 빈을 2차 포위한 시기에 이르기까지, 유럽은 끊임없이 이슬람의 위협에 시달렸다.[3]

이슬람은 지금까지 최소한 두 번에 걸쳐 서구의 생존을 위협한 경력이 있는 유일한 문명이다.

그러나 15세기에 들어와 사태는 다시 반전했다. 그리스도교 세력은 점차 이베리아를 탈환하고 1492년 그라나다 정복을 매듭지었다. 그 동안 유럽에서 발달한 대양 항해술에 힘입어 포르투갈을 선두로 유럽 국가들은 이슬람교도의 심장부를 우회해 인도양 너머까지 진출할 수 있었다. 아울러 러시아는 두 세기 동안의 타타르 지배로부터 벗어났다. 오스만 제국은 마지막 압박을 가하며 1683년 빈을 다시금 포위했다. 그러나 빈 정복이 실패로 돌아가면서 오스만 제국은 이후 내리막길을 걷게 되었다. 발칸 지역의 정교 세력은 오스만 제국의 지배로부터 벗어나기 위한 투쟁을 벌였고 합스부르크 제국의 영토가 확대되었으며 러시아는 흑해와 캅카스 지역에서 약진했다. 그 후 한 세기 동안 '그리스도교 세계의 천적'은 '유럽의 병자'로 바뀌었다.[4] 제1차 세계대전이 끝난 뒤 영국, 프랑스, 이탈리아는 최후의 일격을 가해 터키를 제외한 오스만 제국의 전 영토를 직접 또는 간접 통치하는 기틀을 구축했다. 1920년에 이르면 겨우 4개의 이슬람 국가(터키, 사우디아라비아, 이란, 아프가니스탄)만이 비이슬람교도의 통치를 받지 않으면서 독립국으로서의 명맥을 유지했다.

그러나 1920년대와 1930년대부터 서서히 시작된 서구 식민주의의 퇴조는 제2차 세계대전의 종전과 함께 가속도가 붙었다. 소련이 붕괴하자 독립 이슬람 국가의 수도 늘어났다. 한 통계에 따르면 1757년부터 1919년까지 비이슬람 정부가 이슬람교도의 영토를 병합한 사례는 약 92건에 이른다. 1995년에 이르면 이 중에서 69개 지역이 다시 이슬람의 통치 아래 들어갔고 이슬람교도 인구가 압도적 다수를 점하는 독립국의 수가 45개로 늘어났다. 이러한 관계 변화에 수반된 폭력성은 1820년부터 1929년까지 발생한 상이한 종교를 가진 국가 사이에 벌어진 전쟁 가운데 절반이 이슬람교도와 그리스도교도 사이에서 발생했다는 사실에 반영되어 있다.[5]

이처럼 갈등이 지속되는 원인을 12세기 그리스도교도들의 종교적 열정이나 20세기의 이슬람 원리주의 운동 같은 일시적 현상에서 찾기는 어렵다. 갈등은 두 종교의 본질과 이들 종교에 바탕을 둔 문명의 성격에서 나온다. 한편으로 이 갈등은 종교와 정치를 통합하고 초월하는 삶의 방식으로서 이슬람을 고수하는 이슬람교의 가치관과 세속의 영역과 종교의 영역을 분리하는 서구 그리스도교의 가치관이 빚는 대립의 산물이다. 그러나 갈등은 유사성에서도 기인한다. 이슬람교와 그리스도교는 모두 일신교인데, 일신교는 다신교와는 달리 자기 외부의 신성을 좀처럼 수용하려 들지 않으며 세계를 우리와 그들이라는 이원적 구도로 파악한다. 둘 다 하나의 유일한 신앙을 모든 인간이 추종해야 한다고 주장하면서 보편주의를 내건다. 이교도를 참다운 유일 신앙으로 개종시켜야 할 의무가 신앙인에게 있다고 보는 점에서 이 둘은 모두 포교에 커다란 비중을 둔다. 처음부터 이슬람은 정복을 통해 교세를 넓혔으며, 그리스도교도 그런 기회를 마다하지 않았다. '지하드戰士'와 '십자군'이라는 평행선상에 놓인 개념은 서로 유사할 뿐 아니라 세계의 다른 주요 종교들과 이 두 종교의 차이점을 극명하게 드러낸다. 다른 문명들이 역사를 순환적이거나 정적인 상태로 보는 것과는 달리 이슬람교와 그리스도교는 유대교와 함께 역사를 목적론적으로 이해한다.

과거 이슬람교와 그리스도교의 충돌 수준은 인구 증가나 감소, 경제발전, 기술 변화, 종교적 열정의 강도 같은 요인들로부터 영향을 받았다. 7세기에 이슬람이 급속히 확산되면서 아랍인이 전례 없는 '규모와 속도'로 비잔틴 제국과 사산 제국의 영토로 대거 이주했다. 몇 세기 뒤 십자군이 발흥한 것도 경제성장, 인구 팽창, 11세기 유럽에서 이루어진 클뤼니파의 개혁 운동과 맥을 같이한다. 덕분에 성지 수복의 기치 아래 수많은 기사와 농부들을 동원할 수 있었다. 제1차 십자군 원정대가 콘스탄티노플에 도착했을 때 "아드리아 해와 헤라클레스의 기둥(유럽과 아프리카를 잇는 지브롤터 해협 동안의 두 곶 — 옮긴이) 너머에 거주하는 모든 야만인 부족을 포함해 서구 전체가 모든 권속을 거느리고 대대적인 이주를 시작하여 단단한 덩어리처럼 아시아로 치고 들어오는" 듯했다고 한 비잔틴 거주자는 당시의 상황을 전한다.[6] 19세기에 들어와 폭발적인 인구 증가는 다시 한 번 유럽을 들썩여 사상 최대 규모의 유럽인이 이슬람 지역을 비롯해 세계 각지로 쏟아져 나갔다.

그에 상응하는 요인들이 복합적으로 작용해 20세기 후반 이슬람과 서구의 갈등을 증폭시키고 있다. 첫째, 이슬람교도 인구의 증가는 대규모의 실업자를 낳았고 여기에 불만을 품은 청년들은 이슬람의 대의를 실현하는 운동에 뛰어들거나 서구로 이주하여 인접 국가들을 긴장으로 몰아넣었다. 둘째, 이슬람의 부상으로 이슬람교도들은 서구에 견주어 자신들 문명의 독특한 가치와 개성에 새로운 자긍심을 갖게 되었다. 셋째, 자신의 가치와 제도를 보편화하고 경제적, 군사적 우위를 고수하며 이슬람 세계에서 발생하는 분쟁에 개입하려는 서구의 시도는 이슬람교도들의 강한 반발을 낳았다. 넷째, 공산주의의 붕괴로 서구인과 이슬람교도의 공적이 사라지자 둘은 서로를 가장 큰 위협으로 인식하게 되었다. 다섯째, 이슬람교도와 서구인의 접촉이 늘어나고 교섭이 잦아지면서 자신의 정체성과 자신이 상대방과 얼마나 다른지에 대한 각성 또한 새롭게 확산되었다. 상호 교섭과 어울림은 또한 상대 문명에 속한 사람들이 지배하는 나라에서 자기 문명 사람들의 권리를 놓고 벌어지는 대립을 심화시킨다. 1980년대와 1990년대에 걸쳐 이슬람 사회와 서구 사회에서 상대방에 대한 관용은 모두 크게 줄어들었다.

이슬람과 서구가 다시금 충돌하는 원인은 권력과 문화의 근본적 물음으로 귀결된다. 누가 지배하고, 누가 지배당해야 하는가? 레닌이 정의한 정치학의 핵심 문제가 바로 이슬람과 서구의 대립 구도 밑바탕에 놓여 있다. 그러나 여기에는 레닌이라면 무의미한 것으로 간과했을 부수적 갈등이 존재한다. 무엇이 옳고 무엇이 그른지에 대한 두 가지 판이한 해석, 따라서 누가 옳고 누가 그른지를 놓고 벌어지는 대립이 바로 그것이다. 이슬람이 이슬람으로 남아 있는 한(그렇게 될 것이다), 서구가 서구로 남아 있는 한(상대적으로 불투명하다), 두 거대 문명이 생활방식을 놓고 벌이는 근본적 갈등은 지난 1400년 동안 그랬듯이 앞으로도 이들의 관계를 지속적으로 규정할 것이다.

이슬람과 서구의 관계는 상당수의 중요한 문제들을 놓고 이들의 입장 차이나 대립 때문에 더욱 복잡하게 꼬인다. 역사적으로 한 가지 중요한 문제는 영토에 대한 지배권이었지만 오늘날 이 문제는 상대적으로 그 비중이 줄어들었다. 1990년대 중반에 이슬람교도와 비이슬람교도 사이에서 발생한 28건의 단층선 분쟁 가운데 19건이 이슬람교도와 그리스도교도 사이에서 빚어졌다. 이 중 11건은 이슬람과 정교의 충돌이고 8건은 이슬람과 아프리카 및 동남아시아의 서구 그리스도교 신자들과의 충돌이었다. 폭력을 낳았거나 폭력으로 비화할 잠재력이 있는 분쟁 중에서 오직 1건, 곧 크로아티아와 보스니아헤르체고비나의 충돌만이 서구와 이슬람의 단층선에서 직접 발생했다. 서구의 영토 제국주의가 실질적으로 막을 내리고 아직까지는 이슬람의 영토 팽창 야심이 구체화되고 있지 않은 이 시점에서, 두 문명의 지리적 분리는 어느 정도 뿌리를 내려 발칸 반도 몇 지역에서만 서구 공동체와 이슬람 공동체는 서로 등을 맞대고 있다. 따라서 서구와 이슬람의 갈등은 영토보다는 무기 확산, 인권과 민주주의, 원유 지배권, 이민, 이슬람 테러주의, 서구의 간섭 같은 문명 사이의 포괄적 쟁점에서 표출된다.

냉전이 끝난 뒤 서구와 이슬람의 역사적 반목이 다시금 불거지고 있다는 인식이 양 진영에서 모두 확산되었다. 가령 1991년 부잔은 서구를 전선으로 끌어낼 가능성이 있는 서구와 이슬람 사이의 사회적 냉전이 출현하는 이유를 여러 가지로 설명했다.

> 이러한 사태 전개는 부분적으로는 세속적 가치와 종교적 가치, 부분적으로는 그리스도교와 이슬람교의 역사적 경쟁의식, 부분적으로는 서구의 패권에 대한 시기심, 부분적으로는 중동의 탈식민 정치질서를 서구가 지배하는 데 대한 반감, 부분적으로는 지난 두 세기 동안 이슬람 문명과 서구 문명이 각각 이룩한 성과를 부당하게 비교하는 데 대한 불만과 굴욕감에 관계가 있다.

나아가 그는 이슬람과의 사회적 냉전이 EU로 통합하는 과정에서 결정적으로 중요한 시점에 유럽의 정체성을 강화시킬 것으로 예상한다. 따라서 서구 내부에는 이슬람과의 사회적 냉전을 지지할 뿐 아니라 그것을 고무하는 정책을 채택할 각오가 되어 있는 적지 않은 수의 인구가 존재할 수 있다. 1990년 서구의 주도적인 이슬람학자 루이스는 이슬람 원한의 뿌리를 분석하면서 이렇게 결론지었다.

> 우리가 사안과 정책의 차원 그리고 이것들을 추구하는 정부의 차원을 훨씬 뛰어넘는 수준의 기류와 대면하고 있음이 분명하다. 이것은 문명의 충돌이라고 해도 과언이 아니다. 유대교-그리스도교 유산을 아득한 옛날부터 적대시해온, 비이성적이지만 명백한 역사적 반응이다. 우리 편에서도 경쟁자에게 서로 똑같이 역사적이고 비이성적인 반응을 보이고 싶은 유혹에 넘어가지 않는 것이 결정적으로 중요하다.[7]

비슷한 견해를 이슬람 진영에서도 피력한다. "서구의 유대교-그리스도교 윤리와 서쪽으로는 대서양에서 동쪽으로는 중국까지 뻗어 있는 이슬람의 부상하는 세력과 갈등이 번지고 있다는 부인 못 할 조짐이 있다"고 이집트의 언론인 모하메드 시드 아메드Mohammed Sid-Ahmed는 주장한다. 한 저명한 인도의 이슬람교도는 1992년 "서구의 다음 번 대결 상대는 분명히 이슬람 세계에서 나올 것이며 새로운 세계질서를 위한 투쟁은 마그레브에서 파키스탄에 이르는 이슬람 국가들의 주도로 이루어질 공산이 크다"고 했다. 튀니지의 한 유력한 변호사는 그 투쟁은 이미 벌어지고 있다고 보았다. "식민주의는 이슬람의 모든 문화적 전통을 불구화하려고 애썼다. 나는 이슬람 신도가 아니다. 나는 종교와 종교 사이에는 갈등이 없다고 생각한다. 분쟁은 문명과 문명 사이에 존재한다."[8]

1980년대와 1990년대 이슬람 세계의 지배적 조류는 반서구주의다.

이것은 이슬람의 부활과 서구적 독소의 이슬람 사회 침투라는 감지된 현상에 대한 반발에서 자연스럽게 나타난 결과다. "구체적으로 어떤 종파로 나타나든 이슬람의 새로운 자기주장은 이 지역의 사회, 정치, 윤리에 미치는 유럽과 미국의 영향력을 거부한다는 뜻과 다름없다."[9] 지난날 간혹 "우리는 서구화해야 한다"고 주장한 이슬람 지도자들이 있었다. 지난 사반세기 동안 어떤 이슬람 지도자가 그런 발언을 했다면 그는 고립되고 말았을 것이다. 오늘날 정치인이든 관리이든 학자이든 기업인이든 언론인이든 이슬람교도가 서구의 가치와 제도를 찬양하는 발언을 듣기란 거의 불가능에 가깝다. 대신에 그들은 자기 문명과 서구 문명의 차이점, 자기 문화의 우월성, 서구의 침입에 맞서 자기 문화의 순수성을 고수할 필요성을 역설한다. 이슬람교도들은 서구의 힘, 그 힘이 자기들 사회와 가치체계에 가하는 위협을 두려워하고 증오한다. 그들은 물질 만능의 서구 문화는 타락하고 부패했으며 비윤리적이라고 생각한다. 따라서 그들의 생활방식에 미치는 서구의 영향력에 더더욱 맞서야 할 절박한 이유가 있다고 본다. 이슬람교도들은 서구가 불완전하고 오류에 찬 종교를 신봉한다고 공격하는 것이 아니라(아무리 그래도 '성서'에 바탕을 둔 종교이기 때문이다) 도대체 그 어떤 종교도 믿지 않기 때문에 공격한다. 이슬람교도의 시각에서 보면 서구의 세속주의, 몰종교성, 따라서 비윤리성은 이것들을 낳은 서구 그리스도교보다 더 몹쓸 악이다. 냉전 시대의 서구는 자신의 적수를 '무신론적 공산주의자'라고 불렀다. 탈냉전이 낳은 문명 충돌의 시대에 이슬람교도는 자신의 적수를 '무신론적 서구'라고 부른다.

오만하고 물질 지상주의적이며 억압적이고 잔인하고 타락한 서구상은 원리주의 골수분자들뿐만 아니라, 서구가 동지이자 옹호자라고 생각하는 사람들도 공유하고 있다. 1990년대에 서구에서 출간된 이슬람교도의 저술 중에서 파티마 메르니시Fatima Mernissi의 《이슬람과 민주주의Islam and Democracy》처럼 찬사를 받은 책도 드물 것이다. 많은 서구인들은 자유주의를 지향하는 현대 이슬람 여성의 용기 있는 발언이라고 이 책을 극찬했다.[10] 그러나 그 책에 묘사된 서구의 모습은 매우 비판적이다. 서구는 '호전적'이고 '제국주의적'이며, '식민주의의 공포'를 통해 다른 민족들에게 지워지지 않는 '상흔'을 남겼다. 서구 문화의 상징인 개인주의는 모든 말썽의 원천이다. 서구의 힘은 가공할 만하다. 서구만이 아랍인의 교육을 위해 위성을 써도 좋을 것인지 또는 아랍인의 머리 위에 폭탄을 떨어뜨릴 것인지를 결정한다. …… 서구에서 유입된 상품과 공중파를 휩쓰는 서구산 TV 영화는 우리의 잠재력을 깔아뭉개고 우리의 생활을 침해한다. …… 그것은 우리를 짓누르고 우리의 시장을 포위하고 우리의 미약한 자원, 주도권, 잠재력을 지배하는 힘이다. 그와 같은 우리의 상황 인식은 걸프 전쟁을 거치면서 확신으로 바뀌었다. 서구는 군사 연구를 통해 힘을 창출하고 수동적 소비자인 저개발국가들에게 그 연구의 산물을 팔아먹는다. 이 굴종으로부터 벗어나기 위해 이슬람은 독자적으로 기술자와 과학자를 키워 스스로 무기를 만들어(핵무기인지 재래식 무기인지 그녀는 명시하지 않았다) 서구에 대한 군사적 의존으로부터 벗어나야 한다. 부언하지만, 이것은 구레나룻을 기르고 두건을 쓴 이슬람 원리주의자의 견해가 아니다.

정치적, 종교적 견해의 다양성에도 불구하고 이슬람교도들은 자신들의 문화와 서구 문화 사이에 근본적인 차이점이 있다는 사실에 대체로 동의한다. "핵심은 우리 사회가 서구와는 다른 가치관에 기초해 있다"는 점이라고 셰이크 가노우시Sheik Ghanoushi는 지적한다. 한 이집트 정부 관리는 이렇게 말한다. "미국인은 여기 와서 우리가 자기들처럼 행동하기를 원한다. 그들은 우리의 가치관이나 문화에 대해 아무것도 모른다." 한 이집트 언론인도 같은 견해를 피력한다. "우리는 다르다. 우리는 다른 배경, 다른 역사를 가지고 있다. 따라서 우리에게는 다른 미래를 추구할 권리가 있다." 발행 부수가 많고 진지한 주제를 다루는 이슬람 세계의 언론들이 이슬람의 제도와 문화를 굴복시키고 침해하고 종속시키려는 서구의 음모와 책략을 묘사하는 기사를 거듭 싣고 있다.[11]

서구에 대한 반발은 이슬람 부활의 지적 구심점에서만 발견되는 것이 아니라 이슬람 국가들이 서방 국가에게 보이는 태도 변화에서도 감지된다. 탈식민지 시대가 막 시작되었을 때 이슬람 정권들은 민족주의 혁명으로 독립을 달성한 알제리와 인도네시아 같은 몇몇 예외를 제외하고는 정치적, 경제적 이념과 정책 면에서 서구 지향적이었고 대외정책 면에서도 친서방적이었다. 그러나 친서방 정권들이 이라크, 리비아, 예멘, 시리아, 이란, 수단, 레바논, 아프가니스탄 등에서 서구에 덜 우호적이거나 명백한 반서방주의를 표방하는 정권들로 차츰 바뀌었다. 튀니지, 인도네시아, 말레이시아 같은 나라들에서도 정책 지향점과 대외관계에서 덜 극적이지만 유사한 방향으로 변화가 일어났다. 냉전 시대에 미국의 가장 든든한 이슬람 우방국이었던 터키와 파키스탄은 내부적으로 이슬람주의자들의 강한 압력을 받고 있어, 이들 국가와 서구의 유대관계는 차츰 불안정해질 가능성이 있다.

1995년 과거 10년 전보다 친서방적 색채가 뚜렷하게 짙어진 유일한 나라는 쿠웨이트다. 이제 이슬람 세계에서 서구의 우방은 군사적으로 서구에 종속된 쿠웨이트, 사우디아라비아, 아랍에미리트 아니면 경제적 의존도가 높은 이집트, 알제리 정도다. 1980년대 후반 소련이 더 이상 경제적, 군사적 지원을 제공할 의지와 능력이 없다는 사실이 분명해지자 동유럽의 공산 체제들은 무너졌다. 서구가 이슬람 위성국들을 더 이상 수호하지 않으리라는 사실이 분명해질 때 이 나라들 역시 비슷한 운명을 겪게 될 가능성이 높다.

이슬람의 반서방 의식 확산과 함께 이슬람 극단주의자들이 야기하는 이슬람 위협에 대한 서구의 불안이 나타나고 있다. 특히 유럽은 이슬람을 핵 확산, 테러리즘의 본거지로, 골치 아픈 이민 문제의 본산으로 받아들인다. 일반 국민과 지도층 모두 이러한 우려를 품고 있다. 중동의 '이슬람의 소생'이 미국에 위협을 가하는지를 물은 1994년 11월의 한 여론 조사에서 외교정책에 관심을 가진 3만 5,000명의 미국인 중에서 61퍼센트가 그렇다고, 28퍼센트가 아니라고 응답했다. 그보다 1년 앞서 어떤 나라가 미국에게 가장 큰 위협을 가하는가라는 물음에 대하여 무작위로 추출된 미국인들은 이란, 중국, 이라크를 3대 위협국으로 꼽았다. 마찬가지로 미국에 심각한 위협을 가하는 문제가 무엇인지를 물은 1994년의 조사에서 일반 국민의 72퍼센트와 외교 전문가의 61퍼센트가 핵 확산을, 일반 국민의 69퍼센트와 외교 전문가의 33퍼센트가 국제 테러리즘을 지적했다. 모두 이슬람과 폭넓은 관련이 있는 사안이었다. 뿐만 아니라 일반 국민의 33퍼센트와 외교 전문가의 39퍼센트가 이슬람 원리주의의 확산에 우려를 나타냈다. 유럽인들도 비슷한 입장을 보인다. 가령 1991년 봄 프랑스 국민의 51퍼센트가 프랑스의 가장 큰 위협은 남쪽에서 온다고 응답한 반면 동쪽에서 온다고 응답한 비율은 겨우 8퍼센트였다. 프랑스 국민이 가장 우려하는 네 나라는 모두 이슬람 국가로 52퍼센트가 이라크를, 35퍼센트가 이란을, 26퍼센트가 리비아를, 22퍼센트가 알제리를 꼽았다.[12] 독일과 프랑스의 총리를 포함한 서구 정치 지도자들도 비슷한 우려를 표명한 바 있으며, 1995년 NATO 사무총장은 이슬람 원리주의는 서구에게 최소한 과거의 공산주의만큼이나 위협적이라고 공언했다. 클린턴 행정부의 최고위 인사도 서구의 범지구적 경쟁 세력으로 이슬람을 지목했다.[13]

동쪽에서 오는 군사적 위협이 사라지면서 NATO의 전략은 차츰 남쪽에서 오는 위협으로 그 방향을 돌리고 있다. 1992년 미국 육군의 한 분석가는 남부층이 중부 전선을 대체하면서 빠른 속도로 NATO의 새로운 전선으로 자리 잡고 있다고 언급했다. 이 남쪽의 위협에 대처하고자 NATO의 남유럽 회원국들(이탈리아, 프랑스, 스페인, 포르투갈)은 합동 군사훈련을 개시하는 한편 이슬람 과격분자들을 대처하는 방안을 놓고 마그레브 지역 국가들과 공조를 모색하고 있다. 이러한 위기의식은 유럽 내의 대규모 미군 주둔을 합리화하는 근거로 작용하기도 한다. "유럽 내의 미군은 이슬람 원리주의 세력이 야기하는 모든 문제를 해결하지는 못하지만 이 지역의 군사적 구도에 강한 그림자를 드리운다. 걸프 전쟁 때 미국, 프랑스, 영국이 유럽 지역에서 중동 지역으로 기민하게 군사력을 투입하던 일을 기억하는가? 이 지역 사람들은 기억한다"고 전직 미 고위 관리는 지적했다.[14] 그러나 두려움과 분노, 증오의 감정으로 기억하고 있다고 그 관리는 덧붙였어야 했다.

이슬람교도와 서구인이 서로 바라보는 지배적 시각과 이슬람 과격주의의 부상을 감안한다면, 이란 혁명이 성공한 뒤 이슬람과 서구 사이에 준準전쟁이 전개되고 있는 것도 놀랄 일은 아니다. 그것은 세 가지 이유에서 준전쟁의 성격을 갖는다. 첫째, 이슬람 국가 전체가 서방 국가 전체를 상대로 싸우지는 않기 때문이다. 2개 원리주의 국가(이란, 수단), 3개 비원리주의 국가(이라크, 리비아, 시리아), 광범위한 이슬람 기구들이 사우디아라비아 같은 다른 이슬람 국가들의 자금 지원을 얻어 이스라엘과 유대인 일반뿐 아니라 미국과, 때로는 영국, 프랑스 같은 기타 서방국들과 싸움을 벌이고 있다. 둘째, 이것이 준전쟁인 이유는 걸프 전쟁을 제외하면, 한편에서는 테러리즘, 한편에서는 공습, 첩보 작전, 경제 제재 같은 제한된 수단의 범위 내에서 벌어지는 싸움이기 때문이다. 셋째, 폭력이 지배적 경향으로 자리 잡고 있지만 지속적으로 나타나지는 않고 있기 때문이다. 한쪽이 간헐적으로 도발을 감행할 때마다 다른 쪽에서 대응을 보이는 양상이다. 그러나 준전쟁도 엄연한 전쟁이다. 1991년 1~2월 사이에 서방의 폭격으로 사망한 수만 명의 이라크 군인과 민간인을 차치하고라도 1979년 이후 수천 명의 희생자와 사망자가 거의 매년 발생했다. 걸프 전쟁이라는 '진짜' 전쟁 때 목숨을 잃은 서구인보다 이 준전쟁에서 사망한 서구인의 수가 더 많다.

더욱이 양측은 이 분쟁을 전쟁으로 인식한다. 일찍이 아야톨라 루홀라 호메이니는 아주 분명하게 "이란은 아메리카와 실질적인 교전 상태에 있다"고 선언했다.[15] 무아마르 카다피 또한 서구를 상대로 성전을 벌이고 있다고 기회가 있는 대로 공언한다. 다른 이슬람 집단이나 국가의 과격 지도자들도 비슷한 표현을 쓰고 있다. 서방 진영을 대표해 미국이 지목한 7개 '테러국' 중에서 5개국이 이슬람 국가고(이란, 이라크, 시리아, 리비아, 수단), 나머지가 쿠바와 북한이었다. 미국은 사실상 이들을 적으로 규정하고 있다. 이들은 자신들이 동원할 수 있는 가장 효과적인 무기로 미국과 미국의 우방을 공격하기 때문에 이들과 전시 상태에 있음을 미국은 인정하는 셈이다. 미국 관리들은 기회가 있을 때마다 이들을 '무뢰배', '망나니', '악당'으로 불러 문명화된 국제질서의 외부에 두면서 다국적 또는 일국적 응징의 좋은 표적으로 만들고 있다. 미국 정부는 세계무역센터의 폭파범들이 미국을 상대로 도시 테러전을 감행하려 의도했다고 규탄하면서 맨해튼에서 후속 폭파 계획을 모의한 혐의자들을 미국을 상대로 벌이는 '전쟁에 뛰어든 병사들'이라고 주장했다. 이슬람교도는 서구가 이슬람을 상대로 전쟁을 벌인다고 주장하고 서구인은 이슬람 집단이 서구를 상대로 전쟁을 벌이고 있다고 주장하는 마당에, 전쟁에 가까운 모종의 사태가 진행 중이라고 결론짓는 것보다 더 합당한 추정이 있을 수 있을까.

이 준전쟁에서 양측은 자신의 강점을 이용하고 상대의 약점을 파고든다. 군사적으로 그것은 주로 테러와 공습의 대결 양상으로 나타난다. 이슬람의 대의 구현에 온몸을 바친 전사들은 서구의 개방된 사회 구조를 이용해 특정한 장소를 골라 폭탄을 설치한다. 서구의 군사 전문가들은 이슬람의 허술한 영공을 이용해 특정한 장소에 스마트탄을 떨어뜨린다. 이슬람 과격 집단들은 서구 유력 인사들의 암살을 모의하며, 미국은 과격 이슬람 정권의 전복을 모의한다. 미 국방부에 따르면 1980년부터 1995년까지 15년 동안 미국은 중동에서 모두 17회의 군사 작전을 벌였는데, 그것들은 하나같이 이슬람교도를 겨냥한 작전이었다. 미국의 군사 작전이 그처럼 집요하고 일관되게 다른 문명 사람들에게 적용된 예는 달리 찾아보기 어렵다.

이제까지 양측은 걸프 전쟁을 제외하면 폭력의 강도를 상당히 낮은 수준으로 유지해왔고 폭력 행위를 전면적 대응이 요구되는 도발 행위로 규정하기를 꺼려왔다. "리비아가 실제로 미국 항공기를 격추시키도록 자국 잠수함에게 지시를 내렸다면 미국은 잠수함 사령관의 인도를 요구하는 대신 이를 리비아 정부의 전쟁 도발 행위로 간주해야 마땅했을 것이다. 리비아 정보기관이 항공기를 격추시켰다 하더라도 원리적으로는 전혀 다를 것이 없다"고 《이코노미스트》는 지적한다.[16] 그러나 이 전쟁의 당사자들은 냉전 시대에 미국과 소련이 서로에게 가했던 것보다 훨씬 폭력적인 전략을 구사한다. 드문 경우를 제외하고는 미국과 소련은 상대방의 민간인이나 심지어는 군무원을 고의적으로 살해하지는 않았다. 그러나 준전쟁에서는 이런 일이 거듭 반복되고 있다.

미국 지도자들은 준전쟁에 뛰어든 이슬람교도들이 소수 집단에 지나지 않으며 그들의 폭력 행위도 압도적 다수의 온건 이슬람교도로부터 거부당하고 있다고 단언한다. 그 말이 사실일지도 모르지만 그것을 입증하는 증거는 희박하다. 서구에 대한 폭력 행사를 반대하는 목소리는 이슬람 국가들에서 전혀 나오지 않고 있다고 해도 과언이 아니다. 심지어 서구에 추파를 보내고 서구에 의존하는 이슬람 정부들까지 서구에 대한 테러 행위를 규탄하는 자리에서는 침묵으로 일관한다. 반면, 유럽 각국의 정부와 국민은 냉전 시대에 미국이 소련과 공산주의자에게 취한 행동에 곧잘 반대의사를 표명했으면서도 미국이 이슬람교도 적수에게 취한 행동은 대부분 지지하고 거의 비난을 가하지 않는다. 이데올로기의 분쟁과는 달리 문명의 분쟁에서는 누구나 친족을 편들고 나선다.

서구가 직면한 근본 문제는 이슬람 원리주의가 아니라 이슬람이다. 자신들 문화의 우월성을 철석같이 믿고 자신들 힘의 열세를 고민하는 사람들을 거느린 상이한 문명이다. 이슬람의 문제를 우려하는 쪽은

CIA나 미 국방부가 아니라 서구다. 자기 문화의 보편성을 철석같이 믿고 비록 쇠퇴하고는 있지만 자기들은 아직도 우월하기 때문에 그 문화를 전 세계에 전파할 사명감이 있다고 믿는 사람들을 거느린 상이한 문명이다. 이것이야말로 이슬람과 서구의 갈등에 불을 지르는 핵심 성분이다.

## 아시아, 중국, 아메리카

### 문명의 가마솥

아시아, 특히 동아시아 경제의 변화는 20세기 후반의 세계사에서 가장 의미 있는 발전 가운데 하나다. 1990년대까지 이 지역의 경제발전은 동아시아와 환태평양 전체가 결속해 더욱 광범위한 교역망을 이루면서 국가들 간의 평화와 화합을 다지는 데 기여하리라고 내다본 관측자들에게 경제적 도취감을 심어주었다. 이러한 낙관론은 교역이 평화의 변함없는 원동력이라는 대단히 의심이 가는 가정에 의지한다. 현실은 그렇지 못하다. 경제성장은 국가 내부는 물론 국가들 사이에서 정치적 불안을 낳아 국가 간, 지역 간 세력균형에 변화를 가져온다. 경제 교류는 인적 접촉을 가져올 뿐이지 화합을 낳는 것은 아니다. 역사적으로 경제 교류는 민족 간의 차이점에 대한 깊은 각성과 상대에 대한 두려움을 낳았다. 국가 간의 무역은 이익만이 아니라 갈등도 낳는다. 과거의 역사적 경험이 타당하다면, 아시아의 경제적 서광은 아시아의 정치적 그늘, 곧 아시아의 불안정과 갈등을 낳을 가능성이 높다.

아시아의 경제발전과 아시아 국가들의 점증하는 자신감은 적어도 세 가지 방식으로 국제정치를 교란시킨다. 첫째, 경제발전은 아시아 국가들의 군사력 강화를 가능케하여 미래 아시아 국가 간의 관계에서 불확실성을 높이고 냉전 시대에 억눌려 있던 쟁점과 대결 의식을 전면으로 부각시키며 그 결과 이 지역의 분쟁 가능성과 불안정성을 높인다. 둘째, 경제발전은 아시아 국가들과 서구 특히 미국의 갈등을 증폭시키고 이 싸움에서 아시아 국가들이 우위를 점할 수 있는 능력을 강화시킨다. 셋째, 아시아 최대의 강국인 중국의 경제성장은 이 지역에서 중국의 영향력을 높이고 중국이 동아시아에 대해 전통적 헤게모니를 재주장하고 나설 가능성을 높인다. 이 과정에서 다른 나라들은 중국에 '편승'하여 이러한 발전에 합류하거나 '견제'를 추구해 중국의 영향력을 억제하는 방안을 모색하는 길 중에서 하나를 선택해야 하는 기로에 놓인다.

서구가 힘을 행사하던 지난 몇 세기 동안 중요한 국제관계는 서구의 주요 강대국들이 자기들끼리 펼치는 게임이었고, 18세기에 들어와 부분적으로 러시아가, 다시 20세기에 들어와서는 일본이 이 대열에 합류했다. 유럽은 거대한 분쟁과 협력의 중심무대였고, 냉전 시대에도 초강대국의 대결은 주로 유럽의 심장부에서 이루어졌다. 탈냉전 세계의 중요한 국제관계의 경연장이 있다면 그것은 아시아, 그중에서도 특히 동아시아다. 아시아는 문명의 가마솥이다. 동아시아 지역에만 6대 문명(일본, 중화, 정교, 불교, 이슬람교, 서구)에 속한 국가들이 있으며, 남아시아에는 추가로 힌두 문명이 있다. 네 문명의 핵심국인 일본, 중국, 러시아, 미국이 동아시아에서 각축을 벌이고 있고, 남아시아에는 인도가 있으며 인도네시아는 이슬람 강국으로 부상하고 있다. 뿐만 아니라 동아시아에는 한국, 대만, 말레이시아 등 점점 경제적 영향력이 커지는 중진국들이 존재한다. 그 결과 여러 가지 측면에서 18세기와 19세기의 유럽 전세에 비교할 수 있는 국제관계의 대단히 복잡한 양상이 나타났고, 이 다극적 상황에서 불확실성과 가변성 또한 커졌다.

동아시아는 복수의 문명, 복수의 축을 가졌다는 점에서 서유럽과 대조되며 경제적, 정치적 차이는 이 대조를 한층 부각시킨다. 서유럽의 모든 국가들은 안정된 민주제도를 운영하고 시장 경제를 가지고 있으며 경제발전의 수준이 매우 높다. 1990년대 중반 동아시아에는 하나의 안정된 민주주의 국가, 불안정한 몇몇 새로운 민주주의 국가들, 아직도 공산주의 독재 체제를 고수하고 있는 4~5개 국가, 군부 정권, 개인 독재, 일당 지배 체제 국가들이 혼재한다. 일본과 싱가포르에서 베트남과 북한에 이르기까지 경제발전의 수준도 천차만별이다. 시장 경제와 경제 개방이 대세이긴 하지만, 경제 체제의 성격은 북한의 명령 경제에서 시작해서 국가 규제와 민간 기업의 다양한 혼합을 거쳐 홍콩 같은 자유방임 체제에 이르기까지 각양각색이다.

중국이 때때로 힘을 휘둘러 이 지역에 질서를 세우기는 하지만 서유럽과 같은 의미의 국제사회가 동아시아에는 예로부터 존재하지 않았다.[17] 20세기 후반의 유럽은 EU, NATO, WEU, EP(유럽의회), OSCE 같은 국제기구를 통해 대단히 긴밀한 복합체로 단단히 결속되어 있다. 동아시아에는 ASEAN을 제외하고는 이렇다 할 국제기구가 없다. 그나마 ASEAN은 강대국을 포함하고 있지 않으며 주로 안보 문제를 협의하는 기구로서 가장 원시적 형태의 경제 통합을 향해 이제 막 출발하는 단계에 있다. 1990년대에 들어와 환태평양 국가들이 대거 참여하는 훨씬 광범위한 기구로서 APEC이 창설되었지만, 이것은

ASEAN보다 취약한 회의기구다. 그나마 아시아의 주요 강대국들이 한자리에 모이는 국제기구로서는 APEC이 유일하다.

서유럽과 달리 동아시아는 국가 간 분쟁이 싹틀 소지가 많다. 가장 널리 인정되는 분쟁 위험 지역은 한반도와 중국이다. 그러나 이곳은 냉전의 유산이다. 이념 대립은 뚜렷한 감소 추세에 있다. 1995년까지 중국과 대만의 관계가 대폭 개선되었으며 한국과 북한의 관계도 호전될 기미가 보이고 있다. 한국과 북한이 같은 민족끼리 전쟁을 벌일 확률은 낮으며, 중국이 대만을 침공할 가능성은 전자보다는 높지만 대만이 중국의 우월적 지위를 거부하고 공식적으로 독립을 선포하지 않는 한 역시 일정한 한계를 벗어나지 못한다. 중국의 한 군사 문건은 "집안 식구끼리 싸우는 데는 한도가 있어야 한다"는 장성의 말을 인용하고 있다.[18] 한반도와 중국에서 전쟁이 발발할 가능성은 남아 있지만 문화적 동질성 때문에 시간이 흐를수록 그 가능성은 희박해진다.

동아시아에서 냉전이 남긴 갈등은 오랜 반목과 새로운 경제관계가 반영된 다른 성격의 갈등으로 바뀌거나 보완되고 있다. 1990년대 초반 동아시아의 안보를 분석한 보고서에는 동아시아를 '위험한 지역', '무르익은 대결 의식', '복수復數의 냉전'이 펼쳐지는 지역, 전쟁과 불안정이 지배하는 '미래로 회귀하는' 지역으로 묘사하는 표현들이 자주 눈에 띈다.[19] 서유럽과는 달리 1990년대의 동아시아에는 해결되지 않은 영토 분쟁이 남아 있는데, 그중 가장 굵직한 것이 일본과 러시아의 북방 도서 반환 문제, 남중국해를 둘러싼 중국, 베트남, 필리핀 등의 여러 동남아시아 국가들 사이의 대립이다. 중국과 러시아, 중국과 인도의 국경 문제를 둘러싼 대립은 1990년대 중반에 들어와 한결 누그러지기는 했지만 중국이 몽골에 대한 지배권을 주장하고 나설 경우 언제든지 표면으로 부각될 수 있다. 민다나오, 동티모르, 티베트, 태국 남부, 미얀마 동부에는 대부분 외국의 지원을 받는 반란 세력 또는 분리 운동 추구 세력이 존재한다. 1990년대 중반 동아시아 지역에는 국가 간의 평화적인 관계가 그런 대로 유지되고 있지만, 지난 50년 동안에 가장 커다란 두 번의 전쟁이 한반도와 베트남에서 일어났다. 아시아의 중심국인 중국이 미국은 물론, 한국, 베트남, 중국 국민당, 인도, 티베트, 러시아 등의 거의 모든 이웃 국가들과 싸움을 벌였다. 1993년 중국의 한 군사 분석 보고서는 중국의 군사 안보를 위협하는 아시아의 8개 긴장 지역을 지목했으며, 중국 중앙군사위원회는 동아시아의 안보 전망은 대체로 매우 암울하다고 결론지었다. 수 세기 동안의 전란을 치른 서유럽은 이제 평화를 구가하고 있으며 이 지역에서 전쟁이 일어난다는 것은 상상하기 어렵다. 동아시아의 경우는 다르며, 프리드버그가 지적하듯 유럽의 과거가 아시아의 미래에 재연될 가능성은 다분하다.[20]

1980년대와 1990년대 경제의 역동성, 영토 분쟁, 되살아난 대결 의식, 정치 불안정 같은 요인 때문에 동아시아 지역의 군사비 지출과 군사력은 대폭 증강되었다. 동아시아 정부들은 새로운 경제력과 평균 교육 수준이 높은 인구를 활용하여 부실하게 무장된 대규모의 농민군을 첨단무기로 무장한 소수 정예의 군대로 개편하려는 노력을 가속화하고 있다. 미국이 동아시아에 어느 정도 깊숙이 개입할 것인가에 대한 의구심이 늘어나면서 동아시아 각국은 군사적 자생력을 갖추기 위해 부심한다. 동아시아 국가들은 유럽, 미국, 옛 소련으로부터 막대한 무기를 여전히 사들이고 있지만, 외국의 기술을 도입하여 자국 내에서 첨단 전투기, 미사일, 전자 장비를 생산하는 데 더욱 비중을 둔다.

일본과 중화권 국가들(중국, 대만, 싱가포르, 한국)의 방위 산업은 발전을 거듭하고 있다. 해안선을 맞대고 있는 동아시아 국가들의 지형적 특수성으로 각국 정부는 미사일, 공군력, 해군력 보강에 박차를 가하고 있다. 그 결과 이제까지 전쟁 수행 능력이 없었던 국가들도 차츰 전투 능력을 확보해가는 추세에 있다. 이러한 군사력의 증강은 투명성이 결여된 상태에서 이루어지고 있기 때문에 그만큼 의혹과 불신도 커지게 마련이다.[21] 세력관계가 빠르게 변하는 상황에서 모든 동아시아 국가들은 필연적으로 "앞으로 10년 뒤에는 누가 적이고 누가 친구가 될 수 있을 것인가?"라는 물음에 직면한다.

### 아시아와 미국의 냉전

1980년대 말에서 1990년대 초 사이 미국과 아시아 국가들의 관계가 베트남을 제외하고 점차 적대적으로 흘러갔으며 미국은 이러한 대립에서 우위를 점할 수 있는 능력을 차츰 잃어갔다. 이러한 추세는 동아시아 강대국들과의 관계에서 확연히 드러나는데, 미국과 중국, 일본의 관계가 바로 그렇다. 한편으로는 미국에서, 또 한편으로는 중국과 일본 양국 사이에 냉전이 펼쳐지고 있다는 발언이 늘어나고 있다.[22] 이러한 동시적 조류는 부시 행정부에서 시작되더니 클린턴 행정부에 들어와 한층 가속이 붙었다. 1990년대 중반에 이르면 미국과 두 아시아 강대국의 관계는 아무리 좋게 보아도 '긴장'으로밖에 묘사할 수 없게 되었으며 그러한 상태가 호전되리라는 전망도 별로 보이지 않는다.*

1990년대 초의 미일관계는 걸프 전쟁에서 일본의 역할, 주일 미군 문제,중국과 기타 국가들을 겨냥한 미국의 인권정책을 받아들이는 일본의 태도, 일본의 유엔 평화유지군 참여, 그리고 가장 중요하게는 경제관계, 특히 무역 같은 포괄적 사안을 둘러싼 논쟁으로 뜨겁게 달아올랐다. 무역 전쟁이라는 표현이 거의 일반화되었다.[23] 미국 관리들 특히 클린턴 행정부의 관리들은 일본에게 거듭 양보를 촉구했으며, 일본 관리들은 이 요구에 점점 거세게 저항했다. 미일 무역 논쟁은 갈수록 격화되었고 해결 가능성은 갈수록 낮아졌다. 일례로 1994년 3월 클린턴 대통령은 일본에 엄격한 무역 제재를 가하는 권한을 자신에게 부여하는 안에 서명했으며, 이것은 일본뿐 아니라 세계의 주요 무역 협정인 GATT 사무총장의 반발을 샀다. 그러자 일본은 미국의 정책을 꼬집어 공격했으며 얼마 뒤 미국도 정부 조달 계약에서 미국 기업들이 차별 대우를 받는다며 공식적으로 일본을 비난했다. 1995년 봄 클린턴 행정부는 일본의 고급 승용차에 100퍼센트의 관세를 부과하

---

* 적어도 미국에서는 국가 간의 관계와 관련해 용어상의 혼돈이 존재한다는 사실을 짚고 넘어가야 한다. '좋은' 관계는 우호적이고 협조적인 관계로 이해되고, '나쁜' 관계는 적대적이고 대립적인 관계로 이해된다. 이러한 용어 사용은 우호 대 적대, 바람직함 대 바람직하지 않음이라는 두 가지의 아주 판이한 차원을 혼합시킨다. 여기에는 국제관계에서 조화는 언제나 좋고 갈등은 언제나 나쁘다는 미국 특유의 전제가 깔려 있다. 그러나 좋은 관계를 우호적 관계와 동일시하는 태도는 갈등이 결코 바람직하지 못할 때만 타당하다. 대부분의 미국인은 부시 행정부가 쿠웨이트를 놓고 전쟁을 벌여 이라크와 미국의 관계를 '나쁜' 쪽으로 만든 것은 '좋은' 것이었다고 믿는다. '좋은' 관계가 바람직함을 뜻하는가 조화로움을 뜻하는가, '나쁜' 관계가 바람직하지 못함을 뜻하는가 적대적임을 뜻하는가를 둘러싼 혼선을 피하기 위해 나는 '좋은'과 '나쁜'을 바람직함과 바람직하지 않음을 뜻하는 용어로 한정해서 쓰겠다. 흥미로우면서도 당혹스러운 것은, 미국인들이 미국 사회 내부에서는 의견, 집단, 당, 정부 부처, 기업에 있어서 경쟁을 인정한다는 사실이다. 왜 미국인들은 갈등이 자기 나라 안에서는 좋고 대외관계에서는 나쁘다고 생각하는가? 내가 아는 바로는 이 문제를 진지하게 파고든 사람은 없지만 대단히 매력적인 연구 주제임에 틀림없다.

겠다고 위협했지만, 이러한 조치가 이루어지기 직전에 타결이 이루어져 간신히 정면충돌을 모면할 수 있었다. 두 나라 사이에는 무역 전쟁과 아주 흡사한 분쟁이 벌어지고 있는 것은 분명하다. 1990년대 중반에 이르면 일본의 유력 정치인들이 미군의 일본 주둔 필요성에 의문을 제기할 정도로 양국관계는 악화되었다.

같은 기간 동안 양국 국민의 호감도도 꾸준히 줄어들었다. 1985년 미국 국민의 87퍼센트가 일본에 대체로 우호적인 태도를 가지고 있었다. 1990년에는 이 비율이 67퍼센트로 줄었고, 다시 1993년에는 일본에 우호적인 생각을 가진 미국인이 50퍼센트밖에 되지 않았으며 미국 국민 3분의 2가 가급적 일본 제품을 구입하지 않으려 한다고 응답했다. 1985년 73퍼센트의 일본 국민이 일미관계가 우호적이라고 응답했지만, 1993년에는 64퍼센트가 비우호적이라고 응답했다. 1991년은 일반 국민의 여론이 냉전의 틀로부터 이탈한 중요한 전환점으로 기록될 만한 해다. 그해 양국 국민은 소련을 우선순위에서 모두 밀어냈다. 사상 처음으로 미국인은 일본이 소련보다 미국의 안보에 위협을 가한다고 응답했고, 사상 처음으로 일본인은 미국이 소련보다 일본의 안보에 위협을 가한다고 응답했다.[24]

일반 여론의 변화에 상응해 엘리트 집단의 의식에도 변화가 왔다. 미국에는 두 나라의 문화와 사회구조 차이를 강조하고 미국이 경제 문제에 있어서 일본을 더 강경하게 다루어야 한다고 주장하는 수정 노선을 걷는 중요한 학자, 지식인, 정치인 집단이 등장했다. 언론, 논픽션, 대중 소설에 등장하는 일본인의 모습이 차츰 비하되었다. 그에 뒤질세라 일본에서도 제2차 세계대전 후 미국의 통치와 시혜를 경험하지 않았고 일본의 경제적 번영에 강한 자부심을 가지고 선배들은 상상도 하지 못한 방식으로 미국의 요구를 서슴없이 거부할 줄 아는 새로운 정치 지도자 세대가 나타났다. 미국의 '수정주의자들'에 해당하는 집단이 일본의 '저항자들'이었다. 양국의 정치인들은 미일관계에 영향을 미치는 사안에 대해서는 강경 노선을 주장하는 것이 득표 전략에 도움이 된다는 사실을 깨달았다.

1980년대 말과 1990년대 초 사이에는 미국과 중국의 관계 또한 점차 적대적으로 흘렀다. 두 나라의 갈등은 1991년 9월 덩샤오핑이 언급한 대로 '새로운 냉전'을 낳았으며, 그 후 이 표현은 중국 언론에 자주 등장하게 되었다. 1995년 8월 중국의 관영 언론사는 1979년 "양국이 외교관계를 수립한 이후 중미 관계가 최저 수준에 와 있다"고 선언했다. 중국 관리들은 중국에 대한 내정 간섭을 거듭 비난한다. 1992년 중국 정부의 한 내부 문건은 "우리는 미국이 유일한 초강대국이 된 이후로 새로운 헤게모니와 패권을 휘두르기에 혈안이 되어 있음을 지적하면서 동시에 미국의 힘은 상대적으로 하향세에 있으며 미국의 실력 행사에는 한계가 있음을 지적하지 않을 수 없다"고 주장했다. 1995년 8월 장쩌민 국가주석은 "서구 적대 세력은 우리 조국을 서구화하고 분열시키려는 책동을 단 한순간도 포기하지 않고 있다"고 비판했다. 1995년 중국 지도부와 학자들 사이에는 미국이 중국을 영토적으로 분열시키고 정치적으로 체제 전복을 꾀하며 전략적으로 억제하고 경제적으로 좌절시키려 노력하고 있다는 사실에 폭넓은 공감대가 형성되어 있다는 분석도 있다.[25]

이런 견해를 뒷받침하는 여러 증거들이 있다. 미국은 리덩후이 대만 총통의 미국 입국을 허용했고 150대의 F-16 전투기를 대만에 팔았으며 티베트를 '점령당한 자주적 영토'로 규정했고 중국의 인권 침해를 비난했다. 또 베이징의 2000년 올림픽 유치를 반대하고 베트남과의 관계를 정상화했으며 중국의 대이란 화학무기 부품 수출을 비난하고 파키스탄에 미사일 장비를 판매했다는 이유로 중국에 무역 제재를 가하는 한편 경제 문제를 내걸어 추가 제재를 가하겠다고 위협했다. 나아가 중국의 WTO 가입도 방해했다. 양국은 상대방의 흑심을 서로 비난했다. 미국에 따르면 중국은 미사일, 지적 재산권, 형무소 노동에 대한 합의를 파기했고, 중국에 따르면 미국 역시 대만 총통의 입국 허용, 첨단 전투기의 대만 판매 등으로 양국 합의를 위배했다는 것이다.

중국에서 미국을 가장 적대적인 시각으로 보는 중요한 집단은 군부다. 군부는 미국에 강경한 입장을 취하도록 기회가 있을 때마다 중국 정부에 압력을 넣는 것으로 보인다. 1993년 6월 중국의 군 장성 100명이 중국 정부가 미국에 대하여 '수동적' 정책으로 일관하고 있으며 중국을 '협박'하는 미국의 기도에 저항하지 못했다는 불만을 담은 서한을 덩샤오핑 앞으로 보낸 것으로 알려졌다. 그해 가을 중국 정부의 한 기밀문서는 미국과 충돌할 수밖에 없는 군사적 이유를 열거했다. "중국과 미국은 상이한 이념, 사회 체제, 외교정책을 둘러싸고 오랜 갈등을 빚어왔으므로 근본적인 중미의 관계 개선은 불가능할 것이다." 미국은 동아시아가 '세계 경제의 중심'이 될 것이라고 믿기 때문에 동아시아의 강력한 적수를 용납할 수 없는 것이다.[26] 1990년대 중반의 중국 관리들과 언론들은 기회가 있을 때마다 미국을 적대국으로 묘사하고 있다.

중국과 미국의 적대감이 점점 늘어나는 것은 양국의 국내 정세에도 부분적인 원인이 있다. 일본과 맞섰을 때도 그랬지만 미국 엘리트의 여론은 두 갈래로 갈려 있다. 대다수의 의원들은 중국과의 건설적 연대를 강조하면서 양국의 경제관계를 확대하고 중국을 이른바 국가들의 공동체로 끌어내야 한다고 주장했다. 그 반대 진영에서는 미국의 국익에 미칠 중국의 잠재적 위협을 강조하면서 중국에 대한 유화책은 부정적 결과를 초래하므로 단호한 억제정책을 펴나가야 한다고 주장했다. 1993년 미국 국민은 중국을 이란 다음으로 미국에 가장 큰 위험을 주는 나라로 꼽았다. 미국 정부는 대만 총통의 코넬 대학 방문 허용, 클린턴 대통령의 달라이 라마 접견 같은 상징적 신호를 보내면서도 한편으로는 중국의 무역 최혜국 대우 연장 조치에 나타나듯 경제적 이익을 위해 인권을 희생시키는 길을 취할 수밖에 없었다. 중국 정부의 입장에서는 새로운 적수가 나타나야 민족주의에 호소하는 전략이 먹혀들고 정권의 안정을 도모할 수 있다. 후계자를 둘러싼 권력 투쟁 기간이 장기화함에 따라 군부의 정치적 영향력이 강화되는 시점에서 덩샤오핑의 승계를 노리는 장쩌민을 비롯한 중국 최고위 지도자들은 국가의 이익 수호를 조금이라도 늦출 만한 여유가 없다.

10년 동안 미일, 미중관계는 이처럼 악화일로를 걸어왔다. 아시아와 미국과의 관계에서 벌어지게 된 문제는 너무도 광범위하고 다양한 영역을 포괄하고 있다. 그래서 자동차 부품, 카메라 판매, 군사 기지, 또 한편으로는 반체제 인사의 투옥, 무기 이전, 지적 재산권 같은 개별 사안을 둘러싼 갈등에서만 그 원인을 찾을 수 없다. 뿐만 아니라 아시아의 두 강대국과 이처럼 한꺼번에 갈등을 악화시키는 것은 미국의 국익에 전혀 도움이 되지 않는다. 외교와 정치에서 가장 기본이 되는 원칙에 따르더라도, 미국은 두 나라의 지나친 접근을 막아야 하고 한 나라와의 관계가 악화될 경우 다른 나라와는 관계 개선을 도모해야 한다. 그러나 그런 조짐은 보이지 않고 있다. 아시아와 미국의 갈등관계를 부채질하는 요인들이 너무나 광범위하여 그런 관계에서 야기되는 개별 쟁점들을 해결하기가 어려운 것이다. 일반적 현상에는 일반적 원인이 있다.

첫째, 통신, 무역, 투자, 상호 지식의 확대라는 형태로 아시아 국가들과 미국의 교섭이 늘어나면서 이해가 상충될 수 있고 또 현실적으로도 상충되는 사안과 주제가 폭발적으로 늘어났다. 그러자 관계가 소원했을 때는 무해한 이국적 성분으로 보아 넘겼을 상대국의 사회적 관습과 의식이 자국에 위협을 가하는 요소로 부각되었다. 둘째, 1950년대에 미국과 일본은 소련의 위협에 맞서 미일안보조약을 체결했다. 1970년대에 들어와 소련의 힘이 더욱 커지자 미국은 중국과 1979년 외교관계를 수립하여 소련의 위협을 무력화시킨다는 공동의 이익을 증진시키고자 상호 협력이라는 응급 처방을 마련했다. 냉전이 끝나자 미국과 아시아 강대국들 간에 존재했던 최우선적 공동 이해는 사라졌고 거기서 생긴 공백은 아직까지 그대로 남아 있다. 따라서 양측의 이해가 상충되는 다른 문제들이 전면으로 부각되었다. 셋째, 동아시아 국가들의 경제발전은 이들 국가와 미국의 전체적 세력균형에 변화를 가져왔다. 앞에서 보았듯이 아시아인은 자신이 가진 가치관과 제도를 점차 긍정하고 있으며 서구 문화와 비교했을 때 자기 문화의 우수성을 강하게 의식하는 추세에 있다. 한편 미국은 특히 냉전에서 승리를 거둔 이후로 자신의 가치관과 제도가 보편타당하다고 믿고 있으며 아시아 국가들의 국내정책과 외교정책에 입김을 불어넣을 수 있는 힘이 여전히 자신에게 있다고 믿는다.

이러한 국제 환경의 변화는 아시아 문명과 미국 문명의 근본적인 문화적 차이를 전면으로 부각시켰다. 가장 광범위한 수준에서 보면, 상당수의 아시아 국가들에 깊숙이 배어 있는 유교 정서는 권위, 위계질서, 개인적 권리와 이익의 종속적 지위, 합의의 중요성, 대립의 회피, 체면 등에 가치를 두며, 일반적으로 사회보다는 국가를, 개인보다는 사회를 우위에 둔다. 뿐만 아니라 아시아인은 자기들 사회의 발전을 몇백 년 또는 몇천 년이라는 기나긴 전통 속에서 이해하며 그 장구한 역사성의 장점을 극대화하려고 노력한다. 이런 태도는 자유, 평등, 민주주의, 개인주의에 대한 미국인의 신념, 그리고 정부를 불신하고 권위에 저항하며 견제와 균형을 추구하고 경쟁을 부추기며 인권을 신성시하고 과거를 잊고 미래를 무시하며 당장의 이익을 극대화하려고 노력하는 미국인의 성향과는 상치된다. 갈등의 뿌리는 사회와 문화의 근본 차이에 있다.

이러한 차이는 미국과 아시아 강대국들의 관계에서 특수한 결과를 낳았다. 경제 문제를 둘러싼 미국과 일본의 분쟁, 특히 일본의 무역흑자와 미국의 상품과 투자에 대한 일본의 규제 문제를 해결하고자 양국 외교관들은 지대한 노력을 기울였다. 미일무역협상은 냉전 시대의 미소군축협상과 여러모로 흡사한 양상을 보였다. 그러나 1995년 미일무역협상에서 나온 가시적 결과는 오히려 미소군축협상의 수준에도 못 미치고 있다. 갈등이 두 나라 경제의 근본 차이점, 특히 주요 선진 공업국 중에서도 일본 경제가 갖는 독특한 성격에서 나오기 때문이다. 일본의 공산품 수입액은 GNP의 3.1퍼센트로, 다른 주요 선진 공업국들의 평균치인 7.4퍼센트를 크게 밑돈다. 일본의 해외 직접투자액은 GDP의 겨우 0.7퍼센트로 미국의 28.6퍼센트, 유럽의 38.5퍼센트와는 비교가 되지 않는다. 주요 선진 공업국들 중에서는

유일하게 일본은 1990년대 초반 내내 예산 흑자를 기록했다.[27]

일본 경제는 전체적으로 보아 서구 경제학의 보편적 법칙이 예측하는 방향으로 움직이지 않고 있다. 달러를 평가 절하할 경우 일본의 무역 흑자가 줄어들 것이라는 1980년대 초반 서구 경제학자들의 안이한 가정은 오류로 판명되었다. 1985년의 플라자 합의는 미국의 대유럽 무역 적자를 큰 폭으로 줄였지만 대일 적자에는 거의 영향을 미치지 못했다. 엔화가 달러당 100엔 미만 수준으로 뛰어올라도 일본의 무역 흑자는 여전히 높았고 심지어는 상승세를 보였다. 결국 일본인은 강력한 통화와 무역 흑자를 동시에 유지할 수 있었다. 서구의 경제 이론가들은 실업과 인플레이션은 반비례 관계에 있으므로 실업률이 5퍼센트 미만으로 떨어지면 인플레이션 상승 압력이 나타난다는 데 일반적으로 동의한다. 그러나 일본은 여러 해째 3퍼센트 미만의 실업률과 평균 1.5퍼센트의 인플레이션을 유지해왔다. 1990년대로 접어들자 미국과 일본의 경제학자들은 두 나라의 경제 체제에 근본적 차이가 있음을 깨닫고 그것을 개념화하려는 시도에 나섰다. 한 신중한 연구는 일본의 유난히 낮은 공산품 수입 수준은 통상적 경제 요인으로는 설명할 수 없다고 결론지었다. 또 다른 분석가는 "서구 전문가들이 어떤 예측을 내놓든 일본 경제는 서구의 논리대로 움직이지 않는다. 서구의 자유 시장 경제가 아니라는 간단한 이유 때문이다. 일본인은 …… 서구 관측통들의 예측력을 혼미에 빠뜨리는 방식으로 움직이는 유형의 경제구조를 고안했다"고 주장한다.[28]

일본 경제의 남다른 점을 어떻게 설명할 수 있을까? 주요 선진 공업국들 중에서 일본 경제가 튀는 이유는 일본 사회만이 비서구 사회이기 때문이다. 일본이라는 사회의 문화는 서구 특히 미국이라는 사회의 문화와는 다르다. 일본과 미국을 비교 분석한 무게 있는 연구는 하나같이 이 차이점을 강조한다.[29] 일본과 미국의 경제 갈등이 해결되기 위해서는 한쪽 경제의 기본 성격이 바뀌든지 쌍방이 근본적으로 바뀌어야 한다. 그러기 위해서는 다시 한 나라 또는 두 나라의 사회와 문화가 토대부터 달라져야 한다. 그런 변화가 불가능한 것은 아니다. 사회와 문화는 바뀐다. 하지만 엄청나게 충격적인 사건만이 그런 변화를 낳는다. 제2차 세계대전에서의 참패는 세계에서 가장 호전적이었던 두 나라를 가장 평화적인 국가로 만들었다. 그러나 미국이나 일본이 히로시마 원폭에 버금가게 경제적으로 서로를 압도할 가능성은 보이지 않는다. 경제발전은 또한 한 나라의 사회구조와 문화를 근본적으로 바꿔놓을 수 있다. 1950년대 초부터 1970년대 말까지 스페인에서 일어난 극적인 변화가 좋은 본보기다. 따라서 경제적 부가 축적되면서 일본도 미국형 소비자 주도사회로 바뀔 가능성이 있다. 구조개선 노력을 위한 미일의 제한적 합의는 이러한 수렴 현상을 촉진시킨다는 취지로 마련되었다. 그러나 이 노력들이 실패로 돌아간 것은 경제적 차이가 두 나라의 사회 문화적 차이에 얼마나 깊이 뿌리 박혀 있는지를 여실히 입증했다.

미국과 아시아 국가 사이의 갈등은 문화적 차이에서 원인을 찾을 수 있지만, 그 갈등의 결과는 미국과 아시아의 변화하는 세력관계를 반영한다. 미국이 그 분쟁에서 일부 승리를 거두기는 했지만 대세는 아시아 쪽으로 기울었으며 세력의 변화는 갈등을 한층 악화시켰다. 미국은 아시아 정부들이 미국을 '국제사회'의 지도자로 받아들이고 서구의 원칙과 가치를 그들 사회에 적용하는 데 순응하기를 바란다. 반면에 로드 미 국무차관보가 말했듯 아시아인들은 자신들의 성취를 의식하게 되면서 자부심을 느끼며 동등한 대우를 바라고 미국을 '국제 깡패까지는 아니어도 사감舍監' 정도로 간주한다. 그러나 미국 문화의 뿌리 깊은 내적 요구로 미국이 국제 문제에서 깡패는 아니더라도 최소한 사감 역할은 포기하지 않고 있어, 자연히 미국의 기대가 아시아 국가들의 기대와 상충하는 경우가 늘고 있다. 대단히 광범위한 사안들에서 일본과 여타 아시아 국가 지도자들은 미국의 요구를 거부할 줄 알게 되었다. 그것은 때로 상대방의 발언을 일축하는 형태로 나타나기도 한다. 아시아와 미국의 관계에서 상징적 전환점이 된 사건은 한 전직 일본 고위 관리의 표현을 빌리자면 1994년 2월에 발생한 최초의 대형 탈선이었다. 당시 호소카와 일본 총리는 미국산 자동차 부품 수입의 수치 목표를 명기하라는 클린턴 대통령의 요구를 단호히 거부했다. "1년 전만 해도 상상조차 할 수 없는 사건이었다"고 일본의 또 다른 관리는 토로했다. 1년 뒤 일본의 외상은 국가 간 지역 간 경제 전쟁이 벌어지는 시대에 서방의 일원이라는 '허울 좋은 정체성'보다는 일본의 국익이 더 중요하다고 발언함으로써 변화하는 기류를 노골적으로 드러냈다.[30]

세력균형의 변화에 미국이 차츰 적응하고 있다는 것은 1990년대 들어와 변화된 미국의 아시아 정책에서도 읽을 수 있다. 첫째, 아시아 국가들에게 압력을 가할 의사도 능력도 없음을 사실상 시인하듯 미국 스스로가 영향력을 행사할 수 있는 문제와 갈등을 빚는 사안을 구분했다. 과거 클린턴은 미국의 중국 외교정책에서 인권을 최우선 순위에 두겠다고 선언했지만 1994년 미국 기업체, 대만, 기타 영향력 있는 집단의 압력을 받고 인권과 경제 문제의 연계 고리를 끊었으며, 반체제 인사에 대한 중국 정부의 방침에 영향력을 행사하는 수단으로서 무역 최혜국 대우 연장 카드를 이용하려는 노력을 포기했다. 같은 맥락에서 클린턴 행정부는 일본과 가장 큰 갈등을 빚고 있던 무역 등의 경제 문제를 분리시켰다. 결국 미국은 중국의 인권을 증진시키고 일본의 경제적 양보를 얻어내는 데 활용할 수 있는 무기를 내려놓은 셈이다.

둘째, 미국은 아시아 국가들과의 상호주의를 기대하고 거기에 입각한 정책을 여러 차례 추진했으며, 이 과정에서 일련의 양보를 하면 아시아 국가들로부터도 거기에 상응하는 양보를 얻어낼 수 있으리라 기대했다. 이러한 노선은 아시아 국가들과 '건설적 연대' 또는 '대화'를 유지할 필요성이 있다는 언급으로 정당화되었다. 그러나 아시아 국가는 그러한 양보를 미국이 쇠락하는 징후로 해석하면서 미국의 요구를 더더욱 거부할 수 있다는 자신감을 가졌다. 이러한 양상은 특히 중국과의 관계에서 단적으로 나타났다. 미국이 무역 최혜국 대우를 연장해주자 중국 내의 인권 상황은 더욱 악화되었고 새로운 인권 유린 사례가 속속 터져 나왔다. '좋은' 관계를 '우호적' 관계와 동일시하는 미국인의 습벽 때문에 미국은 자신에게 승리를 안겨주는 관계를 '좋은' 관계로 이해하는 아시아 국가들과의 경쟁에서 상당히 불리한 처지에 놓여 있다. 아시아인에게 미국의 양보는 보답의 대상이 아니라 이용의 대상이다.

셋째, 무역 마찰을 둘러싼 미일 간의 거듭되는 분쟁에서 일정한 도식이 형성되었다. 미국은 일본에게 요구를 하고 그 요구를 충족시키지 않을 경우 제재를 가하겠다고 위협한다. 지리한 협상이 이어지다가 제재 발효 시한이 임박해서야 합의가 이루어진다. 그 합의문은 애매모호한 문장으로 되어 있어, 미국은 원칙적으로 승리를 주장할 수 있고 일본은 마음먹기에 따라서는 그 합의를 얼마든지 이행하지 않을 수도 있다. 따라서 모든 것이 원점으로 되돌아간다. 마찬가지로 중국도 인권, 지적 재산권, 무기 확산 등과 관련해 포괄적 원칙을 담은 합의문을 마지못해 수용하지만 미국과는 전혀 다르게 그 문구를 해석하면서 이제까지의 정책을 고수해 나간다.

아시아와 미국의 이런 문화적 차이, 세력균형의 변화를 등에 업고 이제 아시아 국가들은 미국과의 마찰이 생길 경우 서로를 지원하는 양상을 보인다. 가령 1994년 일본의 공산품 수입에 수치 목표를 설정하라는 미국의 요구에 맞서 호주, 말레이시아, 한국에 이르기까지 사실상 모든 아시아 국가들이 일본의 편을 들었다. 비슷한 양상은 중국에 대한 무역 최혜국 대우 부여 문제가 초미의 관심사로 떠올랐을 때도 되풀이되었다. 당시 호소카와 일본 총리는 서구의 인권 개념을 아시아에 맹목적으로 적용할 수는 없다고 분명히 못 박았으며, 싱가포르의 리콴유는 중국을 압박할 경우 미국은 태평양 지역에서 외톨이가 될 것이라고 경고했다.[31] 아시아, 아프리카 국가들은 WHO(세계보건기구)의 사무총장 경선에서 서구 후보 대신 일본 출신 현 사무총장의 재선을 밀었으며, 일본은 카를로스 살리나스 전 멕시코 대통령의 퇴진으로 생긴 WTO 사무총장 자리를 놓고 미국 후보 대신 한국 후보를 밀었다. 이 일련의 기록들은 1990년대 범태평양 지역의 이해관계가 걸린 사안에서 동아시아 각국이 미국보다는 다른 동아시아 국가와 훨씬 큰 유대감을 갖고 있음을 명백하게 보여준다.

냉전의 종식, 아시아와 미국의 늘어나는 접촉, 미국의 상대적인 국력 감퇴로 일본을 비롯한 여타 아시아 국가들과 미국의 문화적 충돌이 표면으로 부각되었고 아시아 국가들이 미국의 압력에 맞설 수 있는 능력도 커졌다. 중국의 부상은 미국에게 더욱 근본적 난제로 다가

온다. 인권, 무역, 티베트, 대만, 남중국해, 무기 확산 등 미국과 중국의 마찰은 미국과 일본의 마찰보다 훨씬 광범위하다. 미국과 중국이 중요한 정책 목표에서 입장을 공유하는 경우는 거의 없다고 보아도 과언이 아니다. 양국의 차이점은 전면적으로 나타나고 있다. 일본의 경우와 마찬가지로, 이 마찰은 두 나라의 상이한 문화에서 주로 기인한다. 그러나 미국과 중국의 갈등은 근본적 패권의 문제와도 결부되어 있다. 중국은 미국이 주도하는 세계질서 또는 미국의 헤게모니를 받아들일 생각이 없다. 미국은 중국이 주도하는 아시아 질서 또는 중국의 헤게모니를 받아들일 생각이 없다. 미국은 200년이 넘도록 유럽에서 막강한 패권국가가 못 나오도록 만드는 데 심혈을 기울였다. 중국에 문호를 개방한 이후 100년 가까이 미국은 아시아에서도 똑같은 노력을 기울였다. 그 목표를 이루기 위해 미국은 두 번의 세계대전을 치렀으며, 독일 제국주의, 나치 독일, 일본 제국주의, 소련과 중국의 공산주의와 싸웠다. 미국의 이런 의지에는 변함이 없으며 레이건, 부시는 그 점을 재확인했다. 동아시아에서 중국이 새로운 패권국가로 부상하는 것은 미국의 중요한 정책 목표와 상충된다. 미국과 중국의 갈등 밑바닥에는 향후 동아시아의 세력 판도를 둘러싼 근본적 대립이 자리 잡고 있다.

## 중국의 헤게모니: 견제와 편승

6개의 문명, 18개의 나라, 빠르게 성장하는 경제, 국가 간의 중요한 정치적, 경제적, 사회적 차이를 가진 동아시아는 21세기 초반에 들어가 다양한 국제관계의 틀 가운데 어느 하나로 발전할 것이다. 그것은 대다수의 지역 강대국과 실력국이 관여하는 아주 복잡한 협력과 갈등의 조합이 될 가능성이 있다. 아니면 중국, 일본, 미국, 러시아, 어쩌면 인도가 서로 견제하고 경쟁하는 강대국 중심의 다극 체제가 등장할 가능성도 있다. 혹은 동아시아의 정치가 중국과 일본 또는 중국과 미국의 양극 구도로 재편되고 나머지 나라들은 어느 한쪽을 편들거나 중립을 지키는 양상으로 전개될 수도 있다. 아니면 동아시아 정치가 베이징을 중심으로 권력의 위계가 형성되는 전통적 단일질서로 복귀할 가능성도 있다. 만일 중국이 21세기에 들어가서도 높은 수준의 경제성장을 유지하고 덩샤오핑 사후에도 정치적 통합성을 유지하며 후계자 문제를 원만히 해결한다면, 중국은 맨 마지막 시나리오를 실현시키고자 노력할 것이다. 그것이 성공하느냐 못하느냐는 동아시아의 정치 구도에서 다른 국가들이 어떻게 대응하느냐에 달려 있다.

중국의 역사, 문화, 전통, 영토, 경제적 역동성, 자기 인식은 모두 동아시아의 헤게모니 장악을 위한 원동력으로 작용한다. 이러한 목표 설정은 눈부신 경제발전의 자연스러운 귀결이다. 영국, 프랑스, 독일, 일본, 미국, 소련 등 다른 강대국들도 급속한 산업화와 경제성장을 이루던 시기에 혹은 그 직후에 대외 팽창, 자기주장, 제국주의의 길로 나섰기 때문이다. 경제력과 군사력의 증대가 중국에 그와 같은 효과를 미치지 않으리라고 단정할 만한 근거는 전혀 없다. 중국은 2천 년 동안 동아시아를 지배했다. 이제 중국인은 그 역사적 역할을 되찾아 1842년 영국의 강압으로 맺은 난징 조약을 시발점으로 1세기 이상 지속되어온 서구와 일본에 대한 굴욕과 종속의 역사에 종지부를 찍으려 한다.

1980년대 후반부터 중국은 축적되는 경제 자원을 군사력 증강과 정치적 영향력으로 전환하기 시작했다. 중국의 경제발전이 지속되면 대대적인 군사력 증강 계획도 차질 없이 추진될 것이다. 한 공식 통계에 따르면 1980년대 중반까지만 하더라도 중국의 군사 예산은 하향곡선을 그렸다. 그러나 1988년에서 1993년 사이에 중국의 군사 예산이 명목상 2배로 늘었고 실질적으로는 50퍼센트 늘었다. 1993년도 중국 군사비 지출액은 공식 환율로 대략 220억 달러에서 370억 달러 안팎으로 추정된다. 이것을 구매력 기준으로 환산할 경우 중국의 국방비는 최고 900억 달러까지 치솟는다. 1980년대 말 중국은 군사 전략의 기틀을 새로 다져 소련과의 전면전이 발발할 경우 침공에 맞서는 방어전 개념에서 세력 확대에 주안점을 둔 지역 안보 전략으로 바꾸었다. 이 전략 변화에 발맞춰 중국은 해군력 확충, 최신 장거리 전투기 확보, 공중 재급유 기술 개발에 박차를 가하는 한편 항공모함 도입을 결정했다. 중국은 또한 러시아와 상호 이익이 되는 무기 구매관계를 발전시키고 있다.

중국은 동아시아의 지배국이 되려고 한다. 동아시아 지역의 경제발전은 점점 중국 의존적으로 진행되고 있으며, 중국 본토와 대만, 홍콩, 싱가포르의 급속한 성장에다가 태국, 말레이시아, 인도네시아, 필리핀의 경제발전에 화교들이 차지하는 비중도 급격히 늘고 있다. 더욱 위협적인 것은 중국이 남중국해에 대한 영유권을 점점 강하게 내세우고 있다는 사실이다. 중국은 파라셀 제도에 기지를 건설하고, 1988년에는 베트남과 일부 도서 지역에서 교전을 벌였으며, 필리핀 근해의 미스치프 산호초에 함정을 파견하고 인도네시아의 나투나 섬 인근 유전에 영유권을 주장했다. 중국은 또한 미군의 동아시아 주둔을 암묵적으로 두둔하던 종래의 입장에서 벗어나 미군 철수를 적극적으로 요구하기 시작했다. 같은 맥락에서, 중국은 냉전 시대에는 일본의 방위력 증강을 은근히 촉구하는 자세를 보였지만 탈냉전 시대에 들어와서는 일본의 군사력 증강에 대한 우려를 점차 강하게 표명하고 있다. 지역 헤게모니를 노리는 국가의 전형적 행동에 맞추어 중국은 동아시아 지역에서 군사적 우위를 확립하는 데 걸림돌이 되는 요소들을 최소화하려고 노력 중이다.

남중국해 같은 극히 드문 사안을 제외하면 동아시아에서 중국의 패권주의는 직접적 무력 사용에 의한 지배 영토의 확대로 나타날 것 같지는 않다. 그러나 중국은 일률적으로 적용시키지는 않겠지만 다른 동아시아 국가들에게 다음과 같은 태도를 전부 또는 일부 받아들이라고 요구할 것이다.

- 중국의 영토적 자주성, 중국의 티베트·신장 지배, 홍콩·대만의 중국 귀속을 지지한다.
- 남중국해, 나아가서는 몽골에 대한 중국의 통치권을 묵인한다.
- 경제, 인권, 무기 확산, 기타 사안에 대한 서방과의 마찰에서 대체로 중국을 지지한다.
- 이 지역에서 중국의 군사적 우위를 받아들이고 그 우위에 도전할 수 있는 핵무기나 재래식 무기의 확보를 자제한다.
- 중국의 이익에 부합되고 중국의 경제발전을 유도하는 무역투자 정책을 채택한다.
- 지역 문제 해결에서 중국의 지도력을 존중한다.
- 중국인 이민을 대체로 폭넓게 받아들인다.

- 자국 내의 반중국, 반화교 운동을 금지하거나 억압한다.
- 중국 본토의 친척이나 고향과 긴밀한 관계를 유지할 수 있는 권리 등 자국 내에 거주하는 화교의 권리를 존중한다.
- 다른 강대국들과의 군사 동맹 또는 반중국 연합을 결성하지 않는다.
- 동아시아의 광범위 소통어로서, 영어의 보완어, 궁극적으로는 대체어로서 중국어 사용을 장려한다.

분석가들은 중국의 등장을 19세기 후반 유럽의 패권국으로 부상한 빌헬름 치하의 독일에 비유한다. 새로운 패권국의 출현은 늘 고도의 불안을 야기하지만, 중국이 패권국으로 떠오를 경우 그것은 1500년 이후 세계 역사에 등장한 모든 패권국들을 초라하게 만들 것이다. "중국이 세계를 뒤흔들면 세계는 새로운 균형을 되찾기까지 30~40년이 걸릴 것이다. 중국은 그저 또 하나의 열강일 뿐이라고 깎아내려도 소용없다. 중국은 인류 역사상 가장 큰 주역이다." 1994년 리콴유는 이렇게 평가했다.[32] 중국의 경제발전이 10년만 더 계속되고(그럴 가능성이 있다) 후계자 문제를 둘러싼 갈등을 겪으면서도 정치적 통합성이 유지된다면(그럴 가능성이 높다), 동아시아 국가들과 전 세계는 인류 역사상 가장 큰 주역의 점증하는 자기주장에 어떤 식으로든 대응하지 않을 수 없을 것이다.

크게 보아서 국가들은 새로운 강국의 출현에 두 가지 방식 가운데 하나 또는 둘의 조합으로 대응할 수 있다. 혼자 또는 다른 나라들과 동맹을 맺어서 신흥 강국을 견제 및 억제하며, 필요하다면 전쟁까지도 불사하면서 자신의 안보를 지키려고 시도할 것이다. 아니면, 신흥 강국에 편승해 적응하면서, 자신의 중요한 이익을 보호받을 수 있으리라는 기대 아래 신흥 강국과의 관계에서 이차적 지위 또는 종속적 지위를 차지하는 것으로 만족할 것이다. 또는 편승과 견제를 혼합하는 전략도 있지만, 이것은 신흥 강국을 적으로 만들면서 아무런 보호도 받을 수 없는 처지에 봉착할 가능성이 다분히 있다는 점에서 위험하다. 서구식 국제관계 이론에 따르면 편승보다는 견제가 대체로 바람직한 선택이고 또 실제로 더 많이 애용되어온 전략이다. 스테판 월트Stephen Walt는 다음과 같이 주장한다.

> 일반적으로, 의도를 계산할 때 국가들은 균형을 택함이 온당하다. 합류는 위험 부담이 크다. 신뢰를 필요로 하기 때문이다. 국가들은 패권국이 변함없는 온정을 베풀 것이라는 믿음이 있기 때문에 패권국을 돕는다. 패권국이 공격적으로 나올 가능성을 감안한다면 견제가 더 안전하다. 더욱이 약한 쪽에 붙으면 거기서 태동하는 동맹에서 자국의 영향력이 커진다. 약한 쪽에서 더 큰 도움을 필요로 하기 때문이다.[33]

서남아시아 지역의 동맹 구도에 대한 월트의 분석은 국가들이 외부의 위협에 대처하고자 할 때 거의 예외 없이 견제를 채택한다는 사실을 보여주었다. 유럽의 근대사에서도 견제 행위가 일반적 관행이었다. 여러 열강들은 펠리페 2세, 루이 14세, 프리드리히 대제, 나폴레옹, 빌헬름 황제, 히틀러가 야기한 위협을 견제하고 억제하려고 동맹관계를 변화시키곤 했다. 그러나 국가들은 '어떤 조건하에서는' 편승을 선택하기도 한다는 점을 월트도 인정한다. 랜달 슈웰러Randall Schweller의 주장에 따르면 부상하는 강국에 편승할 가능성이 가장 높은 나라들은 수정주의로 기우는 국가들이다. 그들은 현재 구도에 불만을 느끼며 그 구도를 변화시키는 데서 이익을 챙기려 한다.[34] 편승은 패권 국가가 사악한 의도를 가지지 않았다는 데 대한 어느 정도의 믿음을 전제로 한다.

견제를 추구하는 국가들은 1차적 또는 2차적 역할을 맡을 수 있다. 첫째, A국가는 자신이 잠재적 적수로 간주하는 B국가를 견제하고자 C국가나 D국가와 동맹을 맺거나 자국의 군사력과 기타 역량을 강화하거나(이것은 군비 경쟁의 양상으로 전개될 가능성이 높다) 이런 수단들을 결합할 수 있다. 이 상황에서 A와 B국가는 서로에게 1차적 견제국이다. 둘째, A국가는 당장은 이렇다 할 잠재적 위협국가를 발견하지 못하지만 지나치게 강력해질 경우 자국에 위협을 가할 수 있는 B나 C국가의 상호 견제를 부추기는 데 관심을 기울일 수도 있다. 이 상황에서 A국가는 B와 C국가에게 2차적 견제국의 역할을 하며, B와 C국가는 서로에게 1차적 견제국의 역할을 한다.

중국이 동아시아 지역의 패권국으로 등장하기 시작할 때 다른 나라들은 중국에 어떻게 반응할까? 물론 반응의 양태는 아주 다양할 것이다. 중국은 미국을 자신의 주적으로 규정하고 있으므로 미국의 지배적 여론은 1차적 견제국의 지위를 가진 미국이 중국의 패권을 저지하기를 원할 것이다. 그런 역할을 받아들이는 것은 단일 강대국이 유럽이나 아시아를 지배하는 상황을 원치 않는 미국의 전통적 이해에도 부합한다. 그 목표가 유럽에서는 유명무실해졌지만 아시아에서는 그렇지 않다. 문화적, 정치적, 경제적으로 긴밀하게 결합되어 있는 미국과 서유럽의 느슨한 연합체는 미국의 안보를 위협하지 않는다. 자기주장이 강하며 통합성을 유지하는 강력한 중국의 등장은 그렇지 않다. 필요하다면 동아시아에서 중국의 패권을 저지하고자 전쟁을 불사하는 것이 미국의 국익에 도움이 되는 것일까? 중국의 경제발전이 계속된다면 중국은 21세기 초 미국의 정책 입안가들이 직면할 가장 심각한 안보 위협국이 될 것이다. 동아시아에서 중국의 헤게모니를 저지하고자 한다면 미국은 그런 목적을 위해 일본과의 동맹 노선에서 수정을 가하고 다른 아시아 국가들과의 군사적 유대를 강화하며 아시아 지역에 미군을 증강 배치하고 이 지역에 대한 군사적 투입 역량을 강화하지 않으면 안 된다. 만일 중국의 헤게모니를 저지하기 위한 싸움에 뛰어들기를 원치 않는다면 미국은 보편주의를 철회하고 중국의 헤게모니를 받아들이고 태평양 맞은편에서 벌어지는 사건에 미칠 수 있는 자국의 영향력이 대폭 축소되는 현실을 흔쾌히 수용해야 한다. 어떤 노선을 택하든 만만치 않은 희생과 위험이 뒤따른다. 가장 큰 위험은 미국이 명확한 선택을 하지 않아 전쟁이 자신의 국익에 보탬이 되는지를 심도 있게 검토하지 않고 전쟁을 효과적으로 수행할 수 있는 준비가 되지 않은 상태에서 중국과의 전쟁에 휘말리는 것이다.

이론적으로 미국은 다른 강대국이 중국의 1차적 견제국 역할을 할 때 2차적 견제국으로서의 기능을 발휘할 수 있다. 중국의 1차적 견제국이 될 수 있는 유일한 나라는 일본인데, 일본이 그렇게 되려면 그들의 정책이 크게 바뀌어야 한다. 다시 말해서 일본의 재무장이 강화되고 핵무기를 확보해야 하며 다른 아시아 국가들의 지지를 둘러싸고 중국과 치열한 경합을 벌여야 한다. 일본은 미국이 주도하는 중국 견제 연합에 동참할 가능성은 있지만(실은 그 가능성도 불투명하다) 일본이 중국의 1차적 견제국이 될 가능성은 희박하다. 뿐만 아니라 미국은 2차적 견제국 역할을 하는 데 이렇다 할 관심이나 능력을 보여주지 못하고 있다. 나폴레옹 시대에 미국은 새로운 강국으로서 2차적 견제국의 역할을 자임하고 나섰다가 결국 영국, 프랑스와 전쟁을 벌였다. 20세기 전반기에 미국은 유럽과 아시아 국가들 사이의 상호 견제를 촉발하기 위한 노력을 거의 기울이지 않다가 손상된 균형을 회복하고자 뒤늦게 세계대전에 뛰어들어야 했다. 냉전 시대의 미국은 소련의 1차적 견제국 역할을 맡는 것 외에는 달리 대안이 없었다. 미국이 강대국으로서 2차적 견제국 역할을 제대로 한 적은 한번도 없었다. 2차적 견제국이 되려면 섬세하고 유연하고 애매모호하고 때로는 음흉한 역할을 맡아야 한다. 미국의 가치 기준으로는 도덕적으로 옳은 국가를 지원하지 않거나 도덕적으로 옳지 않은 국가를 지원하는 등 상황에 따라 지지 대상을 기민하게 바꿔야 하는 사태가 생길 수도 있다. 일본이 아시아에서 중국의 1차적 견제국으로 떠오른다 하더라도 미국이 과연 그런 균형관계를 효과적으로 지원할 수 있을지는 의심스럽다. 미국은 두 잠재적 위협국 사이에서 균형을 추구하기보다는 기존의 한 위협국에 직접적 압력을 가하는 데 훨씬 뛰어난 능력을 가지고 있다. 게다가 아시아 국가들은 전통적으로 편승을 선호하는 성향이 강하며 이러한 성향은 2차적 견제를 시도하려는 미국의 노력에 찬물을 끼얹을 것이다.

편승이 신뢰에 바탕을 둔다면 여기서 세 가지 명제가 도출된다. 첫째, 편승은 문화적 동질성이 결여된 나라들보다는 같은 문명에 속하거나 문화적 동질성을 공유하는 나라들 사이에서 일어날 가능성이 높다. 둘째, 신뢰도는 상황에 따라 가변적일 수 있다. 어린 소년은 다른 소년들과 겨룰 때 자기 형을 편들겠지만, 자기들끼리 있을 때는 형을 상대적으로 덜 신뢰할 것이다. 따라서 상이한 문명에 속한 나라들 사이의 교류가 잦아질수록 문명 내부의 편승 성향은 강화되게 마련이다. 셋째, 편승이나 견제의 성향은 문명마다 다르다. 소속국 사이의 신뢰도가 문명에 따라 다르기 때문이다. 가령 중동 지역에서 견제가 지배적 구도로 나타나는 것은 아랍과 기타 중동 문화에서 내부적 신뢰도가 아주 낮은 수준에 있음을 시사한다.

이러한 요인들 외에도 편승이나 견제의 성향은 힘의 분포에 대한 기대나 선호에 의해서도 규정된다. 유럽 국가들은 절대주의의 단계를 거쳤지만 아시아의 역사를 관통하는 견고한 관료주의 제국이나 '동양적 전제주의'는 겪지 않았다. 봉건제는 권력의 분산이 자연스럽고 바람직하다는 신념과 다원주의의 토대를 제공했다. 그러므로 국제 차원에서도 세력균형은 자연스럽고 바람직한 것으로 간주되었으며 정치가의 책임은 세력균형을 수호하고 견지하는 데 있었다. 균형이 깨뜨려질 위기에 처했을 때는 균형을 회복하기 위한 견제 행동이 요청되었다. 요컨대, 유럽식 국제사회 모형은 유럽식 국내사회 모형의 확대판이었다.

반면에 아시아의 관료주의 제국은 사회적, 정치적 다원주의나 권력의 분산을 위한 틈새를 거의 허용하지 않았다. 유럽과는 달리 중국에서 편승은 견제에 비해 압도적 우위를 점한 것으로 보인다. 루시안 파이는 "1920년대 군벌들은 강자에 붙었을 때 어떤 잇속을 챙길 수 있는지를 먼저 점검한 다음에야 약자와 연대했을 경우의 이득을 계산했다. …… 세력균형을 도모해온 유럽의 전통과는 달리 중국의 군벌들에게 자립성은 궁극의 목표가 아니었다. 그들은 패권과의 결탁 가능성을 판단의 기준으로 삼았다"고 했다. 비슷한 맥락에서 에이버리 골드스타인Avery Coldstein은 권위체계가 비교적 명확하게 설정되어 있던 1949년부터 1966년까지 편승은 중국 공산주의 정치구조의 특징적인 현상이었다고 주장한다. 문화혁명을 계기로 권위가 무정부 상태에 빠지고 불확실성이 높아지는 한편 정치적 주역들의 생존 가능성이 위태로워지자 견제를 추구하는 행동이 득세하기 시작했다.[35] 1978년 이후 명확하게 규정된 권위체계가 회복되자 편승이 다시 정치 행위의 지배적인 양태로 자리 잡았다.

역사적으로 중국인은 국내 문제와 국외 문제의 구분선을 명확하게 긋지 않았다. 그들이 생각한 세계질서는 중국 내부 질서의 필연적 귀결, 따라서 중국이라는 문명적 정체성의 확장된 투사에 다름없었으며 중국의 문명적 정체성은 같은 중심점으로부터 더 넓게 확장될 수 있는 올바른 우주질서로서의 원 안에서 재생산되는 것으로 여겨졌다. 로더릭 맥파커Roderick MacFarquhar는 "중국인의 전통적 세계관은 세세하게 분절된 위계 사회에 대한 유교적 이상을 반영한다. 외국의 군주나 정부는 중국에 예속된 존재로 이해된다. '하늘의 해가 둘이 아니듯이 세상의 황제도 둘일 수 없다'라고 그 점을 표현했다. 자연히 중국인은 다극적 또는 다변적 안보 개념에 이질감을 갖는다. 아시아인은 대체로 국제관계에서 위계를 수용하는 데 거부감이 없으며 유럽식의 헤게모니 전쟁은 동아시아의 역사에서 찾아보기 어렵다. 유럽 역사에서 전형적으로 나타나는, 원활하게 기능하는 세력균형 체제가 아시아에게는 낯설기만 하다. 19세기에 서구 열강이 몰려들기 전까지 동아시아의 국제관계는 중국 중심으로 이루어졌고 다른 나라들은 다양한 수준으로 베이징에 종속되거나 베이징과 협력하거나 베이징으로부터 자율성을 누렸다.[36] 물론 세계질서의 유교적 이상은 현실 속에서 완전히 구현되지는 않았다. 그럼에도 불구하고 국제정치의 아시아적 위계 모형은 유럽적 균형 모형과 아주 대조적이다.

이러한 세계관 때문에 국내 정치에서 편승을 지향하는 중국인의 성향은 국제관계에서도 그대로 나타난다. 이것이 개별 국가의 외교정책을 규정하는 정도는 그 나라가 유교 문화를 공유하는 정도, 중국과의 역사적 관계에 따라 달라진다. 한국은 문화적으로 중국과 공통점이 많으며 역사적으로도 중국에 기울어져왔다. 싱가포르는 냉전 시대에 중국 공산당과 적이었다. 그러나 1980년대에 들어와 노선을 수정하기 시작한 싱가포르의 지도자들은 미국 등이 중국의 현실적 패권을 수용할 필요가 있다고 역설했다. 화교 인구가 많고 지도층의 반서구 의식이 강한 말레이시아 역시 중국 쪽으로 강하게 기울었다. 태국은 19세기와 20세기에 유럽과 일본의 제국주의와 타협함으로써 독립을 유지했으며 중국에 대해서도 같은 태도를 취할 가능성이 곳곳에서 드러나고 있다. 베트남이 야기하는 잠재적 안보 위협도 태국을 중국에 접근시키는 요인의 하나다.

동남아시아에서 중국을 견제하고 억제할 만한 성향이 있는 두 나라는 인도네시아와 베트남이다. 인도네시아는 인구가 많고 이슬람 국가이며 중국과 지리적으로도 떨어져 있다. 그러나 다른 사람들의 지원이 없으면 남중국해에 대한 중국의 세력 확대를 저지할 능력이 없다. 1995년 가을 인도네시아와 호주는 자국 안보가 적대적 도발에 직면할 경우 공동의 대처 방안을 모색하자는 내용의 안보 협약을 체결했다. 두 나라는 이것이 중국을 견제하기 위한 협정이라는 사실을 부인했지만 적대적 도발을 감행할 가능성이 가장 높은 나라로 중국을 지목하는 데 주저하지 않았다.[37] 베트남은 유교 문화의 뿌리가 깊지만 역사적으로 중국과 적대적 관계를 맺어왔고 1979년에는 잠시 전쟁을 벌이기도 했다. 베트남과 중국이 서로 스프래틀리 제도 전체에 대한 영유권을 주장하며 1970년대와 1980년대에 양국 해군이 간헐적으로 교전을 벌인 적도 있다. 1990년대 초반에 들어와 베트남의 군사력은 중국에 비해 상대적으로 약화되었다. 따라서 그 어떤 동아시아 국가보다도 베트남은 중국 견제를 위해 공조를 취할 수 있는 동반국들을 찾아 나서려는 욕구가 강하다. 1995년에 이루어진 베트남의 ASEAN 가입과 미국과의 관계 정상화는 이러한 방향을 지향하는 두 가지 조치였다. 그러나 ASEAN이 내부적으로 분열되어 있을 뿐 아니라 중국에 맞서는 데 미온적인 태도를 취했음을 감안할 때, ASEAN이 반중국 연합으로 발전하거나 베트남이 중국과 맞설 때 베트남을 지원할 가능성은 극히 희박하다. 미국은 ASEAN보다는 중국을 견제하려는 의지가 강한 나라지만 1990년대 중반인 현재로서는 미국이 남중국해에 대한 중국의 영유권 주장에 어디까지 저항할 것인지는 불투명하다. 결국 베트남으로서는 중국에 순응하고 핀란드화(강대국과 우호적 관계를 맺으면서 중립을 지키는 노선 — 옮긴이)를 수용하는 것이 '가장 피해가 적은 방안'일 수 있다. 이것은 베트남인의 자존심에 상처를 주겠지만 생존은 보장될 것이다.[38]

1990년대에 들어와 중국과 북한을 제외한 동아시아 모든 나라들이 계속적인 미군 주둔을 지지하는 입장을 밝히고 있다. 그러나 베트남을 제외하면 동아시아 대부분의 국가들은 대체로 중국에 순응하는 경향을 보인다. 필리핀은 자국에 있는 미군의 주요 해군 기지와 공군 기지를 폐쇄했고 오키나와에서는 미군의 대규모 주둔을 반대하는 여론이 비등하고 있다. 1994년 태국, 말레이시아, 인도네시아는 동남아시아, 서남아시아에 군사적 개입을 원활히 할 수 있도록 이들 국가 해역에 6척의 보급선을 정박, 해상 기지로 사용하게 해달라는 미국의 요청을 거절했다. 이러한 중국 눈치 보기는 더욱 노골적으로 드러나기도 한다. 최초로 열린 아세안 지역포럼은 스프래틀리 제도 문제를 의제로 다루지 말자는 중국의 요구에 침묵으로 일관했으며, 1995년 중국이 필리핀 해역의 미스치프 산호초를 점령했을 때 어떤 ASEAN 국가도 여기에 항의하지 않았다. 1995~1996년 중국이 성명과 군사 시위로 대만을 위협했을 때 아시아 각국 정부는 하나같이 벙어리처럼 입을 다물었다. 이들의 편승 성향은 마이클 옥센버그Michael Oksenberg가 적절히 요약했다. "아시아의 지도자들은 세력균형이 중국 우위로 변화할 가능성을 우려하지만, 미래에 대한 불안감 때문에 지금은 베이징에 대적하려고 하지 않으며 미국의 반중국 십자군에도 동참하지 않을 것이다."[39]

중국의 부상은 일본에 심각한 도전으로 다가오며, 일본이 어떤 전략을 추구해야 하는가를 놓고 일본 내부에서 열띤 논란이 벌어질 것이다. 중국의 군사적, 정치적 우위를 인정하는 대신 일본의 경제적 우위를 인정받는 일종의 주고받기 형태로서 일본이 중국에 순응하고자 노력해야 할 것인가? 중국을 견제하고 봉쇄하는 연합체의 중추로서 미일 동맹에 새로운 의미와 비중을 부여하고자 노력해야 할 것인가? 중국의 침입에 맞서 자국의 이익을 수호할 수 있도록 군사력 증강을 도모해야 할 것인가? 일본은 이러한 문제들에 대해 가급적 명확한 답변을 내놓으려 하지 않을 것이다.

중국을 견제하고 봉쇄할 수 있는 의미 있는 노력의 핵심은 미일 군사 동맹일 수밖에 없다. 아마 일본은 동맹의 방향을 이런 식으로 재조정하는 데 마지못해 서서히 동조할 것이다. 일본이 적극성을 가지려면 다음 문제들에 대한 확신을 가질 수 있어야 한다. (1) 세계 유일 초강대국으로서의 지위를 유지하고 세계 문제를 주도적으로 해결할 수 있는 미국의 총체적 능력, (2) 아시아에 계속 주둔하고 중국의 영향력 확대에 적극적으로 맞서겠다는 미국의 의지, (3) 막대한 경제적 피해를 보거나 군사적 충돌 가능성을 우려하지 않은 상태에서 중국을 봉쇄할 수 있는 일본과 미국의 능력.

미국이 확고부동한 의지를 보여주지 않는 한 일본은 중국에 순응할 가능성이 높은데, 미국이 그런 의지를 보일 확률은 낮은 편이다. 동아시아를 일방적으로 유린하면서 처참한 결과를 초래한 1930년대와 1940년대를 제외하고 일본은 역사적으로 자신이 패권국으로 간주한 나라에 결탁함으로써 안보를 지켜왔다. 1930년대에 일본이 독일, 이탈리아 주축국에 가세한 것도 이것을 그 당시 세계정치에서 가장 역동적인 군사적, 이념적 세력으로 간주했기 때문이다. 그보다 앞선 20세기 초반에 일본은 의식적으로 영일 동맹에 합류한 적이 있다. 그 당시 세계 문제를 주도하는 나라가 영국이었기 때문이다. 1950년대의 일본은 비슷한 맥락에서 세계에서 가장 막강한 국력을 가졌고 일본의 안보를 보장할 수 있었던 미국과 동맹을 맺었다. 중국인처럼 일본인도 국제정치를 위계구조로 파악한다. 국내 정치의 역학이 그렇기 때문이다. 한 유력한 일본인 학자는 이렇게 지적한다.

> 일본인이 국제사회의 테두리 안에서 자국을 고찰할 때 국내 모형은 좋은 발판이 된다. 일본인은 국제질서를 일본 사회 안에서 내부적으로 표현되는 문화적 양태에 외부적 표현을 주는 것으로 이해하는데, 그 문화적 양태의 특징은 수직적으로 위계화된 구조와의 유관성이다. 그러한 국제질서관이 형성되기까지는 근대화 이전까지 중일관계(조공제)를 통

해 장기간 누적된 일본의 경험이 크게 작용했다.

결국 일본의 동맹 성향은 '근본적으로 견제가 아닌 편승'이었고 '패권국과의 결탁'이었다.[40] 일본에 오래 거주한 한 서구인은 일본인은 "'대세' 앞에 머리를 숙이고 윤리적 강자로 파악된 존재와 협력하는 데 누구보다 빠르고 …… 윤리적으로 쇠락하고 기울어가는 패권국으로부터 받은 수모에 대해서는 누구보다 빠르게 분개를 나타낸다"고 지적했다. 아시아에서 미국의 역할이 축소되고 중국의 역할이 급신장하면 일본의 정책도 자연스럽게 변할 것이다. 그런 변화의 조짐은 벌써 감지되고 있다. 중일관계에서 핵심적인 질문은 "누가 최고인가?"라고 마부바니는 말한다. 그 답은 점차 분명해지고 있다. 명시적인 언급이나 공감대의 표명은 없었지만 베이징이 국제적으로 비교적 고립되어 있던 1992년 일본 왕이 중국을 방문한 것은 시사하는 바가 적지 않다.[41]

이상론으로 보았을 때 일본의 지도자와 국민은 지난 몇십 년 동안 유지되어온 기본 틀에 매력을 느껴, 압도적인 힘을 가진 미국의 보호 아래 있기를 원할 것이다. 그러나 미국의 아시아 개입이 점차 줄어들면 일본 내에서 '재아시아화'를 주장하는 세력의 발언권이 강해질 것이고, 중국이 동아시아에서 다시 패권국으로 등장하는 것을 불가피한 현실로 받아들일 것이다. 가령 1994년의 한 여론 조사에서 21세기 아시아에서 가장 큰 영향력을 가질 나라가 어디냐는 질문에 일본 국민의 44퍼센트가 중국을, 30퍼센트가 미국을 꼽았으며 16퍼센트만이 일본을 거론했다.[42] 1995년 일본의 한 고위 관리는 일본이 중국의 부상에 적응할 만한 '자제력'을 가지게 될 것이라고 내다보았다. 그는 이어 미국에게도 그것이 있는지를 물었다. 일본의 자제력에 대한 그의 발언은 타당성이 있어 보인다. 반면 그가 제기한 질문에 대한 답변은 불분명하다.

중국의 헤게모니 장악은 동아시아의 불안정과 갈등을 감소시킬 것이다. 또한 이 지역에서 미국과 서구의 영향력도 줄어들 것이다. 미국은 역사적으로 세계의 주요 지역을 다른 강대국이 지배하지 못하게 하려고 노력해왔지만, 그러한 지배를 현실로 수용할 수밖에 없을 것이다. 이러한 헤게모니가 다른 아시아 국가와 미국의 이익을 위협하는 수준은 중국의 내부 사정에 좌우될 것이다. 일반적으로 경제성장은 군사력과 정치적 영향력의 확대를 낳지만 그와 동시에 정치 발전과 좀 더 개방적이고 다원적이며 나아가서는 민주적 정치형태를 향한 움직임을 자극할 수도 있다. 한국과 대만에서 좋은 본보기를 찾을 수 있다고 주장하는 시각이 있다. 그러나 두 나라에서 모두 민주화를 가장 적극적으로 밀어붙인 정치 지도자들은 그리스도교 신자였다.

권위, 질서, 위계, 개인보다 집단을 우위에 두는 사고방식 등 중국의 유교적 전통은 민주화에 걸림돌로 작용한다. 그러나 경제성장은 남부 중국에 상당한 수준으로 축적된 부, 역동적 부르주아, 정부의 통제 영역을 벗어난 경제력의 누적, 급격히 확대되는 중산층을 만들어내고 있다. 뿐만 아니라 중국 본토인은 무역, 투자, 교육 등의 방면에서 외부 세계와 깊숙이 연루되어 있다. 이 모든 것은 정치적 다원주의를 향한 움직임의 기본적 발판을 제공한다.

일반적으로 정치적 개방이 이루어지려면 권위주의 체제의 내부에서 개혁 세력이 실권을 장악해야 한다. 중국에서 그것이 가능할까? 덩샤오핑 사후의 첫 권력 계승 집단에서는 그것을 기대하기 어렵지만 그다음 집단에서는 어느 정도 기대할 수 있다. 21세기에 가면 남부 중국에서 명목상은 아니더라도 실질적으로는 정치적 정당의 요소를 정강으로 내걸고 대만, 홍콩, 싱가포르의 중국인과 밀접한 유대를 맺으며 이들의 지원을 받는 집단이 출현할지 모른다. 남부 중국에서 그러한 운동이 싹트고 베이징에서 개혁파가 실권을 잡는다면 체제의 성격에 어떤 형태로든 변화가 올 가능성이 있다. 민주화는 정치인들을 민족주의적 구호로 무장시켜 전쟁 발발의 가능성을 높이기도 하지만, 중국에 안정된 다원주의 체제가 들어선다면 장기적으로 다른 강대국들과의 관계도 호전될 것으로 전망된다.

프리드버그의 지적처럼 유럽의 과거는 어쩌면 아시아의 미래일지도 모른다. 그러나 아시아의 미래는 아시아의 과거가 될 것이라고 전망하는 것이 더 타당하다. 아시아는 갈등을 감수하면서 견제를 추구할 것인지 패권을 수용하면서 평화를 추구할 것인지를 선택해야 한다. 서구 국가들이라면 갈등과 견제를 추구할 것이다. 역사, 문화, 현실적 세력 판도는 아시아가 평화와 패권의 길을 선택할 가능성이 높음을 암시한다. 1840년대와 1850년대에 서구의 중국 침탈과 함께 시작되었던 시대는 이제 막을 내리고 있다. 중국이 지역 패권국으로서의 위치를 되찾으면서 동아시아는 자주성을 모색하고 있다.

## 문명과 핵심국: 새로운 역학관계

탈냉전 시대의 다극 다문명 세계에는 과거 냉전 시대를 지배했던 중추적 대립관계가 나타나지 않는다. 그러나 이슬람의 급격한 인구 증가와 아시아의 고속 경제성장이 지금의 속도를 유지한다면 서구와 서구에 도전하는 문명 사이의 갈등은 세계정치에서 그 어떤 대립보다 중심적 비중을 차지할 것이다. 이슬람 국가 정부들은 서구에 점점 덜 우호적인 정책을 취할 것이고, 이슬람 집단과 서구 사회 사이에서 간헐적인 소규모의 폭력, 때로는 심각한 폭력 사태가 빚어질 것이다. 미국과 중국, 일본, 그밖의 아시아 국가들은 점점 갈등관계에 빠져들 것이고, 만일 중국이 아시아의 패권국으로 부상하는 것을 미국이 저지하려 할 경우 대규모 전쟁이 벌어질 가능성도 배제할 수 없다.

이러한 상황에서 유교-이슬람의 결속은 지속될 것이고 그 관계의 심도와 범위도 깊어지고 넓어질 것이다. 이 결속에서 핵심적인 비중은 무기 확산, 인권, 기타 사안에서 이루어진 이슬람권과 중화권의 공조다. 파키스탄, 이란, 중국의 긴밀한 협력이 그 밑바탕을 형성한다. 1990년대 초에 들어와 중국의 양상쿤 주석이 이란과 파키스탄을 방문했고 라프산자니 이란 대통령이 파키스탄과 중국을 방문했다. 이러한 상호 방문은 파키스탄, 이란, 중국의 기초적 동맹관계 구축을 겨냥한 것이었다. 중국을 방문하기 전 라프산자니 대통령은 파키스탄의 이슬라마바드에서 이란과 파키스탄은 '전략적 동맹'을 맺고 파키스탄에 대한 공격은 이란에 대한 공격으로 간주할 것이라고 선언했다. 여기에 화답하듯 파키스탄의 베나지르 부토Benazir Bhutto는 1993년 10월 총리에 취임한 직후 이란과 중국을 방문했다. 이들 세 나라의 협력관계에는 정치인, 군인, 관료 차원의 정기적 교류, 방위 산업을 비롯한 민간과 군수 분야의 다양한 공조, 다른 국가들에 대한 중국의 무기 이전 등이 망라되어 있다. 파키스탄에서는 외교정책의 '자주성'과 '이슬람적' 사고를 강조하면서 '테헤란-이슬라마바드-베이징 축'을 열망하는 집단이 그러한 관계 강화를 지지했다. 이란에서도 현 세계는 이란, 중국, 파키스탄, 카자흐스탄의 '긴밀하고 일관된 협력'을 요구한다는 주장이 강하게 제기되었다. 1990년대 중반에 이르면 이 세 나라 사이에는 서구에 대한 견제, 인도에 대한 안보 우려, 중앙아시아에 대한 터키와 러시아의 영향력 발휘 억제 같은 사안에서 사실상 동맹관계가 구축된 것이나 다를 바 없다.[43]

이 세 나라는 다른 이슬람 국가와 아시아 국가를 포함하는 좀 더 광범위한 집단의 중추로 발전할 것인가? 그레이엄 풀러Graham Fuller의 지적에 따르면 비공식적인 '유교-이슬람교 동맹'이 실현 가능한 것은 마호메트와 공자가 반서구적이어서가 아니라 유교와 이슬람 두 문화가 서구의 정치적, 군사적, 경제적, 문화적 전횡을 더 이상 방치할 수 없다는 국가들에게 서구가 부분적으로 책임져야 할 과오에 분노를 표명할 수 있는 수단을 제공하기 때문이다. 이런 협력을 가장 강력하게 요구한 사람이 카다피다. 그는 1994년 3월 이렇게 선언했다.

> 새로운 세계질서는 유대교도와 그리스도교도에 의한 이슬람교도 지배를 의미한다. 이것이 완수될 경우 그들은 곧이어 인도, 중국, 일본 등지의 다른 종교들을 지배할 것이다. …… 지금 그리스도교도와 유대교도는 이렇게 말한다. 과거 서구의 사명은 공산주의 분쇄에 있었으며 앞으로는 이슬람교와 유교 분쇄에 있다고. 바야흐로 우리는 중국이 이끄는 유교 진영과 미국이 이끄는 십자군 진영과의 충돌을 목전에 두고 있다. 십자군을 백안시하는 것만이 우리의 정당한 태도다. 우리는 유교의 편에 선다. 유교와 제휴하고 국제 전선에서 유교와 함께 싸움으로써 우리는 공동의 적을 제거할 것이다. 그러므로 우리 이슬람교도는 공동의 적

수에 맞서는 투쟁에서 중국을 지원할 것이다. …… 우리는 중국의 승리를 기원한다.[44]

유교 국가들과 이슬람 국가들의 긴밀한 반서구 동맹에 대한 열망은 중국이 어떤 나라와도 동맹을 맺지 않을 것이라는 장쩌민 주석의 1995년 발언이 나오면서 기세가 한풀 꺾였다. 장쩌민 주석의 입장은 중국은 세계의 중심국으로서 형식적인 동맹국을 필요로 하지 않으며 다른 나라들은 스스로의 필요에 따라 중국과의 협력을 모색해야 한다는 중국인의 전통적 사고방식을 반영한다. 그러나 중국은 서구와의 갈등 때문에 반서방 국가들과의 제휴를 모색할 것이다. 반서방 국가들 중에서도 가장 큰 영향력을 가진 것이 이슬람 국가다. 뿐만 아니라 중국은 원유의 안정적 확보를 위해 이란, 이라크, 사우디아라비아는 물론 카자흐스탄, 아제르바이잔과의 관계를 확대하려 할 것이다. 1994년 한 에너지 전문가의 지적에 따르면 이 '무기-원유 축'은 더 이상 런던이나 파리, 워싱턴의 지시를 받지 않을 것이다.[45]

다른 문명들과 그 핵심국들이 서구와 맺는 관계는 이것과 성격이 판이하다. 남반구의 문명, 즉 라틴아메리카와 아프리카는 핵심국이 없고 서구에 대한 의존도가 높으며 경제력과 군사력도 비교적 약하다(라틴아메리카의 발전 속도는 매우 빠르지만). 서구와의 관계에서 라틴아메리카와 아프리카는 상반된 태도를 취할 것이다. 라틴아메리카는 문화적으로 서구와 가깝다. 1980년대와 1990년대에 라틴아메리카의 정치 및 경제 체제는 서구와 점점 유사해졌다. 한때 핵무기 개발에 나섰던 라틴아메리카의 두 나라(브라질, 아르헨티나)는 그런 시도를 포기했다. 모든 문명을 통틀어 경쟁적인 군사력 증강 열기가 가장 낮은 수준인 라틴아메리카는 미국의 군사적 지배에 불만을 가질지는 몰라도 거기에 반기를 들 의사는 없다. 라틴아메리카의 많은 국가에서 개신교가 급속히 교세를 넓히면서 이 지역을 서구처럼 가톨릭과 개신교가 혼합된 사회로 변모시키고 있다. 라틴아메리카와 서구의 종교적 결속은 갈수록 심화되고 있다. 한편 멕시코, 중앙아메리카, 카리브 지역 사람들이 미국으로 유입되면서 히스패닉 문화가 미국 사회에 끼치는 영향도 문화적 수렴 현상을 촉진한다. 라틴아메리카와 서구(사실상 미국) 사이에서 중요한 갈등을 낳는 문제들은 이민, 마약, 마약 관련 테러, 경제 통합(NAFTA에 라틴아메리카 국가들을 받아들이는 문제라든가 메르코수르, 안데스공동체 같은 라틴아메리카 지역 공동 시장을 확대하는 문제)이다. 멕시코의 NAFTA 합류와 함께 불거진 문제에서 드러나듯이 라틴아메리카 문명과 서구 문명의 결합은 순탄하지 않을 것이며, 21세기에 들어가서도 장기간에 걸쳐 서서히 결합이 이루어지든가 아니면 아예 불발로 끝날 가능성마저 있다. 그러나 서구와 여타 문명들과의 차이에 비하면 라틴아메리카와 서구의 차이는 여전히 미미한 수준이다.

서구와 아프리카의 관계는 갈등의 소지가 이보다 약간 더 많을 뿐이다. 무엇보다 아프리카가 약하기 때문이다. 그러나 중대한 현안은 있다. 남아프리카공화국은 브라질, 아르헨티나처럼 핵무기 개발 계획을 포기한 것이 아니라 이미 완성한 핵무기를 폐기했다. 이 핵무기는 아파르트헤이트를 비난하는 외부 세력의 공격을 저지하고자 백인 정부가 만든 것이다. 백인 정부는 다른 목적에 사용할지도 모르는 흑인 정부의 손에 핵무기를 넘겨 줄 생각이 없었다. 그러나 핵무기를 만들 능력을 말살시킬 수 없으며, 아파르트헤이트를 청산하고 들어선 정부는 아프리카 핵심국으로서의 위치를 공고히 하고 아프리카에 대한 서구의 개입을 저지하고자 다시금 핵무장에 나설 가능성을 배제할 수 없다. 인권, 이민, 경제, 테러 등이 아프리카와 서구 사이에 가로놓인 현안이다. 예전의 식민지들과 긴밀한 유대관계를 유지하려는 프랑스의 노력에도 불구하고 장기적으로 아프리카에서는 탈서구화 과정이 진행될 것이며 서구 열강의 이권과 영향력은 줄어들고 토착 문화가 목소리를 되찾을 것이다. 시간이 흐르면서 남아프리카 문화에서도 백인-영어적 요소가 아프리카적 요소에 밀려나는 추세가 가시화할 것이다. 라틴아메리카가 더욱 서구에 밀착되는 반면 아프리카는 서구로부터 점점 멀어진다. 그러나 이 두 문명은 상이한 방식으로 여전히 서구에 의존하고 있으며 유엔에서의 투표권 행사를 제외하고는 서구와 서구에 도전하는 세력 사이의 균형관계에 결정적 영향력을 미칠 수 있는 능력이 없다.

그러나 그네swing 문명(일본, 러시아, 인도)의 경우는 사정이 분명히 다르다. 이들 문명의 핵심국들은 세계 문제에서 비중 있는 역할을 맡고 있으며 서구 및 반서구 세력과 복잡하고 모호한 관계를 맺으면서 둘 사이에서 동요할 가능성이 높다. 이 문명들은 자신들끼리도 복잡한 관계 아래 놓여 있다. 앞서 보았듯이 일본은 오랜 시간이 흐르면 커다란 번민과 자기 모색의 과정을 거쳐 미국으로부터 떨어져 나와 중국에 접근할 가능성이 있다. 냉전 시대에 형성되었던 다른 문명 간의 동맹관계와 마찬가지로 일본과 미국의 안보 협력은 공식적으로 폐기되지는 않더라도 약화될 전망이다. 일본과 러시아의 관계는 러시아가 1945년에 점령한 쿠릴 열도를 양보하지 않는 한 순조롭지 못할 것이다. 냉전 종식 직후가 이 문제를 타결할 수 있는 절호의 기회였지만 러시아 민족주의가 빠르게 부상하면서 일본은 아까운 기회를 놓쳤다.

앞으로는 이 문제에서 미국이 예전처럼 일본의 입장을 지지하리라고 기대하기 어렵다.

냉전 시대 후반기에 중국은 소련과 미국을 상대로 '중국 카드'를 유효 적절히 활용했다. 탈냉전 세계에서 러시아에게는 '러시아 카드'가 있다. 러시아와 중국이 접근하면 유라시아의 판세는 결정적으로 서구에 불리한 쪽으로 기울 것이며, 1950년대 중소 밀월관계에 대한 우려가 또다시 재현될 가능성도 높다. 러시아와 서구의 긴밀한 공조는 유교-이슬람교의 결속을 견제하는 역할을 할 수 있으며 중국은 냉전 시대처럼 북으로부터의 침공을 다시금 우려하게 될 것이다. 그러나 러시아는 인접한 문명들과 그 나름의 문제를 안고 있다. 서구와의 관계에서 그 문제들은 대체로 단기적인 성격을 갖는다. 이를테면 그것은 냉전의 종식이 낳을 결과라든가 러시아와 서구의 세력균형을 새롭게 정의하는 문제, 양측의 대등한 지위를 인정하고 각자의 영향권을 존중하는 문제 등이다. 좀 더 구체적으로 들어가면 다음과 같다.

- 중부 유럽과 동유럽의 서구 그리스도교 국가들을 포함시켜 EU와 NATO를 확대하는 방안을 러시아가 받아들이는 한편 서구는 우크라이나가 두 나라로 쪼개지지 않는 한 NATO를 그 이상 확대하지 않겠다는 다짐을 해야 한다.
- 러시아와 NATO는 불가침 선언, 안보 문제에 대한 정기적 협의, 무기 경쟁을 피하기 위한 협조 노력, 탈냉전 세계의 안보 요구에 걸맞는 무기감축협상 등 다양한 층위에서 동반자 관계를 모색해야 한다.
- 정교 국가들 사이에서, 또 정교 인구가 다수를 점하는 지역에서 안보를 유지하는 데 러시아가 으뜸가는 역할을 맡아야 한다는 것을 서구

가 인정해야 한다.

- 서구는 러시아가 남쪽의 이슬람 민족들로부터 느끼는 현실적 또는 잠재적 안보 위협이 있음을 인정하고, 러시아가 그러한 위협에 대처하는 데 필요한 조치들을 측면에서 지원하고 유럽 CFE(재래식무기감축조약)도 기꺼이 수정하겠다는 의사를 비쳐야 한다.
- 러시아와 서구는 양측의 이해가 모두 걸려 있는 보스니아헤르체고비나 문제 등을 처리할 때 동등한 지위에서 협력하기로 합의해야 한다.

이러한 방향에서 합의가 도출되면 러시아와 서구가 서로에 대해 장기적 안보 위협을 가할 위험성은 높지 않다. 유럽과 러시아는 출생률이 낮고 고령 인구의 증가 등 인구 분포 면에서 완숙기에 접어든 사회다. 이런 사회는 팽창주의를 추구한다든지 공세적으로 나가는 데 필요한 젊은 혈기가 없다.

탈냉전 시대로 접어들 무렵 러시아와 중국의 관계가 과거에 비해 한결 우호적으로 바뀌었다. 국경 분쟁이 해소되면서 국경선에 주둔하던 양측 군사력이 대폭 축소되었다. 교역이 늘어났고 서로를 겨누던 핵미사일도 다른 지역으로 이동시켰으며 양국 외무장관은 이슬람 원리주의 세력과의 싸움에서 공조를 모색했다. 더욱 중요한 것은 러시아가 탱크, 전투기, 장거리 폭격기, 지대공 미사일을 포함한 자국 무기와 군사기술의 중요한 고객으로써 중국을 바라보게 되었다는 점이다.[46] 러시아의 입장에서 이러한 관계 호전은 일본과의 냉각관계를 감안할 때 중국을 아시아의 '동반자'로 삼겠다는 의식적 결정의 일환이었고 NATO 확대, 경제 개혁, 군축, 경제 지원, 서방 국제기구 가입 등의 문제에서 불거진 서구와의 갈등에 대한 자연스러운 반응이었다.

중국은 중국대로 세계무대에서 외톨이가 아님을 서구에 과시할 수 있고, 지역 안보에 자신의 영향력을 공고히 하는 데 필요한 군사력을 확보할 수 있었다. 러시아-중국 결속은 유교-이슬람 결속처럼 양국 모두에게 서구의 패권과 보편주의에 맞서는 수단이 된다.

이 결속이 장기적으로도 유지될 것인가는 첫째, 러시아와 서구의 관계가 어느 정도까지 상호 만족을 느끼는 수준에서 안정을 유지할 수 있는가 둘째, 동아시아에서 이루어지는 중국의 헤게모니 장악이 경제, 인구, 군사 분야에서 러시아의 이익을 얼마나 위협하는가에 달려 있다. 중국의 경제적 역동성은 이미 시베리아까지 번졌고 중국 기업인은 한국, 일본 기업인과 함께 시베리아 지역에서 적극적인 활동을 벌이고 있다. 시베리아의 러시아인들은 자신들의 경제적 미래가 유럽보다는 동아시아에 더 연결되고 있음을 점차 실감하고 있다. 러시아가 더욱 위협을 느끼는 것은 시베리아로 유입되는 중국인 이민이다. 이 지역의 불법 중국인 이민자는 1995년 300만 명에서 500만 명에 이르는 것으로 추정되는데, 동부 시베리아 지역에 거주하는 러시아인의 수가 약 700만 명임을 감안할 때 이것은 엄청난 규모다. "중국인은 러시아의 극동 지역을 평화적으로 점령하고 있다"고 파벨 그라초프 러시아 국방장관은 경고했다. 러시아의 한 고위 이민 관리도 "우리는 중국의 팽창주의를 저지해야 한다"고 맞장구쳤다.[47] 나아가 중국이 중앙아시아의 옛 소련 공화국들과 경제적 교류를 확대하면 중국과 러시아의 관계가 악화될지 모른다. 또 제1차 세계대전 이후 러시아가 몽골을 중국으로부터 분리시켰으며 그 후 몇십 년 동안 소련의 위성국 역할을 해온 몽골을 중국이 다시 접수하기로 결심할 경우 중국의 팽창주의는 군사적 경향을 띨 수도 있다. 몽골제국의 침공 이후 러시아를 짓눌러온 '황인종' 지배에 대한 공포는 다시금 현실로 나타날 수 있다.

러시아와 이슬람의 관계는 수 세기에 걸쳐 터키, 북부 캅카스 민족, 중앙아시아 토후국들과 벌여온 침략 전쟁의 역사적 유산에 따라 규정된다. 러시아는 발칸 지역에서 터키가 영향력을 확대하는 것을 저지하기 위해 정교 동맹국인 세르비아, 그리스와 공조를 벌이는 한편 캅카스 지역에 대한 터키의 잠식을 막기 위해 같은 정교국인 아르메니아와의 결속을 강화하고 있다. 러시아는 중앙아시아 국가들에 대한 정치적, 군사적, 경제적 영향력을 유지하고자 적극적인 노력을 기울여 이들을 독립국가연합에 가입시켰으며 이 지역에 자국 군대를 주둔시키고 있다. 러시아가 각별히 신경을 쓰는 것은 카스피 해의 유전과 천연가스 자원, 이 자원을 서구와 동아시아에 보급할 수 있는 수송로의 확보다. 러시아는 또한 북부 캅카스에서 체첸 이슬람교도와 전쟁을 벌이고 있으며 이슬람 원리주의 세력이 포함된 반정부군을 토벌하기 위해 타지키스탄에서도 싸움을 벌이고 있다. 이러한 안보 위협은 중앙아시아에서 '이슬람의 위협'을 억제하고자 중국과 협력을 모색해야 하는 또 다른 동기가 된다. 러시아의 이란 접근도 같은 맥락에서 이해할 수 있다. 러시아는 이란에 잠수함, 최신 전투기, 전폭기, 지대공 미사일, 각종 정찰 및 전자 장비를 판매했다. 러시아는 또 이란에 경수로를 건설하고 우라늄 농축 시설 제공에 합의했다. 그 반대급부로 러시아는 이란이 중앙아시아 지역에서 원리주의의 확산을 억눌러 주기를 노골적으로 기대하며 암묵적으로는 이 지역과 캅카스 지역에서도 터키의 영향력 확대를 저지하는 데 협력해 주기를 기대한다. 앞으로 러시아와 이란의 관계는 러시아의 남부 지역에서 폭발적으로 늘고 있는 이슬람 인구의 위협을 러시아가 어떻게 받아들이는가에 결정적으로 좌우될 것이다.

또 하나의 '그네' 핵심국 인도는 냉전 시대에 소련의 우방이 되어 중국과 한 차례, 파키스탄과 여러 차례 전쟁을 벌인 바 있다. 탈냉전 시대에 들어와서도 인도와 파키스탄의 관계는 카슈미르, 핵무기, 이 지역의 전체적 군사 균형 문제를 놓고 여전히 갈등으로 치달을 가능성이 높다. 파키스탄이 다른 이슬람 국가들의 지원을 어떻게 끌어내느냐에 따라 인도와 이슬람의 관계는 달라질 것이다. 따라서 인도는 지금까지와 마찬가지로 파키스탄과 거리를 두도록 개별 이슬람 국가들을 설득하는 데 각별한 노력을 기울일 것이다.

냉전이 종식되면서 이웃 국가들과 우호관계를 확립하려는 중국의 노력은 인도까지 확대되었고 긴장도 한결 누그러졌다. 그러나 이런 분위기는 장기적으로 지속될 가능성이 높지 않다. 중국은 남아시아의 정치에 적극적으로 개입해왔고 앞으로도 이 기조는 유지될 것이다. 예컨대 중국은 파키스탄과 관계를 긴밀히 유지하면서 핵무기 및 재래식 무기 증강을 지원하고 있으며, 경제 원조, 투자, 군사 지원을 앞세워 미얀마에 해군 기지 건설을 추진할 가능성이 있다. 중국의 힘은 욱일승천 중이며 인도의 힘은 21세기 초반에 가서 엄청나게 커질 것이다. 분쟁의 소지가 상당히 크다. 한 분석가는 이렇게 지적한다. "아시아의 두 거인 사이에 깔려 있는 뿌리 깊은 경쟁의식, 자신을 문명과 문화의 강대국, 중심국으로 이해하는 전통의식 등으로 양국은 다른 국가들이나 운동 집단들의 지지를 얻고자 각축을 벌일 것이다. 인도는 다극적 세계에서 단순히 독립된 지역의 패권 중심부로서가 아니라 중국의 힘과 영향력을 견제하는 지위로 올라서고자 노력할 것이다."[48]

〈그림 9-1〉 문명 세계의 역학: 새로운 구도

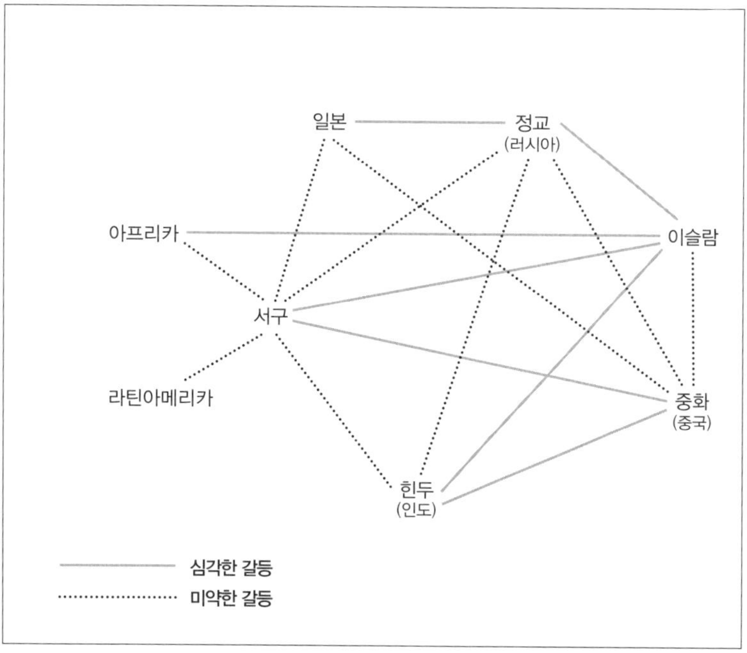


유교-이슬람교의 광범위한 결속은 아니더라도 최소한 중국-파키스탄의 결속에 맞서기 위해서라도 러시아와 긴밀한 관계를 유지하는 것이 인도에게 유리하므로 인도는 앞으로도 러시아의 무기를 대규모로 구입할 것이다. 1990년대 중반 인도는 항공모함, 극저온 로켓기술을 포함해 중요한 무기를 거의 모두 러시아로부터 도입했고 이것은 미국의 제재를 낳았다. 무기 증강 말고도 인도와 미국 사이에는 인권, 카슈미르, 경제 자유화 같은 현안들이 걸려 있다. 그러나 시간이 흐를수록 미국과 파키스탄의 관계는 냉각되고 중국을 견제한다는 공동의 목표 아래 인도와 미국이 접근할 가능성이 높다. 남아시아에서 인도가 세력을 확대하는 것은 미국의 국익을 저해하지 않으며 오히려 미국에게는 유리하다.

문명과 그 핵심국 사이의 관계는 복잡하고 양면적이며 자주 변화한다. 한 문명 안에 들어가는 대부분의 국가들은 다른 문명에 속한 나라들과 관계를 정립할 때 대체로 핵심국의 노선을 따른다. 그러나 항상 그런 것은 아니다. 같은 문명에 속해 있다고 해서 그 나라들이 다른 문명에 속한 모든 나라들과 동일한 관계를 맺는 것은 아니다. 대개는 제3의 문명에 속한 공동의 적을 겨냥하는 공동의 이해관계가 상이한 문명에 속한 나라들 사이의 협력을 낳을 수 있다. 한 문명 안에서도 분쟁은 일어날 수 있는데 특히 이슬람이 그렇다. 또 단층선에 위치한 집단 사이의 관계와 문명의 핵심국 사이의 관계는 성격이 판이하다. 하지만 전반적 추세는 명백하며 문명들과 핵심국들 사이에서 벌어지는 이합집산과 대립의 양상은 어느 정도 일반화할 수 있다. 이 양상을 요약한 것이 〈그림 9-1〉이다. 냉전 시대의 비교적 평이한 양극성은 사라지고 다극 다문명 세계의 훨씬 복잡한 관계가 출현하고 있다.

Chapter 10

# 과도기 전쟁에서 단층선 전쟁으로

## 과도기 전쟁: 아프가니스탄과 걸프 전쟁

모로코의 저명한 학자 마흐디 엘만즈라Mahdi Elmandjra는 걸프 전쟁이 한창 진행되고 있을 때에 이 전쟁을 '최초의 문명 전쟁'이라고 불렀다.[1] 실은 두 번째 문명 전쟁이었다. 첫 번째 문명 전쟁은 1979년부터 1989년까지 계속된 소련과 아프가니스탄의 전쟁이었다. 두 전쟁은 모두 한 나라의 다른 한 나라에 대한 침공으로 시작되었으나 문명 전쟁으로 그 성격이 바뀌었고 문명 전쟁으로서 새롭게 정의되었다. 사실상 이 전쟁들은 상이한 문명에 속한 집단 간의 단층선 전쟁과 민족 갈등이 지배하는 시대로 이행하는 과도기적 전쟁이었다.

아프간 전쟁은 소련이 꼭두각시 정권을 지원하고자 아프간 정세에 개입하면서 시작되었다. 미국이 여기에 강력히 대응하여 소련에 저항하는 아프간 반군을 조직하고 무기와 자금을 지원하면서 이것은 냉전 구도 속의 전쟁이 되었다. 미국의 입장에서 보면 소련의 패배는 공산 정권에 대한 무장 투쟁을 지원한 레이건 독트린의 실효성이 입증되고 베트남 전쟁에서 맛보았던 굴욕을 소련에게 안기는 쾌거였다. 소련의 패배는 소련의 사회와 정치 체제에 심각한 여파를 미쳤으며 소련 제국의 해체에도 적지 않은 영향을 미쳤다. 미국인과 서구인에게 아프간 전쟁은 결정적이고 최종적인 승리, 냉전 시대의 워털루 승전이었다.

그러나 소련과 싸웠던 사람들에게 아프간 전쟁의 성격은 조금 달랐다. 한 서구 학자의 지적대로 그 전쟁은 민족주의나 사회주의의 원칙에 바탕을 두지 않고 외세를 이겨낸 최초의 사례다.[2] 아프간 전쟁은 지하드로 집약되는 이슬람의 대의에 뿌리를 두었고 그것은 이슬람의 자부심과 실력을 엄청나게 키웠다. 아프간 전쟁이 이슬람 세계에 미친 영향은 1905년 러일 전쟁에서 일본이 거둔 승리가 동양에 미친 충격에 비교할 만하다. 서구가 자유세계의 승리로 보는 것을 이슬람교도는 이슬람의 승리로 간주한다.

미국의 자금 지원과 무기 제공은 소련을 패퇴시키는 데 긴요한 역할을 했다. 그러나 이슬람의 집단적 노력도 결정적 역할을 했다. 아주 다양한 범위의 정부들과 운동 단체들이 소련을 무찌르고 승리를 쟁취한다는 목적을 위해 앞다투어 지원에 나섰다. 이슬람 세력의 막강한 자금줄은 사우디아라비아였다. 1984년과 1986년 사이에 사우디아라비아는 아프간 반군에게 5억 2500만 달러를 지원했다. 1989년에는 총 7억 1500만 달러 규모의 지원액 중에서 61퍼센트에 해당하는 4억 3600만 달러를 선뜻 제공했고 그 나머지는 미국이 댔다. 1993년 사우디아라비아는 1억 9300만 달러를 아프간에 지원했다. 전쟁 기간 동안 사우디아라비아의 지원 총액은 30억~33억 달러에 이르는 미국의 지원액과 최소한 맞먹거나 그 수준을 웃돌았다. 전쟁 중 주로 아랍의 다른 이슬람 국가에서 모두 2만 5,000명의 의용군이 전쟁에 참가했다. 요르단에 집결한 이들 의용군의 훈련은 파키스탄 육해공 정보국이 주관했다. 파키스탄은 또 반군에게 꼭 필요한 후방 기지를 제공했을 뿐 아니라 군수물자 보급 같은 각종 지원을 아끼지 않았다. 파키스탄은 미국의 지원금을 총괄 관리하는 역할을 맡으면서 의도적으로 자금의 75퍼센트를 좀 더 과격한 이슬람 원리주의 집단에 제공했다. 그 결과 전체 지원금의 50퍼센트가 굴부딘 헤크마티아르Gulbuddin Hekmatyar가 이끄는 가장 과격한 수니파 원리주의 세력에게 집중되었다. 비록 싸움 상대는 소련이었지만 전쟁에 참전한 아랍 의용군들의 압도적 다수는 반서구적 태도를 보였으며 서구 인도주의 단체의 도움도 이슬람을 전복시키려는 불순한 의도라며 받아들이지 않았다. 결국 소련이 패배한 것은 미국의 기술, 사우디아라비아의 돈, 이슬람교도의 수적 우세와 열정이라는 세 가지 요인에 효과적으로 대처하지 못했기 때문이다.[3]

전쟁은 모든 비이슬람 세력에 맞서 이슬람 의식을 고취시키려는 열의를 가진 이슬람 기구들의 불안한 동맹관계를 남겼다. 전쟁은 또한 전투 경험이 많은 노련한 전사들, 막사, 훈련장, 병참 시설, 이슬람 세계를 두루 연결하는 정교한 인적·조직적 연계, 소재 파악이 안 된 300~500기에 이르는 스팅어 미사일을 포함한 막대한 양의 군사 장비, 그리고 무엇보다도 자신들이 성취한 것에 대한 자부심과 자신감, 새로운 승리를 향해 나아가고자 하는 강한 열망을 유산으로 남겼다. 1994년 한 미국 관리가 "아프간 의용군들이 지하드로서 받은 신임장은 종교적으로도 정치적으로도 완전무결하다. 그들은 세계의 두 초강대국 가운데 하나를 무찌르고 이제 다른 초강대국과 한판 붙을 기세다"[4]라고 언급했다.

아프간 전쟁을 문명 전쟁으로 비화한 것은 세계 전역의 이슬람교도들이 그 전쟁을 그렇게 이해했고 소련에 맞서 똘똘 뭉쳤기 때문이다. 걸프 전쟁을 문명 전쟁으로 비화한 것은 서구가 이슬람권의 분쟁에 군사적으로 개입했고 서구인은 그 개입을 압도적으로 지지한 반면 세계 전역의 이슬람교도는 그런 개입을 자신들에 대한 도발로 해석하고 서구 제국주의의 또 한 차례 폭거에 맞서 똘똘 뭉쳤기 때문이다.

아랍 및 이슬람 국가들은 처음에는 전쟁에 대해 분열된 입장을 보였다. 후세인이 신성한 국경선을 침해하자 1990년 8월 아랍국가연맹은 그의 행동을 규탄하는 결의안을 다수의 지지로 통과시켰다(찬성 14개국, 반대 2개국, 기권 5개국). 이집트, 시리아는 미국이 결성한 반이라크 동맹군에 상당수의 군을 파견했고 파키스탄, 모로코, 방글라데시는 그보다 작은 규모의 병력을 보냈다. 터키는 이라크에서 자국 영토를 거쳐 지중해로 뻗은 송유관을 폐쇄했고 연합군에 자국 공군 기지를 이용할 수 있는 편의를 제공했다. 이런 조치의 대가로 터키는 EU 가입의 당위성을 강력히 주장할 수 있게 되었고 파키스탄과 모로코는 사우디아라비아와의 긴밀한 관계를 재확인했다. 이집트는 외채를 탕감받았고 시리아는 레바논을 얻었다. 반면에 PLO(팔레스타인해방기구), 하마스, FIS(이슬람구국전선)뿐 아니라 이란, 요르단, 리비아, 모리타니, 예멘, 수단, 튀니지 등 그동안 사우디아라비아의 지원을 받았던 나라들이 이라크를 지지하면서 서구의 개입을 비난했다. 인도네시아를 비롯한 여타 이슬람 국가들은 중간적 입장을 취하거나 입장 표명을 유보하려고 애썼다.

이슬람 정부들은 처음에는 의견 대립을 보였지만 아랍인과 이슬람교도의 일반적 정서는 당초부터 압도적으로 반서구 일변도였다. 한 미국 언론인은 쿠웨이트 침공이 있은 지 3주 뒤 예멘, 시리아, 이집트, 요르단, 사우디아라비아를 방문하고 "아랍 세계는 …… 미국에 대한 적개심으로 들끓고 있으며 세계 최강국에 용감히 도전장을 내민 아랍 지도자의 기백 앞에서 환희를 금치 못하고 있다"[5]고 보도했다. 모로코에서 중국에 이르기까지 이루 헤아릴 수 없이 많은 이슬람교도들이 후세인의 뒤에서 똘똘 뭉쳐 그를 이슬람의 영웅으로 칭송했다.[6] 민주주의의 역설은 바로 이러한 분쟁의 커다란 역설이다. 다시 말해서 후세인에 대한 성원은 정치가 좀 더 개방되고 표현의 자유가 덜 제한받는 아랍 국가들에서 가장 열렬하고 광범위하게 나타났다는 것이다.[7]

모로코, 파키스탄, 요르단, 인도네시아 등지에서는 대규모 시위 군중이 서구와 그 하수인으로 간주되었던 하산 왕, 부토, 수하르토 같은 정치 지도자를 비난했다. 반이라크 동맹군에 대한 반발은 시리아에서조차 불거졌다. 시리아에서는 각계각층의 다양한 시민이 페르시아 만에 외세가 개입하는 것을 반대했다. 인도의 1억 이슬람교도 가운데 75퍼센트가 미국의 개입을 비난했고 인도네시아의 1억 7100만 명에 이르는 이슬람교도는 절대 다수가 페르시아 만에서의 미국 군사 행동을 비난했다. 아랍 지식인들도 비슷한 입장을 취하면서 후세인의 만행을 눈감아주고 서구의 개입을 비판하는 정교한 논리를 발전시켰다.[8]

아랍인과 그밖의 이슬람교도들은 후세인이 잔혹한 독재자라는 사실에 대체로 동의하지만, 그것은 어디까지나 자신들의 문제라고 생각한다. 그들이 보기에 쿠웨이트 침공은 자민족 안에서 해결되어야 할 집안 문제이며, 국제 정의라는 거창한 이론을 앞세워 개입하는 세력은 자신의 개인적인 이득을 챙기거나 서구에 대한 아랍의 종속적 지위를 유지하려는 불순한 의도를 가지고 있다고 보았다. 한 보고서에 따르면 아랍 지식인들은 이라크 체제를 경멸하고 이라크의 잔인성과 전제주의를 개탄하지만 한편으로 이라크는 아랍 세계의 거대한 적수인 서구에 도전하는 중추 세력을 이룬다고 생각한다. 그들은 아랍 세계를 서구의 대립항으로 정의한다. 한 팔레스타인 교수의 지적대로 후세인의 행위는 옳지 못하지만 서구의 군사적 개입에 도전한 이라크를 규탄할 수는 없다. 서구와 여타 지역의 이슬람교도들은 비이슬람 병력이 사우디아라비아에 주둔해 이슬람의 성지를 '모독'하는 행위를 거세게 비난한다.[9] 요컨대 아랍 세계의 지배적 여론은, 후세인의 침공은 나쁘고 서구의 개입은 더 나쁘므로 서구에 맞서 싸운 후세인의 행위를 정당하다고 보고 그들을 지원해야 한다는 것이다.

후세인은 단층선 전쟁에 뛰어든 다른 주역들처럼 이제까지 세속적이었던 자신의 체제 앞에 가장 광범위한 호소력을 얻을 수 있는 구호, 곧 이슬람을 내걸었다. 후세인의 선택은 어떤 면에서는 불가피한 것이었다. 그가 아랍 민족주의나 제3세계의 애매모호한 반서구주의 대신 이슬람을 선택한 것은 이집트의 한 평론가가 분석한 대로 폭넓은 지지를 끌어낼 수 있는 정치 이념으로서 이슬람의 가치를 입증한 것이다.[10] 관습이나 제도 면에서 사우디아라비아가 이란과 수단을 제외하고는 그 어떤 이슬람 국가보다도 이슬람 율법에 엄격하고 전 세계의 이슬람 집단에 사우디아라비아의 자금이 흘러갔음에도 불구하고, 그 어떤 이슬람 운동 단체도 이라크를 겨냥한 서방 동맹을 지지하지 않았고 서구의 개입에 하나같이 반대했다.

이슬람교도들에게는 이 전쟁이 이슬람의 신성불가침성이 위기에 처하는 문명 간의 전쟁으로 금세 비화되었다. 이집트, 시리아, 요르단, 파키스탄, 말레이시아, 아프가니스탄, 수단 등지에서 온 이슬람 원리주의 집단들은 이것을 '십자군과 시온주의자'의 동맹이 '이슬람과 이슬람 문명'을 상대로 벌이는 전쟁이라고 규탄했고 이라크 국민에 대한 군사적, 경제적 공격 앞에서 이라크를 지지한다고 선언했다. 1990년 가을 메카의 이슬람 대학 학장 사파르 알 하왈리Safar al-Hawali는 사우디아라비아에 널리 유포된 녹음테이프에서 이 전쟁은 세계가 이라크와 싸우는 것이 아니라 서구가 이슬람과 싸우는 전쟁이라고 선언했다. 비슷한 맥락에서 요르단의 후세인 왕도 이것은 이라크만이 아니라 모든 아랍인과 이슬람교도를 상대로 벌이는 전쟁이라고 주장했다. 나아가 메르니시는 말끝마다 미국을 위해 신의 가호를 들먹이는 부시 대통령의 발언에서 아랍인은 이것이 '종교 전쟁'이라는 확신을 갖게 된다고 지적한다. 부시의 발언은 이슬람이 대두하기 전인 7세기에 음험한 장삿속으로 아랍인을 공격한 서방 세력과 그 후의 십자군을 연상시킨다는 것이다. 이 전쟁이 서구인과 시온주의자의 음모에서 나온 십자군 전쟁이라는 논리는 지하드를 정당화시켰고 더욱 광범위한 모병의 필요성을 낳았다.[11]

걸프 전쟁을 서구와 이슬람의 대결로 정의한 이슬람교도들의 이해가 이슬람 세계 내부의 반목을 약화시키거나 유예시켰다. 이슬람 진영의 해묵은 대립은 이슬람과 서구의 긴박한 대립 앞에서 중요성을 잃었다. 전쟁 기간 동안 이슬람 정부와 운동 단체는 서구로부터 거리를 두는 쪽으로 일관되게 나아갔다. 아프간 전쟁과 마찬가지로 걸프 전쟁은 이제까지 서로의 숨통을 조이던 이슬람교도들을 화해시켰다. 아랍의 세속주의자와 민족주의자와 원리주의자가, 요르단 정부와 팔레스타인이, PLO와 하마스가, 이란과 이라크가, 모든 야당과 정부가 앙금을 털어버렸다. 알 하왈리는 "이라크의 바트 당원들은 우리의 몇 시간 원수지만 로마는 지상 최후의 날까지 우리의 원수다."[12]라고 말했다. 전쟁은 또한 이라크와 이란을 화해의 과정으로 이끌었다. 이란의 시아파 종교 지도자들은 서구의 간섭을 비난하고 서구에 대항하는 성전을 부르짖었다. 이란 정부는 자신의 과거 적수에게 가해진 제재책에 거리를 두었으며 전쟁이 진행되면서 이란과 이라크의 관계는 점차 호전되었다.

외부의 적은 내부의 갈등을 감소시킨다. 일례로 1991년 1월 파키스탄이 '반서구론의 열기에 휩싸인' 것으로 보도되었는데 이러한 열기는 이 나라를 잠시나마 단합시켰다. "일찍이 파키스탄이 이렇게 통일된 적은 없었다. 토착 신드인과 인도에서 온 이주민 사이에서 5년째 살상극이 벌어지고 있는 남부 신드 주의 양측 주민들은 어깨동무를 하고 반미 시위에 나선다. 보수적 사고가 강하게 자리 잡은 북서부의 변경 지역에서는 금요기도 때를 제외하고는 사람들이 집단적으로 모이는 경우가 드문데 이런 곳에서도 심지어는 여인네들까지 거리로 뛰쳐나왔다."[13]

전쟁을 반대하는 여론이 거세지자 당초 동맹군에 가담했던 각국 정부들도 한 걸음 뒤로 물러서거나 분열된 입장을 보이거나 아니면 자신의 정책을 합리화하는 정교한 논리를 개발했다. 대규모 병력을 파견한 시리아의 하피즈 알 아사드Hafiz al-Assad 같은 지도자는 이것이 이 지역에서 균형을 유지하고 사우디아라비아에서 서구 세력을 궁극적으로 몰아내기 위해 필요한 조치였다고 주장하면서 어디까지나 시리아 병력은 방어 목적과 성지 수호에 이용될 것이라는 논리를 폈다. 터키와 파키스탄의 고위 군사 관계자들은 동맹군에 참여한 자국 정부의 조치를 공공연히 비판했다. 상당수의 병력을 파견한 이집트와 시리아 정부는 반서구 세력의 압력을 억누르거나 묵살할 수 있을 만큼의 사회적 통제력을 가지고 있었다. 좀 더 개방된 이슬람 국가들의 정부는 서구로부터 거리를 두면서 점차 반서구적인 자세로 돌아서게 되었다. 북아프리카 지역에서 나타난 '이라크에 대한 폭발적 성원'은 '걸프 전쟁의 가장 놀라운 현상 가운데 하나'였다. 튀니지 국민의 압도적 다수가 서구를 규탄하자 벤 알리 대통령은 재빨리 서구의 개입을 비난했다. 모로코 정부는 당초 1,500명의 병력을 동맹군에 참전시켰지만 반서구 단체가 들고 일어서자 이라크를 지지하는 총파업을 허용했다. 알제리에서는 40만 명의 친이라크 시위대가 당초 서구 쪽에 기울었던 벤제디드 샤들리 대통령에게 입장 전환을 요구하면서 서구를 비난하고 알제리는 형제국 이라크의 편에 설 것임을 천명했다.[14] 1990년 8월 튀니지, 모로코, 알제리 정부는 아랍국가연맹에서 이라크 규탄 결의안에 찬성표를 던졌다. 그러나 그해 가을 비등하는 국민감정에 호응하여 그들은 미국의 개입을 비난하는 결의안에 찬성표를 던졌다.

서구의 군사적 노력은 비서구, 비이슬람 문명들로부터도 별다른 지지를 이끌어내지 못했다. 1991년 1월 일본 국민의 53퍼센트가 이 전쟁을 반대했고 25퍼센트만이 지지했다. 인도 국민은 후세인과 부시를 비난하는 여론이 엇비슷했다. 《타임스 오브 인디아 The Times of India》는 이 전쟁이 "강하고 오만한 유대-그리스도교 세계와 허약한 이슬람교 세계 사이의 종교적 열정을 매개로 한 전면적 대결로 비화할 수 있다"고 경고했다. 걸프 전쟁은 이처럼 이라크와 쿠웨이트의 전쟁으로 시작되었다가 이라크와 서구의 전쟁이 되었고 다시 이슬람과 서구의 전쟁으로 변모되더니 종국에 가서는 많은 비서구인들에게 동양과 서양의 전쟁, '백인의 전쟁, 해묵은 제국주의의 새로운 분출'로 간주되

기에 이르렀다.[15]

쿠웨이트 국민을 제외하고는 이 전쟁을 열렬히 지지하는 이슬람 국민은 없었으며 압도적 다수가 서구의 개입에 반대했다. 전쟁이 끝나자 런던과 뉴욕에서는 승리의 행진이 있었지만 다른 곳에서는 전혀 그런 움직임이 없었다. 소하일 하슈미Sohail Hashmi에 따르면 이 전쟁의 결과는 아랍인들에게 환호해야 할 이유를 전혀 제공하지 못했다. 오히려 지배적 분위기는 실망, 환멸, 굴욕, 원한의 감정이었다. 다시 한 번 서구가 승리한 것이다. 아랍의 희망으로 떠오른 최근의 살라딘(이집트 아이유브 왕조의 시조로 십자군과 싸워 예루살렘을 탈취했다 — 옮긴이)이 이슬람 세계로 밀고 들어온 서구의 막강한 힘 앞에 다시금 무릎을 꿇었다. "아랍인은 이번 전쟁에서 최악의 경험을 했다"고 메르니시는 지적한다. "어마어마한 기술력을 가진 서구가 합심해 우리 머리 위에 폭탄을 떨어뜨린 것이다. 그것은 치 떨리는 두려움이었다."[16]

걸프 전쟁이 끝난 뒤 쿠웨이트를 제외한 아랍의 여론은 페르시아 만에 미군이 주둔하는 것에 점차 비판적인 방향으로 흘렀다. 쿠웨이트의 해방은 후세인의 응징이라는 논리의 정당성을 약화시켰고 페르시아 만에 미군이 계속 주둔해야 한다는 주장의 근거를 허물어뜨렸다. 그 결과 심지어는 이집트 같은 나라에서도 이라크를 동정하는 여론이 차츰 높아졌다. 동맹군에 참가한 아랍 정부들은 입장을 바꾸었다.[17] 다른 이슬람 국가들뿐 아니라 이집트와 시리아도 1992년 이라크 남부를 비행 금지 구역으로 설정하는 데 반대했다. 아랍 정부들과 터키는 또 1993년 1월의 이라크 공습에도 반대했다. 수니파 이슬람교도가 시아파 이슬람교도 및 쿠르드족을 공격하는 것을 응징하기 위해 서구의 공군력을 동원할 수 있다면, 세르비아 정교도들이 보스니아헤르체고비나 이슬람교도를 공격한 것에 대해서는 왜 그 막강한 공군력으로 응징하지 않는가? 부시 전 대통령 암살을 모의한 데 대한 보복으로 1993년 6월 클린턴 대통령이 바그다드 공습을 지시했을 때 국제적 반응은 문명의 경계선을 따라 첨예하게 나뉘었다. 이스라엘과 서유럽 국가들은 공습을 전폭적으로 지지했다. 러시아는 그것을 정당한 자기방어로 받아들였다. 중국은 '깊은 우려'를 표명했다. 사우디아라비아와 페르시아 만의 토후국들은 침묵을 지켰다. 이집트를 비롯한 나머지 이슬람 국가들은 서구의 이중 잣대를 드러내는 또 하나의 사례라고 비난했다. 특히 이란은 미국의 '신팽창주의와 자기중심주의'가 낳은 '극악무도한 공격'으로 규정했다.[18] 다시금 제기된 물음이 있었다. 왜 미국과 국제사회(서구)는 이스라엘의 무도한 행위와 유엔 결의안 위반 행위에는 똑같은 방식으로 대응하지 않는가?

걸프 전쟁은 탈냉전 시대의 문명과 문명 사이에 벌어진 최초의 자원 전쟁이었다. 결국은 세계 최대의 유전을 서구의 군사력에 안보를 의탁하는 사우디아라비아와 아랍 토후국들이 관리하느냐 아니면 서구에 석유를 무기로 활용할 능력이 있고 또 그럴 의사가 있는 독립적인 반서구 국가들이 관리하느냐를 둘러싼 대립이었다. 서구는 후세인을 권좌에서 몰아내는 데는 실패했지만 걸프 국가들의 안보가 서구에 달려 있다는 점을 단적으로 드러냈다는 점에서 승리를 거두었고 평화시에도 이 지역에 군대를 주둔시킬 수 있게 되었다. 전쟁 전에는 이란, 이라크, GCC(페르시아만안협력회의), 미국이 페르시아 만의 주도권을 놓고 각축을 벌였다. 전쟁이 끝난 뒤 페르시아 만은 미국의 호수가 되었다.

## 단층선 전쟁의 특성

씨족, 부족, 인종 집단, 종교적 공동체, 민족 사이의 전쟁은 모든 시대와 모든 문명에서 찾아볼 수 있다. 그것은 사람들의 정체성에 그 뿌리가 있기 때문이다. 이 분쟁들은 외부 집단들의 인도주의적 관심은 낳을 수 있을지 몰라도 비당사자들의 직접적 이해가 걸린 광범위한 이념적, 종교적 문제와는 결부되지 않아 어디까지나 개별 차원에 머문다. 이런 분쟁은 근본인 정체성의 문제를 건드리므로 심한 폭력과 유혈 사태를 낳곤 한다. 게다가 지구전으로 펼쳐질 가능성이 높다. 휴전과 합의로 전쟁이 잠시 중단되었다가도 갈등이 도져 분쟁이 재연된다. 이런 전쟁에서 한쪽이 군사적으로 일방적 승리를 거두었을 경우 대량 학살극이 벌어질 확률도 높다.[19]

단층선 분쟁은 상이한 문명에 속한 국가나 무리 사이의 집단 분쟁이다. 단층선 전쟁은 폭력으로 비화한 분쟁이다. 이 전쟁은 나라들 사이에서, 비정부 집단들 사이에서, 혹은 나라와 비정부 집단 사이에서 일어날 수 있다. 나라 안의 단층선 분쟁은 지리적으로 명확히 구분된 지역에 다수의 인구가 거주하는 집단들 사이에서 벌어지는 충돌이다. 이 경우 정권을 장악하지 못한 집단은 대체로 독립을 위해 투쟁하며 어느 정도의 요구 조건이 관철되었을 때는 투쟁을 멈추기도 한다. 나라 안의 단층선 분쟁은 또 지리적으로 혼재한 집단들 사이에서 발생하기도 하는데, 이 경우 인도의 힌두교도와 이슬람교도, 말레이시아의 이슬람교도와 화교처럼 지속적인 긴장 관계가 때때로 폭력으로 분출되든가 아니면 신생국이 들어서면서 국경선이 확정되고 주민들을 강제로 이주시키려는 야만적 시도가 강행되어 전면전으로 치닫기도 한다.

단층선 분쟁은 때로는 주민들을 장악하려는 투쟁의 양상으로 나타나지만 대개는 영토 분쟁의 양상을 띤다. 당사자들 중에서 최소한 한 진영의 목표는 영토를 점령한 뒤 다른 진영 사람들을 내쫓거나 죽이거나 둘 다를 감행함으로써, 다시 말해서 '민족 청소'를 함으로써 이 지역에서 다른 사람들이 뿌리 내리지 못하도록 만드는 데 있다. 이런 분쟁은 대량 학살, 테러, 강간, 고문 등 추악한 폭력을 동반한다. 갈등을 빚는 영토는 한 진영에게 또한 양 진영 모두에게 자신들의 역사나 정체성과 관계가 있는 고도의 상징성이 깃든 지역이다. 그 성스러운 땅은 신성불가침의 권리를 가진다고 그들은 믿는다. 요르단 강 서안, 카슈미르, 나고르노카라바흐, 드리나 계곡, 코소보가 바로 그런 곳들이다.

단층선 전쟁은 일반적으로 집단 전쟁의 특성들을 모두 공유하지 않고 부분적으로만 공유한다. 단층선 전쟁은 질질 끄는 전쟁이다. 나라 안에서 벌어질 경우 그 전쟁은 국가 간의 전쟁보다 평균 지속 기간이 6배에 달한다. 집단의 정체성과 힘을 둘러싼 근본적 갈등이기에 이것은 협상과 타협을 통해 해결하기가 어렵다. 타협이 이루어지더라도 분쟁 양측이 모든 관련 집단의 동의를 구하기 어려워서 그 타협은 대체로 오래 지속되지 못한다. 단층선 분쟁은 대규모 폭력으로 확 타올랐다가 저강도의 교전이나 껄끄러운 적대관계로 사그라들었다가 다시 타오르는 지구전의 양상을 띤다. 집단적 정체성과 적개심의 불길은 대량 학살의 수단이 아니고서는 완전히 진화시킬 방법이 없다.

단층선 전쟁은 다른 집단 분쟁처럼 지구전의 양상을 띠므로 자연히 사망자와 난민의 규모도 엄청나다. 어디까지나 추정치인만큼 신중한 접근이 요구되지만 1990년 초반 진행된 단층선 전쟁에서 일반적으로 받아들여지는 사망자 수는 필리핀 5만 명, 스리랑카 5만~10만 명, 카슈미르 2만 명, 수단 50만~150만 명, 타지키스탄 10만 명, 크로아티아 5만 명, 보스니아헤르체고비나 5만~20만 명, 체첸 3만~5만 명, 티베트 10만 명, 동티모르 20만 명이다.[20] 이 분쟁들이 낳은 피난민의 규모는 사망자 규모를 훨씬 상회한다.

오늘날 벌어지고 있는 전쟁의 상당수는 장구한 역사를 가진 유혈 분쟁이 최근에 와서 불거진 데 있다. 폭력을 근절시키려는 노력에도 불구하고 20세기 말에 와서도 분쟁은 사라지지 않고 있다. 가령 1956년에 시작된 수단 내전은 1972년까지 계속되다가 남부 수단에 일정한 자치권을 부여한다는 합의가 이루어지면서 소강상태로 접어들었다가 1983년에 다시 재발했다. 스리랑카의 타밀 반군은 1983년에 처음 봉기했다. 1991년에 내전 종식을 위한 평화회담이 결렬되어 1994년 다시 분쟁이 재연되었다가 1995년 1월 어렵사리 휴전 합의에 이르렀다. 그러나 넉 달 뒤 타밀 반군이 휴전협정을 깨고 평화회담을 거부하자 다시 극심한 폭력과 함께 전쟁이 시작되었다. 1970년대 초반 활동을 개시한 필리핀의 모로 반군은 민다나오 일부 지역에 자치권을 부여한다는 합의를 받아들인 뒤 1976년부터 활동이 뜸해졌으나 반군 세력이 평화협상을 거부하면서 1993년부터 차츰 폭력의 빈도가 잦아지고 그 강도도 심해지고 있다. 러시아와 체첸 지도부는 1995년 7월 그 전 해 12월부터 시작된 무력 충돌을 종식시키기 위한 무장해제에 합의했다. 충돌은 한동안 뜸해지나 싶었지만 체첸 반군이 러시아 지도자나 친러시아 인사를 개별적으로 공격하고 러시아가 여기에 보복을 가하면서 분쟁은 다시 악화되었고 1996년 1월 체첸이 다게스탄으로 밀고 들어갔고 1996년 초 러시아는 대규모 공격을 퍼부었다.

단층선 전쟁과 그밖의 집단 전쟁들은 장기 지속성, 극심한 폭력성, 이념적 혼선이라는 공통점을 갖지만 단층선 전쟁은 한두 가지의 남다른 특성을 갖는다.

첫째, 집단 전쟁은 민족, 종교, 인종, 언어 집단 사이에서 일어날 수 있다. 그러나 종교는 문명을 정의하는 주된 특성이므로 단층선 전쟁은 거의 예외 없이 상이한 종교를 가진 사람들 사이에서 일어난다. 일부 분석가들은 종교라는 요인의 중요성을 평가 절하한다. 예컨대 그들은 피와 언어의 공유, 과거의 평화로운 공존, 보스니아헤르체고비나의 세르비아인과 이슬람교도 사이의 광범위한 혼인관계를 지적하면서 프로이트의 '사소한 차이에 대한 자기도취'란 표현으로 종교적 요인을 무시한다.[21] 그러나 그런 판단은 세속적 단견에 뿌리를 두고 있다. 수천 년의 인류 역사는 종교가 '사소한 차이'가 아니라 사람들 사이에 존재하는 가장 근원적 차이일 수도 있다는 사실을 보여준다. 일반적으로 상이한 신에 대한 믿음은 단층선 전쟁의 빈도, 강도, 폭력성을 높인다.

둘째, 다른 집단 전쟁들은 개별화 성향이 강하며 다른 지역으로 확산될 가능성이 높지 않다. 반면에 단층선 전쟁은 더 큰 문화적 전체의 일부를 구성하는 집단들 사이에서 벌어지는 분쟁이다. 대부분의 집단 전쟁에서 A 집단과 B 집단이 싸울 때 C, D, E 집단은 A나 B가 C, D, E의 이익을 직접적으로 침해하지 않는 한 전쟁에 개입할 아무런 이유가 없다. 그러나 단층선 전쟁에서는 A1 집단과 B1 집단이 싸움을 벌이고 이들은 전쟁을 확대시켜 문명적 친족 집단인 A2, A3, A4 집단, B2, B3, B4 집단의 지지를 끌어내려고 노력하며 이들 친족 집단은 전투를 벌이는 당사자들과 일체감을 느낀다. 현대 세계에서는 교통망과 통신망이 발전하면서 이러한 연결망의 구축이 용이해졌으며 따라서 단층선 분쟁의 '국제화'가 가능해졌다. 이민은 제3문명으로의 탈출구를 열어놓았다. 통신 수단의 발전 덕분에 교전 당사자들은 자신들의 운명을 친족 집단들에게 즉각적으로 알리고 도움을 요청할 수 있게 되었다. 세계가 전반적으로 가까워지면서 친족 집단들은 싸움을 벌이는 자기 편에게 정신적, 외교적, 금전적, 물질적 지원을 보낼 수 있게 되었고 그렇게 안 하기가 훨씬 더 힘들어졌다. 그러한 지원을 제공하는 국제적 연결망이 구축되었고 지원은 다시 분쟁을 지속시켰다. 그린웨이H. D. S. Greenway가 말하는 '친족국 증후군kin-country syndrome'은 20세기 말 단층선 전쟁의 핵심적 특징이다.[22] 좀 더 일반적 차원에서는 상이한 문명에 속한 사람들끼리의 사소한 충돌도 같은 문명 내부의 충돌에서는 찾아볼 수 없는 엄청난 파급력을 가진다. 1995년 2월 카라치의 한 이슬람교 사원에서 수니파 무장 경비원들이 18명의 시아파 예배자들을 죽였을 때 카라치는 쑥대밭이 되었고 파키스탄의 정국이 들끓었다. 그보다 정확히 1년 앞서 헤브론의 한 성지에서 기도를 하고 있던 29명의 이슬람교도들을 한 유대인 정착민이 죽였을 때 중동 평화회담은 중단되었고 온 세계가 들끓었다.

## 발생률: 이슬람의 피 묻은 경계선

집단 분쟁과 단층선 전쟁이 역사에서 다반사로 일어난다. 한 추계에 따르면 냉전 기간 동안 아랍과 이스라엘, 인도와 파키스탄, 수단의 이슬람교도와 그리스도교도, 스리랑카의 불교도와 타밀 반군, 레바논의

시아파와 마론파(주로 레바논에 살며 아랍어의 전례를 쓰는 귀일 교회의 일파 — 옮긴이) 사이의 단층선 전쟁을 포함해 모두 32건의 민족 분쟁이 터졌다. 1940년대와 1950년대에 벌어진 모든 내전 중 절반 가까이는 정체성을 둘러싼 분쟁이었는데 그 후 몇십 년 동안 그 비율이 3분의 2 가까이 늘었다. 민족 분쟁은 1950년대 초부터 1980년대 말까지 무려 3배가 늘었다. 그러나 압도적인 힘을 가진 두 초강대국이 대립하는 현실에서 이 분쟁들은 몇몇 두드러진 예외는 있었지만 상대적으로 거의 관심을 끌지 못했고 냉전의 프리즘을 통해 이해되었다. 냉전의 상처가 아물면서 집단 분쟁은 전보다 더욱 현저하고 광범위하게 나타났다. 민족 분쟁의 '폭증'이라고 부르기에 걸맞은 현상이 현실로 일어났다.[23]

이들 민족 분쟁과 단층선 전쟁은 세계 유수의 문명들에 골고루 분포되어 있지는 않다. 옛 유고슬라비아 지역의 세르비아와 크로아티아 사이에, 스리랑카의 불교도와 힌두교도 사이에 대대적인 문명선 전쟁이 벌어지긴 했지만 비이슬람 지역에서 일어나는 분쟁은 상대적으로 강도가 약하다. 단층선 전쟁의 압도적 다수는 유라시아와 아프리카를 아우르는 지역에서 이슬람교도와 비이슬람교도를 가르는 경계선을 따라 일어났다. 세계정치를 거시적, 지구적 차원에서 고찰하면 으뜸가는 문명 충돌의 주역은 서구와 나머지 세계라 할 수 있지만 미시적, 국지적 차원에서 고찰하면 그 주역은 이슬람과 나머지 세계다.

이슬람교도와 비이슬람교도 사이에 강한 적대감이 있어 이들 간에는 폭력적 분쟁이 자주 발생한다. 보스니아헤르체고비나에서 이슬람교도들은 정교계의 세르비아인과 피비린내 나는 전쟁을 벌였고 가톨릭을 신봉하는 크로아티아인과도 유혈극을 벌였다. 코소보에서 알바니아 이슬람교도들은 세르비아의 지배를 달가워하지 않고 그들만의 지하 정부를 별도로 유지하고 있어 두 집단 사이에 폭력이 발생할 가능성이 아주 높다. 알바니아 정부와 그리스 정부는 상대국에 거주하는 자민족 소수 집단의 권리를 놓고 대립을 벌이고 있다. 터키와 그리스는 역사적으로 앙숙관계에 있다. 키프로스에서 터키 이슬람교도와 그리스 정교도는 등을 맞대고 별도의 정부를 구성하고 있다. 캅카스에서 터키와 아르메니아는 원수지간이고, 아제르바이잔과 아르메니아는 나고르노카라바흐의 귀속을 놓고 전쟁을 벌였다. 북부 캅카스에서는 체첸, 잉구셰티야 등의 이슬람 민족이 러시아로부터 독립을 쟁취하고자 200년 전부터 싸워왔는데 1994년 체첸과 러시아의 해묵은 갈등이 다시 전쟁으로 비화했다. 전쟁은 잉구셰티야 이슬람교도와 오세티아 정교도 사이에도 터졌다. 볼가 강 유역에서 타타르 이슬람교도는 전부터 러시아와 싸우다가 1990년대 초반 제한적 주권을 인정받은 뒤 러시아와 불안한 동거관계에 들어갔다.

19세기 내내 러시아는 무력으로 중앙아시아의 이슬람 민족들을 하나둘 집어삼키면서 영토를 넓혔다. 1980년대에 들어와서 아프가니스탄과 러시아는 전면전을 벌였고 전쟁이 러시아의 퇴각으로 끝난 뒤 타지키스탄에서 현 정권을 지지하는 러시아 군과 이슬람 반군 사이에서 비슷한 싸움이 재현되었다. 신장에서는 위구르족을 비롯한 이슬람 민족들이 중국화에 맞서 투쟁하면서 민족적, 종교적 뿌리가 같은 옛 소련의 이슬람 공화국들과 관계를 강화시키고 있다. 인도와 파키스탄은 세 차례 전쟁을 벌였다. 카슈미르에 대한 인도의 통치는 이슬람교도들의 강한 반발을 낳고 있으며, 아삼 지방에서는 현지인들과 이슬람교도 이주민들이 싸움을 벌이고 있다. 인도 전역에서 이슬람교도와 힌두교도는 무력 충돌을 일삼는데 두 종교 집단 내부에 부상하는 원리주의 운동이 이러한 충돌을 부추기고 있다. 방글라데시에서는 인구의 다수를 점하는 이슬람교도의 차별 대우를 불교도가 항의하는 반면, 미얀마에서는 인구의 다수를 점하는 불교도의 차별 대우를 이슬람교도가 항의하는 사태가 벌어지고 있다. 말레이시아와 인도네시아에서 이슬람교도들은 화교의 경제권 장악에 항의하는 폭동을 주기적으로 터뜨린다. 태국 남부에서는 불교 정부에 맞서 이슬람교도들이 간헐적으로 시위를 벌이고 있으며 필리핀 남부에서는 이슬람 반군이 가톨릭 정부로부터의 독립을 요구하며 싸우고 있다. 그런가 하면 인도네시아에서는 가톨릭을 신봉하는 동티모르인들이 이슬람 정부의 억압에 맞서 싸우고 있다.

중동에서는 유대인이 나라를 세운 이후 아랍인과 유대인 사이의 분쟁이 지속되고 있다. 이스라엘과 아랍 국가들 사이에 이제까지 네 번의 전쟁이 일어났고 팔레스타인 민족은 이스라엘의 통치에 '인티파다(반란)'로 맞서고 있다. 레바논에서는 마론파 그리스도교도들이 시아파를 비롯한 이슬람교도들을 상대로 승산 없는 싸움을 벌이고 있다. 에티오피아에서는 역사적으로 이슬람계 민족들을 억압해온 암하라 정교도들이 오로모 이슬람교도들의 반란에 직면해 있다. 아프리카에서는 이슬람교를 믿는 북부의 아랍계와 그리스도 정령 신앙을 가진 남부의 흑인들 사이에 다양한 분쟁이 발생하고 있다. 이슬람교도와 그리스도교도의 가장 치열한 싸움은 수단에서 일어났다. 몇십 년째 계속되고 있는 이 싸움에서 수만 명이 목숨을 잃었다. 나이지리아는 북부의 이슬람교도 세력과 남부의 그리스도교 부족들의 대립으로 그동안 수차례의 쿠데타와 폭동, 한 차례의 전면전을 치러야 했다. 차드, 케냐,

탄자니아에서도 엇비슷한 싸움이 이슬람교도와 그리스도교도 사이에서 벌어졌다.

이 모든 지역에서 이슬람교도 세력과 다른 문명 세력(가톨릭, 프로테스탄트, 정교, 힌두교, 중국, 불교, 유대교)의 관계는 대체로 적대적이었다. 대부분의 관계가 과거의 어느 시점에서 한 번은 폭력으로 치달았으며 1990년대에 들어와 폭력의 빈도가 잦아졌다. 이슬람권의 어디로 눈을 돌리든 이슬람교도들은 이웃 집단들과 평화롭게 공존하는 데 어려움을 느끼고 있다. 여기서 자연스럽게 제기되는 질문은 20세기 말에 불거진 이슬람 집단과 비이슬람 집단의 분쟁 양상이 다른 문명에 속한 집단들의 관계에서도 찾아볼 수 있느냐는 것이다. 답은 그렇지 않다. 이슬람교도는 세계 인구 5분의 1을 차지하지만 1990년대에 들어와 그들은 다른 문명의 그 어떤 집단보다도 훨씬 자주 분쟁이 휘말렸다. 그 증거는 얼마든지 나열할 수 있다.

1. 테드 거Ted Gurr가 분석한 〈표 10-1〉에 따르면 1993~1994년에 진행되었던 50건의 민족 분쟁 가운데 26건이 이슬람교도와 연루되어 있다. 상이한 문명에 속한 집단 사이의 분쟁은 모두 20건이었는데 이 중 15건이 이슬람교도와 비이슬람교도의 분쟁이었다. 요컨대 이슬람 문명이 연루된 분쟁이 모든 비이슬람교 문명 간 분쟁의 3배에 달했다. 이슬람 문명 내부의 분쟁 또한 아프리카의 부족 분쟁을 포함해 그 어떤 문명의 내부 분쟁보다도 많았다. 이슬람과는 대조적으로 서구는 2건의 문명 간 분쟁과 2건의 문명 내 분쟁에 연루되었다. 이슬람교도가 연루된 분쟁은 희생자를 많이 내는 경향이 있다. 20만 명 이상이 죽었다고 테드 거가 추정하는 여섯 전쟁 가운데 셋(수단, 보스니아헤르체고

〈표 10-1〉 민족 정치 분쟁: 1993~1994년

| | 문명 내 | 문명 간 | 계 |
|---|---|---|---|
| 이슬람 | 11 | 15 | 26 |
| 기타 | 19* | 5 | 24 |
| 계 | 30 | 20 | 50 |

**자료**: 테드 거, 〈국가와 싸우는 민족: 민족정치적 분쟁과 변화하는 세계 체제Peoples Against States: Ethnopolitical Conflict and the Changing World System〉, 《국제학International Studies Quarterly》, Vol. 38(1994년 9월), pp. 347~378. 나는 테드 거의 분쟁 범주를 모두 수용했지만 유일한 예외는 중국-티베트 분쟁이었다. 그가 비문명 범주에 넣은 이 분쟁을 나는 문명 간 범주에 집어넣었다. 이것은 유교를 믿는 중국인과 라마불교를 믿는 티베트인의 충돌임이 명백하다고 보았기 때문이다.

* 이 중 10건은 아프리카의 부족 간 분쟁.

비나, 동티모르)이 이슬람교도와 비이슬람교도의 분쟁이었고, 둘(소말리아, 이라크-쿠르드)이 이슬람교도 간 분쟁이고 겨우 하나(앙골라)가 비이슬람교도 간 분쟁이었다.

2. 〈뉴욕 타임스The New York Times〉는 1993년 약 59건의 민족 분쟁이 벌어지고 있는 58개 지역을 지목했다. 이 중 절반 지역이 이슬람교도가 다른 이슬람교도나 비이슬람교도와 충돌한 곳이었다. 59개 분쟁 중에서 31개가 상이한 문명에 속한 집단들 간의 싸움이었는데 이 문명 간 분쟁 가운데 3분의 2가 이슬람교도와 비이슬람교도의 분쟁으로 파악되어 거의 분석치와 엇비슷한 결과가 나왔다〈표 10-2〉.

3. 또 다른 분석에서 루스 시버드Ruth Sivard는 1992년 진행된 29건의 전쟁(매년 천 명 이상의 사망자가 발생하는 분쟁으로 정의)을 확인했다. 모두 12건의 문명 간 분쟁 중에서 9건이 이슬람교도와 비이슬람교도 사이

〈표 10-2〉 민족 분쟁: 1993년

| | 문명 내 | 문명 간 | 계 |
|---|---|---|---|
| 이슬람 | 7 | 21 | 28 |
| 기타 | 21* | 10 | 31 |
| 계 | 28 | 31 | 59 |

**자료**: 〈뉴욕 타임스〉, 1993년 2월 7일, pp. 1, 14.
* 이 중 10건은 아프리카의 부족 간 분쟁.

의 분쟁으로 나타나 이슬람교도는 그 어떤 문명 집단보다도 전쟁을 많이 벌이는 것으로 다시금 드러났다.[24]

세 가지 상이한 자료에서 얻은 결론은 동일하다. 1990년대 초반 이슬람교도들은 비이슬람교도들보다 집단 분쟁에 더 많이 연루되어 있으며 문명 간 분쟁의 3분의 2에서 4분의 3이 이슬람교도와 비이슬람교도 사이의 싸움이었다. 이슬람의 경계선은 피에 젖어 있으며 그 내부 역시 그렇다.*

이슬람교도에게 폭력 분쟁으로 치닫는 성향이 높다는 것은 이슬람 국가들의 군사화 정도에서도 엿볼 수 있다. 1980년대에 이슬람 국가들의 군사력 비율military force ratio (인구 천 명당 군인의 수)과 군사 노력 지수military effort index (국부로 환산한 군사력 비율)는 다른 문명의 어느 국가보다도 크게 높았다. 그와는 대조적으로 그리스도교 국가들의 군사력

* 《포린 어페어스》에 실린 나의 논문 가운데 "이슬람은 피 묻은 경계선을 가지고 있다"는 문장보다 더 사람들의 비판적 관심을 끈 구절은 없다. 나는 문명 간 분쟁의 실태 조사에서 그런 판단을 내리게 되었다. 공평한 모든 자료가 제공하는 양적 증거는 이 주장의 타당성을 결정적으로 입증한다.

〈표 10-3〉 이슬람 국가와 그리스도교 국가의 전투성

| | 평균 군사력 비율 | 평균 군사 노력 지수 |
|---|---|---|
| 이슬람국(25개국) | 11.8 | 17.7 |
| 기타국(112개국) | 7.1 | 12.3 |
| 그리스도교국(57개국) | 5.8 | 8.2 |
| 기타국(80개국) | 9.5 | 16.9 |

**자료:** 제임스 페인, 《왜 민족은 무장하는가Why Nations Arm》 Oxford: Basil Blackwell, 1989, pp. 125, 138~139. 이슬람 국가와 그리스도교 국가는 국민의 80퍼센트 이상이 해당 종교를 믿는다.

비율과 군사 노력 지수는 다른 문명의 국가들보다 크게 낮았다. 이슬람 국가들의 평균 군사력 비율과 평균 군사 노력 지수는 그리스도교 국가들의 약 2배였다〈표 10-3〉. "이슬람과 전투성 사이에는 명백한 연관성이 있다"고 제임스 페인James Payne은 결론짓는다.[25]

이슬람교도는 또한 국제적 위기 상황이 벌어졌을 때 폭력에 의존하는 성향이 남달리 높아 1928년부터 1979년까지 그들이 연루된 총 142건의 분쟁 중에서 76건을 폭력으로 해결하려 했다. 그중 25건은 폭력이 분쟁을 처리하는 으뜸가는 수단이었으며 51건은 이슬람 국가들이 다른 수단들과 병용해 폭력을 사용했다. 이슬람 국가들은 폭력을 구사할 때도 아주 강도 높은 폭력을 동원했으며, 폭력이 사용된 분쟁 가운데 전면전 비율이 41퍼센트이고 38퍼센트는 대규모 충돌의 양상으로 나타났다. 이슬람 국가들의 무력 의존도가 53.5퍼센트에 이르는 반면 영국은 자신이 연루된 국제 분쟁 중에서 겨우 11.5퍼센트, 미국은 17.9퍼센트, 소련은 28.5퍼센트를 무력으로 해결했다. 주요 강대국 중에서 오직 중국만이 이슬람 국가를 능가하는 폭력 의존도를

보였다. 중국은 위기의 76.9퍼센트를 폭력으로 해결하려 했다.[26] 이슬람교도의 호전성과 폭력성은 모두가 결코 부정할 수 없는 20세기 후반의 엄연한 사실이다.

## 원인: 역사, 인구, 정치

20세기 말에 들어와 단층선 전쟁이 빈번하고 특히 그러한 분쟁에서 이슬람이 중심적 역할을 맡게 된 이유는 무엇일까? 첫째, 이들 전쟁은 역사에 뿌리를 두고 있다. 지난날에 발생한 상이한 문명 집단 간의 간헐적인 단층선 전쟁이 기억 속에 남아 있으며 이것은 다시 양측에 두려움과 불안감을 불러일으킨다. 인도 대륙의 힌두교도와 이슬람교도, 북부 캅카스의 러시아인과 캅카스인, 트랜스캅카스의 아르메니아인과 터키인, 팔레스타인의 아랍인과 유대인, 발칸 지역의 가톨릭교도·이슬람교도·정교도, 발칸에서 중앙아시아에 이르는 지역의 러시아인과 터키인, 스리랑카의 신할라인과 타밀인, 아프리카의 아랍인과 흑인 등 이들 관계 모두는 오랜 세월 불신에 찬 공존과 적대적 폭력 사이를 오갔다. 사람들이 효과적으로 이용할 만한 분쟁의 역사적 유산은 얼마든지 있다. 이런 관계들에서 역사는 생생히 살아 숨 쉬면서 공포를 자아낸다.

지속적으로 이어지는 살육의 역사 자체만으로는 왜 20세기 말에 와서 폭력이 다시 분출되는지를 설명하지 못한다. 많은 사람들이 지적하듯 세르비아인, 크로아티아인, 이슬람교도는 수십 년 동안 유고슬라비아에서 아주 평화로운 공존관계를 누렸다. 인도에서 이슬람교

〈그림 10-1〉 스리랑카: 신할라와 타밀의 총인구 대비 청년 인구 백분율: 15~24세

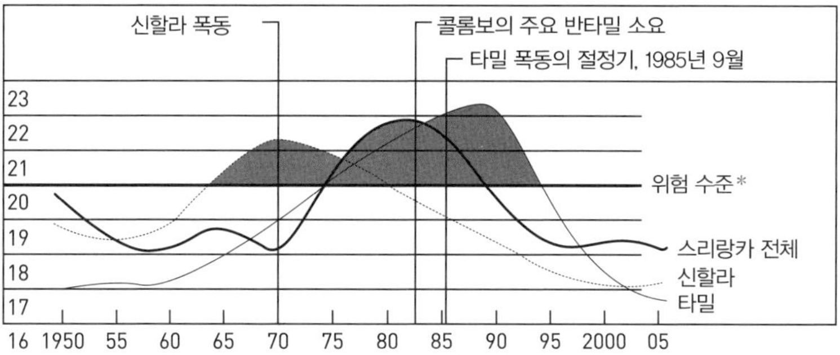


* 위험 수준은 청년 인구가 전체 인구의 20퍼센트를 넘어서는 지점이다.

도와 힌두교도도 그동안 별다른 문제가 없었다. 소련의 수많은 민족 집단과 종교 집단 역시 별다른 마찰 없이 지냈다. 소련의 수많은 민족과 종교 집단도 소련 정부의 강압이 야기한 몇 가지 예외를 제외하고는 순탄한 공존을 누렸다. 타밀인과 신할라인도 열대의 낙원으로 종종 묘사되는 스리랑카에서 조용히 어울려 살았다. 이 상대적으로 평화로운 관계는 역사의 격랑에도 불구하고 상당 기간 지속되었다. 따라서 역사 자체만으로는 평화의 붕괴를 설명하지 못한다. 20세기의 지난 몇십 년 동안 다른 요인들이 여기에 영향을 미쳤음에 틀림없다.

인구구성의 변화가 그런 요인의 하나다. 한 집단의 수적 팽창은 다른 집단들에게 정치적, 경제적, 사회적 압력을 가해 반작용을 불러일으킨다. 무엇보다 중요한 것은 한 집단의 인구 팽창이 인구 증가율이 미미한 다른 집단들에게 군사적 압력으로 작용한다는 사실이다. 1970년대 초반 레바논에서 30년 동안 유지되어온 헌정질서가 무너진 것은 마론파 그리스도교도에 비해 시아파 이슬람교도의 수가 급격히 불어난 데서 주요한 원인을 찾을 수 있다. 게리 풀러Gary Fuller의

지적에 따르면 스리랑카에서 1970년대 초 신할라 민족주의 세력의 폭동과 1980년대 말 타밀 반군의 항거가 절정에 이른 시점은 이 두 집단에서 15~24세까지의 '청년층'이 총인구의 20퍼센트를 넘어섰던 기간과 시기적으로 일치한다〈그림 10-1〉.[27] 스리랑카에 근무하는 한 미국 외교관에 따르면 신할라 봉기를 주도한 층은 거의 24세 이하의 젊은이였고 타밀 호랑이(반군)들도 열한 살 먹은 소년, 소녀까지 동원하는 등 이른바 아동군에 남달리 의존했으며 이제 열여덟 살을 갓 지난 청소년들이 전장에서 죽어갔다. 《이코노미스트》의 보도에 따르면 타밀 호랑이들은 미성년자의 전쟁을 치르고 있었다.[28] 마찬가지로 러시아인과 남부 이슬람교도 사이의 단층선 전쟁도 인구 증가율의 현격한 차이에서 촉발되었다. 1990년대 초반 러시아 연방의 여성 출산율은 1인당 1.5명인 데 비해 이슬람교도가 압도적으로 많은 중앙아시아의 여성 출산율은 약 4.4명에 달했으며, 순수 인구 증가율(총출생률에서 총사망률을 뺀 수치)은 1980년대 말 중앙아시아 지역이 러시아의 5~6배에 이르렀다. 1980년대의 체첸 인구는 26퍼센트 늘어 러시아에서 인구 밀도가 가장 높은 지역의 하나가 되었다. 체첸의 높은 출생률은 수많은 이민과 전투원을 낳았다.[29] 마찬가지로 이슬람교도의 높은 출산율과 카슈미르 지역으로 유입된 파키스탄 이민 인구는 인도의 통치에 저항하는 새로운 움직임을 낳았다.

옛 유고슬라비아 지역에서 문명 간 전쟁으로 귀결된 복잡한 과정들에는 다양한 원인과 발단이 있다. 그중 가장 중요한 단일 요인은 코소보에서 발생한 인구구성의 변화였다. 코소보는 세르비아 내의 자치주로서 분리 독립권을 제외하고는 사실상 유고슬라비아의 6개 공화국과 동등한 지위를 누리고 있었다. 1961년 코소보의 인구는 알바니아

이슬람교도가 67퍼센트, 세르비아 정교도가 24퍼센트였다. 알바니아계의 출생률은 유럽 최고 수준이어서 코소보는 유고슬라비아에서 가장 인구밀도가 높은 지역이 되었다. 1980년대에 이르면 알바니아계 인구 중에서 50퍼센트 가까이가 스무 살 미만이었다. 이런 상황에 직면해 세르비아인들은 코소보를 등지고 경제적 기회를 찾아 베오그라드 등지로 떠났다. 그 결과 코소보의 인구 분포는 1991년에는 이슬람교도가 90퍼센트, 세르비아계가 10퍼센트를 차지하기에 이르렀다.[30] 그러나 세르비아인은 코소보를 자신들의 '성지' 혹은 '예루살렘'으로 보았다. 무엇보다도 그곳은 1389년 6월 28일 오스만 제국과 치열한 싸움을 벌인 곳이다. 이 전쟁에서 패배하면서 세르비아는 500년 가까이 오스만 제국의 지배를 받았다.

1980년대 말 인구구성에 급격한 변화가 오자 알바니아계는 코소보를 유고슬라비아 공화국의 지위로 격상시켜줄 것을 요구했다. 세르비아계와 연방 정부는 코소보가 일단 분리 독립권을 획득하면 분리하여 알바니아와 합병하는 길을 추구할지도 모른다는 우려에서 그러한 요청을 거부했다. 1981년 3월 공화국으로의 승격을 요구하면서 알바니아계가 시위와 폭동을 일으켰다. 세르비아계에 따르면, 세르비아인에 대한 차별, 박해, 폭력이 그 후 눈에 띄게 늘어났다. "1970년대 후반부터 코소보에서는 …… 재산 손괴, 해고, 희롱, 강간, 싸움, 살인 등 폭력 사건이 빈발했다"고 한 크로아티아계 프로테스탄트는 전했다. 그 결과 세르비아인들은 그들에게 가해지는 위협이 대량 학살 전에 버금가는 수준이었으며 그런 사태를 더 이상 묵과할 수 없었다고 주장했다.

코소보 지역에서 세르비아인들이 처한 곤경은 세르비아 전역에 파문을 낳았고 1986년 야당 잡지인 《프락시스Praxis》의 편집인을 포함한 세르비아의 지도적 지식인, 정치인, 종교인, 군인 200명이 코소보 지역의 세르비아계 학살극을 종식시키고자 정부에 단호한 대책을 강구하도록 요구하는 선언문을 발표했다. 대량 학살극이라는 표현은 지나치게 과장된 감이 있지만, 알바니아계의 입장을 잘 이해하는 한 외국인 관측자는 "1980년대에 세르비아계에게 가해진 폭력 행위, 세르비아인의 재산에 대한 파괴 행위에 대한 1차적 책임은 알바니아 민족주의자들에게 있다"[31]고 밝혔다.

이 모든 것이 세르비아의 민족주의를 자극했고 슬로보단 밀로셰비치Slobodan Miloseric는 기회를 놓치지 않았다. 1987년 그는 코소보에서 세르비아계가 대거 운집한 가운데 우리의 땅과 역사를 지키자는 연설을 했다. 즉각 공산주의자, 비공산주의자, 심지어는 반공주의자를 포함한 수많은 세르비아인들이 그의 주위에 몰려들었다. 그들은 코소보에 거주하는 소수 세르비아계를 보호하는 데 그치지 않고 알바니아계를 탄압해 2등 국민으로 강등시키려는 결의를 다졌다. 밀로셰비치는 이내 민족 지도자로 떠올랐다.[32] 2년 뒤인 1989년 6월 28일 밀로셰비치는 계속되는 이슬람교도와의 전쟁을 상징하는 위대한 전투 600주년을 기념하기 위해 100만~200만 명의 세르비아인을 거느리고 코소보로 돌아왔다.

알바니아계의 인구 증가와 세력 확대에 직면한 세르비아인의 공포와 민족주의는 보스니아헤르체고비나에서 일어난 인구구성의 변화로 인해 한층 고조되었다. 1961년 세르비아계가 보스니아헤르체고비나 인구의 43퍼센트를, 이슬람교도가 26퍼센트를 차지했다. 1991년에 와서는 이 비율이 거의 정반대로 역전되어 세르비아계가 31퍼센트로 떨어진 반면 이슬람교도는 44퍼센트로 껑충 뛰었다. 같은 기간 동안 크로아티아계도 22퍼센트에서 17퍼센트로 줄었다. 한 집단의 인구 팽창은 다른 집단에 의한 민족 청소로 이어졌다. "우리는 왜 아이들을 죽이는가?" 한 세르비아 전투원은 1992년 이런 질문을 던진 뒤 바로 답변했다. "언젠가는 그 아이들이 자랄 것이고 그때 가서도 우리는 어차피 그들을 죽일 수밖에 없기 때문이다." 이보다는 덜 잔인하게, 보스니아헤르체고비나의 크로아티아계 당국은 자신들의 거주지가 이슬람교도에 의해 '인구학적으로 점령'당하는 것을 막고자 나섰다고 주장한다.[33]

20세기 후반에 일어난 문명 간 충돌의 상당수는 인구 균형의 변화와 청년층 인구의 폭발적 증가로 설명할 수 있다. 그러나 모든 문명 간 충돌을 이런 식으로 설명할 수 있는 것은 아니다. 가령 세르비아와 크로아티아의 충돌은 인구 요인만으로는 해명되지 않는다. 역사적 요인도 부분적 역할 밖에는 못 한다. 제2차 세계대전 당시 크로아티아가 세르비아인을 학살하기 전까지만 하더라도 두 민족은 비교적 평화롭게 살아왔기 때문이다. 이 지역에서도, 다른 지역에서도 정치는 분쟁의 한 원인으로 작용한다. 제1차 세계대전의 종식과 함께 일어난 오스트리아-헝가리 제국, 오스만 제국, 러시아 제국의 붕괴는 새롭게 대두한 민족과 국가 사이에서 민족 간, 문명 간 분쟁을 자극했다. 제2차 세계대전 이후 영국, 프랑스, 독일 제국주의의 종식은 이와 비슷한 결과를 낳았다. 냉전이 끝나고 소련과 유고슬라비아의 공산 체제가 무너지자 역시 같은 결과가 나왔다. 그리고 사람들은 더 이상 자신을 공산주의자로, 소련 국민으로, 유고슬라비아 국민으로 정의할 수 없었으므로 새로운 정체성에 대한 열망이 간절해졌다. 사람들은 그러한 정체성을 민족과 종교라는 해묵은 대용물에서 발견했다. 신은 존재하지 않는다는 유물론적 명제를 금과 옥조로 받든 국가들의 억압적이지만 평화로웠던 질서는 다양한 신들을 떠받드는 민족들의 폭력으로 바뀌었다.

이 과정은 새로 등장한 정치 집단들이 민주주의의 절차를 채택해야 할 필요성을 느끼면서 한층 악화되었다. 소련과 유고슬라비아 연방이 분열되기 시작했을 때 권력을 잡고 있던 엘리트들은 국민투표를 시행하지 않았다. 만일 그들이 국민투표를 시행했더라면 정치 지도자들은 중앙 권력을 장악하고자 각축을 벌였을 것이고 유권자들의 표를 끌어모으고자 다민족적, 다문명적 호소력을 갖는 공약을 내세웠을 것이다. 그 결과 의회 내의 연정과 비슷한 정치적 공존이 이루어졌을 것이다. 그러나 소련과 유고슬라비아에서 모두 먼저 공화국 단위의 선거가 실시되어, 정치 지도자들은 중앙에 맞서는 선거 구호를 내세우고 민족주의를 고취하고 공화국의 독립을 요구하고픈 유혹을 느낄 수밖에 없었다. 보스니아헤르체고비나의 1990년 선거에서도 유권자들은 정확히 민족의 경계선을 따라 투표했다. 다민족주의를 표방한 개혁당과 옛 공산당은 각각 10퍼센트 미만의 지지율을 얻었다. 이슬람교도의 민주행동당(34퍼센트), 세르비아계의 민주당(30퍼센트), 크로아티아계의 민주연합(18퍼센트)이 얻은 표는 이슬람교도, 세르비아계, 크로아티아계의 인구비와 대체로 합치했다.

옛 소련과 옛 유고슬라비아 연방의 거의 모든 공화국에서 최초로 공정하게 치러진 선거에서 민족주의 정서에 호소하고 다른 민족 집단에 맞서 자신들의 민족성을 수호하기 위한 엄격한 대응책을 약속한 정치 지도자들이 승리를 거두었다. 선거 유세전은 민족주의 구호를 확산시켜 단층선 분쟁을 단층선 전쟁으로 증폭시켰다. 보그단 데니치

Bogdan Denitch의 표현대로 민족주의가 민주화로 이행할 때 그 최초의 결과는 '논전' 아니면 전쟁이다.[34]

20세기 막바지에 이르러 왜 유독 이슬람교도가 다른 문명 집단들에 비해 집단 간 폭력에 훨씬 많이 연루되는가 하는 물음은 여전히 남아 있다. 과거 그리스도교도들은 같은 그리스도교도뿐 아니라 다른 문명권 사람들을 대량으로 죽였다. 인류 역사에 나타난 문명들의 폭력 성향을 평가하기 위해서는 광범위한 조사가 필요하지만 여기서는 그런 조사가 불가능하다.

지금 가능한 것은 이슬람 내부와 외부에서 이슬람교도 집단의 폭력을 유발한다고 추정되는 원인들을 잡아낸 다음, 만일 그런 원인이 존재한다면 역사 전체를 관류하는 집단 분쟁의 좀 더 포괄적인 성향을 설명하는 원인과 20세기 말에 나타난 성향을 설명하는 원인을 구분하는 작업이다. 개연성 높은 원인으로 우리는 여섯 가지를 들 수 있다. 세 가지는 이슬람교도와 비이슬람교도 사이의 폭력만을 설명하고, 나머지 세 가지는 이런 폭력과 이슬람 내부의 폭력을 두루 설명한다. 또한 세 가지는 이슬람교도의 폭력 성향만을 설명하고 나머지 세 가지는 만일 이슬람교도의 역사적 성향이라는 것이 존재한다면 그 역사적 성향도 아울러 설명한다. 그러나 만일 그런 역사적 성향이 존재하지 않는다면, 부재하는 역사적 성향을 설명하지 못하는 그 가공적 원인은 현재 구체적으로 드러난 이슬람교도의 집단 폭력 성향 또한 제대로 설명하지 못한다고 보아야 한다. 그럴 경우 현재의 이슬람교도 폭력 성향은 과거에는 존재하지 않았던 20세기 특유의 원인으로만 설명될 수 있을 것이다〈표 10-4〉.

첫째, 이슬람은 처음부터 검을 앞세운 종교이며 군사적 미덕을 찬

한다고 보는 주장이다. 이슬람은 '전투적인 베두인 유목 부족들' 사이에서 유래했으며 이러한 폭력적 기원은 이슬람의 토대에 각인되어 있다. 마호메트 자신도 강인한 전사였으며 유능한 군사 지휘관이었다[35] (예수와 석가모니에 대해서는 아무도 이런 평가를 내리지 않으리라). 이 주장에 따르면 이슬람 교리는 비신자들과는 전쟁을 하라고 지시하며, 초기에 이슬람교의 교세 확장이 한풀 꺾이자 이슬람교도 집단들은 교리에 어긋나게 자신들끼리 싸움을 했다. '피트나Fitnah' 곧 내부 분쟁과 지하드의 비율을 살펴보면 전자가 압도적으로 증가하는 추세를 보였다. 코란을 비롯한 이슬람교의 수많은 경전들에서 폭력 금지 규정을 찾아보기란 어렵고 이슬람의 교리에는 비폭력의 개념이 아예 존재하지 않는다는 것이다.

둘째, 처음 아라비아 반도에서 출발해 북아프리카, 중동의 대부분 지역, 나중에는 중앙아시아, 인도 대륙, 발칸 반도로 교세를 확장하는 과정에서 이슬람교도들은 아주 다양한 민족들과 직접 대면하면서 그들을 정복하고 개종시켰으며 그 유산은 지금까지 남아 있다. 오스만 제국이 발칸 반도를 휩쓸면서 도시에 거주하던 남슬라브족은 대개 이슬람교로 개종한 반면 농촌 주민들은 전통 종교를 지켰다. 그 결과 보스니아헤르체고비나 이슬람교도와 세르비아 정교도의 구분이 생겨났다. 그런가 하면 흑해, 캅카스, 중앙아시아로 영토를 확대하는 과정에서 러시아 제국은 다양한 이슬람 민족들과 여러 세기에 걸쳐 지속적인 갈등을 빚었다. 이슬람에 대한 서구의 우위가 최고조에 달했던 때에 서구는 유대인의 중동 정착을 후원했고 이것은 아랍-이스라엘 적대감의 밑바탕이 되었다. 이슬람교도와 비이슬람교도의 육지를 통한 영토확장은 유라시아 전역에서 물리적으로 가까운 거리에 공존하

〈표 10-4〉 이슬람교도의 분쟁 성향을 낳는 요인들

| | 이슬람 외부와의 분쟁 | 이슬람 내부 및 외부와의 분쟁 |
|---|---|---|
| 역사적·현재적 분쟁 | 근접성<br>화합 불능성 | 호전성 |
| 현재적 분쟁 | 희생자적 지위 | 인구 폭증<br>핵심국의 부재 |

는 이슬람교도와 비이슬람교도 집단을 양산했다. 반대로 서구는 바다를 통해 영토를 확장했으므로 비서구인들과 지리적으로 맞부딪히지 않았다. 서구인들은 유럽에서 비서구인들을 통치하거나, 남아프리카공화국의 경우는 예외지만 토착민들의 씨를 말려놓았다.

이슬람교도와 비이슬람교도의 분쟁 원인으로서 또 하나 들 수 있는 것은 한 정치가가 자기 조국과 관련해 표현한 이슬람교도의 화합 불능성이다. 그러나 화합 불능은 두 방향으로 나타난다. 자국 내에 소수 이슬람교도들의 문제를 안고 있는 비이슬람 국가들처럼 이슬람 국가들도 자국 내에 소수 비이슬람교도들의 문제를 안고 있다. 이슬람은 그리스도교를 능가하는 절대 신앙이다.

이슬람은 종교와 정치를 통합해 '다르 알 이슬람(이슬람교도)'과 '다르 알 하르브(이교도)'의 구분선을 날카롭게 긋는다. 그래서 유교, 불교, 힌두교, 그리스도교, 정교를 믿는 사람들은 서로 적응하는 데 별다른 어려움이 없고 그런 대로 어울려 살아가는 반면 이슬람교도는 타종교를 믿는 집단과의 화합에 상대적으로 더 큰 어려움을 느낀다. 중국계 화교는 동남아시아의 대부분 국가에서 수적으로는 소수지만 경제권을 쥐고 있다. 그들은 불교 전통이 강한 태국과 가톨릭 인구가 압도적으로 많은 필리핀에서 성공적으로 동화했다.

이들 나라에서는 주류 집단에 의한 심각한 반중국 폭력 사례를 사실상 찾아보기 어렵다. 반면 이슬람 국가인 말레이시아와 인도네시아에서는 반중국 시위나 폭력이 일어난 바 있으며, 이들 나라에서 중국인이 차지하는 역할은 태국과 필리핀과는 달리 민감하고 폭발 가능성이 높은 사안으로 남아 있다.

전투성, 화합 불능성, 비이슬람교도 집단과의 물리적 근접성은 이슬람의 지속적 특성이다. 그리고 이것들로 역사적으로 나타나는 이슬람교도의 분쟁 성향(만일 이런 것이 존재한다면)을 설명할 수 있다. 시간적으로 제한된 다음 세 요인들은 20세기 말 이슬람의 공격적 성향을 이해하는 데 도움을 준다.

이슬람 진영이 제시하는 한 가지 설명은 19세기와 20세기에 걸쳐 이루어진 서구 제국주의의 이슬람 사회 정복은 군사적, 경제적으로 이슬람이 나약하다는 인상을 낳았고 따라서 비이슬람 집단들은 이슬람교도를 만만한 공격 대상으로 보게 되었다는 것이다. 이 주장에 따르면 이슬람교도는 역사적으로 서구 사회를 지배한 반유대주의에 버금가게 널리 만연된 반이슬람 편견의 희생자다. 팔레스타인, 보스니아헤르체고비나, 카슈미르, 체첸 같은 이슬람 집단은 존엄성을 잃고 조상 대대로 살아온 땅에서 밀려나 보호구역에 감금된 또 하나의 억눌린 집단, 곧 인디언과 다를 바 없다고 아크바르 아메드Akbar Ahmed는 단언한다.[36] 그러나 이슬람교도를 희생자로 보는 시각은 수단, 이집트, 이란, 인도네시아 같은 나라에서 벌어지는 다수 이슬람교도와 소수 비이슬람교도 사이의 분쟁은 제대로 설명하지 못한다.

이슬람 내부와 외부의 분쟁을 두루 설명하는 또 하나의 설득력 있는 요인으로 이슬람 세계에 핵심국이 존재하지 않는다는 점을 들고 있다. 이슬람 변호자들의 지적에 따르면 서구의 이슬람 비판가들이 이슬람 중심부에 서구와 그밖의 문명을 상대로 작전을 벌이고 행동을 조율하는 음모 지시 세력이 있다고 굳게 믿고 있다는 것이다. 서구의 비판가들이 그런 믿음을 가지고 있다면 그들은 착오에 빠져 있다. 이슬람이 세계의 불안 요소로 남아 있는 것은 지배적 중심점이 그 안에 없기 때문이다. 사우디아라비아, 이란, 파키스탄, 터키, 잠재적으로는 인도네시아처럼 이슬람의 지도국을 꿈꾸는 나라들은 이슬람 세계에서 영향력을 확대하기 위해 각축을 벌이고 있지만, 이슬람 내부에서 벌어지는 갈등을 중재할 만한 강력한 지위에 올라선 나라는 아직 없다. 뿐만 아니라 이슬람 집단과 비이슬람 집단의 분쟁을 처리할 때 이슬람을 대변하면서 전면에 나설 수 있는 권위를 확보한 나라도 없다.

마지막으로 가장 중요한 요인이 있다. 이슬람 사회의 인구 폭발과 15~30세까지 연령대의 남성 실업자군이 다수 몰려 있다는 점은 이슬람 내부의 분쟁과 비이슬람을 상대로 한 분쟁에서 모두 불안정과 폭력을 낳는 자연스러운 요인이다. 그밖의 다른 요인들도 물론 작용을 하겠지만, 이 하나의 요인만으로도 1980년대와 1990년대에 발생한 이슬람 집단의 폭력을 상당 부분 설명할 수 있다. 21세기에 들어가 약 30년 동안 이들 세대가 나이를 먹고 이슬람 사회의 경제발전이 이루어질 경우 이슬람의 폭력 성향은 자연스럽게 줄어들고 단층선 전쟁의 강도와 빈도도 전반적으로 하강세를 그릴 것이다.

Chapter 11

# 단층선 전쟁의 역학관계

## 정체성: 문명 의식의 대두

단층선 전쟁은 심화, 확산, 견제, 방해 그리고 드물게는 해결의 과정을 밟는다. 이 과정은 대개 연속적으로 일어나지만 때로는 중첩되고 반복되기도 한다. 단층선 전쟁은 일단 터지면 다른 집단 분쟁들처럼 스스로의 생명력을 가지고 작용-반작용의 양상으로 전개되는 경향이 있다. 이제까지 복수複數적으로 우연히 존재하던 정체성이 응집되고 공고해진다. 집단분쟁을 '정체성 전쟁'으로 표현해도 과언이 아니다.[1] 폭력이 늘어나면서 처음 갈등을 빚었던 문제들은 '우리'와 '그들'의 대결 구도로 더욱 노골적으로 재규정되고 집단의 단결심과 충성심은 한층 강해진다. 정치 지도자들이 민족적, 종교적 헌신에 호소하는 구호를 심화 및 확대시키면 문명적 정체성이 다른 유의 정체성들에 비해 강화된다. 서로에 대한 공포와 불신, 증오가 맞물리면서 악순환을 그리는 '안보 딜레마'에 비견할 만한 '증오의 역학'이 등장한다.[2] 양측은 선한 세력과 악한 세력의 구분을 극적으로 부풀리면서 궁극적으로는 그 구분을 산 자와 죽은 자의 구별로 변형시키려고 노력한다.

혁명의 진전 과정에서 온건파, 지롱드당, 멘셰비키는 급진파, 자코뱅당, 볼셰비키에게 밀려난다. 단층선 전쟁에서도 비슷한 과정이 연출된다. 독립보다는 자치 같은 상대적으로 제한된 목표를 추구하는 온건파는 협상을 통해 그 목표를 이루려고 노력하지만 처음에는 십중팔구 실패로 돌아간다. 그리고 폭력을 통해 극단적 목표를 달성하려고 노력하는 급진파에 의해 보충되거나 밀려난다. 모로-필리핀 분쟁에서 주요 반란 세력인 모로 민족 해방 전선은 처음에는 더 과격한 노선을 걷는 모로 이슬람 해방 전선에게 밀렸다. 그러나 나중에는 더욱 과격한 입장을 취하면서 다른 세력들이 필리핀 정부와 타결한 휴전협정을 거부한 아부 사야프Abu Sayyaf 세력이 목소리를 높였다. 수단에서는 1980년대에 들어와 정부가 점차 극단적 이슬람 노선을 추구했는데, 1990년대 초반 그리스도교 반란 세력의 분열로 새롭게 등장한 남부 수단 독립 운동 집단은 단순한 자치가 아니라 독립을 요구했다. 이스라엘과 아랍의 지속되는 분쟁에서 주류 세력인 PLO가 이스라엘 정부와의 타협을 모색하는 쪽으로 기울자 이슬람 형제단 하마스가 팔레스타인 민중의 지지를 놓고 PLO에 도전했다. 마찬가지로 이스라엘 정부가 협상을 추구하자 이스라엘 내부에서도 극우 종교 집단의 항의와 폭력이 잇따랐다. 1992~1993년 체첸과 러시아의 분쟁이 격화되자 조하르 두다예프Dzhokhar Dudayev 정부는 모스크바와의 어떤 절충도 거부하는 체첸 민족주의 집단에서도 가장 과격한 파벌의 지배 아래 들어갔고 온건 세력은 재야로 밀려났다. 타지키스탄에서도 비슷한 현상이 일어났다. 1992년 분쟁이 심화되자 타지키스탄의 민족주의-민주주의 세력은 농촌의 빈민층과 도시의 불만 청년층을 동원하는 데 훨씬 탁월한 역량을 보인 이슬람 집단에게 점차 영향력을 내주었다. 좀 더 실용적 노선을 걷는 전통 종교질서에 도전하는 젊은 지도자들이 등장하면서 이슬람의 구호 또한 점점 과격해졌다. 외교적 어휘는 질색이라고 한 타지키스탄 지도자는 말했다. "나는 싸움터의 언어로 말하는 법을 배우고 있다. 그것은 조국이 러시아에게 유린당한 상황에서 유일하게 합당한 언어다."[3] 보스니아헤르체고비나의 이슬람계 민주행동당 내부에서는 알리야 이제트베고비치Alija Izetbegovič가 이끄는 급진 민족주의 진영이 좀 더 관용적이며 다문화의 공존을 추구하는 하리스 실라이지치Haris Silajdžič가 이끄는 진영에 비해 점점 세력이 커지고 있다.[4]

전쟁이 발발하면 복수적 정체성은 퇴색하고 분쟁과의 관련성이 가장 높은 정체성이 전면에 나선다. 그 정체성은 거의 예외 없이 종교가 정의한다. 종교는 위협으로 다가오는 이교도 세력과의 싸움을 정당화하는 심리적 위안과 자긍심을 제공한다. 현실적으로 종교 공동체 또는 문명 공동체는 분쟁에 연루된 국지적 집단이 지원을 호소할 수 있는 가장 광범위한 공동체다.

두 아프리카 부족 간의 국지전에서 한 부족이 자신을 이슬람 집단으로, 다른 부족이 자신을 그리스도교 집단으로 정의할 수 있다면, 전자는 사우디아라비아의 자금, 아프가니스탄의 '무자헤딘', 이란의 무기와 군사 고문단의 지원을 기대할 수 있고, 후자는 서방의 경제적, 인도주의적 지원, 서방 각국으로부터의 정치적, 외교적 지원을 기대할 수 있을 것이다. 보스니아헤르체고비나의 이슬람교도처럼 자신이 대량 학살극의 희생자임을 설득력 있게 부각시켜 서구인의 동정심을 자아내지 못할 경우 분쟁 집단은 자신과 문명적 친족 세력으로부터만

의미 있는 지원을 기대할 수 있을 것이다. 보스니아헤르체고비나 이슬람교도를 제외하고 이제까지의 현실은 그랬다. 정의상으로 단층선 전쟁은 더 광범위한 유대관계를 가진 국지적 집단 사이의 국지전이며, 따라서 분쟁 당사자들의 문명의 정체성을 고조시킨다.

다른 문명들에 속한 집단들의 단층선 전쟁에서도 문명의 정체성은 강화되었지만 이런 현상이 특히 두드러지게 나타나는 지역이 이슬람권이다. 단층선 전쟁의 발단은 가문, 씨족, 부족 갈등일 수 있지만, 이슬람 세계의 정체성은 U자형으로 나타나는 경향이 있으므로 분쟁이 심화되면 분쟁에 연루된 이슬람교도들은 재빨리 자신들의 정체성을 확대시켜 모든 이슬람 집단에게 호소한다. 하다못해 이라크의 후세인처럼 이슬람 원리주의에 반대하는 세속주의자도 예외는 아니었다. 한 서구인의 관찰에 따르면 아제르바이잔 정부도 마찬가지로 이슬람 카드를 활용했다. 타지키스탄의 경우도 내부의 지역 갈등으로 시작된 전쟁에서 반란 세력은 이슬람의 대의를 점차 전면에 내걸었다. 19세기에 벌어진 북부 캅카스 민족들과 러시아인의 전쟁에서 이슬람 지도자 샤밀은 자신을 이슬람주의자로 규정하면서 '이슬람이라는 정체성과 러시아의 공격에 대한 저항이라는 공통분모 아래' 수십 개의 언어적, 민족적 이질 집단을 하나로 결집시켰다. 1990년대 들어와 두다예프는 비슷한 전략을 추구하고자 1980년대에 캅카스 지역에서 나타난 이슬람의 부상을 거듭 강조했다. 그는 이슬람 성직자와 이슬람 정당의 지지를 받았으며 코란의 의식 절차에 따라 취임 서약을 했으며(옐친도 러시아 정교 총대주교의 축복을 받았다) 1994년에는 체첸이 이슬람법 '샤리아'의 지배를 받는 이슬람 국가가 되어야 한다고 주장했다. 체첸 병사들은 체첸어로 성전을 뜻하는 '가바자트'라는 단어가 새겨진 녹색

천을 두르고 "알라는 위대하다"는 구호를 외치며 전장으로 나갔다.[5] 마찬가지로 카슈미르의 이슬람교도들이 자신을 정의하는 내용도 이슬람교도, 힌두교도, 불교도를 총괄하는 지역적 정체성이나 인도 세속주의와의 연대성을 강조하던 방식에서 탈피해 제3의 길로 나아갔다. 그래서 카슈미르에서 부상하는 이슬람교 민족주의와 범이슬람 원리주의 가치관의 확산은 카슈미르의 이슬람교도들에게 파키스탄과 이슬람 세계의 일원이라는 귀속감을 심어주었다. 1989년 인도의 지배에 반기를 들고 일어난 폭동은 원래 파키스탄 정부의 지원을 받는 '비교적 세속주의적인' 단체가 주도했다. 파키스탄의 지원은 얼마 뒤 이슬람 원리주의 집단으로 기울었고 그 후 이들이 주도권을 잡았다. 이들 원리주의 집단에는 희망이나 결과와는 관계없이 무작정 '지하드'만을 고집하기로 작정한 것처럼 보이는 골수 강경파들이 포함되었다. 또 다른 관찰자의 보고에 따르면 "민족주의 감정을 고조시킨 것은 종교적 차별성이었고 범지구적으로 나타난 이슬람 전투성의 부상은 카슈미르의 반란 세력에게 용기를 주었으며 힌두교-이슬람교의 관용이라는 카슈미르의 전통을 희석시켰다"는 것이다.[6]

보스니아헤르체고비나에서도 특히 이슬람교 집단에서 문명의 정체성이 급부상했다. 역사적으로 보스니아헤르체고비나에서는 집단적 정체성이 별로 두드러지지 않았다. 세르비아계, 크로아티아계, 이슬람계는 이웃으로서 평화롭게 살았다. 상호 결혼도 흔했고, 종교적 정체성은 미약한 편이었다. 이 지역의 이슬람계는 모스크에 가지 않는 보스니아헤르체고비나인, 크로아티아계는 성당에 가지 않는 보스니아헤르체고비나인, 세르비아계는 정교 교회에 가지 않는 보스니아헤르체고비나인이라는 우스갯소리가 나올 정도였다. 그러나 유고슬라비아 국민으로서의 광범위한 정체성이 효력을 잃자 이 미약한 종교적 정체성들은 새로운 역할을 갖게 되었고 일단 전투가 벌어지자 종교적 정체성은 강화되었다. 보스니아헤르체고비나의 세르비아계는 극단적 세르비아 민족주의자가 되어 대세르비아, 세르비아 정교 교회, 나아가 더 광범위한 정교 공동체의 일원임을 부르짖었다. 보스니아헤르체고비나의 크로아티아계는 가장 열렬한 크로아티아 민족주의자가 되어 자신들이 크로아티아 국민, 가톨릭교도임을 강조하면서 서구 가톨릭 세계와의 일체감을 부르짖었다.

이슬람교도의 문명 의식 부상은 더욱 극적으로 이루어졌다. 전쟁이 일어나기 전까지 보스니아헤르체고비나의 이슬람계는 대단히 세속적으로 생활하고 스스로를 유럽인으로 여겼으며 보스니아헤르체고비나의 다문화 사회를 가장 열렬히 지지했다. 그러나 유고슬라비아가 붕괴하면서 변화가 일기 시작했다. 1990년 선거에서 보스니아헤르체고비나 이슬람교도는 크로아티아계와 세르비아계처럼 다문화 공존을 주장하는 정당을 거부하고 이제트베고비치가 이끄는 이슬람계의 민주행동당에 몰표를 던졌다. 그는 열렬한 이슬람주의자로 1970년에 출간한 자신의 저서 《이슬람 선언The Islamic Declaration》에서 "이슬람 체제와 비이슬람 체제는 양립할 수 없다. 이슬람 종교와 비이슬람 사회 정치제도 사이에는 평화도 공존도 있을 수 없다"고 주장했다. 그는 이슬람 운동의 역량이 강화되면 정권을 장악하고 이슬람 공화국을 출범시켜야 한다고 강조했다. 이 새로운 국가에서 특히 중요한 것은 교육과 언론이 이슬람의 윤리적 지적 권위에서 추호의 의심도 받지 않는 사람들의 손에 맡겨져야 한다는 것이다.[7]

보스니아헤르체고비나가 독립의 길을 추구하는 과정에서 이제트베고비치는 과반수에 못 미치는 이슬람계가 주도권을 행사하는 다민족 국가를 부르짖었다. 그러나 그는 전쟁을 통해 보스니아헤르체고비나가 이슬람화하는 것을 막을 사람이 아니었다. 《이슬람 선언》에서 자신이 주장했던 내용을 공식적으로 명백히 부인하는 것을 그가 주저하자 비이슬람교도들은 공포를 느꼈다. 전쟁이 벌어지자 보스니아헤르체고비나의 세르비아계와 크로아티아계는 보스니아헤르체고비나 정부가 지배하는 지역에서 빠져 나갔으며, 남아 있던 사람들은 좋은 직장과 사회단체에 들어갈 수 있는 기회가 자신들에게서 점차 사라지고 있음을 느꼈다. "이슬람은 이슬람교 공동체 내부에서 점차 비중을 넓혀 갔으며 …… 강력한 이슬람 정체성은 정치와 종교의 일부가 되었다." 보스니아헤르체고비나의 다문화 민족주의와 대비되는 이슬람 민족주의가 언론에 자주 등장했다. 학교에서 종교 수업이 확산되었으며 새로운 교과서는 오스만 통치의 혜택을 강조했다. 세르보-크로아티아어와 구별되는 보스니아헤르체고비나어가 장려되었으며 터키어와 아랍어에서 들어온 단어들이 보스니아헤르체고비나어로 통합되었다. 정부 관리들은 이민족 간의 결혼과 '침략자' 세르비아 음악의 방송을 성토했다. 정부는 이슬람교를 지원하고 취업과 승진에서 이슬람교도를 우대했다. 가장 중요한 것은 보스니아헤르체고비나 군이 이슬람화되었다는 사실이다. 1995년에 이르면 군인의 90퍼센트 이상을 이슬람교도가 차지하게 되었다. 이슬람주의를 표방하는 군부대들이 하나둘 늘어났으며 이들은 이슬람교 관습을 따르고 이슬람교 상징물을 받아들였다. 특히 고위 장교들은 거의가 이슬람교도였고 그 수는 확산일로에 있었다. 추세가 이렇게 흐르자 보스니아헤르체고비나의 5인 지도부(2명의 크로아티아인과 2명의 세르비아인을 포함)는 이제트베고비치 대통령에게 항의했지만 대통령은 이를 묵살했다. 결국 1995년 다문화 공존을 주장했던 실라이지치 총리가 사임했다.[8]

이제트베고비치가 이끄는 민주행동당은 보스니아헤르체고비나 사회에 지배력을 넓혀 나갔다. 1995년에 이르면 민주행동당은 '군, 관청, 공기업'을 장악했다. 비이슬람교도는 말할 것도 없거니와 당원이 아닌 이슬람교도는 괜찮은 직장을 잡기가 어려웠다. 민주행동당에게 "공산 정권의 구습을 따온 듯한 이슬람 권위주의의 선봉장이 되었다"는 비난이 빗발쳤다.[9] 한 관찰자의 보고에 따르면 전체적으로,

> 이슬람 민족주의는 극단으로 흐르고 있다. 이제는 다른 민족들의 정서를 고려하지 않는다. 이슬람 민족주의는 새로 권력을 장악한 이슬람계의 재산, 특권, 정치적 수단이 되었다. …… 이 새로운 이슬람 민족주의가 낳은 주된 결과는 민족의 동질화를 지향하는 움직임이다. …… 이슬람의 종교 원리주의는 국익을 결정하는 데 차츰 지배적 영향력을 행사하고 있다.[10]

전쟁과 민족 청소가 유발한 종교적 정체성의 강화, 이슬람교 지도자들의 편향성, 다른 이슬람 국가들의 지원과 압력이 보스니아헤르체고비나를 발칸의 스위스에서 발칸의 이란으로 완만하지만 분명하게 탈바꿈시켰다.

단층선 전쟁에서 양측은 자신의 문명적 정체성을 강조할 뿐 아니라 상대방의 문명적 정체성도 부각시킨다. 국지전에서 분쟁 당사자들은 그 지역의 다른 민족 집단과 싸운다고 생각할 뿐 아니라 다른 문명과 싸운다고도 생각한다. 따라서 위협은 거대한 문명의 차원으로 확산되

고 증폭되며, 패배는 지역 집단뿐 아니라 그 집단이 속한 문명 전체에 파급 효과를 미치는 것으로 이해된다. 그러므로 분쟁이 벌어졌을 때는 자신이 속한 문명의 성원을 등에 업어야 한다는 절박감을 느낀다. 국지전이 종교전으로, 문명 간의 충돌로 재정의되며 인류의 거대한 문명 단위에까지 여파가 미친다. 1990년대 초반 러시아 정교가 다시 러시아 민족 정체성의 핵심 요소로 자리 잡으면서 이슬람을 필두로 러시아의 다른 종교들이 뒨서리를 맞았다.[11] 러시아인들은 타지키스탄에서 벌어지는 씨족 간, 지역 간 전쟁이라든가 체첸과의 전쟁을 수 세기 전으로 거슬러 올라가는 정교와 이슬람교의 더 광범위한 충돌의 일부로 정의하는 것이 자신들에게 유리하다는 사실을 깨달았다. 러시아인들은 자신들이 맞서 싸우는 이슬람 원리주의자들을 이슬라마바드, 테헤란, 리야드, 앙카라의 꼭두각시라고 보았다.

옛 유고슬라비아에서 크로아티아인은 자신들을 정교와 이슬람의 팽창에 맞서 서구를 수호하는 용감한 국경 수비대로 생각했다. 세르비아인은 자신들의 적수가 보스니아헤르체고비나의 크로아티아계나 이슬람교도뿐 아니라 '바티칸'과 '이슬람 원리주의자' 그리고 수 세기 동안 그리스도교 세계를 위협한 '악랄한 터키인'이라고 보았다. 한 서방 외교관은 보스니아헤르체고비나의 세르비아계 지도자를 두고 이렇게 말했다. "라도반 카라지치Radovan Karadžič는 이것을 유럽에서 벌어지는 반제국주의 전쟁으로 파악한다. 그는 유럽에서 오스만 트루크 제국의 마지막 잔재를 소탕해야 할 사명에 대해서 역설한다."[12] 그런가 하면 보스니아헤르체고비나 이슬람교도들도 자신들을 종교적 차이 때문에 서구에게 외면당하는 대량 학살극의 희생자로 여기고 따라서 당연히 이슬람 세계의 지원을 받아야 한다고 생각한다. 이처럼 유고슬라비아 내전의 모든 당사자들과 대부분의 외부 관찰자들은 이것을 종교 전쟁 또는 민족 종교 전쟁으로 이해하게 되었다. 미샤 글레니Misha Glenny가 지적하듯 이 분쟁은 점차 유럽의 3대 종교인 로마 가톨릭, 동방 정교, 이슬람교 사이 종교 전쟁의 특성을 띠게 되었고 제국들의 경계선이 맞부딪쳐 그 종교적 파편이 보스니아헤르체고비나에 쌓이게 되었다.[13]

단층선 전쟁을 문명 간 충돌로 이해하면 냉전 시대의 도미노 이론도 부활한다. 차이점이라면 국지적 분쟁에서 패배할 경우 일련의 후속 분쟁에서 잇따라 패퇴하여 엄청난 피해를 당할 수 있다는 위기의식을 느끼는 세력은 미국과 소련이 아니라 주요 문명의 핵심국들이라는 사실이다. 인도 정부가 카슈미르 분쟁에서 강경하게 나가는 것은 여기서 물러설 경우 다른 소수 민족 집단과 종교 집단이 덩달아 독립을 요구할 가능성이 높고 자칫하면 인도가 분열될지도 모른다는 위기감이 있기 때문이다. 러시아의 안드레이 코지레프 외무장관은 러시아가 타지키스탄의 정치 폭력을 종식시키지 못할 경우 폭력 사태가 키르기스스탄과 우즈베키스탄으로 확산될 것이라고 경고했다. 그렇게 되면 러시아 연방의 이슬람 공화국들에서 분리주의 운동이 거세게 일어나리라는 것이었다. 일각에서는 붉은 광장이 이슬람 원리주의자들의 손에 넘어가는 사태를 우려하기도 했다. 따라서 옐친의 말대로 아프가니스탄-타지키스탄 국경선은 '사실상 러시아의 국경선'이다. 유럽인들도 옛 유고슬라비아 지역에 이슬람 공화국이 들어서 이슬람교도 이민과 이슬람 원리주의 전파의 중심 기지가 마련될 가능성을 우려했다. 프랑스의 시라크는 그것을 유럽 안의 '이슬람 향수'라고 표현했다.[14] 크로아티아의 국경선은 사실상 유럽의 국경선이다.

단층선 전쟁이 격화되면 양측은 적을 악마나 인간 이하의 부류로 묘사하면서 살상 행위를 정당화한다. 옐친은 체첸 게릴라들을 언급하면서 "미친개들을 쏘아 죽여야 한다"고 말했다. 1991년 동티모르에서 벌어진 대량 학살과 관련해 인도네시아의 트리 수트리스노 장군은 "이 버릇없는 족속들은 죽여 마땅하며 …… 우리는 그들을 죽일 것"이라고 말했다. 과거의 악마는 다시금 부활한다. 크로아티아인은 '우스타샤'가 되고 이슬람교도는 '튀르크'가 되며 세르비아인은 '체트니크'가 된다. 집단 살해, 고문, 강간, 민간인의 잔혹한 추방은 집단적 증오와 맞물린 집단적 증오로 정당화된다. 대립하는 문화들의 중심적 상징물과 유산은 공격의 표적이 된다. 세르비아계는 이슬람교 사원과 프란체스코 수도원을 조직적으로 파괴했고 크로아티아계는 정교 수도원을 폭파했다. 문화 유물의 보고인 박물관과 도서관은 취약하기만 하다. 신할라 보안군이 자프나 공공 도서관에 불을 질러 타밀 문화와 관련 있는 '무엇과도 바꿀 수 없는 문학적 역사적 자료'를 파괴했다. 세르비아 포병대는 사라예보 국립 박물관을 박살냈다. 세르비아계는 보스니아헤르체고비나의 즈보르니크에 거주하던 4만 명의 이슬람교도를 쫓아내고, 1463년 터키인들이 정교 교회를 파괴하고 세운 오스만 제국의 탑을 폭파한 뒤 그 자리에 십자가를 세웠다.[15] 문화와 문화의 전쟁에서 패배자는 바로 문화다.

## 문명의 단합: 친족국과 재외동포

40년의 냉전 기간 동안 초강대국들이 자신의 동맹국과 우방을 규합하고 상대방의 동맹국과 우방을 전복시키고 회유해 중립화하려는 시도를 경쟁적으로 벌이는 가운데 분쟁은 위에서 아래로 전파되었다. 물론 그 경쟁이 가장 치열하게 벌어진 무대는 제3세계였다. 신생국과 약소국은 초강대국의 압력을 받아 범지구적 차원에서 전개된 대립에 합류할 수밖에 없었다. 탈냉전 세계에서는 초강대국 간의 단일 분쟁 대신 복수의 집단 분쟁이 나타났다. 이 집단 분쟁이 상이한 문명에 속한 집단들이 연루된 경우 분쟁은 확산되고 증폭되는 경향이 있다. 분쟁이 격화되면 양측은 자신의 문명에 속한 국가들과 집단들로부터 지원을 얻으려고 애쓴다. 공식적으로 또는 비공식적으로, 공공연하게 또는 비밀리에 이런 저런 형태로 이루어지는 물질적, 인도적, 외교적, 금전적, 상징적, 군사적 지원은 늘 하나 이상의 친족국이나 친족 집단으로부터 나온다. 단층선 분쟁이 길어질수록 더 많은 친족국들이 지원, 견제, 중재에 나서게 된다. 이런 '친족국 증후군' 때문에 단층선 분쟁은 문명 내부의 분쟁보다 전면전으로 확산될 가능성이 높고, 따라서 이 분쟁을 억제하고 종식시키기 위해서는 문명 간의 협조가 요구된다. 냉전과는 대조적으로 단층선 분쟁은 위에서 아래로 흐르지 않고 아래에서 위로 분출된다.

단층선 전쟁에 국가와 집단이 개입하는 수준은 저마다 다르다. 1순위에는 실제로 전투에 가담하여 살상극을 벌이는 당사자들이 있다. 이들은 인도와 파키스탄의 전쟁, 이스라엘과 이웃 아랍 국가들의 전쟁처럼 국가일 수도 있고, 보스니아헤르체고비나나 나고르노카라바흐의 아르메니아 세력처럼 국가는 아니며 기껏해야 국가로서의 틀을 막 갖추려고 하는 지역 집단일 수도 있다. 이 분쟁에는 2순위의 관여자들도 끼여드는데, 이들은 1순위의 당사자들과 직접적으로 연결된 국가들이다. 옛 유고슬라비아 지역의 세르비아 및 크로아티아 정부, 캅카스 지역의 아르메니아 및 아제르바이잔 정부가 여기에 해당한다. 분쟁에 이보다 더 원거리로 연결된 3순위 국가들은 전투 현장으로부터는 멀리 떨어져 있지만 분쟁 당사자들과 문명적 동질감을 가지고 있다. 옛 유고슬라비아 지역에 각각 연결 고리를 가진 독일, 러시아, 이슬람 국가들, 아르메니아-아제르바이잔 분쟁의 러시아, 터키, 이란이 여기에 해당한다. 3순위 참가국들은 대개 문명의 핵심국이다. 세계 어디에 거주하든 1순위 당사자들의 재외동포도 단층선 전쟁에서 나름대로의 역할을 한다. 1순위 분쟁에 투입되는 병력과 무기가 소수임을 감안할 때 자금, 무기, 지원병의 형태로 이루어지는 외부의 별로 많지 않은 지원도 전쟁 결과에 막대한 영향을 미칠 수 있다.

분쟁 당사자들과 여기에 간접적으로 연루된 세력의 이해관계는 같지 않다. 1순위 당사자들에 대한 가장 헌신적이고 열렬한 지원은 대개 자신들의 고향에 일체감을 가진 '교황보다 더 가톨릭적인' 재외동포들로부터 나온다. 2순위와 3순위에 위치한 나라들의 이해관계는 좀 더 복잡하다. 그들은 분쟁 당사자들을 지원한다. 적대관계에 있는 집단들은 이들이 지원을 하지 않더라도, 지원을 보낸다고 의심하면서 자신들의 지원을 정당화한다. 그러나 동시에 2, 3순위의 국가들은 분쟁의 확산을 막기 위해 노력하며, 전투에 직접 개입하는 것은 가급적 피하려 든다. 따라서 분쟁 당사자들을 지원하는 한편으로 그들을 자제시키고 그들의 기대 수준을 낮추려고 애쓴다. 또한 상대 진영의 2, 3순위 국가들과 협상을 벌여 국지전이 핵심국을 망라한 전면전으로 치닫는 것을 막으려고 노력한다. 〈그림 11-1〉은 단층선 전쟁에 직간접적으로 개입하는 참여자들의 관계를 보여준다. 모든 단층선 전쟁에

〈그림 11-1〉 복잡한 단층선 전쟁의 구조

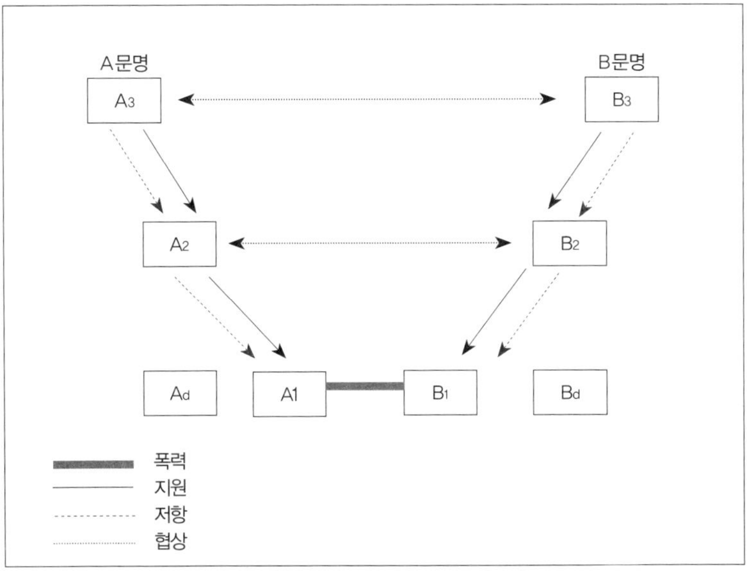


이런 도식이 적용되는 것은 아니지만 옛 유고슬라비아 지역과 캅카스 지역의 전쟁을 포함한 다수의 분쟁은 이런 구도로 이해할 수 있으며, 거의 모든 단층선 분쟁은 이 모든 수준의 참여자들을 끌어들일 만한 잠재력을 다분히 갖고 있다.

1990년대 벌어진 모든 단층선 전쟁에서는 재외동포와 친족국이 어떤 식으로든 개입했다. 그런 전쟁에서 이슬람교 집단이 가장 두드러진 역할을 맡는다는 점에서 이슬람 국가들은 2, 3순위 자리에 가장 자주 등장한다. 그중에서도 가장 활약을 많이 한 나라들은 사우디아라비아, 파키스탄, 이란, 터키, 리비아였다. 이들은 때때로 다른 이슬람 국가들과 함께 팔레스타인, 레바논, 보스니아헤르체고비나, 체첸, 캅카스, 타지키스탄, 카슈미르, 수단, 필리핀에서 비이슬람교도와 싸우는 이슬람교도를 다양한 수준으로 지원했다. 정부 차원에서 이루어지는 지원 말고도 아프가니스탄 전쟁에 참가했던 이슬람 국제 의용군들은 다수의 단층선 전쟁에 뛰어들었다. 그들은 알제리에서 체첸, 필리핀에 이르기까지 광범위한 지역에서 눈부신 활약을 보였다. 한 분석가의 지적에 따르면 '아프가니스탄에서 이슬람의 지배를 확립하기 위해 파견된 의용군, 이슬람에 반대하는 나라들을 상대로 벌이는 연합선전전宣傳戰, 전쟁을 벌이는 모든 이슬람교도들의 정치적 구심적 역할을 하는 이슬람 본부를 세우는 행위'가 모두 이런 활동의 연장선상에 있다.[16] 문명 간 분쟁에서 아랍국가연맹과 OIC도 이슬람교도 집단의 세력을 강화하기 위한 회원국들의 노력을 지원하고 조율하는 역할을 했다.

소련은 아프가니스탄 전쟁의 1순위 당사자였다. 탈냉전 시대에는 러시아가 체첸 전쟁에 1순위로 참가했고 타지키스탄 분쟁에는 2순위로 참여했으며 옛 유고슬라비아 지역의 내전에는 3순위로 관여했다. 인도는 카슈미르에서 1순위로 연루되었으며 스리랑카에서는 2순위 역할을 했다. 주요 서방국들은 유고슬라비아 분쟁에서 3순위 역할을 했다. 재외동포는 이스라엘과 팔레스타인의 지속적인 분쟁뿐 아니라 아르메니아, 체첸, 크로아티아의 분쟁을 지원하는 데 주도적인 역할을 했다. TV, 팩스, 전자우편을 통해 재외동포들의 조국애는 뜨겁게 달아오르고 고향과의 지속적 접촉에 의해 불꽃처럼 타오르기도 한다. 고향은 더 이상 과거형이 아니다.[17]

파키스탄은 카슈미르 전쟁에서 반란 세력에게 외교적, 정치적 지원을 아끼지 않았다. 한 파키스탄 군사 소식통에 따르면 상당량의 자금과 지원은 물론 훈련, 병참 지원, 피신처까지도 제공했다. 파키스탄은 또 반군을 위해 다른 이슬람 국가들에게 로비를 벌였다. 1995년 반군은 아프가니스탄, 타지키스탄, 수단으로부터 최소한 1,200명의 '무자헤딘' 전사들을 충원받았으며 소련과 전쟁을 벌일 때 미국이 제공한 스팅어 미사일을 비롯한 각종 무기도 이들 손에 들어간 것으로 알려졌다.[18] 필리핀의 모로 반군은 한동안 말레이시아로부터 자금과 장비를 지원받았고 이와는 별도로 아랍 국가들이 자금을 제공했으며 수천 명의 모로 전사들이 리비아에서 훈련을 받았다. 가장 과격한 반란 세력인 사야프는 파키스탄과 아프가니스탄의 원리주의자들이 조직했다.[19] 아프리카에서 수단은 에티오피아와 싸우는 에리트레아 이슬람 반군을 꾸준히 도왔고 에티오피아는 그에 대한 보복으로 수단과 싸우는 '그리스도교 반도들'에게 병참 지원과 피신처를 제공했다. 수단의 반란 세력들과 강한 종교적, 인종적, 민족적 유대감을 갖고 있는 우간다도 이들을 도왔다. 반면 수단 정부는 3억 달러 상당의 중국 무기를 이란으로부터 지원받았다. 이란은 또 군사 고문단을 보내 수단 정부군의 훈련을 도왔다. 덕분에 수단 정부군은 1992년 반군에 대해 대대적 공세를 퍼부을 수 있었다. 다양한 서구 그리스도교 단체들은 수단의 그리스도교 반군에게 식량, 의약품, 물자를 지원했으며 수단 정부의 주장에 따르면 무기까지 제공했다.[20]

스리랑카에서 힌두교 계열의 타밀 반군과 불교 계열의 신할라 정부군 사이에 벌어진 전쟁에서 당초 인도 정부는 반군에게 막대한 지원을 제공해 남부 인도에서 타밀 반군을 훈련시키고 무기와 자금을 보냈다. 1987년 스리랑카 정부군이 타밀 반군을 거의 진압할 단계에 이르자 이 대량 학살극을 규탄하는 인도 국민의 여론이 들끓었고 인도 정부는 타밀 진영에 식량을 공수하면서, 인도는 자예와르데네 대통령에게 타밀 호랑이들을 무력으로 진압할 경우 좌시하지 않을 것이라는 메시지를 보냈다.[21] 그 뒤 인도와 스리랑카 정부는 스리랑카가 타밀 지역에 상당 수준의 자치를 허용하는 대신 반군이 인도군에게 무기를 반환한다는 데 합의했다. 인도는 합의 내용에 따라 5만 명의 병력을 스리랑카에 보냈지만 타밀 호랑이들은 무기 반환을 거부했고 인도 정부는 한때 자신이 지원한 게릴라들과 교전을 벌일 수밖에 없는 처지에 놓였다. 인도군은 1988년 초 스리랑카에서 철수했다. 1991년 인도의 라지브 간디Rajiv Gandhi 총리가 암살당했을 때 대다수 인도 국민은 이것이 타밀 반군의 사주라고 믿었고 인도 정부의 타밀 반군에 대한 감정은 한층 악화되었다. 그러나 인도 정부는 남부 인도에 거주하는 5000만 타밀인들이 반군에게 보내는 공감과 지원을 막을 수 없었다. 이러한 여론을 반영하듯 타밀나두 지방 정부의 관리들은 인도 정부에 도전해 타밀 호랑이들이 자신들 주의 500마일에 이르는 해안선을 '사실상 자유롭게 활보'하도록 허용하고 비좁은 포크 해협을 통해 스리랑카의 반군에게 물자와 무기를 보내는 것도 묵과했다.[22]

1979년부터 소련, 이어서 러시아는 남부 지역의 이슬람교도들과 세 차례의 대규모 단층선 전쟁을 벌였다. 그것은 1979~1989년의 아프간 전쟁, 그 연장선에서 시작된 1992년 타지키스탄 전쟁, 1994년에 발발한 체첸 전쟁이다. 소련이 붕괴한 뒤에도 타지키스탄에서는 공산주의자들이 정권을 장악했다. 이 공산 정부는 1992년 봄 세속주의자와 이슬람주의자가 망라된 지역 집단과 민족 집단으로 구성된 세력으로부터 도전을 받았다. 아프가니스탄에서 유입된 무기로 무장한 이들 저항 세력은 1992년 9월 수도 두샨베에서 친러시아 정권을 축출했다. 러시아 정부와 우즈베키스탄 정부는 이슬람 원리주의의 확산을 경고하면서 여기에 강경 대응했다. 타지키스탄에 주둔하던 러시아의 제201기계화 사단은 정부군에게 무기를 제공했고 러시아는 아프가니스탄 국경선 방위를 위해 증원군을 투입했다. 1992년 11월 러시아, 우즈베키스탄, 카자흐스탄, 키르기스스탄은 표면적으로는 평화유지를 내걸었지만 사실상 전투 참여를 목적으로 러시아와 우즈베키스탄의 군사개입을 지지했다. 이러한 지원과 러시아의 무기 및 자금 제공에 힘입어 타지키스탄 정부군은 두샨베를 탈환하고 타지키스탄의 대부분 지역을 장악하는 데 성공했다. 민족 청소 과정이 이어졌고 저항세력은 아프가니스탄으로 피신했다.

중동의 이슬람 국가들은 러시아의 군사개입에 항의했다. 이란, 파키스탄, 아프가니스탄은 이슬람 반군에게 자금, 무기, 군사훈련 지원을 강화했다. 알려진 바로는 1993년 수천 명의 반군이 아프가니스탄의 무자헤딘들에게 훈련을 받았고, 1993년 봄과 여름에 걸쳐서 타지키스탄 반군은 아프가니스탄 국경선에서 공세를 퍼부어 러시아 국경수비대에게 커다란 인명 피해를 입혔다. 러시아는 여기서 맞서 타지키스탄에 병력을 추가로 투입하고 아프가니스탄 내의 목표 지점에 대대적 포격과 공습을 감행했다. 그러자 아랍 정부들은 공습에 맞서기 위해 스팅어 미사일을 구입할 수 있는 자금을 반군에게 제공했다. 1995년 러시아는 약 2만 5,000명의 병력을 타지키스탄에 주둔시키면서 정권 유지에 필요한 자금의 절반 이상을 지원했다. 한편 반군은 아프가니스탄 정부와 여타 이슬람 국가들의 적극적인 지원을 받았다. 바넷 루빈Barnett Rubin의 지적대로 국제단체나 서구가 타지키스탄과 아프가니스탄에 의미 있는 지원을 제공하지 않은 결과 타지키스탄은 러시아에 전적으로 의존하게 되었고 아프가니스탄은 이슬람 친족국들에게 의존하게 되었다. "오늘날 외국 원조를 희망하는 아프가니스탄의 군사 지휘관은 아랍과 파키스탄 같은 후원국들의 비위를 맞추든가 마약 거래에 뛰어들어야 한다."[23]

러시아가 이슬람교도와 세 번째로 벌인 전쟁은 북부 캅카스의 체첸에서 발생했다. 이 전쟁의 서막은 1992~1993년 인접 지역인 정교 계열의 오세티아와 이슬람 계열의 잉구셰티야 사이에서 벌어진 전투였다. 제2차 세계대전 중에 잉구셰티야의 이슬람교도는 체첸을 비롯한 여타 이슬람교도들과 함께 중앙아시아로 추방되었다. 그대로 남아 있던 오세트인이 잉구셰티야 사람들의 재산을 차지했다. 1956~1957년 추방당했던 민족들의 귀환이 허용되면서 재산과 영토의 소유권을 놓고 갈등을 빚었다. 1992년 11월 잉구셰티야는 소련 정부가 오세티아에 양도한 프리고로드니 지역을 되찾기 위해 공세를 퍼부었다. 러시아는 정교계의 오세티아를 지원하기 위해 즉각 카자흐스탄 부대를 투입하는 등 대대적으로 개입했다. 한 외부 관찰자는 당시 상황을 이렇게 전했다. "1992년 11월 오세티아에 있는 잉구셰티야 마을들이 러시아 탱크 부대에 에워싸여 집중 포화를 받았다. 포격에서 살아남은 사람들은 살해당하거나 추방되었다. 오세티아의 오몬 특수부대가 대량학살극을 자행했지만 이 지역에 평화유지를 위해 파견된 러시아 군은 오세티아를 싸고돌았다."[24] 《이코노미스트》의 보도에 따르면 불과 일주일도 안 되는 사이에 그런 대량 파괴가 일어날 수 있다는 것은 좀처럼 상상하기 어려웠다고 한다. 그것은 러시아 연방에서 벌어진 최초의 민족 청소 작전이었다. 러시아는 이 분쟁을 이용해 잉구셰티야와 우호관계에 있는 체첸을 위협했고 이것은 (이슬람교도가 압도적 다수를 점하는) 체첸과 KNK(캅카스민족연합)의 즉각적인 군사 동원으로 이어졌다.

KNK는 러시아 군이 체첸 영토에서 물러나지 않을 경우 50만 명의 의용군을 투입하겠다고 위협했다. 날카로운 대치 끝에 러시아는 북오세티아-잉구셰티야 분쟁이 지역 전체로 확산되는 사태를 피하기 위해 철수를 결정했다.[25]

1994년 12월 러시아가 체첸에 전면적 군사 공격을 퍼부으면서 더 격렬하고 광범위한 충돌이 빚어졌다. 두 정교 공화국인 조지아와 아르메니아 지도자들은 러시아의 군사 행동을 지지했고 우크라이나 대통령은 갈등의 평화적 해결을 촉구하는 선에서 그치는 외교적으로 미온적인 반응을 보였다. 정교 계열인 북오세티아 정부도 러시아의 군사 작전을 지지했고 북오세티아 주민의 55~60퍼센트도 지지를 보냈다.[26] 반면 러시아 연방 안팎의 이슬람교도들의 압도적 다수가 체첸을 두둔했다. 아제르바이잔, 아프가니스탄, 파키스탄, 수단 등지에서 온 이슬람교 전투원들이 이 지역에 투입되었다. 이슬람 국가들은 체첸 쪽으로 기울었고, 터키와 이란이 물질적 지원을 아끼지 않는다고 알려져 있어 러시아로서는 이란의 눈치를 보지 않을 수 없는 지경에 이르렀다. 체첸 반군을 위한 무기가 아제르바이잔을 통해 러시아 연방 안으로 꾸준히 유입되자 러시아는 아제르바이잔 국경선을 봉쇄하고 의약품을 비롯한 각종 지원이 체첸으로 들어가는 유입로를 막았다.[27]

러시아 연방의 이슬람교도들은 체첸의 편에서 똘똘 뭉쳤다. 캅카스 지역의 이슬람교도들이 요구한 러시아와의 성전은 불발로 끝났지만 6개 볼가-우랄 지도자들은 러시아에 군사 행동을 중지할 것을 촉구했고 이슬람교 캅카스의 의회들은 러시아의 지배에 맞서는 시민 불복종 운동을 전개했다. 추바시 대통령은 추바시 징집병들이 같은 이슬람교도들과 싸우지 않도록 배려했다. '전쟁에 대한 가장 격렬한 항의'

는 체첸의 두 인접 공화국인 잉구셰티야와 다게스탄에서 일어났다. 잉구셰티야 사람들은 체첸으로 이동하는 러시아 군을 공격해 급기야 러시아 국방장관은 잉구셰티야 정부가 사실상 러시아에 대해 선전포고를 했다고 선언하기에 이르렀으며 다게스탄에서도 러시아 군에 대한 공격이 이루어졌다. 이에 맞서 러시아는 잉구셰티야와 다게스탄의 마을에 포격을 가했다.[28] 체첸이 키즐랴르를 침공하고, 1996년 1월 러시아가 페르보마이스코예 마을을 초토화시키면서 러시아에 대한 다게스탄의 적대감이 악화되었다.

체첸의 저항은 19세기 말 러시아가 캅카스의 산악 거주 민족들을 공격하면서 발생한 많은 재외 거주 체첸인들의 적극적인 지원을 받았다. 체첸 재외교포들은 자금을 모으고 무기를 조달했으며 체첸 군에 지원병을 보냈다. 체첸 교포는 특히 요르단과 터키에 많이 거주했으므로 요르단은 러시아에 대해 강경한 입장을 고수했고 터키도 기꺼이 체첸 반군의 지원에 나섰다. 1996년 1월 전쟁이 터키 쪽으로 확대되자 체첸 재외교포에 의한 여객선 나포와 러시아 인질 억류에 공감하는 터키의 국민 여론도 확산되었다. 체첸 지도자들의 호응으로 터키 정부는 분쟁 해결을 위한 협상에 나섰고 그 결과 그렇지 않아도 껄끄러웠던 터키와 러시아의 관계는 한층 악화되었다.

체첸의 다게스탄 침공과 러시아의 대응, 1996년 벽두에 터진 여객선 나포 사건은 하나의 지역 분쟁이 19세기 말에 수십 년 동안 계속된 전쟁의 양상으로 러시아와 산악 민족들 사이의 전반적 분쟁으로 확산될 가능성이 많음을 보여주었다. 1995년 피오나 힐Fiona Hill은 북부 캅카스가 화약고라고 경고했다. "이곳 한 공화국에서 일어난 분쟁이 지역 전체의 분쟁으로 점화되어 국경선을 넘어 러시아 연방 전체로 확산되고 조지아, 아제르바이잔, 터키, 이란과 이 지역에 거주하는 북부 캅카스 교포들의 개입을 불러일으킬 소지가 높다. 체첸 전쟁에서 드러났듯 이 지역의 분쟁은 누르기가 쉽지 않으며 …… 전투는 체첸 인접 공화국들과 영토에 흘러들어 가고 있다." 한 러시아 분석가도 문명의 괘선을 따라 '비공식 동맹'이 결성되고 있다고 주장하면서 비슷한 견해를 표명한다. "조지아, 아르메니아, 나고르노카라바흐, 북오세티아의 그리스도교 세력과 아제르바이잔, 압하지야, 체첸, 잉구셰티야 이슬람교 세력이 대결하고 있다." 타지키스탄에서 벌어지는 전투를 통해 이미 러시아는 이슬람 세계와의 장기적 분쟁에 휘말려들 위험성을 감수한 셈이었다.[29]

또 하나의 정교-이슬람교 단층선 전쟁에서 1순위 당사자는 고립된 나고르노카라바흐의 아르메니아계와 이들을 에워싼 아제르바이잔인이다. 아르메니아계는 아제르바이잔에서 독립하고자 싸우고 있다. 2순위 참여자는 아르메니아 정부이고 3순위 참여자는 러시아, 터키, 이란이다. 이밖에도 서유럽과 북아메리카에 거주하는 상당수의 아르메니아 교포들이 중요한 역할을 맡았다. 전투는 소련이 붕괴하기 전인 1988년에 시작되어 1992~1993년에 격화되었다가 1994년의 휴전회담 이후 소강상태에 들어갔다. 터키와 여타 이슬람 국가들은 아제르바이잔을 지원했고, 러시아는 아르메니아를 돕는 한편 아르메니아에 대한 영향력을 이용하여 아제르바이잔에 대한 터키의 영향력을 견제했다. 이 전쟁의 밑바닥에는 과거 흑해와 캅카스 지역의 지배를 놓고 몇 세기 동안 계속된 러시아 제국과 오스만 제국의 대립, 20세기 초 터키인이 저지른 아르메니아인 대량 학살에서 비롯된 아르메니아와 터키의 반목이라는 중층의 역사가 깔려 있다.

이 전쟁에서 터키는 일관되게 아제르바이잔을 지원했고 아르메니아를 견제했다. 터키가 아제르바이잔 공화국의 독립을 인정한 것은 비발트 해 지역 공화국의 독립에 대한 첫 국제적 승인이었다. 분쟁 기간 동안 터키는 아제르바이잔에 재정적, 물질적 지원을 아끼지 않았고 아제르바이잔 군인을 훈련시켰다. 1991~1992년 폭력이 격화되어 아르메니아가 아제르바이잔 영토로 밀고 들어오자 터키의 국민 여론이 들끓었고 터키 정부는 민족적으로, 종교적으로 가까운 혈맹국을 도우라는 압력을 받게 되었다. 터키 정부는 이것이 이슬람교-그리스도교의 대립을 부각시켜 서구에 아르메니아 지원 열기를 불러일으키고 NATO 동맹국들의 비위를 거스를까 우려했다. 터키는 단층선 분쟁에 2순위로 관여한 국가의 고전적 교차 압력에 시달린 셈이었다. 그러나 터키 정부는 아제르바이잔을 지원하고 아르메니아를 견제하는 것이 국익에 합치한다는 판단을 내렸다. 한 터키 관리는 "친척이 살해당하는데 수수방관하기란 불가능하다"면서 "우리는 압력을 받고 있다. 터키 신문들은 피살된 시체들의 사진을 대문짝만 하게 싣고 있다. …… 우리는 아르메니아를 향해 이 지역에 거대한 터키가 있음을 보여주어야 할 입장"이라고 덧붙였다. 오잘 터키 대통령도 "터키가 아르메니아인에게 약간 겁을 주어야 한다"고 언급해 비슷한 입장을 나타냈다. 터키는 이란과 함께 아르메니아에 국경선의 어떠한 변화도 묵과하지 않을 것임을 경고했다. 오잘 대통령은 식량과 각종 물자가 터키를 거쳐 아르메니아로 들어가는 길을 봉쇄했고 그 결과 아르베니아인들은 1992~1993년 동절기에 기아선상을 헤맸다. 그러자 러시아의 샤포슈니코프 사령관은 이 전쟁에 "제3자(터키)가 개입할 경우 제3차 세계대전이 벌어질 것"이라고 경고했다. 1년 뒤에도 오잘 대통령은 여전히 호전적 자세를 고수했다. "총을 쏜다 한들 아르메니아가 어쩌겠는가?"라고 그는 비아냥거렸다. "터키로 밀고 들어오겠는가? 그렇다면 터키는 본때를 보여 줄 것"이라고 덧붙였다.[30]

1993년 여름과 가을 아르메니아가 대공세를 펼쳐 이란 국경선까지 진격하자, 아제르바이잔을 비롯해 중앙아시아의 이슬람 국가들에 대한 영향력을 넓히고자 경쟁하던 터키와 이란은 가만히 있을 수가 없었다. 터키는 이 공세가 터키의 안보를 위협한다며 아르베니아 군이 아제르바이잔 영토에서 즉시 무조건 철수할 것을 요구하고 아르메니아와의 국경선에 증원군을 파견했다. 이때 러시아 군과 터키 군이 아르메니아 국경선에서 몇 차례 교전을 벌였다는 보도도 나왔다. 터키의 칠레르 총리는 아르메니아 군이 터키에 인접한 아제르바이잔계의 고립 지역 나히체반을 침공할 경우 터키가 선전포고를 하겠다고 공표했다. 이란 역시 표면적으로는 아르메니아의 공격에서 발생한 난민들을 수용할 시설을 세운다며 아제르바이잔 지역에 군을 투입했다. 터키는 러시아를 자극하지 않으면서도 추가 조치를 취할 수 있겠다는 판단으로 이란의 움직임을 내심 반겼고 한편으로는 이란에 선수를 빼앗기지 않기 위해 더욱 아제르바이잔을 지원할 필요성을 느꼈다. 결국 분쟁은 모스크바에서 벌인 터키, 아르메니아, 아제르바이잔 지도자들의 협상, 아르메니아 정부에 대한 미국의 압력, 나고르노카라바흐의 아르메니아계에 대한 아르메니아 정부의 압력으로 한풀 꺾였다.[31]

빈약한 자원에 사방이 육지로 막히고 적대적 터키계 민족들에게 둘러싸인 아르메니아인은 역사적으로 같은 정교를 믿는 조지아와 러시아의 보호에 의지했다. 특히 러시아는 맏형 노릇을 톡톡히 했다. 그러나 소련이 무너지면서 나고르노카라바흐 지역의 아르메니아인들이 분리 독립을 들고 나왔을 때 고르바초프 정부는 이들의 요구를 거부했고 공산주의 이념을 충실히 고수한다고 판단한 아제르바이잔 정부를 지원하고자 군을 파견했다. 소련이 붕괴한 뒤 이러한 정책적 고려는 오랜 역사적, 문화적 유대감 앞에서 설 자리를 잃었고, 아제르바이잔은 러시아 정부가 180도 전향해 같은 정교 계열의 아르메니아를 적극적으로 지원한다고 비난했다. 아르메니아에 대한 러시아의 군사 지원은 사실상 이미 소련군 내부에서 시작되었다고 보아도 과언이 아니다. 아르메니아 출신이 이슬람교도에 비해 군 고위직에 오를 기회가 많았고 야전군에도 더 많이 배속되었다. 내전이 발발하자 나고르노카라바흐에 주둔하고 있던 러시아 육군의 제366기계화 연대는 천 명의 아제르바이잔인이 피살된 것으로 알려진 코드잘리에 대한 아르메니아 공격의 주도적인 역할을 했다. 그 뒤 러시아 부대도 전투에 가담했다. 1992~1993년 겨울 터키의 경제 봉쇄로 고통을 겪던 아르메니아는 러시아가 제공한 수억 루블의 차관 덕분에 총체적 경제 붕괴를 모면했다. 그해 봄 러시아 군은 아르메니아 정규군과 합세해 아르메니아와 나고르노카라바흐를 잇는 연결로를 뚫었다. 1993년 여름에 감행된 카라바흐 공세에는 40대의 탱크로 구성된 러시아 기갑 부대가 가담한 것으로 보도되었다.[32] 아르메니아로서는 러시아에 바짝 달라붙는 길 외에는 별 뾰족한 수가 없었다. 아르메니아는 자원, 에너지, 식량 지원은 물론 국경선을 맞대고 있는 역사적 앙숙 아제르바이잔과 터키가 야기하는 안보 위협 차원에서도 러시아에 의존하고 있다. 아르메니아는 독립국가연합의 모든 경제 및 군사협정에 서명했고 러시아 군의 자국 주둔을 허용했으며 옛 소련의 자산에 대한 소유권 문제

를 러시아에 유리한 방향으로 타결지었다.[33]

아르메니아에 대한 러시아의 지원은 아제르바이잔에 대한 러시아의 영향력을 높였다. 1993년 6월에 발생한 쿠데타로 아제르바이잔의 민족주의 지도자 아뷜파즈 엘치베이는 축출되고 과거 공산주의자였으며 친러 성향으로 알려진 헤이다르 알리예프가 권좌에 올랐다. 알리예프는 아르메니아를 견제하고자 러시아의 비위를 맞출 필요가 있음을 깨달았다. 그는 독립국가연합에 불참하기로 한 아제르바이잔의 종전 입장을 뒤집었으며 러시아 군의 자국 주둔을 허용했다. 또 아제르바이잔의 원유 개발을 위한 국제 컨소시엄에 러시아가 참여할 수 있는 길을 터주었다. 그 대가로 러시아는 아제르바이잔 군대를 훈련하기 시작했으며 나고르노카라바흐 지역에 대한 지원을 중단하고 아제르바이잔 영토에서 철수하도록 아르메니아에 압력을 넣었다. 러시아는 양 진영을 오가면서 아제르바이잔이 원하는 결과를 만들어주어 아제르바이잔에 대한 이란과 터키의 영향력을 감소시켰다. 따라서 아르메니아에 대한 러시아의 지원은 러시아와 캅카스 지역에 있는 우방과의 결속을 강화시켰을 뿐 아니라 이 지역에 있는 러시아의 이슬람교 경쟁 세력들을 약화시키는 결과를 가져왔다.

러시아의 지원과는 별개로, 서유럽과 북아메리카에 거주하는 다수의 부유하고 영향력이 강한 아르메니아 교포들도 조국을 크게 지원했다. 미국에 사는 아르메니아인은 약 100만 명에 이르고 프랑스에는 45만 명이 거주한다. 이들은 터키의 경제 봉쇄를 아르메니아가 극복할 수 있도록 자금과 물자를 제공했고 아르메니아 정부에서 일할 수 있는 인적자원과 아르메니아 군대를 위한 지원병을 보냈다. 1990년대 중반 미국에서 모금된 아르메니아 구호 자금의 규모는 매년 5000만 달러에서 7500만 달러에 이르렀다. 아르메니아 교포들은 또 현지 정부에 상당한 정치적 영향력을 행사했다. 아르메니아 교포들은 미국에서도 캘리포니아, 매사추세츠, 뉴저지 같은 부유한 주에 거주한다. 그 결과 미국 의회는 아제르바이잔에 대한 외국 원조를 금지하는 결의안을 채택했고, 아르메니아는 세계에서 국민 1인당 미국의 원조를 세 번째로 많이 받는 나라가 되었다. 이러한 해외로부터의 지원은 아르메니아가 살아남는 데 지대한 역할을 했고 아르메니아는 '캅카스의 이스라엘'이라는 그럴싸한 별명을 얻게 되었다.[34] 19세기 러시아가 북부 캅카스를 침공했을 때 해외로 이주한 난민들이 뒷날 체첸의 러시아 항전을 지원한 것처럼 20세기 초반 터키가 아르메니아인을 대량 학살했을 때 해외로 이주한 아르메니아인들은 훗날 조국이 터키에 저항하고 아제르바이잔을 패퇴시키는 데 커다란 기여를 했다.

옛 유고슬라비아는 1990년대 초반 가장 완벽한 단층선 전쟁이 가장 복잡하고 혼미한 양상으로 전개된 지역이다. 1순위로서는 크로아티아에서 정부와 자국 내의 세르비아계가 싸웠고, 보스니아헤르체고비나에서는 정부가 자국 내 세르비아계 및 크로아티아계와 싸웠다. 보스니아헤르체고비나 내의 세르비아계와 크로아티아계 역시 서로 전투를 벌였다. 2순위로서는 세르비아 정부가 '대세르비아'를 부르짖으면서 보스니아헤르체고비나와 크로아티아 내의 세르비아계를 지원했고, 크로아티아 정부 역시 '대크로아티아'를 내세워 보스니아헤르체고비나 내 크로아티아계를 지원했다. 3순위에는 주요 문명들이 대거 등장했다. 독일, 오스트리아, 바티칸을 비롯한 유럽의 가톨릭 국가와 단체들, 그리고 나중에 가서는 미국까지 크로아티아를 옹호했다. 러시아, 그리스, 기타 정교 국가와 정교 단체들은 세르비아를 도왔다. 이란, 사우디아라비아, 터키, 리비아를 주축으로 한 이슬람 국가들은 대체로 보스니아헤르체고비나 이슬람교도를 지원했다. 보스니아헤르체고비나 이슬람교도는 또 미국의 도움도 받았는데, 이것은 친족국끼리 돕는 보편적 양상의 예외적 현상이었다. 독일에 거주하는 크로아티아 교포와 터키에 거주하는 보스니아헤르체고비나 이슬람교도 교포는 자신들의 조국을 지원하는 데 앞장섰다. 교회와 종교 집단은 세 진영에서 모두 적극적으로 활동했다. 최소한 독일, 터키, 러시아, 미국의 정책은 이들 나라의 압력 집단과 국민 여론의 영향을 강하게 받았다.

2순위 국가와 3순위 국가의 지원은 전쟁을 수행하는 데 필수적 역할을 했고 이들에 대한 압력 또한 전쟁을 종식시키는 데 중심 역할을 했다. 크로아티아 정부와 세르비아 정부는 다른 공화국에서 싸우는 동족에게 무기, 물자, 자금, 피신처, 때로는 병력까지도 지원했다. 세르비아계, 크로아티아계, 이슬람교계는 모두 옛 유고슬라비아 외부의 문명적으로 결속된 세력으로부터 자금, 무기, 물자, 의용군, 군사훈련, 정치 외교적 지원의 형태로 많은 도움을 받았다. 비정부 차원에서 싸우던 세르비아계와 크로아티아계는 가장 극단적인 민족주의를 내걸면서 과도한 요구를 앞세웠고 자신들의 목표를 가장 전투적인 방법으로 추구했다. 2순위로 관여한 크로아티아 정부와 세르비아 정부는 처음에는 1순위의 동족을 전폭적으로 지원했지만, 자신들의 다양한 이해관계를 고려하는 과정에서 전쟁을 억제하고 분쟁을 조정하는 역할을 맡게 되었다. 마찬가지로 3순위의 독일, 러시아, 미국 정부도 자제와 타협을 모색하도록 2순위 국가들에게 압력을 가했다.

유고슬라비아의 붕괴는 슬로베니아와 크로아티아가 독립을 추구,

서유럽의 강대국들에게 지원을 호소하면서 시작되었다. 서구의 대응을 주도한 것은 독일이었다. 그리고 독일의 대응을 주도한 세력은 독일의 가톨릭 집단이었다. 독일 정부는 가톨릭 교단, 바이에른 지역의 기독교사회연합당, 〈프랑크푸르터 알게마이네 차이퉁Frankfurter Allgemeine Zeitung〉을 비롯한 언론의 압력을 받았다. 특히 바이에른 지역의 언론은 독일 국민의 여론을 독립 승인 쪽으로 이끌어가는 데 결정적인 역할을 했다. 플로라 루이스Flora Lewis는 "매우 보수적인 바이에른 정부, 크로아티아 내의 교회와 긴밀한 유대관계를 맺고 있던 강력하고 발언권이 센 바이에른 가톨릭 교회의 입김 아래 바이에른 TV는 (세르비아와) 전쟁이 시작되자 전 독일을 대상으로 전황을 적극적으로 보도했다. 그 보도 내용은 매우 편향적이었다"고 밝혔다. 독일 정부는 승인을 주저했지만 독일 사회의 압력을 감안할 때 선택의 여지가 없었다. "크로아티아에 대한 독일의 승인을 주도한 것은 정부가 아니라 여론이었다." 독일은 슬로베니아와 크로아티아의 독립을 승인하도록 EU에 압력을 넣어 일단 긍정적 반응을 얻어내자 1991년 12월 EU가 이들의 독립을 승인하기 한발 앞서 먼저 독립을 승인했다. 1995년 한 독일 학자는 "분쟁이 벌어지는 동안 독일 정부는 크로아티아와 그 나라의 지도자 프란조 투즈만Franjo Tudjman을 독일 외교정책의 하수인으로 여겼다. 투즈만의 괴벽스러운 행동이 독일에게 못마땅하기도 했지만 투즈만은 여전히 독일의 굳건한 지원에 힘입을 수 있었다"고 말했다.[35]

오스트리아와 이탈리아는 두 신생국을 곧바로 승인했고 미국을 포함한 기타 서방국들도 재빨리 그 뒤를 따랐다. 바티칸 교황청도 결정적인 역할을 했다. 교황은 크로아티아가 '그리스도교(서구)의 보루'임을 선언하고 EU에 앞서 두 나라에 대한 외교적 승인을 확대하는 작업에 발 벗고 나섰다.[36] 그리하여 바티칸은 분쟁의 일익을 담당하게 되었으며, 1994년 교황이 세 나라를 방문하고자 했을 때 그 결과가 나타났다. 세르비아 정교 교회의 반대로 교황의 베오그라드 방문은 좌절되었으며, 사라예보 방문도 교황의 안전을 책임질 수 없다는 세르비아 당국의 비협조로 무산되고 말았다. 그러나 교황은 자그레브를 방문해 알로지제 스테피나츠 추기경을 추어올렸다. 스테피나츠 추기경은 제2차 세계대전 당시 세르비아인, 집시, 유대인을 처형한 크로아티아의 파시스트 정권에 연루된 인물이었다.

서구로부터 독립을 승인받은 크로아티아는 1991년 9월 유엔이 옛 유고슬라비아 지역의 모든 공화국들에게 취한 무기 수입 금지 조처에도 불구하고 군사력 증강에 박차를 가했다. 독일, 폴란드, 헝가리 같은 유럽의 가톨릭 국가와 파나마, 칠레, 볼리비아 같은 남미 국가를 통해 크로아티아로 무기가 흘러들어 갔다. 전쟁이 격화되었던 1991년 스페인의 무기 수출은 단기간에 6배로 늘어났으며 이 무기의 대부분이 류블랴나와 자그레브로 유입된 것으로 추정된다. 1993년 크로아티아가 폴란드 정부와 독일 정부의 묵인 아래 여러 대의 미그 21기를 수입했다는 보도가 나왔다. 세르비아 공산주의와 이슬람 원리주의에 맞서 그리스도교 십자군으로서 전투에 참여하려는 열의에 불타는 수천 명의 '서유럽, 크로아티아 교포, 동유럽의 가톨릭 국가' 출신 의용군이 크로아티아 국방군에 자원입대했다. 서구 각국의 군사 전문가들은 기술적 지원을 제공했다. 이 친족국들의 도움에 힘입어 크로아티아는 막강해진 군사력으로 세르비아계가 주축을 이룬 유고슬라비아 군에 반격을 퍼부었다.[37]

서구의 크로아티아 지원은 세르비아계가 거듭 지탄받는 민족 청소, 인권 유린, 포로 학대 등의 문제에서 크로아티아에 대해서는 비교적 관대하다는 양상으로도 나타난다. 1995년 전력을 재정비한 크로아티아 군이 크라이나를 공격해 그 지역에서 대대로 살아 온 수만 명의 세르비아계를 보스니아헤르체고비나와 세르비아로 몰아냈을 때 서구는 침묵으로 일관했다. 크로아티아는 또 입김이 강한 재외동포의 덕도 보았다. 서유럽과 북아메리카에 거주하는 부유한 크로아티아인들은 무기와 장비 구입을 위한 자금을 모아 보냈다. 재미 크로아티아인 협회는 조국을 대변해 미국 의회와 정부를 상대로 로비를 펼쳤다. 특히 중요한 역할을 한 것은 독일에 거주하는 60만 크로아티아인이었다. 캐나다, 미국, 호주, 독일의 크로아티아 공동체는 수백 명의 자원병을 크로아티아 군에 보내면서 독립국으로 막 태어난 조국의 수호를 위해 발 벗고 나섰다.[38]

1994년 미국도 크로아티아의 전력을 구축하는 지원 대열에 합류했다. 유엔의 무기 금수 조치를 대대적으로 위반한 크로아티아의 사례를 눈감아 주면서 미국은 크로아티아의 군사훈련을 도왔고 미국의 고위 퇴역 장성들을 고문관으로 파견했다. 미국과 독일 정부는 1995년 크로아티아의 크라이나에 대한 공격에 앞서 파란 불을 켜준 셈이었다. 미국 군사고문단은 미국식 공격 작전 수립에 관여했다. 크로아티아에 따르면 그 작전은 또한 미국의 첩보 위성이 제공한 정보의 도움을 톡톡히 받았다. 크로아티아는 사실상 전략적 동맹국이 되었다고 미국 국무성의 한 관리는 선언했다. 이러한 사태 전개의 밑바탕에는 궁극적으로 2개의 지역 강대국, 워싱턴과 밀착된 자그레브(크로아티아 세력), 모스크바까지 뻗은 슬라브 블록에 편입된 베오그라드(세르비아 세

력)가 이곳을 지배하리라는 장기적 계산이 깔려 있다.[39]

유고슬라비아 전쟁에서 정교 국가는 거의 만장일치로 세르비아 지원 대열에 동참했다. 러시아의 민족주의자, 군 장교, 의원, 정교 교회 지도자들은 노골적으로 세르비아를 지지하며 보스니아헤르체고비나의 튀르크족을 헐뜯고 서구와 NATO의 제국주의를 비난했다. 러시아와 세르비아의 민족주의자들은 합심하여 두 나라에서 서구의 새로운 세계질서를 규탄하는 여론을 불러일으켰다. 이러한 주장에 공감하는 러시아 국민은 적지 않았다. 일례로 모스크바 시민의 60퍼센트 이상이 1995년 여름에 감행된 NATO의 공습을 반대했다. 러시아 민족주의 단체들은 '슬라브 형제의 대의'에 동참할 러시아 자원병을 주요 대도시에서 모집하며 적잖은 성과를 거두었다. 알려진 바로는 천 명이 넘는 러시아인이 루마니아, 그리스 출신의 자원병과 함께 이른바 '가톨릭 파시스트' 및 '이슬람 전사'와 싸우기 위해 세르비아 군에 입대했다. 1992년 '카자흐스탄 군복'을 입은 러시아 부대가 보스니아헤르체고비나에서 작전을 벌였다는 보도가 나왔다. 1995년 러시아인은 세르비아의 정예 부대에서 복무했고 유엔 보고서에 따르면 러시아와 그리스 출신의 전투원들이 유엔이 설정한 제파 안전 지역의 세르비아 공격에 참여했다.[40]

무기 금수 조치에도 불구하고 정교 우방국들은 필요한 무기와 장비를 세르비아에 제공했다. 1993년 초 러시아의 군사 첩보 조직은 3억 달러 상당의 T55 탱크, 탄도탄 요격 미사일, 대공 미사일을 세르비아에 판매한 것으로 보인다. 러시아 군사 전문가들이 세르비아에 가서 이 무기들을 운용하고 다루는 기술을 지도한 것으로 전해진다. 세르비아는 다른 정교국들로부터도 무기를 조달했다. 루마니아와 불가리아가 가장 적극적인 무기 제공국이었으며 우크라이나도 한몫 거들었다. 뿐만 아니라 동부 슬로베니아에 평화유지군의 일원으로 주둔 중이던 러시아 부대는 유엔이 제공한 물자를 세르비아 쪽으로 전용하고 세르비아군의 이동을 도왔으며 그들의 무기 조달을 지원했다.[41]

경제 제재에도 불구하고 세르비아는 루마니아 정부 관리들이 루마니아의 국경 도시 티미쇼아라를 통해서, 그리고 그리스 정부의 묵인 아래 처음에는 이탈리아 기업들이, 나중에는 그리스 기업들이 알바니아를 통해서 제공한 막대한 양의 연료와 기타 물자를 밀수한 덕분에 그럭저럭 버텨 나갈 수 있었다. 그리스에서 실은 식량, 의약품, 컴퓨터, 기타 물품은 마케도니아를 거쳐 세르비아로 들어갔으며 그에 못지않은 양의 세르비아 수출품이 같은 통로를 통해서 밖으로 나왔다.[42] 달러의 매력과 친족국에 대한 연대감이 복합적으로 작용하면서 세르비아에 대한 유엔의 경제 제재는 모든 옛 유고슬라비아 공화국들에 대한 유엔의 무기 금수 조치와 마찬가지로 유명무실해졌다.

유고슬라비아 전쟁이 벌어지는 동안 그리스 정부는 NATO의 서방 회원국들이 추진한 정책과 일정한 거리를 두고 보스니아헤르체고비나 지역에서 이루어진 NATO의 군사 작전을 반대했으며 세르비아에 대한 경제 제재를 철회하도록 미국 정부를 상대로 로비를 펼쳤다. 1994년 그리스의 총리는 세르비아와 정교권의 결속이 갖는 중요성을 강조하면서 1991년 말 슬로베니아와 크로아티아를 서둘러 승인한 바티칸, 독일, EU를 공개적으로 비난했다.[43]

옐친은 3순위 관여국의 지도자로서 한편으로는 서구와 우호적인 관계를 유지하고 발전시켜 이득을 얻고 싶은 욕망과 다른 한편으로는 서구에 굴종적이라고 자신을 비난하는 정적들을 무력화시키고자 세르비아를 지원하고 싶은 욕망을 가지고 있었다. 전체적으로는 후자의 욕망이 더 강해서 세르비아에 대한 러시아의 지원은 일관된 양상으로 나타났다. 러시아는 또 1993년과 1995년에 세르비아에 더 강력한 경제 제재를 하는 데 반대했으며 러시아 의회는 기존의 세르비아에 대한 경제 제재 철회를 촉구하는 결의안을 거의 만장일치로 가결했다. 뿐만 아니라 이슬람교도에 대한 무기 금수 조치의 강화와 크로아티아에 대한 경제 제재 조치를 요구했다. 1993년 12월 러시아는 동절기를 맞아 세르비아에 천연가스를 제공할 수 있도록 경제 제재의 완화를 요구했으나 미국과 영국은 이 제안을 거부했다. 1994년과 1995년에 러시아는 보스니아헤르체고비나 내 세르비아계에 대한 NATO의 공습을 완강히 반대했다. 1995년 러시아 의회 두마는 공습을 거의 만장일치로 규탄하고 발칸 지역에서 러시아의 국익을 효과적으로 방어하지 못했다는 이유로 안드레이 코지레프 외무장관의 사임을 요구했다. 러시아는 또 세르비아계에 대한 NATO의 학살극을 비난했으며, 옐친 대통령은 공습이 지속될 경우 NATO와의 평화를 위한 동반자 관계를 포함한 러시아와 서구의 협조에 심각한 악영향을 미칠 것이라고 경고했다. 옐친은 "NATO가 세르비아인을 공격하는데 우리가 어찌 NATO와 호흡을 맞출 수 있겠는가?"라고 반문했다. 그는 서구가 명백히 이중 잣대를 사용하고 있다고 보았다. "이슬람교도가 세르비아계를 공격할 때, 혹은 크로아티아가 세르비아계를 공격할 때는 왜들 가만히 있는가?"[44] 러시아는 또 옛 유고슬라비아의 모든 공화국들에 대한 무기 금수 조치를 중지시키려는 노력에 줄곧 반대했다. 보스니아헤르체고비나의 이슬람교도가 유리해지기 때문이었다. 러시아는 오히려 무기 금수 조치를 강화해야 한다고 주장했다.

러시아는 유엔을 비롯한 각종 국제기구에서 자신이 차지하는 비중을 이용해 세르비아의 이익을 지키려고 다방면으로 노력했다. 1994년 12월 이슬람 국가들이 발의한 세르비아에서 보스니아헤르체고비나와 크로아티아 내의 세르비아계로의 연료 이동을 금지하는 유엔 안보리 결의안에 거부권을 행사했다. 1994년 4월 세르비아계의 민족 청소를 비난하는 유엔 결의안도 러시아가 앞장서서 봉쇄했다. 러시아는 유엔 전범을 기소하는 검사로 NATO 회원국 출신 인사를 임명하는 데도 반대했다. 세르비아인에 대한 편견이 작용할 소지가 있다는 이유에서였다. 러시아는 보스니아헤르체고비나 세르비아계의 군사 지도자 라트코 믈라디치Ratko Mladic를 국제전범재판소에 기소하는 데 반대하면서 믈라디치에게 망명처를 제공할 의사가 있음을 밝혔다.[45] 1993년 9월 러시아는 옛 유고슬라비아에 주둔하는 2만 2,000명 규모의 유엔 평화유지군의 지위를 유엔이 재고해야 한다는 입장을 취했다. 1995년 여름 유엔 평화유지군을 1만 2,000명 증강한다는 유엔 안보리 결의안에 반대했지만 거부권은 행사하지 않았다. 그러나 크라이나에 대한 크로아티아의 공세와 그 공세에 적절히 대응하지 않은 서방 국가들을 비난했다.

가장 효과적이고 광범위한 문명적 결속은 보스니아헤르체고비나 이슬람교도를 위한 이슬람 세계의 지원으로 나타났다. 보스니아헤르체고비나의 대의는 이슬람 국가들의 폭넓은 성원을 얻었다. 보스니아헤르체고비나에 대한 지원은 공식 창구와 민간 창구를 망라한 다양한 통로로 이루어졌다. 특히 이란과 사우디아라비아는 경쟁적인 지원으로 영향력을 확대하려고 노력했다. 수니파와 시아파, 세속주의자와 원리주의자, 아랍 이슬람 국가와 비아랍 이슬람 국가 모두가 지원 대열에 동참했다. 이슬람의 보스니아헤르체고비나 지원은 인도주의적 지원(1995년 사우디아라비아가 제공한 9000만 달러를 포함한)에서 외교 지원, 폭력 행위도 불사하는 대규모 군사 지원에 이르기까지 다양한 양태로 전개되었다. 가령 1993년 알제리에서는 보스니아헤르체고비나에서 목이 잘린 동료 이슬람교도들의 대량 피살에 대한 보복으로 과격 이슬람주의자들이 12명의 크로아티아인을 살해했다.[46]

이슬람 세력이 함께 결집한 것은 전쟁의 전개 양상에 지대한 영향을 미쳤다. 당초 세르비아계에게 일방적으로 유린당한 보스니아헤르체고비나 이슬람교도들이 나라를 잃지 않고 빼앗긴 영토를 수복할 수 있었던 데는 같은 이슬람 세력의 지원이 결정적이었다. 자연히 보스니아헤르체고비나 사회의 이슬람화에도 가속이 붙었으며 보스니아헤르체고비나 이슬람교도들의 이슬람에 대한 소속감도 크게 강화되었다.

이슬람 각국은 개별적으로든 집단적으로든 보스니아헤르체고비나 이슬람교도에 연대감을 거듭 표명했다. 1992년 이란은 그 선두 주자로서 이 전쟁을 세르비아 그리스도교도가 보스니아헤르체고비나 이슬람교도를 상대로 학살극을 벌이는 종교 분쟁으로 묘사했다. 푸아드 아자미의 관찰에 따르면 이란이 앞장서서 '보스니아헤르체고비나 국가를 위한 불입금'을 내면서 모범을 보이자 터키와 사우디아라비아 같은 이슬람 강대국도 가만히 있을 수가 없었다. 이란의 주동으로 OIC는 이 문제를 정식으로 다루고 유엔에서 보스니아헤르체고비나를 대변해 로비를 펼 수 있는 대표단을 결성했다. 1992년 8월 이슬람 대표단은 유엔 총회에서 대량 학살을 규탄했으며 OIC를 대표해 터키는 유엔 헌장 7조의 규정에 따른 군사개입을 요구하는 결의안 채택을 발의했다. 1993년 초 이슬람 국가들은 보스니아헤르체고비나 이슬람교도의 보호를 위해 서구가 가시적 조치를 취해야 하는 최종 시한을 못 박고 그 이후로는 보스니아헤르체고비나에 무기를 자유로이 제공하겠다고 선언했다. 1993년 5월 OIC는 이슬람교도에게 안전한 피난처를 제공하고 세르비아와의 국경선을 감시하되 어떤 군사적 개입도 포기한다는 서방 각국과 러시아가 마련한 계획안을 일축했다. OIC는 무기 금수 조치의 철폐, 세르비아 중화기重火器에 대한 무력 발동, 세르비아 국경선의 적극적 순찰, 평화유지군에 이슬람 국가 병사들을 포함시킬 것을 요구했다. 다음 달 OIC는 서방 국가들과 러시아의 반대를 무릅쓰고 유엔 인권위원회에서 세르비아와 크로아티아의 공격을 비난하고 무기 금수 조치의 해제를 촉구하는 결의안을 채택하게 했다. 1993년 7월 OIC가 이란, 터키, 말레이시아, 튀니지, 파키스탄, 방글라데시 출신으로 구성된 1만 8,000명 규모의 유엔 평화유지군을 제공해 서방 국가들을 곤혹스럽게 했다. 미국은 이란 부대의 파병에 거부권을 행사했으며 세르비아는 터키 부대를 맹렬히 반대했다. 그럼에도 불구하고 터키 군이 1994년 여름 보스니아헤르체고비나에 도착했으며 1995년 2만 5,000명의 유엔 방위군에는 터키, 파키스탄, 말레이시아, 인도네시아, 방글라데시 출신의 장병 7,000명이 포함되어 있다. 1993년 8월 터키 외무장관이 이끄는 OIC 대표단이 세르비아의 공격으로부터 보스니아헤르체고비나 이슬람교도를 보호하기 위해 NATO의 즉각적 공습을 지지해줄 것을 갈리 유엔 사무총장과 크리스토퍼 미 국무장관에게 촉구했다. 서구가 이런 조취를 취하지 않는 바람에 터키와 NATO 동맹국들 사이에 심각한 긴장이 조성되었다.[47]

나중에 터키와 파키스탄의 외무장관은 이슬람권의 관심을 극적으로 부각시키고자 대대적인 홍보와 함께 사라예보를 방문했고 OIC는 보스니아헤르체고비나에 대한 군사 지원을 다시금 요구했다. 1995년 여름 서구가 세르비아의 공격으로부터 안전 지역을 방어하는 데 실패하자 터키는 보스니아헤르체고비나에 대한 군사 지원을 승인하고 보스니아헤르체고비나 군대를 훈련시켰으며 말레이시아는 유엔의 무기 금수 조치를 파기하고 무기 판매에 뛰어들었다. 또 아랍에미리트는 군사적 목적과 인도주의적 목적에 쓰일 자금을 제공하기로 결정했다. 1995년 8월 OIC의 9개국 외무장관들은 유엔 무기 금수가 무효임을 선언하고 이어 9월에는 OIC의 52개 회원국들이 보스니아헤르체고비나에 대한 무기와 경제 지원을 승인했다.

보스니아헤르체고비나 이슬람교도의 참상처럼 이슬람 세계의 전폭적인 성원을 얻은 것은 유례가 없을 정도였지만 특히 터키에서는 심한 공분을 불러일으켰다. 보스니아헤르체고비나는 실질적으로는 1878년까지, 명목상으로는 1908년까지 오스만 제국의 일부로 존재했으며, 보스니아헤르체고비나 출신의 이민자와 피난민은 터키 인구의 5퍼센트를 차지했다. 보스니아헤르체고비나의 대의에 대한 공감과 보스니아헤르체고비나 이슬람교도를 보호하지 못하는 서구에 대한 터키 국민의 분노감이 만연했고 야당인 이슬람 복지당은 이 문제로 정부를 물고 늘어졌다. 그에 뒤질세라 터키 정부 관리들은 터키가 발칸 지역에 거주하는 모든 이슬람교도의 안위에 각별한 책임이 있음을 강조하면서 보스니아헤르체고비나 이슬람교도의 보호를 위한 유엔의 군사개입을 틈나는 대로 역설했다.[48]

이슬람 세계가 보스니아헤르체고비나 이슬람교도에게 제공한 가장 큰 도움은 군사 지원이었다. 여기에는 무기, 무기 구입 자금, 군사

훈련, 자원병이 망라된다. 전쟁이 터지자 보스니아헤르체고비나 정부는 곧바로 무자헤딘을 불러들였다. 자원병의 수는 모두 4,000명에 육박했고 세르비아와 크로아티아를 위해 싸운 외국인의 숫자를 웃돌았다. 이 중에는 이란 공화국 수비대와 아프가니스탄에서 싸웠던 다수의 전투원들이 포함되어 있다. 자원병들의 면면도 파키스탄, 터키, 이란, 알제리, 사우디아라비아, 이집트, 수단의 국민과 독일, 오스트리아, 스위스에서 일하던 알바니아 및 터키 출신의 외국인 노동자까지 광범위했다. 사우디아라비아의 종교 단체도 많은 활동 인력을 보냈다. 1992년 전쟁이 터지고 처음 몇 달 동안 20여 명의 사우디아라비아인이 목숨을 잃었다. 세계 청년 이슬람교도 회의는 치료를 목적으로 부상당한 전투원들을 사우디아라비아의 제다까지 호송했다. 1992년 가을 레바논의 시아파 조직 헤즈볼라 소속 게릴라들이 도착하여 보스니아헤르체고비나 군대를 훈련시켰다. 나중에는 이란의 공화국 수비대가 훈련을 도맡았다. 1994년 봄 서구의 정보 소식통은 400명의 이란 공화국 수비대원들이 과격 게릴라 및 테러리스트 조직을 구성하고 있다는 보고서를 작성했다. 한 미국 관리에 따르면 이란은 이것을 유럽의 말랑말랑한 급소를 파고들 수 있는 호기로 보았다. 유엔에 따르면 '무자헤딘'이 특수 이슬람 여단의 창설을 위해 3,000~5,000명가량의 보스니아헤르체고비나인을 훈련시켰다. 보스니아헤르체고비나 정부는 '테러, 비합법, 전격 작전'에 '무자헤딘'을 투입했는데 이들은 현지 주민들을 자주 괴롭히는 등 보스니아헤르체고비나 정부에게 또 다른 골칫거리를 안기기도 했다. 데이턴 평화협정은 모든 외국 전투원들이 보스니아헤르체고비나를 떠나야 한다고 못 박았지만 보스니아헤르체고비나 정부는 보스니아헤르체고비나 시민권을 부여하거나 이란

공화국 수비대원을 구호 요원으로 등록시켜 일부 전투원의 보스니아헤르체고비나 체류를 도왔다. "보스니아헤르체고비나 정부가 이들 집단, 특히 이란에게 각별한 신세를 졌다"고 1996년 초 미국의 한 관리가 경고했다. "보스니아헤르체고비나 정부는 이들에 맞서기 힘든 것으로 판명났다. 12개월 안에 우리는 떠나겠지만 무자헤딘은 여전히 남겠다는 생각이다."[49]

사우디아라비아나 이란처럼 이슬람 부국들은 보스니아헤르체고비나의 전력 증강을 위해 막대한 자금을 지원했다. 1992년 전쟁 초기에 사우디아라비아는 공식, 비공식 경로를 통해 보스니아헤르체고비나에 1억 5000만 달러의 원조금을 제공했다. 겉으로는 인도주의적 목적을 내걸었지만 이 돈의 대부분이 군사 목적에 전용되었다는 것은 널리 알려진 사실이다. 보스니아헤르체고비나는 전쟁 발발 후 처음 2년 동안 1억 6000만 달러 상당의 무기를 얻은 것으로 알려졌다. 1993~1995년에 보스니아헤르체고비나는 사우디아라비아로부터 추가로 3억 달러의 군사 지원을, 5억 달러의 명목상 인도주의적 지원을 받았다. 이란도 주요한 군사 원조국이었다. 미국 관리들에 따르면 이란은 매년 수억 달러어치의 무기를 보스니아헤르체고비나에 제공했다. 또 다른 보고서에 따르면 전쟁 초기 몇 년 동안 보스니아헤르체고비나로 유입된 총 20억 달러 규모의 무기 가운데 80~90퍼센트는 이슬람 국가들이 제공한 것이다. 이러한 자금 지원에 힘입어 보스니아헤르체고비나는 수천 톤의 무기를 구입할 수 있었다. 수송 과정에서 몇 차례 무기가 압수되었는데 제일 처음에는 4,000정의 소총과 100만 발의 탄약, 그 다음에는 1만 1,000정의 소총과 30문의 박격포, 75만 발의 탄약, 세 번째에는 지대지 로켓, 지프, 권총, 탄약이 포함되어 있었다. 압수된 무기들은 모두 주요 무기 공급국인 이란에서 적재되었지만 터키와 말레이시아도 상당량의 무기를 제공했다. 일부 무기는 보스니아헤르체고비나로 직접 공수되기도 했지만 대부분은 자그레브로 공수된 뒤 거기서 육로로 옮겨지거나 해로를 통해 스플리트나 크로아티아의 여타 항구로 선적되었다가 다시 육로로 수송되는 등 모두 중간에 크로아티아를 거쳤다. 무기 수송을 허용하는 대가로 크로아티아는 무기의 3분의 1을 챙겼으며 나중에 보스니아헤르체고비나와의 충돌이 발생할 가능성에 대비해 탱크와 중화기의 반입은 금지시켰다.[50]

이란, 사우디아라비아, 터키 등 기타 이슬람 국가들이 제공한 자금, 인력, 훈련, 무기에 힘입어 보스니아헤르체고비나는 '오합지졸'의 군대를 상당히 짜임새 있고 강력한 군사력으로 탈바꿈시키는 데 성공했다. 1994년 겨울 보스니아헤르체고비나 군의 조직적 응집력과 군사적 효율성이 비약적으로 향상되었다는 보고가 외부 관측자들의 입에서 공통적으로 나왔다.[51] 새롭게 구축된 군사력을 앞세워 보스니아헤르체고비나는 휴전을 깨뜨리고 먼저 크로아티아에 공세를 퍼부어 상당한 전과를 올렸으며 봄에는 세르비아까지 공격했다. 1994년 가을 보스니아헤르체고비나 제5군단은 비하치의 유엔 안전 지역을 벗어나 세르비아 군을 몰아세우며 개전 이래 최대의 승리를 거두면서 밀로셰비치 대통령의 지원 중단으로 잠시 주춤하던 세르비아계로부터 잃었던 영토를 상당 부분 되찾았다. 1995년 3월 보스니아헤르체고비나 군은 다시 휴전을 파기하고 투즐라 부근에서 대공세를 펼쳤으며 6월에는 사라예보 인근까지 밀고 올라왔다. 보스니아헤르체고비나 지역에서 이슬람교도가 군사적 균형에 획기적 변화를 가져올 수 있었던 데는 같은 이슬람 국가들의 지원이 결정적으로 작용했다.

보스니아헤르체고비나 전쟁은 문명들의 전쟁이었다. 3개 1순위 참여자들은 모두 상이한 문명 배경을 가지고 있었으며 상이한 종교를 믿었다. 하나의 부분적 예외를 제외하면 2, 3순위 관여국들은 모두 정확히 문명의 경계선을 따라 움직였다. 이슬람 국가와 단체는 너나 할 것 없이 보스니아헤르체고비나 이슬람교도를 지원하며 크로아티아계와 세르비아계에 맞섰다. 정교 국가와 단체는 세르비아계를 후원하며 크로아티아계와 이슬람교도에 맞섰다. 서방 국가와 서방 지도층은 세르비아를 규탄했으며 대체로 이슬람교도를 무시하거나 두려워했다. 전쟁이 장기화하면서 상이한 집단들 사이의 적대감과 감정의 골은 더욱 깊어졌으며 종교적, 문명적 정체성은 한층 강화되었다. 이슬람교도 사이에서 이런 현상은 특히 두드러졌다. 전체적으로 보스니아헤르체고비나 전쟁이 주는 교훈은 다음과 같다. 첫째, 단층선 분쟁의 1순위 당사자들은 같은 문명 친족국들로부터 상당한 도움을 기대할 수 있다. 둘째, 이런 도움은 전쟁의 전개 과정에 적잖은 영향을 미칠 수 있다. 셋째, 한 문명의 정부와 일반인은 단층선 분쟁에서 싸우는 다른 문명 사람들을 돕기 위해 피를 흘리거나 돈을 내지 않는다.

이 문명 편가르기의 일부 예외가 있었다면 바로 미국이었다. 미국 지도자들은 수사학적으로는 보스니아헤르체고비나 이슬람교도의 편에 섰다. 그러나 실제로 미국의 지원은 제한되어 있었다. 클린턴 행정부는 유엔 안전 지역을 보호하고자 미국의 공군력을 동원하기로 결정했지만 지상군 투입에는 반대하며 무기 금수 조치의 철회를 주장했다. 미국은 무기 금수 조치의 철회를 위해 동맹국들에게 압력을 넣지는 않았지만 이란에서 보스니아헤르체고비나로 들어가는 무기를 눈감아주었으며 사우디아라비아의 무기 구입 자금 제공도 묵인했다.

1994년에는 무기 금수 조치의 관철을 포기했다.[52] 이러한 정책으로 미국과 동맹국들 사이에는 알력이 생겼으며 NATO 내부에 중대한 대립이 발생할 조짐이 보였다. 데이턴 평화협정의 타결 이후 미국은 사우디아라비아를 포함한 여러 이슬람 국가들과 함께 보스니아헤르체고비나 군의 훈련과 무장을 위해 협력하는 데 동의했다. 여기서 다음과 같은 질문이 제기될 수 있다. 왜 전쟁 기간 중에 또 전쟁이 끝난 뒤에 미국이 문명의 형틀을 깨부수고 보스니아헤르체고비나 이슬람교도의 이익을 수호하면서 이슬람 국가들과 공조를 도모한 유일한 비이슬람 국가가 되었는가? 미국의 이 일탈 행동을 어떻게 설명할 것인가?

한 가지 가능성은 이것이 일탈 행동이 아니라 주도면밀하게 계산된 문명적 현실정치의 산물일지도 모른다는 것이다. 미국은 보스니아헤르체고비나 편에 서서 비록 성공은 거두지 못했지만 무기 금수 조치의 철회를 위해 노력함으로써 이란, 사우디아라비아 같은 이슬람 원리주의 국가들의 영향력이 이제까지 세속적이며 유럽 지향적이던 보스니아헤르체고비나에서 확대되는 것을 저지하려고 노력했다. 그러나 만일 이것이 미국의 목적이었다면 미국은 이란과 사우디아라비아의 지원을 왜 묵인하고 서방의 합법적 지원을 가능케 했을 무기 금수 조치 철회를 왜 좀 더 강력하게 밀어붙이지 않았을까? 미국 관리들이 발칸 지역에 이슬람 원리주의가 확산될 가능성을 왜 좀 더 공공연하게 경고하지 않았을까? 미국의 행동을 풀이하는 또 하나의 설명은 미국 정부가 터키, 사우디아라비아 같은 이슬람 우방국들의 압력을 받았고 그들과의 원만한 관계 유지를 위해 어느 정도의 요구는 들어주었다는 것이다. 그러나 미국과 이슬람 우방국들의 우호관계는 서로의 필요에 의해 조성된 것이지 보스니아헤르체고비나와는 직접적 상관이 없으며 미국이 보스니아헤르체고비나를 돕지 않는다고 해서 훼손될 관계도 아니다. 뿐만 아니라 이것은 미국이 다른 문제에서는 이란과 사사건건 부딪쳤고, 사우디아라비아가 보스니아헤르체고비나에서의 영향력 확대를 놓고 이란과 치열한 경쟁을 벌였던 상황에서 왜 미국이 이란에서 보스니아헤르체고비나로 흘러들어 가는 막대한 양의 무기를 암묵적으로 승인했는가를 설명하지 못한다.

문명적 현실정치의 고려는 미국의 태도를 규정하는 데 일정한 역할을 했을 테지만 다른 요인들이 더 중요했던 것으로 보인다. 미국인은 모든 국제 분쟁을 선한 세력과 악한 세력으로 구분하면서 전자의 편에 서려는 경향이 강하다. 전쟁 초기에 자행한 만행 탓에 세르비아는 죄 없는 사람들을 학살하는 '악당들'로 묘사되었고 반면 보스니아헤르체고비나 이슬람교도는 무력한 희생자로서의 이미지를 가꿔 나갈 수 있었다. 전쟁 기간 중 미국 언론은 크로아티아계나 보스니아헤르체고비나 이슬람교도가 자행한 민족 청소나 전쟁 범죄, 보스니아헤르체고비나 군이 앞장선 유엔 안전 지역 및 휴전 위반 행위에 대해서는 거의 관심을 기울이지 않았다. 미국인에게 보스니아헤르체고비나는 레베카 웨스트Rebecca West의 표현을 빌리면 영원히 학살만 당하지 절대로 학살은 저지르지 않는, 무고하게 고통을 겪어야 하는 발칸의 착한 민족으로 굳건히 자리 잡았다.[53]

미국의 여론 주도층도 보스니아헤르체고비나인에게 호의를 품었다. 미국은 문화 다원주의에 입각한 국가의 이상을 가지고 있으며 전쟁 초반 보스니아헤르체고비나 정부가 자신의 이미지를 그런 쪽으로 부각시키는 데 성공했기 때문이다. 보스니아헤르체고비나 세르비아계와 보스니아헤르체고비나 크로아티아계의 격렬한 반대에도 불구하고 미국의 정책은 다민족 보스니아헤르체고비나를 일관되게 고수했다. 미국의 지도층은 한 민족 집단이 다른 민족 집단을 대량 학살하는 상황에서 다민족 국가의 건립은 불가능하다는 사실을 모를 리 없었지만 그들은 이 모순된 이미지의 공존을 포기하지 않음으로써 보스니아헤르체고비나 이슬람교도에 대한 연민을 확산시켰다. 미국의 이상주의, 도덕주의, 인도주의 본능, 단순함, 발칸 지역에 대한 무지가 공통적으로 작용해 미국은 친보스니아헤르체고비나, 반세르비아 노선을 취하기에 이르렀다. 아울러 미국은 보스니아헤르체고비나에 중대한 안보 이익이 걸려 있지 않았고 보스니아헤르체고비나와 문화적 유대관계도 전혀 없었으므로 이란과 사우디아라비아가 보스니아헤르체고비나의 무장을 지원하도록 허용하는 것 말고는 딱히 보스니아헤르체고비나를 도울 만한 필요성을 느끼지 못했다. 전쟁의 목적을 분명히 규정하지 않음으로써 미국 정부는 동맹국들을 소외시키고 전쟁을 장기화로 이끌었으며 발칸 지역에 이란의 영향력을 강하게 받는 이슬람 국가의 등장에 일조했다. 결국은 보스니아헤르체고비나도 말만 요란하게 하고 제대로 지원하지 않는 미국의 태도에 환멸을 느꼈으며, 자신들이 생존하고 군사적 승리를 거두는 데 필요한 자금과 무기를 들고 달려온 이슬람 형제들에게 깊은 고마움을 느끼게 되었다.

"보스니아헤르체고비나는 우리의 스페인"이라고 베르나르 앙리 레비Bernard-Henri Levy는 말했고 사우디아라비아의 한 편집인도 그 말에 동의했다. "보스니아헤르체고비나에서 벌어진 전쟁은 스페인 내전에서 파시즘을 상대로 벌였던 투쟁과 정서적으로 일맥상통한다. 이곳에서 전사한 사람들은 동료 이슬람교도를 구하려다 산화한 순교자로 추앙받는다."[54] 참으로 적절한 비유가 아닐 수 없다. 문명의 시대에 보스니아헤르체고비나는 만인의 스페인이다. 스페인 내전은 정치제도와 이념의 싸움이었고 보스니아헤르체고비나 전쟁은 문명과 종교의 싸움이었다. 민주주의자, 공산주의자, 파시스트들은 자신의 이념적 동지와 같은 대열에 서서 싸우고자 스페인으로 갔고, 민주주의 정부, 공산주의 정부, 파시스트 정부는 그들을 지원했다. 유고슬라비아 전쟁에서도 이와 마찬가지로 서방 그리스도교 국가들, 정교 국가들, 이슬람 국가들의 외곽 지원이 대대적으로 이루어졌다. 정교권, 이슬람권, 서구권의 주요 강국들이 이 전쟁에 깊숙이 개입했다. 4년 뒤 스페인 내전은 프랑코 세력의 승리로 대단원의 막을 내렸다. 발칸 지역에 거주하는 상이한 종교 집단들 사이의 전쟁은 소강상태에 들어가거나 일시적으로 중단될 가능성도 있지만, 누가 결정적 승리를 거둘 가능성은 별로 없으며 한때의 승리가 분쟁의 종식을 의미하는 것도 아니다. 스페인 내전은 제2차 세계대전의 전주곡이었다. 보스니아헤르체고비나 전쟁은 문명들의 지속되는 충돌에서 벌어진 또 하나의 유혈극이다.

## 단층선 전쟁의 억제

"모든 전쟁은 끝이 나게 마련이다." 이것이 기존의 상식이다. 이 상식은 단층선 전쟁에도 들어맞는가? 그렇기도 하고 아니기도 하다. 단층선 분쟁은 일정 기간 동안 완전히 중단될 수 있을지는 몰라도 영원히 종식되는 경우는 드물다. 단층선 전쟁은 잦은 휴전과 정전이 특징이지만, 핵심이 되는 정치적 갈등을 해결하는 포괄적 평화협정은 기대하기 어렵다. 단층선 전쟁은 상이한 문명에 속한 집단들 사이의 지속되는 적대관계에 깊이 뿌리를 두고 있으므로 걸핏하면 재발한다. 단층선 분쟁은 또 두 사회의 지리적 근접성, 상이한 종교와 문화, 이질적 사회구조, 역사적 기억에서 비롯된다. 오랜 세월이 흐르는 동안 두 사회가 성숙해져 저변의 갈등이 사라질 수도 있다. 혹은 한 집단이 다른 집단을 절멸시켜 분쟁이 야만적인 방식으로 신속하게 제거되는 경우도 있다. 그러나 이 두 가지 경우가 아닌 한 분쟁은 지속되며 폭력 사태는 거듭 재연된다. 단층선 전쟁은 간헐적으로 이어지고 단층선 분쟁은 영원히 이어진다.

단층선 전쟁이 잠시라도 중단되기 위해서는 두 가지 선결 조건이 충족되어야 한다. 첫째는 1순위 참여자들이 탈진하는 것이다. 인명 피해가 수만에 이르고 수만의 난민이 발생하며 도시들(베이루트, 그로즈니, 부코바르)이 초토화되는 시점에서 사람들은 전쟁에 환멸을 느끼게 마련이며 양쪽 진영에서 과격파들은 대중의 적대감을 더 이상 불러일으키지 못하는 한계점에 봉착한다. 그렇게 되면 몇 년째 질질 끌던 협상이 활기를 띠게 되고 온건파들의 목소리가 커지면서 살육전을 종식시킬 수 있는 타협점을 모색하기 시작한다. 나고르노카라바흐 지역을 놓고 6년 동안 이어진 소모전은 1994년 봄에 이르러 '기진맥진한' 아르메니아와 아제르바이잔 양측이 휴전에 동의함으로써 끝났다. 1995년 가을 보스니아헤르체고비나에서도 '모든 진영의 탈진'으로 데이턴 평화협정이 조인된 것으로 알려졌다.[55] 그러나 그러한 휴전은 자체적으로 한계를 안고 있다. 휴식 기간 동안 양쪽 진영은 자원을 비축할 수 있다. 시간이 흘러 어느 한쪽이 자신감을 갖게 되면 전쟁은 재발한다.

일시적 정전에 도달하려면 또 하나의 선결 조건이 필요하다. 전쟁 당사자들을 협상 테이블로 끌어낼 수 있는 능력이 있고, 그 협상이 자신에게 유리하다고 판단하는 비1순위 참가국들이 개입해야 한다는 것이다. 1순위 당사자들 간의 직접 협상이나 이해관계가 없는 세력들의 중재로 단층선 전쟁이 중단되는 법은 거의 없다. 문화적 거리감, 강한 적대감, 서로에게 가한 폭력 행위 때문에 1순위 당사자들이 한자리에 앉아 어떤 형태가 되었든 휴전을 위한 생산적 논의를 벌이기가 여간해서는 어렵다. 누가 어떤 조건으로 영토와 주민을 지배할 것인가를 두고 벌어지는 근본적 대립이 거듭 수면으로 부상하며 좀 더 제한된 문제들에 대한 합의마저도 어렵게 만든다.

공통된 문화를 가진 국가 또는 집단 사이의 분쟁은 그 문화를 공유하고 그 문화 안에서 공인된 정통성을 확보하고 그 문화의 가치관에 토대를 둔 해결책을 찾아낼 만한 적임자로서 양쪽 진영의 신뢰를 받는 중립적인 제3자의 중재로 해결의 가닥을 잡기도 한다. 교황은 아르헨티나와 칠레의 국경 분쟁을 효과적으로 중재할 수 있다. 그러나 상이한 문명에 속한 집단들 사이의 분쟁에서는 중립적인 제3자를 찾기란 쉽지 않다. 양쪽 진영이 모두 신뢰를 보내는 개인, 기관, 국가를 발견하기란 극히 어렵다. 중재에 나설 만한 후보자가 갈등을 빚는 문명 가운데 어느 한쪽에 속하든가 또 다른 문화와 이해관계를 가진 제3의 문명에 속하게 마련이어서 분쟁 당사자들로부터 모두 신뢰를 얻지 못한다. 체첸인과 러시아인, 타밀인과 신할라인으로부터 교황이 중재 요청을 받을 리 만무하다. 국제기구도 신통한 역할을 하지 못한다. 분쟁 당사자들에게 중요한 희생을 감내하도록 요구할 만한 능력이나 의미 있는 혜택을 제공할 능력이 없기 때문이다.

단층선 분쟁은 이해관계가 없는 개인, 집단, 기구에 의해서가 아니라 자신들의 친족국을 위해 결집했고 한편으로는 상대와 평화협정을 벌일 능력이 있고 다른 한편으로는 친족국에게 평화협정을 받아들이도록 유도할 능력이 있는, 이해관계를 가진 2, 3순위 참여국들에 의해 종식된다. 문명별 세력 결집이 전쟁을 격화시키고 장기화시키기도 하지만 한편으로는 전쟁을 중단시키는 데 충분조건은 아닐지 몰라도 필요조건이 되기도 한다. 2, 3순위 관여국들은 전쟁 당사자가 되기를 원하지는 않으므로 확전을 어떻게 해서든 막으려 한다. 그들은 또 전쟁에만 몰입되어 있는 1순위 당사자들보다는 다채로운 이해관계를 가지고 있어서 복합적인 시각으로 문제에 접근한다. 따라서 어느 시점에 가서는 전쟁을 끝내는 것이 자신에게 유리하다고 판단할 가능성이 높다. 그들은 친족국을 위해 결집했으므로 그 친족국에 대해 영향력을 갖는다. 동조자는 이렇듯 만류자가 된다.

2, 3순위 관여국이 없는 전쟁은 확전될 가능성은 낮지만 핵심국이 결여된 문명에 속한 집단들 사이에 벌어지는 전쟁처럼 끝맺기는 그만큼 더 어렵다. 안정된 국가에서 일어나는 반란의 양상으로 전개되는 단층선 전쟁과 의미 있는 문명 단위의 결속이 이루어지지 않는 단층선 전쟁의 경우는 특히 까다롭다. 전쟁이 어느 정도 지속되면 반란 세력의 요구는 일정한 형태의 자치를 원하는 수준에서 완전한 독립을 원하는 단계로 격상되는 경향이 있는데 정부가 이를 받아들일 리가 없다. 정부는 대체로 전쟁을 종식시키기 위한 첫 번째 단계로 반군에게 무기를 버릴 것을 요구하지만 반군은 이를 거부한다. 정부는 또한 순전한 내정 문제라고 이해하는 사태에 외부 세력이 개입하는 것에 당연히 반감을 갖는다. 사태를 내정 문제로 규정하면 다른 나라들도 개입을 피할 수 있는 명분을 얻게 된다. 체첸 사태에 접근하는 서방 국가들의 태도가 그러했다.

분쟁에 관련된 문명들에 핵심국이 존재하지 않을 때 문제는 더욱 꼬인다. 예컨대 1956년에 시작된 수단 내전은 교전 당사자들의 힘이 소진된 1972년에 가서 막을 내렸다. 세계교회평의회와 범아프리카 교회평의회가 비정부 국제기구로서는 이례적으로 눈부신 중재 활약을 벌여 남부 수단에 자치를 허용하는 아디스아바바 협정을 이끌어냈다. 그러나 10년 뒤 수단 정부가 협정을 파기하면서 전쟁이 재개되었다. 반군의 요구는 과격해졌고 정부의 입장도 강경해졌으며 또 한 번의 협상을 이끌어내려는 노력도 실패로 돌아갔다. 교전 당사자들에게 압력을 행사할 만한 실력이나 이해관계를 가진 핵심국이 아랍 세계나 아프리카 세계에는 존재하지 않았다. 지미 카터와 여러 지도자가 벌인 중재 노력은 수포로 돌아갔으며 케냐, 에리트레아, 우간다, 에티오피아 같은 동아프리카 국가들의 노력도 무산되고 말았다. 수단과 아주 적대적 관계에 놓인 미국도 이렇다 할 영향력을 행사하지 못했다. 미국은 수단과 가까운 이란, 이라크, 리비아에게 중재 요청을 할 입장도 아니었다. 고작해야 사우디아라비아를 내세우는 수밖에 없었는데, 사우디아라비아의 수단에 대한 영향력은 지극히 제한되었다.[56]

일반적으로 휴전협상은 분쟁 양쪽 진영에서 2, 3순위 세력이 동일한 수준으로 개입할 때 활발하게 진척된다. 경우에 따라서는 단일 핵심국이 분쟁을 종식시킬 만한 강력한 영향력을 행사하기도 한다. 1992년 CSCE(유럽안보협력회의)가 아르메니아-아제르바이잔 전쟁의 중재에 나섰다. 이를 위해 분쟁의 1, 2, 3순위 관여 세력(나고르노카라바흐 거주 아르메니아인, 아르메니아, 아제르바이잔, 러시아, 터키)과 프랑스, 독일, 이탈리아, 스웨덴, 체코, 벨라루스, 미국으로 구성된 민스크 그룹이 발족되었다. 상당수의 아르메니아인이 거주하는 미국, 프랑스를 제외하면 독일, 이탈리아, 스웨덴, 체코, 벨라루스는 전쟁 종식에 힘써야 할 절박한 자체적 이유도 없었고 또 그럴 만한 능력도 없었다. 3순위 관여국인 러시아와 터키가 미국과 협조해 만들어낸 정전안을 나고르노카라바흐 거주 아르메니아인이 거부했다. 그러나 러시아는 별도로 모스크바에 아르메니아와 아제르바이잔을 불러놓고 여러 차례 협상을 벌였고, 이것은 민스크 그룹과는 별개의 안을 도출해 국제 공동체의 노력을 헛수고로 만들었다.[57] 결국 분쟁 당사자들의 힘이 소진되고 러시아가 협상의 보장 세력으로 이란을 끌어들이는 데 성공함으로써 휴전협정이 성사되었다. 러시아와 이란은 2순위 관여자로서 타지키스탄에서도 간헐적인 성공을 거둔 바 있는 휴전협정을 도출하는 데 공조를 펼쳤다.

러시아는 여전히 캅카스에서 물러서지 않을 것이고 또 국익에 보탬이 되는 한 자신이 후원하는 휴전을 성사시킬 만한 능력을 앞으로도 보유하게 될 것이다. 이것은 보스니아헤르체고비나와의 관계에서 미국이 처한 상황과는 대조를 보인다. 데이턴 평화협정은 관심 있는 핵심국들(독일, 영국, 프랑스, 러시아, 미국)로 구성된 접촉 그룹이 발전시킨 제안을 바탕으로 구축되었지만 최종 협정을 도출하는 과정에서 다른 3순위 관련국들은 개입하지 못했으며 1순위 당사자 셋 중에서 둘은 협상의 언저리를 맴돌았다. 이 협정의 준수는 미국이 주도하는 NATO의 군사력에 의존한다. 만일 미국이 보스니아헤르체고비나에서 군대를 철수할 경우 협정의 관철에 굳이 애써야 할 이유가 유럽의 강대국들이나 러시아에게는 없으며, 따라서 보스니아헤르체고비나 정부, 세르비아계, 크로아티아계는 일단 전력의 재정비가 끝나면 바로 전투를 재개할 공산이 크고, 세르비아 정부와 크로아티아 정부는 대세르비아와 대크로아티아의 야망을 실현시킬 수 있는 절호의 기회를 포착하기 위해 나서야 한다는 유혹을 느낄 것이다.

로버트 퍼트넘Robert Putnam은 국가들 사이의 협상은 외교관들이 자기 나라 국민만이 아니라 상대국 국민과도 교섭을 벌여야 한다는 점에서 '2단계 게임'이라는 사실을 강조했다. "비슷한 맥락에서 헌팅턴은 권위주의 정부 내의 개혁 세력은 민주주의로 이행하는 문제를 야당의 온건파와 논의할 때 정부 내의 강경파와도 교섭을 벌이거나 담판을 벌여야 하며 온건파는 온건파대로 야당의 강경 세력과 절충을 벌여야 한다는 사실을 보여주었다."[58] 이 2단계 게임의 참여자는 최소한 4명이며 그들 사이에는 최소한 3, 4개의 관계가 존재한다. 그러나 복잡한 단층선 전쟁은 적어도 6명이 참여하고 그들 사이에 적어도 7개의 관계가 존재하는 3단계 게임이다〈그림 11-1〉. 먼저 1, 2, 3순위 관련 당사자들 사이의 수평적 관계가 단층선을 사이에 두고 펼쳐진다. 뿐만 아니라 각 문명 내부에서 상이한 수준에 있는 관련자들 사이의 수직적 관계가 존재한다. 이 모델을 고스란히 따르는 분쟁을 종식시키기 위해서는 다음 요건이 충족되어야 한다.

- 2, 3순위 관련자들의 적극적 개입.
- 전쟁을 끝내기 위해 3순위 관련자들이 포괄적 조건으로 벌이는 교섭.
- 2순위 관련자들과 1순위 관련자들이 이 조건을 받아들일 수 있도록 3순위 관련자들이 구사하는 당근과 채찍.
- 2순위 관련자들이 1순위 관련자들에게 지원을 중지하거나 사실상 등을 돌리는 조치.
- 이런 압력에 따라 1순위 당사자들이 조건을 수락하는 것(물론 그것이 자

신에게 이롭다는 판단이 설 때).

보스니아헤르체고비나의 평화정착 과정에서는 이 요소들이 모두 작용했다. 평화협정을 이끌어내려는 미국, 러시아, EU의 개별적 노력은 모두 무위로 돌아갔다. 주요 서방국들은 협상 과정에 러시아를 주역으로 끌어들이는 데 거부감을 보였다. 러시아는 세르비아와 맺어온 역사적 관계, 발칸 지역이 러시아에게 갖는 남다른 의미를 강조하면서 자신의 배제를 격렬히 항의했다. 러시아는 분쟁 타결을 위한 노력에서 자신이 주역을 맡아야 한다고 주장하면서 일방적으로 조건을 관철하려는 미국의 성향을 강력히 비난했다.

러시아를 포함시켜야 한다는 사실의 불가피성은 1994년 2월에 가서 명확해졌다. NATO가 러시아의 견해를 묻지 않은 채 보스니아헤르체고비나의 세르비아계를 향해 사라예보 일원에서 중화기를 철수시키지 않을 경우 공습을 감행하겠다고 최후통첩을 보냈다. 세르비아계는 이 요구를 일축했고 NATO와의 정면 대결은 시간 문제였다. 옐친은 "러시아의 참여 없이 보스니아헤르체고비나 문제를 해결하려고 시도하는 사람들이 있다"고 지적하면서 "우리는 그것을 좌시하지 않을 것"이라고 경고했다. 얼마 뒤 러시아 정부는 적극적으로 나서서 러시아가 사라예보 지역에 평화유지군을 파견한다는 조건으로 그 지역에 배치된 무기를 거두어들이도록 세르비아계를 설득하는 데 성공했다. 이 외교적 쿠데타가 분쟁의 악화를 예방했고 서방에 러시아의 세르비아에 대한 영향력을 과시했을 뿐 아니라 보스니아헤르체고비나 이슬람교도와 세르비아계가 분쟁을 벌이는 심장부에 러시아 군을 투입하는 성과를 가져왔다.[59] 이 조치를 통해 러시아는 보스니아헤르체고비나 문제를 처리하는 과정에서 서구와 평등한 동반자로서의 위치를 효과적으로 구축할 수 있었다.

그러나 4월에 NATO는 러시아의 의견을 묻지 않고 세르비아 진지에 대한 포격을 결행했다. 이것은 러시아 정치계에 엄청난 반발을 불러일으키면서 옐친과 코지레프 외무장관에 반대하는 민족주의자들의 입지를 강화시켜주었다. 그 후 관련 3순위 강대국들(영국, 프랑스, 독일, 러시아, 미국)은 접촉 그룹을 결성해 분쟁 타결을 도모했다. 1994년 6월 이 모임은 보스니아헤르체고비나 영토의 51퍼센트를 이슬람교도-크로아티아 연합에 넘기고 49퍼센트를 세르비아계에 할양할 것을 규정한 안을 만들어 데이턴 평화협정의 초석을 마련했다. 그 이듬해에는 데이턴 평화협정의 이행을 위해 부득이 러시아 군의 평화유지군 참여를 승인할 수밖에 없었다.

3순위 관련국들이 아무리 합의에 이르렀다 하더라도 2순위, 1순위 주역들이 그 합의에 따라주어야 한다. 러시아의 외교관 비탈리 추르킨의 말대로 미국은 보스니아헤르체고비나에 의존하고 독일은 크로아티아에 기대며 러시아는 세르비아에 의지하지 않을 수 없다.[60] 유고슬라비아 전쟁의 초기 단계에서 러시아는 세르비아에 대한 경제 제재에 동의함으로써 중요한 양보를 했다. 세르비아가 신뢰할 수 있는 친족국으로서의 러시아는 때때로 세르비아에게 압력을 넣어 세르비아가 거부했을 법한 협상 조건을 받아들이게 만들었다. 가령 1995년 러시아는 그리스와 함께 보스니아헤르체고비나 세르비아계가 인질로 잡고 있던 네덜란드 평화유지군을 석방하도록 압력을 넣었다. 그러나 보스니아헤르체고비나 세르비아계는 경우에 따라서 자신들이 러시아의 압력 아래 받아들인 조건을 파기하며 러시아를 당혹감에 빠뜨리기도 했다. 일례로 1994년 4월 러시아는 고라즈데에 대한 공격을 중지한다는 약속을 보스니아헤르체고비나 세르비아계로부터 얻어냈지만 세르비아계는 얼마 뒤 그 약속을 깨뜨렸다. 러시아는 격노했다. 러시아의 한 외교관은 보스니아헤르체고비나 세르비아계가 "전쟁에 광분했다"고 선언했으며 옐친도 "세르비아 지도부는 러시아와 한 약속에 책임을 져야 한다"고 주장했다. 러시아는 NATO의 공습에 반대하던 종전의 입장을 철회했다.[61]

크로아티아를 지지하고 후원하던 독일을 비롯한 서방 국가들은 크로아티아의 행동에 압력을 가할 수 있었다. 투즈만 대통령은 가톨릭 국가인 크로아티아가 유럽 국가로서 승인받고 EU의 일원으로 받아들여지는 데 지대한 관심을 표명했다. 서구 열강등은 자신들이 크로아티아에 제공한 외교적, 경제적, 군사적 지원과 유럽의 일원으로 수용되기를 갈망하는 크로아티아의 입장을 효과적으로 이용하여 투즈만 대통령이 많은 문제의 협상에 응하도록 압력을 행사했다. 1995년 3월 투즈만은 서구의 일원이 되려면 유엔 방어군의 크라이나 주둔을 허용하라는 압력을 받았다. 한 유럽 외교관은 "서구에 합류하는 것은 투즈만에게 매우 중요하다. 그는 세르비아와 러시아를 혼자 상대하고 싶지 않은 것"이라고 지적했다. 투즈만은 또 크라이나를 비롯해 세르비아계가 다수 거주하는 점령 지역에서 민족 청소를 중지하고 동부 슬라보니아에 공격을 자제하라는 요구를 받았다. 또 다른 문제에서 크로아티아인들은 만일 이슬람교도와 결성하는 연방에 참여하지 않을 경우 "서구로 들어갈 수 있는 문호는 영영 막힐 것"이라는 위협도 받았다.[62] 크로아티아에 대한 재정 지원을 주도적으로 떠맡은 독일이 크로아티아의 태도에 특히 강력한 영향을 미쳤다. 미국이 크로아티아와 발전시킨 긴밀한 관계도 보스니아헤르체고비나를 크로아티아와 세르비아로 분할하겠다는 적어도 1995년 한 해 동안 거듭되었던 투즈만의 공언이 실천에 옮겨지지 못하도록 막는 데 일익을 담당했다.

러시아, 독일과는 달리 미국은 보스니아헤르체고비나 이슬람교도와의 문화적 동질성이 희박하므로 강한 압력을 넣을 수 있는 입장에 있지 않다. 게다가 미국은 입으로만 떠들었지 이란을 비롯한 이슬람 국가들이 무기 금수 조치를 위반하며 보스니아헤르체고비나에 무기를 반입하는 것을 묵인한 것 말고는 보스니아헤르체고비나 이슬람교도들을 뾰족하게 도운 일이 없었다. 결과적으로 보스니아헤르체고비나 이슬람교도들은 광범위한 이슬람 공동체에게 점차 고마움을 느끼고 자신을 그 일원으로 여기게 되었다. 동시에 그들은 쿠웨이트가 공격당했을 때는 즉각 응전에 나섰던 미국이 자신들에 대해서는 '이중잣대'를 구사한다고 비난했다. 보스니아헤르체고비나 이슬람교도들은 어디까지나 희생자일 뿐이라는 사람들의 의식이 워낙 강했으므로 미국은 그들이 강경한 입장을 누그러뜨리도록 압력을 가하는 데 그만큼 어려움을 겪었다. 결국 보스니아헤르체고비나 이슬람교도들은 평화 제안을 거부하고 이슬람 우방국들의 지원을 얻어 군사력 확충에 박차를 가했고, 덕분에 주도권을 되찾아 잃었던 영토의 상당 부분을 되찾을 수 있었다.

타협에 가장 심하게 저항하는 세력은 1순위 당사자들이다. 캅카스 지역의 분쟁에서 재외 아르메니아인들의 강한 지지를 등에 업은 극우 민족주의 세력 아르메니아 혁명연합(다슈나크)은 나고르노카라바흐를 장악하고, 아르메니아 정부와 아제르바이잔 정부도 수용한 1993년 3월의 터키-러시아-미국 평화안을 거부하면서 군사적 공세를 강화했다. 이것은 민족 청소로 이어져 확전의 가능성도 높아졌고 좀 더 온건한 아르메니아 정부와의 관계를 악화시켰다. 나고르노카라바흐 지역의 공세가 성공을 거두자 전쟁 및 터키의 봉쇄 조치 때문에 겪던 식량난과 에너지난을 타개하고자 터키, 이란과의 관계 개선을 도모하던 아르메니아 정부는 곤혹스러운 입장에 빠졌다. 한 서방 외교관은 "알맹이는 카라바흐로 다 가고 예레반은 죽도록 고생만 한다"고 이 상황을 묘사했다.[63] 아르메니아의 레본 테 페트로시안 대통령은 국내의 민족주의 세력이 가하는 압력과 다른 나라들과의 외교적 이해관계 사이에서 옐친 대통령처럼 균형점을 모색할 수밖에 없었고 결국 1994년 말 아르메니아 정부는 다슈나크당의 국내 활동을 불법화시켰다.

나고르노카라바흐의 아르메니아계처럼 보스니아헤르체고비나의 세르비아계와 크로아티아계도 강경으로 치달았다. 평화정착에 기여해야 한다는 압력을 받고 있던 크로아티아 정부와 세르비아 정부는 보스니아헤르체고비나 내의 동족 관계에서 갈등을 느꼈다. 크로아티아 정부의 입장은 한결 수월했다. 보스니아헤르체고비나의 크로아티아계가 알맹이 빠진 껍데기일지언정 이슬람교도와의 연방 구성에 동의했기 때문이다. 반면 밀로셰비치 세르비아 대통령과 보스니아헤르체고비나의 세르비아계 지도자 카라지치 사이의 갈등은 개인적 반목까지 보태져 더욱 증폭되고 노골화되었다. 1994년 8월 카라지치는 밀로셰비치가 승인한 평화안을 거부했다. 경제 제재에서 벗어나기 위해 부심하던 세르비아 정부는 식량과 의약품을 제외하고는 보스니아헤르체고비나 세르비아계와의 모든 무역 거래를 중지한다고 선언했다. 그에 부응하여 유엔은 세르비아에 대한 제재를 완화시켰다. 이듬해 밀로셰비치는 세르비아계를 크라이나에서 몰아내는 크로아티아 군의 움직임을 묵인했고, 크로아티아계와 이슬람교도가 세르비아계를 북부 보스니아헤르체고비나로 되돌려보내는 조치를 눈감아주었다. 그는 또 세르비아계가 점령한 동부 슬라보니아를 단계적으로 크로아티아에 넘겨준다는 데 투즈만 대통령과 합의했다. 이어 밀로셰비치는 강대국들의 성원 아래 보스니아헤르체고비나 세르비아계를 데이턴 평화협정에 사실상 '넘기고' 그들을 세르비아 정부의 대표단 일원으로 편입시켰다.

밀로셰비치의 조치로 세르비아에 대한 유엔의 경제 제재는 철회되었다. 예상을 벗어난 그의 행동에 국제사회도 조심스러운 찬사를 보냈다. 1992년까지만 하더라도 대세르비아 민족주의를 내세우며 앞장서서 민족 청소를 주도한 바 있는 전쟁광이 1995년에는 평화 구축의 주역이 된 것이다. 그러나 많은 세르비아인들은 그를 반역자로 여겼다. 베오그라드의 세르비아 민족주의자들과 정교 교회 지도자들은 그를 비난했고 크라이나와 보스니아헤르체고비나의 세르비아계는 그를 반역자로 몰아세웠다. 그것은 PLO와의 평화협정에 서명한 이스라엘 정부를 맹렬히 비난한 요르단 강 서안 정착자들의 복사판이었다. 단층선 전쟁을 평화적으로 끝내기 위해 치러야 하는 대가는 민족의 배신자라는 낙인이다.

전쟁으로 탈진되고 3순위 관련국들의 압력이 거세지면 1, 2순위 관련국들의 행동에도 변화가 온다. 온건파가 강경파를 몰아내고 권력을 잡거나 아니면 밀로셰비치의 경우처럼 강경파가 온건 노선으로 재빨리 돌아서서 자신의 입지를 공고히 한다. 그러나 여기에는 위험이 따른다. 반역자로 낙인찍힌 사람들은 적보다 더 격렬한 증오의 대상이 된다. 카슈미르의 이슬람교도, 체첸, 스리랑카의 신할라 지도자들은 대의를 저버리고 철천지원수들과 타협을 모색했다는 이유로 이집트의 사다트와 이스라엘의 라빈처럼 언제 암살당할지 모르는 운명에 놓여 있다. 1914년 세르비아의 한 민족주의자가 오스트리아의 대공을 암살했다. 데이턴 평화협정 이후 암살의 1순위 표적은 밀로셰비치가 될 가능성이 높다.

단층선 전쟁을 중지시키는 합의에 잠정적으로라도 도달하려면 그 합의 내용에 1순위 당사자들의 지역적 세력관계와 2, 3순위 국가들의 이익이 제대로 반영되어야 한다. 보스니아헤르체고비나를 51퍼센트와 49퍼센트로 나눈다는 것은 세르비아계가 보스니아헤르체고비나 영토의 70퍼센트를 점령한 1994년 당시만 하더라도 상상조차 할 수 없는 발상이었지만 크로아티아계와 이슬람교도가 공세를 펼쳐 세르비아계의 점령 지역을 거의 절반 가까이로 줄이자 현실적인 가능성으로 떠올랐다. 평화 과정의 정착은 또 민족 청소의 결과로 세르비아계가 크로아티아 인구의 3퍼센트 미만으로 줄어들고 보스니아헤르체고비나 내에서 세 집단의 구성원들이 폭력에 의해서든 자의에 의해서든 분리되었다는 사실에 크게 힘입었다. 뿐만 아니라 2순위 관련국과 대개 문명의 핵심국인 3순위 관련국은 가능성 있는 분쟁 종식 방안을 모색해야 한다는 공동의 이해관계나 현실적 안보 필요성을 가지게 마련이다. 분쟁을 종식시키고 지역 분쟁이 지구 규모의 전쟁으로 비화하는 것을 막기 위해서 세계 주요 문명의 핵심국들이 자신의 이해관계를 의식하고 적극적으로 나서야 한다. 단층선 전쟁은 밑에서 끓어오르지만 단층선 평화는 위에서 똑똑 떨어진다.

제 5 부

# 문명들의 미래

Chapter 12

# 서구, 문명들, 문명

## 서구의 재생인가

모든 문명의 역사에서 적어도 한 번은, 그리고 대개는 여러 번 역사의 막이 내린다. 문명의 보편국가가 등장하면 그 문명에서 살아가는 사람들은 토인비가 말한 대로 '영속성의 망상'에 눈이 멀어 자기네 문명이 인류 사회의 최종형태라는 명제를 신봉하게 된다. 로마 제국이 그러했고 아바스 왕조가 그러했으며, 무굴 제국과 오스만 제국도 다를 바 없었다. 보편국가에 거주하는 국민은 그 보편국가를 황야의 하룻밤 거처로 보는 것이 아니라 약속의 땅, 인간의 궁극적 목표점으로 이해하려는 경향이 있다. 절정기의 대영 제국에서도 같은 일이 벌어졌다. 1897년의 영국 중산층은 역사가 종착역에 이르렀다고 보았다. 그들은 이 역사의 종말이 자신들에게 베풀어준 영구불변한 열락의 상태를 자축해야 할 이유가 얼마든지 있었다.[1] 그러나 자신들의 역사가 궁극점에 이르렀다고 전제하는 사회는 대체로 몰락기로 접어든 사회다.

서구는 이러한 양상에서 벗어나는가? 멜코는 이와 관련한 문제를 두 가지로 집약했다.

> 첫째, 서구 문명은 지금까지 존재해온 다른 모든 문명들과 너무도 달라서 그 자체가 하나의 유형, 새로운 종이라고 할 수 있는가?
> 둘째, 서구의 범지구적 팽창은 다른 모든 문명들이 발전할 수 있는 가능성을 차단하는가?[2]

대부분의 서구인은 이 두 질문에 당연히 그렇다고 응답하는 편이다. 어쩌면 그 생각이 옳을지도 모른다. 그러나 다른 문명에 살았던 과거인들도 서구인과 비슷한 생각을 했지만 그 생각은 이미 틀린 것으로 판명났다. 서구는 1500년 이후 다른 문명들에 엄청난 영향력을 미쳤다는 점에서 분명히 남다르다. 또한 서구는 전 세계로 번진 근대화와 산업화 과정의 첫 삽을 떴고 다른 모든 문명은 서구의 풍요와 근대성을 따라잡으려고 노력했다. 그러나 서구의 이러한 특성은 하나의 문명으로서 서구의 발전과 변동이 다른 모든 문명들에서 지배적으로 나타났던 양상과 근본적으로 다르다는 것을 의미하는가? 역사적 증거로 보거나 문명의 비교사를 공부하는 연구자들의 견해로 보아도 그렇지는 않은 듯하다. 지금까지 서구의 발전 과정은 역사에 등장한 모든 문명들이 밟았던 발전의 양태를 크게 벗어나지 않았다. 이슬람이 부활하고 아시아의 경제가 약진하는 것은 다른 문명들이 멀쩡히 살아있으며 이들이 적어도 서구의 잠재적 위협이 될 수 있음을 보여준다. 서구와 다른 문명들의 핵심국이 개입하는 대규모 전쟁은 불가피하지는 않지만 발발 가능성은 얼마든지 있다. 20세기 초에 시작되어 몇십 년 동안 계속된 서구의 쇠락은 다음 세기에서도 지속될 것으로 보인다. 그러나 서구가 재생하여 세계 문제에 영향력을 다시 회복하고 다른 문명들의 모방과 추종을 낳는 지도적 위치를 되찾을 가능성이 전혀 없는 것도 아니다.

역사에 등장한 문명들의 발전 단계를 가장 유용하게 구분한 학자는 퀴글리로 보이는데 그는 이 과정을 모두 7단계로 설명한다.[3] 그의 주장에 따르면 서구 문명은 370년부터 750년까지 그리스-로마, 셈, 사라센, 야만 문화의 요소가 혼합되면서 서서히 틀을 갖추어 나갔다. 8세기 중반부터 10세기 말까지 지속된 형성기에 이어 서구 문명은 문명으로서는 보기 드물게 팽창의 단계와 분쟁의 단계를 꾸준히 오고 갔다. 다른 문명학자들도 동의하는 사실이지만 퀴글리에 따르면 서구는 이제 분쟁의 단계를 벗어나고 있는 것으로 보인다. 서구 문명은 안전지대가 되었다. 간헐적으로 냉전의 양상이 벌어지기는 했지만 서구 문명 내부에서 벌어지는 전쟁은 이제 상상하기 어렵다. 2장에서 살펴보았듯이 서구는 민주주의와 다원주의 정치질서 지향으로 나타나는 연합, 연맹, 체제 그밖의 공존 제도로 이루어진 복합한 형태의 보편제국을 발전시키고 있다. 요컨대 서구는 문명의 반복되는 영고성쇠 과정에서 후세인들이 황금시대로 회상할 만한 단계, 퀴글리의 표현을 빌리자면 '그 문명권의 내부에 서로 경쟁을 벌이는 단위들이 존재하지 않으며 다른 사회들과의 싸움이 아주 멀리서 벌어지거나 그런 싸움이 아예 없기 때문에 누릴 수 있는' 평화의 시기로 접어든 성숙한 사회가 되었다. 이 평화의 시기는 내부에서 벌어지는 전투적 파괴의 종식, 내부에 존재하는 무역 장벽의 완화, 공동의 도량형과 화폐가 통용되는 체제의 구축, 보편제국의 건설과 관련 있는 정부 지출에 역점을 둔 광범위한 공조 체제가 만들어낸 번영의 시기이기도 하다.

과거 문명들에서 불멸을 꿈꿨던 눈부신 황금시대는 외부 사회의 침략으로 극적인 단기간에 종말을 맞거나, 내부의 붕괴로 느리지만 마찬가지로 고통스럽게 종말을 맞이했다. 한 문명의 내부에서 벌어지는 일은 그 문명이 외부 세력의 파괴력 앞에서 저항하거나 내부로부터의 붕괴에 저항하는 데 모두 긴요한 역할을 한다. 1961년 퀴글리는 문명이 성장하는 것은 '팽창의 도구', 다시 말해서 잉여를 축적해 생산적 혁신에 투자하는 군사적, 종교적, 정치적, 경제적 기구를 가지고 있기 때문이라고 주장했다. 문명이 쇠퇴하는 것은 잉여를 새로운 혁신에 투입하는 노력을 중지할 때다. 현대적 용어로 우리는 그것을 투자율의 저하라고 부른다. 이것은 잉여를 관리하는 사회 집단이 잉여를 소비로 돌릴 뿐 좀 더 효과적인 생산방식을 제공하지 못해 비생산적이고 자기 욕망을 충족시키는 목적에만 사용할 때 발생한다. 사람들이 자본을 고갈시키면 문명은 보편국가의 단계에서 쇠락의 단계로 이행한다.

> 이것은 극심한 경제 불황, 생활수준의 하락, 이런저런 기득권을 놓고 벌어지는 내전, 문맹률의 증가를 동반한다. 사회는 점점 약해진다. 이 마모의 과정을 입법에 의존하여 중지시키려는 헛된 시도가 이루어진다. 쇠락은 계속된다. 사회의 종교적, 지적, 사회적, 정치적 수준이 사람들을 대규모로 동원할 수 있는 힘을 상실하게 한다. 새로운 종교 운동이 사회를 휩쓸기 시작한다. 사회를 위한 싸움에 나서기를 꺼리는 분위기가 팽배하고 심지어는 납세를 통해 사회를 지원하는 행위마저 거부하는 풍조가 나타난다.

쇠락은 다시 그 문명이 스스로를 방어할 의사가 없기 때문에 자위력을 상실하여 야만족의 침략에 속수무책으로 노출되는 침공의 단계로 이어진다. 침략을 감행하는 세력은 대체로 더 젊고 강력한 문명에서 나온다.[4]

문명사에서 우리가 얻을 수 있는 소중한 교훈은 개연성 높은 사태는 많아도 피할 길 없는 숙명적 사태는 존재하지 않는다는 것이다. 문명은 스스로를 혁신할 수 있는 능력이 있고 또 실제로 그렇게 해왔다. 서구가 당면하고 있는 중요한 문제는 외부의 도전 세력이 있고 없고를 떠나서 자신의 내부적 쇠락 과정을 중단시키고 역전시킬 만한 능력이 과연 있는가의 여부다. 서구는 갱생에 성공할 것인가 아니면 계속되는 내부의 부식으로 경제적으로나 인구로나 더 활력 있는 다른 문명들에게 종속당하는 몰락의 과정이 가속화될 것인가?*

1990년대 중반의 서구는 퀴글리가 쇠락의 가장자리에 도달한 완숙한 문명의 특징으로 열거한 사항들을 많이 가지고 있었다. 경제적으로 서구는 다른 어떤 문명보다도 풍요를 구가했지만 경제성장률, 저축률, 투자율은 특히 동아시아와 비교했을 때 낮은 수준에 머물렀다. 미래의 견실한 경제력과 군사력을 위한 토대로 구축하는 것보다는 개

---

* 타당할지 몰라도 퀴글리의 이론적, 경험적 분석에서 실제로 도출되었다고 보기는 어려운 예측이지만 이렇게 결론짓는다. "서구 문명은 서기 500년 무렵만 하더라도 존재하지 않았다. 서구 문명이 만개한 것은 서기 1500년경이었다. 서구는 미래의 어느 시점에는, 아마 서기 2500년 정도가 되지 않을까 싶은데 분명히 사라질 것이다." 그다음에는 서구의 파괴를 딛고 새롭게 일어선 중국과 인도 문명이 팽창의 단계로 접어들어 서구 문명과 정교 문명을 동시에 위협할 것이라고 그는 내다본다. 퀴글리, 《문명의 진화: 역사적 분석을 위한 서설The Evolution of Civilizations: An Intro duction to Historical Analysis》Indianapolis: Liber Press, 1979; first published by Macmillan in 1961, pp. 127, 164~166.

인과 집단의 소비가 우선시되었다. 인구의 자연 성장률도 이슬람 국가들과 비교했을 때 낮았다. 그러나 이런 문제들이 피할 수 없는 파국을 낳는 것은 아니다. 서구의 경제는 여전히 성장하고 있다. 전체적으로 서구인의 생활 여건은 조금씩 향상되었다. 또한 서구는 아직도 과학 연구와 기술 혁신에서 정상의 자리를 고수하고 있다. 낮은 출산율은 정부가 나선다고 해도 해결될 가능성이 희박하다(정부의 개입은 인구 증가율을 낮추는 데는 효과적이어도 출산율을 높이는 데는 별로 효과가 없다). 그러나 이민은 다음의 두 조건이 충족될 경우 새로운 활력과 인적 자본의 원천이 될 만한 잠재력을 가지고 있다. 그것은 첫째, 그 나라가 필요로 하는 재능과 실력을 가진 유능하고 적극적인 사람을 우선적으로 받아들이며 둘째, 새로운 이민자와 그 자녀들이 그 나라의 문화에 동화되어야 한다는 조건이다. 미국은 첫째 조건을 충족시키는 데 어려움을 겪었으며 유럽 국가들은 둘째 조건을 충족시키는 데 애를 먹었다. 그러나 이민자의 수준, 성격, 특성, 동화에 관한 정책을 마련하는 것은 서방 국가들의 경험과 능력으로는 얼마든지 해낼 수 있는 것이다.

서구의 입장에서 보면 경제나 인구보다 훨씬 더 중요한 것은 윤리 의식의 약화, 문화적 쇠락, 정치적 분열이다. 윤리 의식의 약화를 나타내는 징후로서 자주 거론되는 것은 다음과 같다.

1. 범죄, 마약 사용, 전반적 폭력 등 반사회적 행동의 증가.
2. 이혼율, 문맹, 10대 임신, 편부모 가정의 증가를 동반하는 가정의 와해.
3. 자발적 결사에 참여하려는 정신과 거기서 싹트는 개인 상호 간의 신뢰를 뜻하는 '사회적 자본'의 약화.
4. '노동 윤리'의 전반적 약화와 개인적 몰입이 유행처럼 번지는 현상.

5. 미국의 경우 학력 수준의 저하로 나타나는, 학습 활동과 지적 활동에 대한 열의 감퇴.

서구가 앞으로도 건강을 유지하면서 다른 사회에 영향력을 지속시키려면 이슬람과 아시아가 도덕적 우월감을 주장하는 추세에 효과적으로 대처할 수 있어야 한다.

서구 문화는 내부의 집단들로부터 도전을 받고 있다. 그 도전의 하나는 바로 동화를 거부하고 자기가 떠나온 나라의 가치관, 풍습, 문화를 여전히 고수하고 전파하려고 애쓰는 이민자들로부터 받는다. 이런 현상은 유럽에 거주하는 이슬람교도에게서 두드러지게 나타나지만 그들은 어디까지나 소수 집단에 지나지 않는다. 정도는 덜하지만 미국에 사는 히스패닉 집단도 비슷한 성격을 보인다. 그런데 미국의 히스패닉 인구 규모는 만만치가 않다. 만일 히스패닉의 동화가 실패로 끝나면 미국은 단절국이 될 가능성이 높으며 내전과 분열이 꼬리를 물고 나타날 것이다. 유럽에서도 서구 문명은 그 중심적 성분인 그리스도교의 약화로 피해를 볼 가능성이 있다. 종교적 교리를 지키고 종교 활동에 참여하며 스스로 신앙인임을 밝히는 유럽인의 수는 날로 줄어들고 있다.[5]

이런 경향은 종교에 대한 적대감이라기보다 종교에 대한 무관심을 반영한 것이다. 그리스도교의 관념, 가치관, 관습은 여전히 유럽 문명을 지배하고 있다. 유럽에서 가장 비종교적인 민족이 스웨덴인이라고 한 스웨덴 사람이 말한 적이 있다. "하지만 우리의 제도, 사회적 관습, 가정, 정치, 생활방식이 근본적으로 루터의 정신에서 유래했다는 사실을 간과한다면 이 나라를 제대로 이해할 수 없다"고 그는 덧붙였다.

유럽인과는 달리 미국인은 전체 국민의 압도적 다수가 자신을 신앙인으로 여기고 상당수가 교회에 나간다. 1980년대 중반까지도 미국에서 종교가 부활하고 있다는 증거는 찾아보기 어려웠지만 그다음 10년 동안은 종교 활동이 눈에 띄게 활발해졌다.[6] 서구인들 사이에서 그리스도교가 힘을 잃고 있는 현상은 최악의 경우에도 서구 문명의 건강성에 대단히 장기적인 위협만을 가할 뿐이다.

그보다 더 직접적이고 위험천만한 현상이 미국을 위협하고 있다. 역사적으로 미국의 국가적 정체성은 문화적으로는 서구 문명의 유산, 정치적으로는 미국인의 절대 다수가 동의하는 자유, 민주주의, 개인주의, 법 앞의 평등, 입헌주의, 사유 재산권 같은 국가 강령으로 정의되어왔다. 20세기 말에 와서 미국의 정체성을 이루는 문화적, 정치적 두 성분은 수적으로는 소수이나 만만치 않은 영향력을 가진 지식인과 정치 평론가로부터 집중적이고 일관된 공격을 받고 있다. 다문화주의 multiculturalism를 내건 그들은 미국을 서구 문명에 귀속시키려는 태도를 비판하고, 공통된 미국 문화의 존재를 부정했으며, 국가보다 하위 단계에 있는 인종적, 민족적 그밖의 문화적 정체성과 집단성을 두둔했다. 그들의 손으로 작성한 보고서의 표현을 빌리자면 그들은 교육 부문에서 나타나는 '유럽 문화와 그 파생물에 대한 체계적 편견'과 '유럽-미국이라는 단일 문화적 관점의 만연'을 공격하고 있다. 다문화주의자들은 아서 슐레진저 2세Arthur Schlesinger Jr.가 말한 대로 서구 유산에서 만연된 서구의 범죄 이상의 것을 보지 않으려 하는 민족 중심적 분리주의자인 경우가 많다. 그들의 정서는 범죄로 얼룩진 유럽의 유산으로부터 미국을 해방시키면서 비서구 문화의 유입을 통해 속죄를 하자는 것이다.[7]

다문화주의의 흐름은 1960년대의 민권 운동에 뒤이어 제정된 각종 법규에도 반영되었으며 1990년대에 들어와서도 클린턴 행정부는 다양성의 고취를 주요한 정책 목표의 하나로 설정했다. 과거와는 하늘과 땅 차이다. 미국 건국의 아버지들은 다양성을 현실로 받아들이면서도 거기에서 문제점을 의식했다. 프랭클린, 제퍼슨, 애덤스 등이 참여한 대륙회의(영국에 맞서 조직된 13개 식민지의 합의체 — 옮긴이) 위원회가 '다수로 이루어진 하나e pluribus unum'를 국가적 표어로 선정한 데는 그럴 만한 이유가 있었다. 인종적, 지방적, 민족적, 경제적, 문화적 다양성이 야기하는 위험성(그것은 실제로 1815년부터 1914년에 이르는 한 세기 동안 최대 규모의 전쟁을 낳았다)을 우려하던 후대의 정치 지도자들은 '대동단결'이라는 구호에 호응하면서 국민적 통합을 적극적으로 추진했다. "이 나라를 파멸로 이끄는, 국가로서의 지속적 존립 가능성을 송두리째 말살하는 절대적으로 확실한 한 가지 길은 이 나라를 아옹다옹하는 여러 민족들의 난장판이 되도록 방치하는 것"이라고 시어도어 루스벨트Theodore Roosevelt는 경고했다.[8] 그러나 1990년대의 미국 지도자들은 그러한 사태를 방치했을 뿐 아니라, 국민적 통합을 추진하기는커녕 다양성을 극진히 떠받들고 있다.

앞서 우리가 살펴보았듯이 다른 나라의 지도자들은 때때로 자신들의 문화적 유산을 부정하고 자국의 정체성을 이 문명에서 저 문명으로 옮기려는 시도를 했다. 지금까지 그 일에 성공한 지도자는 한 명도 없다. 그들은 구제 불능의 분열국을 만들어냈을 뿐이다. 미국의 다문화주의자들 역시 자기 나라의 문화적 유산을 거부한다. 그들은 미국을 다른 문명에 귀속시키려 하지 않고 여러 문명으로 이루어진 국가, 다시 말해서 어떠한 문명에도 속하지 않고 문화적 중추도 없는 나라로 만들려고 한다. 그렇게 이루어진 나라는 응집력 있는 사회로 오래 존속할 수 없다는 것을 역사는 보여준다. 다문화주의의 미국은 통일된 국가라기보다는 민족들의 각축장이 될 것이다.

다문화주의자들은 또한 개인의 권리보다 크게 인종, 민족, 성으로 정의되는 집단의 권리를 우위에 둠으로써 미국 건국 정신의 핵심적 요소에 도전장을 내밀었다. 군나르 뮈르달Gunnar Myrdal은 1940년대에 과거 헥터 세인트 존 드 크레브쾨르Hector St. John de Crevecoeur, 알렉시스 드 토크빌Alexis de Tocqueville 같은 외국인이 지적한 내용과 같은 맥락에서 미국의 국가 강령은 이 거대한 이질적 국가의 구조에서 시멘트의 역할을 했다고 평가했다. 리처드 호프스태더Richard Hofstader도 "여러 이념들을 갖지 않고 하나의 이념 아래 뭉친 것은 국가로서 우리가 걸어올 수밖에 없었던 운명이었다"라고 비슷한 견해를 피력했다.[9] 그 이념을 상당수의 국민이 부정할 때 미국의 앞날은 어떻게 될까? 국가적 통합성을 단일 이념에 미국보다도 더 많이 의존했던 소련의 운명을 보면 미국도 정신이 바짝 들 수밖에 없다. 일본의 철학자 우메하라 다케시Umehara Takeshi는 "마르크시즘의 완전한 실패와 …… 소련의 극적인 붕괴는 근대성의 주류였던 서구 자유주의의 몰락을 예고하는 서곡일 뿐이다. 자유주의는 마르크시즘의 대안도 아니고 역사의 종말기를 지배하는 이념도 아니며 다음에 무너지는 것은 바로 자유주의"라고 지적했다.[10] 도처에서 사람들이 문화적 용어로서 자신들을 정의내리는 시대에 문화적 중추가 결여되어 있고 오직 정치적 신조에 의해서만 정의되는 사회가 어떻게 존립할 수 있겠는가? 정치적 원칙은 안정된 공동체를 건설하기에는 변덕스러운 토대다. 문화가 중요한 의미를 갖는 다문명 세계에서 미국은 이념이 중시되는 쇠락하는 서구 세계의 비정상적인 마지막 잔류자가 될지도 모르는 일이다.

건국 강령과 서구 문명의 유산을 거부한다는 것은 우리가 알아온 미국의 종말을 의미한다. 그것은 사실상 서구 문명의 종말을 뜻한다. 만일 미국이 탈서구화할 경우 서구는 유럽과 유럽인들이 정착하여 세운 인구밀도가 희박한 비유럽 지역의 몇 나라로 축소된다. 미국을 잃을 경우 서구는 세계 인구에서 차지하는 비중이 점점 떨어지는, 유라시아 대륙의 한 귀퉁이에 조그맣게 붙어 있는 반도의 신세로 전락한다.

서구 문명과 미국 건국이념의 수호자들과 다문화주의자들 사이의 충돌이 제임스 커스James Kurth의 표현으로는 서구 문명의 미국 구역에서 펼쳐지는 '진짜 충돌'이다.[11] 미국인은 우리가 서구인인가 아니면 다른 무엇인가라는 중요한 물음과 맞닥뜨려야 한다. 미국과 서구의 미래는 서구 문명의 일원이라는 자각을 미국 국민이 다시금 하느냐의 여부에 달려 있다. 국내적으로 그것은 다문화주의의 분열을 조장한다는 경보를 묵살하는 것이다. 국제적으로 그것은 미국을 아시아에 귀속시키려는 교묘한 논리를 거부하는 것이다. 아무리 경제적 결속이 강화된다 하더라도 아시아와 미국은 근본적인 문화적 차이로 한 살림을 차릴 수가 없다. 미국인은 문화적으로 서구 가족의 일원이다. 다문화주의자들은 이 관계를 훼손하고 심지어는 파괴하려고까지 하지만 그것은 부인 못 할 엄연한 사실이다. 자신의 문화적 뿌리를 찾아 나선 미국인은 유럽에서 그것을 발견한다.

1990년대 중반 서구의 본질과 미래를 놓고 새로운 논의가 벌어지면서, 서구라는 실체가 존재한다는 새로운 각성과 함께 그것을 앞으로 어떻게 존속시킬 것인지에 대한 심각한 고민이 활성화되었다. 이것은 부분적으로는 기존의 서구 기구 곧 NATO를 확대해 동유럽 국가들을 회원국으로 받아들여야 할 필요성, 유고슬라비아의 붕괴에 서구가 어떻게 대응할 것인가를 두고 서구 진영 내부에서 발생한 심각한 대립으로부터 싹텄다. 이것은 또한 소련의 위협이 부재하는 상황에서 향후 서구의 통일성을 어떻게 도모할 것인가 하는 문제 의식, 특히 이와 관련하여 미국이 유럽에 대해 어느 정도까지 책임을 질 것인가 하는 데 대한 불안을 반영했다. 점점 강력해지는 비서구 국가들과의 접촉이 잦아지면서 서구 국가들은 자신들을 결속시키는 공동의 문화적 토대를 새로이 자각하기에 이르렀다. 북아메리카와 유럽의 지도자들 사이에는 대서양 공동체를 재건해야 한다는 데 폭넓은 공감대가 형성되었다. 1994년 말과 1995년에 독일과 영국의 국방장관, 프랑스와 미국의 외무장관, 키신저, 그밖의 유력 인사들은 모두 여기에 적극적으로 찬동했다. 이들의 주장은 말콤 리프킨드Malcolm Rifkind 영국 국방장관의 발언에 집약되어 있다. 그는 1994년 11월 4개국이 주축을 이루는 '대서양 공동체'의 구축, NATO를 중심으로 한 국방과 안보의 도모, 법치주의와 의회 민주주의에 대한 신념의 공유, 시장 경제와 자유무역, '그리스-로마에서 시작되어 르네상스를 거쳤고 우리 시대의 공통된 가치관과 신념, 문명으로 면면히 발전해온 유럽 공동의 문화적 유산'을 강조하고 나섰다.[12] 1995년 유럽 위원회는 범대서양 관계를 부활하는 계획에 착수했으며 이것은 EU와 미국의 포괄적 협약 서명으로 이어졌다. 동시에 많은 유럽의 정치인과 기업인은 범대서양 자유무역지대의 출범을 지지하고 나섰다. NAFTA를 비롯한 무역 자유화 구상에 반대를 일삼았던 미국 노총의 수뇌부도 범대서양 자유무역지대에는 호의적인 반응을 보였다. 저임금 국가들과의 경쟁으로 국내의 일자리가 줄어드는 걱정을 하지 않아도 되기 때문이었다. 그것은 또한 대처와 뉴트 깅리치Newt Gingrich 등 유럽과 미국의 보수주의 정객은 물론 캐나다와 영국 지도자들의 지지도 얻어냈다.

2장에서 논의했듯이 서구는 몇 세기 동안 유럽이 주도한 발전과 팽창의 단계를 거친 후 20세기에 들어와서는 미국이 주도하는 다음 발전 단계로 접어들었다. 만일 북아메리카와 유럽이 스스로를 쇄신하고 문화적 동질감을 쌓으며 NATO의 안보 협력을 보완하는 경제적, 정치적 결속의 틀을 강화해 나간다면 경제적 풍요와 정치적 영향력을 구가하는 제3의 유러아메리카 단계로 약진할 수 있다. 내실 있는 정치적 결속이 이루어질 경우에는 세계의 인구, 생산력, 군사력에서 서구가 차지하는 비중이 상대적으로 감소하고 있음에도 불구하고 다른 문명의 지도자들은 앞으로도 서구의 힘을 만만히 보지 못할 것이다. "EU-NAFTA 연합은 그 막강한 무역량을 배경으로 전 세계를 호령할 수 있다"고 말레이시아의 마하티르 총리는 아시아인들에게 경종을 울렸다.[13] 그러나 서구가 정치적, 경제적 결속에 이르기 위해서는 그 전에 미국이 스스로를 서구 국가로서 재확인하고 자신의 세계적 위치를 서구 문명의 지도국으로서 정의해야 한다.

## 세계 속의 서구

문화 정체성(인종적, 민족적, 종교적, 문명적)이 중심부에 놓이고 문화적 유대감과 거리감이 동맹, 적대 의식, 국가정책을 좌우하는 세계에서 서구, 특히 미국은 다음 세 가지를 시사한다.

첫째, 정치가들은 이러한 사실을 인정하고 이해할 때만 현실을 건설적으로 변화시킬 수 있다. 새롭게 대두하는 문화의 정치 역학, 비서구 문명들의 쌓여가는 실력, 이들 사회의 점증하는 문화적 자부심이 비서구 세계에서 널리 인식되고 있다. 유럽의 지도자들도 사람들을 결속시키고 분열시키는 문화의 힘을 누누이 강조했다. 반면에 미국의 지도층은 새로운 현실을 굼뜨게 받아들이고 제대로 이해하지도 못하고 있다. 부시, 클린턴 행정부는 다문화주의를 지향한 소련, 유고슬라비아, 보스니아헤르체고비나, 러시아의 통합성을 지지했으나 그것은 분리를 추구하는 강력한 민족적, 문화적 힘 앞에서 무익한 노력이었다. 미국은 APEC처럼 유명무실하지 않으면 NAFTA처럼 예상치 못한 막대한 경제적, 정치적 손실을 입을 수 있는 다문명 경제 통합안을 추진했다. 뿐만 아니라 러시아와는 '지구적 동반자'로서, 중국과는 '건설적 개입'의 형태로서 다른 문명의 핵심국들과 긴밀한 관계를 발전시키려고 애썼으나 이들 국가와 미국의 이해는 갈등을 빚을 수밖에 없었다. 클린턴 행정부는 또 러시아가 정교 국가의 수장으로서 그 지역에 중요한 이해를 가지고 있었음에도 불구하고, 러시아를 보스니아헤르체고비나 평화회담에 깊숙이 끌어들이는 데 실패했다. 다문명 국가라는 미망에 넘어간 클린턴 행정부는 세르비아계와 크로아티아계의 자결권을 부정하고 발칸 지역에 이란의 동맹국인 일당 지배 이슬람 국가가 들어서는 것을 도왔다. 비슷한 맥락에서 미국 정부는 체첸이 의심할 나위 없이 러시아 연방의 일부라는 주장 아래 이슬람교도를 정교의 지배에 맡기는 정책을 취했다.[14]

일반적으로 유럽인은 한편으로는 서구 그리스도교와 다른 한편으로는 정교, 이슬람교를 가르는 구분선의 근본적 중요성을 깨닫고 있지만 미국은 국무장관의 표현대로 가톨릭, 정교, 이슬람 구역으로 유럽을 근본적으로 나누지 않을 방침이다. 그러나 근본적 차이를 깨닫지 못하는 사람은 뒤통수를 얻어맞을 날이 온다. 클린턴 행정부는 당초 미국과 동아시아 국가들의 세력관계 변화에 무지했기 때문에 무역, 인권, 핵 확산 등의 사안에서 스스로 관철시키지 못할 목표를 거듭 공표했다. 전체적으로 미국 정부는 세계정치가 문화와 문명의 파도에 의해 규정되는 시대에 적응하는 데 크나큰 어려움을 보였다.

둘째, 미국의 대외정책은 냉전 시대의 요구에 맞추어 설정한 정책을 포기하거나 수정하거나 심지어는 단순히 재고하는 것마저도 쉽사리 용납하지 않는다. 그래서 혹자는 언젠가 부활하게 될 소련에서 잠재적 위협을 보기도 한다. 대부분의 사람들은 냉전 시대에 맺었던 동맹과 군축협정을 신성시하는 풍토에 젖어 있다. NATO는 냉전 시대의 틀을 유지하지 않으면 안 된다. 미일안보조약은 동아시아의 안보에 긴요하다. ABM(탄도요격미사일제한조약)은 신성불가침이다. 유럽 통상전력협정은 준수되어야 한다. 물론 이것들을 포함해 냉전 시대의 각종 유산을 가볍게 던져버려서는 안 될 것이다. 하지만 냉전의 틀 안에 계속 남아 있는 것은 미국의 이익에도 서구의 이익에도 도움이 되지 않는다. 다문명 세계의 현실을 감안할 때 NATO는 가입을 원하는 다른 서구 국가들을 수용하는 방향으로 확대되어야 하지만 불구대천의 원수지간이며 다른 회원국들과의 문화적 유대감이 결여된 국가를 회원국으로 받아들이는 것이 얼마나 무의미한 일인지도 깨달아야 한다. 소련과 미국의 상호 공격 가능성을 차단하고 미소의 핵전쟁을 미연에 방지한다는 냉전 시대의 요구에 부응하여 마련된 ABM은 미국을 비롯한 여러 나라들이 테러 집단이나 비이성적인 독재자의 예측 불가능한 핵 공격 위협을 저지하는 데 걸림돌이 되고 있다. 미일안보조약은 소련의 일본 공격을 저지하는 데 기여했다. 하지만 탈냉전 시대에 그것이 무슨 의미를 가질 수 있을까? 중국을 견제하고 억제한다? 일본이 새로운 강대국 중국에 접근하는 속도를 늦춘다? 일본의 새로운 군국주의를 억누른다? 현재 일본에서는 주일 미군의 존재를 부담스러워하는 여론이 높아가고 있으며 미국에서도 과연 일방적으로 일본을 방어해주어야 할 필요성이 있는가를 하는 의문이 제기되고 있다. 유럽 통상전력협정은 중부 유럽에서 NATO-바르샤바 조약기구의 대립을 완화시키고자 마련된 장치이지만 이 지역에서의 이념적 대립은 사라진 지 오래다. 이 협정으로 러시아는 남쪽의 이슬람교도의 안보 위협에 적절히 대처하는 데 곤란을 겪고 있다.

셋째, 문화와 문명의 다양성은 서구 문화의 보편타당성에 대한 서구, 특히 미국의 신념을 뒤흔든다. 이러한 신념은 서술적으로도 당위적으로도 표현되고 있다. 서술적 차원에서는 모든 사회의 사람들이 서구의 가치관, 제도, 관습을 채택하기 원한다는 주장으로 나타난다. 만일 그들이 그런 욕망이 없고 자기들의 전통문화를 고수하는 것처럼 보인다면, 그것은 그들이 마르크스주의자들이 자본주의를 신봉하는 프롤레타리아에서 발견한 '허위의식'의 희생자이기 때문이다. 당위적 차원에서, 서구 보편주의는 전 세계 사람들이 서구의 가치관, 제도, 문화를 수용해야 한다고 못 박는다. 이것들이 인류의 가장 수준 높고 가장 계몽되고 가장 진보적이고 가장 합리적이고 가장 근대적이고 가장 문명화된 사상을 구현하고 있기 때문이다.

민족 분쟁과 문명 충돌이 본격화될 세계에서 서구 문화의 보편성에 대한 서구인의 믿음은 세 가지 문제에 봉착한다. 그것은 첫째 거짓이고, 둘째 비도덕이며, 셋째 위험이다. 그러한 믿음이 거짓이라는 점이 이 책의 핵심 명제인데, 하워드가 그 명제를 잘 요약했다. "문화적 다양성은 우리의 근본적 확산에 의해 빠르게 잠식당할 운명에 놓인 역사적 골동품이라는 서구인의 가정은 …… 한마디로 틀렸다."[15] 하워드의 통찰력 있는 지적에 아직도 공감하지 못하는 독자는 이 책에서 묘사한 세계로부터 한참 떨어진 곳에 살고 있음이 틀림없다.

'비서구인들이 서구의 가치관, 제도, 문화를 채택해야 한다'는 믿음이 비도덕적인 까닭은 그것이 실현되기 위해서는 엄청난 희생이 뒤따라야 하기 때문이다. 지난 19세기 말 유럽이 거의 전 세계를 휘어잡고, 20세기 말 미국이 전 세계에 군림하면서 서구 문명이 세계를 휩쓸었다. 그러나 유럽의 패권은 이제 현실이 아니다. 냉전 시대처럼 소련의 군사 위협을 방어해야 할 필요성이 사라졌기 때문인지 몰라도 미국의 영향력 역시 줄어들고 있다. 문화는 힘을 뒤따른다. 비서구 사회들이 다시 한 번 서구 문화에 침윤당한다면 그것은 확산되고 팽창한 서구의 힘에 의해 충격을 받았을 때만 가능하다. 제국주의는 보편주의의 필연적이며 논리적인 귀결이다. 게다가 문명의 완숙기로 올라선 서구는 자신의 의지를 다른 사회들에 강요할 만한 경제적 저력도 인구 배경도 없다. 또 그렇게 하는 것이 자결과 민주주의라는 서구의 가치관에 위배되기도 한다. 아시아 문명과 이슬람 문명이 자신들 문화의 보편타당성을 주장하기 시작하면, 서구인들은 보편주의와 제국주의의 연관관계를 납득하게 될 것이다.

서구의 보편주의가 세계에 위험을 초래하는 까닭은 핵심국들 사이의 문명 전쟁을 낳을 가능성이 있기 때문이다. 이것이 서구에게 더더욱 위험한 까닭은 전쟁에서 서구가 패배할지도 모르기 때문이다. 소련이 붕괴하자 서구인들은 자신들의 문명이 우위를 점하게 되었지만 아시아, 이슬람, 기타 문명들도 서서히 힘을 쌓아 나가고 있는 현실에 맞닥뜨렸다. 이때 서구인들은 브루투스의 호소력 있는 낯익은 논리에 의존하고 싶은 유혹에 빠진다.

우리의 군대는 모자람이 없으며 사기도 충천하다.
적은 나날이 세를 불리고 있으며
우리는 바야흐로 정상에서 내려갈 준비를 하고 있다.
인간사에는 굴곡이 있어서
밀물을 타면 번영에 이르지만
그것을 놓치면 평생을 바쳐온 항해가
낮은 여울과 곤궁에 이른다.
그 드넓은 바다에 우리가 떠 있으니,
기회가 왔을 때 물살을 타야지,
그렇지 않으면 우리의 모험은 실패하리라.

그러나 이러한 논리를 신봉했던 브루투스는 빌립보(필리피)에서 패배했다. 서구가 택할 수 있는 신중한 길은 판세의 변화를 저지하려고 나서는 것이 아니라 얕은 여울로 항해하는 기술을 터득하고 곤궁을 견디며 모험을 자제하고 자기 문화를 수호하는 것이다.

모든 문명이 출현, 상승, 쇠락의 비슷한 과정을 밟는다. 서구가 다른 문명들과 차이나는 점은 문명의 전개 과정이 아니라 남다른 가치관과 제도다. 여기에는 그리스도교, 다원주의, 개인주의, 법치주의가 포함된다. 서구는 이런 자산을 활용해 근대성을 창안하고 전 세계로 팽창하면서 다른 문명들의 부러움을 샀다. 이런 특성들의 조화는 서구만의 것이다. 슐레진저는 "유럽은 개인적 자유, 정치적 민주주의, 법치주의, 인권, 문화적 자유라는 관념의 원천, 그것도 아주 독특한 원천이다. …… 이것들은 유럽의 사상이지, 차용된 것이라면 모를까 아시아, 아프리카, 중동의 사상은 아니다"라고 말했다.[16] 이것들이 서구 문명을 독특하게 만들어준다. 서구 문명이 가치를 지니는 것은 그것이 보편적이어서가 아니라 남다르기 때문이다. 따라서 서구 지도자들의 책무는 다른 문명들을 서구의 이상에 맞춰 뜯어고치는 것이 아니다. 쇠락하는 서구로서는 그것을 감당할 능력이 없다. 서구 지도자들은 서구 문명의 고유한 특성을 견지하고 수호하고 쇄신하는 데 역점을 두어야 한다. 미국은 가장 강력한 힘을 가지고 있으므로 그러한 책무를 앞장서서 떠맡아야 한다.

쇠락하는 힘을 가지고 서구 문명을 수호하기 위해서 미국과 유럽은 다음 사항에 중점을 두어야 한다.

- 정치적, 경제적, 군사적 결속을 한층 강화하고 정책 공조를 도모하여 다른 문명 국가들이 유럽과 미국의 반목을 이용하지 못하게 막는다.
- EU와 NATO 안으로 중부 유럽 곧 비셰그라드 국가들, 발트 공화국들, 슬로베니아, 크로아티아를 끌어들인다.
- 라틴아메리카의 '서구화'를 후원하고 라틴아메리카와 서구의 긴밀한 결속을 최대한 도모한다.
- 이슬람 국가들과 중화 국가들이 재래식, 비재래식 전력의 강화에 나서는 것을 견제한다.
- 일본이 서구로부터 거리를 두면서 중국에 접근하는 속도를 늦추게 한다.

- 러시아를 정교 문명의 핵심국으로서, 남부 국경 지역의 자국 안보에 합당한 관심을 가진 지역 강국으로 받아들인다.
- 다른 문명에 대한 서구의 기술적, 군사적 우위를 유지한다.
- 서구가 다른 문명의 내부 문제에 개입하는 것은 다문명 세계에서 가장 위험한 불안 요소이며 세계대전으로 비화할 가능성이 있다는 점에 각별히 유념한다.

냉전이 막을 내린 후 미국은 올바른 대외정책의 방향을 둘러싼 논의에 막대한 시간을 소모했다. 그러나 탈냉전 시대의 미국은 세계를 지배할 수도 없고 세계로부터 등을 돌릴 수도 없다. 국제주의도 고립주의도 미국의 국익을 대변하지는 못한다. 미국은 이런 극단주의를 배격하고 유럽 국가들과 대서양 중심의 정책을 도모함으로써 자신들이 공유하는 독특한 문명의 가치를 수호할 때 비로소 진정한 국익을 얻을 수 있다.

## 문명 전쟁과 질서

주요 문명의 강대국들이 대거 개입하는 세계대전이 일어날 가능성이 희박하지만 그렇다고 해서 전혀 불가능한 것도 아니다. 우리가 알아보았듯이 그런 전쟁은 상이한 문명에 속한 집단들 사이의 단층선 전쟁, 그중에서도 특히 이슬람권과 비이슬람권의 분쟁에서 비화될 가능성이 높다. 이슬람 강국들이 주도권을 잡기 위해 분쟁에 휩싸인 이슬람 동포들을 돕겠다고 너도나도 나설 경우 사태는 걷잡을 수 없이 악화될 수 있다. 그러나 2순위, 3순위 국가들은 전쟁에 깊숙이 개입해야 할 절박한 이유가 없으므로 어느 정도 선에서 자제를 할 것이다. 세계적 규모의 문명 전쟁을 낳을 수 있는 좀 더 위험한 원천은 문명과 문명 사이에서, 그리고 핵심국과 핵심국 사이에서 나타나는 세력 판도의 변화다. 중국의 부상이 지금처럼 지속될 경우 중국은 '인류사의 가장 덩치 큰 주역'답게 21세기 초반의 국제 안정에 막대한 압박을 가할 것이다. 중국이 동아시아와 동남아시아의 패권국으로 떠오르는 것은 미국이 이제까지 추구해온 국익에 정면으로 배치된다.[17]

미국의 이해관계를 감안할 때 미국과 중국의 전쟁은 어떤 구도로 전개될 수 있을까? 2010년의 상황을 가상해보자. 미군은 통일 한반도에서 철수하고, 일본에 배치된 미군의 병력도 대폭 줄어들었다. 대만과 중국은 대만이 독립국가로서의 지위를 사실상 유지해가는 대신 중국의 종주권을 명백히 인정한다는 조건에 합의했으며, 대만은 1946년 우크라이나와 벨라루스가 선택한 길을 따라 중국의 승인 아래 유엔에 가입한다. 남중국해의 유전 개발에도 속도가 붙는다. 대부분의 해역은 중국이 장악했지만 일부 베트남 해역에서는 미국 회사들이 유전을 개발한다. 자신만만한 새로운 패권국가로서 중국은 예로부터 자신이 영유권을 주장해온 남중국해 전역에 대한 주권을 선포한다. 베트남은 여기에 강력히 맞서고 중국과 베트남의 해군이 교전을 벌인다. 1979년에 받았던 수모를 되갚아주기 위해 중국은 베트남을 침공한다. 베트남은 미국에 지원을 요청한다. 일본을 비롯한 아시아 국가들은 좌불안석이다. 미국은 중국의 베트남 침공을 묵과할 수 없다고 선언하고 중국에 대한 경제 제재를 요구하면서 남중국해로 항공모함을 배치한다. 중국은 이것을 중국 수역에 대한 도발로 규정하고 미군에 대한 공습을 감행한다. 휴전을 성사시키려는 유엔 사무총장과 일본 외무장관의 노력이 수포로 돌아가고, 전쟁은 동아시아의 여타 지역으로 확산된다. 일본은 미국이 자국 내 군사 기지를 이용하여 중국에 대한 군사 작전을 펴는 데 반대하고 미국은 이를 무시한다. 그러자 일본은 중립을 선언하고 기지를 폐쇄한다. 중국의 잠수함과 중국 본토 및 대만에서 발진한 전투기는 동아시아의 미군 함대와 기지에 막대한 피해를 입힌다. 한편 중국의 지상군이 하노이로 진격해 베트남의 대부분을 장악한다.

중국과 미국은 모두 상대국에 핵무기를 쏘아 보낼 수 있는 미사일을 보유하고 있으므로 암묵적인 상호 견제 아래 전쟁 초기 단계에서는 핵무기가 동원되지 않는다. 그러나 핵 공격에 대한 불안은 양국에 모두 엄존하며 특히 미국이 극심한 두려움에 휩싸인다. 많은 미국인들은 왜 자신들이 이런 위험을 감수해야 하는지 회의하기 시작한다. 중국이 남중국해를 지배하든 베트남을 지배하든, 아니 동남아시아를 모두 집어삼키든 왜 미국이 상관해야 하는가? 전쟁에 대한 반감은 특히 히스패닉계가 압도적 다수를 점하는 미국의 남서부 지역에서 강하게 표출된다. 이 지역의 주민들과 주 정부들은 "이건 우리의 전쟁이 아니다"라고 반발하면서 1812년의 전쟁에서 뉴잉글랜드가 그랬던 것처럼 전쟁에서 발을 빼려고 한다.

중국이 동아시아에서 승승장구하면서 미국 여론은 1942년 태평양 전쟁을 일으킬 때 일본이 기대했던 방향으로 움직이기 시작한다. 이 막강한 신흥 패권국가를 격퇴하는 데는 막대한 희생이 뒤따르니 이제 서태평양 해역에서 산발적으로 전개되는 전쟁을 타협으로 종결짓자는 견해가 득세한다.

한편 그 전쟁은 다른 문명들의 핵심국에 강한 영향을 미친다. 인도는 중국이 동아시아에 묶여 있는 절호의 기회를 이용하여 파키스탄에 파상 공세를 퍼부어 파키스탄의 핵무기와 재래식 전력을 궤멸시키려 한다. 초반에는 그런 대로 성공을 거두지만 파키스탄, 이란, 중국의 군사 동맹이 작동하면서 이란의 현대화한 정예 병력이 파키스탄에 투입된다. 인도는 이란 군대와 싸우는 한편 다양한 민족 집단으로 구성되는 파키스탄 게릴라들과도 교전을 벌이면서 사태는 점차 깊은 수렁에 빠져든다. 파키스탄과 인도는 아랍 국가들에게 지원을 요청하며(인도는 이란이 서남아시아를 지배하는 상황에 대해 아랍 국가들의 경각심을 촉구한다) 중국이 초반에 미국을 상대로 승리를 거두는 것을 보면서 이슬람 국가들에 반서구 주의의 열기가 몰아친다. 아랍권에 남아 있던 몇 안 되는 친서방 정권들은 혈기가 왕성한 다수의 청년 인구를 앞세운 이슬람 원리주의의 열풍에 하나둘 쓰러지고 만다. 서구의 약화에서 기세를 얻은 반서구주의의 분출은 이스라엘에 대한 아랍의 공격으로 이어지고 이미 대폭 축소된 미 제6함대는 이것을 저지할 만한 능력이 없다.

중국과 미국은 경쟁적으로 다른 강대국들의 지원을 얻어내려고 한다. 승승장구하는 중국의 모습을 지켜보면서 일본은 조금씩 중국쪽으로 기울다가 공식적인 중립 자세에서 친중국적인 중립성으로 옮겨가고 급기야는 중국의 요구를 받아들여 전쟁에 참여한다. 일본군이 자국 내에 있는 미군의 잔여 기지를 점령하자 미국은 부랴부랴 자국 군대를 철수시킨다. 미국은 일본에 해상 봉쇄를 선언하고 미국과 일본의 함대가 서태평양에서 산발적으로 교전을 벌인다. 전쟁 초기에 중국은 러시아에 상호안보조약의 체결을 제의한다(히틀러와 스탈린이 맺었던 조약이 어렴풋이 연상된다). 그러나 중국의 욱일승천하는 기세 앞에서 러시아는 일본과는 180도 다른 반응을 보인다. 중국의 승리로 동아시아 전역이 중국의 지배에 놓이는 상황은 모스크바를 공포로 몰아넣는다. 러시아는 반중국 대열에 합류하면서 자국군을 시베리아에 투입한다. 시베리아에 거주하는 다수 중국인들은 러시아 군의 작전에 훼방을 놓는다. 중국은 자국민을 보호한다는 명목으로 군사개입에 들어가 블라디보스토크, 아무르 강 유역과 동부 시베리아의 핵심 지역을 점령한다. 중부 시베리아에서 중국과 러시아의 전투가 확산되면서 중국이 일찍이 자신의 보호령 아래 두었던 몽골에서는 폭동이 일어난다.

모든 교전국들에게 원유와 수송로의 장악은 절대적 의미를 갖는다. 일본은 원자력 에너지에 대한 투자를 대대적으로 단행했지만 여전히 수입 원유에 대한 의존도가 높으므로 페르시아 만, 인도네시아, 남중국해로부터 안정적으로 원유를 수급받기 위해서라도 어차피 중국에 더욱 접근할 수밖에 없다. 전쟁이 계속되는 과정에서 아랍 국가들이 이슬람 호전주의자들의 손에 넘어간다. 페르시아 만 원유의 수급량이 대폭 줄어들면서 서구는 점점 러시아, 캅카스, 중앙아시아의 원유에 의존하게 된다. 따라서 서구는 러시아를 자기 진영으로 끌어들이려는 노력을 강화하고, 원유가 풍부한 인접 이슬람 국가들에 영향력을 확대하려는 러시아의 의도를 지원한다.

한편 미국은 유럽 동맹국들의 전폭적 지원을 끌어내는 데 총력을 쏟는다. 유럽 국가들은 외교적, 경제적 지원은 확대하겠지만 군사적 개입에는 미온적이다. 중국과 이란은 미국이 결국 두 차례의 세계대전에서 프랑스와 영국을 도왔던 것처럼 서방 국가들이 결국 미국을 중심으로 결집하는 것을 두려워한다. 사태가 이렇게 전개되는 것을 막고자 핵탄두의 탑재가 가능한 중거리 미사일을 보스니아헤르체고비나와 알제리에 배치하고 유럽 국가들에게 전쟁에 개입하지 말라고 경고한다. 중국의 위협이 일본을 제외하고는 하나같이 역작용을 불러일으켰던 것처럼 이 경고는 중국의 의도와는 정반대의 결과를 낳는다. 미국의 첩보 위성은 핵미사일의 배치를 감지해 보고하고 NATO는 당장 미사일을 제거하겠다고 통보한다. 그러나 NATO가 실력 행사에 나서기 전에 세르비아가 터키에 맞서 그리스도교 세계를 수호한다는 자신의 역사적 책무를 다시금 앞세우면서 보스니아헤르체고비나를 침공한다. 여기에 크로아티아가 가세하여 두 나라는 보스니아헤르체고비나를 점령해 양분한 뒤 미사일을 노획하고 1990년대 외압으로 중단되었던 민족 청소를 완결한다. 알바니아와 터키는 보스니아헤르체고비나의 지원에 나서고 그리스와 불가리아는 터키의 유럽 지역을 침공한다. 이스탄불은 공포에 휩싸이고 수많은 터키 난민이 보스포루스 해협을 넘는다. 그러는 사이 알제리에서 발사된 핵탄두 미사일이 마르세유 외곽에서 터지고 NATO는 그에 대한 보복으로 북아프리카의 거점들에 대대적인 공습을 감행한다.

그리하여 미국, 유럽, 러시아, 인도가 중국, 일본, 이슬람권과 지구 규모의 전쟁을 벌인다. 이 전쟁은 어떻게 종식될 수 있을까? 양쪽 진영은 모두 막대한 양의 핵무기를 보유하고 있으므로 만약 핵무기가 본격적으로 동원되면 주요 교전국들은 모두 초토화된다. 상호 억제력이 작용한다면 지루한 소모전 끝에 양측은 협상을 통해 휴전 상태에 돌입할 수 있겠지만, 중국의 동아시아 지배라는 근본적 문제가 해결되는 것은 아니다. 혹은 서구가 재래식 군사력을 총동원해 중국을 격파할 가능성도 있다. 그러나 일본이 중국에 붙는다고 가정할 때 중국은 든든한 방패막이를 확보하게 되고 미국은 해군력으로 중국의 인구

밀집 지대와 해안선의 산업 심장부를 공격하는 데 한계를 느낀다. 대안은 서쪽 방면에서 중국을 치는 것이다. 러시아와 중국이 충돌할 때 NATO는 러시아를 회원국으로 받아들인 뒤 중국의 시베리아 침공을 러시아와 함께 저지함으로써 중앙아시아 이슬람 국가들의 원유와 천연가스 자원을 러시아를 통해 안정적으로 수급받는다. 서구와 러시아는 중국의 지배를 받고 있던 티베트와 몽골에서 반란 세력을 후원하고 시베리아를 통해 동진을 계속하다가 만리장성을 넘어 마침내 베이징, 만주에까지 파상 공세를 퍼붓는다.

이 지구 규모의 문명 전쟁이 어떻게 판가름날는지(핵무기 공격으로 쌍방이 모두 초토화되든가, 양측이 모두 탈진해 휴전협정을 맺든가, 러시아와 서구의 연합군이 천안문 광장에 진입하든가)는 아무도 장담 못하지만, 장기적으로 볼 때 주요 교전국들의 경제력, 인구, 군사력이 급격히 약화되리라는 것은 불을 보듯 뻔한 일이다. 그리하여 수 세기에 걸쳐 동에서 서로 옮겨졌다가 다시 서에서 동으로 방향 전환이 이루어졌던 세계의 힘은 이제 북에서 남으로 이동한다. 문명 전쟁에서 가장 큰 이득을 보는 것은 전쟁에 개입하지 않았던 남쪽 세계의 문명들이다. 서구, 러시아, 중국, 일본이 쑥대밭이 되고 만일 인도가 전쟁에 어느 정도 개입은 했어도 직접적 참화를 면할 수 있었다면 인도에게 기회가 오고 인도는 세계질서를 인도 중심으로 재편하려 할 것이다. 미국 국민의 상당수가 미국의 국력이 급격히 약화된 것은 좁은 시야로 서구 지상주의에 빠져든 소수의 백인 엘리트 집단 때문이라고 비난하며, 히스패닉 지도자들이 전쟁의 참화를 겪지 않아 국력을 축적한 라틴아메리카 국가들의 지원을 받아 마셜 플랜과 흡사한 대규모 국가 재건 계획을 주도하면서 정권을 잡는다. 아프리카는 유럽의 재건에 별다른 도움을 제공하지 못하면서 폐허의 잿더미에 얹혀살도록 수많은 인구를 밖으로 토해낸다. 아시아에서는 만일 중국, 일본, 한국이 전쟁으로 초토화되었을 경우 세력의 중심점이 남쪽으로 이동해 그동안 중립으로 남아 있던 인도네시아가 지배국으로 부상하면서 호주와의 공조 아래 동으로는 뉴질랜드에서 서로는 미얀마, 스리랑카, 북으로는 베트남에 이르기까지 지역 문제의 해결 방향을 규정해 나간다. 그 과정에서 인도와 재부상하는 중국과의 알력도 예상된다. 아무튼 세계정치의 중심점은 남으로 이동한다.

이것이 독자 여러분에게 황당무계한 시나리오로 받아들여진다면 참으로 다행스러운 일이 아닐 수 없다. 지구적 차원의 문명 전쟁을 예고하는 다른 시나리오들도 이에 못지않게 황당무계한 것으로 받아들여지기를 나 역시 진심으로 바란다. 그러나 나의 시나리오에 상당한 개연성이 있고 우리의 마음을 불안하게 만드는 것은 전쟁 발발의 원인으로 지적하는 내용이 매우 현실적이기 때문이다. 한 문명의 핵심국(미국)이 다른 문명의 핵심국(중국)과 그 문명의 일원국(베트남) 사이에 벌어진 분쟁에 개입하는 데서 전쟁이 확산된다는 것이다. 미국의 입장에서야 그런 개입이 국제법을 견지하고 공격을 격퇴하고 해상 통행의 자유를 수호하고 남중국해의 석유 자원 수송로를 확보하고 단일 패권국가의 동아시아 지배를 저지한다는 명분을 내걸 수 있을 것이다. 그러나 중국의 입장에서 보면 그러한 개입은 서구를 대표하는 국가가 중국을 모독하고 협박하며 중국이 합법적으로 관할하는 지역에서 소요를 부채질하고 중국이 세계무대에서 떠맡아야 할 합당한 역할을 부정하는 도저히 용인될 수 없는 오만불손한 시도다.

결국, 앞으로 대규모의 문명 전쟁을 사전에 방지하려면 핵심국들이 다른 문명 내부의 분쟁에 개입하지 말아야 한다. 일부 국가들, 특히 미국 같은 나라는 이 엄연한 진실을 받아들이는 데 남다른 어려움을 겪는 듯하다. 핵심국이 다른 문명의 분쟁에 개입하지 않는다고 하는 자제의 원칙은 다문명, 다극 세계에서 평화를 유지하는 데 으뜸가는 전제 조건이다. 또 하나의 전제 조건은 핵심국들끼리 상이한 문명에 속한 집단이나 국가 간의 단층선 전쟁을 억제하거나 종식시키기 위해 타협을 해야 한다는 공동 중재의 원칙이다.

이 원칙들을 받아들이고 더욱 동등해진 문명들로 이루어진 세계를 받아들이기란 서구로서는 쉽지 않을 것이고 서구의 뒤를 이어 세계를 주도하려는 야심을 가진 그 어떤 문명으로서도 쉽지 않을 것이다. 그런 세계에서 핵심국들 스스로는 핵무기를 보유하는 특권을 누리면서도 그들 문명의 일원국들의 핵무기 보유는 금지시켜야 마땅하다고 생각할 것이다. 파키스탄이 핵 능력을 완전히 확보하기까지의 과정을 회고하면서 부토는 그 노력을 이렇게 정당화했다. "우리는 이스라엘과 남아프리카공화국이 완전한 핵 능력을 가지고 있음을 안다. 그리스도교, 유대교, 힌두교 문명은 그런 능력을 가지고 있다. 오직 이슬람교 문명이 핵을 못 가지고 있지만 이제 상황을 바꾸려 한다."[18] 단일 핵심국이 존재하지 않는 문명에서도 주도권을 둘러싼 각축은 핵무기 개발 경쟁을 자극할 가능성이 있다. 파키스탄과 아주 돈독한 관계를 유지하고 있는 이란도 파키스탄과는 별개로 핵무기를 보유할 필요성을 느낀다. 그런가 하면 브라질과 아르헨티나는 핵개발 계획을 포기했고 남아프리카공화국은 개발한 핵무기를 파기했다. 그러나 나이지리아가 핵무기 개발에 나설 경우 남아프리카공화국은 핵무기를 다시 확보하려 할 것이다. 핵무기의 확산은 위험을 수반하지만 스콧 세이건Scott Sagan 등이 지적하듯 주요 문명별로 1~2개의 핵심국이 핵무기를 보유하고 다른 나라들은 갖지 못하는 세계는 비교적 안정된 세계일 수가 있다.

주요 국제기구들은 대부분 제2차 세계대전 직후에 만들어진 것으로 서구의 이익, 가치관, 관행이 반영되어 있다. 다른 문명들에 비해 상대적으로 서구의 힘이 쇠퇴하면서 이들 문명의 이익을 반영하는 방향으로 국제기구를 개편해야 한다는 압력이 거세졌다. 가장 명백하고 가장 중요하며 또 어쩌면 가장 논란을 불러일으키는 것이 바로 유엔 안전보장이사회의 종신 회원국 문제다. 제2차 세계대전의 주요 전승국들로 구성된 기존의 종신 회원국들은 현재의 국제적 현실을 제대로 수용하지 못하고 있다는 비난이 일고 있다. 비록 서방 선진 7개국이 세계의 경제 문제를 중심적으로 논의한다 하더라도 장기적으로는 세계 안보를 논의하는 안전보장이사회의 체제에 어떤 형태로든 변화가 올 것이다. 다문명 세계에서 이상적인 구도는 주요 문명별로 최소한 종신 회원국 자리를 1~2개씩 배당하는 것이다. 지금은 세 문명만이 여기에 참여하고 있다. 미국은 일본과 독일을 새로운 회원국으로 받아들이자는 입장을 지지하지만 다른 나라들도 포함되어야 이 두 나라가 종신 회원국 자격을 얻을 수 있을 것이다. 브라질은 설령 거부권을 부여하지 않는다 하더라도 독일, 일본, 인도, 나이지리아, 브라질을 새로운 종신 회원국으로 받아들이자는 안을 내놓았다. 하지만 그렇게 될 경우 나이지리아가 그런 역할을 떠맡는다면 또 모를까 전 세계 10억 이슬람교도들은 자신들의 대변 세력을 갖지 못하는 상황이 벌어진다. 문명의 관점에서 보자면 일본과 인도는 포함되는 것이 당연하고 아프리카, 라틴아메리카, 이슬람권도 종신 회원국을 가져야 온당하다. 아프리카, 라틴아메리카, 이슬람권의 경우는 각 문명을 주도하는 나라들이 돌아가면서 종신 회원국 역할을 맡는 것도 한 가지 방안이 될 수 있을 것이며, 누가 맡을 것인지는 OIC, OAU(아프리카통일기구), OAS(아메리카국가기구)에서 결정할 수 있을 것이다. 영국과 프랑스의 의석을 EU의 몫으로 단일화한 뒤 EU 회원 국가들이 돌아가면서 그 자리를 차지하는 방안도 생각해봄직하다. 그렇게 하면 일곱 문명이 각각 한 자리씩을 차지하고 서구는 두 자리를 갖게 되어 세계의 인구 분포와 세력 구도를 비교적 포괄적으로 대변할 수 있게 된다.

## 문명의 동질성

어떤 미국인들은 국내에서 다문화주의를 부르짖고 또 어떤 미국인들은 해외에서 보편주의를 부르짖는다. 또 어떤 이들은 이 둘을 모두 요구한다. 국내의 다문화주의는 미국과 서구를 위협하며 해외의 보편주의는 서구와 세계 전체를 위험하게 만든다. 이들은 서구 문화의 독특성을 부정한다는 공통점을 갖는다. 지구 차원의 단일 문화를 주장하는 사람들은 세계를 미국처럼 만들고 싶어 한다. 국내의 다문화주의자들은 미국을 세계처럼 만들고 싶어 한다. 다문화적 미국이 불가능한 이유는 비서구적 미국은 미국적이 아니기 때문이다. 다문화적 세계가 불가피한 이유는 세계 제국이 불가능하기 때문이다. 미국과 서구를 유지해 나가기 위해서는 서구적 정체성의 쇄신이 필요하다. 세계 안보를 확고히 다지기 위해서는 다문화주의를 수용하지 않으면 안 된다.

서구적 보편주의의 허구성과 전 세계의 다문화적 현실이 불가피하게 윤리적, 문화적 상대주의로 귀착되는 것일까? 보편주의가 제국주의를 정당화하듯이 상대주의는 억압을 정당화하는 것일까? 다시 한 번 이 질문에 대한 답변은 긍정과 부정이 모두 가능하다. 문화는 상대적이지만 윤리는 절대적이다. 마이클 월저Michael Walzer가 주장하듯이 문화는 '두터운' 것이다. 문화는 제도와 행동 양식을 규정해 인간이 특정한 사회 안에서 올바른 길을 걸어가게 만든다. 그러나 이 극대화된 윤리로부터 나와 그 너머로 솟아오르는 것이 있으니 바로 '어떤 두터운 혹은 극대화된 윤리들에서 거듭 나타나는 특성들'을 구현하는 '가느다란' 최소한의 윤리다. 진실과 정의라고 하는 최소한의 윤리적 개념은 모든 두터운 윤리들 안에 담겨 있으며 그 두터운 윤리들과 분리되어 존재하지 않는다. '살인, 사기, 고문, 억압, 독재에 반대하는 부정적 금지 규칙'이라는 최소한의 윤리도 있다. 사람들이 공통적으로 가지고 있는 것은 '공동의 문화에 대한 일체감보다는 공동의 적(또는 악)에 대한 반감'이다. 인간 사회는 그것이 인간적이므로 보편적이며, 그것이 사회이므로 특수하다. 우리는 가끔 다른 사람들과 같이 행진도 하지만 주로 혼자서 걸어간다.[19] 하지만 '가느다란' 최소한의 윤리는 공통된 인간 조건에서 유래하며 '보편적 성향'은 모든 문화에서 발견된다.[20] 문화적 공존을 누리기 위해서는 언뜻 보면 보편적일 듯싶은 한 문명의 특성을 부각시키기보다 대부분의 문명들에 공통적으로 존재하는 것이 무엇인가를 찾아나서는 것이 더 바람직한 길이다. 다문명적 세계에서는 보편주의를 거부하고 다양성을 수용하며 동질성을 모색하는 것이 건설적인 방안이다.

1990년대 초반 대단히 좁은 지역에서 그런 동질성을 확인하려는 노력이 싱가포르에서 이루어졌다. 싱가포르 국민은 76퍼센트가 중국계, 15퍼센트가 말레이계와 이슬람교도이며, 6퍼센트가 인도계의 힌두교도와 시아파다. 싱가포르 정부는 유교적 가치를 적극적으로 옹호하면서도 모든 국민에게 교육과 영어의 중요성을 강조했다. 1989년 1월 싱가포르 대통령은 국회 개원 연설에서 270만 싱가포르 국민이 서구의 문화적 영향력에 광범위하게 노출되었다고 강조하고 그 결과 해외의 새로운 사조와 기술을 가까이 접할 수 있게 되었지만 한편으로는 외국의 생활양식과 가치관에 침윤되었다고 지적했다. 그는 "지난날 우리를 유지시켰던 아시아의 전통적 도덕관, 책임감, 사회의식이 서구의 개인주의적이고 자기중심적인 인생관에 밀려나고 있다"고 우려했다. 따라서 싱가포르의 다양한 인종 집단과 종교 집단이 공통적으로 지니고 있는 핵심적 가치를 찾아내 그것을 싱가포르인의 본질로서 고양시킬 필요가 있다고 그는 주장했다.

그가 제시한 덕목은 네 가지였다. "사회를 개인보다 우위에 두고, 가족을 사회의 근간 요소로서 뒷받침하고, 중요한 문제는 논쟁보다 합의로 해결하고 인종적, 종교적 관용과 화합에 역점을 둔다"는 내용이었다. 그의 연설은 싱가포르인의 가치관에 대한 광범위한 논의를 불러일으켰다. 2년 뒤에 발표된 백서는 싱가포르 정부의 입장을 집약해놓았다. 그 백서는 대통령이 제시한 네 가지에다 개인의 존중이라는 항목을 하나 덧붙였다. 서열과 가문을 중시해 족벌주의로 치달을 가능성이 있는 유교적 가치관과는 달리 싱가포르 사회에서는 개인의 특성을 존중한다는 점을 강조하기 위해서였다. 백서는 싱가포르 국민이 공유하는 가치를 다음과 같이 정의했다.

- 공동체(인종)에 우선하는 국가, 개인에 우선하는 사회.
- 사회의 근본 단위로서의 가정.
- 개인에 대한 배려와 공동체의 지원.

- 대결보다는 합의.
- 인종 간, 종교 간 화합.

싱가포르가 의회 민주주의를 지향하고 우수한 정부를 가지고 있다는 점을 강조하면서도 그 백서는 정치적 가치관에 대한 언급은 회피했다. 정부는 싱가포르가 중요한 측면에서 아시아 사회이며 앞으로도 아시아 사회로 남아 있어야 한다고 못 박았다. "비록 우리가 영어로 말하고 서구식 의복을 입는다 하더라도 싱가포르 국민은 미국인도 앵글로색슨인도 아니다. 장기적으로 싱가포르인이 미국인, 영국인, 또는 호주인과 구별되지 않거나 더 심하게는 그들을 모방하는 열등생(곧 분열국)이 된다면 우리는 싱가포르의 국제적 지위를 끌어올렸던 서구에 대한 우위를 상실하고 말 것이다."[21]

싱가포르의 구상은 다양한 인종과 문화로 구성되었으며 서구와는 차이가 나는 싱가포르의 문화적 정체성을 정의하겠다는 야심차고 남보다 한 걸음 앞선 노력이었다. 서구, 그중에서도 특히 미국의 가치관은 공동체보다는 개인에, 사상의 대립에서 나타나는 진리를 표현할 수 있는 자유에, 정치적 참여와 경쟁에, 현명하고 책임감 있는 전문가의 통치보다는 법치주의에 무게를 더 둔다. 서구인은 싱가포르의 가치관에서 보완의 필요성을 느끼고 상대적으로 낮은 점수를 주겠지만 그렇다고 해서 싱가포르의 가치관을 아예 몰가치화할 서구인은 드물 것이다. 아시아와 서구 사이에도 '가느다란' 윤리의 층위, 어떤 동질성은 존재한다. 뿐만 아니라 많은 사람이 지적한 대로 세계의 주요 종교(서구 그리스도교, 정교, 힌두교, 불교, 이슬람교, 유교, 도교, 유대교)들은 비록 인류를 분열시킨 측면도 강하지만 핵심적 가치관은 공유하고 있다. 만일 인류가 보편 문명을 발전시킬 수 있다면 그 문명은 이 동질성의 심화와 확대 과정에서 출현할 것이다. 그러므로 자제의 원칙과 중재의 원칙 이외에도 다문명 세계에서 평화를 구축하는 데 필요한 또 하나의 원칙이 있으니 그것이 바로 동질성의 원칙이다. 어떤 문명에서 살고 있든 인간은 다른 문명에서 살아가는 사람들과 공유하는 가치관, 제도, 관행을 확대하는 방법을 꾸준히 모색하고 그 방안을 실천에 옮겨야 한다.

이런 노력이 쌓이게 되면 문명의 충돌 가능성이 줄어드는 것은 물론 단일 **문명**(복수로 존재하는 문명과의 혼동을 피하기 위해 굵은 글자로 표현한다)의 실현 가능성도 높아진다. 단일 문명은 수준 높은 윤리, 종교, 학문, 예술, 철학, 기술, 물질생활이 복합적으로 섞인 상태를 의미한다. 이 각 분야의 변화가 반드시 동시에 이루어지는 것은 아니다. 그러나 학자들은 문명들의 역사에서 **문명**의 수준이 언제 올라갔고 언제 내려갔는지를 쉽게 판별한다. 여기서 이런 질문을 던져보자. 인류의 **문명**이 발전하고 퇴보하는 과정을 어떤 모습으로 이해할 수 있는가? 개별 문명의 차원을 넘어 더 높은 **문명**의 단계로 나아가려는 세속적 흐름이 일반적으로 존재하는가? 만일 그런 흐름이 존재한다면 그것은 환경에 대한 인간의 지배력을 강화해 기술과 물질적 복리의 수준을 꾸준히 끌어올리는 근대화 과정의 산물인가? 그러므로 오늘날 고도의 근대화는 고도의 **문명**을 발전시키기 위한 전제 조건인가? 개별 문명들의 역사에서 **문명**의 수준은 저마다 차이가 나는가?

이 문제는 역사가 직선으로 나아가는가 순환하는가 하는 역사의 본질을 둘러싼 논쟁의 또 다른 변형판이다. 인간 사회, 자연환경에 대한 이해가 늘어나고 교육과 계몽이 확산되면서 근대화와 인간 윤리의 발전이 이루어졌고 이 발전은 다시 더욱 수준 높은 **문명**을 자극하는 지속적 동인으로 작용한다는 설명에는 어느 정도의 설득력이 있다. 그러나 **문명**의 수준은 문명들의 진화에서 나타나는 한 양상의 반영에 불과하다는 주장도 가능하다. 문명이 처음 출현했을 때 대체로 사람들은 활기 있고 역동적이고 잔인하고 이동성이 높으며 팽창주의로 흐른다. 그들은 상대적으로 덜 문명화되었다. 문명이 어느 정도 발전하면 그 문명은 안정을 추구하며 자신을 좀 더 문명화시키는 기술과 기교를 닦아 나간다. 문명을 구성하는 성원들 사이의 경쟁의식이 희박해져서 보편국가가 등장하면 문명은 가장 높은 **문명**의 수준에 도달한다. 윤리, 예술, 문학, 철학, 기술, 군사력, 정치력, 경제력이 무르익을 대로 무르익은 '황금시대'를 구가한다. 한 문명이 쇠락기로 접어들면 문명의 수준도 하락하여 종국에는 더 낮은 **문명** 수준을 가진 새롭게 부상하는 다른 문명의 침입을 받으면서 사라지고 만다.

근대화는 세계 전역에서 **문명**의 물질적 수준을 전반적으로 끌어올렸다. 하지만 그것이 **문명**의 도덕적, 문화적 수준도 끌어올린 것일까? 어떤 점에서는 그런 것처럼 보이기도 한다. 오늘날의 세계는 노예, 고문과 학대를 점점 용납하지 않는 추세다. 이것은 서구 문명이 다른 문명들에게 끼친 영향이므로 서구의 힘이 쇠락할 경우 도덕적 역전 현상이 일어날까? 1990년대는 세계를 '완전한 혼돈'의 패러다임으로 설명하는 분석틀을 뒷받침하는 증거들이 많이 존재한다. 국제적 법질서의 붕괴, 세계 도처에 무너지는 나라들과 점증하는 무정부 상태, 범죄의 세계적 증가, 국제 마피아와 마약 카르텔, 많은 나라로 번지는 마약, 가족의 와해, 대부분의 국가에서 나타나는 신뢰와 사회적 유대감의 약화, 그리고 인종적, 종교적, 문명적 폭력의 만연이 그 증거들이다. 모스크바, 리우데자네이루, 방콕, 상하이, 런던, 로마, 바르샤바, 도쿄, 요하네스버그, 델리, 카라치, 카이로, 보고타, 워싱턴 등 세계 어느 도시를 보아도 범죄는 치솟고 문명을 지탱하는 기본 요소들이 허물어지고 있다. 사람들은 지구 차원의 위기를 이야기한다. 경제적 부를 끌어모으는 다국적 기업의 출현 못지않게 국제 마피아, 마약 카르텔, 테러 집단이 기승을 부리며 **문명**을 위협하고 있다. 법과 질서는 문명이 존립하기 위한 전제 조건임에도 불구하고 세계의 많은 지역(아프리카, 라틴아메리카, 옛 소련, 남아시아, 중동)에서 사라져 가고 있으며, 중국, 일본, 서구에서도 법과 질서는 심각한 위기를 맞고 있다. 전 세계적으로 볼 때 문명은 많은 영역에서 야만주의에게 밀려나고 있는 듯하다. 세계의 암흑시대라고 하는 전대미문의 현상이 인류를 집어삼킬지 모른다.

지난 1950년대에 피어슨은 "인간은 다양한 문명들이 평화로운 교류 속에서 나란히 공존하면서 서로를 배우고 서로의 역사, 이상, 예술, 문화를 공부하며 서로의 삶을 풍요롭게 만들어야 하는 시대로 나아가고 있다. 그 길을 택하지 않을 경우 이 인구 과잉의 비좁은 세계는 오해, 갈등, 충돌, 파국으로 치달을 것"이라고 경고했다.[22] 평화와 문명의 미래는 세계의 주요 문명들을 이끄는 정치인, 종교인, 지식인들이 얼마나 서로를 이해하고 협력할 수 있느냐에 달려 있다. 문명의 충돌에서 유럽과 미국은 단결하든가 갈라설 것이다. 더 거대한 충돌, 곧 범지구적으로 벌어지는 문명과 야만성의 '진짜' 충돌에서 종교, 예술, 문학, 철학, 과학, 기술, 윤리, 인간애를 풍요하게 발전시킨 세계의 거대한 문명들 역시 단결하거나 갈라설 것이다. 다가오는 세계에서 문명과 문명의 충돌은 세계평화에 가장 큰 위협이며, 문명에 바탕을 둔 국제질서만이 세계대전을 막는 가장 확실한 방어 수단이 될 것이다.

# | 미주 |

## Chapter 1 — 새로운 세계정세


1. Henry A. Kissinger, *Diplomacy* (New York: Simon & Schuster, 1994), pp. 23-24.
2. H. D. S. Greenway의 표현, *Boston Globe*, 3 December 1992, p. 19.
3. Vaclav Havel, "The New Measure of Man," *New York Times*, 8 July 1994, p. A27; Jacques Delors, "Questions Concerning European Security," Address, International Institute for Strategic Studies, Brussels, 10 September 1993, p. 2.
4. Thomas S. Kuhn, *The Structure of Scientific Revolutions*, (Chicago: University of Chicago Press, 1962), pp. 17-18.
5. John Lewis Gaddis, "Toward the Post-Cold War World." *Foreign Affairs*, 70 (Spring 1991), 101; Judith Goldstein and Robert O. Keohane, "Ideas and Foreign Policy: An Analytical Framework," in Goldstein and Keohane, eds., *Ideas and Foreign Policy: Beliefs, Institutions, and Political Change* (Ithaca: Cornell University Press, 1993), pp. 8-17.
6. Francis Fukuyama, "The End of History," *The National Interest*, 16 (Summer 1989), 4, 18.
7. "Address to the Congress Reporting on the Yalta Conference," 1 March 1945, in Samuel I. Rosenman, ed., *Public Papers and Addresses of Franklin D. Roosevelt* (New York: Russell and Russell, 1969), XIII, 586.

8. Max Singer and Aaron Wildavsky, *The Real World Order: Zones of Peace, Zones of Turmoil* (Chatham, NJ: Chatham House, 1993); Robert O. Keohane and Joseph S. Nye, "Introduction: The End of the Cold War in Europe," in Keohane, Nye, and Stanley Hoffmann, eds., *After the Cold War: International Institutions and State Strategies in Europe, 1989-1991* (Cambridge: Harvard University Press, 1993), p. 6; and James M. Goldgeier and Michael McFaul, "A Tale of Two Worlds: Core and Periphery in the Post-Cold War Era," International Organization, 46 (Spring 1992), pp. 467-491.
9. F. S. C. Northrop, *The Meeting of East and West: An Inquiry Concerning World Understanding* (New York: Macmillan, 1946).
10. Edward W. Said, *Orientalism* (New York: Pantheon Books, 1978), pp. 43-44.
11. Kenneth N. Waltz, "The Emerging Structure of International Politics," *International Security*, 18 (Fall 1993), 44-79; John J. Mearsheimer, "Back to the Future: Instability in Europe after the Cold War," *International Security*, 15 (Summer 1990), pp. 5-56.
12. Stephen D. Krasner는 하나의 분기점으로서 베스트팔렌의 중요성을 묻는다. "Westphalia and All That," in Goldstein and Keohane, eds., *Ides and Foreign Policy*, pp. 235-264.
13. Zbigniew Brzezinski, *Out of Control: Global Turmoil on the Eve of the Twenty-first Century* (New York: Scribner, 1993): Daniel Patrick Moynihan, *Pandaemonium: Ethnicity in International Politics* (Oxford: Oxford University Press, 1993); Robert Kaplan, "The Coming Anarchy," *Atlantic Monthly*, 273 (Feb. 1994), pp. 44-76.
14. *New York Times*, 7 February 1993, pp. 1, 14; Gabriel Schoenfeld, "Outer Limits," *Post-Soviet Prospects*, 17 (Jan. 1993), 3, 러시아 국방부 자료 인용.
15. Gaddis, "Toward the Post-Cold War World"; Benjamin R. Barber, "Jihad vs. McWorld," *Atlantic Monthly*, 269 (March 1992), 55-63, and *Jihad vs. McWorld* (New York: Times Books, 1995); Hans Mark, "After Victory in the Cold War: The Global Village or Tribal Warfare," in J. J. Lee and Walter Korter, eds., *Europe in Transition: Political, Economic, and Security Prospects for the 1990s* (LBJ School of Public Affairs, University

of Texas at Austin, March 1990), pp. 19-27.

16. John J. Mearsheimer, "The Case for a Nuclear Deterrent," *Foreign Affairs*, 72 (Summer 1993), 54.

17. Lester B. Pearson, *Democracy in World Politics* (Princeton: Princeton University Press, 1955), pp. 82-83.

18. Johan Galtung은 세계정치에서 부상하는 7~8개의 문명과 그 핵심국에 대해 나와 대단히 유사한 분석을 아주 독립적으로 발전시켰다. "The Emerging Conflict Formations," in Katharine and Majid Tehranian, eds., *Restructuring for World Peace: On the Threshold of the Twenty-First Century* (Cresskill NJ: Hampton Press, 1992), pp. 23-24를 보라. Galtung은 부상하는 일곱 개의 지역 문화권, 즉 미국, 유럽, 일본, 중국, 러시아, 인도, '골수 이슬람권'이 패권국들의 지배를 받는 것으로 보고 있다. 1990년대 초반에 문명권과 관련하여 비슷한 견해를 피력한 학자는 다음과 같다: Michael Lind, "American as an Ordinary Country," *American Enterprise*, 1 (Sept./Oct. 1990), 19-23; Barry Buzan, "New Patterns of Global Security in the Twenty-first Century," *International Affairs*, 67 (1991), 441, 448-449; Robert Gilpin, "The Cycle of Great Powers: Has It Finally Been Broken?" (Princeton University, unpublished paper, 19 May 1993), pp. 6ff.; William S. Lind, "North-South Relations: Returning to a World of Cultures in Conflict," *Current World Leaders*, 35 (Dec. 1992), 1073-1080, and "Defending Western Culture," *Foreign Policy*, 84 (Fall 1994), 40-50; "Looking Back from 2992: A World History, chap. 13: The Disastrous 21st Century," *Economist*, 26 December 1992-8 January 1993, pp. 17-19; "The New World Order: Back to the Future," *Economist*, 8 January 1994, pp. 21-23; "A Survey of Defence and the Democracies," *Economist*, 1 September 1990: Zsolt Rostovanyi, "Clash of Civilizations and Cultures: Unity and Disunity of World Order," (unpublished paper, 29 March 1993); Michael Vlahos, "Culture and Foreign Policy," *Foreign Policy*, 82 (Spring 1991), 59-78; Donald J. Puchala, "The History of the Future of International Relations," *Ethics and International Affairs*, 8 (1994), 177-202; Mahdi Elmandjra, "Cultural Diversity: Key to Survival in the Future," 〔이 논문은 제1회 멕시코 미래학 대회에 제출되었고, 이듬해 Première Guerre Civilisationnelle(제1차 문명 전쟁)(Casablanca: Ed. Toubkal, 1982,

1994)라는 제목으로 프랑스에서 간행되었다.]

19. Fernand Braudel, *On History* (Chicago: University of Chicago Press, 1980), pp. 210-211.

## Chapter 2 — 과거와 현재의 문명

1. "World history is the history of large cultures." Oswald Spengler, *Decline of the West* (New York: A. A. Knopf, 1926-1928), II, 170. 문명의 본질과 변동을 분석한 이들 학자의 주요 저서는 다음과 같다: Max Weber, *The Sociology of Religion* (Boston: Beacon Press, trans. Ephraim Fischoff, 1968), Emile Durkheim and Marcel Mauss, "Note on the Notion of Civilization," *Social Research*, 38 (1971), 808-813, Oswald Spengler, *Decline of the West*; Pitirim Sorokin, *Social and Cultural Dynamics* (New York: American Book Co., 4 vols., 1937-1985); Arnold Toynbee, *A Study of History* (London: Oxford University Press, 12 vols., 1934-1961); Alfred Weber, *Kulturgeschichte als Kultursoziologie* (Leiden: A. W. Sijthoff's Uitgerversmaatschappij N.V., 1935); A. L. Kroeber, *Configurations of Culture Growth* (Berkeley: University of California Press, 1944) and *Style and Civilizations* (Westport, CT: Greenwood Press, 1973); Philip Bagby, *Culture and History: Prolegomena to the Comparative study of Civilizations* (London: Longmans, Green, 1958); Carroll Quigley, *The Evolution of Civilizations: An Introduction to Historical Analysis* (New York: Macmillan, 1961); Rushton Coulborn, *The Origin of Civilized Societies* (Princeton: Princeton University Press, 1959); S. N. Eisenstadt, "Cultural Traditions and Political Dynamics: The Origins and Modes of Ideological Politics," *British Journal of Sociology*, 32 (June 1981), 155-181; Fernand Braudel, *History of Civilizations* (New York: Allen Lane-Penguin Press, 1994) and *On History* (Chicago: University of Chicago Press, 1980); William H. McNeill, *The Rise of the West: A History of the Human Community* (Chicago: University of Chicago Press, 1963); Adda B. Bozeman, "Civilizations Under Stress," *Virginia Quarterly Review*, 51 (Winter 1975), 1-18, *Strategic Intelligence and Statecraft* (Washington:

Brassey's (US), 1992), and *Politics and Culture in International History: From the Ancient Near East to the Opening of the Modern Age* (New Brunswick, NJ; Transaction Publishers, 1994); Christopher Dawson, *Dynamics of World History* (Lasalle, IL: Sherwood Sugden Co., 1978), and *The Movement of World Revolution* (New York: Sheed and Ward, 1959); Immanuel Wallerstein, *Geopolitics and Geoculture: Essays on the Changing World-system* (Cambridge: Cambridge University Press, 1992); Felipe Fernández-Armesto, *Millennium: A History of the Last Thousand Years* (New York: Scribners, 1995). 이 저서들 외에도 Samuel Beer가 지적한 대로 놀라운 혜안으로 오늘날의 탈냉전 세계와 아주 흡사하게 인류가 그리스도교권, 이슬람권, 힌두권, 유교권, 아프리카권의 5대 문화권으로 크게 나뉘어질 것이라고 예언한 Louis Hartz의 *A Synthesis of World History* (Zurich: Humanity Press, 1983)를 덧붙일 수 있을 것이다. 문명 분석에 대한 간추린 개괄서 및 입문서로서 빼놓을 수 없는 것이 Matthew Melko의 *The Nature of Civilizations* (Boston: Porter Sargent, 1969)이다. 나는 또한《포린 어페어스》에 실린 나의 글에 관한 Hayward W. Alker, Jr.의 비판적 논문 "If not Huntington's 'Civilizations,' Then Whose?" (Unpublished paper, Massachusetts Institute of Technology, 25 March 1994)에서 유익한 조언을 얻었다.

2. Braudel, *On History*, pp. 177-181, 212-214, and *History of Civilizations*, pp. 4-5; Gerrit W. Gong, *The Standard of "Civilization" in International Society* (Oxford: Clarendon Press, 1984), 81ff., 97-100; Wallerstein, *Geopolitics and Geoculture*, pp. 160ff. and 215ff.; Arnold J. Toynbee, *Study of History*, X, 274-275, and *Civilization on Trial* (New York: Oxford University Press, 1948), p. 24.
3. Braudel, *On History*, P. 205. 문화와 문명에 대한 더 포괄적인 논의, 특히 독일에서의 논의에 관해서는 A. L. Kroeber and Clyde Kluckhohn, *Culture: A Critical Review of Concepts and Definitions* (Cambridge: Papers of the Peabody Museum of American Archaeology and Ethnology, Harvard University, Vol. XLVII, No. 1, 1952)의 여러 부분과 특히 pp. 15-29를 참조.
4. Bozeman, "Civilizations Under Stress," p. 1.
5. Durkheim and Mauss, "Notion of Civilization," p. 811; Braudel, *On History*, pp. 177, 202; Melko, *Nature of Civilizations*, p. 8; Wallerstein, *Geopolitics*

*and Geoculture*, p. 215; Dawson, *Dynamics of World History*, pp. 51, 402; Spengler, *Decline of the West*, I, p. 31. 흥미로운 것은 *International Encyclopedia of the Social Sciences* (New York: Macmillan and Free Press, ed. David L. Sills, 17 vols., 1968)에 '문명들'로서의 '문명'에 관한 표제 논문이 실려 있지 않다는 사실이다. '문명의 개념(단일적)'은 '도시 혁명'이라는 글의 하위 항목으로 다루어지고 있는 반면, 문명들(복수적)은 '문화'라는 논문에서 잠깐 언급하는 정도에 그치고 있다.

6. Herodotus, *The Persian Wars* (Harmondsworth, England: Penguin Books, 1972), pp. 543-544.
7. Edward A. Tiryakian, "Reflections on the Sociology of Civillizations," *Sociological Analysis*, 35 (Summer 1974), 125.
8. Toynbee, *Study of History*, I, 455의 내용은 Melko, *Nature of Civilizations*, pp. 8-9에 인용; and Braudel, *On History*, p. 202.
9. Braudel, *History of Civilizations*, p. 35, and *On History*, pp. 209-210.
10. Bozeman, *Strategic Intelligence and Statecraft*, p. 26.
11. Quigley, *Evolution of Civilizations*, pp. 146ff; Melko, *Nature of Civilizations*, pp. 101ff. D. C. Somervell이 작업한 Arnold J. Toynbee, *A Study of History*의 축약판, vols. I-VI (Oxford: Oxford University Press, 1946) 중 "Argument" pp. 569ff을 참조.
12. Lucian W. Pye, "China: Erratic State, Frustrated Society," *Foreign Affairs*, 69 (Fall 1990), 58.
13. Quigley, *Evolution of Civilizations*, chap. 3, 특히 pp. 77, 84; Max Weber, "The Social Psychology of the World Religions," in *From Max Weber: Essays in Sociology* (London: Routledge, trans. and ed. H. H. Gerth and C. Wright Mills, 1991), p. 267; Bagby, *Culture and History*, pp. 165-174; Spengler, *Decline of the West*, II, 31ff; Toynbee, *Study of History*, I, 133; XII, 546-547; Braudel, *History of Civilizations*, 여러 곳에서 인용; McNeill, *The Rise of the West*, 여러 곳에서 인용; and Rostovanyi, "Clash of Civilizations," pp. 8-9.
14. Melko, *Nature of Civilizations*, p. 133.
15. Braudel, *On History*, p. 226.
16. 이 방대한 연구 문헌에 추가할 만한 1990년대의 역작으로는 두 문화를 두루 꿰뚫고 있는 Claudio Veliz, *The New World of the Gothic Fox* (Berkeley:

University of California Press, 1994)가 있다.

17. Charles A. and Mary R. Beard, *The Rise of American Civilization* (New York: Macmillan, 2 vols., 1927) and Max Lerner, *America as a Civilization* (New York: Simon & Schuster, 1957). Lerner는 열렬한 애국심을 바탕에 깔고 "좋든 나쁘든 미국은 미국이다. 역사 속에서 가장 위대한 개성적 문명들 가운데 하나로 그리스-로마 문명과 어깨를 나란히 할 수 있는 고유의 문화, 수많은 특징적 권력의 고유한 줄기와 고유한 의미를 미국은 가지고 있다"고 했다. 그러면서도 그는 인정한다. "위대한 역사 이론은 거의 예외 없이 미국이라는 개념을 고유한 문명으로 받아들일 수 있는 여지를 남겨두지 않고 있다(pp. 58-59)."

18. 북아메리카·라틴아메리카·남아프리카·호주에 새로운 사회를 형성한 유럽 문명의 분화에 관해서는 Louis Hartz, *The Founding of New Societies: Studies in the History of the United States, Latin America, South Africa, Canada, and Australia* (New York: Harcourt, Brace & World, 1964)를 보라.

19. Dawson, *Dynamics of World History*, p. 128. 또한 Mary C. Bateson, "Beyond Sovereignty: An Emerging Global Civilization," in R. B. J. Walker and Saul H. Mend-lovitz, eds., *Contending Sovereignties: Redefining Political Community* (Boulder: Lynne Rienner, 1990), pp. 148-149를 보라.

20. 토인비는 소승불교와 라마불교를 모두 화석 문명의 범주에 넣는다, *Study of History*, I, 35, 91-92.

21. 예를 들어, Bernard Lewis, *Islam and the West* (New York: Oxford University Press, 1993); Toynbee, *Study of History*, chap. IX, "Contacts between Civilizations in Space (Encounters between Contemporaries)," VIII, 88ff; Benjamin Nelson, "Civilizational Complexes and Intercivilizational Encounters," *Sociological Analysis*, 34 (Summer 1973), 79-105를 참고하라.

22. S. N. Eisenstadt, "Cultural Traditions and Political Dynamics: The Origins and Modes of Ideological Politics," *British Journal of Sociology*, 32(June 1981), 157, and "The Axial Age: The Emergene of Transcendental Visions and the Rise of Clerics," *Archives Europeennes de Sociologie*, 22 (No. 1, 1982), 298. 또한 Benjamin I. Schwartz, "The Age of Transcendence in Wisdom, Revolution, and Doubt: Perspectives on the First Millennium B.

C.," *Daedalus*, 104 (Spring 1975), 3을 참고하라. 축 시대 개념은 Karl Jaspers, *Vom Ursprung und Ziel der Geschichte* (Zurich: Artemisverlag, 1949)에서 끌어왔다.

23. Toynbee, *Civilization on Trial*, p. 69. 그리스도교 시대가 도래할 무렵 '육상과 해상을 통한 체계적 교역로가 … 대륙의 거대한 4대 문명을 이어주던' 수준을 강조하는 William H. McNeill, *The Rise of the West*, pp. 295-298과 비교하라.
24. Braudel, *On History*, p. 14: "문화적 영향은 여행 거리와 여행 속도의 제약으로 인해 소규모로 나타났다. 역사가들이 하는 말을 믿어본다면, 중국에서 당나라 때(618-907) 유행하던 의상은 워낙 느리게 전달되어 15세기에 들어와서야 키프로스 섬과 뤼시냥 가문의 화려한 궁정에 도달했다. 거기서 다시 좀더 신속하게 이루어지던 지중해 무역에 힘입어 프랑수아 샤를 6세의 괴벽스러운 궁정에 도달했다. 이 궁정에서는 이미 오래 전에 사라진 세계의 유산인 헤닌(높은 원뿔꼴의 여성용 쓰개로 꼭대기에 얇은 베일이 드리워져 있다 — 옮긴이)과 끝이 뾰족한 신발이 선풍적인 인기를 끌었다. 이미 오래 전에 소멸한 별들의 빛이 지금도 우리에게 오고 있듯이."
25. Toynbee, *Study of History*, VIII, 347-348.
26. McNeill, *Rise of the West*, p. 547.
27. D. K. Fieldhouse, *Economics and Empire*, 1830-1914 (London: Macmillan, 1984), p. 3; F. J. C. Hearnshaw, *Sea Power and Empire* (London: George Harrap and Co, 1940), p. 179.
28. Geoffrey Parker, *The Military Revolution: Military Innovation and the Rise of the West* (Cambridge: Cambridge University Press, 1988), p. 4; Michael Howard, "The Military Factor in European Expansion," in Hedley Bull and Adam Watson, eds., *The Expansion of International Society* (Oxford: Clarendon Press, 1984), pp. 33ff.
29. A. G. Kenwood and A. L. Lougheed, *The Growth of the International Economy 1820-1990* (London: Routledge, 1992), pp. 78-79; Angus Maddison, *Dynamic Forces in Capitalist Development* (New York: Oxford University Press, 1991), pp. 326-327; Alan S. Blinder, reported in the *New York Times*, 12 March 1995, p. 5E. 또한 Simon Kuznets, "Quantitative Aspects of the Economic Growth of Nations-X. Level and Structure of Foreign Trade: Long-term Trends," *Economic Development and Cultural*

*Change*, 15 (Jan. 1967, part II), pp. 2-10을 보라.

30. Charles Tilly, "Reflections on the History of European State-making," in Tilly, de., *The Formation of National States in Western Europe* (Princeton: Princeton University Press, 1975), p. 18.
31. R. R. Palmer, "Frederick the Great, Guibert, Bulow: From Dynastic to National War," in Peter Paret, ed., *Makers of Modern Strategy from Machiavelli to the Nuclear Age* (Princeton: Princeton University Press, 1986), p. 119.
32. Edward Mortimer, "Christianity and Islam," *International Affairs*, 67 (Jan. 1991), 7.
33. Hedley Bull, *The Anarchical Society* (New York: Columbia University Press, 1977), pp. 9-13. 또한 Adam Waston, *The Evolution of International Society* (London: Routledge, 1992), and Barry Buzan, "From International System to International Society: Structural Realism and Regime Theory Meet the English School," *International Organization*, 47 (Summer 1993), 327-352를 보라. Buzan은 국제사회를 '문명' 모델과 '기능' 모델로 구분하고, 역사적 기록을 지배한 것은 문명적 국제사회이며 기능적 국제사회의 순수한 사례는 없는 것으로 보인다고 결론짓는다(p. 336).
34. Spengler, *Decline of the West*, 1, 93-94.
35. Toynbee, *Study of History*, I, 149ff, 154, 157ff.
36. Braudel, *On History*, p. xxxiii.

## Chapter 3 — 보편 문명, 근대화와 서구화

1. V. S. Naipaul, "Our Universal Civilization," The 1990 Wriston Lecture, The Manhattan Institute, *New York Review of Books*, 30 October 1990, p. 20.
2. James Q. Wilson, *The Moral Sense* (New York: Free Press, 1993); Michael Walzer, *Thick and Thin: Moral Argument at Home and Abroad* (Notre Dame: University of Notre Dame Press, 1994), 특히 1장과 4장을 보라; 간략한 개괄로는, Frances V. Harbour, "Basic Moral Values: A Shared Core," *Ethics and International Affairs*, 9 (1995), 155-170.
3. Vaclav Havel, "Civilization's Thin Veneer," *Harvard Magazine*, 97 (July-

August 1995), 32.

4. Hedly Bull, *The Anarchical Society: A Study of Order in World Politics* (New York: Columbia University Press, 1997), p. 317.
5. John Rockwell, "The New Colossus: American Culture as Power Export,"와 여러 필자들, "Channel-Surfing Through U. S. Culutre in 20 Lands," *New York Times*, 30 January 1994, sec. 2, pp. 1ff; David Rieff, "A Global Culture," *World Policy Journal*, 10 (Winter 1993-94), 73-81.
6. Michael Vlahos, "Culture and Foreign Policy," *Foreign Policy*, 82 (Spring 1991), 69; Kishore Mahbubani, "The Dangers of Decadence: What the Rest Can Teach the West," *Foreign Affairs*, 72 (Sept./Oct. 1993), 12.
7. Aaron L. Friedberg, "The Future of American Power," *Political Science Quarterly*, 109 (Spring 1994), 15.
8. Richard Parker, "The Myth of Global News," *New Perspectives Quarterly*, 11 (Winter 1994), 41-44; Michael Gurevitch, Mark R. Levy, and Itzhak Roeh, "The Global Newsroom: convergences and diversities in the globalization of television news," in Peter Dahlgren and Colin Sparks, eds., *Communication and Citizenship: Journalism and the Public Sphere in the New Media* (London: Routledge, 1991), p. 215.
9. Ronald Dore, "Unity and Diversity in World Culture," in Hedley Bull and Adam Waton, eds., *The Expansion of International Society* (Oxford: Oxford University Press, 1984), p. 423.
10. Robert L. Bartlley, "The Case for Optimism–The West Should Believe in Itself," *Foreign Affairs*, 72 (Sept./Oct. 1993), 16.
11. Joshua A. Fishman, "The Spread of English as a New Perspective for the Study of Language Maintenance and Language Shift," in Joshua A. Fishman, Robert L. Cooper, and Andrew W. Conrad, *The Spread of English: The Sociology of English as an Additional Language* (Rowley, MA: Newbury House, 1977), pp. 108ff.
12. Fishman, "Spread of English as a New Persective," pp. 118-119.
13. Randolf Quirk, in Braj B. Kachru, *The Indianization of English* (Delhi: Oxford, 1983), p. ii; R. S. Gupta and Kapil Kapoor, eds., *English in India–Issues and Problems* (Delhi: Academic Foundation, 1991), p. 21. Cf. Sarvepalli Gopal, "The English Language in India," *Encounter*, 73 (July/

Aug. 1989), 16. Gopal은 3500만 명의 인도인이 "어떤 형태로든 영어를 말하고 쓴다"고 추정한다. World Bank, *World Development Report 1985, 1991* (New York: Oxford University Press), table 1.

14. Kapoor and Gupta, "Introduction" in Gupta and Kapoor, eds., *English in India*, p. 21; Gopal, "English Language," p. 16.
15. Fishman, "Spread of English as a New Perspective," p. 115.
16. See *Newsweek*, 19 July 1993, p. 22.
17. R. N. Srivastava and V. p. Sharma, "Indian English Today", in Gupta and Kapoor, eds., *English in India*, p. 191에 인용; Gopal, "English Language," p. 17.
18. *New York Times*, 16 July 1993, p. 49; Boston Globe, 15 July 1993, p. 13.
19. *World christian Encyclopedia*의 추정치 외에 Jean Bourgeois-Pichat, "Le nombre des hommes: État et prospective," in Albert Jacquard et al., *Les Scientifiques Parlent* (Paris: Hachette, 1987), pp. 140, 143, 151, 154-156도 참조할 것.
20. Edward Said가 V. S. Naipaul을 지칭한 말. Brent Staples, "Con Men and Conquerors," *New York Times Book Review*, 22 May 1994, p. 42.
21. A. G. Kenwood and A. L. Lougheed, *The Growth of the International Economy 1820-1990* (London: Routledge, 3rd ed., 1992), pp. 78-79; Angus Maddison, *Dynamic Forces in Capitalist Development* (New York: Oxford University Press, 1991), pp. 326-327; Alan S. Blinder, *New York Times*, 12 March 1995, p. 5E.
22. David M. Rowe, "The Trade and Security Paradox in International Politics," (unpublished manuscript, Ohio State University, 15 Sept. 1994), p. 16.
23. Dale C. Copeland, "Economic Interdependence and War: A Theory of Trade Expectations," *International Security*, 20 (Spring 1996), 25.
24. William J. McGuire and Claire V. McGuire, "Content and Process in the Experience of Self," *Advances in Experimental Social Psychology*, 21 (1988), 102.
25. Donald L. Horowitz, "Ethnic Conflict Management for Policy-Makers," in Joseph V. Montville and Hans Binnendijk, eds., *Conflict and Peacemaking in Multiethnic Societies* (Lexington, MA: Lexington Books, 1990), p. 121.
26. Roland Robertson, "Globalization Theory and Civiliztional Analysis,"

*Comparative Civilization Review*, 17 (Fall 1987), 22; Jeffery A. Shad, Jr., "Globalization and Islamic Resurgene," *Comparative Civilizations Review*, 19 (Fall 1988), 67.

27. Cyril E. Black, *The Dynamics of Modernization: A Study in Comparative History* (New York: Harper & Row, 1966), pp. 1-34; Reinhard Bendix, "Traditon and Modernity Reconsidered," *Comparative Studies in Society and History*, 9 (April 1967), 292-293을 보라.
28. Fernand Braudel, *On History* (Chicago: University of Chicago Press, 1980), p. 213.
29. 서구 문명의 남다른 특징을 분석한 문헌은 실로 광범위하다. 그중에서도 특히 William H. McNeill, *Rise of the West: A History of the Human Community* (Chicago: University of Chicago Press, 1963); Braudel, *On History*와 초기 저작들; Immanuel Wallerstein, *Geopolitics and Geoculture: Essays on the Changing World-System*, (Cambridge: Cambridge University Press, 1991). Karl W. Deutsch는 21개의 지정학적 · 문화적 · 경제적 · 기술적 · 사회적 · 정치적 요인으로 서구 문명과 여타의 9개 문명을 포괄적이면서도 간명하고 대단히 설득력 있게 분석하면서 서구가 다른 문명들과 얼마나 다른가를 강조하였다. Karl W. Deutsch, "On Nationalism, World Regions, and the Nature of the West," in Per Torsvik, ed., *Mobilization, Center Periphery Structures, and Nation-building: A Volume in Commemoration of Stein Rokkan* (Bergen: Universitetsforlaget, 1981), pp. 51-93을 보라. 1500년 서구 문명의 두드러진 특성을 간명하게 요약한 글로는 Charles Tilly, "Reflections on the History of European State-making," in Tilly, ed., *The Formation of National States in Western Europe* (Princeton: Princeton University Press, 1975), pp. 18ff.
30. Deutsch, "Nationalism, World Regions, and the West," p. 77.
31. Robert D. Putnam, *Making Democracy Work: Civil Traditions in Modern Italy* (Princeton: Princeton University Press, 1993), p. 121ff을 보라.
32. Deutsch, "Nationalism, World Regions, and the West," p. 78. 또한 Stein Rokkan, "Dimensions of State Formation and Nation-building: A Possible Paradigm for Research on Variations within Europe," in Charles Tilly, *The Formation of National States in Western Europe* (Princeton: Princeton University Press, 1975), p. 576과 Putnam, *Making Democracy Work*, pp.

124-127을 보라.

33. Geert Hofstede, "National Cultures in Four Dimensions: A Research-based Theory of Cultrual Differences among Nations," *International Studies of Management and Organization*, 13 (1983), 52.

34. Harry C. Triandis, "Cross-Cultural Studies of Individualism and Collectivism," in *Nebraska Symposium on Motivation 1989* (Lincoln: University of Nebraska Press, 1990), 44-133, and *New York Times*, 25 December 1990, p. 41. 또한 George C. Lodge and Ezra F. Vogel, eds., *Ideology and National Competitiveness: An Analysis of Nine Countries* (Boston: Harvard Business School Press 1987)를 보라.

35. 문명의 교류에 관한 논의는 십중팔구 이런 반응 유형들의 변형으로서 나타난다. Arnold J. Toynbee, *Study of History* (London: Oxford University Press, 1935-61), II, 187ff., VIII, 152-153, 214; John L. Esposito, *The Islamic Threat: Myth or Reality* (New York: Oxford University Press, 1992), pp. 53-62; Daniel Pipes, *In the Path of God: Islam and Political Power* (New York: Basic Books, 1983), pp. 105-142를 보라.

36. Pipes, *Path of God*, p. 349.

37. William Pfaff, "Reflections: Economic Development," *New Yorker*, 25 December 1978, p. 47.

38. Pipes, *Path of God*, pp. 197-198.

39. Ali Al-Amin Mazrui, *Cultural Forces in World Politics* (London: James Currey, 1990), pp. 4-5.

40. Esposito, *Islamic Threat*, p. 55; 전반적인 내용은 pp. 55-62; Pipes, *Path of God*, pp. 114-120을 보라.

41. Rainer C. Baum, "Authority and Identity–The Invariance Hypothesis II," *Zeitschrift für Soziologie*, 6 (Oct. 1977), 368-369. 또한 Rainer C. Baum, "Authority Codes: The Invariance Hypothesis," *Zeitschrift für Soziologie*, 6 (Jan. 1977), pp. 5-28을 보라.

42. Adda B. Bozeman, "Civilizations Under Stress," *Virginia Quarterly Review*, 51 (Winter 1975), 5ff.; Leo Frobenius, *Paideuma: Umrisse einer Kultur- und See-lenlebre* (Munich: C. H. Beck, 1921), pp. 11ff; Oswald Spengler, *The Decline of the West* (New York: Alfred A. Knopf, 2 vols., 1926, 1928), II, 57ff.

43. Bozeman, "Civilizations Under Stress," p. 7.
44. William E. Naff, "Reflections on the Question of 'East and West' from the Point of View of Japan," *Comparative Civilizations Review*, 13/14 (Fall 1985 & Spring 1986), 222.
45. David E. Apter, "The Role of Traditionalism in the Political Modernization of Ghana and Uganda," *World Politics*, 13 (Oct. 1960), 47-68.
46. S. N. Eisenstadt, "Transformation of Social, Political, and Cultural Orders in Modernization," *American Sociological Review*, 30 (Oct. 1965), 659-673.
47. Pipes, *Path of God*, pp. 107, 191.
48. Braudel, *On History*, pp. 212-213.

## Chapter 4 — 서구의 쇠퇴: 세력, 문화, 토착화

1. Jeffery R. Barnett, "Exclusion as National Security Policy," *Parameters*, 24 (Spring 1994), 54.
2. Aaron L. Friedberg, "The Future of American Power," *Political Science Quarterly*, 109 (Spring 1994), 20-21.
3. Hedley Bull, "The Revolt Against the West," in Hedly Bull and Adam Watson, eds., *Expansion of International Society* (Oxford: Oxford University Press, 1984), p. 219.
4. Barry G. Buzan, "New Patterns of Global Security in the Twenty-first Century," *International Affairs*, 67 (July 1991), 451.
5. *Project 2025*, (초고) 20 September 1991, p. 7; World Bank, *World Development Report 1990* (Oxford: Oxford University Press, 1990), pp. 229, 244; *The World Almanac and Book of Facts 1990* (Mahwah, NJ: Funk & Wagnalls, 1989), p. 539.
6. United Nations Development Program, *Human Development Report 1994* (New York: Oxford University Press, 1994), pp. 136-137, 207-211; World Bank, "World Development Indicators," *World Development Report 1984, 1986, 1990, 1994*; Bruce Russett et al., *World Handbook of Political and Social Indicators* (New Haven: Yale University Press, 1994), pp. 222-226.
7. Paul Bairoch, "International Industrialization Levels from 1750 to 1980,"

*Journal of European Economic History*, 11 (Fall 1982), 296, 304.

8. Economist, 15 May 1993, p. 83에 인용된 IMF의 *World Economic Outlook*, "The Global Economy," *Economist*, 1 October 1994, pp. 3-9; *Wall Street Journal*, 17 May 1993, p. A12; Nicholas D. Kristof, "The Rise of China," *Foreign Affairs*, 72 (Nov./Dec. 1993), 61; Kishore Mahbubani, "The Pacific Way," *Foreign Affairs*, 74 (Jan./Feb. 1995), 100-103.
9. International Institute for Strategic Studies, "Tables and Analyses," *The Military Balance 1994-95* (London: Brassey's, 1994).
10. *Project 2025*, p. 13; Richard A. Bitzinger, *The Globalization of Arms Production: Defense Markets in Transition* (Washington, D. C.: Defense Budget Project, 1993) 여러 곳을 보라.
11. Joseph S. Nye, Jr., "The Changing Nature of World Power," *Political Science Quarterly*, 105 (Summer 1990), 181-182.
12. William H. McNeill, *The Rise of the West: A History of the Human Community* (Chicago: University of Chicago Press, 1963), p. 545.
13. Ronald Dore, "Unity and Diversity in Contemporary World Culture," in Bull and Waston, eds., *Expansion of International Society*, pp. 420-421.
14. William E. Naff, "Reflections on the Question of 'East and West' from the Point of View of Japan," *Comparative Civilizations Review*, 13/14 (Fall 1985 and Spring 1986), 219; Arata Isozaki, "Escaping the Cycle of Eternal Resources," *New Perspectives Quarterly*, 9 (Spring 1992), 18.
15. Richard Sission, "Culture and Democratization in India," in Larry Diamond, *Political Culture and Democracy in Developing Countries* (Boulder: Lynne Rienner, 1993), pp. 55-61.
16. Graham E. Fuller, "The Appeal of Iran," *National Interest*, 37 (Fall 1994), 95.
17. Eisuke Sakakibara, "The End of Progressivism: A Search for New Goals," *Foreign Affairs*, 74 (Sept./Oct. 1995), 8-14.
18. T. S. Eliot, *Idea of a Christian Society* (New York: Harcourt, Brace and Company, 1940), p. 64.
19. Gilles Kepel, *Revenge of God: The Resurgence of Islam, Christianity and Judaism in the Modern World* (University Park, PA: Pennsylvania State University Press, trans. Alan Braley 1994), p. 2.

20. George Weigel, "Religion and Peace: An Argument Complexified," *Washington Quarterly*, 14 (Spring 1991), 27.
21. James H. Billington, "The Case for Orthodoxy," *New Republic*, 30 May 1994, p. 26; Suzanne Massie, "Back to the Future," *Boston Globe*, 28 March 1993, p. 72.
22. *Economist*, 8 January 1993, p. 46; James Rupert, "Dateline Tashkent: Post-Soviet Central Asia," *Foreign Policy*, 87 (Summer 1992), 180.
23. Fareed Zakaria, "Culture Is Destiny: A Conversation with Lee Kuan Yew," *Foreign Affairs*, 73, (Mar./Apr. 1994), 118.
24. Hassan Al-Turabi, "The Islamic Awakening's Second Wave," *New Perspectives Quarterly*, 9 (Summer 1992), 52-55; Ted G. Jelen, *The Political Mobilization of Religious Belief* (New York: Praeger, 1991), pp. 55ff.
25. Bernard Lewis, "Islamic Revolution," *New York Review of Books*, 21 January 1988, p. 47; Kepel, *Revenge of God*, p. 82.
26. Sudhir Kakar, "The Colors of Violence: Cultural Identities, Religion, and Conflict" (unpublished manuscript), chap. 6, "A New Hindu Identity," p. 11.
27. Suzanne Massie, "Back to the Future," p. 72; Rupert, "Dateline Tashkent," p. 180.
28. Rosemary Radford Ruther, "A World on Fire with Faith," *New York Times Book Review*, 26 January 1992, p. 10; William H. McNeil, "Fundamentalism and the World of the 1990s," in Martin E. Marty and R. Scott Appleby, eds., *Fundamentalisms and Society* (Chicago: University of Chicago Press, 1993), p. 561.
29. *New York Times*, 15 January 1993, p. A9; Henry Clement Moore, *Images of Development; Egyptian Engineers in Search of Industry* (Cambridge: M. I. T. Press, 1980), pp. 227-228.
30. Henry Scott Stokes, "Korea's Church Militant," *New York Times Magazine*, 28 November 1972, p. 68.
31. Rev. Edward J. Dougherty, S. J., *New York Times*, 4 July 1993, p. 10; Timothy Goodman, "Latin America's Reformation," *American Enterprise*, 2 (July-August 1991), 43; *New York Times*, 11 July 1993, p. 1; *Time*, 21 January 1991, p. 69.
32. *Economist*, 6 May 1989, p. 23; 11 November 1989, p. 41; *Times* (London),

12 April 1990, p. 12; *Observer*, 27 May 1990, p. 18.
33. *New York Times*, 16 July 1993, p. A9; *Boston Globe*, 15 July 1993, p. 13.
34. Mark Juergensmeyer, *The New Cold War? Religious Nationalism Confronts the Secular State* (Berkeley: University of California Press, 1993).
35. Zakaria, "Conversation with Lee Kuan Yew," p. 118; Al-Turabi, "Islamic Awakening's Second Wave," p. 53. Terrance Carroll, "Secularization and States of Modernity," *World Politics*, 36 (April 1984), 362-382.
36. John L. Esposito, *The Islamic Threat: Myth or Reality* (New York: Oxford University Press, 1992), p. 10.
37. Régis Debray, "God and the Political Planet," *New Perspectives Quarterly*, 11 (Spring 1994), 15.
38. Esposito, *Islamic Threat*, p. 10; Sophie Lannes, "La revanche de Dieu–Interview with Gilles Kepel," *Geopolitique*, 33 (Spring 1991), 14에 인용된 Gilles Kepel의 말; Moore, *Images of Development*, pp. 214-216.
39. Juergensmeyer, *The New Cold War*, p. 71; Edward A. Gargan, "Hindu Rage Against Muslims Transforming Indian Politics," *New York Times*, 17 September 1993, p. A1; Khushwaht Singh, "India, the Hindu State," *New York Times*, 3 August 1993, p. A17.
40. Dore in Bull and Watson, eds, *Expansion of International Society*, p. 411; McNeill in Marty and Appleby, eds., *Fundamentalisms and Society*, p. 569.

## Chapter 5 — 경제와 인구, 도전하는 문명

1. Kishore Mahbubani, "The Pacific Way," *Foreign Affairs*, 74 (Jan./Feb. 1995), 100-103; IMD 경영자 여론 조사, *Economist*, 6 May 1995, p. 5; World Bank, *Global Economic Prospects and the Developing Countries 1993* (Washington: 1993) pp. 66-67.
2. Tommy Koh, *America's Role in Asian Views* (Asia Foundation, Center for Asian Pacific Affairs, Report No. 13, November 1993), p. 1.
3. Alex Kerr, *Japan Times*, 6 November 1994, p. 10.
4. Yasheng Huang, "Why China Will Not Collapse," *Foreign Policy*, 95

(Summer 1995), 57.

5. *Cable News Network*, 10 May 1994; Edward Friedman, "A Failed Chinese Modernity," *Daedalus*, 122 (Spring 1993), 5: Perry Link, "China's 'Core' Problem," ibid., pp. 201-204.
6. *Economist*, 21 January 1995, pp. 38-39; William Theodore de Bary, "The New Confucianism in Beijing," *American Scholar*, 64 (Spring 1995), 175ff.; Benjamin L. Self, "Changing Role for Confucianism in China," *Woodrow Wilson Center Report*, 7 (September 1995), 4-5; *New York Times*, 26 August 1991, A19.
7. Lee Teng-hui, "Chinese Culture and Political Renewal," *Journal of Democracy*, 6 (October 1995), 6-8.
8. Alex Kerr, *Japan Times*, 6 November 1994, p. 10; Kazuhiko Ozawa, "Ambivalence in Asia," *Japan Update*, 44 (May 1995), 18-19.
9. 이런 몇 가지 문제에 대해서는 Ivan p. Hall, "Japan's Asia Card," *National Interest*, 38 (Winter 1994-95), 19ff.
10. Casimir Yost, "America's Role in Asia: One Year Later," (Asia Foundation, Center for Asian Pacific Affairs, Report No. 15, February 1994), p. 4; Yoichi Funabashi, "The Asianization of Asia," *Foreign Affairs*, 72 (Nov./Dec. 1993), 78; Anwar Ibrahim, *International Herald Tribune*, 31 January 1994, p. 6.
11. Kishore Mahbubani, "Asia and a United States in Decline," *Washington Quarterly*, 17 (Spring 1994), 5-23; 반격으로는 Eric Jones, "Asia's Fate: A Response to the Singapore School," *National Interest*, 35 (Spring 1994), 18-28.
12. Mahathir bin Mohamad, *Mare jirenma* (The Malay Dilemma) (Tokyo: Imura Bunka Jigyo, trans. Takata Masayoshi, 1983), p. 267, Ogura Kazuo, "A Call for a New Concept of Asia," *Japan Echo*, 20 (Autumn 1993), 40에 인용.
13. Li Xiangiu, "A Post-Cold War Alternative from East Asia," *Straits Times*, 10 February 1992, p. 24.
14. Yotaro Kobayashi, "Re-Asianize Japan," *New Perspective Quarterly*, 9 (Winter 1992), 20; Funabashi, "The Asianization of Asia," pp. 75ff; George Yong-Soon Yee, "New East Asia in a Multicultural World," *International*

*Herald Tribune*, 15 July 1992, p. 8.

15. Yoichi Funabashi, "Globalize Asia," *New Perspectives Quarterly*, 9 (Winter 1992), 23-24; Kishore M. Mahbubani, "The West and the Rest," *National Interest*, 28 (Summer 1992), 7; "Hazuo, New Concept of Asia," p. 41.
16. *Economist*, 9 March 1996, p. 33.
17. Bandar bin Sultan, *New York Times*, 10 July 1994, p. 20.
18. John L. Esposito, *The Islamic Threat: Myth or Reality* (New York: Oxford University Press, 1992), p. 12; Ali E. Hillal Dessouki, "The Islamic Resurgence," in Ali E. Hillal Dessouki, ed., *Islamic Resurgence in the Arab World* (New York: Praeger, 1982), pp. 9-13.
19. Michael Walzer, *The Revolution of the Saints: A Study in the Origins of Radical Politics* (Cambridge: Harvard University Press, 1965), pp. 10-11에 인용된 Thomas Case의 발언; Hassan Al-Turabi, "The Islamic Awakening's Second Wave," *New Perspectives Quarterly*, 9 (Summer 1992), 52. 20세기 후반 이슬람 원리주의의 성격, 호소력, 한계, 역사적 역할을 이해하는 데 가장 큰 도움을 줄 수 있는 한 권의 책을 꼽으라면 나는 16세기와 17세기의 영국 칼뱅파 청교도에 대한 Walzer의 연구서를 들겠다.
20. Donald K. Emerson, "Islam and Regime in Indonesia; Who's Coopting Whom?" (unpublished paper, 1989), p. 16; M. Nasir Tamara, *Indonesia in the Wake of Islam, 1965-1985* (Kuala Lumpur: Institute of Strategic and International Studies Malaysia, 1986), p. 28; *Economist*, 14 December 1985, pp. 35-36; Henry Tanner, "Islam Challenges Secular Society," *International Herald Tribune*, 27 June 1987, pp. 7-8; Sabri Sayari, "Politicization of Islamic Re-traditionalism: Some Preliminary Notes," in Metin Heper and Raphael Israeli, eds., *Islam and Politics in the Modern Middle East* (London: Croom Helm, 1984), p. 125; *New York Times*, 26 March 1989, p. 14; 2 March 1995, p. A8. 가령 이들 나라에 대해서는 *New York Times*, 17 November 1985, p. 2E; 15 November 1987, p. 13; 6 March 1991, p. A11; 20 October 1990, p. 4; 26 December 1992, p. 1; 8 March 1994, p. A15; and *Economist*, 15 June 1985, pp. 36-37 and 18 September 1992, pp. 23-25.
21. *New York Times*, 4 October 1993, p. A8; 29 November 1994, p. A4; 3 February 1994, p. 1; 26 December 1992, p. 5; Erika G. Alin, "Dynamics of

the Palestinian Uprising: An Assessment of Causes, Character, and Consequences," *Comparative Politics*, 26 (July 1994), 494; *New York Times*, 8 March 1994, p. A15; James Peacock, "The Impact of Islam," *Wilson Quarterly*, 5 (Spring 1981), 142; Tamara, *Indonesia in the Wake of Islam*, p. 22.

22. Olivier Roy, *The Failure of Political Islam* (London: Tauris, 1994), p. 49ff; *New York Times*, 19 January 1992, p. E3; *Washington Post*, 21 November 1990, p. A1. Gilles Keppel, *The Revenge of God: The Resurgence of Islam, Christianity, and Judaism in the Modern World* (University Park, PA: Pennsylvania State University Press, 1994), p. 32; Farida Faouzia Charfi, "When Galileo Meets Allah," *New Perspectives Quarterly*, 11 (Spring 1994), 30; Esposito, *Islamic Threat*, p. 10.
23. Mahnaz Ispahani, "Varieties of Muslim Experience," *Wilson Quarterly*, 13 (Autumn 1989), 72.
24. Saad Eddin Ibhrahim, "Appeal of Islamic Fundamentalism," (현대 이슬람 세계의 종교와 정치 학술 대회에 제출된 논문, Harvard University, 15-16 October 1985), pp. 9-10, and "Islamic Militancy as a Social Movement: The Case of Two Groups in Egypt," in Dessouki, ed., *Islamic Resurgence*, pp. 128-131.
25. *Washington Post*, 26 October 1980, p. 23; Peacock, "Impact of Islam" p. 140; Ilkay Sunar and Binnaz Toprak "Islam in Politics: The Case of Turkey," *Government and Opposition*, 18 (Autumn 1983), 436; Richard W. Bulliet, "The Israeli-PLO Accord: The Future of the Islamic Movement," *Foreign Affairs*, 72 (Nov./Dec. 1993), 42.
26. Ernest Gellner, "Up from Imperialism," *New Republic*, 22 May 1989, p. 35; John Murray Brown, "Tansu Ciller and the Question of Turkish Identity," *World Policy Journal*, 11 (Fall 1994), 58; Roy, *Failure of Political Islam*, p. 53.
27. Fouad Ajami, "The Impossible Life of Muslim Liberalism," *New Republic*, 2 June 1986, p. 27.
28. Clement Moore Henry, "The Mediterranean Debt Crescent," (Unpublished manuscript), p. 346; Mark N. Katz, "Emerging Patterns in the International Relations of Central Asia," *Central Asian Monitor*, (No. 2, 1994), 27; Mehrdad Haghayeghi, "Islamic Revival in the Central Asian Republics,"

*Central Asian Survey*, 13 (No. 2, 1994), 255.
29. *New York Times*, 10 April 1989, p. A3; 22 December 1992, p. 5; *Economist*, 10 October 1992, p. 41.
30. *Economist*, 20 July 1991, p. 35; 21 December 1991-3 January 1992, p. 40; Mahfulzul Hoque Choudhury, "Nationalism, Religion and Politics in Bangladesh," in Rafiuddin Ahmed, ed., *Bangladesh: Society, Religion and Politics* (Chittagong: South Asia Studies Group, 1985), p. 68; *New York Times*, 30 November 1994, p. A14; *Wall Street Journal*, 1 March 1995, pp. 1, A6.
31. Donald L. Horowitz, "The Qur'an and the Common Law: Islamic Law Reform and the Theory of Legal Change," *American Journal of Comparative Law*, 42 (Spring and Summer, 1994), 234ff.
32. Dessouki, "Islamic Resurgence," p. 23.
33. Daniel Pipes, *In the Path of God: Islam and Political Power* (New York: Basic Books, 1983), pp. 282-283, 290-292; John Barrett Kelly, *Arabia, the Gulf and the West* (New York: Basic Books, 1980), pp. 261, 423은 Pipes, *Path of God*, p. 291에 인용.
34. United Nations Population Division, *World Population Prospects: The 1992 Revision* (New York: United Nations, 1993), table A18; World Bank, *World Development Report 1995* (New York: Oxford University Press, 1995), table 25; Jean Bourgeois-Pichat, "Le Nombre des Hommes: Etat et Prospective," in Albert Jacquard, ed., *Les Scientifiques Parlent* (Paris: Hachette, 1987), pp. 154, 156.
35. Jack A. Goldstone, *Revolution and Rebellion in the Early Modern World* (Berkeley: University of California Press, 1991), 도처에서 인용, 특히 24-39.
36. Herbert Moeller, "Youth as a Force in the Modern World," *Comparative Studies in Society and History*, 10 (April 1968), 237-260; Lewis S. Feuer, "Generations and the Theory of Revolution," *Survey*, 18 (Summer 1972), pp. 161-188.
37. Peter W. Wilson and Douglas F. Graham, *Saudi Arabia: The Coming Storm* (Armonk, NY: M. E. Sharpe, 1994), pp. 28-29.
38. Philippe Fargues, "Demographic Explosion or Social Upheaval," in Ghassen Salame, ed., *Democracy Without Democrats? The Renewal of Politics in the Muslim World* (London: I. B. Tauris, 1994), pp. 158-162,

175-177.

39. *Economist*, 29 August 1981, p. 40; Denis Dragounski, "Threshold of Violence," *Freedom Review*, 26 (March/April 1995), 11.

## Chapter 6 — 세계정치의 문화적 재편

1. Andreas Papandreou, "Europe Turns Left," *New Perspectives Quarterly*, 11 (Winter 1994), 53; Janice A. Broun, "Islam in the Balkans," *Freedom Review*, 22 (Nov./Dec. 1991), 31에 인용된 Vuk Draskovic의 발언; F. Stephen Larrabee, "Instability and Change in the Balkans," *Survival*, 34 (Summer 1992), 43; Misha Glenny, "Heading Off War in the Southern Balkans," *Foreign Affairs*, 74 (May/June 1995), 102-103.

2. Ali Al-Amin Mazrui, *Cultural Forces in World Politics* (London: James Currey, 1990), p. 13.

3. *Economist*, 16 November 1991, p. 45, 6 May 1995, p. 36.

4. Ronald B. Palmer and Thomas J. Reckford, *Building ASEAN: 20 Years of Southeast Asian Cooperation* (New York: Praeger, 1987), p. 109; *Economist*, 23 July 1994, pp. 31-32.

5. Barry Buzan and Gerald Segal, "Rethinking East Asian Security," *Survival*, 36 (Summer 1994), 16.

6. *Far Eastern Economic Review*, 11 August 1994, p. 34.

7. An interview between Datsuk Seri Mahathir bin Mohamad of Malaysia and Kenichi Ohmae, pp. 3, 7; Rafidah Azia, *New York Times*, 12 February 1991, p. D6.

8. *Japan Times*, 7 November 1994, p. 19; *Economist*, 19 November 1994, p. 37.

9. Murray Weidenbaum, "Greater China: A New Economic Colossus?" *Washington Quarterly*, 16 (Autumn 1993), 78-80.

10. *Wall Street Journal*, 30 September 1994, p. A8; *New York Times*, 17 February 1995, p. A6.

11. *Economist*, 8 October 1994, p. 44; Andres Serbin, "Towards and Association of Caribbean States: Raising Some Awkward Questions," *Journal of Interamerican Studies*, 36 (Winter 1994), 61-90.

12. *Far Eastern Economic Review*, 5 July 1990, pp. 24-25, 5 September 1991, pp. 26-27; *New York Times*, 16 February 1992, p. 16; *Economist*, 15 January 1994, p. 38; Robert D. Hormats, "Making Regionalism Safe," *Foreign Affairs*, 73 (March/April 1994), 102-103; *Economist*, 10 June 1994, pp. 47-48; *Boston Globe*, 5 February 1994, p. 7. 메르코수르에 관해서는 Luigi Manzetti, "The Political Economy of MERCOSUR," *Journal of Interamerican Studies*, 35 (Winter 1993/94), 101-141, and Felix Pena, "New Approaches to Economic Integration in the Southern Cone," *Washington Quarterly*, 18 (Summer 1995), 113-122.
13. *New York Times*, 8 April 1994, p. A3, 13 June 1994, pp. D1, D5, 4 January 1995, p. A8; Mahathir Interview with Ohmae, pp. 2, 5; "Asian Trade New Directions," *AMEX Bank Review*, 20 (22 March 1993), 1-7.
14. Brian Pollins, "Does Trade Still Follow the Flag?" *American Political Science Review*, 83 (June 1989), 465-480; Joanne Gowa and Edward D. Mansfield, "Power Politics and International Trade," *American Political Science Review*, 87 (June 1993), 408-421; and David M. Rowe, "Trade and Security in International Relations," (unpublished paper, Ohio State University, 15 September 1994) 여러 곳을 보라.
15. Sidney W. Mintz, "Can Haiti Change?" *Foreign Affairs*, 75 (Jan./Feb. 1995), 73; Ernesto Perez Balladares and Joycelyn McCalla의 발언이 "Haiti's Traditions of Isolation Makes U.S. Task Harder," *Washington Post*, 25 July 1995, p. A1에 인용.
16. *Economist*, 23 October 1993, p. 53.
17. *Boston Globe*, 21 March 1993, pp. 1, 16, 17; *Economist*, 19 November 1994, p. 23, 11 June 1994, p. 90. 이런 측면에서 터키와 멕시코의 유사성은 Barry Buzan, "New Patterns of Global Security in the Twenty-first Century," *International Affairs*, 67 (July 1991), 449, and Jagdish Bhagwati, *The World Trading System at Risk* (Princeton: Princeton University Press, 1991), p. 72.
18. Marquis de Custine, *Empire of the Czar: A Journey Through Eternal Russia* (New York: Doubleday, 1989; Originally published in Paris in 1844) 여러 곳을 보라.
19. P. Ya. Chaadayev, *Articles and Letters [Statyi i pisma]* (Moscow: 1989), p.

178 and N. Ya. Danilevskiy, *Russia and Europe [Rossiya i Yevropa]* (Moscow: 1991), pp. 267-268의 발언이 Sergei Vladislavovich Chugrov, "Russia Between East and West," in Steve Hirsch, ed., *MEMO 3: In Search of Answers in the Post-soviet Era* (Washington, D. C.: Bureau of National Affairs, 1992), p. 138에 인용.

20. Leon Aron, "The Battle for the Soul of Russian Foreign Policy," *The American Enterprise*, 3 (Nov./Dec. 1992), 10ff; Alexei G. Arbatov, "Russia's Foreign Policy Alternatives," *International Security*, 18 (Fall 1993), 5ff.
21. Sergei Stankevich, "Russia in Search of Itself," *National Interest*, 28 (Summer 1992), 48-49.
22. Albert Motivans, "'Openness to the West' in European Russia," *RFE/RL Research Report*, 1 (27 November 1992), 60-62. 학자마다 범주 설정의 기준이 조금씩 달라 결과에서도 경미한 차이가 있다. 이 책에서 인용한 자료는 Sergei Chugrov, "Political Tendencies in Russia's Regions: Evidence from the 1993 Parliamentary Elections" (Unpublished paper, Harvard University, 1994).
23. Chugrov, "Russia Between," p. 140.
24. Samuel p. Huntington, *Political Order in Changing Societies* (New Haven: Yale University Press, 1968), pp. 350-351.
25. Duygo Bazoglu Sezer, "Turkey's Grand Strategy Facing a Dilemma," *International Spectator*, 27 (Jan./Mar. 1992), 24.
26. Clyde Haberman, "On Iraq's Other Front," *New York Times Magazine*, 18 November 1990, p. 42; Bruce R. Kuniholm, "Turkey and the West," *Foreign Affairs*, 70 (Spring 1991), 35-36.
27. Jan Lesser, "Turkey and the West after the Gulf War," *International Spectator*, 27 (Jan./Mar. 1992), 33.
28. *Financial Times*, 9 March 1992, p. 2; New York Times, 5 April 1992, p. E3; Tansu Ciller, "The Role of Turkey in 'the New World,'" *Strategic Review*, 22 (Winter 1994), p. 9; Haberman, "Iraq's Other Front," p. 44; John Murray Brown, "Tansu Ciller and the Question of Turkish Identity," *World Policy Journal*, 11 (Fall 1994), 58.
29. Sezer, "Turkey's Grand Strategy," p. 27; *Washington Post*, 22 March 1992;

*New York Times*, 19 June 1994, p. 4.

30. *New York Times*, 4 August 1993, p. A3; 19 June 1994, p. 4; Philip Robins, "Between Sentiment and Self-Interest: Turkey's Policy toward Azerbaijan and the Central Asian States," *Middle East Journal*, 47 (Autumn 1993), 593-610; *Economist*, 17 June 1995, pp. 38-39.
31. Bahri Yilmaz, "Turkey's New Role in International Politics," *Aussenpolitik*, 45 (January 1994), 94.
32. Erich Rouleau, "The Challenges to Turkey," *Foreign Affairs*, 72 (Nov./Dec. 1993), 119.
33. Rouleau, "Challenges," pp. 120-121; *New York Times*, 26 March 1989, p. 14.
34. Ibid.
35. Brown, "Question of Turkish Identity," p. 58.
36. Sezer, "Turkey's Grand Strategy," pp. 29-30.
37. Ciller, "Turkey in 'the New World,'" p. 9; Brown, "Question of Turkish Identity," p. 56; Tansu Ciller, "Turkey and NATO: Stability in the Vortex of Change," *NATO Review*, 42 (April 1994), 6; Suleyman Demirel, *BBC Summary of World Broadcasts*, 2 February 1994. 가교 비유가 등장하는 그 밖의 글로는 Bruce R. Kuniholm, "Turkey and the West," *Foreign Affairs*, 70 (Spring 1991), 39; Lesser, "Turkey and the West," p. 33.
38. Octabio Paz, "The Border of Time," interview with Nathan Gardels, *New Perspectives Quarterly*, 8 (Winter 1991), 36.
39. 이러한 최근의 우려가 표명된 글로는 Daniel Patrick Moynihan, "Free Trade with an Unfree Society; A Commitment and its Consequences," *National Interest*, (Summer 1995), 28-33.
40. *Financial Times*, 11-12 September 1993, p. 4; *New York Times*, 16 August 1992, p. 3.
41. *Economist*, 23 July 1994, p. 35; Irene Moss, Human Rights Commissioner (Australia), *New York Times*, 16 August 1992, p. 3; *Economist*, 23 July 1994, p. 35; Boston Globe, 7 July 1993, p. 2; *Cable News Network, News* Report, 16 December 1993; Richard Higgott, "Closing a Branch Office of Empire: Australian Foreign Policy and the Uk at Century's End," *International Affairs*, 70 (January 1994), 58.
42. Jat Sujamiko, *The Australian*, 5 May 1993, p. 18의 발언이 Higgott, "Closing

a Branch," p. 62에 인용; Higgott, "Closing a Branch," p. 63; *Economist*, 12 December 1993, p. 34.

43. Transcript, Interview with Kenichi Ohmae, 24 October 1994, pp. 5-6. 또한 *Japan Times*, 7 November 1994, p. 19를 보라.
44. Former Ambassador Richard Woolcott (Australia), *New York Times*, 16 August 1992, p. 3.
45. Paul Kelly, "Reinventing Australia," *National Interest*, 30 (Winter 1992), 66; *Economist*, 11 December 1993, p. 34; Higgott, "Closing a Branch," p. 58.
46. Lee Kuan Yew의 발언은 Higgott, "Closing a Branch," p. 49에 인용.

## Chapter 7 — 핵심국, 동심원, 문명의 질서

1. *Economist*, 14 January 1995, p. 45; 26 November 1994, p. 56에 실린 *Le Monde*, 18 November 1994의 Juppé 기사 요약; *New York Times*, 4 September 1994, p. 11.
2. Michael Howard, "Lessons of the Cold War," *Survival*, 36 (Winter 1994), 102-103; Pierre Behar, "Central Europe: The New Lines of Fracture," *Geoplitique*, 39 (Engilsh ed., August 1992), 42; Max Jakobon, "Collective Security in Europe Today," *Washington Quarterly*, 18 (Spring 1995), 69; Max Beloff, "Fault Lines and Steeples: The Divided Loyalties of Europe," *National Interest*, 23 (Spring 1991), 78.
3. Andreas Oplatka, "Vienna and the Mirror of History," *Geopolitique*, 35 (English ed., Autumn 1991), 25; Vytautas Landsbergis, "The Choice," *Geopolitique*, 35 (English ed., Autumn 1991), 3; *New York times*, 23 April 1995, p. 5E.
4. Carl Bildt, "The Baltic Litmus Test," *Foreign Affairs*, 73 (Sept./Oct. 1994), 84.
5. *New York Times*, 15 June 1995, p. A10.
6. *RFE/RL Research Bulletin*, 10 (16 March 1993), 1, 6.
7. William D. Jackson, "Imperial Temptations: Ethnics Abroad," *Orbis*, 38 (Winter 1994). 5.
8. Ian Brzezinski, *New York Times*, 13 July 1994, p. A8.
9. John F. Mearsheimer, "The Case for a Ukrainian Nuclear Deterrent:

Debate," *Foreign Affairs*, 72 (Summer 1993), 50-66.
10. *New York Times*, 31 January 1994, p. A8.
11. Ola Tunander, "New European Dividing Lines?" in Valter Angell, ed., *Norway Facing a Changing Europe: Perspectives and Options* (Oslo: Norwegian Foreign Policy Studies No. 79, Fridtjof Nansen Institute et al., 1992), p. 55에 인용.
12. John Morrison, "Pereyaslav and After: The Russian-Ukrainian Relationship," *International Affairs*, 69 (October 1993), 677.
13. John King Fairbank, ed., *The Chinese World Order: Traditional China's Foreign Relations* (Cambridge: Harvard University Press, 1968), pp. 2-3.
14. Perry Link, "The Old Man's New China," *New York Review of Books*, 9 June 1994, p. 32.
15. Perry Link, "China's 'Core' Problem," *Daedalus*, 122 (Spring 1993), 205; Weiming Tu, "Cultural China: The Periphery as the Center," *Daedalus*, 120 (Spring 1991), 22; *Economist*, 8 July 1995, pp. 31-32.
16. *Economist*, 27 November 1993, p. 33; 17 July 1993, p. 61.
17. *Economist*, 27 November 1993, p. 33; Yoichi Funabashi, "The Asianization of Asia," *Foreign Affairs*, 72 (Nov./Dec. 1993), 80. 전반적 내용은 Murray Weidenbaum and Samuel Hughes, *The Bamboo Network* (New York: Free Press, 1996).
18. Christopher Gray의 발언이 *Washinton Post*, I December 1992, p. A30에 인용; Lee Kuan Yew의 발언이 Maggie Farley, "The Bamboo Network," *Boston Globe Magazine*, 17 April 1994, p. 38에 인용; *International Herald Tribune*, 23 November 1993.
19. *International Herald Tribune*, 23 November 1993; George Hicks and J.A.C. Mackie, "A Question of Identity: Despite Media Hype, They Are Firmly Settled in Southeast Asia," *Far Eastern Economic Review*, 14 July 1994, p. 47.
20. *Economist*, 16 April 1994, p. 71; Nicholas D. Kristof, "The Rise of China," *Foreign Affairs*, 72 (Nov./Dec. 1993), 48; Gerrit W. Gong, "China's Fourth Revolution," *Washington Quarterly*, 17 (Winter 1994), 37; *Wall Street Journal*, 17 May 1993, p. A7A; Murray L. Weidenbaum, *Greater China: The Next Economic Super-power?* (St. Louis: Washington University Center

for the Study of American Business, Contemporary Issues Series 57, February 1993), pp. 2-3.

21. Steven Mufson, *Washington Post*, 14 August 1994, p. A30; *Newsweek*, 19 July 1993, p. 24; *Economist*, 7 May 1993, p. 35.

22. Walter C. Clemens, Jr. and Jun Zhan, "Chiang Ching-Kuo's Role in the ROC-PRC Reconciliation," *American Asian Review*, 12 (Spring 1994), 151-154.

23. Koo Chen Foo의 발언이 *Economist*, 1 May 1993, p. 31에 인용; Link, "Old Man's New China," p. 32. "Cross-Strait Relations: Historical Lessons," *Free China Review*, 44 (October 1994), 42-52를 보라. Gong, "China's Fourth Revolution," p. 39; *Economist*, 2 July 1994, p. 18; Gerald Segal, "China's Changing Shape: The Muddle Kingdom?" *Foreign Affairs*, 73 (May/June 1994), 49; Ross H. Munro, "Giving Taipei a Place at the Table," *Foreign Affairs*, 73 (Nov./Dec. 1994), 115; *Wall Street Journal*, 17 May 1993, p. A7A; *Free China Journal*, 29 July 1994, p. 1.

24. *Economist*, 10 July 1993, pp. 28-29; 2 April 1994, pp. 34-35; *International Herald Tribune*, 23 November 1993; *Wall Street Journal*, 17 May 1993, p. A7A.

25. Ira M. Lapidus, *History of Islamic Societies* (Cambridge, UK: Cambridge University Press, 1988), p. 3.

26. Mohamed Zahi Mogherbi, "Tribalism, Religion and the Challenge of Political Participation: The Case of Libya," (아랍 세계가 직면한 민주화의 도전에 관한 심포지엄에 제출된 논문, Center for Political and International Development Studies, Cairo, 22-27 September 1992, pp. 1, 9; *Economist*, (Survey of the Arab East), 6 February 1988, p. 7; Adlan A. El-Hardallo, "Sufism and Tribalism: The Case of Sudan,"(아랍 세계가 직면한 민주화의 도전에 관한 심포지엄에 제출된 논문, Center for Political and International Development Studies, Cairo, 22-27 September 1992), p. 2; *Economist*, 30 October 1987, p. 45; John Duke Anthony, "Saudi Arabia: From Tribal Society to Nation-State," in Ragaei El Mellakh and Dorothea H. El Mellakh, eds., *Saudi Arabia, Energy, Developmental Planning, and Industrialization* (Lexington, MA: Lexington, 1982), pp. 93-94.

27. Yalman Onaran, "Economics and Nationalism: The Case of Muslim Central Asia," *Central Asian Survey*, 13 (No. 4, 1994), 493; Denis Dragounski,

"Threshold of Violence," *Freedom Review*, 26 (Mar./April 1995), 12.
28. Barbara Daly Metcalf, "The Comparative Study of Muslim Societies," *Items*, 40 (March 1986), 3.
29. Metcalf, "Muslim Societies," p. 3.
30. *Boston Globe*, 2 April 1995, p. 2. 범아랍이슬람회담 전반에 대해서는 "The Popular Arab and Islamic Conference(PAIC): A New 'Islamist International'?" *TransState Islam*, 1 (Spring 1995), 12-16.
31. Bernard Schechterman and Bradford R. McGuinn, "Linkages Between Sunni and Shi'i Radical Fundamentalist Organizations: A New Variable in Middle Eastern Politics?" *The Political Chronicle*, 1 (February 1989), 22-34; *New York Times*, 6 December 1994, p. 5.

## Chapter 8 — 서구와 비서구: 문명 간의 문제

1. Georgi Arbatov, "Neo-Bolsheviks of the I.M.F.," *New York Times*, 7 May 1992, p. A27.
2. 미국 한 고위 분석가가 요약한 북한의 견해는, *Washington Post*, 12 June 1994, p. C1; 인도 장성의 발언은 Les Aspin, "From Deterrence to Denuking: Dealing with Proliferation in the 1990's," Memorandum, 18 February 1992, p. 6에 인용.
3. Lawrence Freedman, "Great Powers, Vital Interests and Nuclear Weapons," *Survival*, 36 (Winter 1994), 37; Les Aspin, Remarks, National Academy of Sciences, Committee on International Security and Arms Control, 7 December 1993, p. 3.
4. Stanley Norris의 발언은, *Boston Globe*, 25 November 1995, pp. 1, 7에 인용; Alastair Iain Johnston, "China's New 'Old Thinking': The Concept of Limited Deterrence," *International Security*, 20 (Winter 1995-96), 21-23.
5. Philip L. Ritcheson, "Iranian Military Resurgence: Scope, Motivations, and Implications for Regional Security," *Armed Forces and Society*, 21 (Summer 1995), 575-576; Warren Christopher Address, Kennedy School of Government, 20 January 1995; Time, 16 December 1991, p. 47; Ali Al-Amin Mazrui, *Cultural Forces in World Politics* (London: J. Currey,

1990), pp. 220, 224.

6. *New York Times*, 15 November 1991, p. Al; *New York Times*, 21 February 1992, p. A9; 12 December 1993, p. 1; Jane Teufel Dreyer, "U.S./China Military Relations: Sanctions or Rapprochement?" *In Depth*, 1 (Spring 1991), 17-18; *Time*, 16 December 1991, p. 48; *Boston Globe*, 5 February 1994, p. 2; Monte R. Bullard, "U.S.-China Relations: The Strategic Calculus," *Parameters*, 23 (Summer 1993), 88.
7. Karl W. Eikenberry, *Explaining and Influencing Chinese Arms Transfers* (Washington, D.C.: National Defense University, Institute for National Strategic Studies, McNair Paper No. 36, February 1995), p. 37에 인용; Pakistani government statement, *Boston Globe*, 5 December 1993, p. 19; R. Bates Gill, "Curbing Beijing's Arms Sales," *Orbis*, 36 (Summer 1992), p. 386; Chong-pin Lin, "Red Army," *New Republic*, 20 November 1995, p. 28; *New York Times*, 8 May 1992, p. 31.
8. Richard A. Bitzinger, "Arms to Go: Chinese Arms Sales to the Third World," *International Security*, 17 (Fall 1992), p. 87; Philip Ritcheson, "Iranian Military Resurgence," pp. 576, 578; *Washington Post*, 31 October 1991, pp. A1, A24; *Time*, 17 December 1991, p. 47; *New York Times*, 18 April 1995, p. A8; 28 September 1995, p. 1; 30 September 1995, p. 4; Monte Bullard, "U.S.-China Relations," p. 88, *New York Times*, 22 June 1995, p. 1; Gill, "Curbing Beijing's Arms," p. 388; *New York Times*, 8 April 1993, p. A9; 20 June 1993, p. 6.
9. John E. Reilly, "The Public Mood at Mid-Decade," *Foreign Policy*, 98 (Spring 1995), p. 83; *Executive Order* 12930, 29 September 1994; *Executive Order* 12938, 14 November 1994. 이것들은 1990년 11월 16일 조지 부시 대통령이 화학무기 및 생물무기와 관련하여 국가 비상사태를 선포하면서 제시한 대통령 명령 12735의 연장선상에 있다.
10. James Fallows, "The Panic Gap: Reactions to North Korea's Bomb," *National Interest*, 38 (Winter 1994), 40-45; David Sanger, *New York Times*, 12 June 1994, pp. 1, 16.
11. *New York Times*, 26 December 1993, p. 1.
12. *Washington Post*, 12 May 1995, p. 1.
13. Bilahari Kausikan, "Asia's Different Standard," *Foreign Policy*, 92 (Fall

1993), 28-29.

14. *Economist*, 30 July 1994, p. 31; 5 March 1994, p. 35; 27 August 1994, p. 51; Yash Ghai, "Human Rights and Governance: The Asian Debate," (Asia Foundation Center for Asian Pacific Affairs, Occsional Paper No. 4, November 1994), p. 14.
15. Richard M. Nixon, *Beyond Peace* (New York: Random House, 1994), pp. 127-128.
16. *Economist*, 4 February 1995, p. 30.
17. Charles J. Brown, "In the Trenches: The Battle Over Rights," *Freedom Review*, 24 (Sept./Oct. 1993), 9; Douglas W. Payne, "Showdown in Vienna," ibid., pp. 6-7.
18. Charles Norchi, "The Ayatollah and the Author: Rethinking Human Rights," *Yale Journal of World Affairs*, 1 (summer 1989), 16; Kausikan, "Asia's Different Standard," p. 32.
19. Richard Cohen, *The Earth Times*, 2 August 1993, p. 14.
20. *New York Times*, 19 September 1993, p. 4E; 24 September 1993, pp. 1, B9, B16; 9 September 1994, p. A26; *Economist*, 21 September 1993, p. 75; 18 September 1993, pp. 37-38; *Financial Times*, 25-26 September 1993, p. 11; *Straits Times*, 14 October 1993, p. 1.
21. 수치와 인용은 Myron Weiner, *Global Migration Crisis* (New York: Harper-Collins, 1995), pp. 21-28.
22. Weiner, *Global Migration Crisis*, p. 2.
23. Stanley Hoffmann, "The Case for Leadership" *Foreign Policy*, 81 (Winter 1990-91), 30.
24. B.A. Roberson, "Islam and Europe: An Enigma or a Myth?" *Middle East Journal*, 48 (Spring 1994), p. 302; *New York Times*, 5 December 1993, p. 1; 5 May 1995, p. 1; Joel Klotkin and Andries van Agt, "Bedouins: Tribes That Have Made it," *New Perspectives Quarterly*, 8 (Fall 1991), p. 51; Judith Miller, "Strangers at the Gate," *New York Times Magazine*, 15 September 1991, p. 49.
25. *International Herald Tribune*, 29 May 1990, p. 5; *New York Times*, 15 September 1994, p. A21. 프랑스 국민 여론 조사는 프랑스 정부가 주관하였으며, 독일 국민 여론 조사는 미국 유대인 위원회가 주관하였다.

26. Hans-George Betz, "The New Politics of Resentment: Radical Right-Wing Populist Parties in Western Europe," *Comparative Politics*, 25 (July 1993), 413-427.
27. *International Herald Tribune*, 28 June 1993, p. 3; *Wall Street Journal*, 23 May 1994, p. B1; Lawrence H. Fuchs, "The Immigration Debate: Little Room for Big Reforms," *American Experiment*, 2 (Winter 1994), 6.
28. James C. Clad, "Slowing the Wave," *Foreign Policy*, 95 (Summer 1994), 143; Rita J. Simon and Susan H. Alexander, *The Ambivalent Welcome: Print Media, Public Opinion and Immigration* (Westport, CT: Praeger, 1993), p. 46.
29. *New York Times*, 11 June 1995, p. E14.
30. Jean Raspail, *The Camp of the Saints* (New York: Scribner, 1975) and Jean-Claude Chesnais, *Le Crepuscule de l'Occident: Demographie et Politique* (Paris: Robert Laffont, 1995); Pierre Lellouche의 발언은 Miller, "Strangers at the Gate," p. 80에 인용.
31. Philippe Fargues, "Demographic Explosion or Social Upheaval?" in Ghassan Salame, ed., *Democracy Without Democrats? The Renewal of Politics in the Muslim World* (London: I.B. Taurus, 1994), pp. 157ff.

## Chapter 9 — 문명 중심의 세계정치 구도

1. Adda B. Bozeman, *Strategic Intelligence and Statecraft: Selected Essays* (Washington: Brassey's (US), 1992), p. 50; Barry Buzan, "New Patterns of Global Security in the Twenty-first Century," *International Affairs*, 67 (July 1991), 448-449.
2. John L. Esposito, *The Islamic Threat: Myth or Reality* (New York: Oxford University Press, 1993), p. 13.
3. Bernard Lewis, *Islam and the West* (New York: Oxford University Press, 1993), p. 13.
4. Esposito, *Islamic Threat*, p. 44.
5. Daniel Pipes, *In the Path of God: Islam and Political Power* (New York: Basic Books, 1983), 102-103, 169-173; Lewis F. Richardson, *Statistics of*

*Deadly Quarrels* (Pittsburgh: Boxwood Press, 1960), pp. 235-237.

6. Ira M. Lapidus, *A History of Islamic Societies* (Cambridge: Cambridge University Press, 1988), pp. 41-42; Princess Anna Comnena의 발언은 Karen Armstrong, *Holy War: The Crusades and Their Impact on Today's World* (New York: Doubleday-Anchor, 1991), pp. 3-4와 Arnold J. Toynbee, *Study of History* (London: Oxford University Press, 1954), VIII, p. 390에 인용.
7. Barry Buzan, "New Patterns," pp. 448-449; Bernard Lewis, "The Roots of Muslim Rage: Why So Many Muslims Deeply Resent the West and Why Their Bitterness Will Not Be Easily Mollified," *Atlantic Monthly*, 266 (September 1990), 60.
8. Mohamed Sid-Ahmed, "Cybernetic Colonialism and the Moral Search," *New Perspectives Quarterly*, 11 (Spring 1994), 19; M. J. Akbar의 발언은 *Time*, 15 June 1992, p. 24에 인용; Abdelwahab Belwahl의 발언은 같은 책, p. 26.
9. William H. McNeill, "Epilogue: Fundamentalism and the World of the 1990's," in Martin E. Marty and R. Scott Appleby, eds., *Fundamentalisms and Society: Reclaiming the Sciences, the Family, and Education* (Chicago: University of Chicago Press), p. 569.
10. Fatima Mernissi, *Islam and Democracy: Fear of the Modern World* (Reading, Ma: Addison-Wesley, 1992).
11. 이러한 보고들은 *Economist*, 1 August 1992, pp. 34-35.
12. John E. Reilly, ed., *American Public Opinion and U.S. Foreign Policy 1995* (Chicago: Chicago Council on Foreign Relations, 1995), p. 21; *Le Monde*, 20 September 1991, p. 12 기사는 Margaret Blunden, "Insecurity on Europe's Southern Flank," *Survival*, 36 (Summer 1994), 138에 인용; Richard Morin, *Washington Post* (National Weekly Ed.), 8-14 November 1993, p. 37; Foreign Policy Association, National Opinion Ballot Report, November 1994, p. 5.
13. *Boston Globe*, 3 June 1994, p. 18; John L. Esposito, "Symposium: Resurgent Islam in the Middle East," *Middle East Policy* 3 (No. 2, 1994), 9; *International Herald Tribune*, 10 May 1994, pp. 1, 4; *Christian Science Monitor*, 24 February 1995, p. 1.
14. Robert Ellsworth, *Wall Street Journal*, 1 March 1995, p. 15; William T.

Johnsen, *NATO's New Front Line: The Growing Importance of the Southern Tier* (Carlisle Barracks, PA: Strategic Studies Institute, U.S. Army War College, 1992), p. vii; Robbin Laird, *French Security Policy in Transition: Dynamics of Continuity and Change* (Washington, D.C.: Institute for National Strategic Studies, McNair paper 38, March 1995), pp. 50-52.

15. Ayatollah Ruhollah Khomeini, *Islam and Revolution* (Berkeley, CA: Mizan Press, 1981), p. 305.
16. *Economist*, 23 November 1991, p. 15.
17. Barry Buzan and Gerald Segal, "Rethinking East Asian Security," *Survival*, 36 (Summer 1994), 15.
18. *Can China's Armed Forces Win the War?*는 Ross H. Munro, "Eavesdropping on the Chinese Military: Where It Expects War–Where It Doesn't." *Orbis*, 38 (Summer 1994), 365에 번역된 내용에서 발췌. 이 문서의 작성자들은 대만에 대한 군사적 공격이 참으로 현명하지 못한 결정이라는 주장까지 펴고 있다.
19. Buzan and Segal, "Rethinking East Asian Security," p. 7; Richard K. Betts, "Wealth Power and Instability: East Asia and the United States After the Cold War," International Security, 18 (Winter 1993/94), 34-77; Aaron L. Friedberg, "Ripe for Rivalry: Prospects for peace in Multipolar Asia," *International Security*, 18 (Winter 1993/94), 5-33.
20. *Can China's Armed Forces Win the Next War?*는 Munro, "Eavesdropping on the Chinese," pp. 355ff에 발췌 번역; *New York Times*, 16 November 1993, p. A6; Friedberg, "Ripe for Rivalry," p. 7.
21. Desmond Ball, "Arms and Affluence: Military Acquisitions in the Asia-pacific Region," *International Security*, 18 (Winter 1993/94), 95-111; Michael T. Klare, "The Next Great Arms Race," *Foreign Affairs*, 72 (Summer 1993), 137ff; Buzan and Segal, "Rethinking East Asian Security," pp. 8-11; Gerald Segal, "Managing New Arms Races in the Asia/Pacific," *Washington Quarterly*, 15 (Summer 1992), 83-102; *Economist*, 20 February 1993, pp. 19-22.
22. *Economist*, 26 June 1993, p. 75; 24 July 1995, p. 25; *Time*, 3 July 1995, pp. 30-31; 중국에 관해서는, Jacob Heilbrunn, "The Next Cold War," *New Republic*, 20 November 1995, pp. 27ff.

23. 무역전쟁의 다양한 양상과 무역전쟁이 군사적 충돌로 비화할 가능성에 대해서는 David Rowe, *Trade Wars and International Security: The Political Economy of International Economic Conflict* (안보 환경의 변화와 미국의 국가 이익에 관한 연구 프로젝트 중 6번 논문, John M. Olin Institute for Strategic Studies, Harvard University, July 1994), pp. 7ff.
24. *New York Times*, 6 July 1993, p. A1, A6; *Time*, 10 February 1992, pp. 16ff.; *Economist*, 17 February 1990, pp. 21-24; *Boston Globe*, 25 November 1991, pp. 1, 8; Dan Oberdorfer, *Washington Post*, 1 March 1992, p. A1.
25. *New York Times*, 21 April 1992, p. A10에 인용; *New York Times*, 22 September 1991, p. E2; 21 April 1992, p. A1; 19 September 1991, p. A7; 1 August 1995, p. A2; *International Herald Tribune*, 24 August 1995, p. 4; *China Post (Taipei)*, 26 August 1995, p. 2; *New York Times*, 1 August 1995, p. A2의 David Shambaugh가 베이징에서 한 인터뷰 중에서 인용.
26. Donald Zagoria, American Foreign Policy Newsletter, October 1993, p. 3; *Can China's Armed Forces Win the Next War?*, in Munro, "Eavesdropping on the Chinese Military," pp. 355ff.
27. Roger C. Altman, "Why Pressure Tokyo? The US-Japan Rift," *Foreign Affairs*, 73 (May-June 1994), p. 3; Jeffrey Garten, "The Clinton Asia Policy," *International Economy*, 8 (March-April 1994), 18.
28. Edward J. Lincoln, *Japan's Unequal Trade*, (Washington, D.C.: Brookings Institution, 1990), pp. 2-3. 또한 C. Fred Bergsten and Marcus Noland, *Reconcilable Differences? United States-Japan Economic Conflict* (Washington: Institute for International Economics, 1993)를 보라, Eisuke Sakakibara, "Less Like you," *International Economy*, (April-May 1990), 36은 미국의 자본주의적 시장 경제와 일본의 자본주의적 시장 경제를 대비시킨다; Marie Anchordoguy, "Japanese-American Trade Conflict and Supercomputers," *Political Science Quarterly*, 109 (Spring 1994), 36에서 인용된 Rudiger Dornbush, Paul Krugman, Edward J. Lincoln, and Mordechai E. Kreinin의 발언; Eamonn Fingleton, "Japan's Invisible Leviathan," *Foreign Affairs*, 74 (Mar./April 1995), p. 70.
29. 문화, 가치관, 사회 관계, 태도의 차이를 잘 요약한 글로는 Seymour Martin Lipset, *American Exceptionalism: A Double-Edged Sword* (New York: W. W. Norton, 1996), chapter 7, "American Exceptionalism–Japanese

Uniqueness."

30. *Washington Post*, 5 May 1994, p. A38; *Daily Telegraph*, 6 May 1994, p. 16; *Boston Globe*, 6 May 1994, p. 11; *New York Times*, 13 February 1994, p. 10; Karl D. Jackson, "How to Rebuild America's Stature in Asia," *Orbis*, 39 (Winter 1995), 14; Yohei Kono의 발언은 Chalmers Johnson and E. B. Keehn, "The Pentagon's Ossified Strategy," *Foreign Affairs*, 74 (July-August 1995), 106에 인용.
31. *New York Times*, 2 May 1994, p. A10.
32. Barry Buzan and Gerald Segal, "Asia: Skepticism About Optimism," *National Interest*, 39 (Spring 1995), 83-84; Arthur Waldron, "Deterring China," *Commentary*, 100 (October 1995), 18; Nicholas D. Kristof, "The Rise of China," *Foreign Affairs*, 72 (Nov./Dec. 1993), 74.
33. Stephen p. Walt, "Alliance Formation in Southwest Asia: Balancing and Bandwagoning in Cold War Competition," in Robert Jervis and Jack Snyder, eds., *Dominoes and Bandwagons: Strategic Beliefs and Great Power Competition in the Eurasian Rimland* (New York: Oxford University Press, 1991), pp. 53, 69.
34. Randall L. Schweller, "Bandwagoning for Profit: Bringing the Revisionist State Back In," *International Security*, 19 (Summer 1994), 72ff.
35. Lucian W. Pye, *Dynamics of Factions and Consensus in Chinese Politics: A Model and Some Propositions* (Santa Monica, CA: Rand, 1980), p. 120; Arthur Waldron, *From War to Nationalism: China's Turning Point, 1924-1925* (Cambridge: Cambridge University Press, 1995), pp. 48-49, 212; Avery Goldstein, *From Bandwagon to Balance-of-Power Politics: Stuructured Constraints in Politics in China, 1949-1978* (Stanford, CA: Stanford University Press: 1991), pp. 5-6, 35ff. 또한 Lucian W. Pye, "Social Science Theories in Search of Chinese Realities," *China Quarterly*, 132 (December 1992), 1161-1171을 보라.
36. Samuel S. Kim and Lowell Dittmer, "Whither China's Quest for National Identity," in Lowell Dittmer and Samuel S. Kim, eds., *China's Quest for National Identity* (Ithaca, NY: Cornell University Press, 1991), p. 240; Paul Dibb, *Towards a New Blance of Power in Asia* (London: International Institute for Strategic Studies, Adelphi Paper 295, 1995), pp. 10-16;

Roderick MacFarquhar, "The Post-Con-fucian Challenge," *Economist*, 9 February 1980, pp. 67-72; Kishore Mahbubani, "The Pacific Impulse,'" *Survival*, 37 (Spring 1995), 117; James L. Richardson, "Asia-Pacific: The Case for Geopolitical Optimism," *National Interest*, 38 (Winter 1994-95), 32; Paul Dibb, "Towards a New Balance," p. 13. 세력균형과 안보 딜레마 등의 유럽 중심적인 개념을 아시아에 적용하는 데 따르는 난점을 심도 있게 논의한 글로는, Nicola Baker and Leonard C. Sebastian, "The problem with Parachuting: Strategic Studies and Security in the Asia/Pacific Region," *Journal of Strategic Studies*, 18 (September 1995), 15ff.

37. *Economist*, 23 December 1995; 5 January 1996, pp. 39-40.
38. Richard K. Betts, "Vietnam's Strategic Predicament," *Survival*, 37 (Autumn 1995), 61ff, 76.
39. *New York Times*, 12 November 1994, p. 6; 24 November 1994, p. A12; *International Herald Tribune*, 8 November 1994, p. 1; Michel Oksenberg, *Washington Post*, 3 September 1995, p. C1.
40. Jitsuo Tsuchiyama, "The End of the Alliance? Dilemmas in the U.S.-Japan Relations," (Unpublished paper, Harvard University, John M. Olin Institute for Strategic Studies, 1994), pp. 18-19.
41. Ivan p. Hall, "Japan's Asia Card," *National Interest*, 38 (Winter 1994-95), 26; Kishore Mahbubani, "The Pacific Impulse," p. 117.
42. Mike M. Mochizuki, "Japan and the Strategic Quadrangle," in Michael Mandelbaum, ed., *The Strategic Quadrangle: Russia, China, Japan, and the United States in East Asia* (New York: Council on Foreign Relations, 1995), pp. 130-139; *Christian Science Monitor*, 10 January 1995, p. 7에 실린 아사히 신문 여론 조사.
43. *Financial Times*, 10 September 1992, p. 7; Samina Yasmeen, "Pakistan's Cautious Foreign Policy," *Survival*, 36 (Summer 1994), p. 121, 127-128; Bruce Vaughn, "Shifting Geopolitical Realities Between South, Southwest and Central Asia," *Central Asian Survey*, 13 (No. 2, 1994), 313; Editorial, *Hamsbahri*, 30 August 1994, pp. 1, 4, in *FBIS-NES-94-173*, 2 September 1994, p. 77.
44. Graham E. Fuller, "The Appeal of Iran," *National Interest*, 37 (Fall 1994), p. 95; Mu'ammar al-Qadhdhafi, Sermon, Tripoli, Libya, 13 March 1994, in

*FBIS-NES-94-049*, 14 March 1994, p. 21.

45. Fereidun Fesharaki, East-West Center, Hawaii의 발언은 *New York Times*, 3 April 1994, p. E3에 인용.
46. Stephen J. Blank, *Challenging the New World Order: The Arms Transfer Policies of the Russian Republic* (Carlisle Barracks, PA: U.S. Army War College, Strategic Studies Institute, 1993), pp. 53-60.
47. *International Herald Tribune*, 25 August 1995, p. 5.
48. J. Mohan Malik, "India Copes with the Kremlin's Fall," *Orbis*, 37 (Winter 1993), 75.

## Chapter 10 — 과도기 전쟁에서 단층선 전쟁으로

1. Mahdi Elmandjra, *Der Spiegel*, 11 February 1991은 Elmandjra, "Cultural Diversity: Key to Survival in the Future," (제1차 멕시코 미래학 대회, Mexico City, 26-27 September 1994), pp. 3, 11에 인용.
2. David C. Rapoport, "Comparing Militant Fundamentalist Groups," in Martin E. Marty and R. Scott Appleby, eds., *Fundamentalisms and the State: Remaking Polities, Economies, and Militance* (Chicago: University of Chicago Press, 1993). p. 445.
3. Ted Galen Carpenter, "The Unintended Consequences of Afghanistan," *World Policy Journal*, 11 (Spring 1994), 78-79, 81, 82; Anthony Hyman, "Arab Involvement in the Afghan War," *Beirut Review*, 7 (Spring 1994), 78, 82; Mary Anne Weaver, "Letter From Pakistan: Children of the Jihad," *New Yorker*, 12 June 1995, pp. 44-45; *Washington Post*, 24 July 1995, p. A1; *New York Times*, 20 March 1995, p. 1; 28 March 1993, p. 14.
4. Tim Weiner, "Blowback from the Afghan Battlefield," *New York Times Magazine*, 13 March 1994, p.54.
5. Harrison J. Goldin, *New York Times*, 28 August 1992, p. A25.
6. James Piscatori, "Religion and Realpolitik: Islamic Responses to the Gulf War," in James Piscatori, ed., *Islamic Fundamentalisms and the Gulf Crisis* (Chicago: Fundamentalism Project, American Academy of Arts and Sciences, 1991), pp. 1, 6-7. 또한 Fatima Mernissi, *Islam and Democracy:*

*Fear of the Modern World* (Reading, MA: Addison-Wesley) pp. 16-17참조.

7. Rami G. Khouri, "Collage of Comment: The Gulf War and the Mideast Peace; The Appeal of Saddam Hussein," *New Perspectives Quarterly*, 8 (Spring 1991), 56.
8. Ann Mosely Lesch, "Contrasting Reactions to the Persian Gulf Crisis: Egypt, Syria, Jordan, and the Palestinians," *Middle East Journal*, 45 (Winter 1991), p. 43; *Time*, 3 December 1990, p. 70; Kanan Makiya, *Cruelty and Silence: War, Tyranny, Uprising and the Arab World* (New York: W. W. Norton, 1993), pp. 242ff.
9. Eric Evans, "Arab Nationalism and the Persian Gulf War", *Harvard Middle Eastern and Islamic Review*, 1 (Febuary 1994), p. 28; Sari Nusselbeh의 발언은 *Time*, 15 October 1990, pp. 54-55에 인용.
10. Karin Haggag, "One Year After the Storm," *Civil Society* (Cairo), 5 (May 1992), 12.
11. *Boston Globe*, 19 February 1991, p. 7; Safar al-Hawali의 발언은 Mamoun Fandy, *New York Times*, 24 November 1990, p. 21에 인용; King Hussein의 발언은 David S. Landes, "Islam Dunk: the Wars of Muslim Resentment," *New Republic*, 8 April 1991, pp. 15-16에 인용; Fatima Mernissi, *Islam and Democracy*, p. 102.
12. Safar Al-Hawali, "Infidels, Without, and Within," *New Perspectives Quarterly*, 8 (Spring 1991), 51.
13. *New York Times*, 1 February 1991, p. A7; *Economist*, 2 February 1991, p. 32.
14. *Washington Post*, 29 January 1991, p. A10; 24 February 1991, p. B1; *New York Times*, 20 October 1990, p. 4.
15. *Saturday Star* (Johannesburg), 19 January 1991, p. 3; *Economist*, 26 January 1991, pp. 31-33.
16. Sohail H. Hashmi, review of Mohammed Haikal, "Illusions of Triumph," *Harvard Middle Eastern and Islamic Review*, 1 (February 1994), 107; Mernissi, *Islam and Democracy*, p. 102.
17. Shibley Telhami, "Arab Public Opinion and the Gulf War," *Political Science Quarterly*, 108 (Fall 1993), 451.
18. *International Herald Tribune*, 28 June 1993, p. 10.

19. Roy Licklider, "The Consequences of Negotiated Settlements in Civil Wars, 1945-93," *American Political Science Review*, 89 (September 1995), 685. Licklider는 집단 전쟁을 정체성 전쟁으로 정의한다. Samuel P. Huntington, "Civil Violence and the Process of Development," *in Civil Violence and the International System* (London: International Institute for Strategic Studies, Adelphi Paper No. 83, December 1971), 12-14. Huntington은 집단 전쟁의 5가지 특성으로 분극화, 이념적 동요, 배타주의, 폭력의 만연, 장기 지속을 든다.
20. 이 추정치는 신문 보도와 다음의 글에서 나온 것이다. Ted Robert Gurr and Barbara Harff, *Ethnic Conflict in World Politics* (Boulder: Westview Press, 1994), pp. 160-165.
21. Richard H. Shultz, Jr. and William J. Olson, *Ethnic and Religious Conflict: Emerging threat to U.S. Security* (Washington, D.C.: National Strategy Information Center), pp. 17ff.; H. D. S. Greenway, *Boston Globe*, 3 December 1992, p. 19.
22. Roy Licklider, "Settlements in Civil Wars," p. 685; Gurr and Harff, *Ethnic Conflict*, p. 11; Trent N. Thomas, "Golbal Assessment of Current and Future Trends in Ethnic and Religious Conflict," in Robert L. Pfaltzgraff, Jr. and Richard H. Shultz, Jr., eds., *Ethnic Conflict and Regional Instability: Implications for U.S. Policy and Army Roles and Missions* (Carlisle Barracks, PA: Strategic Studies Institute, U.S. Army War College, 1994), p. 36.
23. Shultz and Olson, *Ethnic and Religious Conflict*, pp. 3-9; Sugata Bose, "Factors Causing the Proliferation of Ethnic and Religious Conflict," in Pfaltzgraff and Shultz, *Ethnic Conflict and Regional Instability*, pp. 43-49; Michael E. Brown, "Causes and Implictions of Ethnic Conflict," in Michael E. Brown, ed., *Ethnic Conflict and International Security* (Princeton, NJ: Princeton University Press, 1993), pp. 3-26. 냉전 종식 이후로 민족 분쟁이 증가하지 않다는 반론에 대해서는 Thomas, "Global Assessment of Current and Future Trends in Ethnic and Religious Conflict," pp. 33-41.
24. Ruth Leger Sivard, *World Military and Social Expenditures 1993* (Washington, D.C.: World Priorities, Inc., 1993), pp. 20-22.
25. James L. Payne, *Why Nations Arm* (Oxford: B. Blackwell, 1989), p. 124.

26. Christopher B. Stone, "Westphalia and Hudaybiyya: A Survey of Islamic Perspectives on the Use of Force as Conflict Management Technique" (unpublished paper, Harvard University), pp. 27-31, and Jonathan Wilkenfeld, Michael Brecher, and Sheila Moser, eds., *Crises in the Twentieth Century* (Oxford: Pergamon Press, 1988-89), II, 15, 161.
27. Gary Fuller, "The Demographic Backdrop to Ethnic Conflict: A Geographic Overview," in Central Intelligence Agency, *The Challenge of Ethnic Conflict to National and International Order in the 1990's: Geographic Perspectives* (Washington, D.C.: Central Intelligence Agency, RTT 95-10039, October 1995), pp. 151-154.
28. *New York Times*, 16 October 1994, p. 3; *Economist*, 5 August 1995, p. 32.
29. United Nations Department for Economic and Social Information and Policy analysis, Population Division, *World Population Prospects: The 1994 Revision* (New York: United Nations, 1995), pp. 29, 51; Denis Dragounski, "Threshold of Violence," *Freedom Review*, 26 (March-April 1995), 11.
30. Susan Woodward, *Balkan Tragedy: Chaos and Dissolution after the Cold War* (Washington, D.C.: Brooking Institution, 1995), pp. 32-35; Branka Magas, *The Destruction of Yugoslavia: Tracking the Breakup 1980-92* (London: Verso, 1993), pp. 6, 19.
31. Paul Mojzes, *Yugoslavian Inferno: Ethnoreligious Warfare in the Balkans* (New York: Continuum, 1994), pp. 95-96; Magas, *Destruction of Yugoslavia*, pp. 49-73; Aryeh Neier, "Kosovo Survives," *New York Review of Books*, 3 February 1994, p. 26.
32. Aleksa Djilas, "A Profile of Slobodan Milosevic," *Foreign Affairs*, 72 (summer 1993), 83.
33. Woodward, *Balkan Tragedy*, pp. 33-35, 수치는 유고슬라비아 인구 통계와 기타 자료에서 추출; William T. Johnsen, *Deciphering the Balkan Enigma: Using History to Inform Policy* (Carlisle Barracks: Strategic Studies Institute, 1993), p. 25에 인용된 *Washington Post*, 6 December 1992, p. C2의 기사; *New York Times*, 4 November 1995, p. 6.
34. Bogdan Denis Denitch, *Ethnic Nationalism: The Tragic Death of Yugoslavia* (Minneapolis: University of Minnesota Press, 1994), pp. 108-109.

35. Payne, *Why Nations Arm*, pp. 125, 127.
36. *Middle East International*, 20 January, 1995, p. 2.

## Chapter 11 — 단층선 전쟁의 역학관계

1. Roy Licklider, "The Consequences of Negotiated Settlements in Civil Wars, 1945-93," *American Political Science Review*, 89 (September 1995), 685.
2. Barry R. Posen, "The Security Dilemma and Ethnic Conflict," in Michael E. Brown, ed., *Ethnic Conflict and International Security* (Princeton: Princeton University Press, 1993), pp. 103-124.
3. Roland Dannreuther, *Creating New States in Central Asia* (International Institute for Strategic Studies/Brassey's, Adelphi Paper No. 288, March 1994), pp. 30-31; Dodjoni Atovullo의 발언은 Urzula Doroszewska, "The Forgotten War: What Really Happened in Tajikistan," *Uncaptive Minds*, 6 (Fall 1993), 33에 인용.
4. *Economist*, 26 August 1995, p. 43; 20 January 1996, p. 21.
5. *Boston Globe*, 8 November 1993, p. 2; Brian Murray, "Peace in the Caucasus: Multi-Ethnic Stability in Dagestan," *Central Asian Survey*, 13 (No. 4, 1994), 514-514; *New York Times*, 11 November 1991, p. A7; 17 December 1994, p. 7; *Boston Globe*, 7 September 1994, p. 16; 17 December 1994, pp. 1ff.
6. Raju G. C. Thomas, "Secessionist Movements in South Asia," *Survival*, 36 (Summer 1994), 99-101, 109; Stefan Wagstyl, "Kashmiri Conflict Destroys a 'Paradise,'" *Financial Times*, 23-24 October 1993, p. 3.
7. Alija Izetbegovic, *The Islamic Declaration* (1991), pp. 23, 33.
8. *New York times*, 4 February 1995, p. 4; 15 June 1995, p. A12; 16 June 1995, p. A12.
9. *Economist*, 20 January 1996, p. 21; *New York Times*, 4 February 1995, p. 4.
10. Stojan Obradovic, "Tuzla: The Last Oasis," *Uncaptive Minds*, 7 (Fall-Winter 1994), 12-13.
11. Fiona Hill, *Russia's Tinderbox: Conflict in the North Caucasus and Its Implications for the Future of the Russian Federation* (Harvard University,

John F. Kennedy School of Government, Strengthening Democratic Institutions Project, September 1995), p. 104.

12. *New York Times*, 6 December 1994, p. A3.

13. Mojzes, *Yugoslavian Inferno*, chap. 7. "The Religious Component in Wars,"; Denitch, *Ethnic Nationalism: The Tragic Death of Yugoslavia*, pp. 29-30, 72-73, 131-133; *New York Times*, 17 September 1992, p. A14; Misha Glenny, "Carnage in Bosnia, for Starters," *New York Times*, 29 July 1993, p. A23.

14. *New York Times*, 13 May 1995, P. A3; 7 November 1993, P. E4; 13 March 1994, P. E3; Boris Yeltsin의 발언은 Barnett R. Rubin, "The Fragmentation of Tajikistan," *Survival*, 35 (winter 1993-94), 86에 인용.

15. *New York Times*, 7 March 1994, p. 1; 26 October 1995, p. A25; 24 September 1995, p. E3; Stanley Jeyaraja Tambiah, *Sri Lanka: Ethnic Fratricide and the Dismantling of Democracy* (Chicago: University of Chicago Press, 1986), p. 19.

16. Khalid Duran, quoted in Richard H. Schultz, Jr. and William J. Olson, *Ethnic and Religious Conflict: Emerging Threat to U.S. Security* (Washington, D. C.: National Strategy Information Center), p. 25.

17. Khaching Toloyan, "The Impact of Diasporas in U.S. Foreign Policy," in Robert L. Pfaltzgraff, Jr, and Richard H. Shultz, Jr., eds., *Ethnic Conflict and Regional Instability: Implications for U.S. Policy and Army Roles and Missions* (Carlisle Barracks, PA: Strategic Studies Institute, U.S. Army War College, 1994), p. 156.

18. *New York Times*, 25 June 1994, p. A6; 7 August 1994, p. A9; *Economist*, 31 October 1992, p. 38; 19 August 1995, p. 32; *Boston Globe*, 16 May 1994, p. 12; 3 April 1995, p. 12.

19. *Economist*, 27 February 1988, p. 25; 8 April 1995, p. 34; David C. Rapoport, "The Role of External Forces in Supporting Ethno-Religious Conflict," in Pfaltzgraff and Shultz, *Ethnic Conflict and Regional Instability*, p. 64.

20. Rapoport, "External Forces," p. 66; *New York Times*, 19 July 1992, p. E3; Carolyn Fluehr-Lobban, "Protracted Civil War in the Sudan: Its Future as a Multi-Religious, Multi-Ethnic State," *Fletcher Forum of World Affairs*, 16 (Summer 1992), 73.

21. Steven R. Weisman, "Sri Lanka: A Nation Disintegrates," *New York Times Magazine*, 13 December 1987, p, 85.

22. *New York Times*, 29 April 1984, p. 6; 19 June 1995, p. A3; 24 September 1995, p. 9; *Economist*, 11 June 1988, p. 38; 26 August 1995, p. 29; 20 May 1995, p. 35; 4 November 1995, p. 39.

23. Barnett Rubin, "Fragmentation of Tajikistan," pp. 84, 88; *New York times*, 29 July 1993, p. 11; *Boston Globe*, 4 August 1993, p. 4. 타지키스탄 내전의 전개에 대해 내가 주로 의존한 자료는 Barnett R. Rubin, "The Fragmentation of Tajikistan," *Survival*, 35 (Winter 1993-94), 71-91; Roland Dannreuther, *Creating New States in Central Asia* (International Institute for Strategic Studies, Adelphi Paper No. 288, March 1994); Hafizulla Emadi, "State, Ideology, and Islamic Resurgence in Tajikistan," *Central Asian Survey*, 13 (No. 4, 1994), 565-574와 신문 보도다.

24. Urszula Doroszewska, "Caucasus Wars," *Uncaptive Minds*, 7 (Winter-Spring 1994), 86.

25. *Economist*, 29 November 1992, p. 58; Hill, *Russia's Tinderbox*, p. 50.

26. *Moscow Times*, 20 January 1995, p. 4; Hill, *Russia's Tinderbox*, p. 90.

27. *Economist*, 14 January 1995, pp. 43ff.; *New York Times*, 21 December 1994, p. A18; 23 December 1994, pp. A1, A10; 3 January 1995, p. 1; 1 April 1995, p. 3; 11 December 1995, p. A6; Vicken Cheterian, "Chechnya and the Transcaucasian Republics," *Swiss Review of World Affairs*, February 1995, pp. 10-11; *Boston Globe*, 5 January 1995, pp. 1ff.; 12 August 1995, p. 2.

28. Vera Tolz, "Moscow and Russia's Ethnic Republics in the Wake of Chechnya," Center for Strategic and International Studies, *Post-Soviet Prospects*, 3 (October 1995), 2; *New York Times*, 20 December 1994, p. A14.

29. Hill, *Russia's Tinderbox*, p. 4; Dmitry Temin, "Decision Time for Russia," *Moscow Times*, 3 February 1995, p. 8.

30. *New York Times*, 7 March 1992, p. 3; 24 May 1992, p. 7; *Boston Globe*, 5 February 1993, p. 1; Bahri Yilmaz, "Turkey's New Role in International Politics," *Aussenpolitik*, 45 (January 1994), 95; Boston Globe, 7 April 1993, p. 2.

31. *Boston Globe*, 4 September 1993, p. 2; 5 September 1993, p. 2; 26

September 1993, p. 7; *New York Times*, 4 September 1993, p. 5; 5 September 1993, p. 19; 10 September 1993, p. A3.

32. *New York Times*, 12 February 1993, p. A3; 8 March 1992, p. 20; 5 April 1993, p. A7; 15 April 1993, p. A9; Thomas Goltz, "Letter from Eurasia: Russia's Hidden Hand," *Foreign Policy*, 92 (Fall 1993), 98-104; Hill and Jewett, *Back in the USSR*, p. 15.
33. Fiona Hill and Pamela Jewett, *Back in the USSR: Russia's Intervention in the Internal Affairs of the Former Soviet Republics and the Implications for the United States Policy Toward Russia* (Harvard University, John F. Kennedy School of Government, Strengthening Democratic Institutions Project, January 1994), p. 10.
34. *New York Times*, 22 May 1992, p. A29; 4 August 1993, p. A3; 10 July 1994, p. E4; *Boston Globe*, 25 December 1993, p. 18; 23 April 1995, pp. 1, 23.
35. Flora Lewis, "Between TV and the Balkan War," *New Perspectives Quarterly*, 11 (Summer 1994), 47; Hanns W. Maull, "Germany in the Yugoslav Crisis," *Survival*, 37 (Winter 1995-96), 112; Wolfgang Krieger, "Toward a Gaullist Germany? Some Lessons from the Yugoslav Crisis," *World Policy Journal*, 11 (Spring 1994), 31-32.
36. Misha Glenny, "Yugoslavia: The Great Fall," *New York Review of Books*, 23 March 1993, p. 61; Pierre Behar, "Central Europe: The New Lines of Fracture," *Geopolitique*, 39 (Autumn 1994), 44.
37. Pierre Behar, "Central Europe and the Balkans Today: Strengths and Weaknesses," *Geopolitique*, 35 (Autumn 1991), p. 33; *New York Times*, 23 September 1993, p. A9; *Washington Post*, 13 February 1993, p. 16; Januse Bugajski, "The Joy of War," *Post-Soviet Prospects*, (Center for Strategic and International Studies), 18 March 1993, p. 4.
38. Dov Ronen, *The Origins of Ethnic Conflict: Lessons from Yugoslavia* (Australian National University, Research School of Pacific Studies, Working Paper No. 155, November 1994), pp. 23-24; Bugajski, "Joy of War," p. 3.
39. *New York Times*, 1 August 1995, p. A6; 28 October 1995, pp. 1, 5; 5 August 1995, p. 4; *Economist*, 11 November 1995, pp. 48-49.
40. *Boston Globe*, 4 January 1993, p. 5; 9 February 1993, p. 6; 8 September

1995, p. 7; 30 November 1995, p. 13; *New York Times*, 18 September 1995, p. A6; 22 June 1993, p. A23; Janusz Bugajski, "Joy of War," p. 4.

41. *Boston Globe*, 1 March 1993, p. 4; 21 February 1993, p. 11; 5 December 1993, p. 30; *Times* (London), 2 March 1993, p. 14; *Washington Post*, 6 November 1995, p. A15.
42. New York Times, 2 April 1995, p. 10; 30 April 1995, p. 4; 30 July 1995, p. 8; 19 November 1995, p. E3.
43. *New York Times*, 9 February 1994, p. A12; 10 February 1994, p. A1; 7 June 1995, p. A1; *Boston Globe*, 9 December 1993, p. 25; *Europa Times*, May 1994, p. 6; Andreas Papandreou, "Europe Turns Left," *New Perspectives Quarterly*, 11 (Winter 1994), 53.
44. *New York Times*, 10 September 1995, p. 12; 13 September 1995, p. A11; 18 September 1995, p. A6; *Boston Globe*, 8 September 1995, p. 2; 12 September 1995, p. 1; 10 September 1995, p. 28.
45. *Boston Globe*, 16 December 1995, p. 8; *New York Times*, 9 July 1994, p. 2.
46. Margaret Blunden, "Insecurity on Europe's Southern Flank," *Survival*, 36 (Summer 1994), 145; *New York Times*, 16 December 1993, p. A7.
47. Fouad Ajami, "Under Western Eyes: The Fate of Bosnia" (Report Prepared for the International Commission on the Balkans of the Carnegie Endowment for International Peace and The Aspen Institute, April 1996), pp. 5ff.; *Boston Globe*, 14 August 1993, p. 2; *Wall Street Journal*, 17 August 1992, p. A4.
48. Yilmaz, "Turkey's New Role," pp. 94.97.
49. Janusz Bugajski, "Joy of War," p. 4; *New York Times*, 14 November 1992, p. 5; 5 December 1992, p. 1; 15 November 1993, p. 1; 18 February 1995, p. 3; 1 December 1995, p. A14; 3 December 1995, p. 1; 16 December 1995, p. 6; 24 January 1996, pp. A1, A6; Susan Woodward, *Balkan Tragedy; Chaos and Dissolution After the Cold War* (Washington, D.C.: Brookings Institution, 1995), pp. 356-357; *Boston Globe*, 10 November 1992, p. 7; 13 July 1993, p. 10; 24 June 1995, p. 9; 22 September 1995, pp. 1, 15; Bill Gertz, *Washington Times*, 2 June 1994, p. A1.
50. *Jane's Sentinel*은 *Economist*, 6 August 1994, p. 41에 인용; *Economist*, 12 February 1994, p. 21; *New York Times*, 10 September 1992, p. A6; 5

December 1992, p. 6; 26 January 1993, p. A9; 14 October 1993, p. A14; 14 May 1994, p. 6; 15 April 1995, p. 3; 15 June 1995, p. A12; 3 February 1996, p. 6; *Boston Globe*, 14 April 1995, p. 2; *Washington Post*, 2 February 1996, p. 1.

51. *New York Times*, 23 January 1994, p. 1; *Boston Globe*, 1 February 1994, p. 8.
52. 이슬람권의 무기 제공에 대한 미국의 묵인에 관해서는 *New York Times*, 15 April 1995, p. 3; 3 February 1996, p. 6; *Washington Post*, 2 February 1996, p. 1; *Boston Globe*, 14 April 1995, p. 2.
53. Rebecca West, *Black Lamb and Grey Falcon: The Record of a Journey through Yugoslavia in 1937* (London: Macmillan, 1941), p. 22는 Charles G. Boyd, "Making Peace with the Guilty: the Truth About Bosnia," *Foreign Affairs*, 74 (Sept./Oct. 1995), 22에 인용.
54. Quoted in Timothy Garton Ash, "Bosnia in Our Future," *New York Review of Books*, 21 December 1995, p. 27; *New York Times*, 5 December 1992, p. 1.
55. *New York Times*, 3 September 1995, p. 6E; *Boston Globe*, 11 May 1995, p. 4.
56. See U.S. Institute of Peace, *Sudan: Ending the War, Moving Talks Forward* (Washington, D.C.: U.S. Institute of Peace Special Report, 1994); *New York Times*, 26 February 1994, p. 3.
57. John J. Maresca, *War in the Caucasus* (Washington: United States Institute of Peace, Special Report, no date), p. 4.
58. Robert D. Putnam, "Diplomacy and Domestic Politics: The Logic of Two Level Games," *International Organization*, 42 (Summer 1988), 427-460; Samuel P. Huntington, *The Third Wave: Democratization in the Late Twentieth Century* (Norman, OK: University of Oklahoma Press, 1991), pp. 121-163.
59. *New York Times*, 27 January 1993, p. A6; 16 February 1994, p. 47. 러시아가 1994년 2월 주도권을 잡기까지의 과정에 대해서는 Leonard J. Cohen, "Russia and the Balkans: Pan-Slavism, Partnership and Power," *International Journal*, 49 (August 1994), 836-845.
60. *Economist*, 26 February 1994, p. 50.
61. *New York Times*, 20 April 1994, p. A12; *Boston Globe*, 19 April 1994, p. 8.
62. *New York Times*, 15 August 1995, p. 13.
63. Hill and Jewitt, *Back in the USSR*, p. 12; Paul Henze, *Georgia and Armenia–Toward Independence* (Santa Monica, CA: RAND P-7924, 1995),

p. 9; Boston Globe, 22 November 1993, p. 34.

## Chapter 12 — 서구, 문명들, 문명


1. Arnold J. Toynbee, *A Study of History* (London: Oxford University Press, 12 vols., 1934-1961), VII, 7-17; *Civilization on Trial: Essays* (New York: Oxford University Press, 1948), 17-18; *Study of History,* IX, 421-422.
2. Matthew Melko, *The Nature of civilizations* (Boston: Porter Sargent, 1969), p. 155.
3. Carroll Quigley, *The Evolution of Civilizations An Introduction to Historical Analysis* (New York: Macmillan, 1961), pp. 146ff.
4. Quigley, *Evolution of Civilizations*, pp. 138-139, 159-160.
5. Mattei Dogan, "The Decline of Religious Beliefs in Western Europe," *International Social Science Journal*, 47 (Sept. 1995), 405-419.
6. Robert Wuthnow, "Indices of Religious Resurgence in the United States," in Richard T. Antoun and Mary Elaine Hegland, eds., *Religious Resurgence; Contemporary Cases in Islam, Christianity, and Judaism* (Syacuse: Syracuse University Press, 1987), pp. 15-34; *Economist*, 8 (July 1995), 19-21.
7. Arthur M. Schlesinger, Jr., *The Disuniting of America: Reflections on a Multicultural Society* (New York: W.W. Norton, 1992), pp. 66-67, 123.
8. Schlesinger, *Disuniting of America*, p. 118에 인용.
9. Gunnar Myrdal, *An American Dilemma* (New York: Harper & Bros., 1994), I, 3. Richard Hofstadter의 발언은 Hans Kohn *American Nationalism: An Interpretive Essay* (New York: Macmillan, 1957), p. 13에 인용.
10. Takeshi Umehara, "Ancient Japan Shows Post-Modernism the Way," *New Perspectives Quarterly*, 9 (Spring 1992), 10.
11. James Kurth, "The Real Clash," *National Interest*, 37 (Fall 1994), 3-15.
12. Malcolm Rifkind, Speech, Pilgrim Society, London, 15 November 1994 (New York: British Information Services, 16 November 1994), p. 2.
13. *International Herald Tribunne*, 23 May 1995, p. 13.
14. Richard Holbrooke, "America: A European Power," *Foreign Affairs*, 74 (March/April 1995), 49.

15. Michael Howard, *America and the World* (St. Louis: Washington University, the Annual Lewin Lecture, 5 April 1984), p. 6.

16. Schlesinger, *Disuniting of America*, p. 127.

17. 이러한 국익을 거론한 1990년대의 발언으로는 "Defense Planning Guidance for the Fiscal Years 1994-1999," 초고, 18 February 1992; *New York Times*, 8 March 1992, p. 14.

18. Z. A. Bhutto, *If I Am Assassinated* (New Delhi: Vikas Publishing House, 1979),pp. 137-138의 내용이 Louis Delvoie, "The Islamization of Pakistan's Foreign Policy," *International Journal*, 51 (Winter 1995-96), 133에 인용.

19. Michael Walzer, *Thick and Thin: Moral Argument at Home and Abroad* (Notre Dame: University of Notre Dame Press, 1994), pp. 1-11.

20. James Q. Wilson, *The Moral Sense* (New York: Free Press, 1993), p. 225.

21. Government of Singapore, *Shared Values* (Singapore: Cmd. No. 1 of 1991, 2 January 1991), pp. 2-10.

22. Lester Pearson, *Democracy in World Politics* (Princeton: Princeton University Press, 1955), pp. 83-34.

**인명**

ㅁ



ㅂ



ㅅ



ㅇ

ㅅ

### ㅎ



### 기타